편집의 정석

Editors
on
Editing

편집의 정석

작가와 출판인이 알아야 할
편집의 모든 것

제럴드 그로스 편집
이은경 옮김

메멘토

편집의 정석

작가와 출판인이 알아야 할 편집의 모든 것

초판 1쇄 발행 2016년 12월 5일

편집 | 제럴드 그로스
옮긴이 | 이은경
디자인 | 여상우, 조판 | 고유라

펴낸이 | 박숙희
펴낸곳 | 메멘토
신고 | 2012년 2월 8일 제25100-2012-32호
주소 | 서울시 은평구 대조동 220-7, 502호
문의전화 | 070-8256-1543 팩스 | 0505-330-1543
이메일 | mementopub@gmail.com
블로그 | mementopub.tistory.com
페이스북 | www.facebook.com/mementopub
번역 저작권 ⓒ이은경
ISBN 978-89-98614-37-9 (03010)

이 도서의 국립중앙도서관 출판예정도서목록(CIP)은 서지정보유통지원시스템 홈페이지
(http://seoji.nl.go.kr)와 국가자료공동목록시스템(http://www.nl.go.kr/kolisnet)에서
이용하실 수 있습니다. (CIP제어번호: CIP2016028634)
잘못된 책은 바꾸어 드립니다.
책값은 뒤표지에 있습니다.

과거에도, 현재에도, 미래에도
그림자에 가려 박수 받지 못한 이 세상의 편집자들에게
이 글들이 그들을 향한 찬사의 노래가 되기를

이 세상의 모든 현직 작가와 작가 지망생들에게
이 글들이 편집자의 예술과 정신을
보다 깊이 이해할 수 있는 길잡이가 되기를

"빼어난 글들의 모음집이다. 현명하고 독창적이며 교육적이다. 발행인, 편집자, 작가, 에이전트라면 우선 본인을 위해 이 책을 읽어야 하고, '글로 쓰인 원고'가 '한 권의 책'으로 탄생하는 과정에 관심이 있는 가족이나 지인이 있다면 그들에게도 이 책을 권해야 한다. 『편집의 정석』은 내가 읽어본 출판에 관한 책에서 단연 으뜸이다."
—톰 월리스, 월리스 문학 에이전시

"우리 시대의 고전이라 할 수 있는 『편집의 정석』의 새로운 개정판은 편집 과정의 불변의 진리를 보여주면서도 지난 수년간 출판계에 일어난 변화를 조명한다. 작가라면 반드시 읽어봐야 할 책이다."
—프레데릭 힐즈, 사이먼 앤드 슈스터 출판사의 부사장 겸 총괄 편집자

"이번 개정판은 편집을 가장 잘 이해할 수 있는 책이다. 편집자라면 자극을 받을 수 있고, 작가라면 출판계에서 작가의 처우에 대해 알 수 있다."
—주디스 아펠바움, 『행복한 출판』의 저자

차례

편집의 실제

장르별 도서 편집

편집에 바친 평생을 되돌아보며

—제럴드 그로스

이 책은 미국 전역의 출판 교육과정, 글쓰기 교육과정, 작가 협의회에서 편집의 기술 및 기법에 관한 표준적인 지침서로 사용하는 『편집의 정석(*Editors on Editing*)』(1판 1962년, 2판 1985년 발행)의 완전히 새로운 개정판이다.

작가 협의회를 자주 다니며 워크숍을 열고 강의를 하다 보니 알게 된 사실이 있다. 작가들이 편집자와 원만하고 효과적이며 창조적인 관계를 절실하게 맺고 싶어 한다는 것이다. 따라서 이번 개정판은 작가가 알아야 할 편집자가 하는 일에 대해 중점을 두고자 했다. 많은 작가들은 편집자가 본인이 넘긴 원고를 가지고 어떤 일을 하는지에 대해 숱한 오해에 휩싸여 있다. 그들은 편집자가 원고를 개선하는 데 어떠한 방식으로 도움을 줄 수 있을지 미심쩍어한다. 또한 작가들은 편집자–저자

관계의 역학, 즉 편집 과정에서 각자가 상대방에게서 무엇을 기대할 수 있고 기대해야 하는지에 대해 막연하다. 그들은 원고가 일단 편집자에게 넘어가고 나면 원고에 대한 본인의 권리에 대해 우려하고 불안해한다. 많은 작가는 개발 편집자, 윤문 편집자, 본문 편집자가 어떤 작업을 어떤 방식으로 하는지 잘 알지 못한다. 마지막으로 그들은 원고가 왜, 어떻게 수락되고 거절되는지 모르는 경우가 많다. 그렇기에 꼬리에 꼬리를 물고 근거 없는 믿음과 잘못된 생각이 일어난다.

편집자가 하는 창조적이고 기술적이며 작가를 독려하는 여러 방식을 명확히 알리기 위해, 이번 개정판에서는 출간 경험이 있거나 없는 작가들에게 편집이라는 베일에 싸인 과정을 속시원히 파헤쳐 보여주고자 한다. 아울러 편집자란 작가를 사랑하고 작가가 말하려 하는 바를 가장 효과적으로 전달하도록 돕는 데 전념할 뿐 아니라, 가능한 한 넓은 독자층에게 다가가려고 노력하는 배려 깊고 열정에 가득 찬 직업인이라는 점을 알리고 싶다.

그 때문에 『편집의 정석』의 제1, 2판을 펴낼 때와 마찬가지로 편집의 기술 및 기법에 가장 정통하고 편집인들의 직업적인 쾌감과 전문지식을 잘 전달할 수 있는 출판계 최고의 편집자들을 직접 찾아갔다. 그렇게 찾아간 편집자들로는 「기본적으로 좋은 소설이어야 한다: 범죄 소설의 편집」의 루스 캐빈, 「범죄 실화 도서에 열광하는 '진짜' 이유: 범죄 실화의 편집」의 찰스 스파이어, 「취약한 글은 취약한 사고와 구조를 드러낸다: 윤문 편집 1」의 마론 왁스먼, 「페이퍼백의 운명을 타고난 책들: 대중보급용 문고판 페이퍼백의 편집」의 멜 파커, 「모든 책이 똑같이 중요하다: 소규모 출판사의 편집」의 스콧 워커 등이 있다.

이 최고의 전문가들은 출판이라는 전문 분야에 필요한 특수한 요건과 기술에 대해 통찰력 있고도 허심탄회한 이야기를 해나간다. 그들의 이야기가 신예 작가와 노련한 작가 모두에게 규범적이고 최대한 실용적인 지침이 될 수 있도록 하기 위해, 나는 편집자가 실제로 편집을 하는 다양한 방식을 구체적인 예로 제시하는 데 중점을 두어달라고 그들에게 부탁했다. 따라서 이 책에는 새로운 도입부나 결말을 위한 제안, 등장인물에 생명을 불어넣기 위한 묘안, 어려운 서사 구절을 매끄럽게 다듬는 작업, 회상이나 미래의 장면 또는 꿈속의 장면을 생생히 재현하는 작업, 이야기의 속도와 줄거리를 가속화하는 방법 등 편집의 모든 것이 망라되어 있다.

그러므로 이 책에 수록된 서른여덟 편의 글은 원고에 내재된 문제들을 해결할 수 있는 방법을 제공하고, 아이디어 구상에서 개발 편집, 윤문 편집, 본문 편집, 인쇄 및 그 이후에 이르는 출판의 전 과정에 걸쳐 작가에게 방향을 제시할 것이다. 고로, 이 책이 작가가 편집자와 관계를 맺는 어느 단계에서든 확신을 갖고 능숙하게 효과적으로 작업할 수 있도록 하는, 출판 편집에 관한 짧지만 유용한 교육과정이 되었으면 하는 바람이다.

『편집의 정석』은 편집의 세부 과정에 관한 통찰을 제시하면서 편집 이론과 사회 전반에 대한 편집의 관계 및 책임과 관련하여 다소 도전적이고 더 나아가 논란을 불러일으킬 만한 글들도 담고 있다. 앨런 D. 윌리엄스는 「편집자란 무엇인가」라는 질문에 본인만의 독특한 답을 내놓고, 마크 애론슨은 「19세기 경매에서 21세기 전자 상점의 시대로: 미국 편집자의 진화」라는 글에서 미국 편집자의 역사를 일목요연하게 다룬다. 제임스 오셔 웨이드는 「이로운 일과 올바른 일: 편집의 윤리적, 도덕적 측면」이라는 글에서 중요하지만 그동안 자주 논의되지 않았던 편집의 한 측면에 대해 조명한다. 제럴드 하워드는 「미스터 퍼킨스, 그는 죽었다: 오늘날의 출판」이라는 글에서 미국의 편집 및 출판의 현황에 대해 기존 입장을 새로이 한다. 리처드 마렉은 「어떤 책이 선택 받는가」라는 질문에 답을 한다. 그리고 뜨거운 쟁점이 되는 정치적 올바름이 편집자와 작가에게 미치는 영향이라는 사안은 소설의 측면에서 마이클 데니니가, 비소설의 측면에서 웬디 울프가 다룬다. 또 작가이자 편집자이자 에이전트인 리처드 커티스는 「편집자가 필요한가」라는 도발적인 질문을 던진다.

오스카 와일드는 "나는 유혹만 빼고 모든 것을 참을 수 있다"라고 말했다. 이 서문을 쓰는 지금이야말로 나는 그 경구의 지혜를 그 어느 때보다도 절실히 이해한다. 그래서 편집자로서 그동안 걸어온 먼 길을 되돌아보려는 유혹을 뿌리치지 않으려 한다. 1993년은 내가 편집자로 일한 지 40년째 되는 해이다(나는 1953년에 뉴욕시립대를 졸업하고 같은 해에 사이먼 앤드 슈스터 출판사의 헨리 사이먼 밑에서 예비 검토자로서 출판인의 길을 걷기 시작했다). 내 편집 인생의 분수령이 되는 이 시점에 잠시 멈춰 서서, 그 숱한 세월 동안 내가 지켜온 편집의 철학에 관해 잠시 이야기를 해보려 한다.

1

내가 편집의 세계에 첫발을 내딛었을 때, 에이전트들은 편집자들이 편집을 너무 많이 한다고 불만스러워했다. 누군가 내게 이렇게 말한 것이 기억난다. "이봐 젊은 친구, 책 상태가 영 좋지 않으면 애초에 그 책을 사들이지 말았어야지." 그러나 요즘 에이전트와 저자들은 작가의 의도와 예술을 최상으로 표현할 수 있는 편집자와 작업하려고 한다. 그러자면 편집자는 개발 편집과 윤문 편집을 잘 이해하고 책의 주제와 내용을 구성하는 일에 충분히 관심을 갖고 해당 지식을 알아야 한다.

신입 편집자였을 때 나는 헨리 사이먼과 도널드 A. 윌하임에게서 책을 구상하고 윤문 편집을 하는 법을 배웠다. 그들은 일과가 끝난 뒤 나를 사무실로 데려가 이 불가해하지만 꼭 필요한 기술들을 가르쳤다. 말하자면 그것은 일종의 멘토링으로 느긋하고도 다정한 가르침이었다. 그러나 오늘날 바삐 돌아가는 출판계를 보면, 새내기 편집자들이 그러한 견습 기간을 거칠 시간이나 기회가 없거나 희박하다. 개발 편집과 윤문 편집이 잃어버린 예술이 되었다고까지 말할 수 없겠지만 과거만큼 이루어지지는 않는다. 어쩌면 그 때문에 비평가와 평론가들이 책을 평가하면서 편집의 부재 내지는 형편없는 편집을 점점 더 자주 지적하는지도 모르겠다. 나는 젊었을 때 누렸던 견습/멘토링이 다시 부활했으면 하는 바람이다. 모든 당사자, 즉 출판사·편집자·에이전트, 그리고 그 누구보다도 작가가 그로부터 혜택을 얻을 것이다.

그러나 궁극적으로 최상의 편집은 너무 부족하지도 지나치지도 않아야 한다. 편집자는 어떠한 편집 수단을 사용해서든 작가의 재능을 최대한 끌어내야 한다. 그렇게 작가의 작품을 최상의 상태로 세상에 내놓아 평단으로부터 찬사를 끌어내고 작가의 직업적인 위상과 개인적인 자존감을 높이며 작가가 의도했던 것만큼 충분히 넓은 독자층에게 다가갈 수 있어야 한다. 그래야 작가가 여유로운 삶을 영위하면서 또다시 집필 활동에 전념하고 창의력을 한 단계 더 발전시킬 수 있다.

2

편집자–저자 관계에서 누가 책을 '소유'하는가, 누구의 판단이 우선시되어야 하는가에 대해서 많은 말들이 오고 간다. 당사자들이 그러한 양자택일의 궁지에 빠지고 마는 상황이 벌어질 때마다 안타까운 심정이다. 어떠한 경우에도 작품이 저자의 것이고 따라서 저자의 결정이 반드시 우선시되어야 한다는 점을 편집자가 명심하는 것이 옳다고 본다. 원고에 대한 논의가 펼쳐지는 출판사가 '평의회'라고 한다면 편집자는 그에 대해 '자문'을 제공할 수 있고 그래야 한다. 다만 저자가 그에 대해 반드시 항상 '동의'를 해야 한다. 사실상 원고는 편집자의 작업이 종료될 때까지 편집자에게 대여된 것이고 이후 저자에게 반환되기 때문이다. 달리 말하면, 저자는 책을 낳고 편집자는 행복하고 건강한 원고가 출판계에 탄생하도록 도와주는 산파의 역할을 한다.

3

그렇긴 하지만, 나는 산파로서 편집자를 인식하는 획기적인 방안을 제안하고 싶다. 적어도 출판계의 전설적인 편집자 맥스웰 퍼킨스의 시대부터 편집자는 저자가 최종 원고를 완성하도록 돕는 그림자에 가려진 얼굴과 이름이 없는 기술자여야 했다. 물론 고맙게도 출판된 책의 머리말에서 저자가 감사의 마음을 담아 편집자의 노고를 종종 기리기도 한다. 그러나 편집자가 그림자에 가려진 채로 있는 경우도 많다. 왜 항상 그럴까? 왜 항상 그래야만 할까? 책 표지에는 표지 디자이너, 그래픽 아티스트, 삽화가 또는 사진작가의 이름이 통상적으로 거론된다. 그런데 편집자는 왜 익명으로 남아야 할까? 편집자의 이름은 왜 책 표지나 판권 페이지에 거론되어서는 안 될까? 편집자도 분명 표지 삽화가, 사진작가, 디자이너 등에 버금가는 기여를 했는데 말이다. 게다가 해고·사직·공동 작업의 이유로 한 명 이상의 편집자가 관여했다면 책 작업에 참여한 모든 편집자의 이름을 열거해야 한다. 이제는 시대가 바뀌어 편집자들이 세상에 모습을 드러낼 때가 되었다는 말일까? 아니면 편집자들이 예전처럼 '보이지 않는 곳'에서 계속 편집을 해야 한다는 말일까? 나는 이 논의를 열어두고 이에 대해 에이전트·편집자·작가·발행인들이 어떠한 의견을 내놓을지 기꺼이 들어볼 생각이다. 이제는 이 익명성의 굴레를 멀리 던져버릴 때가 되지 않았나 싶다.

4

많은 글이 편집자가 저자에 대해, 출판사에 대해, 독자에 대해, 책 자체에 대해 갖는 다양한 책임에 관해 다룬 바 있다. 하지만 편집자가 본인의 진실성에 대해 갖는 책임에 관해서는 별다른 말이 오고 간 바 없다. 여기서 진실성이란 본인의 정치적·도덕적·윤리적·사회적·미학적 신념에 충실해야 하는 의무를 말한다. 본인의 진실성에 대한 책임 없이는, 편집자가 저자·출판사·독자, 또는 책 자체에 대해 진정으로 책임을 질 수 없다. 오랜 세월 편집자의 길을 걸어오는 동안, 나는 내 정치적·사회적 신념과 크게 어긋나는 일을 몇 차례 제안 받은 적이 있었다. 그럴 때마다 나는 그 제안을 거절했다. 대신, 내가 편집을 거절한 책의 주제와 내용에 더욱 공감을 하는 다른 편집자를 저자나 에이전트에게 종종 소개했다.

나는 한 치의 검열도 옹호하지 않는다. 나는 표현의 자유를 옹호한 수정헌법 제 1조를 강력하게, 무조건적으로 지지하는 사람이다. 마치 암세포와 같이 검열은 그 정도가 아무리 미미하다 할지라도 민주주의의 필연적인 죽음과 전체주의로 전이된다. 하지만 나는 아침에 잠에서 깨어나 면도용 거울 앞에서 내 자신과 마주하고 수치심이나 죄책감 없이 아내와 아이들과 함께 살아야 한다. 만약 내가 지지하고 확고하게 믿는 모든 것에 크게 위배되는 원고를 작업해야 한다면, 내 자존심을 유지할 수 없을뿐더러 저자나 출판사를 위해 좋은 원고 작업을 하지 못할 것이다. 스스로 자초한 지적·신체적·정신적 고통을 안고 살기엔 삶이 너무 짧다는 점을 기억하자(이제 내 60번째 생일을 앞두고 있으니 이런 말을 해도 이해하길). 그리고 본인이 거절한 원고를 출판할 다른 누군가 항상 존재한다는 사실 역시 기억하자.

5

매년 여러 작가 협의회에 참석해 편집 및 출판에 관한 강의를 진행하다 보면 어김없이 이런 질문이 따른다. "편집자와 저자가 맺는 이상적인 관계는 어떤 것입니까?" 나는 기본적인 지침에 입각하여 매번 조금씩 다른 답변을 내놓는다. 그 지침이란 두 당사자가 적대적인 태도가 아닌 협력적인 태도, 즉 기생적인 태도가 아닌 공생적인 태도로 함께 작업에 임해야 한다는 것이다. 더 쉽게 말하면, 서로 상대방을 필요로 하고 상대방에게 많은 것을 제공해야 한다는 것이다. 작가는 영감을 얻고 집필에 박차를 가하고 때로는 기량을 최대한 발휘해 글을 쓰도록 자극을 받는 데 편집자가 정말로 필요하다는 사실을 깨달아야 한다. 그리고 편집자가 대개의 작가들이 갖고 있지 않은 그 나름의 진정한 창조력을 갖고 있다는 사실 역시 깨달아야 한다. 즉, 편집자는 비판적인 분석 능력, 객관성, 작가가 최대한 활용할 수 있는 표현력을 갖고 있다. 진단에 탁월한 내과 전문의가 엑스레이를 판독하여 환자의 폐나 가슴에 어떤 문제가 있는지 파악하고 문제를 해결하기 위한 치료법을 처방하는 것과 마찬가지로, **편집자는 원고의 긍정적인 면과 부정적인 면을 진단**

하고 원고를 병들게 하는 부분을 해결할 수 있는 치료법을 처방할 수 있다. 작가는 편집자의 이러한 재능을 존중하고 그 창조적인 특성을 인정하여 그로부터 도움을 얻어야 한다.

편집자는 본인의 작업을 입증해주는 것이 바로 작가의 작품이며 모든 진단 기술을 적용할 작가의 원고가 없다면 그 모든 기술이 소용이 없다는 사실을 항상 기억해야 한다. 편집자는 어떤 식으로든 그리고 어떤 때라도 본인이 원하는 방식으로 글이 써지도록 책을 편집하려고 해서는 절대로 안 된다. 편집자는 작가의 목소리로 편집을 하고 작가의 사고방식으로 생각을 하며 작가의 관점을 자기 것으로 하는 방법을 반드시 배워야 한다. 그렇지 않을 경우, 편집자는 작가와 적대적이고 비생산적인 관계로 빠져들 수 있는 끝없는 좌절에 직면하게 되고, 결국 함량 미달의 책만을 내놓게 될 수 있다.

서로를 인정, 존중, 존경하고 서로의 기술에 의존할 때에야 비로소 가장 이상적인 편집자-저자 관계가 실현되고 그러한 관계 속에서 최고의 책이 탄생한다.

이 글을 읽고 나면 작가와 편집자가 어떻게 협력해야 하는지 이해하는 데 도움이 되려고 내가 이 책을 편집했다는 사실을 알게 될 것이다.

• • •

나는 열여섯 살에 편집자가 되고 싶어 한 걸로 기억한다. 그 이후 줄곧 내 시대의 가장 저명한 편집자들과 함께 일하게 되는 행운을 얻었다. 나는 동료들을 존중하고 무척 좋아하게 되었고 많은 세월이 흐르는 동안 그중 몇몇은 내 벗이 되었다. 내 직업적인 삶에서 변치 않는 깊은 관심사는 다음 세대의 편집자들을 발굴, 양성하는 일이다. 글로 표현된 언어의 미래, 흥미롭고 중요하며 유익한 책(특히 이 세 가지 미덕을 모두 갖춘 책)의 미래, 도처에 있는 전도유망한 저자들의 미래는 현재 및 가까운 미래의 편집자들의 직관·재능·예술·기술에 달려 있다. 문화 자체의 미래가 작가들은 물론 편집자들의 손에도 상당 부분 달려 있는 셈이다.

이 서문을 쓰려고 준비하면서 40년에 걸친 편집자 인생에 대한 내 느낌을 함축하는 적당한 말을 찾기 위해 오랫동안 곰곰이 생각했다. 하지만 책과 저자의 세계에 대한 내 기쁨과 헌신이 1962년 초판 및 1985년 개정판 서문에서 표현했던 것만큼이나 현재에도 강렬하다는 것을 깨달았다. 그 느낌은 현직 편집자로서 내 삶이 다할 때까지 지속될 것이라 믿는다. 아마도 그때는 내 삶의 마지막 순간이기도 할 것이다.

· · ·

이 책을 통해 더 많은 명석하고 창의적인 젊은이들이 편집의 세계에 발을 들였으면 하는 바람이다. 그러나 편집은 모든 사람에게 맞는 직업은 아니다. W. S. 길버트의 시를 인용하자면 그에 대해서는 "어떠한 의구심의 그림자도 존재하지 않는다." 실의에 빠진 작가에게는 다른 작가의 작품을 편집하는 일이 몹시 고통스러운 고문이 될 수 있고, 그 때문에 당사자의 창작 의욕이 꺾일 수 있다. 그리고 '그저 좋은 책을 좋아만 하지' 독자들의 독서 추세나 취향에 대해 잘 알지 못하거나 관심이 없는 애호가에게는 편집이 환상을 완전히 깨뜨리는 충격적인 경험을 줄 수 있다. 그런가 하면 편집이 문학계 유명 인사들과 호화스러운 칵테일 파티를 숱하게 벌이고 출판사 경비를 맘껏 쓰는 일이라고 믿는 젊은이들은 단 몇 달간의 수습 기간으로도 곧바로 환상에서 깨어날 것이다.

편집에 대한 오해 바로잡기는 이쯤 하기로 하자. 편집의 요건과 책임 그리고 이따금 따분한 작업에 잘 적응하는 사람에게는 편집이 그 무엇보다도 값진 보람을 느끼게 하는 직업이 될 수 있다. 작가가 되는 것만큼이나 창작의 기쁨을 느끼고 상상의 나래를 펼치며 만족감을 느낄 수 있다. 심지어 어떤 편집자들은 '그보다 더 큰' 보람을 느낀다고 말할지 모른다.

편집자의 길을 오래 걸어오는 동안, 나는 늘 뭔가에 매료되었고 때때로 영감을 받고 매우 기뻐했으며 때로는 좌절하고 실망하기도 했다. 하지만 권태를 느낀 적은 단 한 번도 없었다. 내가 걸어온 길을 돌아보건대, **편집자란 세상에서 가장 크고 끊임없이 확장하는 대학에서 무수히 많은 각양각색의 주제들을 쉴 새 없이 공부하는, 쉴 틈 없이 자극을 받는 학생에 견줄 수 있다.** 나는 각 저자의 작품을 편집하면서 그 책의 주제에 대해 전보다 더 많은 걸 배웠다. 게다가 출판인이 된 덕분에, 비범하고 헤어나올 수 없는 매력을 지닌 진정으로 잊을 수 없는 사람들을 만날 수 있었다. 그중 몇몇은 출판 동료들이고 또 몇몇은 내가 작품을 담당했던 저자들이다. 창조적인 자기표현을 향한 내 욕구는 수많은 책을 편집하는 일로, 그리고 훌륭한 저자에게서 양질의 귀중한 책을 얻을 때 느끼는 기쁨으로 늘 충족되었다. 나는 여전히 1, 2년씩 걸려 작업한 책의 신간 서적 견본을 받아볼 때면 벅차오르는 희열을 느끼곤 한다. 그렇게 완성된 책을 바라보면서, 실은 그 책이 점심식사를 하다 떠오른 아이디어 내지는 간단한 개요나 한두 개의 장(章)에서 시작되었음을 기억한다. 나는 아이디어가 구체적인 모습을 갖추고 대략적인 개요와 장이 저자와 내가 오래도록 독자들에게 읽힐 것이라 믿는 중요하거나 흥미로운 책으로 탄생하는 데 내가 기여한 바에 대해 자부심을 느낀다. 내가 편집자라는 자부심과 그에 대한 열의는 한 번도 잊은 적이 없으며 앞으로도 그러할 것이다.

헌신과 애정으로 엮은 이 책에서 편집자라는 직업에 대한 내 깊은 감정이 고스란히 표현되었으면 하는 바람이다. 나는 내 직업을 처음부터 사랑했고, 기쁨·성취감·슬픔·좌절로 가득 찬 40년이 지난 지금, 내 직업을 그때보다 더 사랑한다. 난 지금도 여전히 새로운 도서 제안서를 읽거나 또 다른 소설에 몰두하거나 신선하고 획기적인 작가에 관해 이야기를 들을 때면 설렘과 짜릿함을 느낀다. 이번에 새롭게 단장한 이 책을 통해 현직 편집자와 편집자 지망생들이 나와 같은 헌신을 갖고 기쁨을 누렸으면 한다. 또한 이 책을 읽는 저자들은 편집자와 저자의 관계가 적대적일 필요가 없으며 그래서도 안 된다는 점을 알았으면 한다. 이상적인 편집자와 저자의 관계는 서로에게 더없이 이로운 협력관계가 될 수 있다. 마지막으로 독자들은 편집자와 저자가 책 만들기라는 하나의 창작 행위에 시간과 재능을 아낌없이 쏟아붓도록 이끄는 복잡 미묘하고, 때로는 말로 설명 불가능한 힘에 대해 알았으면 하는 바람이다.

뉴욕 크로톤 온 허드슨에서

이론과 현황

「편집자란 무엇인가—출판 편집자의 기본적인 역할」

수렵-채집인으로서 편집자, 치료사-잔소리꾼으로서 편집자, 마술사-참견꾼으로서 편집자. 작가에게는 이 중 어떤 편집자가 최상의 편집자인가? 이 중 어떠한 것이 편집자가 편집에 대해 취할 수 있는 가장 효과적인 접근법인가? 이 모든 역할에 대해 자세히 들여다보자. 앨런 D. 윌리엄스는 "편집자란 무엇인가?"라는 질문에 대한 답으로 이 도전적이고 재치 넘치는 글을 제시했다. 그는 사실상 방금 언급한 세 가지 역할이 편집자가 행하는 중요한 여러 역할의 극히 일부에 불과하다고 말한다.

이 모든 역할극으로부터 조금이라도 숨을 돌릴 틈은 없을까? 없다. 하지만 그렇다고 해서 편집자가 불행하고 혹사당하는 직업이라고는 미루어 짐작하지 말자. 사실 수많은 사람에게 저마다 다른 존재가 된다는 것은 편집의 재미이자 게임이자 도전이다. 윌리엄스는 이렇게 말한다. "편집자가 일말의 기대감도 없이 원고를 집어 드는 날은 편집자로서 그의 생명이 다한 날이다."

앨런 D. 윌리엄스(Alan D. Williams)

현재 편집 자문가로 활동하고 있는 앨런 D. 윌리엄스는 다수의 출판사에서 편집직과 경영직을 역임했고, 바이킹 프레스에서 20년간 관리 편집자(managing editor)와 편집장을 지냈다. 그는 마지막으로 그로브 와이덴펠드에서 발행인으로 활동했다. 그는 이사야 벌린, 스티븐 킹, 톰 위커, 아이리스 머독, 프레더릭 포사이드, 나딘 고디머, 찰리 W. 셰드와 같은 다양한 저자들과 함께 작업하면서 소설 및 비소설 부문을 두루 섭렵했다.

편집자란 무엇인가
―출판 편집자의 기본적인 역할

―앨런 D. 윌리엄스

수렵―채집인, 치료사―잔소리꾼, 마술사―참견꾼

편집자는 수많은 사람에게 저마다 다른 존재가 된다. 그 때문에 "편집자란 무엇인가?"라는 이 거창한 질문은 사실상 한 마디로 딱 잘라 답하기 어렵다. 게다가 편집자는 각양각색의 천에서 잘라낸 듯 서로 극명하게 다르기 때문에, 성향·체형·배경·관심사 등에 대해 이들을 일반화하는 것은 이들을 눈동자 색깔별로 분류하는 것만큼이나 의미가 없다. 외적인 면에서 이들을 분류할 수 없다면 이제는 역할 면에서 이들의 공통점을 찾아볼 차례다. 작가들은 여러 역할을 하는 편집자들을 두려움이나 기대, 혐오감이나 고마움, 경멸이나 존중, 심지어 애정을 갖고 바라본다.

출판사 편집자는 기본적으로 세 가지 역할을 하는데, 이 모두를 동시에 수행한다. 첫째, 편집자는 출판사가 펴낼 책을 찾고 선택한다. 둘째, 편집자는 편집을 한다. (그렇다. 최종 판매수익 결과, 무자비한 대기업의 횡포, 상업의 논리에 굴복한 취향의 패배를 향해 어떠한 탄식이 들려오든지 간에 편집자는 편집을 한다.) 셋째, 편집자는 저자에게 출판사를 대변하고 출판사에게 저자를 대변하는 두 얼굴의 역할을 한다.

첫 번째로 언급한 **수렵-채집인으로서 편집자의 역할은 편집자의 명성과 경력에 가장 중요한 역할로, 작가들이 특히 염두에 두는 점이다.** 편집자는 책을 원한다. 편집자는 그저 자리에 앉아 생색내듯이 투고를 읽는 것이 아니다. 물론 투고에 대해 거절의 답장을 받아본 사람이라면 열에 아홉은 분노가 솟구치는 경험을 했겠지만 말이다. 사실상 편집자가 일말의 기대감도 없이 원고를 집어 드는 날은 편집자로서 그의 생명이 다한 날이다. 흙속에서 진주를 가려내는 일이 아무리 지리멸렬하게 이어진다 할지라도(50건의 투고나 도서 제안서에서 단 한 건만이 수락되는 것으로 추정된다), 편집자가 직업적인 흥분과 환희를 느끼는 때는 보석 같은 원고를 발견해 손에 넣는 순간이다.

저자들은 본인의 작품이 개별적으로 어떠한 경로로 발굴되는지를 안다. 하지만 이들조차도 편집자가 새로운 원고를 찾기 위해 촉각을 세우는 범위가 얼마나 넓은지 잘 알지 못한다. 물론 가장 먼저 떠오르는 경로는 에이전트(agent)다. 실제로 비공식적인 통계에 따르면, 지난 50년간 전체 단행본의 80퍼센트 이상이 에이전트를 통해 출간되었다. 게다가 좋은 에이전트를 만나는 일은 좋은 출판사를 만나는 일만큼이나 어려우며, 그 때문에 앞날이 유망한 작가라도 '닭이 먼저냐 달걀이 먼저냐'라는 상황에 빠지고 만다. 그러나 에이전트는 도서 입수 편집자보다 원고를 발굴하는 더 많은 잠재적인 경로를 가지고 있기에 이를 출간으로 연결하는 데 더 많은 가능성과 능력을 발휘할 수 있다.

유명한 발행인이 사무실 벽에다 "발행인과 에이전트의 관계는 목에 들이댄 칼과 같다"라고 곱게 자수가 새겨진 벽걸이를 걸 수 있게 된 지 무수한 세월이 흘렀다. 에이전트와 관계를 다지는 일이 편집자의 근무 시간에서 상당 부분을 차지하지만, 이를 결투 상대를 찾는 일로 간주해서는 안 된다. 그보다 편집자와 에이전트의 관계는 삼각형의 두 꼭짓점으로 보는 것이 바람직하다. 작가는 물론 나머지 한 꼭짓점이다. 어떤 편집자도 모든 에이전트를 '감당'할 수 없다. 따라서 시간이 흐를수록 양측은 이전에 거래가 성공적으로 성사되었거나 공통의 이해관계를 추구하는 상대방을 점점 더 찾게 된다. 그리고 반드시 그렇지는 않지만, 종종 이러한 관계는 전화나 팩스의 방해를 받지 않는 업무상의 점심식사 자리에서 싹튼다.

물론 편집자는 작가를 더욱 폭넓게 발굴하기 위해서라도 뉴욕과 캘리포니아의 에이전트 세계를 넘어서서 그물을 던져야 한다. 작가 협의회, 창작 글쓰기 강좌, 대학 교정, 문예지와 대중잡지, 이전에 함께 작업을 했던 작가와 지인 관계에 있는 작가, 작가 섭외를 위한 국내외 출장, 해외 출판사, 이 모두는 일구어야 할 밭의 극히 일부에 불과하다. 운도 분명 한몫을 한다. 그러나 운이 따른다 할지라도 대개는 어떤 논리적인 우연의 타래가 협상과 도서 입수의 길을 열어준다. 나는 수년간 대학 인근 도시에 살았는데, 그 이유만으로 명망 있는 저자 여럿을 마주칠 수 있었다. 그리고 에이전트가 없는 저자가 책을 한 권 출간한 이후 때로는 출판사의 제안으로 에이전트와 협력관계를 맺기도 한다는 사실 역시 알아야 한다. 에이전트 역시 수렵-채집인이다.

편집자가 구상하는 책에 대해서도 특별히 살펴봐야 하는데, 이는 대개 비소설이다. 어떤 작가가 아이디어를 찾고 있는데 편집자가 그에 도움을 줄 만한 경력을 갖고 있거나 현재 논란이 되는 화젯거리를 염두에 두고 있을 수 있다. 혹은 편집자가 먼저 아이디어를 구상하여 적합한 저자에게 이를 토대로 집필을 해보도록 권유할 수 있다. 맥밀란 출판사의 세실 스콧이 바바라 터크먼에게 제안하여 『8월의 포성』을 출간한 것이 대표적인 예다.

저자들이 예상치도 못했던 계약을 체결할 수 있는 또 다른 기회는 시리즈다. 시리즈는 편집자나 발행인의 풍부한 상상력의 결과물인 경우가 많다. 저명한 편집자 제이슨 엡스타인은 더블데이 출판사에 재직하던 시절, 일반 페이퍼백이라는 완전히 새로운 출판 부문을 만들어냈다.

또한 편집회의라는 것이 있는데, 이는 불현듯 영감이 떠오르거나 아테네인들의 담론이 이루어지거나 서로를 향한 격려가 오고 가는 토론의 장이다. 물론 서로를 향한 험담과 남의 이목을 끌려는 행위와 찬사를 가장하여 남을 깎아내리는 말도 오고 간다. 편집회의는 간단히 말하면 결코 영원하지 않은 비밀회다. 이 회의는 안건 처리와 기록 관리 등의 필수 항목 외에 논의하는 것들이 출판사마다 달라서 매우 격식을 차린 의사결정의 장이 되기도 하고, 업계 소문이 무성하게 나도는 무질서한 상태가 되기도 한다. 그 속성이 무엇이든지 간에 편집회의는 편집자의 특이성, 특히 편집자가 어떤 기획·제안·견해·아이디어를 선보이는지에 따라 편집자를 규정하는 경향이 있다. 전반적으로 편집회의는 편집이라는 분야와 개별 편집자에게 주어진 무게와 신임, 의사결정 과정, 심지어 출판사의 정신과 사기의 측면에서 출판사에 대해 많은 것을 이야기해준다. 편집회의는 마케팅, 2차 저작권, 홍보, 기타 부서의 동료들을 제외하고 편집자들에게 제한된 조심스러운 자리이지만, 장래의 저자들은 편집회의에서 제기되는 신중한 질문들을 통해 출판사에 대해 많은 걸 알 수 있다.

두 번째로 언급한 편집자의 역할은 **치료사-잔소리꾼 내지는 마술사-참견꾼의 역할**이다. 어떻게 여겨지든지 간에, **편집자는 친구, 친척, 심지어 배우자조차도 할 자격이 되지 않는 혹은 내켜하지 않는 일을 하거나 해야 한다.** 즉, 원고를 행마다 일일이 신중하게 읽고 원고에 대해 노골적일 정도로 솔직하게 의견을 제시하며 적절한 곳이나 필요한 곳에 수정을 제안해야 한다. 이 작업을 하면서 편집자는 진정으로 객관적인 최초의 독자로서 저자에게 건설적인 도움을 줄 뿐만 아니라 평론가·독자·시장(특히 비소설의 경우)이 어떻게 반응할지에 대해 최초의 실마리를 제공하여 저자가 그에 따라 원고를 수정할 수 있게 해야 한다.

저자에게 던져야 할 두 가지 질문

편집자가 저자에게 해야 할 두 가지 기본적인 질문은 **"당신이 말하고자 하는 바를 말하고 있는가?"**와 **"당신이 말하고자 하는 바를 최대한 명확하고 일관되게 말하고 있는가?"**이다. 이 질문들이 얼핏 협소해 보인다면 생각을 더 해보자. 이 질문들은 이런 것까지 아우른다. 즉 어색한 구문과 그것이 반복되는 것에서부터 설명과 근거가 턱없이 부족해 의도치 않게 당황스러움을 안겨주는 주인공의 행동으로 소설의 영향력이 파괴되는 것에 이르기까지 모든 것을 포괄한다. 물론 이 모두는 자유롭고 광범위하게 논의의 대상으로 삼는 것이며, 모든 책임감 있는 편집자들이 동의하듯이 궁극적인 결정권자는 저자다. 편집자들은 또한 방임할 때를 아는 것이 수정을 제안해야 할 때를 아는 것만큼 고도의 편집 기술이라는 데 동의한다.

그렇다면 이 모두가 항상 우호적이고 건설적인 관계 속에서 효력을 발휘할까? 분명 아니다. 연인 관계보다도 못할 것이다. 고압적이고 몰이해한 편집자와 남의 말에 귀 기울이려 하지 않는 독단적인 저자가 단독으로 또는 쌍방으로 계약의 수정과 책의 실패를 초래한 경우가 많다. 양측은 결국 그에 마땅한 대가를 받고 협력자를 잃게 된다. 언론에 자주 시사되며 이 글의 도입부에서 언급한 더욱 근본적인 질문은 헌신적인 편집자의 노동이 여전히 이루어지고 있는가이다. 의심할 여지가 없는 상업적 압박의 증가, 가족 회사의 소멸, 변화하는 취향과 발전하는 기술의 빠른 급류에도 불구하고, 적어도 나는 그러하다고 확신한다. 피와 살을 뼈에서 떼어낼 수 없듯이, 도서 입수 단계에서 편집자가 갖는 열정을 최종 산물에 대한 관심과 분리할 수 없다. 이러한 점에서 볼 때, 편집자라는 종족은 어떠한 경제, 근로 조건, 또는 편의가 줄어들든지 간에 변하지 않은 채로 남아 있다. 편집자는 관심을 갖고 애를 쓰려 노력한다. 그렇지 않으면 그들은 존재하지 않는다.

특히 비소설과 관련하여 다방면에 걸친 편집자의 취향은 특별히 언급할 필요가 있다. 누군가 약간은 빈정대는 어조로 이렇게 말한 적이 있다. "좋은 편집자는 어떠한 주제에 관해서도 5분 동안 말할 수 있지만 6분 동안은 말할 수 없다." (영미권 편집자에게) 영어를 비롯하여 어떠한 대학 전공보다도 더 중요하게 여겨지는 자질은 폭넓은 관심사이며 이는 절대적인 사실이다. 또한 편집자가 열정적인 저자에게 던지는 상당히 노련한 몇몇 질문은 답하는 자로 하여금 질문한 자가 실제보다 더 많은 것을 알고 있다고 생각하게 한다는 것 역시 공공연한 비밀이다. 반면 시간이 흐를수록 대부분의 편집자는 말, 오페라, 서부극, 대전쟁, 스포츠, 요리법, 원예학 등 본인이 열정을 갖고 있는 특정한 분야로 알려지게 된다. 또다시 이는 상당히 호기심 많은 작가가 사전에 파악해야 하는 공존 가능성의 요소다.

세 번째로 언급한 야누스 또는 두 얼굴의 편집자라는 역할은 편집자의 근무 시간 대부분을 차지한다. 모든 진지한 읽기와 편집은 사무실이 아닌 곳에서, 그것도 상당수는 야간과 주말에 이루어진다. 편집자는 기꺼이 그렇게 해야 한다. 편집자는 끝없이 이어지는 보고, 서신 작성, 전화 통화, 회의, 업무를 겸한 아침, 점심, 저녁 식사, 사무실 안팎의 약속에 시달리면서 저자와 출판사 사이에서 다리 역할을 하는 자신이 빠르게 돌아가는 회전문 같다고 느낀다.

출판사에서 편집자는 자연스럽게 저자의 첫 번째 주된 지지자가 된다. 이러한 관계는 도서 기획이나 소설에 대한 편집자의 초기의 열정으로 시작하여 출판사의 원고 수락, 계약 협상, 실제 편집(관계가 본격적으로 깊어지는 지점), 그리고 본문 편집, 교정, 생산, 판매, 홍보에 이르는 출간 과정 자체를 통해 지속된다. 이 모든 과정에서 편집자는 대개 책과 저자에 대해 동료들의 관심을 끌려는 목적과 편집자 당사자 한 명이 아닌 여러 명의 노련한 전문가들이 출간에 관여한다는 사실을 저자에게 보여주려는 목적으로, 가능한 한 많은 동료들을 도서 출간에 개입시키려 노력한다. 그러나 여기는 때늦은 계약금 지급, 재정적인 비상사태, 온갖 종류의 예상치 못한 복잡함이 한데 작용하여 계약이 완전하게 성사되지 못하기도 하는 세계다. 이 불완전한 세계에서 저자의 입장을 옹호하는 것은 바로 편집자다.

저자는 책의 귀중한 미덕을 확실하게 그리고 호소력 있게 알리는 것이 편집자의 가장 중요한 과제라는 사실을 인정해야 한다. 편집자는 보고서에서 안내 책자 문구, 책 표지 날개, 홍보 자료에 이르기까지 책이 처음에 어떻게 선택되었는지 암묵적으로 설명하고 출판사 안팎에서 책이 어떻게 인식될지 분명하게 설정한다. 이는 편집자가 도서를 묘사하는 핵심적인 문안이다. 이러한 문안을 쓰는 일은 대부분의 편집자에게는 실로 진땀 나는 일이다. 매년 미국에서 5만 5,000종의 도서가 쏟아져 나온다. 여기에 포함될 신간에 대해 신뢰할 만한 찬사를 늘어놓기 위한 신선한 방법을 찾는 일보다 형편없는 글쓰기를 지적하는 일이 훨씬 더 즐겁다. 이와 관련된 시험의 장은 일 년에 두세 차례 열리는 판매(sales) 회의다. 열정적인 편집자는 이 자리에 참석하여 회의적인 태도를 보이는 도서 판매 담당자들 앞에서 자신이 지지하는 책의 미덕에 대해 찬사를 늘어놓아야 한다. 이는 교실에서 독후감을 발표해야 하는 괴로움의 백배에 해당하는 고역이다.

한편 출판사의 입장을 저자에게 대변하는 경우는 종종 야누스의 두 얼굴 중 더욱 위협적인 얼굴에 속한다. 편집자가 저자에게 『뉴욕 타임스 북 리뷰』의 전면 광고·컬러 삽화·미국 전역에 걸친 저자 순회 홍보가 왜 보장되지 않는지, 그리고 심지어 그보다 대단치 않은 요청들조차도 왜 수락되지 않는지 반복해서 설명해야 할 때면 경제학이 실로 음울한 학문처럼 보인다. 이 모든 것의 이면에서 알 수 있는 현실은 한 쪽에는 단 한 명의 협력자(출판사)가 있고, 다른 한쪽에는 무수한 협력자(모든 저자)가 있기 때문에 시간, 에너지, 자원을 그에 따라 할당해야 한다는 점이다. 이는 공평하지 않지만 어쩔 수 없는 현실이다. 동시에, 본문 편집자가 밤을 지새워 작업을 한다든가 신선하고 획기적인 홍보 문안을 작성한다든가 예상치 못한 특별한 시장을 개척하는 등 책이나 저자를 위해 기울이는 별도의 노력을 저자가 알지의 여부는 편집자에게 달려 있다.

변화하는 편집자의 역할

스크리브너스의 편집자 맥스웰 퍼킨스를 언급하지 않고 미국 편집자의 역할에 대해 논하는 것은 라이트 형제를 언급하지 않고 항공술의 짧은 역사에 대해 글을 쓰는 것과 같다. 맥스웰 퍼킨스는 헤밍웨이, 피츠제럴드, 토머스 울프, 그 외 많은 작가의 작품을 편집한 것으로 잘 알려져 있다. 그의 이름이 언급될 때마다 "오늘날 그와 같은 편집자는 어디에 존재하는가?"라는 탄식이 어김없이 흘러나온다. 그도 그럴 것이, 어느 누구도 스스로를 퍼킨스에 비견하지 않을 것이기 때문이다. 하지만 변명처럼 들릴 각오를 하고 말하자면, 그가 오늘날 살아 있었다면 에이전트를 속이고 경쟁 속에서 입찰을 따내며 작가를 섭외하는 일에 본인이 원하는 것보다 훨씬 더 많은 시간을 쏟아붓느라 눈앞에 있는 원고에서 멀어졌을 것이다. 말하자면, 그는 맥스웰 퍼킨스가 되기 위해 훨씬 더 힘겨운 시간을 보내야 할 것이다.

그렇다 할지라도 퍼킨스는 출판계에서 최고의 이상으로 남아 있다. 편집자의 역할이나 작가와 편집자의 관계에 대해 조금이라도 관심이 있는 사람이라면 존 홀 휠록이 엮은 『편집자가 저자에게: 맥스웰 퍼킨스의 편지』를 읽어봤을 것이다. 이 편지들에는 퍼킨스의 따뜻함, 유려한 말솜씨, 저자를 향한 깊은 공감과 더불어 부드럽지만 예리하고 설득력 있는 제안들이 담겨 있고, 이는 퍼킨스의 길을 따르려는 사람들에게 영원한 불빛이 되고 있다. 영국의 비평가 시릴 코널리는 토머스 울프와 퍼킨스에 관해 쓴 글에서 편집자에 대해 이렇게 이야기한다. "미국의 발행인들은 헌신적인 집단이다. 그들은 충성심 있고 관대하며 끝없이 노력을 기울인다. 그들은 사회적 지위 상승이나 본인이 쓰고자 하는 책이 아닌, 저자를 위해 산다. 그들은 고해 신부, 사무 변호사, 회계 감사관, 주술사가 되는 법을 안다. ……"* 맞는 말이다.

미국의 코미디언 겸 사회풍자가 모트 살이 말한 대로, 미래는 펼쳐져 있고 여타 모든 것과 마찬가지로 편집자의 역할 역시 변화할 것이다. 간접비와 복지 혜택을 축소하라는 기업의 압박으로 외주 프리랜스 편집이 늘고 사내 직원이 줄어들 가능성이 높다. 편집 전반이 앞으로 필요할지의 여부는 어떻게 될지 알 수 없는 질문이다. 한편으로는 예측 불허한 언어의 퇴보, 정확성을 중시하는 태도의 약화, 워드 프로세서의 보급으로 편집자의 역할이 더욱 강화되어야 할 필요가 절실해졌다. 그러나 또 한편으로는 "누가 상관이나 하는가?"라는 많은 사람의 외침이 잦아들 조짐을 보이지 않는다.

정체(停滯)라는 안장 아래서 기술은 편집의 성역을 침범할 것이다. 문제는 편집이 강압적인 절차가 아닌 제안적인 절차로 남아 있는 한, 반드시 그 확실한 흔적을 늘 남겨야 한다는 것이다. 워드 프로세서 자체는 본인의 글을 쓰거나 다시 쓸 때에는 틀림없는 축복이다. 하지만 누군가의 글이 수술대 위에 올라와 있을 때에는 흔적 없이 매끄러운 수정 행위가 당사자에게 모욕감과 혼란을 안겨줄 것이다. 이러한 점을 생각할 때, 여백에 의견을 쓸 수 있게 하거나 삭제된 부분을 눈에 보이게

● *Now, Barrabas*(New York: Harper & Row, 1964)에서 윌리엄 조바노비치에 의해 인용됨. pp. 79-80.

하는 경제적이고 사용자 친화적인 하드웨어와 소프트웨어가 등장하지 않는 한, 컴퓨터보다는 포스트잇이 현직 편집자에게 더욱 유용한 도구로 남을 것이다. 그리고 편집자들은 본인의 직업에 대해 '기쁨, 성취감, 슬픔, 좌절'을 계속해서 느낄 것이며, 겉으로는 눈에 보이지 않는 자신의 노고가 실질적이고 긍정적인 차이를 만들어낼 것이라 기대할 것이다.

「19세기 경매에서 21세기 전자 상점의 시대로—미국 편집자의 진화」

마크 애론슨이 쓴 유익하고 흥미로우며 때때로 도전적인 이 글은 사회·문화·경제 요인이 미국 편집자와 편집에 미친 영향을 검토한다. 우리가 지금 알고 있는 형태의 편집은 편집자 리플리 히치콕이 에드워드 노이스 웨스트콧의 소설 『데이비드 하럼』(1898)으로 구조적 변화를 일으키면서부터 시작되었다. 이 글은 편집이 시작된 때부터 새로운 세기가 다가오면서 혁신적으로 변화한 편집자와 저자의 작업 방식에 대해 조명한다. "21세기에는 편집이 전자 상점의 시대로 들어설 것이다. …… 우리 모두는 원한다면 누구나 편집자가 될 수 있으며, 정보 과잉을 형성하는 데 앞장선 해커·작가·타이피스트 무리의 가치를 높이 평가할 것이다. 이들은 멀티미디어의 대가, 사이버스트림의 우두머리, 미래의 편집자들이다."

마크 애론슨(Marc Aronson)

마크 애론슨은 헨리 홀츠 북스 포 영 리더스의 선임 편집자(senior editor)다. 청소년을 위한 '다문화' 비소설 분야의 편집자로 그는 성인용 도서의 저자들을 아동용 도서 출판의 세계로 이끄는 데 이바지했다. 애론슨은 뉴욕 대학교 출판 연구소에서 출판의 역사에 관한 교육과정을 개설하여 강의를 진행하고 있다. 그는 브루스 브룩스, 코레타 스콧 킹, 교코 모리 등의 저자들과 작업을 했다.

19세기 경매에서
21세기 전자 상점의 시대로

—미국 편집자의 진화

—마크 애론슨

편집자의 존재를 드러낸 책

미국의 편집은 경매로 시작되었다. 1898년 에드워드 노이스 웨스트콧의 『데이비드 하럼』이 출간되던 무렵, 에이전트들이 출판계 판도를 바꾸고 있었다. 하지만 출판을 변화시킨 경매는 그 책을 위한 것이 아니라 그 책 안에 있었다. 뉴욕 주 북부의 은행원이었던 웨스트콧은 데이비드 하럼이라는 기민한 사나이에 관한 소설을 썼다. 방언으로 쓰였고 소박한 철학이 담긴 그 소설(조엘 챈들러 해리스의 『리머스 아저씨』를 떠올려보길)은 반응이 매우 좋았다. 당연히 웨스트콧은 그 책을 펴내줄 출판사를 찾을 수 있으리라 생각했다. 하지만 그의 원고가 마침내 애플턴의 리플리 히치콕의 책상에 놓이기까지 그에게는 아무런 행운이 따르지 않았다. 동판화의 권위자이자 민중사 시리즈의 저자이기도 했던 히치콕은 기꺼이 위험을 무릅쓰는 편집자였다. 그는 말〔馬〕을 바꾸는 장면이 나오는 원고의 제6장을 제1장으로 하는 편이 적합하다고 생각하여 제6장을 맨 앞으로 옮기고 대대적으로 삭제와 문체상의 수정을 가했다. 그의 편집은 기적을 발휘했다. 『데이비드 하럼』은 1899년에 도서 판매 1위를 기록했다. 그 해 3, 4월에 하루에 최대 1,000권이 서점에서 팔려나갔다. 1904년 하드커버의 총 판매부수는 72만 7,000권이었고 1946년에는 119만 권에 달했으며, 별도로 24만 1,000권이 페이퍼백(대중보급용으로 만든 저렴한 책—옮긴이)으로 팔려나갔다.

히치콕이 특별한 원고 작업을 한 건 아니었다. 다른 편집자들 역시 원고를 대폭 삭제할 것을 권유하거나 퇴짜 맞은 원고를 잘 팔리는 책으로 만들었다. 하지만 이번에는 두 가지 큰 차이점이 있었다. 책이 전례 없는 속도로 팔려나간 데다 편집자가 무슨 일을 하는지를 사람들이 알게 되었다. 히치콕은 『데이비드 하럼』을 '만든' 사람으로 알려졌고, 이 책은 그의 편집자 인생을 바꾸어놓았다. 히치콕과 그의 아내는 책을 무대 상연용으로 각색하여 출판사와 이윤을 나눠 가졌다(웨스트콧은 책이 발간되기 전에 사망했다). 이후에는 두 편의 영화로도 만들어졌는데, 한 편에는 윌 로저스가 출연했다. 책이 발간된 지 40년이 지난 후에도 『뉴욕 타임스 매거진』에는 책과 담당 편집자에 관한 특집 기사가 실렸다. 히치콕은 오랫동안 출판인의 길을 걷는 동안 스티븐 크레인과 시어도어 드라이저의 저서 역시 편집했으나 그의 명성과 현대 미국의 편집은 『데이비드 하럼』에서 나왔다.

『데이비드 하럼』의 성공 이후 히치콕은 유명인사가 되었고 1930년대에는 편집을 둘러싸고 문화적인 신화가 형성되었다. 그 결과, 편집자가 원고의 영혼을 찾아주는 구세주, 납을 황금으로 만드는 연금술사, 남들이 간과한 것을 발견하는 현자로 인식되었다. 편집자의 또 다른 이미지는 히치콕의 시대에 이미 형성되어 있었다. 그건 바로 벗으로서 편집자였다. 광부-마술사로서 편집자, 마음 맞는 벗으로서 편집자의 이미지가 합쳐져 '천재적 재능을 지닌 편집자'라는 전통적인 이미지가 생겨났는데, 이는 1920년대, 30년대, 40년대를 풍미했던 편집자 윌리엄 맥스웰 에바츠 퍼킨스를 중심으로 굳어졌다. 하지만 퍼킨스를 정말로 이해하려면 그의 시대에서 적어도 100년 전으로 거슬러 올라가야 한다.

미국에서 워싱턴 어빙, 제임스 페니모어 쿠퍼와 같은 베스트셀러 작가가 최초로 등장한 건 1820년대였다. 당시 뉴욕은 지금과 같은 출판의 중심지가 아니었으나, 최초의 몇몇 에이전트들이 도시에 사무실을 차렸고 발행인, 저자, 비평가 무리가 서점, 맥줏집, 식당 등지에 모여 생각을 공유하고 책을 구상했다. 1830년대가 되자 출판이라고 할 만한 것이 뉴욕, 필라델피아, 보스턴, 구독 출판(subscription publishing)의 발상지인 하트퍼드에서 모양새를 갖추기 시작했고, 저렴한 재인쇄에서 모로코 가죽 책 표지에 이르기까지 인쇄가 여러 형태로 가능해졌다. 20년이 지난 1850년대에는 미국 역사상 가장 많은 수의 대중이 글을 읽고 쓸 줄 알게 되었고, 이에 힘입어 출판사들은 감성적인 사랑 이야기와 아동용 교과서를 펴내 수십만 권을 팔아치웠고, 그보다 돈이 안 되는 너새니엘 호손, 헨리 데이비드 소로, 허먼 멜빌(그가 바다 모험 이야기를 쓰기를 중단한 후다)의 소설까지 펴냈다.

출판이 중요한 산업으로 성장하여 미국 문화에 기여했지만 현대적인 의미의 편집자는 아직 없었다. 부분적으로 1891년까지 영국에서 수입된 도서의 저작권이 법적으로 보호되지 않았기 때문이다. 체계가 잘 확립된 출판사들은 '교역의 예의'에 따라 영국 작가들에게 인세를 지불했으나, 많은 신생 출판사들은 디킨스와 새커리의 작품을 값싸게 재인쇄하여 사업을 시작했다. 작품을 재인쇄하여 팔 경우에는 편집상의 관여가 필요 없었다. 하퍼에서는 프리랜스 검토자들이 원고의 수락과 거절을 도왔다. '편집자'라 불린 자들은 수익성이 더 좋은 소재와 주제로 작가들을 이끌기도 했으나, 책의 본문을 구성하는 일보다는 저자를 홍보하는 데 더욱 공을 들였다. 『뉴욕 레저』의 소유주이자 편집자였던 로버트 보너는 인기 있는 여성 소설가들의 작품에 거액을 쏟아부은 탁월한 홍보 담당자였다. 보너가 했던 가장 사치스러운 일은 철로 위를 달리는 특등 객차를 그의 베스트셀러 작가의 이름이 새겨진 황금 화환으로 장식한 것이었다. 파니 펀의 이름이 새겨진 열차는 그녀가 세상을 떠난 뒤에도 미국 전역을 돌아다니며 그녀의 이름을 널리 알렸다. 편집자들은 또한 객관적인 비평으로 언론매체에 게재되는, 온갖 미사여구가 담긴 '찬사의 글'을 써야 했다.

많은 출판사의 경우 규모가 작았기 때문에 성(姓)을 출판사명으로 내건 발행인과 저자가 작업에 대해 직접 의사소통을 했다. 예를 들어 미국 남북전쟁 중에는 『애틀랜틱 먼슬리』의 편집자이자 티크너 앤드 필즈 출판사의 협력자인 제임스 T. 필즈가 한 저자에게 집필 중인 기사를 대대적으로 수정할 것을 요청해야 했다. 필즈는 너새니엘 호손을 이렇게 나무랐다. "티크너와 제가 생각하기에 대통령을 언급한 구절을 수정하는 편이 현명할 것 같습니다. 대통령의 거칠고 투박한 면을 묘사한 부분을 삭제하면 어떨까요. 현재 이 잡지를 읽고 있는 영국이 '에이브 아저씨'가 원숭이 취급을 당하는 모습을 고소하게 바라볼지도 모르기 때문입니다." 남북전쟁에 대한 열띤 논쟁에서 저자에게 대통령을 원숭이라고 부르지 말라고 당부하는 일은 편집자/발행인의 몫이 되었다. 『모비 딕』의 실패 이후 멜빌은 『피에르』라는 출판에 관한 소설을 썼다. 이 소설에서도 부유하고 인기 많은 작가에게 차기작을 요청하는 서신을 쓴 것은 원더 앤드 웬 출판사였고, 작가의 평판이 안 좋아지자 그 문제를 처리한 것도 스틸, 플린트 앤드 아스베스토스 출판사였다.

도덕과 시장 사이에서

19세기 내내 그리고 20세기에 들어서도 작가의 평판은 출판사에게 매우 중요했다. 발행인들은 내용, 어조, 표현의 측면에서 비난의 여지 없는 도덕적인 미국 소설을 만드는 것이 의무라고 생각했다. 도덕을 위한 편집은 시장을 위한 히치콕의 편집과 매우 달라 보일 수 있으나, 사실 이 둘은 연관되어 있었다. **미국의 독자들은 도덕적인 책을 원했다. 그게 바로 팔리는 책이었다.** 책을 '불쾌하고 무례하게' 만드는 것만큼 책을 죽이는 확실한 방법도 없었다. 저자의 도덕적인 어조를 검열할 수 있는 편집자는 저자의 시장 점유율까지 보호하는 셈이었다. 많은 책의 경우 완전한 책으로 출간되기 전에 출판사가 소유한 잡지에서 연재되었기에 편집자들은 소위 전형적인 10대 소녀의 순결한 감수성을 잣대로 사용하여 그들의 출판물을 평가했다. 1세기 후에 등장한 텔레비전 방송과 같이, 가족 전체가 한 자리에 모여 즐기기에 적합하지 못한 잡지는 출간되지 못했다. 출판사는 이러한 도덕적 승인을 내리기 위한 두 가지 방법으로, 그러한 도덕적 가치관을 지닌 사내 편집자를 고용하거나 유행을 퍼트리는 다양한 집단의 감성과 접촉하는 프리랜스 검토자들을 참여시켰다. 찰스 스크리브너스 선스 출판사는 첫 번째 접근법을 사용하여 결국 맥스웰 퍼킨스의 고향이 되었고, 맥밀란 출판사는 두 번째 접근법을 사용하여 다량의 독서로 박식하거나 사회적 지위가 있는 여성들에게 많은 편집상의 임무를 주었다. 두 경우 모두, 편집자는 대개 일반 대중에게 보이지 않는 존재로 남아 있었다.

도덕적 측면을 감독하는 일은 단순히 저자를 선택하고 글의 내용을 관리하는 일 그 이상이었다. 19세기에는 언어를 둘러싸고 얼마간의 열띤 논쟁이 벌어졌다. 새로운 사전과 문법책 특히 성경 번역본을 개발·판매하는 과정에서 언어의 적절한 사용, 어휘, 철자에 대한 논쟁이 불거졌다. 쟁점이 되었던 사안은 단조롭지만 보다 정확한 번역을 옹호했던 학계 전문가들에 맞선 전통(예를 들면 킹 제임스 성경)의 주장, 길거리의 언어와 상류사회의 언어, 미국에서 언어가 어떻게 그리고 어떠한 목적으로 형성될 것인가 등이었다. 미국은 어떤 사회가 되어야 하는가? 언어가 전통을 준수하고 사람들의 삶 역시 그래야 하는 질서정연한 사회가 되어야 하는가? 아니면 언어와 행동이 해마다 변화하는 개방적인 사회가 되어야 하는가? 1960년대에도 비슷한 논쟁이 일어나 사람들이 흑인 영어를 지지하고 나서고 네 글자로 된 욕설을 사전에 포함시켜야 할지에 대해 설전을 벌였다. 지금까지도 성(性)과 언어에 관한 논의에 이러한 분규의 흔적이 남아 있다. 그러나 초기의 논쟁은 신문 제 1면의 화젯거리였고, 독자·자문가·편집자·저자를 선택해야 했던 출판사에 직접적인 영향을 미쳤다. 놀랍게도, 많은 출판사는 엘리트주의를 고수하는 전통주의자들 대신 진보적인 학자들이나 그들과 편을 같이하는 무리를 선택했다.

히치콕의 시대에 들어서자 마지막 한 가지 유행이 편집의 세계에 더해졌다. 소비자 광고가 폭발적으로 증가하여 재정 지원을 받은 새로운 잡지가 더욱 '현실적인' 산문 형식을 도입한 저자들의 글을 게재해서 전례 없는 수준의 독자층을 형성했다. 언론인이 되기 위한 교육을 받은 일부 도서 편집자들 역시 동일한 시장을 추구했다. **이 새로운 편집자들은 도덕적인 감독자라기보다는 기업의 중간 경영자에 더 가까웠다.** 그들은 미국의 저자들을 원했고 최신의 대중 취향을 좇았다. 이 편집자들은 직설적이고 생기 넘치는 산문을 기한에 맞추어 제공할 수 있는 저자들에게 원고료를 지불했다. 세기가 바뀌는 시점이 되자, 문학인들을 대상으로 한 잡지들이 이러한 추세를 인식하고서 잘 팔리는 글을 쓰는 방법에 관한 기사를 싣고 주요 편집자들의 약력과 그들이 입수할 만한 원고의 유형에 대해 알렸다. 저자들은 편집자들이 잘 알려진 작가, 실용적인 입문서, 인간적인 관심을 쓰는 글에만 관심을 보인다고 불평한 반면, 편집자들은 누군가 훌륭한 문학 작품을 써주기만 한다면 그걸 기꺼이 출간할 것이라고 응수했다. 도덕과 시장 사이에서 사람들은 출판사가 발행인뿐만 아니라 편집자를 필요로 하며 편집이 책의 성공에 기여할 수 있는 예술이라는 생각을 갖게 되었다. 알프레드 A. 크노프 같은 몇몇 발행인에 따르면, 이는 끔찍한 실수였으며 곧 출판의 쇠퇴로 이어졌다.

편집의 전설, 맥스웰 퍼킨스

맥스웰 퍼킨스는 1910년에 찰스 스크리브너스 선스 출판사에 합류하여 광고부에서 근무했다. 이 출판사의 문학 자문위원이었던 윌리엄 크래리 브라우넬은 『비평』, 『규범』, 『빅토리아 시대 산문의 대가들』과 같은 책을 썼고, 미국 예술·문학 아카데미가 문화적인 기여도에 따라 주기적으로 선정하는 미국인 50명의 한 사람이었다. 저자들은 그에게 다가가는 것을 교회에 들어가는 것처럼 느꼈고, 브라우넬은 편집을 일종의 문화적 사명이자 냉정한 사업으로 보았다. 퍼킨스는 책의 중요성에 대해 브라우넬과 같은 입장이었으나, "책은 저자에 속한다"라고 선포하면서 그와는 상당히 다른 행보를 보였다. 젊은 편집자 퍼킨스는 편집이란 저자의 재능을 드러내고 갈고닦기 위한 일종의 합의를 수반한다고 믿었다. 이러한 지칠 줄 모르는, 심지어 투지 넘치는, 저자와 책에 대한 헌신은 1920년대에서 40년대에 이르기까지 엘리트 편집의 특징이었다.

퍼킨스는 브라우넬의 반대에도 불구하고 F. 스콧 피츠제럴드의 첫 번째 소설을 입수한 것으로 시작하여, 어니스트 헤밍웨이, 링 라드너, 마저리 키넌 롤링스, 테일러 콜드웰, 특히 토머스 울프와 같은 명망 있는 작가들과 작업을 했다. 울프가 세 상자에 담아 보낸, 40만 개의 단어들이 뒤엉킨 채 쪽 번호도 적히지 않은 원고를 퍼킨스가 애써 다듬고 정리하여 『때와 흐름에 관하여』라는 책으로 엮어낸 일화는 미국 편집의 감명적인 측면을 단적으로 보여준다. 울프는 "쓰디쓴 절망과 의구심의 시간 속에서 이 책의 작가를 지켜주고 작가가 절망에 굴복하지 않도록 일으켜 세워준 위대한 편집자이자 용감하고 정직한 사람"에게 보내는 책 속의 감사의 글에서 퍼킨스의 공로를 인정했다. 퍼킨스는 유명세를 좇지 않았으나, 울프의 여러 작품을 편집하는 과정에서 그가 했던 역할이 널리 알려지는 바람에 비평가들 사이에서 울프가 실제로 글을 얼마나 썼는지에 대해 의문이 제기되었다. 비평가 겸 역사가 버나드 디 보토는 "퍼킨스와 스크리브너스의 글 공장"이 사실상 울프의 책을 만들어냈다고 비난했다. 울프는 퍼킨스를 『돌아갈 수 없는 고향』의 한 인물인 폭스홀 에드워즈로 만들어서 그를 전설적인 인물로 만드는 데 한몫을 했다.

퍼킨스 그리고 파스칼 코비치와 색스 커민스와 같은 다른 '용감무쌍한' 편집자들은 편집을 저자의 성공에 필요한 선까지 끌고 갔다(또는 그 선을 넘어섰다). 그들이 너무 멀리 간 것일까? 이들은 편집이라는 산더미 같은 허드렛일을 홀로 도맡아 하면서, 명석하지만 종종 자기 파괴적인 모습을 보이는 저자들과 끈끈하고 심지어 눈물 없인 못 보는 우정을 유지했다. 그러면서 줄곧 책의 상업적인 성공을 위해 노력해야 했다. 그 결과, 천재성과 알코올 중독, 절대적인 헌신과 상호의존, 힘겨운 작업과 극도의 피로 속에서 미국의 가장 위대한 소설 몇몇이 탄생했다. 하지만 편집자들은 간혹 스스로가 중요하다는 생각에 지나치게 사로잡힌 나머지, 저자의 허락 없이 작품을 수정하거나 저자의 글을 왜곡했다.

여성, 유대인의 활약

1930년대에는 여성들에 의해 편집이 다른 방식으로 확장되었다. 이 여성들의 다수는 에이전트였다. 한 예로 엘리자베스 노웰은 퍼킨스가 울프의 소설에 작업을 한 것만큼이나 울프의 잡지 게재 글에 많은 작업을 했다. 심지어는 더 많은 작업을 했다. 그녀는 울프가 제멋대로 쓴 원고들을 잡지의 글자 수 제한에 맞게 선택·삭제·수정했고 원고료를 협상했으며 심지어는 그에게 피임에 관한 조언까지 해서 그가 연인의 임신에 대해 걱정하지 않도록 했다. 사이먼 앤드 슈스터 출판사는 외모를 보고 비서를 고용하는 것으로 악명이 높았지만, **여성들은 종종 인정받지 못했던 지적인 장점 덕분에 출판계에서 중요해지게 되었다.** 여성 '책임 보조자'들은 자신보다 이름이 널리 알려진 상사들을 위해 본문 편집과 세부 작업의 상당 부분을 자주 진행했다. 여성들은 또한 아동용 도서의 사내 편집자로서 그들만의 영역을 다져나가기 시작했다. 그러나 편집 인력이 가장 극적으로 확대된 것은 성별이 아니라 종교와 연관이 있었다.

어느 순간부터 유대인 청년들이 설립한 새로운 출판사들이 속속 나타나기 시작했다. 그들 대부분은 콜럼비아 대학교 졸업생이었다. 대표적인 출판사로는 알프레드 A. 크노프, 사이먼 앤드 슈스터, 랜덤 하우스, 바이킹, 그리고 파라 스트라우스 지루가 있었다. **새로운 유대인 출판사들은 두 가지 방향, 즉 자유 언론의 확장 그리고 신교도 엘리트 계층이 모멸·괄시했던 보다 폭넓은 대중을 향해 편집을 이끌었다.** 새로운 출판사들은 애플턴, 하퍼, 스크리브너스와 같은 기존의 오래된 출판사와 이미 동맹을 맺은 주류 미국의 충직한 일꾼들과 손잡는 일이 좀처럼 없었다. 대신 유럽 그리고 그리니치 빌리지(뉴욕 맨해튼에 있는 예술가 거주 지역—옮긴이)의 급진주의자들에게로 눈을 돌려 저자를 탐색했다. 그러다 보니 결국 검열 전쟁이 잇달아 일어났고, 1923년에는 뉴욕주 하원이 실제로 검열법을 통과시켰으나 상원에 의해 무산되는 전환점이 되는 사건이 일어났다. 또 1933년에는 대법원이 제임스 조이스의 『율리시스』의 손을 들어주면서 표현의 자유를 보장했다.

다른 출판사들은 출간도서의 다양화를 꾀해서 새로운 책을 찾았다. 비록 가칭을 내걸긴 했지만 사이먼 앤드 슈스터가 최초로 발간한 책은 십자말풀이 책이었다. 물론 미국 남북전쟁 중에 조세 지침서가 처음 등장했고 식민지 시절부터 각종 입문서가 여러 형태로 존재했지만, 사이먼 앤드 슈스터는 『친구를 얻고 사람들에게 영향을 미치는 법』과 같은 꾸준한 베스트셀러를 출간해서 해당 출판 범주를 변화시켰다. 이 출판사의 접근법은 "독자에게 도움을 주자"라는 좌우명으로 요약되었다. 어떤 출판사는 도덕을 위한 편집을 아방가르드를 추구하는 저자의 섭외로 대체했던 반면, 또 어떤 출판사는 더욱 실용적인 필요성을 해결하려는 체계적인 노력을 기울이면서 문화적 사명이라는 오래된 개념을 대체했다. 어떤 경우든, 새로운 출판사들이 새로운 편집 방식을 업계에 들여왔다.

페이퍼백, 게임의 규칙을 바꾸다

맥스 퍼킨스는 1947년에 세상을 떠났다. 영웅적인 편집자를 둘러싼 신화는 계속 이어졌지만, 이는 더 이상 출판계의 일상적인 현실을 설명하지 못했다. 퍼킨스는 물질주의가 미국을 지배하고 있으며 일부 출판인들이 문학적 가치보다는 편의를 선택한다고 느끼고는 절망감에 빠졌다. 다른 사람들 역시 같은 생각이었다. 던 파월의 1942년 소설 『태어나기 위한 시간』(1991년에 야로 프레스가 재발행함)의 한 인물은 이렇게 말했다. "출판인의 천재성을 가늠하는 잣대는…… 시대를 앞서 나가고 필요할 경우 하루아침에 본인의 사고방식 전반을 바꿀 수 있는 능력의 유무다." 이 상식 있고 다소 냉소적인 저자의 말에 따른다면, 시장에 줄곧 눈독을 들이는 영리한 위선자들이 전통적인 출판사의 진정한 가치관과 훌륭한 편집자들이 기울인 각고의 노력 역시 모방하고 있는 셈이었다. 현재에서 매우 가까운 시기까지 출판계에 갓 뛰어든 패기 넘치는 신입 편집자들 사이에서 퍼킨스가 본보기로 남아 있었지만, 그가 세상을 떠나기 전에 완전히 새로운 출판이 시작되었다. 그 새로운 출판이란 더욱 노골적으로 판매에 중점을 두고 게임의 규칙을 완전히 바꾸어 놓았다. 그건 바로 페이퍼백이었다.

페이퍼백은 적어도 1840년대에 미국 출판계에 처음 등장했다. 그러나 이를 발행했던 출판사들은 양장본 도서를 발행하는 출판사들의 맹렬한 반대에 부딪히고 무시를 당했다. '청소년용 문학잡지', 저렴한 삼류 소설, '해적판' 재인쇄 소설은 결코 주류 도서로 취급받지 못했다. 그러나 '중간문화'가 더욱 폭넓게 수용되고 로버트 페어 드 그라프(저렴한 페이퍼백 재인쇄본을 발행하는 새로운 출판을 시작한 출판인—옮긴이)가 끈질기게 시장 연구를 한 끝에 1939년에 드디어 현대 페이퍼백의 시대가 시작되었다. 미국 사회의 변화 덕분에 저렴한 도서가 새로이 존중을 받게 되었다. 출판사들은 새로운 유형의 편집자를 원하기 시작했다. 일부 출판사는 노골적으로 폭넓은 독자층을 형성하기 위해 낮은 계층 출신의 편집자 내지는 심지어 대학에 진학하지 않은 편집자를 고용하기도 했다. 편집자를 고용하는 과정에서 시장의 지혜가 학벌과 경쟁하기 시작했다.

처음에 페이퍼백은 약국과 신문 가판대와 같은 새로운 장소에서 판매되던 양장본의 저렴한 재인쇄본이었다. 추리 소설, 서부극, 로맨스, 이후에는 과학 소설과 같은 장르 소설이 페이퍼백에 적격이었다. 저렴한 비용으로 대량의 부수를 찍어낼 수 있는 데다 판매부수가 상대적으로 예측 가능했기 때문이다. 그러나 1950년대 초반이 되자 NAL(New American Library)의 멘토 리스트, 펭귄, 그리고 가장 대표적으로 제이슨 엡스타인이 더블데이 출판사에 설립한 앵커 리스트가 페이퍼백 시장에 뛰어들어 이를 일반 서점에 유통시켰고 '더욱 진지한' 도서들을 페이퍼백으로 펴냈다. 모든 경우, 페이퍼백 출판사들은 문학적인 관심사, 본래 저작권을 가진 주류 출판사에 대한 존중, 저자에 대한 깊은 배려를 강조하는 등 하드커버 출판의 규칙을 따라야 했다. 페이퍼백 도서를 편집할 때에는 누가 무엇을 출판하고 그에 어떻게 접근해야 하는지를 알아야 했다.

1960년대에는 NAL이 무비 타이-인(movie tie-in: 영화 개봉에 맞춰 영화의 원작 소설의 판매 증대를 목적으로 영화 속 이미지로 책 표지를 새롭게 한 판형―옮긴이)의 출간을 의뢰해서 출판을 또 하나의 단계로 이동시켰다. 하지만 편집자들은 기타 매체에 대해 이미 잘 인식하고 있었다. 이르게는 1944년에 텔레비전 및 라디오 방송국을 소유했던 마셜 필드가 사이먼 앤드 슈스터를 인수했다. 편집자들은 1958년에 처음으로 저자의 텔레비전 방송 출연이 중요하다고 깨닫게 되었는데, 그 계기는 알렉산더 킹이 잭 파의 〈투나잇〉 쇼에 출연하여 독백을 한 덕분에 그의 두 책이 베스트셀러 1위가 되면서였다. 1960년대 초반이 되자 양장본 편집자는 저자가 쓴 작품의 장점뿐만 아니라 작품이 걸어갈 다른 길에 대해서도 관심을 가져야 했다. 즉, 작품을 페이퍼백으로도 출간할 것인가, 작품이 영화화될 수 있을 것인가, 저자가 텔레비전 방송에 출연해야 할 것인가라는 문제에 대해 관심을 가져야 했다. 한편 대중보급용 페이퍼백 편집자들은 양장본 출판사로부터 책을 사들이기 시작했을 뿐만 아니라 고딕 미스터리와 로맨스 후에는 양장본에서는 전혀 찾아볼 수 없는 보디스 리퍼(bodice ripper: 정사 장면이 많이 나오는 연애 소설―옮긴이)와 같은 완전히 새로운 종류의 소설을 고안하기 시작했다.

일부 출판사에서는 이러한 새로운 페이퍼백에서 거둬들인 수입이 그보다 판매량이 적은 도서들을 지원하는 데 도움이 되었고, 덕분에 보다 수준 높은 편집자들이 문학적인 가치에 집중할 수 있었다. 이러한 균형

덕분에 일반 페이퍼백 편집자들이 특히 선호되었다. 한 예로 1950년대에 NAL은 매우 자긍심을 갖고서 어스킨 콜드웰과 후에는 미키 스필레인을 '세계의 베스트셀러 작가'라고 칭했다. 하지만 그러면서도 제임스 볼드윈, 리처드 라이트, 랠프 엘리슨과 같은 새로운 흑인 작가들에게 토론의 장을 열어주었다. 그러나 이러한 균형은 한계가 있었다. 어느 순간 NAL의 공동 발행인인 빅터 웨이브라이트는 유감스럽게도 출판사의 문학 자문위원에게 최소 7만 5,000부가 팔리지 않으면 책을 출간하지 않겠다는 뜻을 통보했다.

당시 그곳에 재직 중이었던 테드 솔로타로프에 따르면, NAL은 1960년대 중반에도 여전히 일반 단행본과 대중보급용 도서의 균형을 성공적으로 유지하고 있었다고 한다. 이게 사실이라면, 그건 부분적으로 1960년대의 분위기 덕분으로 봐야 한다. 위대한 사회 정책(미국 존슨 대통령의 빈곤 퇴치 및 경제 번영 정책—옮긴이)에 따라 도서관에 많은 투자가 이루어지고 베이비 붐 세대가 고등학교와 대학교에 진학하면서 진지하고 도전적인 도서 시장이 커졌다. 반문화(counterculture)는 텔레비전 뉴스와 록 음악의 산물이었을지 모르나, 자존감 강한 모든 급진주의자들의 책장에는 헤르베르트 마르쿠제, 엘드리지 클리버에서 카를로스 카스타네다와 빌헬름 라이히에 이르는 저자들의 손때 묻은 페이퍼백 책들로 가득했다. 1920년대에는 급진주의자들의 저서를 입수하여 출간한 편집자들이 법정에 서게 되는 위험에 직면했으나, 1960년대에는 베스트셀러를 입수할 수 있는 좋은 기회를 갖게 되었다.

1960년대와 70년대에는 시민권 개념까지 출판계에 도입되면서 출판사들이 짧게나마 비-백인 편집자들을 최초로 고용했다. 그러나 편집이라는 직종이 대학 교육 수준을 요구하면서도 매우 낮은 급여를 지급했기에 저소득 계층 출신의 지적 수준이 높고 의욕이 강한 사람들 대부분은 현명하게 급여가 더 높은 직업을 택했다. 오늘날까지도 편집은 미국에서 가장 통합이 덜 된 직종으로 남아 있다. 반면 여성들은 출판계에서 그들의 고위직 진출을 가로막는 보이지 않는 장벽의 최상한선까지 다가갔으며 심지어 이를 무너뜨리기까지 했다. 많은 편집자들, 아니 대다수의 편집자가 여성인 데다 여성이 편집장이나 발행인과 같은 고위직을 맡는 경우도 상당하다. 이는 특히 아동 도서 부문에 해당되는 이야기이지만, 출판계는 전형적인 고객의 특징(소설의 경우 중서부 출신의 대학을 졸업한 중산층 여성)이 전형적인 경영자의 특징과 일치하는 몇 안 되는 분야다. 따라서 출판계에서 여성들이 자신들의 독서의 생산수단을 거의 통제하게 되었다고 할 수 있다. 이렇게 보면, 오늘날의 편집자들은 그 어느 때보다도 독자들의 감성과 더욱 긴밀하게 접촉하게 되었다고 할 수 있다.

자유 시장에 내던져지다

모든 형태의 매체가 가시적으로 드러나고 1960년대와 70년대에 페이퍼백이 큰 성공을 거두자 출판사들이 미국의 금융가에 매력적으로 비춰지게 되었다. 유서 깊은 많은 양장본 출판사들은 페이퍼백의 강력한 힘과 잠재적인 구매자들의 제안에 직면하여 독립적인 상태를 유지하기 위해 새로운 자본을 찾거나 타 출판사와 합병을 하거나 폐업을 해야 했다. 출판계에 인수의 바람이 불면서 기존 출판사들이 편집자와 저자에게 제공했던 평생의 직업 보장은 자유 시장으로 무너지게 되었다. 이 시장에서 편집자와 저자들은 더 나은 거래를 위해 이 출판사에서 저 출판사로 뛰어다녀야 했다. 출판사가 돈벌이가 되는 작가의 이름을 필요로 한다는 사실에 착안한 에이전트들은 전보다 더 노련하게 경매라는 오래된 기법을 사용하여 자신이 맡고 있는 저자를 위해 최고액의 원고료를 따냈다. 책 발행에 앞서 저자에게 미리 지급해야 하는 거액의 선인세는 출판사에 재정적인 압박을 가중시키기만 했다. 요즈음 비용을 의식하는 대규모 출판사에서는 선인세를 분할하여 지급하기도 한다. 편집자가 물음을 던질 만한 익숙하지 않은 용어였던 '투자 수익률'이라는 말은 이제 편집자가 일자리를 계속 지켜낼 수 있을지의 여부를 결정하는 중요한 회계적인 지표가 되었다.

1980년대에는 많은 출판사가 새로운 무리의 국제적인 대기업에 영입되면서 개별 편집자가 대중에 점점 더 생소해지게 되었다. 어쨌거나 대중에 알려진 편집자들은 원고에 대한 노고보다는, 그들이 낸 소설, 사회생활, 또는 매체 출연으로 명성을 얻었다. 수백만 달러를 거둬들이는 일이 유명 작가의 섭외 여부에 달려 있는 상황에서, 출판사로서는 책이 완벽한 모양새를 갖추는 것보다 베스트셀러 목록에 오르는 것이 더 중요했다. 편집자들은 책을 편집할 시간이 적어졌고 베스트셀러가 될 만한 새로운 도서를 입수하는 일에 집중해야 했다. 그러다 보니 윤문 편집의 실제 작업은 보조 편집자, 에이전트, 본문 편집자, 작가 협회, 북닥터, 도서 제작자, 선의의 지인을 비롯한 다양한 사람에게 맡겨졌다. 어떤 점에서 본다면, 이렇듯 편집 업무가 출판사 외부의 많은 사람들에게 맡겨진 현상은 세기가 바뀌는 시점에 프리랜스 검토자들이 등장했던 것과 비슷하다. 오늘날 편집자는 발행인처럼 생각하고 편집은 물론 그 외 많은 다른 업무를 수행해야 한다. 그 결과, 저자와 에이전트가 글을 갈고닦는 작업에 더 많은 시간을 할애할 수밖에 없게 되었다. 거대

미디어 기업 시대의 편집은 20세기 중반의 '영웅적인' 노고보다는 남북 전쟁 전 '과대 선전' 내지는 19세기 후반의 '읽기 및 검토'에 더욱 가까워 보인다.

전자 상점 시대의 편집

편집의 미래는 어떠할까? 저자를 발굴하고 에이전트와 협상을 하며 글의 강점과 약점을 파악하고 출판사의 정치 상황과 위험 속에서 원고에 방향을 제시하며 책의 시장 진입을 위해 제스처를 취하는 기술들은 계속해서 출판에 중요할 것이다. 직업적인 자부심과 개인적인 열정으로 이 모든 역할을 수행하는 한 사람으로서 편집자의 뚜렷한 이미지는 살아남지 못할 수도 있다. 출판계는 일반적으로 20년의 주기를 거친다고 한다. 초기 단계에는 많은 소규모 출판사들이 존재하고, 중간 단계에서는 그러한 신생 출판사들이 폐업을 하거나 합병되거나 보다 규모가 큰 출판사에 인수되며, 마지막 단계에서는 대형 출판사들이 휘청거리며 다시 한 번 규모가 작은 많은 단위로 분해된다고 한다. 오늘날 대형 출판사들은 곧 분해될지도 모른다. 하지만 편집자를 위한 새로운 가능성을 창출하는 또 다른 대안이 존재한다.

큰 규모의 느슨한 구조 내에서 많은 소규모 단위들이 종종 경쟁하는 일본의 상업조직 모델이 과거의 소비에트 연방이나 IBM과 같은 대기업을 조직하는 하나의 방법으로서 인기를 얻고 있다. 이 구조는 특히 오늘날의 출판에 매력적이다. 컴퓨터 네트워크를 통해 저자들이 서로의 글을 공유 · 편집하는 것이 점차 가능해지면서 동시에 워크스테이션의 디자인 기능들이 생겨 편집자와 디자이너의 경계선이 허물어지고 있기 때문이다. 일부 출판사는 이미 편집자, 저자, 디자이너, 컴퓨터를 한 프로젝트를 전담하는 하나의 팀으로 구성하고 있다. 상부에 있는 발행인과 CEO에게 보고를 하는, 서로 뚜렷이 구별되는 부서들로 구성된 출판사의 구조는 여러 직무를 공유하고 자신들이 생산한 것에 대해서만 책임을 지는 한 무리의 팀들로 대체될 수도 있다. 이렇듯 느슨한 구조 속에서 예술학 석사 학생들과 교수진으로 구성된 컨소시엄이나 작가 협회의 회원들과 같은 저자 집단들은 전자적인 방식으로 글을 생성하고 주요 출판사 내의 일종의 임프린트로서 기능할 수 있다. 임프린트에 대한 현재의 개념을 최대한 확장시켜본다면, 출판사는 기술적 지원·배급·마케팅만을 담당하고, 원고의 입수와 편집은 얼마간의 합의된 회계적인 목표를 달성하는 것을 책임으로 하는 반자율적인 팀 내에서 전적으로 이루어질 수 있다.

통합된 계층 구조 대신, 출판사는 저마다 전략과 안건을 지닌 다양한 단위들로 구성된 다도해가 될 수 있다. 사이버텍스트, 쌍방향적인 컴퓨터, 전자책과 같은 멀티미디어 수단이 점차 보급되고 있으며, 출판사는 전문지식, 자본, 그리고 창의적인 사람들이 필요로 할 다양한 미디어 수단을 제공할 수 있다. 그 대가로 창의적인 팀은 출판사가 전자미디어에 점점 익숙해지고 있는, 빠르게 변화하는 대중의 취향을 계속해서 접할 수 있는 장이 될 것이다. 이러한 환경 속에서 편집은 책을 위해 컴퓨터상에서 행할 수 있는 모든 행위를 의미하게 될 것이다. 여기에는 책을 화려한 멀티미디어 오락물로 탈바꿈시키는 일도 포함된다.

전자 네트워크화된 미래의 출판계에서는 각 단위들이 필요로 하는 만큼의 다양한 편집 방식이 존재할 것이다. 완전히 컴퓨터화된 편집 프로그램은 수량화된 포커스 그룹 연구와 마케팅 수치를 결합하여 사람의 손길 없이도 글에서 장르 페이퍼백을 생산해낼 수 있다. 반면 적극적인 의욕을 지닌 개인들의 취향과 헌신에 의존하는 소규모 문학 단위는 퍼킨스 시대의 편집을 필요로 하는 저자와 그 결과를 즐길 독자들을 위해 그 시대의 편집을 부활시킬 수 있을 것이다.

19세기의 편집이 경매로 끝을 맺었다면, **21세기에는 편집이 전자 상점의 시대로 들어설 것이다.** 이 책의 제 10판이 독자들의 휴대용 단말기의 화면으로 전송되고, 독자/편집자는 모든 판을 비교하고 도덕·언어·시장·예술·대중 취향·미래의 대안에 맞게 본래의 글을 편집하며 원하는 삽화를 첨가할 수 있을 것이다. 전자 편집자는 전자 키보드의 리듬 버튼과 같이 이러한 선택적인 기능들을 제공하고, 특정한 팀이 시간을 절약해주는 최상의 선택으로 꼽은 편집본을 독자들에게 제시할 것이다. **우리 모두는 원할 경우 편집자가 될 수 있으며, 우리의 정보 과잉을 형성하는 데 앞장선 해커·작가·타이피스트라는 무리의 가치를 높이 평가할 것이다. 이들은 멀티미디어의 대가, 사이버스트림의 우두머리, 미래의 편집자들이다.**

「편집자 지망생에게 보내는 공개 편지—슈스터의 24가지 조언」

1962년 이 책의 초판 때 집필된 이 글에서 슈스터는 출판계에서 가장 창의적이고 비범한 편집자로서 오랜 세월 활동한 흔적을 고스란히 드러낸다. 정곡을 찌르는 24개의 격언을 통해 그는 이를 읽고, 기억하고, 가능할 경우 행동으로 실천할 준비가 되어 있는 젊은 편집자들에게 생애의 흔적이 담긴 귀중한 조언을 제공한다.

이 글은 집필된 지 30년이 넘었기 때문에 그중 많은 부분이 출판 강좌, 판매회의, 편집자 심포지엄, 그리고 출판인들이 한데 모여 출판계 근황에 대해 논의하는 자리에서 수차례 인용되고 있다. "편집자에게는…… 64달러짜리 질문을 할 때 진실의 순간이 찾아온다." (1940년대에 인기 있었던 라디오 퀴즈 쇼를 참고한 것으로, 이를 바탕으로 1950년대에 〈64,000달러짜리 문제〉라는 텔레비전 쇼가 만들어졌다.) 이 부분을 제외하고는 어딜 봐도 오래전에 쓴 글 같지 않고, 올해, 이번 달 심지어 이번 주에 쓴 듯한 느낌이 든다. 큰 규모와 손익계산이 강조되는 이 시대에도 편집의 진실성·취향·헌신과 같은 출판의 몇 가지는 변하지 않는다. 앞으로도 그럴 것이라 나는 희망한다.

M. 링컨 슈스터(M. Lincoln Schuster)

M. 링컨 슈스터는 리처드 L. 사이먼과 함께 1924년에 출판사 사이먼 앤드 슈스터를 설립했다. 그들은 첫 번째 책인 마거릿 피더브리지의 십자말풀이 책에 모든 것을 걸어 결국 성공을 거두었다. 이러한 상상력과 혁신은 슈스터가 사이먼 앤드 슈스터에 몸담았던 오랜 세월(1924~1966) 동안 지녔던 특징이다.

편집자 지망생에게 보내는 공개 편지

—슈스터의 24가지 조언

—**M. 링컨 슈스터**

1

일자리를 지원할 때 큰 위험은 그 일자리를 얻게 될지도 모른다는 점이다. 여러분이 이 사실을 예상된 위험으로 기꺼이 받아들인다면, 난 오랜 경험에서 우러나온 몇 가지 유용한 지침을 짧은 문장의 형태로 써내려가 보겠다.

2

'편집자'와 '발행인'이라는 말을 구별할 수 있어야 한다. 편집자는 원고를 선택하고, 발행인은 편집자를 선택한다.

3

편집자의 역할은 가지런히 정돈되어 책으로 펴낼 준비가 다 된 상태로 제출된 완전한 원고로 시작하지 않는다. 명심해야 할 첫 번째 교훈은 저자(또는 에이전트)가 흔히 원고가 아닌, 원고를 위한 아이디어를 제출하여 여러분이 '블라인드 경매'를 하는 호사를 누리게 한다는 점이다. 원고의 개요와 첫 장(章)을 볼 수 있기만 해도 다행이다. 더러는 단어 하나조차도 볼 수 없을 테니까.

4

훌륭한 편집자는 발행인처럼 생각하고 계획하고 결정해야 하는 반면, 훌륭한 발행인은 편집자처럼 행동해야 한다. 편집자는 '문학적인 감각'에 더해 '산술적인 감각'을 갖춰야 한다. 색맹 행세를 할 여유가 없다. 검은 글자로 찍힌 흑자와 빨간 글자로 찍힌 적자를 구별할 수 있어야 한다.

5

원고나 아이디어나 도서 기획안을 '좋아하거나' '싫어하는' 것만으로는 충분하지 않다. 그것이 왜 좋은지 싫은지를 반드시 알고 납득이 가도록 설득력 있게 말할 수 있어야 한다.

6

지금 있는 그대로의 원고를 판단해서는 안 된다. 향후 갖춰질 원고의 모습에 대해 판단을 내려야 한다.

7

'균형 잡힌 출간도서 목록'에 관한 뻔한 말과 근거 없는 믿음을 모두 잊어라. 그런 방식으로 생각하다 보면 어느새 경직된 태도에 사로잡혀 출간도서의 범주들이 고착화된다.

8

창조적인 편집자의 가장 큰 기쁨과 특권은 글의 결마다 생명을 느끼되 그래도 목마름이 충족되지 않았음을 발견하는 것이다. 그리고 그 목마름을 채워줄 최고의 저자를 찾는 것이다.

9

결국에는 이렇게 말할 때가 종종 있을 것이다. "형편없는 아이디어였지만 역시나 형편없는 글로 쓰였군."

10

인내, 그중에서도 공감 어린 인내와 창의적인 인내를 배워라. 그래야 여러분이 저자에게 신작의 진행 상황을 물었을 때 이러한 대답이 돌아올 경우 실망하지 않을 수 있다. "다 끝났어요. 이제 쓰기만 하면 돼요."

11

속독하기, 건너뛰며 읽기, 정밀하게 읽기, 샘플 찾기의 기술을 완전히 익혀라. 이는 원고를 빠르고 정확하게 읽는 기술이다. 언제 이 기술을 사용하여 읽어야 할지, 그리고 언제 한 줄, 한 단어의 단위로 읽어야 할지를 구분해야 한다.

12

연필을 들고 글을 읽는 습관을 들여라. 단순히 수정이나 정정 사항만을 적지 말고, 수개월 후에 필요한 홍보나 광고를 위한 아이디어를 본인과 동료들이 볼 수 있도록 적자. 이러한 아이디어는 저자나 책을 발견했다는 짜릿함으로 흥분하거나 고무된 상태에서 더욱 풍성하게 샘솟는다.

13

책의 기본적인 주제나 인상을 한두 개의 짧은 문장으로 요약하는 기술을 연습하자. 책의 핵심을 명함 뒷면에 적을 수 있어야 한다. 이 연습을 하다 보면, 훗날 편집자 보고서, 책 표지 문안, 발행인 시사평, 그리고 서평가, 여론 형성자, 판매 담당자, 도서 판매업자들에게 보내는 서신을 작성할 때 핵심을 놓치지 않을 것이다.

14

의도적으로 하는 실수에 대해 크게 걱정하지 말자. 예상된 위험을 무릅쓸 때 실망과 실패가 찾아오기 마련이다. 편집과 출판은 위험을 감수하는 직업이다. 때로는 무모한 도박과도 같다.

15

최신 추세나 유행을 따르지 말고, 현재의 베스트셀러를 모방한 '또 다른' 책을 만들 생각을 추호도 하지 말라. 유행을 시작하되, 유행을 따르지는 말자.

16

저자의 성장 가능성, 그리고 백리스트(backlist : 판매량이 많지는 않지만 연간 1,000부 이상 팔려서 출판사 재정에 도움이 되는 구간 도서를 말한다— 옮긴이)를 위한 책의 긴 '생존 가치'를 더욱 중시하자. 이는 즉각적인 판매 호소력보다 훨씬 더 중요한 덕목이다.

17

어떠한 책의 절대적인 가치를 보고, 즉 대중적인 인기는 없지만 평단의 찬사를 받는다는 점에 주목하여 그 책에 찬성표를 던질 준비가 되었다면, 그 책에 왜 열의를 갖는지를 천명하고 산술적인 계산을 하여 얼마만큼을 기꺼이 잃을 것인지, 혹은 잃을 준비가 되었는지 스스로 알자.

18

주어진 주제에 대해 명망 있는 권위자나 전문가의 도움과 자문을 얻어야 한다고 생각한다면, 전문가란 사소한 실수는 피할 수 있어도 거대한 오류에 휩쓸릴 수 있다는 점을 기억하자. 진정으로 창의적인 편집자는 전문가에 대해서도 반드시 전문가가 되어야 한다.

19

다른 출판사가 동일한 주제에 관한 다른 책을 출간한다고 해서 낙담하거나 실망하지 말자. 첫 번째가 되는 것보다 훨씬 더 중요한 것은 최고가 되는 것에 기꺼이 만족하는 것이다.

판매 담당자와 홍보 및 광고 담당 동료들의 제안과 소견을 열린 마음으로 받아들여라. 단, '성공이 확실한 책'을 만들려고 그들이 압력을 행사하려 할 때는 쉽게 타협하려 하지 말고 저항하라.

'독자층'에 관한 그럴싸하게 들리는 지나친 단순화는 잊거나 무시해버리자. 하나의 독자층 따위는 존재하지 않는다.

책이 출간되기 전, 출판이 이루어지는 과정, 그리고 책이 출간된 이후에 걸쳐 저자의 신뢰를 얻는 법을 익혀라. 만약 편집자가 그러한 신뢰와 협력을 얻지 못하면, 도서 판매업자가 출판업자를 겸하던 오래전으로, 저자와 출판업자의 관계가 적대적이던 시기로 후퇴하는 것이다.

23

편집자에게는 다음과 같은 64달러짜리 질문을 할 때 진실의 순간이 찾아온다. "이 책을 다른 출판사가 발행했다면 구매할 텐가?" 이 시험은 다음과 같이 경험상의 여러 질문으로 표현할 수 있다. 아무 페이지나 찔렀을 때 피가 나는가? 한 단락을 건너뛰었을 때 경험을 놓쳤다는 생각이 드는가? 책을 읽을 때 목 뒤의 털이 곤두서는 게 느껴지는가? (이 시험은 A. E. 하우스먼이 제안했다.) 하지만 결국은 다음과 같은 두 가지 기본적인 질문으로 돌아온다. 본인이 출간을 고려 중인 책을 구입하기 위해 기꺼이 돈을 지불할 것인가? 그리고 더 중요한 질문으로, 그 책을 본인의 서재에 소장할 의향이 있는가? 수년이 흐른 후에 책장에 꽂혀 있는 그 책을 보고 흐뭇함을 느끼고 그 책을 한 번이 아니라 다시 읽는다는 즐거움에 마음이 설렐 것인가?

동료, 발행인, 저자, 에이전트, 서적 판매업자, 평론가, 서평가들이 여러분을 언제나 예의주시하고 평가하고 있다는 점을 기억하자. 그들은 단 한 번의 성공이나 실패가 아니라 전반적인 타율로 여러분을 평가할 것이다. 베이브 루스, 타이 콥, 미키 맨틀, 로저 매리스와 같은 야구선수들은 3할에서 4할의 타율, 즉 열 번 타석에 들어서서 세 번에서 네 번의 안타를 쳐서 세계에서 유명한 챔피언이 되었다. 그러므로 적당한 한도 내에서 용기, 상상력, 그리고 무엇보다도 창의적 동기를 갖고 행동하면서 온전히 진실하다면 그것이 곧 성취로 이어질 것이다.

24

편집은 삶을 풍성하게 하는 직업일 뿐만 아니라 그 자체로 교양 교육이 될 수 있다. 우리 시대의 가장 창의적인 사람들, 이를테면 작가, 교육자, 세상을 움직이는 사람, 세상에 변혁을 일으키는 사람들과 일할 수 있는 특권을 누리기 때문이다. 편집자는 기꺼이 수업료를 지불할 수도 있는 평생의 수업을 받고도 금전적 대가뿐만 아니라 헤아릴 수 없는 지적, 정신적 만족감까지 선물 받는다.

「편집자가 필요한가—에이전트의 눈으로 본 편집자」

"많은 면에서, 책을 사랑하는 데에는 사람을 사랑하는 것만큼이나 큰 용기가 필요하다. 때로는 그에 따라 많은 것의 운명이 좌우되기도 한다. 하지만 책임 없이는 사랑도 없고, 불굴의 용기 없이는 책임도 없다." 도전적인 제목만큼이나 한 줄 한 줄 예리하게 정곡을 찌르는 이 글에서 리처드 커티스는 말한다. 편집자가 책의 편집보다 책의 입수에 더 많은 시간을 할애하는 요즈음의 세태를 보고, 그는 "좋든 싫든, 잘 편집된 책을 내놓아야 한다는 책임이 저자에게로 옮겨가고 있다"라고 지적한다. 커티스는 오늘날의 복잡한 출판계에서 편집자가 반드시 해내야 하는 다양한 역할로 보면 그들이 '전문기업의 일원'이 되었다고 말한다. 그러나 그는 편집자들에게 반드시 출판해야 한다고 생각하는 책을 위해, 그리고 본인이 믿는 저자들을 위해 싸워서 편집자로서 진실성과 확신을 지켜내야 한다고 촉구한다. 그는 이렇게 말한다. "편집자가 유쾌한 오찬을 주최하는 자 그 이상이 되려면, 그리고 단순히 필요한 사람이 아니라 없어서는 안 될 사람이 되려면, 대규모 출판이라는 거대 조직이 가하는 균질성과 평범함의 압박에 계속해서 저항해야 한다."

리처드 커티스(Richard Curtis)

리처드 커티스는 30년이 넘도록 성공적인 문학 에이전트로 활동해오고 있다. 또한 10여 년이 넘도록 과학소설 잡지인 『로커스』에 매달 사설을 기고하고 있다. 그의 사설을 바탕으로 두 권의 책 『자신의 문학 에이전트가 되는 법』과 『베스트셀러를 넘어서서』가 출간되었다. 그는 또한 50권에 이르는 소설 및 비소설의 저자이기도 하다. 그는 첫 번째 추리 소설로 에드거 상 후보에 올랐고, 유머 글로 『플레이보이』에서 두 차례 상을 받았다.

편집자가 필요한가
—에이전트의 눈으로 본 편집자

—리처드 커티스

좋았던 시절은 끝났다

요즘 편집의 쇠퇴에 관해 많은 말이 오고 간다. 들어보면 전부 도전적인 말들이다.

편집이 쇠퇴했다는 주장을 평가하는 일에서 우리는 오늘날 편집자가 하는 모든 일이 달갑지 않게도 편집의 거장 맥스웰 퍼킨스의 업적에 비교되고 있다는 사실을 맞닥뜨린다. 퍼킨스는 1914년부터 1940년대 후반까지 찰스 스크리브너스 선스 출판사에서 예술의 경지에 다다른 편집을 하면서 헤밍웨이, 피츠제럴드, 울프와 같은 거장들의 명작을 탄생시켰다. "오늘날의 맥스웰 퍼킨스는 어디에 있는가?" 저자들은 애처롭게 울부짖는다. 그들은 갓 발행된 본인의 저서에서 문법, 구문, 사실, 인쇄상의 끔찍한 오류를 발견하는가 하면, 더 최악의 경우에는 그들의 지인이나 비평가들이 통쾌하다는 듯 그러한 실수를 지적한다. 이러한 오류 하나하나는 맥스웰 퍼킨스를 둘러싼 신성한 기억에 대한 오점이다. 그는 품위 있고 인내심 강하며 박식하고 배려 깊고 정확할 뿐만 아니라 쉽사리 만족하지 않으며 예의 바르고 겸손하고 저자들만큼이나 잘 만들어진 양질의 책을 사랑하는 사람으로 묘사된다. 그가 정말로 이 모든 미덕을 갖추었다고 가정하자. 원한다면 그보다 더 많은 미덕을 갖추었다고 생각해도 된다.

나는 그에 대한 기억이나 그의 업적을 훼손할 마음은 없다. 단지 "오늘날의 맥스웰 퍼킨스는 어디에 있는가?"라는 질문이 아주 바람직한 질문은 아니라고 생각할 뿐이다. 이 질문은 그 당시와 현재의 편집을 지나치게 단순화하며, 오늘날의 편집자들이 이전 세대와 동일한 업무를 수행하지 않는다는 사실을 간과한다. 나는 현직에서 활동하고 있는 많은 훌륭한 편집자들을 알고 있다. 하지만 그들은 과거의 훌륭한 편집자들과 매우 다른 방식으로 뛰어나다.

퍼킨스의 시대 이후 출판계의 면면이 변화했다. 오늘날에는 발간되는 책의 종류가 다르다. 에이전트들은 종전보다 훨씬 더 큰 영향력을 행사한다. 페이퍼백 산업은 서적의 마케팅에 대변혁을 일으켰다. 컴퓨터와 워드 프로세서가 개발되고 개선되었다. 체인 서점이 시장에서 주도적인 주체로 성장했다. 인쇄 기술은 눈부시게 발전했다. 오늘날 도서는 20세기 초와 같은 방식으로 입수·편집·생산·인쇄·배급되지 않는다. 심지어 예전과 같은 방식으로 집필되지도 않는다.

우리는 '편집자'라는 말을 무책임하게 사용하기 전에 먼저 이 말을 정의해야 한다. 편집이란 고도로 복잡한 일련의 기능들로, 모든 개인이 동일하게 이 기능들을 원활하게 수행할 수는 없다. 에이전트에게 좋은 술과 음식을 대접하고 저자의 마음을 사로잡는 편집자는 서툰 협상자일 수 있다. 걸출한 협상의 대가는 본문 편집이라는 한 자 한 자에 공을 들이는 지루하고 힘겨운 작업을 견뎌낼 인내심이 없을 수도 있다. 한 단어, 한 행마다 책에 생명을 불어넣는 뛰어난 본문 편집자는 나이가 60, 70대가 되어서야 비로소 저자를 다루는 법을 알게 될 수도 있다.

좋았던 옛 시절의 편집을 떠올리며 향수에 젖기란 쉽다(실제로 그 시절은 20년 내지는 25년 전에 끝나버렸다). 그 시절에 관한 이야기와 회고록을 사실로 믿는다면, 당시 편집자들은 순수 예술·철학·언어·고전에 몰두했을 것이다. 그들은 오자·어법상의 실수·부정확한 사실을 집요하게 쫓아 정정하고 언어의 미묘한 차이에 대해 저자들과 열띤 설전을 벌였던, 강박적일 정도로 정연하고 놀라울 정도로 꼼꼼한 개인들의 무리였다. 본인의 노고에 대한 긍지는 저자들에 비견할 만하거나 때로는 그들을 능가했다. 게다가 금전과 관련해서는 무신경한 상업보다 문학의 가치를 더욱 높이 샀고, 마치 출산할 때나 보일 법한 사려 깊음으로 저자와 원고료에 대해 상의했다.

『뉴욕 타임스』의 서평가인 크리스토퍼 레만-하우프트는 사라져가는 편집자들에 관한 기사에서 "젊은 사람들 사이에서는 예전과 같이 문법의 정확성에 관한 관심이 더 이상 없다"라는 하퍼 앤드 로 출판사의 편집자인 돌로레스 사이먼의 말을 인용했다. 또 사이먼 앤드 슈스터 출판사의 편집자 조지프 스미스는 역량 있는 편집자들이 여전히 업계에 들어오고는 있지만 그 옛날 오크나무 판자로 지어진 편집 사무실을 생각할 때 떠오르는 편집자들처럼 "괴짜로 보일 정도로 유별나게 세심하고 꼼꼼한" 자는 없다고 말했다. 전직 편집자였던 레만-하우프트는 타임스 스퀘어를 거닐며 광고판, 네온사인, 화물차 측면에 인쇄된 문구, 심지어 보도의 낙서까지 집요하게 편집했던 기억을 떠올렸다. 데이비드 리비트는 소설 『두루미의 잃어버린 언어』에서 이상적인 편집자의 모습을 본능적으로 "세상의 질서를 바로잡으려 하고 수도실의 수도승처럼 좁은 방에 온종일 앉아 마치 참회하는 자와 같이 엄격하게 글을 읽어 내려가는 범상치 않은 능력을 가진 사람"으로 묘사했다.

프리랜스 본문 편집자인 트럼불 로저스는 『퍼블리셔스 위클리』에 게재한 「내가 하고픈 말」이라는 사설에서 이렇게 썼다.

> 1970년에 출판사에 처음 출근했을 때 상사는 나를 책상에 앉혀놓고 출판사의 작업 방식을 파악하는 것으로 첫날을 보내라고 했다. 출판사의 작업 방식은 중요했다. 내가 앞으로 편집하게 될 모든 기사가 그에 부합해야 했기 때문이다. 교육은 표시 기호의 경제성과 명확성……, 정확성, 세부사항에 관한 관심에 중점을 두고 이루어졌다. 발행물을 인쇄하는 데에는 주조 활자 조판술이 사용되었지만 우리는 여전히 페이지 교정쇄(page proofs: 거의 최종 단계의 편집 점검을 목적으로 만들어지는 교정본―옮긴이)에서 구두법 정정 작업을 했다. 많은 비용이 들어가는 작업이었지만* 우리는 자부심을 느낄 수 있는 산물을 만들어낸다는 것에 가치를 두었다.

●   주조(鑄造)는 납으로 자모를 만드는 일, 활자(活字)는 글을 인쇄하기 위해 만든 글자들이다. 활자 인쇄는 활자를 판면에 배열하고 활자에 먹 또는 잉크를 바른 후 종이를 눌러 찍는 방식의 인쇄를 말한다. 이 인쇄 방식으로 만든 페이지 교정쇄에 변경을 가하면 많은 비용이 발생한다.
　　　　　　　　　　　　　　　　　　　　　　　　　　　　　―편집자

편집만 빼고 모든 일을 하는 편집자

오늘날의 편집자들은 더 이상 그러한 긍지와 피땀 어린 강박이 없다고 업계 비평가들은 입을 모은다. 실제로 오늘날의 편집자들은 편집을 제외한 모든 일을 한다고들 한다. 작가를 양성하는 일은 도서를 입수하는 일에 자리를 내주게 되었다. 모든 출판 과정에는 편집자의 취향과 판단 대신, 편집 위원회가 고안한 성공 공식을 적용하게 되었다. 게다가 위험 감수, 예감, 상업에 대한 본능은 체인 서점 관리자들이 고안한 철저한 컴퓨터 프로그램에 따라 실행되는 손익 구매 정책을 적용하는 일로 대체되었다. 새롭게 나타난 유형의 편집자들은 윤문 편집과 생산의 세부사항을 간과하는 경향이 있다. **오늘날의 획일화되고 치열한 경쟁이 벌어지는 출판계에서는 시간과 돈에 대한 압력으로 양질의 책을 만드는 일의 가치가 떨어졌다. 그 결과, 책들이 망가졌고 너무 이르게 세월의 흔적으로 색이 바랬으며 수치스럽게도 오자들로 가득해졌다.** '보통으로 향하는 길'이라는 부제가 붙은 「내가 하고픈 말」이라는 사설에서 로저스는 "수년 전에는 책에서 오자를 발견하는 일이 흔치 않았다. 그러나 이제는 상상 가능한 모든 실수로 가득하지 않은 책을 발견하는 일이 흔치 않다"라고 썼다.

지난 몇십 년 간 편집이라는 직종이 어떻게 변화했는지에 대한 글을 써달라는 의뢰를 받고 저자 할란 엘리슨은 이렇게 썼다.

내 견해로는 신입 인력에게 지급되는 인색한 급여 때문에 대담성, 지성, 전문지식의 수준이 지난 25년간 크게 떨어졌다. 수익에만 집착하는 다국적 기업들이 이 '신사의 스포츠'를 장악한 가운데, 편집을 신성한 직업으로 여기는 흔치 않은 도시인들이 사라지고 말았다. 시장에서는 터무니없는 가격이 매겨지고 있다. 맥스웰 퍼킨스, 월터 펄츠, 벤 힙스와 같은 편집인들은 더 이상 우리 곁에 없으며, 출판계는 그들과 같은 편집인들이 다시 나타나는 것을 허용하지 않을 것이다. 경영대학원 졸업자들 사이에서 편집자들이 배출되는 이 상황에서, 신입 편집자들은 반문맹이나 다름없고 어형 변화보다는 차입 증명서를 더 잘 이해한다.

오늘날 편집자로 성공하는 것은 편집자로 온전히 책임을 다하는 것보다는 기업의 사다리를 올라가는 것을 의미한다. 하지만 애석하게도 이는 절름발이가 애써 걷던 걸음을 멈춰 서는 경우에 해당한다. 이 출세 지향주의자들이 대해야 할 대다수의 사람들이 이미 활동 중인 작가들이기 때문이다. 그렇다면 작가가 편집자에게서 기대하는 지성은 어디에 있을까? 내 생각으로는 현대의 기술이 편집자의 일상적인 업무를 대신하게 되면서 편집자가 전문적인 작가(신인 작가의 경우는 또 다른 문제다)를 위해 실제로 행할 수 있는 유일한 역할은 '사내에서 이해관계 생성하기,' 그리고 출판사의 무관심·기량 부족·기회의 미로 속에서 책의 입지를 확립하고 지지하는 일이다. 그리고 편집자가 그러한 열정을 홍보 및 광고와 관련된 금전으로 전환시킬 수 있는 영향력을 사내에서 발휘하지 못할 경우, 그의 가치는 0에 가깝다고 할 수 있다.

편집자를 대신하게 된 에이전트

엘리슨의 비평은 사실이다. 하지만 더 큰 맥락에서 바라봐야 한다. 단행본 편집자의 역할은 의심의 여지없이 본문 편집에서 도서 입수로 대체되었다. 우리가 가장 감상적으로 생각하는 편집자의 초기 역할은 자식을 양육하는 부모의 역할과 엄격한 작업 감독관의 역할이 결합된 것으로, 저자에게서 훌륭한 글을 끌어내고 글이 생기 넘치게 빛을 발할 때까지 이를 다듬고 손질하는 일에 해당한다. 비록 편집자는 예나 지금이나 저자와는 줄곧 상충되는 이해관계를 추구하는 출판사를 위해 일하지만, 저자의 벗이자 보호자이자 옹호자로 여겨졌다.

오늘날에는 편집자의 역할이 도서 입수자로 강조되다 보니 편집자가 저자와 보다 대립적인 관계에 놓이게 되었다. 협상을 하다 보면 편집자와 저자가 자주 충돌을 일으키게 되고, 거래가 성사된 후에도 분노와 불신의 흔적이 남아 저자가 편집자를 맘 놓고 편하게 대하지 못한다.

그러나 초기에는 편집자가 마치 본인이 부모인 것처럼 저자를 대하다 보니, 일종의 불공평한 관계가 생겨났다. 출판사가 너무 무지하거나 소극적이거나 점잖은 저자들을 이용하여 편집자에게 유리한 조건을 요구했다. 대부분의 저자들이 글을 사랑해서 집필을 한다는 점을 알고 있기에, 출판사는 그들이 돈을 위해 글을 쓸 필요는 없다고 생각하는 경향이 있었다.

그 결과, 출판사가 저자를 착취하는 풍토에 대해 반발이 생겨나 문학 에이전트들이 힘을 얻게 되었다. 물론 신예 저자들은 오늘날에도 여전히 불리한 위치에 있지만, 저자가 에이전트와 함께하여 성공을 거두게 되면서 힘의 균형이 결국 이동했다. 훌륭한 에이전트는 저자와 편집자의 관계에 대해 보다 큰 통제권을 자주 요구하고, 저자가 이용당하는 일을 막기 위해 저자와 편집자 사이에 일정한 거리를 둔다. 그리고 이러한 변화가 일어난 지 40, 50년이 지나자 종전에 편집자가 행했던 역할을 에이전트가 행하기 시작했다. **오늘날 에이전트는 작품을 구상하**

는 과정에서 저자를 관리하고 저자와 긴밀하게 협력하며 많은 편집 업무를 할 뿐만 아니라 정서적이고 심리적인 측면에서 저자를 강하게 지지한다. 그리고 가장 중요한 점으로, 출판사의 인수와 합병이 이루어 지고 담당 편집자가 자주 바뀌는 격변의 상황 속에서 에이전트가 한때 편집자의 영역이었던 안정과 신뢰의 섬이 되었다는 것이다. 따라서 이러한 측면에서 편집자의 중요성이 감소하긴 했지만, 그렇다고 해서 저자에게 부정적인 방향으로 영향이 미친 것은 아니라고 할 수 있다.

그렇다면 이제는 본문 편집과 교정쇄(galleys: 인쇄물의 교정을 보기 위해 임시로 조판된 내용을 찍는 인쇄, 혹은 인쇄물—옮긴이) 교정의 영역을 살펴보자. 물론 이 업무는 여전히 출판사 직원들이 맡지만, 사업 운영에 드는 높은 비용 때문에 사내 윤문 편집이 재택근무 프리랜스 작업으로 대체되었다. 프리랜서로 일하는 많은 본문 편집자들은 자신의 책무를 개인 일정에 맞게 가까스로 조율한 전직 출판사 직원이다. 그러나 매년 다량의 도서를 펴내야 하는 압박으로 발행인이 불가피하게 편집자들에게 과도한 업무를 맡기거나 아직 미숙한 인력에게 이 까다로운 편집 작업을 맡기기도 한다. 일부 출판사는 본문 편집자를 훈련시키고 그들을 긴밀하게 감독하며 그들의 작업물을 검토하고 그들에게 출판사의 방식, 출판사 전통에 관한 지식, 그리고 긍지를 불어넣어줄 시간이나 비용이 단순히 넉넉지 못하다. 심지어 많은 본문 편집자의 경우 영어가 모국어가 아니다. 그리고 영어가 유창한 본문 편집자라 할지라도 훌륭한 편집자가 되는 데 필요한 인내심, 정밀성, 기술이 부족할 수 있다.

좋든 싫든, 잘 편집된 책을 내놓아야 한다는 책임이 저자에게로 옮겨가고 있다. 실제로 저자들은 언제나 그러한 부담을 상당 부분 안고 있었다. 특히 양장본 출판의 경우, 대부분의 저자에게는 (계약에 의한 권리가 아니더라도) 본문 편집이 된 원고와 교정쇄를 검토할 기회가 주어진다. 그러므로 저자가 모든 사실과 의심스러운 문법 구성 및 철자, 즉 원고와 교정쇄의 모든 단어를 신중하게 재확인하지 않을 경우, 결함이 있는 책이 나왔을 때 저자가 본인에게 책임을 돌릴 수밖에 없다.

그러나 페이퍼백 원작과 재인쇄본의 경우에는 저자가 오류를 관리하기가 더 어렵다. 종종 빠듯한 출간 일정으로 교정쇄를 인쇄하여 저자의 검토를 거칠 여유가 없기 때문이다. 게다가 저자들은 본인이 집필한 양장본 도서의 페이퍼백 재인쇄본의 교정쇄를 보려는 경우가 흔치 않다. 그러나 저자와 에이전트는 교정쇄를 신속하게 돌려준다는 조건으로 교정쇄를 검토할 권리를 요구할 수 있으며 종종 그렇게 한다. 그러므로 페이퍼백 저자라 할지라도 흠 없는 책을 펴낼 기회가 있는 셈이다.

편집의 컴퓨터화와 워드 프로세싱 하드웨어 및 소프트웨어의 발전은 저자와 편집자를 위해 많은 문제를 해결할 것이다. 물론 수많은 기술, 금전, 노동 및 기타 문제와 관련된 장애요인이 몇몇 중요한 편집 기능의 자동화를 가로막고 있지만, 이들 문제가 가까운 미래에 해결되어 오자 없는 원고와 교정쇄가 일상이 될 것이다. 현재 점차 그 수가 줄어들고 있는 전문적인 장인들의 손에 맡겨져 있는 출판 과정의 표기법, 디자인, 구성, 기타 측면 역시 마찬가지 길을 걸을 것이다. 요컨대, 떠오르는 신기술이 책 생산에 소요되는 정신적이고 육체적인 노동의 상당 부분을 대체할 것이다.

책임과 동시에 용기를 잃다

그렇다면 이러한 변화 속에서 편집자는 어떤 일을 하게 될까? 그 답은 바로 모든 일이다. 과거 세대의 편집자와 달리, **오늘날의 편집자는 생산·마케팅·협상·홍보·광고·대외관계·회계·판매·심리학·정치학·외교학, 그리고 편집을 비롯하여 다방면의 분야를 섭렵해야 한다.** 하지만 편집의 경우 무척이나 다양한 활동이 수반되며, 그중 많은 수는 정적이 감도는 사무실에 앉아 매의 눈으로 오자를 좇는 전형적인 활동과는 거리가 멀다. "당신이 말하는 편집이라는 게 뭔지 모르겠어요." 한 편집자가 내게 말했다. "그렇지만 내 직무를 말해보자면 저자에게 아이디어와 주제를 제안하는 일, 내가 구상하고 있는 프로젝트를 저자와 전문가에게 의뢰하는 일, 거래를 성사시키는 일, 윤문 편집, 도서 제작, 사내에서 내가 좋아하는 책을 지지하는 일, 귀 기울여줄 누군가에게 책을 홍보하는 일, 손익을 예측하는 일, 그리고…… 그 외에도 내가 하는 일을 열거하려면 몇 시간이 걸릴지도 몰라요."

현대 출판의 아찔할 정도로 빠른 속도와 복잡성 때문에 편집자가 온종일 앉아 글을 읽거나 저자와 대화하는 일이 불가능하거나 적절치 않게 되었다. 편집자는 세상을 많이 알아야 하고 교양이 있어야 하며, 기술적·재정적·정치적 및 기타 위험을 헤쳐나가면서 본인이 후원하는 프로젝트를 끌고 나갈 능력이 있어야 한다. 비록 편집자가 회사원이라는 비판을 종종 받긴 하지만, 이러한 측면에서 우리는 적어도 그들에게 감사를 표해야 한다. 그들은 자신이 속한 체계를 이해하고 장애물 경기와 같은 회사의 환경 속에서 그들이 사랑하는 책들, 우리가 사랑하는 책들을 펴내기 위해 교묘한 술책을 쓰거나 누군가를 구슬리거나 때로는 강한 추진력을 발휘하기 때문이다. 오늘날의 편집자들은 전문기업의 일원이라 해도 과언이 아니다.

맡은 프로젝트를 추진력 있게 진행하기로 유명한 젊은 편집자인 제니

퍼 브렐은 오늘날의 편집자의 역할에 대해 내게 이렇게 말했다. "전 에 이전트가 얼마나 많은 편집상의 역할을 떠맡는지에는 관심이 없어요. 저자는 여전히 출판사 내에서 모든 단계에 걸쳐 본인의 책을 봐줄 누군 가를 필요로 해요. 우리는 모든 부서와 함께 일을 해야 하고 그것도 훌 륭하게 해내야 하죠. 그중에서도 우리는 촉진자와 조력자로서 역할을 수행해야 해요." 이러한 생각이 그녀 세대에 속한 편집자들의 전형적인 태도냐고 묻자 그녀는 강하게 고개를 끄덕였다. "우리가 돈에 매달리지 않는다는 건 하늘이 알아요. 작가에 대해 무관심할 수 없어요. 책을 사 랑해야 해요. 작가는 출판사 내에서 본인의 작품을 사랑해줄 누군가를 필요로 해요."

나는 그녀가 훌륭한 편집자가 되기 위한 자질의 중요한 하나를 파악 했다고 믿는다. 책과 저자를 대하는 그녀의 방식이 맥스웰 퍼킨스 시대 의 방식과는 크게 동떨어졌을지 모르나, 맥스웰 퍼킨스 역시 그녀에게 내재되어 있는 열정을 발견했을 것이다.

그 무엇으로도 대신할 수 없는 편집자의 많은 자질이 있다. 그중 꼽 아본다면, 취향·안목·개인적인 정서적 반응·질서와 조직에 대한 의 식·결단력·헌신·부드럽고 애정 어린 관심이 있다. 이러한 점에서 볼 때, 편집자를 대신할 사람은 아무도 없다. 에이전트는 외부인이기 때문 에, 컴퓨터는 마음이 없기 때문에 이러한 역할을 맡을 수 없다.

하지만 편집자에게 용기가 없다면 이러한 미덕들이 아무런 가치가 없 다. 출판계의 건강을 위협하는 가장 큰 요인은 인수와 합병이 아니다. 그건 바로 편집자의 용기의 실패다. 출판이 개인이 종사하는 직업에서 위원회가 운영하는 사업으로 변화하면서, 일자리를 유지하는 데 급급 한 편집자 무리가 생겨났다. 편집자들은 일상에서 받는 압박으로, 맡으려는 프로젝트를 선택하는 데에서 어쩔 수 없이 항상 공통분모를 낮추게 된다. 이는 '예'라고 대답하는 것보다 '아니요'라고 대답하는 편이 더 쉬움을 의미한다. 내가 볼 때, 이러한 태도는 원고에 조금이라도 결함이 있으면 편집자가 이를 입수하지 않으려는 현상으로 나타난다. 얼마 전까지만 해도 편집자들 사이에서는 이러한 태도가 우세했다. "이 원고에 문제가 좀 있긴 하지만 저자가 워낙 재능이 뛰어나니까 원고를 입수해서 그와 작업을 해야겠어." 하지만 요즈음에는 그런 말을 좀처럼 들을 수가 없다. 문제가 있는 원고는 곧 거절되는 원고이고, 편집자들 사이에서 이러한 말이 점점 더 들려온다. "저자에게 원고를 수정해보라고 한 뒤 입수를 결정해야겠어." 많은 편집자들이 원고를 입수하기를 바란다고 내게 털어놓지만, 체제에 맞서는 일은 그야말로 버거워한다.

또 다른 편집자는 내게 이렇게 말했다. "내가 좋아하는 원고를 입수하려면 싸워야만 해요. 동료와 상사들을 상대로 말이죠. 나와 의견이 반대되는 사람들은 이렇게 말하곤 해요. '이건 안 될 거야.', '저건 안 될 거야.', '이건 우리 방식에 맞지 않아.', '이건 하기에 너무 힘들어.' 이런 말을 듣다 보면 지쳐버리죠. 어떤 때에는 모든 걸 포기하는 게 가장 쉽지 않을까 하는 생각을 모두가 하곤 해요."

또한 편집자들은 이미 입지가 확립된, 특히 저명한 작가의 작품을 편집하기를 주저하는 경향이 있다. 편집자들의 이러한 소심한 태도는 출판사의 평가 따위는 이제 귀 기울일 필요가 없다고 생각하는 자기중심적인 저자와 에이전트의 으름장으로 더욱 악화될 수 있다. 작가가 일단 '경지'에 오르고 나면, 편집자는 그가 예술을 완전히 터득했으며 본인은 그저 저자와 인쇄업자 사이에서 다리 역할을 하는 것에 그친다고 생각할 수 있다. 이러한 생각은 최대한 신속하게 투자금을 회수하기 위해 책을 내려고 하는 출판사 간부들 때문에 더욱 굳어지는 경우가 많다. 편집자가 이러한 덫에 빠지지 않고 '황제의 새 옷'에 흠이 있음을 지적하기 위해서는 용기가 필요하다.

많은 면에서, 책을 사랑하는 데에는 사람을 사랑하는 것만큼이나 큰 용기가 필요하다. 때로는 그에 따라 많은 것의 운명이 좌우되기도 한다. 하지만 책임 없이는 사랑도 없고 불굴의 용기 없이는 책임도 없다. "나는 내 책에 대해 책임이 있어요." 과거 맥밀란 출판사에 몸담았던 편집자 데이비드 울프가 언젠가 내게 자랑스럽게 말했다. "그리고 내 책에 책임을 지고 싶어요."

그런가 하면 편집자가 필요한 존재인지 묻는 내 질문에 동료 에이전트인 베티 막스는 이렇게 대답했다. "그럼요. 편집자가 아니면 누가 에이전트를 점심식사에 초대하나요?" 편집자가 유쾌한 오찬을 주최하는 자 그 이상이 되려면, 그리고 단순히 필요한 사람이 아니라 없어서는 안 될 사람이 되려면, 대규모 출판이라는 거대 조직이 가하는 균질성과 평범함의 압박에 계속해서 저항해야 한다.

부디 그들에게 행운이 있기를 바란다.

커티스는 몇 해 전 만우절 즈음에 『퍼블리셔스 위클리』에 편집자들의 근무 습관에 대한 풍자조의 글을 투고했다. 그 글에서 커티스는 "편집자가 필요한가?"라는 질문에 답을 했다.

─서양 문학의 쇠퇴에 관하여─

왜 양질의 책이 더 이상 나오지 않는가? 비평가들은 언제 마지막으로 양질의 책이 나왔는지는 알지만(1978) 그 이유는 알지 못한다. 누군가는 텔레비전으로 창조성이 쇠퇴했기 때문이라고, 또 누군가는 우리 젊음의 꽃이 전쟁, 약물, 일반적인 시간 낭비로 시들어버렸기 때문이라고 말한다. 또 문학적 역량이 광고 사업으로 쏠렸기 때문이라고 말하는 무리가 있는가 하면, 교사들의 탓으로 문제를 돌리는 이들도 있다. 하지만 전부 다 사실이 아니다.

답은 단순하다. 편집자들이 더 이상 일을 하지 않기 때문이다.

이 말은 얼핏 들으면 충격적일 수 있으나, 최근 한 문학 에이전트가 **포 시즌스** 레스토랑의 **그릴 룸** 밖에서 실시한 출구 조사에서 그 사실을 충분히 확인할 수 있다. 그는 다음과 같은 자료를 제공했다.

매년 편집자들이 시간을 소비하는 방식

1년	365일

여기서 다음 항목을 뺀다.

주말	104일
법정 공휴일 및 종교 휴일	20일
주말 연휴를 위해 휴가를 낸 목요일, 금요일, 월요일	6일
주말을 제외한 휴가	15일
여름철 금요일, 메모리얼 데이, 노동절	14일
배심원 의무	10일
미국 서점 협회 회의 준비	5일

미국 서점 협회 회의 참가	5일
미국 서점 협회 회의에서 복귀	5일
프랑크푸르트 도서전 준비	5일
프랑크푸르트 도서전 참가	5일
프랑크푸르트 도서전에서 복귀	5일
예루살렘, 캐나다, 제 3세계, 라틴아메리카, 모스크바 저작권 및 기타 박람회, 회의 준비, 참석과 복귀	30일
런던, 밀라노, 파리, 미 서부로 가는 출장	30일
연 2회 개최되는 판매 전략 회의 준비, 참석과 복귀	30일
병가	10일
개인적인 비상 상황	5일
장례식	3일

매년 사무실 외부에서 지내는 총 날짜 수	307일

남는 시간

실제로 사무실에서 근무하는 총 날짜 수	58일

위의 자료를 보면 어떤 해에든 편집자가 사무실에서 근무하는 날짜 수가 58일에 그친다는 점을 알 수 있다. 하지만 그들이 실제로 사무실에서 일을 할까? 뉴욕 실업국의 미드타운 지사에서 주요 출판사의 전직 편집장 460명을 대상으로 실시한 두 번째 조사의 결과는 다음과 같다. 아래 결과는 대부분의 저자들이 항상 의심했지만 지금까지 결코 확신하지 못했던 사실을 알려준다.

편집자들이 하루를 보내는 방식

총 근무 시간(오전 9시부터 오후 5시까지)   8시간

여기서 다음 항목을 뺀다.

교통 체증	0.15시간
점심식사(이동시간 포함)	2.15시간
편집위원회 회의, 발행위원회 회의, 직원 회의, 기타 회의	2.00시간
회의 장소로 이동하는 시간	0.05시간
전화를 끊는 시간	0.10시간
문밖을 나서는 시간	0.10시간
복도를 내려가는 시간	0.15시간
커피를 마시는 시간	0.20시간
개인적인 전화 통화	0.25시간
업계 소문에 관한 대화	0.20시간
업계 현황을 살펴보는 시간 (『퍼블리셔스 위클리』, 『버라이어티』, 『뉴욕 타임스』, 『뉴스위크』, 『플레이보이』 등을 읽는 시간)	0.15시간
상사들 대하기	0.10시간
수치 계산	0.05시간
2차 저작권 담당자들의 이야기 듣기	0.05시간
법적 사항의 확인	0.05시간
도서 제작 비용 훑어보기	0.05시간

수표 찾기	0.15시간
원고 찾기	0.15시간
문서 입력, 복사, 이력서를 타 출판사에 보내기	0.30시간

편집이 아닌 일에 할애하는 총 시간	8.00시간[•]

남는 시간

문학의 발전을 위해 할애하는 시간	0.00시간

[•] 총 6.4시간으로 원서 오류로 보인다.—편집자

만우절의 장난이든 아니든, 당시 팩츠 온 파일 출판사의 부발행인이었던 손튼은 그의 편집자 동료들을 위해 발 벗고 나서서 커티스의 글에 대한 응수로 다음과 같이 재치와 냉소가 섞인 글을 『퍼블리셔스 위클리』의 「레터스」 지면에 기고했다.

존 F. 손튼(John F. Thornton)

존 F. 손튼은 단행본 입수 편집자로 활동했던 마지막 해 내내 107명의 문학 에이전트에게 아침식사, 점심식사, 음료, 저녁식사를 샀다. 그가 합류한 지 채 1년도 되지 않아 그를 고용했던 미국 최초의 북 클럽 회사인 북 오브 더 먼스 클럽의 부서가 해체되어 재구성된 일은 안타깝기만 하다. 그는 현재 북 오브 더 먼스 클럽의 편집장으로 재직하고 있다. 그의 큰 바람은 많은 베스트셀러 제안들이 결국에는 책으로 완성되어 본인의 북 클럽 회원들을 위해 이를 구매하는 것이다.

에이전트를 만나는 점심시간

—편집자의 눈으로 본 에이전트

—존 F. 손튼

"다름 아닌 분노군요." 내가 좋아하는 에이전트인 G. 고든 비딩이 리처드 커티스가 만우절에 편집자들을 향해 쓴 공격적인 글을 보고 내뱉은 말이다. "그렇게 불시에 주먹을 날리지 않아도 요즈음 관계가 충분히 팽팽한데 말이죠. 그렇지 않아요?" 비딩은 진심 어린 우려의 목소리로 내게 물었다.

내가 말했다. "그렇진 않아요. 의아한 점은 편집자들이 오래전에 마땅히 받았어야 할 혹독한 비난을 받지 않았다는 점이에요. 그들은 거만하고 건방진 기생충 같은 무리죠!"

이 말을 들은 비딩은 충격적이라는 반응을 보이더니, 이내 이번엔 내가 점심을 살 차례라는 걸 부끄럽다는 듯 말하면서(게다가 "동네에 있는 제 3세계 식당은 가지 않겠다"라고 했다) 그 문제는 나중에 더 이야기해보자고 했다.

포 시저스의 **걸 룸**에서 우리가 만났을 때, 비딩의 열띤 태도는 마치 경미한 기억상실에 걸린 듯 가라앉아 있었다. 그는 푸아그라를 한 입 베어 먹은 뒤 페리에 탄산수로 목을 개운하게 씻어 내리면서, 일단 상의해야 할 문제가 있다고 말했다.

1) 비딩은 본인 의지와는 반대로, 주디스 대니얼이 에어로빅 산업을 주제로 하여 최근에 쓴 실화 소설 화제작과 관련하여 내게 제공한 북 클럽* 독점권에 대해 15만 달러라는 최저한도를 받아들일 수밖에 없었다. ("랜솜 하우스의 마이클 코드우드가 그런 한도를 받아들이도록 날 꾀었어요.")

2) 5,000달러의 선금을 추가로 확보할 수 있었다면, 내가 오랫동안 기다렸던 이란의 인질 사태에 관한 원고가 취임식에 맞춰 거의 제때 도착했을 것이다.

3) 비딩은 우리가 계약한 명품 선글라스에 관한 책 작업이 곧 착수되기를 꽤나 바라고 있었다. 내가 얼마간의 완성된 원고에 대해 긍정이나 부정의 뜻을 내비치는 시점이 되면 그는 그걸 최우선 순위로 삼을 것이다.

4) 비딩은 대필한 존 미첼의 자서전에 대해 우리만큼이나 실망한 상태였다. ("존 미첼이 실제로 그걸 읽는다면 거기에 푹 빠질 거라고 확신했어요.")

● 북 클럽은 도서를 소개한 무료 정기간행물을 잠재적인 수요자에게 배포해 독자 스스로 책을 선택, 주문하도록 하는 도서 판매 방식이다. 신청한 책은 우편으로 배달된다. 대규모 종합 북 클럽은 대량 판매 또는 발행사로부터 출판권을 사서 직접 제작하는 방식으로 비용을 줄여서 가격을 낮추기도 한다. ―편집자

5) 마지막으로 내가 비딩의 본능을 신뢰할 수 있었다면, 그는 오랜 연륜이 묻어나는 하수도의 역사를 다룬 이 색다르지만 놀라운 원고를 책으로 펴낼 수 있었을 것이다. 하지만……

이제 비딩은 마지막 남은 그랑 마니에르 수플레를 깨지락거리고 있었다. 그러느라 그는 기진맥진한 듯 보였다. 비딩은 잠시 활기를 되찾아 간교한 속임수는 보상하고, 예술은 검열하는 문화에 대해 비난하더니 벌떡 일어서서 이른 술 약속이 있다고 말하고는 나와 내 친절함에 대해 흔들리지 않는 충성심을 표하더니 짙어지는 황혼 속으로 유유히 사라졌다. 나는 내가 상대하는 모든 에이전트가 비딩처럼 든든하고 믿음직스러웠으면, 하고 생각했다. 그때 식당 종업원이 내 신용카드를 가져갔다.

존 F. 손튼

팩츠 온 파일 부발행인

뉴욕

1984년 4월 27일

「무엇이 신뢰를 깨뜨리는가—작가와 편집자의 관계」

"근래 콩코드 출판사의 최대 관심사는 최종 결산 결과였다." 그러니 마사 G.와 같은 헌신적인 편집자가 어떻게 콩코드의 힘에 맞서서, 재능 있고 진지한 그러나 상업과는 심각하게 거리가 먼 작가인 데이비드 R.의 새로운 소설을 후원하는 데 발 벗고 나설 수 있겠는가? 그녀는 사내에서 본인의 평판, 나아가 본인의 일자리를 담보로 걸고 좋은 평점을 받았지만 그녀도 알 듯이 채 4,000부도 팔리지 않을 소설을 위해 더 적극적인 홍보를 추진해야 할까? 아니면 데이비드와 그의 작가 인생을 등지고, 문학적으로는 전혀 깊이가 없으나 이미 베스트셀러가 된 화려하고 선정적인 소설의 편에 서서 영예를 누리고 인정을 받아야 할까?

마사 G.가 직업적이고 개인적인 도덕적 딜레마를 해결해나가는 과정을 묘사한 출판계 종사자 맥스웰 거킨의 글은 『퍼블리셔스 위클리』에 게재되자마자 상당한 반향을 불러 일으켰고, 여전히 뜨거운 논쟁의 대상이 되고 있다. 이것은 분개한 마음을 품은 냉소적인 편집자가 쓴, 현 출판계의 무도덕성에 관한 허구의 글일까? 아니면 현실에 굴하지 않는 정직한 편집자가 오늘날 많은 출판사 편집자와 작가들이 실제로 직면해 있는 전형적인 문제들을 빈틈없이 관찰하여 노골적일 정도로 생생하게 전하는 보도일까? 본인이 성공한 혹은 실패한, 또는 상업적인 혹은 비상업적인 편집자/작가인지에 따라 이 글을 바라보는 시선이 달라질 수도 있다. 그러나 어떠한 분야에 종사하는 사람이든 마사가 어떠한 결정을 내렸는지, 경제·문화·출판과 관련된 어떠한 압력들이 그녀의 결정에 영향을 미쳤는지 알고 싶을 것이다. 어쩌면 이 글을 읽고 본인의 내부를 들여다보면서 자신이 그녀와 같은 상황에 처했다면 어떠한 결정을 내렸을지 자문해볼지도 모른다.

맥스웰 거킨(Maxwell Gherkin)

맥스웰 거킨은 미국에서 가장 유명한 편집자 한 사람의 필명이다.

무엇이 신뢰를 깨뜨리는가

—작가와 편집자의 관계

—맥스웰 거킨

상업성과 거리가 먼 재능 있는 소설가

데이비드 R.은 40대의 재능 있는 소설가이다. 그의 첫 번째 소설은 1960년대의 갈등으로 산산이 부서져버린 자동차 공장 노동자 가족의 이야기를 흡인력 있게 다룬 성공작이었다. 평단의 극찬을 받고 페이퍼 백 매출액이 5만 달러에 달했으며 내셔널 북 어워드 후보로 지명되는 등 즉각 빛을 발했다. 그의 차기작 두 편은 길이가 더 짧은 소설로, 이전 보다 더 실험적이었다. 한 작품은 캘리포니아 북부의 비현실적인 공동 체에 관한 소설이었고, 나머지 한 작품은 추리 소설에 사로잡힌 사람들 을 메타픽션적인 방식으로 다룬 소설이었다. 그러나 두 작품에 대한 평 단의 관심과 서적 판매부수가 급격히 줄어들었다. 그는 몇 년 동안 단편들을 집필했으나 다시 성공의 반열에 오르지는 못했다.

데이비드는 이 모든 상황에 몹시 괴로워했다. 그는 이야기를 풀어나가고 세상을 상상하는 다양한 방식을 탐구하기를 원했다. 그러나 노동자 계급 출신인 그는 특히 출세를 하고 글을 써서 돈을 벌고자 하는 욕구가 있었다. 힘을 키우려는 그의 시도는 그를 후퇴하게 만들었다. 그의 작가 인생은 어느 정도 성공가도에 오른 상태에서 낭떠러지로 떨어지는 듯 보였다. 그는 또한 브랫 팩(Brat Pack: 1980년대의 젊은 작가 집단—옮긴이)이라고 하는 새로운 소설가 세대를 매우 의식하고 있었다. 그들은 뜨거운 관심의 대상이었고, 놀랄 만큼 거액의 선인세를 받았다. 데이비드는 브랫 팩 작가들의 작품을 "학생들이나 쓰는 유치한 글"이라고 치부했으나 실은 자신이 그들의 빛에 가려진다고 생각했다. 오하이오 주의 작은 대학교에서 학생들을 가르치면서 가족 부양의 책임으로 글쓰기 강좌를 했던 데이비드는 12년 동안이나 살아왔던 별 볼일 없는 마을에서 입이 바짝 타는 듯한 권태를 느꼈다. 그 마을은 마치 이전 세대의 소설가들이 도망쳐 나온 곳 같았다. 데이비드는 많은 작가들의 종착역이 되었던 변명과 냉소주의로 스스로가 빠져들고 있음을 느꼈다.

그러던 중 NEA(National Education Association: 전미 교육 협회—옮긴이) 보조금이 생겨났고, 때마침 그는 가능성이 풍부한 이야기를 불현듯 구상해냈다. 심지어 이번에는 상업적으로 성공할 가능성도 있었다. 데이비드는 다시금 솟아오르는 힘에 자극을 받아 18개월 동안 300쪽의 소설을 집필했다. 그는 이 소설이 그간의 작품들 중 가장 완성도가 있으면서도 가장 위험한 작품이라는 생각을 하면서 이를 뉴욕으로 보냈다. 이후 몇 주 동안 그는 배심원단의 판결을 기다리는 심정으로 시간을 보냈다.

작가의 헌신적인 지지자

잔뼈가 굵은 편집자인 마사 G.는 만감이 교차하는 심정으로 데이비드의 원고를 기다리고 있었다. 마사는 그의 작품 대부분을 좋아했고, 그가 구렁텅이에서 빠져나왔을 때 기뻐했다. 그러나 그가 첫 작품으로 거둔 성공의 빛이 이미 바래버린 콩코드 출판사에서 데이비드의 새로운 소설이 어떤 반응을 얻을지 걱정스러웠다. 데이비드가 마사에게 넌지시 말한 바에 따르면, 새로운 작품은 지난 두 작품보다 훨씬 더 '주류'에 가까웠다. 하지만 소설가들은 특히 더 실험적인 작품일수록 그렇게 생각하는 경향이 강했다. 마사는 탐구를 포기하지 않는 데이비드의 의욕을 높이 샀으나, 그가 예전처럼 독자들이 널리 관심 갖는 주제로 돌아오고 과거에 그를 비상시켜주었던 대중성을 추구하기를 내심 기대하고 있었다. 그가 성공해야 그녀 역시 성공할 수 있었다.

근래 콩코드 출판사의 최대 관심사는 최종 결산 결과였다. 소규모 출판사로서 예술·정치·사회 주제와 아동 문학을 대담하게 다루었던 콩코드 출판사는 이제 국제적인 통신 제국인 INCOM이 소유한 출판 그룹에 속한 양장본 출판사로서 새롭고 보다 광범위한 정체성을 찾기 위해 노력하고 있었다. 마지막 독립 출판사(대기업이나 다국적 출판 기업에 속하지 않는 출판사를 뜻한다―옮긴이)의 하나인 콩코드 출판사를 그 가치의 몇 배나 더 되는 금액을 주고 사들인 새로운 경영진은, 오로지 위치 하나 때문에 유서 깊은 저택을 사들여 이를 콘도로 재단장하려는 부동산 개발업자와 같은 태도로 출판사를 대했다. 매년 수익을 10퍼센트씩 올리는 데 필요한 금액을 지출하라는 지시하에 콩코드 출판사는 다수의 '유명 작가'들을 섭외하고 마케팅 운영을 두 배로 늘렸으며, 쇼핑

몰 시장을 위한 더 많은 상품을 제공하기 위해 편집자 인력을 대거 정리하고 다양화했다. 여기서 상품이란 INCOM이 최근 발행인으로 임명한 세련되고 정력적인 마케팅 전문가인 닷 B.의 말을 빌리자면, '필요성 또는 추세에 맞는' 책이다. 데이비드의 책이 도착하고 난 주말, 마사는 편집 중이던 『성인 부모』라는 책과 루마니아 요리책을 만드는 데 필요한 중요한 작업을 제쳐두고 『앤지를 기억하며』를 읽기 시작했다.

데이비드는 본인에게 맞는 주제를 찾았다. 마사는 두 쪽만 읽고도 그걸 알아차릴 수 있었다. 딱 맞아떨어지는 소설이 주는 설레는 기쁨이라는, 단순하고 틀림없는 느낌이 있었다. "앤지 애나세리의 첫인상은 고등학교 졸업 앨범에서 흔히 볼 수 있는, 이름 밑에 단 하나의 학생 활동만이 적힌 예쁘장하고 침울한 표정의 소녀였다." 소설의 첫 장은 미국 변호사인 드와이트 제이의 목소리로 시작되었다. 그는 20년 전 미시건 주 디어본에서 열린 소프트볼 경기에서 앤지를 알게 되었고, 그 해 여름 그곳에서 징병 기피와 관련된 자문가로 일하고 있었다. 그다음 장에서는 앤지가 이야기를 이어가면서 드와이트에게 받은 편지를 떠올리는데, 기소된 약물 거래업자인 앤지의 오빠가 드와이트에게 도움을 청했다. "드와이트는 손에 쥔 복권, 피터 폰다와 같은 존재였다. 멋지지만 믿기에는 어리석은 존재였다. 그러나 그녀는 그를 믿었다. 당시에는 사람들이 온갖 말도 안 되는 것들을 믿었다. 마찬가지로 지미도 드와이트를 믿었고 결국 철창신세를 지게 되었다."

선인세 협상 결렬

시카고에 있는 드와이트와 캘리포니아 산호세에 있는 앤지가 번갈아가며 이야기를 주도하면서 둘 사이의 편지가 오고 가는 그 소설은, 지난 30년간의 정치적 우화이자 도덕적 책임에 관한 드라마였으며 무엇보다도 동시대 노동 계급 여성에 관한 흥미로운 연구였다. 배짱 있고 자신만만하며 강단 있는 앤지는 홀로 세 아이를 키웠다. 그녀는 힘든 나날을 견디느라 암페타민에 중독되었고 칵테일 맨해튼을 마시지 않으면 잠을 청하지 못했다. 드와이트가 앤지와 연락이 닿았을 때, 그녀는 시즐러 레스토랑의 부 관리자였고, 알코올 중독자 익명 모임의 고정 회원이었으며, 알코올 중독에서 회복 중인 한 나이 든 남자와 결혼할 것을 생각하고 있었다. 하지만 그녀가 드와이트와 보낸 여름의 기억은 여전히 그녀의 마음을 움직일 수 있었고, 소설은 앤지를 그녀의 오빠와 마찬가지로 문화적 배신을 상징하는 인물로 어정쩡한 위치에 놓이게 했다.

마사는 데이비드가 앤지의 현재 삶을 완전히 간파하지 못했고 그런 탓에 소설 끝부분이 약화되었음을 감지했다. 그녀는 일요일 늦은 밤 그에게 전화를 걸어 몇 분간 소설에 대해 칭찬의 말을 늘어놓은 뒤 본론으로 들어갔다. 데이비드는 소설 끝부분에 대한 그녀의 의견에 동의하지 않았다. "뭔가 희망적인 결말을 원하는 것 같은데 그건 그들의 운명이 아니에요."

며칠이 지나 마사는 그 소설은 결국 앤지의 이야기이므로 에필로그와 더불어 앤지가 어디서 비롯되었는지를 알려주는 암시가 사전에 있었으면 한다는 서신을 그에게 보냈다. 그러자 데이비드는 그러한 유형의 결말은 디킨스 시대 이후 사라졌으며 앤지가 어떠한 결정을 내릴지 자신은 모르는 데다가 그걸 알아내기 위해 소설의 마지막 3분의 1을 다시 쓰기를 원치 않는다고 답장을 보냈다.

그로부터 얼마 안 있어 데이비드의 에이전트인 알 V.가 마사에게 전화를 걸어 소설 발간 제의를 하지 않으면 다른 출판사를 찾아볼 것이라고 했다. "우린 이 소설이 데이비드의 재기작이라고 생각하고 있어요. 그래서 여섯 자리의 원고료를 기대해요."

마사는 데이비드가 소설 작업을 함께할 수 있는 방법을 찾을 경우 2만 5,000달러 선에서 원고료를 생각하고 있다고 전했다.

"말도 안 돼요. 그보다 더 큰 성의를 보여주세요."

"성의라고요? 우리 출판사는 데이비드의 지난 두 작품을 출간했어요. 그 작품들은 2만 5,000달러의 매상도 못 올렸다고요. 사리에 맞게 생각을 해봐요, 알."

"마사, 지금은 상황이 완전히 달라요. 전 지난달에 첫 소설을 16만 5,000달러에 팔았어요. 데이비드 소설의 반에도 못 미치는 수준의 소설이에요."

그 외에 별다른 할 말이 없었다. 마사는 데이비드에게 앞으로 잘 되길 바란다는 편지를 쓰면서 그만하면 되었다고 생각했다. 또 다른 작가와 긴밀하고 오랜 관계가 시작될 터였다.

"요즘 편집자는 힘이 없어요"

몇 달 후 데이비드가 마사에게 전화를 걸어와 지금 뉴욕에 있으니 좀 보았으면 한다는 말을 전했다. 모습을 드러낸 그는 줄곧 확고부동했던 태도가 눈에 띄게 무너져 있었다. 데이비드는 다른 출판사들의 반응에 대해 이야기했다. 몇몇 출판사가 원고를 통과시켰다고 했다. 한 출판사는 선금으로 7,500달러를 제시했고, 또 다른 두 출판사는 그보다 훨씬 더 많은 금액을 제시했으나 그중 한 출판사는 "결말에서 둘이 재회하는 매우 극적인 장면"을 원한다고 했고, 또 한 출판사는 로맨스에 더욱 중점을 두어 "이야기를 줄이는 대신 보여주기를 늘리고, 대화를 줄이는 대신 섹스를 늘리자"는 제안을 했다고 말했다. 데이비드는 큰 두 손을 탁 마주치면서 처음으로 미소를 지었다. "당신 책이기보다는 내 책이에요." 결국 그날의 회의는 데이비드가 마사가 지적한 부분들을 수정해보는 걸로 결론이 났다.

처음에 데이비드는 "마치 언 땅을 파는 것 같다"라고 전했으나, 앤지의 현재 삶과 심리 상태에 대해 상상하면 할수록 그는 점점 더 이야기의 물꼬가 터져 생명을 얻게 되는 것을 발견했다. 수정 작업이 끝나자 데이비드와 마사는 새롭게 첨가한 앤지의 의식 상태를 이야기의 초반부에 삽입해야 할 필요가 있다고 느꼈다.

수정 작업이 막바지에 다다르자, 마사는 소설 입수를 위해 소설의 첫 50쪽과 나머지 부분을 요약한 내용을 출간회의에 제출했다. 『앤지를 기억하며』가 양장본으로 최소 1만 부가 팔리고 페이퍼백으로도 그만큼 팔리리라 예상한 마사는 선금으로 2만 5,000달러를 요구했다.

하지만 출간회의에서 마사는 완강한 반대에 부딪혔다. (콩코드 출판사가 얼마 전 최고의 스릴러 작가를 다른 출판사에 빼앗긴 데다 레이건가의 사교계를 '흥미진진하게' 다룬 그 출판사의 비소설 대표작이 25만 부의 초판 인쇄로 어마어마한 수익을 거둬들이고 있는 탓에) 요즘 세련돼 보이기보다는 곤혹을 치르고 있는 듯 보이는 닷 B.는 『앤지를 기억하며』에 미덥지 않다는 반응을 보였다. "내가 어디에 있는 건가 싶을 때가 많아요." 그녀가 쏘아붙였다. "현재에 있는지 과거에 있는지, 시카고에 있는지 캘리포니아에 있는지 말이에요. 게다가 멋진 변호사와 약물에 중독된 식당 종업원이라니요? 그만 좀 해요."

편집장인 맥 S.는 마사가 제출한 소설의 일부를 좋아했으나, 앤지라는 인물이 많은 양장본 독자들 특히 여성 독자들이 공감하기에는 지나치게 노동 계층에 속하는 인물이라고 생각했다.

"그런 일도 일어나기 마련이죠." 마사가 최대한 침착하게 말했다. "허구에서라도 말이에요. 예를 들자면 『러브 스토리』 같은 데서요."

"이건 『러브 스토리』가 아니에요." 닷이 말했다. "감성적이지도 않고 이해하기도 쉽지 않아요. 게다가 우울한 이야기예요."

마사는 특히 작가가 수정 작업을 하고 있으므로 소설이 갈수록 감동적으로 바뀔 것이라고 말했다. "이 책에 성공 가능성이 있다고 믿어요. 게다가 억만금을 투자하라는 것도 아니잖아요."

"누가 이 책을 사볼까요?" 마케팅 관리자인 랜스 L.이 물었다.

마사는 그가 본인의 직무를 다하는 것뿐이라고 상기시켰다. 『앤지를 기억하며』와 같은 소설이 골칫거리라기보다는 기회로 환영받던 시절, 콩코드 출판사 저자의 책이 출판사 내에서 뜨거운 반응과 애정을 받고 나아가 평단과 대중의 찬사를 받던 시절은 이미 지나가버렸다. 이제 필요한 것은 책을 축소시켜 시장의 조그만 틈새로 끼워넣을 허위의 사회학이었다. 마사는 애써 침착하게 입을 열었다. "이 책은 극적인 경험을 해본 독자들에게 호소력을 발휘할 거예요. 브루스 스프링스틴을 좋아하는 교육 수준이 높은 독자들에게도 마찬가지고요……."

"그들은 페이퍼백을 살걸요." 랜스가 말했다.

"그럼 질 좋은 페이퍼백으로 만들어보는 건 어때요? 효과가 있을 것 같지 않아요?"

"전에도 그런 시도를 한 적이 있어요." 맥이 말했다. "효과가 없으면 당신을 가만두지 않을 거예요."

마사는 다시 한 번 힘을 냈다. "소설을 있는 그대로 보세요. 많은 사람에게 많은 것을 의미하는 시대를 떠올리게 하는, 잘 쓰인 사랑 이야기예요. 책을 읽는 사람들에게 말이에요."

"1960년대를 다룬 소설은 팔리지 않아요." 랜스가 말했다. "히피를 주제로 쓴 그의 두 번째 소설이 어떻게 되었는지 한 번 생각해봐요."

"그렇다면 우리가 지금 어디에 서 있는 거죠?" 마사가 물었다. 아무도 즉각 답을 내놓지 못하자 그녀가 최후의 말을 꺼냈다. "정말로 이 책을 내고 싶어요. 다른 두 출판사도 이 작품을 노리고 있어요. 그만큼의 선금도 제시했고요."

"믿기지 않는데요." 닷이 말했다. "제 생각에는 데이비드가 당신에게 공을 들이고 있는 것 같군요."

"데이비드의 에이전트가 작품을 여기저기 보여주고 있어요. 하지만 데이비드는 저희 출판사와 계약하고 싶어 해요."

닷은 경쟁 출판사가 어디인지 알고 싶어 했다. 마사가 알려주자 그녀는 이렇게 말했다. "1만 2,500달러를 지급하세요. 우리 저자를 다른 출판사로 데려가려고 한 에이전트에 대해서는 우리 조건에 동의할 때까지 어떤 압력도 불사하지 않을 거예요."

"전 2만 5,000달러 근처를 이야기했어요. 그건 그가 수정 작업을 하기 전이었고요."

"자, 이제 저자를 포로로 삼았으니 그를 활용해보세요." 닷이 말했다. "우리 역시 강경 자세를 취하고 있다는 걸 사람들이 알았으면 하네요."

맥의 도움으로 마사는 결국 1만 7,500달러를 제시하기로 합의를 보았고, 그 금액의 3분의 2는 즉시 지급하기로 했다. 그러나 마사는 완전히 무너져버린 듯한 심정으로 회의 자리를 떴다. 과거에 선임 편집자

(senior editor)였던 시절, 데이비드와 같은 작가의 작품에 대한 그녀의 평가는 당연시되었다. 게다가 그녀의 첫 제안은 영광으로까지 간주되었다.

말할 필요도 없이, 데이비드와 알은 새로운 계약 조건을 흡족해하지 않았다. 하지만 데이비드는 소설을 마무리짓는 데 주력했고, 알은 기꺼이 한 마디 말로 마사의 마음을 편하게 해주려 했다. "요즈음 편집자들이 힘이 없다는 걸 잘 알아요." 그가 말했다.

평단에서 받은 뜻밖의 찬사

책이 제작되는 동안 마사는 추천사를 받기 위해 평소와 마찬가지로 신간 서적 견본을 배포했고 책의 운이 바뀌기 시작했다. 아니 그보다는 책의 진가가 발휘되기 시작했다. 대부분의 유명 저자들은 신간 서적 견본을 넘치도록 받지만 그에 반응하는 경우가 좀처럼 없었다. 하지만 몇몇 매우 열띤 찬사의 글이 마사에게 돌아왔다. 그중에서도 유명 비평가 빅터 P.는 이러한 찬사의 글을 보내왔다. "마침내 사회적 양심과 문화적 비전을 갖춘 새로운 미국의 소설이 탄생했다. 미국 낭만주의 운동의 한 장을 사랑 이야기 안에 집약시켜 『위대한 개츠비』가 1920년대를 위해 한 일을 『앤지를 기억하며』가 1960년대를 위해 하고 있다."

"제 분에 넘치네요." 마사가 편지를 읽어주자 데이비드가 말했다. 그녀가 편지를 다 읽고 나자 그가 말했다. '별다른 일만 생기지 않는다면 그동안 애쓴 보람이 있겠어요."

마사는 하나뿐인 동지인 맥에게 비평가가 보낸 글을 보여주면서 이를 어떻게 최대한 활용할지 의논했다. 그들은 비평가의 글을 "1920년대를 위해 『위대한 개츠비』가 있었다면 1960년대를 위해서는 『앤지를 기억하며』가 있다"라고 요약하기로 했다. 마사는 그 글과 함께 다른 저자들이 보낸 찬사의 글을 주요 마케팅 책임자들에게 보냈고 더불어 데이비드의 첫 작품이 거뒀던 성공도 그들에게 다시 한 번 상기시켰다. 그리고 비슷한 서신을 써서 개인적인 의견과 신간 서적 견본과 함께 출판사 대표들에게 보냈다. 그들이 『앤지를 기억하며』를 읽고 맘에 든 나머지 다가오는 판매회의에서 이 작품의 손을 들어줄 것이라 생각했기 때문이다.

마케팅회의에서는 책의 첫 입지가 정해진다. 책의 잠정적인 초판 인쇄와 판매 담당자들이 충족시켜야 할 할당량, 광고 및 홍보 예산, 홍보 책자에서 차지하게 될 공간이 정해진다. 그러나 여러 저자들이 찬사의 글을 보내왔어도 마사는 편집자 동료들로부터 열렬한 반응은커녕 관심조차 얻어내지 못했다. 그들 중 어느 누구도 책을 읽지 않았기 때문이다. 그와 같은 풍경은 마사가 알던 콩코드 출판사의 모습이 아니었다. INCOM의 '혹독하고 인색한 경영 방침' 하에 편집자들은 이전보다 두 배나 많은 양의 책들을 처리해야 했고 본인이 맡은 프로젝트를 처리할 시간마저 없었기 때문이다. 마사는 동료들이 책에 지불된 선금에 따라 정해지는 도서 입수 할당량을 채워야 한다는 압박감과 그에 대한 보상으로 학생 같은 마음가짐에서 회사원 같은 마음가짐으로 변해가는 모습을 목격했다.

마사는 가을에 『앤지를 기억하며』와 멜리사 로저스의 『더 라임라이트 카페』, 이렇게 두 소설을 맡게 되었다. 닷 B.를 위해 맡은 후자의 소설은 아르투어 슈니츨러의 『라롱드(La Ronde)』를 동시대 방식으로 풀어낸 작품으로, 세 가지 색깔로 그려낸 잇따른 육욕적인 관계를 뉴포트 비치/라구나 지역에 사는 아홉 명의 젊은이들의 독특한 삶과 풍요로운 삶의 방식과 연결시켰다.

닷은 『더 라임라이트 카페』와 저자의 차기작 해외 저작권을 위해 55만 달러를 지불했다. 그녀를 '유명 작가'로 만들고, 뉴욕·토론토·런던에 있는 INCOM 출판사를 통해 그녀의 작품들을 영어권 지역에 출간하려는 계획이었다.

거액의 선인세를 낚아챈 다른 소설

마케팅회의에서 마사의 업무는 대부분 『더 라임라이트 카페』를 홍보하고 로저스의 순회 홍보를 계획하는 일에 할애되었다. 동료들이 이 책과 저자를 홍보하는 일에 지나치게 열중해 있다고 느낀 마사는 첫 작품을 무리하게 홍보하면 그 저자와 작품에 대해 종종 반발이 생겨나며 따라서 평단의 반응이 나오기 전까지는 책 홍보와 판매에 더욱 보수적인 태도를 취해야 한다고 지적했다.

닷은 발행인으로서 출판사가 더욱 강경한 태도로 밀고 나가야 한다고 생각하고 "특히 체인 서점들을 대상으로 책의 신뢰성을 강화하기 위해" 초판 10만 부에 광고 예산을 12만 5,000달러로 책정했다. 홍보·판매·광고 담당자들은 회의를 하면서 닷이 제시한 숫자를 달성하는 데 필요한 추가적인 방법을 모색하기 시작했다. 마사는 그 일이 이미 자신의 손에서 떠나갔으며 나름의 견해를 피력한다 한들 새로워진 콩코드에서 자신의 입지가 초라해진 것을 또 한 번 느낄 것이라 생각하고는 입을 다물었다.

그렇다면 맛있지만 속은 텅 빈 과자 같은 소설에 왜 열을 올릴까? 마사는 나름의 생각을 갖고 있었다. 그즈음의 전형적인 유명 발행인은 닷과 같은 부류의 사람으로, 대규모 마케팅에 관한 전문지식을 지니고 있으면서도 양질의 도서를 발행한다는 특별한 자부심을 갖고 있었다. 따라서 멜리사 로저스와 같은 세련된 저자는 그들의 모자에 달린 화려한 깃털과 같은 존재이며, 그런 저자들 덕분에 그들은 은행에 가거나 경영회의에 참석하러 가는 내내 고개를 빳빳이 들 수 있었다. 게다가 정보, 자문, 오락으로 이루어진 출판의 시대에서 한 출판사의 출간도서 목록이 다른 출판사의 출간도서 목록과 상당히 비슷했기에, '진정한 작가'가 출판사 내에 존재해야만 한 출판사와 또 다른 출판사를 구분할 수 있었다. 더욱이 닷과 같은 새로운 부류의 발행인들은 업계 내에서 스스로를 '주체'로 그리고 자신의 출판사를 '인기 있는 가게'로 자리매김하고자 하는 욕구를 갖고 있었다. 상황이 이렇다 보니, 상당한 추종자 무리를 지닌 재능 있는 작가를 섭외하려는 경쟁이 치열해졌고, 때로는 이미 검증된 베스트셀러 작가를 섭외할 때처럼 경쟁이 도를 넘어서기도 했다. 게다가 거액의 선인세를 작가에게 지급하다 보니 마사가 멜리사 로저스의 경우에서 보았던 것처럼 과도한 초판 인쇄와 광고/홍보 예산이 난무하게 되었다. 마사는 『더 라임라이트 카페』가 받게 될 엇갈린 평가를 감안할 때, 잘해봐야 3만 부가 팔릴 것이라고 예상했다. 그러므로 합리적으로 판단하여 4만 부의 초판 인쇄와 그에 상응하는 예산을 책정하면 성공이었다. 마사는 회의실 내에서 벌어지는 광경이 실패의 시나리오로 이어져 멜리사 로저스와 출판사의 관계가 악화되지는 않을지 우려했다.

그러나 그날 아침 마사는 데이비드의 책의 운명에 더욱 마음을 썼다. 마케팅 책임자가 숫자들을 읊어댔다. 초판 인쇄 6,000부, 세 권의 다른 책과 함께 데이비드의 책을 광고할 최소한의 예산, 홍보 책자에 할당된

반쪽이 그 내용이었다. 마사는 싸울 태세를 단단히 갖추었다.

"전 멜리사의 책보다 이 책이 평가를 받는 데에 더 자신 있어요. 평단에서 보낸 찬사의 글을 보라고요."

"인상적이긴 했어요." 닷이 말했다. "그렇지만 추천사가 다 그렇죠. 그래서 우리가 그 글들을 쓰는 거고요."

"서평지 편집자들은 추천사에 대해 크게 신경 쓰지 않아요." 홍보 책임자인 재키 L.이 말했다. "그들은 저자나 편집자의 지인들이 추천사를 썼다고 짐작하죠."

"그 글들을 어떻게 제시하느냐에 따라 모든 게 달라져요." 마사가 말했다. "적당한 문구만 제시한다면……." 그녀는 이미 사람들의 뜨거운 눈초리를 느꼈다. "평단의 글은 책의 질을 나타내는 거예요. 그리고 다른 작가와 비평가들이 그 작품을 얼마나 진지하게 받아들일지를 좌우하고요. 이게 내가 하고 싶은 말이에요. 우리는 이 책을 더 적극적으로 홍보해야 해요."

"우리는 얼마든지 적극적인 태도를 취할 수 있어요." 판매 책임자인 버니 T.가 말했다. "그렇지만 그의 전적에 비추어 4,000부만 찍을 계획이에요."

"사람들이 책에 관심을 보이고 나면 중쇄를 찍을 수도 있어요." 마케팅 관리자인 랜스가 말했다.

마사는 이미 할 만큼 노력을 다했다고 생각했다. "좋아요. 이 책은 평단의 반응으로 입지를 다질 거예요. 하지만 홍보 책자에 반쪽만 할애하는 건 반대예요. 이 책이 그저 그런 평범한 소설이라고 널리 알리는 꼴이 된다고요. 서평지 편집자들이 이 책을 그냥 지나치고 말 거예요."

"모든 편집자가 한 쪽을 원해요." 버니가 성을 내며 말했다.

이 지점에서 맥이 끼어들었다. "지금『앤지를 기억하며』를 읽고 있는데 정말로 가능성이 보여요. 이 책에 홍보 지면 한 쪽을 할애하고 일을 진행시킵시다."

예정된 베스트셀러

대부분의 독자들은 몰랐겠지만, 두 소설은 서로 한 달도 안 되는 간격을 두고 출간되었다. 거액의 선인세에 대한 업계 내 소문과 홍보, 그리고 멜리사 로저스의 첫 성공 덕분에『더 라임라이트 카페』는 특히 책의 평판이 결정되는 곳인 뉴욕의 도서 매체에서 널리 평론의 대상이 되었다. 이 소설은 또 다른 신예 여성 소설가의 작품과 함께『뉴욕 타임스 북 리뷰』의 제 1면을 장식했고『뉴스위크』에서 찬사를 받은 반면,『타임』에서는 혹평을 받았지만 대부분의 유력 월간지에 모습을 드러냈고, 심지어는『뉴욕 리뷰 오브 북스』의 '최신 유행 소설'을 소개하는 지면에도 등장했다. 한편「대수롭지 않은 취미」라는 제목의『뉴 리퍼블릭』의 평론은 대체로 부정적인 반응을 압축해서 보여주었다. 하지만 "가장 최신의 생활방식"(『워싱턴 포스트』) 내지는 "세련된 독특함"(『베니티 페어』)이라는 반응이 대부분이었고, 덕분에 작품이 곧 베스트셀러 반열에 오를 수 있었다.

마사는 자신이 멜리사 못지않게 환대에 휩쓸리고 있음을 발견했다. 멜리사의 주가가 오르자 마사의 주가 역시 올랐다. 이제 마사는 옛 주인 밑에서 일하면서 야망 있고 마음 후한 새로운 주인 부부의 비위를 맞추려 들지 않는 하인이 아니라, 어떤 일을 성공으로 이끌 줄 아는 상황 판단이 빠르고 기민한 여성으로 대우받게 되었음을 깨달았다. 멜리사와 작품의 홍보에 대한 마사의 판단은 진지하게 여겨졌고, 그녀가 초기에 보였던 의구심은 성공의 열기 속에서 잊혀졌다. 닷은 그녀를 점심 식사에 초대하여 에이전트의 권유로 출판사를 '옮길' 생각을 하고 있는 한 유명 작가에 대해 그녀의 의견을 구했고, 그녀가 현재 어떤 작가에 주목하고 있는지 알고 싶어 했다.

마사는 저자에 대한 관심을 그의 에이전트에게 이따금 표현하기는 하지만, 그 이상의 선을 넘고 싶지는 않다고 말했다. "다른 출판사로부터 빼앗아오고 싶을 만큼 가치가 있는 저자라면, 그 출판사가 그 저자에게 정당한 대우를 하고 있다는 거겠죠. 당신이 제공하는 것은 더 많은 돈이 전부이고, 가장 높은 금액을 제시한 입찰자 쪽으로 기우는 저자를 섭외하게 되는 셈이죠."

"전 그렇게 생각하지 않아요. 전 향후 3년을 내다봐요. 게다가 저자의 입지를 키우는 데 돈만 한 것도 없죠. 멜리사의 경우를 봤잖아요. 장담하는데, 요즘 그녀는 콩코드 출판사에 더없이 호의적인 생각을 갖고 있을걸요."

관심 밖으로 밀려난 저자의 집요한 추궁

그건 사실이었다. 마사는 자신의 불행한 저자인 데이비드에게로 생각을 돌렸다. 『앤지를 기억하며』는 한 달 전에 출간되었지만, 여태까지 받았던 작품 평들은 그야말로 아무런 쓸모가 없었다. 실망감에 가슴이 쓰렸지만, 마사는 자신이 놀랐다고 솔직하게 말할 수 없었다. 마사에게 데이비드와 같은 작가의 작품을 편집하는 일은 그녀의 두 자녀를 키우는 일과 같았다. 마사의 두 자녀가 자라는 동안 세상에는 그들을 위한 무한한 가능성이 펼쳐져 있었다. 그리고 이제 아이들은 세상으로 나왔다. 둘이 한 명은 화가로 또 한 명은 배우로서 성공을 하려면 치열한 투쟁과 그에 반해 실낱같은 기회에 직면해야 한다. 데이비드 같은 작가의 책 역시 마찬가지였다. 그 책은 작가는 물론 그녀의 희망으로 키워졌으나 이제는 기회와 상황의 자비 앞에 놓여 있었다.

도서 시장이 책들로 넘쳐난다는 점이 주요한 상황이었다. 매달 4,000종에서 5,000종에 이르는 책들이 출판사들에서 쏟아져 나왔다. 대부분의 책들은 몇천 부 팔린 뒤 1년 뒤에 종적을 감추었다. 책은 마치 어란과 같이 불안정하고 썩기 쉬워서 단 몇 권만이라도 살아남게 하기 위해서는 무수히 많은 책을 내야 했다. 대학들은 독자의 수보다 더 많은 수의 소설가와 시인들을 양성해내는 것처럼 보였다. 이렇게 책들이 넘쳐나는 상황 속에서, 서평지 편집자와 작가들은 독자들과 마찬가지로 평판과 유행과 대대적인 선전에 집착했다. 이따금 데이비드의 첫 작품과 같이 예고되지 않았으나 일시적으로 대중의 관심을 받거나 대중의 취향에 부합한 작품은 언론으로부터 얼마간의 조명을 받고 베스트셀러 반열에 오르기도 했다. 하지만 마치 기억상실증에 걸리기라도 한 듯 문화의 기억력은 짧았다. 10년 후면 저자는 소위 그저 그런 작가들의 대열로 빠져버렸다.

한편 데이비드는 그와 동일한 이야기를 더욱 절망적인 어조로 스스로에게 하고 있었다. 다른 작가들이 초기에 보인 반응과 『퍼블리셔스 위클리』의 열띤 반응은 그가 긴 침체기에서 빠져나왔음을 확인시켜주었고, 앞으로 찬사가 쏟아지고 본인이 원하는 대로 학생들을 가르칠 수 있을 뿐만 아니라 심지어 책이 베스트셀러 목록에 오를 가능성이 있음을 보여주었다. 하지만 책이 출간된 주에도 침묵만이 감돌았고, 그 후 몇 주 동안 얼마간의 형식적인 작품 평만이 뒤따랐다.

뭔가를 해야만 했다. 데이비드는 요구사항을 목록으로 만들어 마사에게 전화를 걸었다. 그녀는 도서평이 "쇼핑 가이드 역할을 하는 현 행태"에 대해 그에게 위로의 말을 꺼내기 시작했으나, 그는 뭔지 모를 거리감을 두고 소원해진 태도를 보였다. 그는 어떤 조치를 원했다. "『뉴욕 타임스 북 리뷰』에 전화를 해보았나요?"

"당신 책은 나온 지 이제 한 달 조금 넘었어요. 한 주나 두 주 정도 더 두고 봅시다."

"그럼 『타임』은요? 거기에 지인이 있다고 하지 않았나요?"

"이제 와서 서평을 싣기에는 너무 늦었어요."

"워싱턴, 시카고, 로스앤젤레스는 어떻게 되었죠?"

"상황이 어떤지 홍보 책임자에게 물어볼게요."

"『타임』에서 근무하는 지인이 제 책을 읽어봤다고 하지 않았나요? 거기에 좋은 기회가 있다고 생각했잖아요. 그가 좋아할 만한 책이라면서요."

"데이비드, 제가 그에게 책을 보내긴 했어요."

"그럼 전화를 해보는 건 어떨까요?"

"제가 조금 전에 너무 늦었다고 말씀드렸잖아요."

"한 군데는 아직 이르다고 하고, 또 한 군데는 너무 늦었다고 하고, 다른 곳들은 어떤지 모르겠다고 하는군요."

"전 제가 할 수 있는 바를 다하고 있어요, 데이비드. 상황이 실망스럽긴 하지만 여전히 호전될 가능성이 있어요."

그럼에도 절망감을 감추지 못한 데이비드는 계속해서 집요하게 밀어붙였다. 그는 유년 시절을 보낸 디트로이트에서, 대학 생활을 보낸 앤

아버에서, 그리고 주 내의 다른 지역에서 왜 자신의 책이 홍보되지 않는지 몇 주 내에 알고자 했다. 또 예정된 한 건의 광고가 왜 여태껏 모습을 드러내지 않는지 알고자 했다. 그는 현지 대학가 서점에 책의 창가 진열을 신청해놓았으나, 책은 3주가 지나도록 도착하지 않았다.

그즈음 두 건의 주요 서평이 마침내 도착했다. 하나는 『시카고 트리뷴』의 서평으로 "이 작품으로 그는 중서부 소설가들의 최선두에 서게 될 것이다"라는 내용이었고, 또 하나는 『빌리지 보이스 리터러리 서플리먼트(*Village Voice Literary Supplement*)』의 서평으로 "마치 눈 안에 모래가 들어간 듯 당신의 마음속을 쉽사리 떠나지 않을 고품격의 소설"이라는 내용이었다. 이틀 후 데이비드가 전화를 걸어왔다. "시카고와 뉴욕의 서점에서는 더 많은 책을 사들일 계획이 없는 건가요? 제대로 된 광고가 나왔나요? 당신이 로저스의 책에 쏟아부은 관심과 돈의 일부라도 제게 줘보세요."

"그건 제 결정이 아니에요." 애써 침착함을 유지하며 마사가 말했다. "저도 당신 입장을 이해해요."

"그 말은 제게 큰 도움이 안 돼요. 알죠?"

책을 위한 마지막 호소

데이비드의 말에 괴로웠으나 마사는 그의 책을 위한 광고를 승낙받기 위해 랜스에게 갔다. 두 건의 인상적인 서평과 저자들의 인용구를 실을 계획이었다. 랜스는 판매 수치를 찾아보았다. "4,200부군요." 그는 빈손을 들어보였다. "그나저나 우리는 광고 예산을 20퍼센트 삭감해야 해요."

"그렇다면 데이비드의 책이 형편없는 단체 광고에도 실리지 못한다는 말인가요?"

"제가 무슨 말을 할 수 있겠어요? 제가 그런 결정을 내린 건 아니잖아요. 닷에게 가서 이야기해 보세요."

속이 뒤틀리면서 침울해진 마사는 닷에게 미팅을 요청했다. 몇 분이 채 지나지 않아 마사는 닷의 사무실로 호출되었다. 닷은 환한 표정이었다. "다음 주에 『라임라이트』가 6위로 올라갈 거예요. 그래서 2만 5,000 부를 추가로 더 찍기로 했어요."

"그거 잘 됐네요." 마사는 좋은 소식에 마음을 진정시키고 호의를 갖고 그 분위기에 맞추려 했다. 결국 그녀는 입을 열었다. "그런데 문제가 생겼어요." 그리고 상황을 설명하기 시작했다.

닷의 표정은 기쁨에서 무표정으로 그리고 짜증으로 이어졌다. "그래요. 당신은 이 저자를 잃을 거예요. 당신이 잃은 게 뭔지 아세요? 책이 5,000부밖에 팔리지 않은 저자예요."

"이렇게까지 지원을 해주지 않을 거면 책을 왜 출판했냐고 데이비드가 묻더군요. 전 아무 말도 하지 못했어요."

"수익 목표를 달성하지 못하면 간접비용을 줄여야 해요. 아주 간단한 문제라고요."

"하지만 저자에게는 그런 식으로 하면 안 되죠."

"이 저자가 대체 뭔데 그래요?" 닷이 쏘아붙였다. 까무잡잡하고 예쁘장한 그녀의 얼굴이 굳어졌다. "이 저자가 어떤 존재인지 말해줄게요. 그는 여타 저자들과 마찬가지로 룰렛 게임의 칩이에요. 대부분의 문학 소설은 돈을 잃게 되어 있어요. 그렇죠? 그게 엄연한 사실이에요. 하지만 우리는 문학 출판을 계속 해요. 아무도 어떻게 될지 모르니까요. 이따금 그중 하나가 승자가 되죠. 만약 그렇지 않으면, 우린 이미 많은 돈을 잃었으니 더 이상 돈을 걸지 않게 되겠죠. 출판계에서 일한 지 얼마나 되었죠?"

"도서 정가의 10퍼센트가 광고 및 홍보 비용에 할애된다는 걸 기억할 만큼은 이 분야에 종사했죠. 좋아요. 그것까진 바라지 않을게요. 다만 데이비드를 완전히 포기하지는 말자는 게 제 뜻이에요."

"우리가 저자의 광고 예산을 삭감해서 저자가 떠나려 할 때 얼마나 많은 편집자들이 그런 얘길 제게 하는지 아세요?"

"이게 광고할 거리가 별로 없는 첫 번째 소설이라면 전 그만 물러날 수 있어요. 그렇지만 우리는 그의 책을 네 권이나 출판했어요. 그중 하나는 꽤 수익을 거뒀고 이번 책은 평단의 반응도 좋고 좀 있으면 관심을 받기 시작할 거예요. 그에게 이해관계가 걸려 있어요." 마사는 잠시 멈춘 다음 곧 꺼낼 말을 생각한 뒤 그 말을 하기로 마음먹었다. "우린 책임도 있어요. 우린 책만 출판하는 게 아니라 명성과 경력도 쌓는 사람들이에요. 『뉴욕 리뷰 오브 북스』에 적당한 추천사와 함께 작은 광고 하나만 신더라도 문학계의 관심을 받을 수 있어요. 그렇게 되면 데이비드가 더 나은 교수직을 얻는 데 도움이 될지도 몰라요. 전 1,500달러, 최대 2,000달러를 원해요."

"회의에 5분이나 늦었어요. 생각해보도록 하죠. 하지만 다른 편집자들도 생각해야 해요."

마사는 일어섰다. "저도 그중 한 사람이라는 걸 잊지 마세요."

"기록해놓도록 하세요. 제가 뭘 할 수 있는지 보죠."

절망에 빠진 저자

이틀 뒤 데이비드의 책을 포함한 단체 광고를 허락한다는 내용이 마사에게 전해졌다. 그녀는 광고부에 전화를 걸어 추천사 하나를 넣을 자리가 있음을 알아냈다. 마사는 데이비드에게 전화를 걸었다. 그의 침묵 속에서 상황을 설명하는 동안 그녀는 자신이 마치 리투아니아인에게 말을 하는 소비에트의 관료 같다고 느꼈다.

그녀가 말을 마치자 그가 말했다. "홍보 담당자들은 뭘 하고 있나요? 어떤 조치를 취했나요?"

"아직까지는 그들이 할 수 있는 일이 별로 없어요."

"그들이 서평을 기다리는 중이라고 했잖아요. 이제 서평을 받았죠. 그렇죠?"

"데이비드, 『보이스』에 서평이 실린다고 해서 당신이 〈레터맨〉 쇼에 출연할 수 있는 건 아니잖아요."

"다른 데 출연할 수 있을지도 모르죠. 『시카고 트리뷴』에 서평이 실리면 〈스터즈 터켈〉 쇼에 출연할 수 있을지도 몰라요. 당신이 조금만 더 노력을 기울여줬으면 해요."

"제가요? 그렇다면 제가 당신과 당신…… 책을 방치하고 있다는 말씀이신가요?"

"계속해 보세요. 말씀하세요. 제 빌어먹을 책이요? 제 형편없는 책이요? 어떤 건가요?"

"우리 둘 다 마음을 가라앉히고 상황을 똑바로 바라보는 게 좋겠네요."

"얼마나 똑바로 바라보라는 거죠? 금전적인 측면에서 보면 전 아무

짝에도 쓸모없는 골칫거리 같은 작가예요. 제 측면에서 보자면 제 책과 작가 생활을 위해 싸우고 있는 중이고요. 전 제 수준의 다른 작가들과 같은 대접을 받지 못하고 있어요. 제인 스마일리가 크노프 출판사에서 어떤 대접을 받고 있는지, 제임스 윌콕스가 하퍼스 출판사에서 어떤 대접을 받고 있는지, 제인 앤 필립스가 시모어 로렌스 출판사에서 어떤 대접을 받고 있는지 알고 있다고요."

"시모어 로렌스는 자기만의 임프린트를 갖고 있어요. 크노프와 하퍼스 출판사에는 당신 같은 작가들이 있고 그들 역시 행복하지 못해요. 어느 한 출판사의 문제가 아니에요. 이게 출판계의 현실이라고요."

"그렇다면 제가 어떻게 해야 하죠? 요즘 만나는 사람들마다 제게 책을 위해 서둘러야 한다고 말하는데, 전 당신들과 진전은커녕 시작조차 하지 못했어요. 실패가 눈앞에 있다고요."

마사는 깊이 숨을 들이마신 뒤 끼어들었다. "데이비드, 제 말 들어보세요. 빅터의 찬사만 듣는다면 아무런 일이 일어나지 않더라도 모든 게 보람 있다고 말한 것 기억나세요? 그게 중요한 거예요. 당신 동료들, 진짜 비평가들, 작가들의 판단이 중요한 거예요. 나머지는 그저 유행이고 추세이고 운이에요."

깨진 신뢰

전화를 끊고 나서 데이비드는 책상 앞에 앉았다. 그의 머릿속은 여전히 화와 분노로 들끓고 있었다. 그는 마음을 돌려 마사가 했던 말들 속에서 위안을 찾으려고 했다. 그건 그가 스스로에게 숱하게 했던 말들이었다. 그는 왜 그 말들을 믿지 못하게 되었을까? 문학가의 소명이 상상력의 탐구에서 상상력의 마케팅으로 변모해간 듯했다. 큰 돈, 유명세를 좇는 행태, 출세 제일주의가 판을 치는 세상이었다. 그가 가르치거나 만났던 앞날이 창창한 젊은 작가들은 그걸 당연시하고 그에 따라 행동했다. 데이비드는 몇 년 전 루이스 크로넨버거가 했던 말을 떠올렸다. "예전에는 작가들이 40세에 팔려나갔다. 요즈음에는 25세에 계약을 한다." 하지만 그건 그에게도 영향을 미쳤다. 중년층의 다른 작가들과 마찬가지로, 데이비드 역시 과열된 상업주의와 그 때문에 명성이 어리석은 유명세로 뒤바뀌는 행태를 견뎌왔으나 뒤로 밀려났다는 느낌을 받았다. 그는 첫 번째 작품으로 기회를 잡았으나 그걸 활용하지 못했다. 그리고 이제는 삼류 작가로 전락하여 몇 푼 안 되는 선인세나 형편없는 광고, 인정 따위를 받으려고 애써 노력하는 중이다. 그는 자신이 바보 같다고 느꼈다.

일주일 후 마사는 데이비드에게 광고 한 편과 6주 된 짧은 서평 두 건, 그리고 『뉴욕 타임스 북 리뷰』가 그의 서평을 취소했다는 소식을 그에게 보냈다. 데이비드의 에이전트와 마사 사이에 결실 없는 대화가 몇 차례 오고 갔다. 그의 책은 여전히 4,300부밖에 팔리지 못했고 책이 이미 반품되고 있어 판매 수치가 더 떨어질 지경이었다. 상황이 이렇다 보니 돈이 드는 제안이나 요청은 더더욱 할 수 없는 형편이었다. 결국 데이비드는 불만과 실망을 가득 담은 긴 편지를 발행인에게 썼다. 편지의 결론은 충격적이었다. "콩코드에서 작품을 출간한다는 건 거절 중에서도 최악의 거절입니다. 당신들만큼이나 제 책에 관심이 없었던 다른 출판사는 책을 그저 거절했지요. 하지만 당신들은 제 책을 가져간 뒤 그걸 무관심과 무능 속에 방치해서 죽여 버렸어요."

화가 난 닷은 마사를 불러 그 편지를 건넸다. "이 배신자 같은 사람이 누구라고 생각하나요?"

편지를 읽은 마사 역시 데이비드와 같은 분노와 실망과 배신감을 느꼈다. "그는 책이 4,000부도 팔리지 않을 아주 까다로운 작가죠. 이제 그를 잊어버리세요."

「미스터 퍼킨스, 그는 죽었다―오늘날의 출판」

이 글은 1989년 여름『아메리칸 스칼러(*American Scholar*)』에 처음 게재되어 많은
찬사를 받았다. 그리고 오늘날의 편집·글쓰기·출판의 현황을 날카롭게 조명하여
편집자·작가·발행인들 사이에서 여전히 뜨거운 관심을 받으며 논의의 대상이 되
고 있다.

"미국 출판계의 판도를 재구성하는 여러 힘들, 그러한 힘들이 도서 편집자의 역할
에 미치는 영향…… 그리고 문학의 위치를 얻고자 갈망하는 글쓰기에 대한 문제들"
을 탐구하면서, 하워드는 미국 편집자들의 수호성인 같은 존재인 맥스웰 퍼킨스가
오늘날의 출판계를 본다면 얼마나 통탄해할지에 대해 곰곰이 생각한다.

하워드는 시장, 언론매체, 출판계의 압력으로 작가와 편집자들이 직업의 가장 높은
이상을 실현하는 데 전념하지 못하게 되는 상황을 생생히 설명하면서 이렇게 결론
내린다. "편집계의 성인 맥스웰 퍼킨스가 이 세상에서 행복하게 내지는 성공적으로
직업에 종사한다는 것은 상상할 수가 없다. 그가 가치로 삼는 충성심, 정직성, 취
향, 균형, 올림포스 산처럼 고결한 규범은 오늘날에는 늘 유통 가능한 통화가 아니
기 때문이다……. 오늘날 출판계의 한가운데에 있는 암흑의 핵심은 정글이 아니다.
그보다는 거울, MTV 비디오, 상품 거래소, 칵테일 파티, 연속극, 서커스, 유령의
집, 세 장의 카드 마술이 뒤섞인, 화려하지만 방향을 잃은 환경이다. 누군가 오늘날
의 세태를 목격하고 충격을 받아 망연자실한 채 꺼낼 한 마디는 바로 이것이다. '미
스터 퍼킨스, 그는 죽었다.'"

제럴드 하워드(Gerald Howard)

제럴드 하워드는 뉴 아메리칸 라이브러리에서 교육부의 보조 편집자로 일했으며, 펭귄 USA
에서 바이킹 하드커버 및 펭귄 페이퍼백 편집자로 일하다가 그곳에서 책임 편집자(executive
editor)가 되었다. 그는 현재 W. W. 노튼의 일반 단행본 부서의 편집자로 일하고 있다.

미스터 퍼킨스, 그는 죽었다

―오늘날의 출판

―제럴드 하워드

문명화의 사명 대 상업화의 사명

매년 고등교육 기관에서는 무수한 인문학 전공자들이 배출된다. 그들은 내 직업, 그러니까 전통 있는 출판사의 도서 편집자가 되기를 간절히 바란다. 난 그들의 심정을 잘 안다. 나 역시 1970년대 초반 그 직업을 갈망하는 무리의 한 사람이었기 때문이다. 당시 내 포부가 애처로울 만큼 미숙한 모양새를 갖추고 순진무구했어도 어떤 본질적인 측면에서도 편집자라는 직업이 나와 내 꿈을 외면했다고는 말할 수 없다. 나는 많은 보수를 받고서 현재 뜨거운 쟁점이 되는 사안들을 다룬 원고와 도서 제안서를 읽고 그중 몇몇을 골라 출판이 될 만한 꼴을 갖추도록 돕는다. 그리고 다양한 출판 과정에 관여하여 원고들이 성공적으로 책의 모습을 갖추고 서점에 배포되어 마침내 독자들의 손에 들어가게 한다. 나와 함께 일하는 저자와 동료들은 이 문명이 배출한 유쾌하고 교양을 갖췄으며 예리하고 헌신적인 사람들로, 그들과 함께하면 즐겁다. 문화의 행진을 이끄는 선두주자로서 나는 문학, 지성, 또는 대중문화와 관련하여 내 개인적인 열정을 추구하기 위한 일종의 널리 통용되는 여권을 갖고 있다. 일상적인 업무를 하다 보면 그날의 사건들에 관한 일종의 내부 정보를 얻게 되는데, 이는 칵테일 파티에서 나눌 흥미로운 대화거리가 된다. 편집자들의 점심식사는 보통 사람들이 생각하는 그대로다.

그렇다면 무엇이 불만일까? 왜 편집자들이 일반 사무원과 마찬가지로 초점 없는 멍한 눈빛으로 종종 근무일을 마칠까? 왜 그토록 많은 편집자들이 방어 수단으로 냉소주의를 택할까? 그것도 무엇에 맞서서? 모든 편집자에게는 저마다 나름의 불만이 있다. 내 경우엔, 출판계가 내가 예상했던 것보다 더 빠르고 거대하며 거칠고 어리석다는 사실이 불만이다.

오늘날 미국의 출판계는 전통적인 두 가지 기능 사이에서 어마어마한 혼란을 겪고 있다. 그 두 가지 기능이란 독자들을 가르치고 교화시키며 희망을 북돋기 위한 더욱 고결하고 더 강경하게 주장되는 문명화의 사명과 그보다는 덜 강조되지만 세상 일이 그렇듯 늘 더 큰 영향력을 갖는, **소비자에게서 돈을 끌어내기 위한 상업화의 사명**이다. 하나의 책으로 이 두 가지 기능을 모두 충족시킬 수 있다면 출판사(저자)가 얼마나 행복할까! 출판의 진정한 예술은 자본주의 체제 아래에서 서로 양립할 수 없는 원칙들을 화해시키는 데 있는 것이 아니라, 내재된 긴장들을 조화로운 방식으로 어우러지게 하는 데 있다. 그러나 맨 밑바닥의 최종 결산 결과에서 올림포스 산으로 향하는 출판의 양방향의 길은 단층선을 따라 나 있으며, 여기가 바로 진지한 편집자가 살면서 본인의 임무를 다하는 곳이다. 직설적으로 말하자면, 지질 구조판이 이동하고 있는 가운데 지진이 일어나고 있으며 움직이고 흔들리는 모든 상황으로 맡은 바 소명, 더 정확히 말하자면 일상의 업무마저도 다하기가 어려워지고 있다. 즉, 벽들이 붕괴될지도 모르는 위험한 상황 속에서 긴장들을 섬세하게 조화시키기가 더욱 힘겨워지고 있다.

물론 상황을 과장되게 말한 면이 있지만 지나칠 정도는 아니다. 도서 편집자들은 출판 과정의 중심에 서 있고 문화가 제공하는 것과 기업이 생산하는 것 사이에서 중재 역할도 하기에 탄광 속의 카나리아처럼 위기를 조기에 더 민감하게 드러내는지도 모른다. 편집자들은 분명 경쟁이 매우 치열하고 굉장히 까다로운 영역에서 임무를 수행한다. 영문학자 겸 소설가 라이오넬 트릴링은 문학과 정치가 만나는 지점을 "유혈이 낭자한 교차로"라고 묘사했다. 편집자들이 임무를 수행하는 문화와 상업의 접점 지대 역시 낙관적인 곳이 아니다. 이 글을 통해 나는 미국 출판계의 판도를 재구성하고 있는 힘들을 탐구하고자 한다. 특히 이 힘들이 도서 편집자의 역할에 영향을 미치기 때문이다. 편집자가 이러한 힘들의 공범자인지 희생자인지 혹은 둘 다인지는 상관이 없다. 어쨌든 이러한 탐구를 통해 문학의 위치를 얻고자 갈망하는 글쓰기에 대한 문제들을 다룰 것이다. 실제로 향후 수십 년 내에 그러한 글쓰기가 생겨날지의 여부에 관한 질문을 조명할 것이며, 만약 그러한 글쓰기가 생겨난다면 어떠한 형태를 띨 것인지에 대해서도 살펴볼 것이다. 나는 우선 미국 출판계의 일반적인 비평가들이 말하는 것보다 상황이 더 희망적임을 증명할 수 있기를 바란다. 그러면서도 많은 동일한 이유에서 상황이 아주 불확실한 상태에 있음을 증명하고자 한다. 우리의 유혈이 낭자한 교차로는 특히 모순과 역설을 위한 비옥한 토지다.

포부와 현실의 간극

도서 편집에 관한 대부분의 글은 편집자가 하는 일을 둘러싼 수수께끼를 풀려는 시도로 시작한다. 학식을 어느 정도 갖춘 대중의 머릿속에는 F. 스콧 피츠제럴드, 어니스트 헤밍웨이, 링 라드너, 토머스 울프의 작품을 편집한 맥스웰 퍼킨스가 유일하게 널리 알려진 편집자로 각인되어 있다. 이는 퍼킨스를 허구적으로 그린 울프의 소설 『돌아갈 수 없는 고향』, 1944년에 소설가 겸 평론가 맬컴 카울리가 퍼킨스에 관해 『뉴요커』에 게재한 글, 1978년에 A. 스콧 버그가 내놓은 퍼킨스의 전기가 가져온 결과다. 퍼킨스의 주옥같은 서신들을 담은 『편집자가 저자에게』를 읽은 사람이라면 알 수 있듯이, 퍼킨스는 그의 분야에서 거인이자 거장이었다. 그는 또한 비범하고 의욕 넘치는 문화의 영웅이었지만, 다소 전근대적인 취향과 작업 습관을 가졌고, 겉보기에는 19세기에서 추방된 자였다. 맥스웰 퍼킨스를 도서 편집과 동일시하는 현상 때문에 도서 편집자의 적절한 역할, 특히 작가의 협력자로서 편집자의 역할과 문학적 양심에 대해 숱한 오해가 생겨났다. 심지어 오늘날에도 대부분의 편집자들이 맥스웰 퍼킨스와 어느 정도 동일한 임무를 수행하고 있는데, 이는 같은 맥락에서 볼 때 대부분의 농구 선수들도 마이클 조던과 비슷한 일을 하고 있는 것과 마찬가지다. 그래도 퍼킨스가 오늘날의 출판계에서 일하는, 또는 일하기 위해 노력하는 모습을 상상한다는 건 흥미로운 사고(思考) 실험이다. 그만큼 상상하기 어렵다는 얘기다.

28세의 나이에 가슴 사무치도록 뜨거운 열정과 이상을 품은 풋내기 보조 편집자로서 첫 편집 회의에 참석할 준비를 할 때, 내 머릿속에서는 퍼킨스와 같은 공적을 세우리라는 포부가 분명 꿈틀거리고 있었다. (25세 이상인 사람이라면 어느 누구도 내가 그랬던 것처럼 새 직업에 마음을 쓰지는 않는다.) 나는 말주변이 꽤 있었던 터라 규모가 매우 큰 대중보급용 문고판 페이퍼백 출판사에 어렵사리 일자리를 얻을 수 있었다. 그 출판사는 고등학생 및 대학생 독자들을 겨냥한 페이퍼백 고전 문학과 수준 높은 비소설로 깊이를 유지하면서도 상당한 수익을 거둬들이고 있었다. 이제는 내가 그 출판사의 도서목록을 작업하고 채워넣어야 할 터였다. 당시 내 책장에는 그 출판사 이름이 찍힌 책들로 가득했는데, 그중 많은 수가 생존해 있는 미국 저자들의 저서였다. 그래서 나는 『뉴욕 타임스 북 리뷰』에서 동경의 대상으로 접했던, 화제의 중심에 서 있는 저명한 문학인이나 지성인과 조금은 연관된 일을 하지는 않을까 내심 기대했다. 그러한 기대는 내가 일을 시작하기 전 주에 수전 손택의 『은유로서의 질병』과 비평 에세이 모음집인 윌리엄 개스의 『단어 속의 세계』를 읽어보고 이 책들의 페이퍼백 재인쇄를 고려해보라는 지시가 떨어지면서 현실로 이루어졌다. 당시 미국 비평의 신화적인 인물이라 여겼던 두 저자의 책을 건네받았을 때 난 까무러칠 정도로 기뻤다. 예상했던 것보다 더 큰 기쁨이었다.

공교롭게도, 당시에는 주간 편집 회의가 매주 월요일 오전 9시 30분에 열렸다. 그런 탓에 아무런 준비를 하지 않았던 나는 마치 신생아와 같은 상태로 실전에 던져졌다. 어느 순간 나는 15명쯤 되는 사람들이 탁자에 둘러앉은 커다란 방으로 들어가게 되었다. 제출된 많은 자료를 논의할 그곳에서 나는 회의의 규칙을 전혀 알지 못해 쩔쩔 맸다. 내용을 종잡을 수 없는 담화가 순식간에 시작되었고, 나를 제외한 모든 사람이 그 내용을 즉각 이해했다. 회의는 사람의 성을 제외한 이름과 반기술적인 용어(초판, 신간 견본, 현장 경매, 마감일)들이 난무하는, 말로 하는 일종의 속기와 같았고 분위기는 주교들의 밀실을 연상시켰다. 대부분의 논의에서는 문학 세계, 책의 문화적 중요성과 기여도는커녕 책의 실제 내용조차 거론되지 않았다. 『은유로서의 질병』을 논의할 차례가 되자 난 완전히 방향감각을 잃었고 불안의 맹습으로 머릿속에 준비해둔 그럴듯한 의견이 감쪽같이 증발해버렸다. 결국 두서없이 아무 짝에도 쓸모없는 몇 마디를 더듬거리며 말했고, 책의 진가를 설득시키는 데 완전히 실패했다는 사실을 인지하고서 감춰둔 마지막 한 마디를 꺼냈다. "이 책은 아마도 내셔널 북 어워드 후보로 지명될 것입니다." (그녀의 전작인 『사진에 관하여』가 몇 달 전 내셔널 북 어워드를 수상한 바 있었다.)

반응은 신속했다. 하지만 내가 예상했던 바는 아니었다. 탁자 건너편에 앉은 편집자가 코웃음을 치며 비꼬듯 말했다. "그렇다면 책이 많이 팔리겠군요."

개스의 책을 대변해서 의견을 개진할 때는 조금 더 나았다. 이번에는 왠지 미안하다는 투로 이 책 역시 내셔널 북 어워드에 후보로 지명될 것 같다고 말했다. 앞서와 마찬가지로 아무런 설득력이 없는 말이었다. 당연히 사장은 두 책 모두 재인쇄하는 데 동전 한 푼 내놓지 않겠다고 말했다.

링에 처음 올라섰을 때 자신감이 꺾이는 경험에 대해서는 할 말이 있다. 그날 이후 나는 수백 차례의 편집 회의에 참석하여 숱한 시행착오를 겪었고, 이제는 그러한 상황에서 어떤 말을 해야 할지 잘 안다. 개스의 책은 전미 도서비평가 협회상의 비평 부문 후보로 지명되었고, 손택의 책은 후보로 지명되지 않았다. 하지만 내 새로운 동료의 무시 섞인 발언과는 달리, 하드커버 출판사든 페이퍼백 출판사든 영리한 출판사라면 책을 팔 때 그러한 수상 내력에서 생긴 권위를 활용할 것이다. 하지만 내가 속물근성의 나락으로 빠져든 건 아니었다. 난 그저 아무런 준비가 되지 않은 채 덜덜 떠는 풋내기 편집자로서 상업 출판의 세계에 직면한 것이었다. 마치 속기를 하듯 회의가 진행된다고 해서 그 내용이 경멸적인 것은 아니었다. 그건 단순히 문제의 사업적인 핵심으로 들어가는 한 가지 방법이었다. 그 대형 페이퍼백 출판사에서 내가 들었던 말들은 이후 대표적인 하드커버 임프린트 두 곳의 편집 회의에서 내가 직면했던 상황과 크게 다르지 않았다. 출판 과정을 접한 새내기 편집자들이 오싹함을 느낀다고 해서, 편집자들을 비롯한 참여자들에게 진지함이 없다는 건 아니다. 법에 관한 비스마르크의 명언을 달리 표현하자면, 책은 소시지와 같다. 즉, 책이든 소시지든 그걸 좋아한다면 그것이 만들어지는 과정을 보지 않는 편이 가장 좋다는 얘기다.

힘, 돈, 자존심, 그리고 책략이 판치는 곳

내가 주장하고 싶은 것은 도서 편집이 예나 지금이나 편협한 순수주의를 허용하는 직업이 아니라는 점이다. F. 스콧 피츠제럴드는 소설 『최후의 대군』에서 영화 제작자인 주인공 먼로 스타를 영화 제작의 복잡한 방정식을 머릿속에서 단번에 풀어내는 범상치 않은 인물로 그려냈다. 훌륭한 편집자 역시 그와 비슷하게 출판의 방정식을 풀어낸다고 할 수 있다. 편집자의 직무는 텍스트라는 협소한 공간은 물론, 책이 반드시 그 입지를 다져야 하는 문화적이고 상업적인 광범위한 영역으로까지 확대된다. 편집자는 또한 함께 작업하는 저자는 물론 자신을 고용한 출판사의 정신적, 정서적, 재정적 안녕에도 충성을 다한다. 누군가는 효과적인 편집자란 신과 마몬 둘 다와 편한 관계에 있는 자라고 말할지도 모른다. 위대한 편집자 맥스웰 퍼킨스는 테일러 콜드웰과 마저리 키넌 롤링스의 작품 역시 출간했다. 알프레드 A. 크노프 출판사가 발행한 책 중 가장 많은 수익을 거둬들인 책은 아마도 칼릴 지브란의 『예언자』일 것이며(미국에서만 해도 800만 부 이상이 팔려나갔으며 여전히 판매부수가 늘어나고 있다), 크노프라는 이름을 내건 이 명성이 자자한 출판사는 유명 요리사의 요리책과 연예계 거물들의 화려한 회고록을 펴내는 것으로도 업계에 알려져 있다. 몇몇 노벨상 수상작들을 출간했으며 미국 내에서 가장 순수하게 문학적인 출판사로 알려진 파라 스트라우스 지루 출판사는 4년간 재정 침체기를 겪은 끝에 1950년에 게일로드 하우저의 베스트셀러인『젊어 보이기, 오래 살기』를 출간하면서 적자에서 빠져나왔다. 이 출판사는 현재 스콧 터로의 『무죄 추정』과 톰 울프의 『허영의 불꽃』으로 놀랄 만큼 많은 수익을 거둬들여 행복한 나날을 보내고 있다. 이와 유사한 예는 얼마든지 더 있다.

내가 돈, 홍보, 게임을 유리하게 이끄는 방법, 전반적인 사업 감각과 관련된 도서 편집의 측면을 지나치게 강조하는지도 모른다. 내가 이렇게 하는 이유는 대중이 이러한 측면을 가장 잘 이해하지 못하거나 주의 깊게 인식하지 못하기 때문이다. 물론 이와 반대되는 순수하게 문학적인 측면도 분명 존재한다. 이는 진지한 편집자가 출판의 여정에서 이정표로 정해놓은 별과도 같다. 하지만 기본적이면서도 더 이상 단순화할 수 없고 설명하기 힘든 부분이기도 하다. 법칙은 실제로 간단하다.

편집자는 저자에게 충실하면 된다. 힘든 시기에 저자의 곁을 지키는 일을 포함하여, 저자에게서 최상의 것을 끌어내고 본인 안에 있는 최상의 것을 저자에게 주면 된다. 또한 편집자는 찾을 수 있는 최상의 글 내지는 본인에게로 오는 최상의 글을 출판해야 한다. 더 나아질 수 있는 책을 인쇄업자에게 보내서는 안 된다. 출판사에 대해 자긍심을 갖고, 출간하기에 자긍심을 가질 만한 책을 출판사에 제안해야 한다. 군것질같이 영양가 없는 책이나 순전히 상품에 지나지 않는 책을 출간해야 하거나 출간하길 원한다면(그런 일이 벌어지기도 한다), 싸구려 책을 황금으로 둔갑시켜서는 안 된다. 과거를 존중하는 한편, 새롭고 흥미로우며 가치가 있는 것 내지는 일반적인 취향에 비춰볼 때 파격적일 수도 있는 것을 항상 예의주시해야 한다. 그리고 그러한 것을 과감하게 책으로 펴낼 수 있어야 한다. 또한 어떤 저자, 어떤 책이 잘 팔릴지에 대해, 그리고 본인의 무오류성에 대해 자만심을 갖는 태도에 빠져들어서는 안 된다. 젊은 시절 절박하도록 문학에 심취했던 자아가 갈망했던 부류의 편집자가 되기 위해 분투해야 한다. 정치와 마찬가지로, 도서 편집은 가장 성취감을 줄 때에 편집자를 깊은 나락으로 빠뜨려 그의 인격을 시험한다. 그렇기 때문에 도서 편집이 그만큼 해볼 만한 가치가 있는 일인 것이다.

좋은 시기(내게는 대부분 좋은 시기이다)이면 나는 이 모든 것을 믿는다. 반면 좋지 못한 시기이면 이 모든 것을 믿는 내가 스스로를 희생시키는 어리석은 존재처럼 느껴진다. 좋지 못한 시기에는 또 다른 덕망 있는 미국의 출판사가 무자비한 대기업의 폭격을 받거나 문학계의 대형 작가가 다른 출판사에서 제시한 고액의 원고료 때문에 오랫동안 함께 일했던 출판사를 저버리거나 내가 출판하고 싶어 안달이 난 책에 대해 에이전트가 천문학적인 숫자의 원고료를 요구하기도 한다. 이러한 시기이면 나는 출판에서 문학이 가장 뒤편으로 물러나 있다고 생각한다. 대신, 출판이란 힘·돈·자존심·교활한 책략에 관한 것이며, 노력 없이 얻은 발전을 발판 삼아 앞으로 나아가면서 성공이라는 기억의 불길을 거세게 하는 것이라고 생각한다. 좋지 못한 시기이면 나는 전혀 성문화되지 않았으며 완전히 시대에 뒤떨어진 일련의 규범과 윤리를 준수하려고 왜 그토록 애써야 하는지에 대해 스스로에게 진지하게 묻는다. 다른 많은 사람은 그러한 규범과 윤리 없이도 잘 해나가고 있는 것처럼 보이니 말이다. 게다가 일종의 문화의 전승이라는 사명을 띤 이 모든 것이 내가 세상을 떠난 뒤에도 오랫동안 존재할 것 같지는 않아 보인다.

난 비교적 빨리 근심에서 벗어나는 편이다. 유머 감각도 도움이 된다. 그러나 편집자들이 극복해야 할 안 좋은 시기가 점점 더 잦아지고 있다. 출판계의 판도가 때로는 극적으로 거의 매주 바뀌고 있다. 주자들은 마치 스퀘어 댄스를 추듯 파트너를 자주 바꾸며, 출판사들 역시 파산과 매각이라는 수모를 겪으며 소유권이 이전되고 있다. 출판계의 전반적인 분위기는 고도의 자본주의가 횡행했던 레이건 시대 후기를 연상시킨다. 불시에 어마어마한 액수의 돈이 넘쳐나고 매출이 계속해서 고공행진을 이어가지만, 아무도 안심하지는 못한다. 당장 내일이면 모든 것이 파산하여 물거품으로 돌아갈지도 모르고 우리 모두가 자기 형편 이상으로 살고 있는지도 모르기 때문이다. 트럼프 타워에 사는 세입자의 심정이 어떤지 잘 알 것이다. 출판계에 점점 더 거센 변화의 소용돌이가 몰아치면서, 편집자의 기술을 이루는 중요한 기본적인 요소들, 즉 시간, 안정성, 충성심, 문학적·지적·금전적 가치에 대한 이해가 점점 공유되고 있지 않다. 게다가 문화의 전진은 승산 없는 싸움처럼 느껴지기 시작했으며, 순수하게 문학적인 가치들은 더욱 판이 크고 냉혹하며 어마어마한 돈이 오고 가는 게임에서 완전히 비껴난 것으로 보인다. 내가 숱하게 그랬듯이, 경매에서 어떤 작가의 첫 단편집이나 첫 소설의 페이퍼백 판권이 수만 내지는 수십만 달러를 쏟을 가치가 있는지 판단해야 할 시점이 다가오면, 편집자가 까다로운 안목을 발휘하는 것이 무척이나 유난스럽고 생경하게 느껴지는 경향이 있다. 그도 그럴 것이, 소더비 경매장에서 반 고흐나 모네 내지는 고갱의 작품 가격이 곧바로 치솟을 때에는 큐레이터가 낙찰을 방해하지 않기 위해 해당 작품이 작가의 최고 전성기 시절의 작품이 아니라는 사실을 응찰자들에게 각인시키지 않는다.

양복을 입은 유인원들의 출현

나는 상황이 왜 그토록 제대로 돌아가지 않는 것처럼 보이는지, 직설적으로 말하면 출판사들이 일부 사례에서 왜 어리석고 자기 파괴적인 행동을 하는지, 그리고 전반적으로는 왜 유독 근시안적으로 행동하는지 그 이유를 곰곰이 생각하는 데 많은 시간을 할애했다. 모두가 목격한 변화에는 딱히 하나의 근본적인 이유가 없으며 이에 많은 사람이 의문을 제기하고 개탄한다. 인수, 합병이 왜 월스트리트의 메이저 리그 스포츠가 되었는지는 설명할 수 있지만 말이다. 세계의 역사적인 힘들이 분명 작용을 하고 있다. 그러나 출판계에 오랫동안 몸담은 나의 견해에 비춰볼 때, 몇 가지 전반적인 변화들을 꼽아낼 수 있을 것 같다. 이들은 일제히 효과를 발휘하여 서로를 강화시키면서, 넓게는 출판사들

좁게는 편집자들이 일하는 방식에 대대적인 왜곡과 단절을 초래했다.

가장 눈에 띄는 변화는 전적으로 미국 출판계가 띠게 된 기업적 속성이다(이 논의에서는 고유의 속성, 영향력, 문제점으로 완전히 별개의 논의를 필요로 하는 대학 출판부와 무수한 소형 출판사는 제외한다). 얼마 전까지만 해도 출판사는 가족이 소유하여 운영하는 사업의 형태로, 설립자 또는 설립자의 자손들이 실권을 잡는 경우가 대부분이었다. 예를 들면 스크리브너스 출판사는 스크리브너가, 퍼트넘스 출판사는 퍼트넘이, 더블데이 출판사는 더블데이가, 사이먼 앤드 슈스터 출판사는 사이먼과 슈스터가 운영했다. 리틀 브라운, 하퍼 앤드 로, 호튼 미플린 출판사처럼 가족이 더 이상 경영에 관여하지 않는 경우에도, 출판사들은 내부적으로 긴밀하게 결합된 독립체로 남아 있었고 단행본 출판 자체는 기업화된 미국이라는 대륙에서 따로 떨어진 독특한 군도를 형성했다. 이 군도는 동일한 경제의 비바람의 영향을 받았지만 고유의 배타적인 규칙들로 지배되었다. 단, 이 섬나라를 천국으로 상상해서는 안 된다. 다만 변화가 서서히 찾아오고 사업이 비교적 느린 속도로 이루어지는 꽤 안정된 연합체일 뿐이다.

철학자들은 인간이 일상으로 빠져들었다고 말한다. 출판의 경우에는 1960년대 초중반에 재정 속으로 빠져들었다고 말할 수 있다. 유서 깊은 출판사들이 하나둘 대기업으로 매각되었고, 알게 모르게 그들의 운명의 통제권마저도 대기업으로 넘어갔다. 출판사 입장에서는 매각의 이유가 다양했다. 일부 경우에는 설립자나 상속자들이 노쇠해져서 출판사를 제대로 운영할 만큼의 원기가 없거나 열성이 부족했다. 따라서 높은 가격을 제시하면서 출판사를 넘기라는 기업으로 눈을 돌리게 되었다. 그런가 하면 독립 출판사들은 강력한 기업 소유주와 손을 잡으면 현금 흐름이나 자본 부족과 같은 아주 대단하진 않지만 거듭 반복되는 문제들을 해결하고, 높은 인플레이션과 금리의 압박 속에서 기업의 상당한 자산을 방패로 삼아 불가피하게 찾아오는 비수기를 잘 넘길 수 있으리라 생각했다. 그들의 입장에서는 필요한 자금을 얻기 위해 그다지 호의적이지 않은 은행이나 인간미 없는 자본 시장보다는 호의적인 기업 소유주를 찾아가는 편이 더 나았다.

한편 대기업의 입장에서는, 예전과 마찬가지로 상당한 문학 저작권을 관리하고 그 자체로 널리 정평이 나 있는 상표 자체인 이들 출판사를 통해 성장 산업으로 간주되고 있는 출판계에 매우 비용 효과적으로 진입할 수 있었다. 그도 그럴 것이, 당시 막대한 수에 달하는 새로운 미국인 세대가 대학 교육을 받기 시작했으며 이들이 곧 평생 독자가 될 터였기 때문이다.

그러나 이러한 매각의 중심에는 끔찍한 오해가 자리 잡고 있었다. 출판사들은 대기업이라는 안전한 보호막 속에서 종전과 비슷한 정도의 취향과 행동의 독립성을 갖고서 예전과 다름없이 사업을 운영할 것이라 생각했다. 그러나 순진함과는 거리가 먼 **대기업들은 새로 영입한 자산인 출판사가 타 자산들과 동일한 재정 방식을 추구하고 분기별 성장을 이룩하며 엄격한 경영 통제 방침을 도입하기를 기대하고 요구했다.** 주주들의 기대 역시 같았다. 늘 그렇듯이 신은 규모가 큰 대군의 편이며, 오늘날 미국 출판계에서 인지도가 높은 출판사의 열에 아홉은 그 자체로 대기업이거나 큰 규모의 기업 결합체로 통합된 형태다. 이들 출판사는 현재 거대한 금융의 가락에 맞춰 춤을 추는 중이다. 그들이 추는 춤은 부드러운 사교춤이 아니라 멍이 들도록 격하게 서로 몸을 부딪치며 추는 춤이다.

현장에서 본다면 결과는 터무니없고 참담하기까지 하다. 출판사들은 비교적 적은 자원을 갖고서 큰돈이 걸린 게임을 하는 중이다. 미국 경제계 전반이라는 큰 지도 위에서, 단행본 출판은 소비자 달러 중 눈에 보이지 않다 싶을 정도로 극히 적은 비중을 차지한다. 예를 들어보겠다. 『맨해튼 Inc.』 1989년 1월호에 따르면, 1988년에 닌텐도 비디오 엔터테인먼트의 특정 제품이 장난감 업계 판매 1위를 기록하여 총 23억 달러의 수입을 거둬들였다고 한다. 그 장난감 하나로 닌텐도가 거둬들인 순이익(총 수입의 약 50퍼센트)은 지난해 44억 달러를 기록한 단행본 출판업계 전체 수입의 4분의 1 이상에 해당한다. 이러한 환경이라면 1억 달러 규모의 회사라도 어떤 영향력을 발휘할 수 있겠는가? 맨해튼 남부 끝자락에서는 아이들이 야구 카드를 맞바꾸듯, 밝은 빨간색 멜빵을 두른 25세 어른들이 그와 비슷한 물건들을 사고파는 셈이다. 거래되는 물건에 대해서는 별다른 느낌도 없이 말이다.

그러니 출판사들이 주저 없이 자기 방어적인 태세로 한데 뭉쳐 금융가의 폭풍우를 무사히 견뎌내고 행동의 자율성을 어느 정도 지키려는 경향을 보이는 것도 당연한 일이다. 출판사들이 영역을 넓혀 국제적인 출판 제국을 세우려 하는 것도 놀라운 일이 아니다. 사이먼 앤드 슈스터 출판사는 현재 대기업 걸프 앤드 웨스턴의 비호 아래 사이먼 앤드 슈스터 임프린트, 포켓 북스, 포세이돈, 프렌티스 홀, 파이어사이드, 터치스톤, 그 외 여러 자회사를 거느리고 있다. 『뉴요커』와 콘데나스트(Condé Nast) 잡지 제국을 소유한 뉴하우스 일가 산하에 있는 랜덤 하우스는 랜덤 하우스 트레이드, 알프레드 A. 크노프, 판테온(쇼켄 포함), 빌라드, 그리고 페이퍼백 임프린트인 밸런타인, 빈티지, 포셋을 거느리고 있으며, 최근에는 소유주가 직접 운영하는 몇 안 되는 출판사의 하나이자 많은 임프린트와 부서를 갖고 있으며 상당한 수익을 거두고 있는 크라운 퍼블리싱을 매입하기로 결정했다. 이와 동시에 랜덤 하우스는 조너선 케이프, 샤토 앤드 윈더스, 더 보들리 헤드와 같은 명망 있는 출판사들을 사들여 영어권에서 국제 판권을 구매하고 실행하는 일이 가능하게 되어 영국 출판계에서 상당한 입지를 굳혔다. 더 보들리 헤드는 내가 예전에 몸담았던 출판사인 펭귄 북스의 특별 병력과 같은 존재로, 미국에서만 해도 바이킹, 뉴 아메리칸 라이브러리, E. P. 더튼 등 무수한 자회사를 거느리고 있다.

나는 카누트 왕의 사례를 교훈으로 삼아 이 모든 합병 활동이 멈춰야 한다고 간청하지 않을 것이다. 그러나 그러한 대대적인 개편이 아무리 섬세하게 효율적으로 이루어진다 해도, 새로운 경영자가 취임하기 전 불안정한 기간이 지속되고 출판 철학이 변화하며 의사소통의 경로 및 위계질서가 재편성되기 마련이다. 최악의 상황을 가정해본다면, 기업의 맹목적인 우둔함이 출판사를 덮치고 수익과 합리화를 좇는 혼란의 시기를 겪느라 직원들의 사기가 떨어지고 출판사의 정체성과 사명이 마침내 파괴될 수 있다. 후자의 사례 중 일부는 고의적인 것이지만, 나머지 사례들은 정교하게 조정된 독립체인 최고의 출판사의 경영을 양복을 입은 유인원들의 손에 맡긴 단순한 결과다. (미국 출판계의 명망 있는 문학 편집자의 한 사람은 "당신은 6,000부짜리 편집자입니다"라는 모욕적인 말이 적힌 해고 통지서를 받았다. 6,000부는 일반적인 책의 최소 인쇄부수를 말한다. 그러나 모순적이게도 그가 이후 취직한 출판사에서 처음으로 입수한 책은 하드커버로 100만 부나 팔렸다.) 이 모든 상황이 진지한 도서 편집자에게 미치는 영향은 상세히 설명할 필요가 없다. 오늘날 편집자들이 이 출판사에서 저 출판사로 옮겨 다니며 회오

리바람보다 몇 발자국 앞서 있기를 바라는 마음으로, 단 몇 년간이라도 날개를 펼쳐 양질의 책을 펴낼 수 있는 입지가 탄탄하고 안정적인 곳을 찾고 있다고만 말해두자.

좋은 책에 대한 여전한 관심

편집자를 잃는 일은 작가에게는 거의 언제나 충격이다. 실제로 전적으로 고립된 상태에서 자력으로 원고를 집필할 수 있는 작가는 흔치 않기 때문이다. 게다가 원고를 완성했다 하더라도, 작가는 원고가 책으로 출간되기까지 편집자에게 반드시 의존해야 한다. 편집자들 사이에서 브라운 운동(액체나 기체 안에 떠서 움직이는 작은 입자의 불규칙한 운동—옮긴이)과 같은 움직임이 일어남에 따라, 많은 훌륭한 작가들은 이제 더 이상 어느 한 출판사에만 충성을 다할 형편이 되지 않는다고 느끼게 되었다. 그들은 현대의 기업화된 미국에서 중요한 교훈을 얻었다. 그건 바로 소모성이다. 근래에 그들은 또 다른 교훈 하나를 배우고 있다. 이는 기업 인수나 예술품 모두에 거액의 돈을 지불하는 상황 속에서 역력히 드러나는 교훈이다. 즉, 가치란 극도로 가변적인 속성을 지니며 가치의 평가는 환경에 따라 크게 달라지고 온갖 술책의 영향을 받는다는 것이다. 많은 편집자의 가슴이 차갑게 식음에 따라 그와 비슷하게 문학계의 정치, 대중 홍보, 출판 전략에 주의를 기울이지 않고도 글쓰기 그 자체로 충분하며 예술 활동만으로도 충분하다는 작가들의 신념도 빛이 바랬다.

이제 우리는 매우 모순적인 영역으로 들어섰다. 1980년대 초반에는 기업 출판이 등장하고 대규모 체인 서점이 성장하면서 진지한 글쓰기와 출판의 시대가 끝날 것이라는 일반적인 통념이 있었다. 이는 회계사들의 요구대로 계약을 체결하고 상업적인 것을 마케팅하는 데 무수한 시간, 돈, 노력을 들인 결과, 위험하고 새로우며 부담이 큰 작품에는 아무것도 투자되지 않는 시대이다. (토머스 화이트사이드의 『블록버스터 콤플렉스』에서 이 논의의 가장 순수한 형태를 찾아볼 수 있다.) 그런데 이상하게도 정반대의 현상이 나타났다. 요즈음에는 다른 무엇보다도 위신 있는 재산, 새롭고 신선한 얼굴과 목소리가 가장 화제의 중심이 되며 널리 인기를 얻고 있다. 이 점에 대해서는 하늘에게 감사하자. 러들럼, 킹, 스틸, 셸던 같은 사람들로 넘쳐나는 세상은 살 가치가 없기 때문이다.

이렇게 된 데에는 다양한 이유가 있다. 우선 도서 업계 및 도서 문화의 보수성을 들 수 있고, 모든 차원과 모든 지역에서 양질을 추구하려는 출판계 사람들의 노력이 결코 시들지 않았으며, 좋은 책(그리고 창의성)을 향한 그들의 에너지가 한계를 모르고 뻗어나가기 때문이다. 이후에는 가능성이 전혀 없어 보였던 움베르토 에코의 『장미의 이름』과 앨런 블룸의 『미국 정신의 종말』과 같은 책들이 베스트셀러 반열에 올라 처음에는 당혹스러운 반응을 일으켰으나 후에는 고무적인 분위기를 형성했다. 이는 다 읽지는 못하더라도 난해한 책을 기꺼이 구매할 의사가 있는 대중시장이 여태껏 존재함을 의심의 여지없이 보여주었다. 분명 막대한 양의 싸구려 책을 보급하는 대규모 배급 체제를 더 나은 수준의 책을 대량으로 보급하는 데 사용할 수 있다. 마지막으로, 양질의 수준과 신선함을 추구하는 신예 작가들이 잇달아 등장했는데, 이들의 첫 작품은 베스트셀러 목록에 오를 만큼 충분한 수의 독자를 확보했고 작가들과 독자들 사이에서 새로운 세대라고 할 만한 것이 등장했음을 보여주었다. 그러한 책으로는 제이 맥이너니의『밝은 불빛, 대도시』, 이선 캐닌의『하늘의 황제』, 데이비드 리비트의『춤추는 가족』, 타마 야노비츠의『뉴욕의 노예들』, 모나 심슨의『다른 곳이 아닌 바로 여기』, 브렛 이스턴 엘리스의『0보다 적은』, 마이클 샤본의『피츠버그의 미스터리』가 있다. 이들 책은 각각 엄연한 베스트셀러였으며, 작가들은 모두 첫 작품을 발표할 당시 35세도 채 안 된 나이였고, 그중 몇몇은 21세를 갓 넘긴 나이였다. 출판계에는 단편집이 상업적인 어려움에 직면한다는 통념이 있다. 위 책들 중 두 권은 단편집으로, 그러한 출판계의 통념이 완전히 틀렸음을 입증한다.

이러한 상황은 진지한 작가와 편집자들이 집필을 하고 책을 펴내는 과정에서 그들에게 확신과 뜨거운 열정과 영향력을 준다는 점에서 매우 바람직하다. 적어도 지금으로서는 세상이 5부작 미니시리즈로 끝나지 않을 것이다. 그러나 협상에는 분명한 파우스트식 거래가 존재한다. 즉, 이러한 두드러진 성공을 가능케 하는 거대한 배급 체제와 유명인사에 굶주린 언론매체가 그들이 들인 비용과 절충 내용을 빼내가고 문학적 가치와 금전적 가치에 대해 대단한 혼란을 일으킨다.

기꺼이 체제와 타협하는 작가들

오늘날 젊은 작가들 사이에서는 순수한 문학적인 포부보다는 경력을 향한 야망이 더 크다. 그들은 동시대의 성공에 필요한 거대한 체제와 교묘한 전략에 저항하기보다는, 이러한 체제와 전략을 기꺼이 수용하고 이용한다. 이러한 점에서 볼 때, 그들은 27세의 나이에 처음으로 수익을 거둬들이지 못할 경우, 이를 실패라고 간주하는 사업 및 금융

서비스 부문에 종사하는 동시대인들의 행동을 반영하는 것에 지나지 않는다. 1980년대는 인내심이 없는 시기였다. 창의적인 글쓰기 강좌가 우후죽순으로 개설되어 문학에 대한 경력 관리적인 접근법이 생겨났다. 즉, 적절한 대학에 진학하고 적절한 MFA 과정을 이수하며 이미 입지를 다진 작가들과 도서 및 잡지 편집자들과 접촉하고 적절한 문학 에이전트를 찾는 것이다. 에이전트는 작가의 책을 적절한 출판사에 팔 것이며 책이 온전한 모습을 갖추도록 하고 적절한 작가(그중 일부는 이미 아는 작가일 것이다)들을 수소문하여 그들로부터 책에 대한 적절한 추천사를 얻어낼 것이다. 작가는 『뉴욕 타임스』의 비평가 미치코 카쿠타니로부터 찬사를 받고, 페이퍼백 출판사와 할리우드 영화 제작사들이 책에 돈을 쏟아붓기 시작할 것이다. 게다가 작가에게 책 추천사를 써달라는 요청이 들어오고 창의적인 글쓰기 강좌에 초청 강사로 섭외되어 강의를 하고 야도, 맥도웰 같은 예술가 공동체에서 여름을 보내게 될 것이다. 이렇듯 모든 것이 적절한 시기에 제대로 궤도에 오를 것이다.

그러나 균형이 맞지 않을 가능성도 크다. 화제의 중심에 서 있는 젊은 작가들에게 그 누구도, 특히 편집자들이 말해주지 않는 사실은 그들의 첫 작품이 아무리 신선하고 남다르다 할지라도 글쓰기 기술을 갈고닦기까지 오랜 시간이 걸릴 수 있다는 점이다. (이 소식은 작가의 두 번째 작품을 검토한 자가 잔인하게 전할 수도 있다.) 이러한 재능 있는 젊은 작가들을 양산하는 데 도움이 되는 체제가 도리어 그들을 활용하거나 파괴시킬 수도 있다. 작가들은 에이전트와 출판사들이 만들어놓은, 바람직하지 못한 사실을 감추기 위한 번지르르한 겉치레 속에서 살 수도 있다. 조기의 화려한 성공은 눈부신 조명과 인간미 없는 스타 시스템의 요구들을 등지고 성숙한 예술가로 서서히 시행착오를 겪으면서 성장해갈 수 있는 가능성을 없앤다. 예술의 여신 뮤즈는 세속적인 성공을 가져다주지 않으며, 많은 작가에게 가장 귀중한 선물은 거액의 돈이 걸린 책 계약이 아니라, 자신만의 독특한 방식과 주제를 찾고 영광스러운 실패로부터 주저하지 않고 교훈을 얻을 수 있는 시간과 공간이다.

역시나 현재로서는 절묘하게 집약한 작품이든 백과사전식으로 방대한 작품이든지 간에, **젊은 작가들 사이에서 특정한 순간에 반드시 말해야 하거나 말할 수 있는 것을 거침없이 말하는 대작을 집필하겠다는 포부가 없어 보인다.** 예전에(1944) 시릴 코널리는 이렇게 말하여 많은 공감을 불러일으켰다. "우리가 책을 읽으면 읽을수록, 작가의 진정한 역할이란 대작을 만들어내는 것이며 그것만큼 중요한 일도 없다는 사실이 더욱 확실해진다." 이러한 격언을 지키는 길은 극도의 평범함과 속세의 부당함을 향해 경멸을 품는 것이다. 로렌스, 조이스, 베케트와 같은 작가들이 보인 긍지 어린 자기 충족감의 태도는 스타 작가를 찾으려는 세태에 기꺼이 협조하려는 태도와 공존할 수 없다. 젊은 작가가 대대적인 광고 시스템으로 문화적 권위가 만들어진다고 여기는 경우, 편집자는 그가 대작이 탄생하는 데 필요한 정신적·예술적 헌신을 다하리라고 기대할 수 없다. 당연히 대작은 그러한 체제 밖에서 탄생한다.

물론 지금까지 한 말에는 주요 사건이 유명인사의 소문을 다루는 지면이나 유명인들의 사교계가 아닌, 원고 위에서 발생한다는 가정이 내재되어 있다. 이 가정에 모든 작가와 출판사들이 동의하는 건 아니다. 문학의 쇠퇴의 끝에는 타마 야노비츠라는 인물이 있다. 누군가는 야노비츠를 가슴 저미도록 애처롭게 여길지도 모른다. 짜증스럽게 여기지 않는다면 말이다. 그녀는 앤디 워홀과의 친분을 과시하면서 자신의 신선한 작품집인 『뉴욕의 노예들』을 영악하고도 뻔뻔스럽게 홍보했다. 그녀는 대중에게 인상적인 모습을 보여주기 위해 사진 촬영을 하는, 문학계의 방랑자이자 스스로를 강매하는 행상꾼과 같은 존재였다. 출판사들은 기꺼이 그녀에게 동조했다. 그녀의 홍보 담당자는 "타마는 책 페이지 위에서만 허비되기에는 아까운 엄청난 작가다"라고 단언했다. 오늘날 출판사들은 흥미로운 개인사, 언론매체가 주목할 만한 이력, 영향력 있는 지인들, 절묘한 한 마디 말과 같은 소위 저자의 홍보성을 일상적으로 고려하며, 이러한 홍보성은 많은 수익을 거둬들였을지라도 문학적으로는 실패한 작품의 어두운 면을 가리기도 한다. 그렇다면 우리가 이 젊은 작가들을 커포티의 아이들이라고 불러도 될까?

유명인 문화와 문학의 쇠퇴

성공을 향한 열망, 악마와 기꺼이 타협이라도 하겠다는 파우스트식 거래는 젊은 작가들에게만 국한된 것이 아니다. 이러한 태도는 심지어 코널리의 말을 실천하려고 노력하는 윗세대 작가들 사이에서도 흔히 볼 수 있다. 물론 상당히 수긍이 가는 일이다. 그들은 어마어마한 금액의 돈이 베스트셀러 작가들에게 지급되는 한편, 불균형적일 정도로 많은 찬사와 관심(그리고 돈)이 신예 작가들에게 쏟아지는 광경을 보기 때문이다. 그러는 동안 그들은 무명 속에서 각고의 노력을 기울여야 하는데 이는 분노를 일으키게 할 만한 일이다. 상황이 이렇다 보니 작가들 중 일부는 글을 잘 쓰는 것만으로는 충분한 복수가 되지 않으며 공적에 걸맞은 대가를 전혀 제공하지 못하는 체제는 전복, 조작되어야 마땅하다고 생각하게 되었다. 나는 미국의 중요한 작가들 다수가 대성공을 위해 냉혹하게도 속으로 그러한 의식적인 결정을 했다고 믿으며, 그들을 비난한다고는 말하지 못하겠다. 그들의 출판사는 아마도 거대한 기업의 일부일 것이며, 그들은 그러한 출판사에 속해 있는 무수한 편집자들의 손에 작가 인생을 맡겼을 것이다. 예술이 영혼을 구원할 수 있으리라는 그들의 신념은 점점 그 빛을 쇠하며 죽어가는 진기한 신조가 되었으며 그들을 둘러싼 문학적인 문화는 영원히 지속되지 못하는 가냘프고 분열된 존재가 되었다. 그러니 묽은 귀리죽을 영예로운 문학적 인생으로 삼아 근근이 먹고살 이유가 어디에 있겠는가? 따라서 작가들은 작품을 개방된 시장에 내놓게 되었는데 이는 대개 판단이 빠르고 영향력이 강한 에이전트의 주도하에 이루어지는 일이다. 말할 것도 없이, 이들 작가가 뿜어내는 고급스러운 향내는 강력한 상업적인 최음제다. 일부의 경우 오래 지속되어온 출판 관계의 결렬은 그러한 후한 대접에 비하면 작은 대가처럼 보인다.

  이제 구체적인 예를 들어보려 한다. 꽤 근래까지 윌리엄 개디스는 소수의 전문가들 사이에서 심오하고 난해하며 방대한 분량의 대작인 『인식』과 『JR』의 저자로 알려져 있었다. 현대 시대의 진정성에 대한 질문을 공격하는 이 두 저서는 독자와 결코 타협하지 않는 책들로, 수년간 많지 않은 부수가 팔려나갔다. 지난해 상대적으로 분량이 적고 개디스의 기준으로 볼 때 이해하기 쉬운 소설인 『카펜터스 고딕(Carpenter's Gothic)』을 바이킹 출판사를 통해 출간한 뒤, 개디스와 그의 에이전트는 그의 차기작이자 아마도 마지막 소설이 될 미국 법 체제에 관한 이야기인 『마지막 법』의 기획안을 경매에 내놓았다. 나는 바이킹 출판사를 통해 그 소설 기획안에 대해 읽어보고 출간 제의를 했기 때문에 그에 대해 안다. 『퍼블리셔스 위클리』에 보도된 대로(그리고 리알토에서 숱하게 논의된 대로), 그 작품은 27만 5,000달러에 사이먼 앤드 슈스터 출판사에 낙찰되었다. 이는 사이먼 앤드 슈스터 출판사가 (내 견해로 볼 때) 미국 소설계에서 믿고 볼 수 있는 몇 안 되는 천재 작가의 작품을 출간할 영예를 돈을 주고 사는 것이라고 이해하지 않는 한, 결코 수긍이 가지 않는 금액이다. 개디스가 집필하게 될 책은 탁월할 것이라고 나는 확신하며, 개디스의 작품은 그 정도의 돈을 주고 살 가치가 분명 있다. 아니 더 많은 돈을 주고도 살 가치가 있다. 그러나 얼마간의 기적이 일어나지 않는 한, 사이먼 앤드 슈스터는 결국 깊은 적자의 늪으로 빠져들 것이다. 이는 기업 출판의 시대에서 팽팽히 매여 있던 줄들이 얼마나 느슨하게 풀렸는지를 보여준다.

인지도가 있는 다른 작가들은 유명인 문화(celebrity culture)의 본질을 파악했는데, 소설가 해럴드 브로드키가 악명 높을 정도로 대표적이었다. 그는 오랜 시간 끝에 대표작 『한 무리의 동물들』을 탄생시켰는데, 작품 창작의 이면에 숨겨져 있던 무한한 야망과 고뇌로 가득 찬 자신의 삶을 어찌나 능숙하게 널리 알렸던지, 권위 있는 비평가들은 심지어 그의 작품을 읽어보기도 전에 그의 작품이 수작이며 브로드키가 20세기 미국 소설계에서 최고로 손꼽히는 천재라고 공언했다. 브로드키의 최근작인 『거의 고전 양식을 띤 이야기들』에 대해 평단이 엇갈린 반응을 보였지만 『뉴욕』과 『피플』지는 브로드키와 그의 불행했던 유년시절과 독특했던 성인기에 대해 조명했다. 한편 『한 무리의 동물들』은 25년간의 배태(胚胎) 기간 동안 여러 출판사로부터 그 어느 때보다도 두터운 층의 선지급금을 축적했다. 그의 최근 출판사인 크노프는 이 작품에 50만 달러가 넘는 돈을 쏟아부었다. 이미 출간된 작품들을 바탕으로 브로드키의 재능을 어떻게 간주하든, 지독히 고통스러운 문학 창작을 향한 숭배가 바로 이 지점에서 모순을 통해 증명되었으며, 이는 아마도 문학

사상 작가의 작품에 주어진 가장 큰 대가일 것이다. 브로드키는 자신이 천재임을 보여줄 지표가 없다는 점을 활용했다. 그가 판 것은 문학의 아이디어가 아니듯 문학 자체도 아니다. 여기에 지적 재산권의 시대에 맞게 개조된 예술가의 분투라는 개념이 있다. 어딘가에서 앤디 워홀이 박수를 치고 있을 것이다.

문학 에이전트의 부상

이렇듯 작가들은 간절히 받고 싶어 하고, 출판사들은 기꺼이 주고자 하는 상황이다 보니, 문학 에이전트들이 테드 솔로타로프가 말하는 소위 "문학-산업 단지" 무대의 중심으로 옮겨 오게 된 것도 당연한 일이다. 이 영역에 매우 익숙한 에이전트들만이 문학-산업 단지, 그리고 작가와 출판사 간의 종종 값비싼 구애 작전을 조율할 수 있다. 게다가 영향력 있는 대형 작가들을 수중에 둔 에이전트들만이 의뢰인을 대표하여 대형 출판사의 막강한 힘에 반대되는 힘을 써서 균형을 이룰 수 있다고 여겨진다. 또한 탄탄한 인맥과 다년간의 전문적인 경험을 갖춘 에이전트들만이 해외 저작권, 영화, 극, 시청각 자료, 정보 검색 등 2차 저작권들이 얽힌 복잡한 망 속에서 저자를 위해 수익을 최대화할 수 있다. 마지막으로, 상업주의에 물든 실물 예술이라는 개념이 실물이라는 본질 자체를 종종 대신하거나 그보다 우선시되는 문화 속에서, 에이전트들은 문학의 대변인 역할을 하면서 대중의 소비를 위해 책과 저자라는 개념에 대한 여론을 형성하고 있다. 이 모두는 사실이며 논란의 여지가 없다.

그러나 편집자의 입장에서 볼 때 에이전트가 작가의 삶에서 중심적인 역할을 하게 되면서 부분적으로 편집자가 그 대가를 치르게 되었다. 에이전트가 편집자만큼이나 작가의 집필 활동에 깊숙이 관여하는 경우는 드물며, 이는 이 업계의 구조적 특성으로 보인다. 그러나 출판사의 기업 소유주와 편집자들이 숱하게 바뀌는 상황 속에서, 자연스럽게도 에이전트가 변하는 세상 속에서 작가를 위한 정지점이자 작가의 금전적 구제 또는 승리를 위한 근원이 되었다. 요즈음 대부분의 작가들은 에이전트가 출판사와 한판 싸움을 벌여 그로부터 선인세의 마지막 한 푼까지 힘겹게 얻어내는 대가로 자기 수입의 10~15퍼센트를 기꺼이 포기한다. 에이전트들은 물론 이러한 일에 상당히 능하다. 덕분에 작가와 출판사는 계약 협상을 가장한, 생사가 오고 가는 치명적인 길바닥 싸움이 결코 벌어지지 않는다는 편리한 허구 속에서 살 수 있다.

대부분의 사람들이 속 시원히 이야기하지 않는 사실은 출판사들이 영향력 강한 에이전트 앞에서 몸이 굳도록 공포에 질리며 앞서 언급한 수백만 달러 규모의 계약이 조용한 비명 속에서 이루어진다는 점이다. 에이전트들은 기업 소유의 출판사들이 금전적 측면의 인과관계를 갈수록 이해하지 못하는 현상으로부터 직접적인 수혜를 받는다. 이러한 이해 부족 현상이 나타나는 이유는 수표는 언제나 결제되지만 수익과 손실은 출판사에 남기 때문이다. 근래 대부분의 도서 협상을 보면 계약 조건이 충족되지 않을 경우, 요구하는 가격을 기꺼이 제시하는 다른 출판사가 있다는 유언의, 내지는 무언의 협박이 이루어진다. 이는 대개 사실이다. 작가의 전작이 성공적으로 출판되었다는 사실은 편집자에게 종종 불리하게 작용한다. 편집자라면 누구나 협상 도중 에이전트로부터 "다른 많은 사람들 역시 작가 XX의 작품에 관심을 보이고 있습니다"라는 말을 들은 경험이 있을 것이다. 이 경우 그들의 관심을 끄는 것은 작품 자체의 문학적인 수준뿐만 아니라 그 편집자와 출판사가 해당 작가의 전작에 쏟아부어온 피땀 어린 노력, 홍보 자금, 출판 전략이다.

미스터 퍼킨스, 그는 죽었다

이러한 변화가 이루어지고 있는 가운데 편집자가 설 공간이 점점 더 줄어들고 있다. 작가는 자신의 작품을 진정으로 이해해주고 변함없이 지지하는 편집자에 대해 개인적으로 깊은 충성심과 감사함을 느낄 수 있으나, 그러한 유대관계는 금이 갈 수 있다. 작가의 삶은 불안정하고 위태롭다. 취향과 재능이 예상치 못하게 변하고 시장 역시 예측할 수가 없기 때문이다. (여전히 상대적으로 드문 경우지만) 저자가 독자들이 널리 찾는 인기 있는 작가로서 행복한 위치에 있다면, 에이전트가 고약한 일을 벌이려 하고 작가는 사실상 편집자에게 "상황이 이렇게까지 되어서 죄송합니다. 그렇지만 당신의 도움을 언제나 감사하게 생각하겠습니다"라고 말할 수밖에 없다. 결국 토머스 울프는 스크리브너스 출판사와 맥스웰 퍼킨스를 떠나 거장의 마음을 아프게 했지만, 소설 『돌아갈 수 없는 고향』에서 퍼킨스에게 멋진 밸런타인데이 카드를 썼다.

지금까지가 편집자의 불편한 위치에서 본 모습이었다. 한때 신사의 직업이라 여겨졌던 것이 만인의 만인에 대한 싸움으로 변한 현실은 기이하고도 홉스주의적이다. 편집계의 성인 맥스웰 퍼킨스가 이 세상에서 행복하게, 내지는 성공적으로 직업에 종사한다는 것은 상상할 수가 없다. 그가 가치로 삼는 충성심, 정직성, 취향, 균형, 올림포스 산처럼 고결한 규범은 오늘날에는 늘 유통 가능한 통화가 아니기 때문이다. 그러한 가치들이 출판계에서 사라진 것은 아니다. 어쨌든 로버트 지루가 파라 스트라우스 지루 출판사를 꾸려나가며 여전히 건재하기 때문이다. 그러나 그 가치들이 예전과 동일한 것을 의미하지는 않는다. 내 세대, 그리고 나보다 젊은 세대(나는 38세다)의 편집자들은 우리의 세상에서 일종의 품위가 사라진 세태를 받아들이고 그에 대해 냉소 섞인 농담을 던진다. 그리고 그러한 품위의 예를 마주칠 때면 깊은 감사를 표하고 조건이 허락하는 한까지 그러한 품위를 지키려고 노력한다. 편집자들은 현재 진행되고 있는 새롭고 거친 게임의 규칙 혹은 규칙의 부재를 배웠다. 하지만 편집자들 중 많은 수가 그로부터 얻은 교훈을 좋아하지 않는다.

오늘날 출판계의 한가운데에 있는 암흑의 핵심은 정글이 아니다. 그보다는 거울, MTV 비디오, 상품 거래소, 칵테일 파티, 연속극, 서커스, 유령의 집, 세 장의 카드 마술이 뒤섞인, 화려하지만 방향을 잃은 환경이다. 누군가 오늘날의 세태를 목격하고 충격을 받아 망연자실한 채 꺼낼 한 마디는 바로 이것이다. "미스터 퍼킨스, 그는 죽었다."

―후기―

「미스터 퍼킨스, 그는 죽었다」는 1988년 후반에 집필되어 1989년 여름에 『아메리칸 스칼러(American Scholar)』에 게재되었다. 3년이 지나 다시 이 글을 읽어보니 고뇌의 흔적이 고스란히 전해진다. 그것은 호경기를 누렸던 1980년대가 출판계에 미친 영향에 대한 비통함에서 비롯된 것이다. 이제 우리는 1990년대로 깊숙이 들어섰으며, 뭔가에 전부를 걸던 아찔한 분위기는 우리 모두가 파산할지도 모른다는 침체된 불황의 시대로 내려앉았다. 이는 물론 출판계에 국한된 이야기가 아니다. 1991년 9월 2일, 『뉴욕 타임스』의 출판 부문 기자인 로저 코헨은 "변화의 조짐을 기대하는 병들고 음침한 업계"라는 제목으로 출판계의 현황에 관한 기사를 썼다. 출판계의 고질적인 불황을 묘사하며 그는 이렇게 썼다. "매출이 매우 저조한 상태다. 가장 강경한 낙관론자들마저도 출판계가 불황의 타격을 받지 않는다는 생각에는 아무런 근거가 없다고 결론지었다. …… 따라서 매우 급격한 변화가 일어난 것으로 보인다. 지난 10여 년 간 도서 매출이 급격히 상승하여 작가들이 작품에 대해 요구할 수 있는 원고료의 액수가 급격히 높아지는 시기가 지속된 끝에, 축소와 절감의 시기가 시작되었다."

그러나 코헨은 출판사들이 여전히 화제작에 거액의 선인세를 지불하는 것에서 드러나는 그들이 가진 뿌리 깊은 낙관적 속성에 주목했다(노먼 슈워츠코프의 자서전에 600만 달러가 지급된 사례가 대표적이다). 따라서 도서 편집에 관한 한, 이러한 긍정적인 측면을 강조하는 것이 옳다고 본다. 그렇다. 내가 글에서 지적했던 대기업의 기만행위는 여전히 횡행하고 있고 에이전트들이 모든 일을 결정하며 문화가 부패하고 있을 뿐만 아니라 아무도 더 이상 책을 읽지 않으며 결국 세상은 열역학적 죽음을 맞이할 것이다. …… 그러나 **훌륭한 편집자의 임무는 단순히 이 모두를 무시하고 수익을 거둘 수 있는 가격으로 가능한 최상의 책을 시장에 내놓는 것**이다. 이는 편집자를 멍할 정도로 무기력하게 만들 수 있는 상업적인 문화와 개인적·사업적으로 타협하는 것을 의미할 수 있다. 하지만 승리는 아무리 이루기 힘들다 한들 편집자들의 생명선이며, 종종 예상치 못하게 찾아오기도 한다. 그리고 그러한 승리야말로 출판이 정가 y에 배포된 x부의 책들이 z퍼센트의 이윤을 낸다는 것 그 이상을 의미하게 만든다. 이는 출판의 영혼 그리고 어느 정도까지는 미국의 문학적·지적 문화가 양질의 수준과 우수성에 깊이 관심을 갖는 편집자들의 사명에 달려 있음을 의미한다.

그래서 우리는 힘든 길을 계속해서 나아간다. 그럴수록 더 나은 미래가 펼쳐질 것이다.

「이로운 일과 올바른 일—편집의 윤리적, 도덕적 측면」

출판의 엄격한 도덕적, 윤리적 규범에 따른 편집자의 행동 강령을 제시한 웨이드의 글은 편집자는 물론 작가에게도 큰 도움이 된다. 저자와 출판사의 이해관계가 엇갈리는 상황에서 웨이드는 "작가의 벗으로서 가지는 의무와 출판사의 기업적인 이해관계를 충족시켜야 하는 편집자로서 가져야 하는 의무를 어떻게 조화시켜야 할까?"라고 묻는다. 그는 이러한 답을 내놓는다. "서로 상충하는 듯 보이는 의무와 이해관계를 조화시킬 수 있는 유일한 방법은 매우 중요한 한 가지 진실에 주목하는 것이다. 그건 바로 편집자의 본질적인 의무가 책에 있다는 것이다. 이 의무를 저버리는 편집자는 저자의 벗도 아니요, 출판사에서 주는 봉급에 걸맞은 구실도 못 하는 사람이다."

웨이드는 검열, 원고의 진정성에 대한 책임, 함량 미달 원고의 거절 결정, 편집자와 에이전트 간의 정직성의 필요, 그리고 현직 편집자를 괴롭히거나 곤혹스럽게 하는 각종 문제 및 절차의 측면에서 편집자의 도덕적·윤리적 역할을 통찰력 있게 조명한다.

마지막으로 그는 이렇게 선언한다. "직무를 적절히 수행했다면, 책에 대해 정말로 헌신을 다했다면, 그 편집자는 고용주와 저자에게 맡은 바 본분을 다한 것이며 도덕적으로나 윤리적으로 올바르게 행동한 것이다."

제임스 오셔 웨이드(James O'Shea Wade)

제임스 오셔 웨이드는 1962년에 하버드 칼리지를 졸업하여 대학 출판부 및 일반 출판사에서 판매 및 편집을 담당하다가, 1960년대 후반에 선임 편집자로 맥밀란 출판사에 합류했다. 이후 월드 퍼블리싱에서 편집장을 맡았고 데이비드 매케이에서 편집장과 부사장을 겸임했다. 그는 케네트 로슨, 일리노어 로슨과 함께 로슨 웨이드 퍼블리셔스를 설립했다. 그는 현재 크라운 퍼블리셔스의 책임 편집자 겸 부사장이자 오리온 북스의 편집장이다.

이로운 일과 올바른 일
─편집의 윤리적, 도덕적 측면

─제임스 오셔 웨이드

편집자는 저자가 아니다

대부분의 편집자가 자신과 작업하는 저자에게 개인적으로 매우 강하게 헌신한다. 현재 나와 함께 작업하는 작가 몇몇은 20년이 넘도록 한 짝을 이뤄 일하다 보니 무척이나 절친한 벗이 되었다. 오래전 나는 작가의 벗으로 가지는 의무와 출판사의 기업적인 이해관계를 충족시켜야 하는 편집자로 가져야 하는 의무를 어떻게 조화시켜야 할지 나 자신에게 물어야 했다. 이상적인 상황이라면 저자의 이해관계와 출판사의 이해관계가 일치한다. 하지만 안타깝게도 항상 그런 건 아니다. 그리고 독자들에 대해 갖는 의무는 또 어떻게 할 것인가?

서로 상충하는 듯 보이는 의무와 이해관계를 조화시킬 수 있는 유일한 방법은 매우 중요한 한 가지 진실에 주목하는 것이다. 그건 바로 **편집자의 본질적인 의무란 책에 있다**는 것이다. 이 의무를 저버리는 편집자는 저자의 벗도 아니요, 출판사에서 주는 봉급에 걸맞은 구실도 못 하는 사람이다.

모든 것은 원고를 손에 넣는 것에서부터 시작한다. 편집자가 책의 요지와 어긋나는 강한 개인적 믿음 내지는 편견이 있거나 책의 주제, 내용, 또는 견해가 불쾌하거나 혐오스럽다고 느껴질 정도라면, '아무리 많이 팔릴지라도' 그 책에 관여하기를 매우 주저하리라고 예상할 수 있다. 편집자는 전문가나 검열관의 역할을 해서는 안 된다. **본인이 어떤 이유(본인의 '전문지식', 도덕적 평가 또는 취향과 같은 막연한 이유)에서든 무의식 중에라도 저자의 생각과 표현을 왜곡할지 모른다는 의심이 드는 편집자는 그 책을 편집해서는 안 된다.** 볼테르의 말을 빌려, 우리 모두는 누군가에게 동의하지 않을 수 있으나 그가 우리가 동의하지 않는 무언가를 말할 권리는 있다고 주장하고자 할 것이다. 하지만 저자를 지원하며 책에 대한 객관적인 작업을 하는 일과 저자의 표현의 자유를 침해하는 일 사이의 선을 넘을 가능성이 있다면, 편집자는 직업 정신에 따라 그 책에 관여해서는 안 된다.

그러한 책을 작업하기를 거절하는 것은 개인의 사치가 아니다. 상당한 정도의 객관성과 열정을 갖고 책에 접근하고 책이 성공적으로 편집·출판되도록 지원할 수 없다면, 그 책의 편집을 맡지 말아야 한다. 그건 결국 편집자의 책이 아니기 때문이다. 출판사를 대표하여 편집자는 책에 대한 특정한 권리를 갖는다. 하지만 그것이 업무상 저작물(고용된 자가 업무의 일환으로 만든 저작물로 고용자가 저작권을 갖는다—옮긴이)이 아닌 한, 저자는 자신이 창조한 작품을 소유한다. 모든 출판사 계약서에 보증 조항이 있는 것도 바로 그 때문이다. 이 보증 조항에서 작품의 저자-창작자는 출판사와 저자가 전적으로 진지하게 다루어야 하는 사항들을 '보증하고 표현'한다. 즉, 작품이 원본이어야 하고 타인의 저작권을 침해해서는 안 되며(예: 저자가 표절 행위를 해서는 안 된다. 이는 출판의 가장 최악의 악몽이다), 타인의 사생활을 침해해서는 안 된다는 등의 내용이 이 조항에 담긴다.

이 조항은 편집자가 어떠한 존재가 되어서는 안 되는지에 관해 매우 중요하고 근본적인 지침을 편집자에게 제공한다. 편집자는 저자도 아니고 합작자도 아니다. 다시 말해 책의 집필이나 소유권에 관여하지 않는다는 얘기다.

그렇다고 해서 편집자가 저자에게 의견을 제공해서는 안 된다는 얘기는 아니다. 사실 편집자가 자신의 견해, 반응, 생각을 표현하지 않는다면 그건 직무 태만에 해당한다. 편집자는 저자에게 조언을 제공하고 독자의 지지자가 되는 대가로 출판사로부터 급여를 받기 때문이다. 하지만 의견을 제공하는 선에 그쳐야 한다. 지시를 내릴 권리는 없다. 저자는 편집자가 하는 말에 귀를 기울인 다음 그 의견을 받아들일지 말지를 결정한다. 원고의 품질과 내용에 대해 저자와 편집자가 크게 엇갈리는 견해를 보인다면, 계약의 또 다른 중요한 조항을 따라야 한다. 그 조항이란 바로 작품이 허용 가능한 수준인가에 관한 것이다.

책의 허용 가능성을 가늠하는 역할

출판사들은 허용 가능성의 정의를 광범위하게 유지하기 위해 지속적으로 싸운다. 하지만 출판사와 그 대표인 편집자가 이러한 포괄적인 자유 재량권을 지닐 때에는 역시나 그만큼의 막중한 책임도 따른다. 30년 가까이 편집자로 활동해오면서, 나는 궁극적으로 허용되지 않는 책을 작업한 적이 극소수 있었다. 대개 이러한 상황은 개요나 기타 특정한 형태의 간략한 프레젠테이션을 통해 책이 입수되었을 때 발생한다. 편집자가 거의 완성된 원고를 입수할 때에는 자신이 무엇을 책으로 펴낼지를 알아야 한다. 그렇다면 편집자는 언제, 어떻게 해서 저자와 서먹한 대립 관계에 들어서게 될까? 편집상의 세부적인 충고를 제시하고 원고를 수정할 시간을 포함하여, 저자가 책을 통해 본인이 말하고자 하는 바를 정확히 말할 수 있도록 돕기 위해 편집자가 동원할 수 있는 모든 자원을 소진할 때까지 이러한 상황이 벌어져서는 안 된다.

편집자의 양심은 본인이 할 수 있는 최선의 노력을 다했다고 말할 것이다. 그렇다면 이제는 어떻게 할 것인가? 규칙서도 없고 편집자를 이끌어줄 일련의 규정도 없다. 편집자는 '책이 안 팔릴까' 우려할 수 있다. 무엇보다도 출판이란 근본적으로 예측 불허한 사업이라는 점을 상기해야 한다. 많은 경우, 무엇이 팔리고 팔리지 않을지 알 수 있는 유일한 방법은 책을 일단 출판해보는 것이다. 편집자로서 어떤 도움을 주었든, 책이 저자가 달성할 수 있는 최상의 수준에 다다랐다고 편집자가 믿는다면, 그걸로 본인의 의무를 다한 것이다. 하지만 그렇게 믿기까지는 복잡한 결정을 거쳐야 한다. 편집자는 저자의 이전 작품들을 읽어봤을 것이다. 개요를 보면 어떤 특정한 사안들이 다뤄질지 알 수 있다. 저자 본인이 과거에 쓴 작품에 상응하는 수준의 기술과 헌신으로 작품을 집필했음을 확실히 보여주었는가? 이 책이 개요에서 제시한 약속들을 지켰는가?

그 밖에 다른 고려사항이 발생할 수 있다. 원고를 법적인 측면에서 검토하다 보면, 상당한 사업적 위험이 따르는 법적 문제를 일으킬 수 있는 부분이 다수 드러날 수 있다. 편집자는 이러한 문제를 해결하기 위해 저자와 협력해야 한다. 그러나 저자가 "전 제 입장을 고수할 겁니다"라고 말하고, 편집자는 "그럼 그렇게 하죠. 행운을 빌게요"라고 말해야 하는 상황이 발생할 수도 있다. 하지만 편집자는 출판사와 변호인의 승인으로 사업적인 위험을 무릅쓸 결정을 내려야 할 수도 있다.

저자가 계약서의 보증 조항에서 특정한 약속을 했음을 고려할 때, 편집자는 경험적으로 뭔가가 잘못되었다고 우려할 수 있다. 이 지점에서 편집자는 편집자로서 직면하는 가장 힘든 임무 중 하나를 수행하게 된다. 즉, 본인의 우려가 사실에 근거한 것인지를 판단하기 위해 최대한의 선까지 나아가는 것이다. 편집자가 전문가가 아니고 또 모든 책을 검토·확인할 수 없다고 하더라도, 저자의 자격을 확인해야 할 의무는 있다. 만약 저자가 독자들의 건강이나 기타 중요한 이해관계에 해가 될 수 있는 뭔가를 권고한다면, 편집자가 전문가를 찾아가 그에 따르는 위험의 정도를 알아보고 그러한 위험에 대해 독자들에게 알려야 한다. 이는 대개 책 앞면의 눈에 띄는 곳에 통보하는 형태를 띤다.

앞서 언급했듯이, **편집자가 막을 수 없는 것은 바로 표절이라는 끔찍한 악몽이다.** 고의든 고의가 아니든 누군가의 작품을 훔치는 일은 그것이 사실로 판명될 경우, 처벌이 따르는 참혹한 결과를 초래한다. 그러나 다행스럽게도 그러한 일이 흔치는 않다. 나 역시 표절 의혹 제기에 몇 차례 연루된 적이 있으나, 하늘이 도왔는지 매 사례마다 그러한 의혹이 근거가 없는 것으로 판명되거나 철회되었다. 그러므로 표절이란 편집자의 가장 큰 우려이기도 하고 가장 사소한 우려이기도 하다. 편집자가 표절을 방지할 수 있는 유일한 방법은 바로 저자의 진실성이다. 편집자가 직면하는 많은 성가신 문제 대부분은 책의 허용 가능성과 관련된 것이다.

모든 해결책을 다 써보아도 아무 가망 없는 쓸모없는 실패작이 눈앞에 있다면 편집자는 어떻게 해야 할까? 저자가 최선을 다해 협조를 했고 편집자 역시 마찬가지라고 하자. 그렇다면 편집자는 최선의 판단에 입각하여, 출판사가 그 책을 팔지 못하는 책임을 인정해야 한다. 편집자는 책에 대한 책임을 다한 것이다. 19세기 시인 아서 휴 클러프의 말을 빌리자면, "반드시 죽일 필요는 없다. 그러나 부질없이 참견하여 살려두려고 애쓸 필요도 없다." 이것은 편집자의 옳고 그름의 문제가 아니다. 그보다는 편집자의 솔직한 평가의 문제다. 일단 책을 '좋은 쪽으로 해석하기 위해' 편집자가 책에 호의를 베풀어서는 안 된다. 편집자가 책에 대해 의심을 품는다면 책을 펴내는 전 과정에서 편집자가 하는 모든 일이 더럽혀질 것이다. 편집자는 그러한 책을 직업적인 열정을 가지고 세상에 내놓을 수 없다. 이는 사실상 저자와 출판사는 물론 책에 대한 책임을 저버리는 일이다.

책과 맺은 관계를 끊는 결정이 간단해 보일 수 있으나, 실은 그렇지 않다. 이는 편집자가 내리는 가장 불쾌하고도 가장 도덕적으로 힘겨운 결정이다. 편집자의 '그름'이 다른 누군가의 '옳음'으로 이어질 수 있다는 사실에 얼마간의 안도감이 존재한다. 편집자가 책을 거절한 뒤 장래에 다른 출판사가 그 책을 입수할 수도 있다는 얘기다. 두 당사자는 결국 옳은 셈이다. 편집자가 그 책을 거절한 것은 옳은 일이다. 왜냐하면 그 반응에 비추어볼 때, 편집자는 그 책의 적절한 편집자가 아니기 때문이다.

미국 연방 대법관이었던 홈즈가 북적거리는 극장에서 불이 났다고

(거짓으로) 외치는 자유까지 보호할 수는 없다고 했다. 물론 이 말은 말과 표현의 자유에는 제약이 있음을 비유한다. 편집자는 그곳에 불이 났는지 아닌지를 결정하는 사람이어야 하는가? 편집자가 책에 대한 근본적인 신념을 유지할 수 없다고 생각하지 않는 한, 그건 아니다. 극단적인 경우, 편집자(그리고 출판사)가 법정에 갈 준비가 되었는가? 변호사는 편집자에게 발생 가능한 법적 문제에 대해 경고를 한다. 즉, '사업적인 위험'이 발생할 수도 있다는 얘기다. 기자, 신문, 심지어 텔레비전과 라디오는 우리보다 더 자주 이러한 결정에 직면한다. 그들은 보도를 하고, 시간이 생명인 그들의 보도가 우리가 책에 대해 갖는 자유보다 더 큰 자유를 그들에게 준다는 가정하에 보호를 받는다. 이는 편집자와 저자가 나눈 긴 대화의 핵심, 그리고 그 과정에서 편집자가 보여주는 것, 즉 절대적인 정직성과 솔직성·경험·훌륭한 판단과 연관된다. 편집자가 홀로 고립된 채 도덕적으로 번뇌하는 사람이 아님을 기억하자. 편집자는 출판사라는 합의체의 일부이다. 편집자가 본인의 의견을 실천하고자 할 때 그 옆에는 의지할 수 있는 다른 노련한 사람들이 있다.

하지만 가능할 경우, 이는 책이 출판에 들어가기 전 이왕이면 여전히 원고 상태일 때 이루어져야 한다. 예상치 못한 상황이 발생하지 않는 한, 편집자가 책 계약에 서명을 하고 나면 편집자는 그 책에 대해 책임을 갖는다. 편집자의 판단에 입각하여, 출판사는 책에 전념을 다할 것이고 마침내 출판사명이 그 책의 표지에 찍힐 것이다. 대중은 출판사(즉, 편집자)가 합리적인 심사숙고 끝에, 그리고 광고 및 홍보 문구에 부합하는 판단과 배려를 통해서 책을 발행했기를 기대할 권리가 있다. 물론 편집자나 출판사가 책을 전적으로 승인한다는 얘기는 아니다. 그저 편집자와 출판사가 책임감 있게 행동했다는 얘기다. 책 겉면에 무해 증명(NIHIL OBSTAT) 내지는 출판 허가(IMPRIMATUR: 교회의 도서 검열자가 책이 신앙, 윤리에 위배되지 않음을 증명하는 표시 ─옮긴이)의 도장이 찍히는 건 아니다. 하지만 책이 되돌아와서 편집자를 물어뜯지 않으리란 보장도 없다. 일부 책은 그러기도 한다. 그 때문에 출판과 편집은 그만큼 흥미롭다.

신뢰의 기초는 완전한 공개

우리가 출판을 아무리 '과학적인' 것으로 만들려 해도, 출판은 실제로 실험적인 사업이다. 출판을 추진하기 위해서는 열정과 열의가 필요하고 출판을 지속시키기 위해서는 깊은 경험과 (겸손을 넘어서서) 신중함이 필요하다. 편집자와 저자의 관계가 서면 계약서의 형태를 띠긴 하지만, 두 당사자가 하는 일은 대부분 전화 통화와 대화, 즉 간략하고 즉각적인 의견 교환이라는 두 인간 사이의 마찰 속에서 이루어진다. 이렇게 격식에 얽매이지 않는 방식으로 명확하게 의사소통을 하다 보면 저자와 편집자가 갖는 우려의 상당 부분이 해소된다. 상대방에게 확실한 태도를 보이고 각자가 서로의 말을 이해했음을 확인하는 것이 바람직하다. 2차 저작권을 담당하는 직원들은 이에 대해 누구보다도 잘 알고 있다. 이들은 전화상으로 매일 수천 달러가 오고 가는 페이퍼백 및 북 클럽 경매를 실시하기 때문이다. 이런 업무를 처리하려면 진실하고 정확한 태도가 필요하다.

이는 도덕적으로 얼마나 사려 깊으냐의 문제가 아니다. 사업은 상호 간의 신뢰를 바탕으로 해야 하고 명확성과 정직성이 전제되어야 한다. 예를 들어 경매에서 누군가 거짓말을 한 사실이 발각되었다면 그 경매인은 큰 타격을 입게 된다. 이를 반복한다면 직업적으로 실패한다. 우리는 부정직할 여유가 없다. 교묘한 속임수는 대부분 가치가 없다. 저자와 맺는 관계에도 이런 실용적 지침을 적용할 수 있다. 편집자가 실수로 저자나 에이전트에게 뭔가를 숨긴다 하더라도, 그건 이내 드러나기 마련이다. 좋은 소식은 최대한 신속하게 전하는 것처럼, 편집자는 나쁜 소식 역시 가감 없이 신속하게 전해야 한다. 저자는 주로 편집자에게서 정보를 얻는다. 편집자는 출판사를 대표한다. 그렇다고 언론 담당 비서나 치어리더는 아니고 책에 대해 첫 번째로 충성심을 갖는 사람이다. 편집자가 펜과 설득으로 본인의 작업을 다했으면, 이제는 출판사 내에서 책을 지지하는 중심인물이 되어야 한다. 책이 생산, 출간되는 전 과정에서 편집자가 책을 이끌어야 한다.

저자는 단 한 가지에 대해 생각한다. 반면 편집자는 많은 것에 대해 생각해야 한다. 품질이나 출간 방법의 측면에서 모든 책은 동등하지 않다. 하지만 저자는 편집자로부터 전폭적인 지지와 관심을 받고 있다고 느끼고 싶어 한다. (마찬가지로 저자는 홍보 및 광고 담당자 또는 책 표지 삽화가가 전적으로 자기 책을 지지하고 관심을 가진다고 느끼고 싶어 할지 모른다. 하지만 편집자는 전면적이고 지속적인 관심의 근사치를 주어야 한다.) 많은 일이 저자가 기대하는 일종의 손잡기의 형태를 띤다. 하지만 내 경험에 의하면, **저자는 실제로 단 한 가지를 편집자에게 의존한다. 그건 바로 진실이다.** 원한다면 편집자는 진실을 보기 좋게 꾸밀 수 있다. 하지만 이내 진실을 가감 없이 밝혀야 한다.

출판사 내의 누군가가 "이러이러한 사실을 저자 X에게 말하지 말자"라고 한다면, 편집자는 우선 그 사실을 정말로 숨길 필요가 있는지 물어야 한다. 사실을 숨겨서 무엇을 얻을 수 있는가? 발행인, 편집자, 첩

보원은 (적어도) 두 가지 공통점이 있다. 즉, 소문내기를 좋아하고 비밀 만들기를 좋아한다. 하지만 출판은 매우 세부적인 사업이어서 많은 것을 영원히 묻어두기가 어렵다. 잘못된 정보(거짓말의 정중한 표현)는 출판사에 상당한 해를 입히므로 가치가 없다. 때로 우리는 선의로 뭔가를 숨기기도 한다. 어쩌면 상황이 복잡하고 모든 사실을 알지 못하기 때문일 수도 있다. 하지만 대개 우리는 저자나 에이전트가 알 권리가 있는 무언가를 그들에게 말하기를 꺼려 한다. 그 이유는 사실을 말할 경우 우리에게 문제가 생길 것이라고 잘못 생각하기 때문이다. 솔직히 말해 그 이면에 있는 진짜 이유는 우리의 입장이 불안정하게 흔들릴 것이라는 두려움 내지는 우리에게 뭔가 숨겨야 할 것이 있기 때문이다. 편집자가 어떤 일을 망칠 경우, 그 사실을 인정하는 것이 우선 할 일이다. 저자가 책의 초판 상태가 어떠한지 알고자 한다면 그에게 말하자. 저자가 출판사의 권유로 샌프란시스코에 순회 홍보를 다녀온 후에도 그곳 서점에 여태껏 저자의 책이 배포되지 않은 이유를 알고자 한다면, 그 이유를 찾아 설명하자. 그 과정에서 편집자는 편집계의 현실, 즉 출판계가 돌아가는 현실을 저자에게 알려줄 수 있다. 이는 사실 저자의 일이기도 하다. 편집자와 저자는 공생의 관계로 얽혀 있다. 신뢰를 바탕으로 정보를 완전 공개하는 것은 사치가 아니라 필수이다. 이것은 편집자와 저자 간에 지속적이고 생산적이며 창조적인 관계를 형성하는 데도 필요하다.

우리는 왜 뭔가를 저자에게 비밀로 하고, 그 일을 즐길까? 그 뭔가를 경쟁사들에게 비밀로 하기 위해서일까? 어쨌거나 출판사의 생존이 도서의 배급과 판매의 효율성에 달려 있다. 이를 고려하면 그러한 효율성은 정보에 대한 개방적인 접근에 크게 의존한다. 경쟁 출판사는 널리 알려진 정보를 바탕으로 상대 출판사가 얼마나 많은 부수의 책을 팔고 있는지 추론하여 상당한 정보를 얻을 수 있다. 여기서 널리 보급된 정보란 전자식 금전 등록기의 판매량 보고다. 컴퓨터에 연결된 금전 등록기에 판매가 입력되면 해당 책이 서점 컴퓨터의 재고로부터 자동적으로 빠져나간다. 이로써 책이 팔렸음을 알게 되는 것이다. 소련의 경우에서 보듯이, 전자적인 편재성의 시대에서 폐쇄된 정보 사회는 유지하기가 어렵다. 발행인은 인세 보고서를 '요리'하려고 해서는 안 된다. 그로써 재고 관리에 매우 심각한 문제가 발생할 수 있다. 잘못된 정보와 은폐 행위는 비효율적이다.

하지만 저자가 완전히 이해하도록 만들기 위해서는 편집자도 출판의 면면에 대해 어느 정도 알아야 한다. 실제로 출판의 과정 전체가 어떻게 작용하는가? 프리미엄 및 특별 판매 또는 대량 판매의 일반적인 거래 조건은 무엇인가? 즉, 편집자는 출판계의 다른 사람들이 행하는 직무에 대해 기본적으로 알아야 한다. 그들이 처한 문제와 현실은 무엇인가? 이는 끝없는 과정이자 자기 교육이다. 하지만 이런 과정을 거쳐 진정으로 역량 있는 편집자가 탄생한다. 이는 편집자와 저자의 관계에 영향을 미칠 뿐만 아니라 책을 입수하거나 기타 사업적 결정을 내리는 데 더 나은 정보를 제공한다.

직업적 책임과 우정 사이

이 모두를 생각할 때 하나의 커다란 질문이 남는다. 그건 바로 '선의'의 거짓말이 필요한가이다. 우리는 출판계 밖의 일상에서도 동일한 질문에 직면해 있다. 우리는 환경과 양심에 따라 반응한다. 어려서부터 우리는 진실이 승리하고 거짓은 승리하지 못한다고 배운다. 물론 우리 중 일부는 그 반대로 배우기도 한다. 만약 표리부동과 잘못된 정보가 고의적으로 되풀이되는 출판계의 상황에 처해 있는 편집자라면 그로부터 빠져나와 (편집자로서 가치와 더불어) 본인의 명예를 회복할 수 있다. 출판계에서 겪은 내 경험에 비춰보면, 대부분의 거짓말은 사소한 것들이다. 큰 거짓말은 끔찍한 상황으로 즉각 이어진다.

우리는 가끔 저자나 에이전트에게 정보를 알려주지 않는데, 그 이유는 그들이 그걸 '알 필요'가 없기 때문이다. 이는 저자나 에이전트가 출판사의 사업 방식에 대해 간섭할지도 모른다는 우려 때문에 출판사가 정보 공개를 원치 않는다는 뜻으로도 풀이된다. 개방적이고 명확하게 의사소통을 해야 한다고 해서, 발행인이 직접 내려야 할 결정과 판단에 대해 제어권을 포기해야 한다는 건 아니다. 발행인은 그러한 권리를 적절히 지켜야 하며 그에 막중한 책임이 따른다. (결국 책이 팔리지 않는 것은 항상 출판사의 잘못이다.) 저자를 교육시키고 저자에게 완전한 정보를 제공한다고 해서 저자가 항상 그에 동의하는 건 아니다. 하지만 편집자는 최선의 노력을 다하고 스스로 옳다고 여기는 바를 지켜야 하는 도덕적이고 윤리적인 의무가 있다.

저자나 에이전트가 하는 말을 들은 뒤 편집자는 본인의 입장을 설명하고 이를 고수해야 한다. 여기서 '편집자'의 입장이란 현실적으로 말해 많은 관련자들이 심사숙고한 끝에 내린, 혹은 경영진의 지시에 따라 출판사가 결정한 것을 종종 의미한다. 편집자는 그와 같은 결정에 완전히 동의하지 않을 수도 있다. 하지만 편집자의 의무는 본인의 이해와 견해를 바탕으로, 이왕이면 협조적이고 합리적인 방식으로 그러한 결정을 실천하기 위해 할 수 있는 모든 일을 하는 것이다. 본인은 그 결정에 동의하지 않는다는 사실을 저자에게 말할 필요가 있다고 느낄 수도 있다. 하지만 그러한 상황에 지나치게 자주 처한다면, 본인이 백 퍼센트 옳지 않을 수도 있다는 점을 생각해봐야 한다. 더불어 본인이 혹시 행렬에서 이탈하여 다른 곳으로 행진하고 있지는 않은가 생각해봐야 한다. (행진하기에 앞서 그러한 행진이 필요한지 먼저 생각해야 한다.)

편집자가 출판사 내에서 책에 대해 그리고 저자에 대해 정직하다면 (얼마간의 재량으로 선전을 하거나 칭찬을 하는 행위는 인간적이므로 허용된다), 그 편집자는 본분을 다한 것이다. 즉, 책에 대한 의무를 다한 셈이다. 편집자는 (대개) 책의 최고의 옹호자이자 종종 유일한 옹호자이다. 편집자는 현실적이고 정직하다는 평판에 걸맞은 영향력을 갖게 된다. 편집자와 저자의 관계는 변호사와 의뢰인의 관계처럼 완전한 공개라는 점에서 얼마간 공통점이 있다. 예를 들어 기밀성은 저자와 에이전트가 기대할 권리가 있는 사항이다. 이는 특히 지적 재산권을 다룰 경우에 중요하다. 여기서 지적 재산권이란 아이디어, 그리고 그 아이디어가 표현되는 형태다. 저자와 에이전트는 아이디어, 플롯, 다양한 개념, 때로는 글로 써진 형태를 대개는 대화를 통해 편집자에게 종종 털어놓는다. 편집자는 그러한 아이디어의 소유권을 존중해야 할 절대적인 의무를 갖는다.

기밀성과 관련하여 편집자는 저자의 권리를 여러 방식으로 존중해야 한다. 저자는 가끔은 책과 관련이 없는 것도 포함한 문제를 편집자에게 털어놓고, 편집자는 저자의 개인적·재정적 문제의 세부사항을 알고 있어야 한다. 저자가 편집자에게 꽤 개방적인 태도를 취하는 경우가 많다. 그렇기에 편집자는 저자의 기밀 정보를 어떠한 식으로든 사용해서는 안 된다는 막중한 책임을 지닌다. 편집자가 본인의 저자에 관해 다른 저자에게 무분별하게 이야기하는 행위는 대개 잘못된 것이며 어리석다.

저자와 편집자 양측이 둘 사이에서 싹트는 우정을 남용할 때도 있다. 저자는 좋은 의도로 에이전트를 둔다. 편집자가 저자와 맺은 우정을 이용하여, 에이전트와 편집자가 적절하게 사업적으로 논의할 일에 영향을 미치는 행위는 전적으로 잘못된 것이다. **편집자는 언젠가 우정이 끝나고 직업적인 책임이 시작되리라는 점을 늘 의식하고 있어야 한다.** 편집자가 '저자에게 호의를 베풀 때', 실제로는 편집자가 저자나 스스로에게 호의를 베푸는 것이 아닌 경우가 대부분이다. 편집자는 출판사가 지키지 못할 약속을 해서는 안 된다. 편집자가 갑자기 공동 작업자가 될 수는 없다. 편집자는 책상의 한 편에 앉아 있고 저자는 그 반대편에 앉아 있는 셈이다. 에이전트는 저자를 대표하고, 편집자는 책을 대표한다.

가끔 저자를 대변할 위치에 있지 않다고 느낄 경우, 편집자는 한 발 물러서야 할 필요가 있다. 이는 에이전트가 존재한다는 사실이 다행스러워지는 순간이다. 에이전트는 저자가 편집자에게 말하기 곤란한 내용을 출판사 측에 말할 수 있다. 회유와 협박이라고? 그렇다. 이는 협상 게임의 일부다. 하지만 편집자는 책에 대한 책임을 저버려서는 안 된다. "승리하면 천 명이 내 덕이라고 주장하고 패배하면 아무도 내 탓이라고 하지 않는다"라는 중국 속담이 항상 옳은 건 아니다. 이기거나 지는 것이 아니라, 편집자와 저자와 책은 끊어지지 않는 가족의 연대를 맺는다.

편집자에게 필요한 직업적 미덕

나는 이 글에서 편집자의 행동과 태도를 관장하는 몇 가지 일반적인 원칙에 중점을 두고자 했다. 발생할 수 있는, 실제로 발생하기도 하는 윤리적·도덕적 문제들을 자세히 살펴보려면 이 글 한 편이 아니라 책 한 권을 할애해야 할 것이다. 하지만 대부분의 문제는 책임을 명확히 인식하지 못하는 데서 생긴다. 저자는 부분적으로 편집자와 출판사의 평판을 보고 저서를 편집자에게 맡긴다. 편집자로서 저자에게 특정한 것들을 기대하는 것은 당연하다. 그리고 가능하다면, 그 저자가 편집자 본인이 정직하게 열의를 갖고 지지할 수 있는 책을 집필할 수 있는지를 확인해야 한다. 그렇다고 해서 편집자가 고결한 진실성과 품성을 지닌 저자를 찾아야 한다는 건 아니다. (그렇게 고귀한 인격을 지닌 저자를 반드시 만나야 한다면 편집자는 어떻게 해야 한단 말인가?) 그보다는, 편집자가 특정한 직업적인 '미덕'들을 찾아야 한다는 얘기다. 계약에 보증 조항이 있다 해도, 편집자는 모든 면에서 저자를 믿고 신뢰하지 못할 수 있다. 그래도 책을 위해 필요한 측면에서는 확실히 믿을 수 있어야 한다. 많은 경우 편집자는 저자와 그의 저서 사이에서 솔로몬과 같은 구별을 해낼 수 없다. 출판사는 당연히 편집자가 사기꾼이나 미치광이나 거짓말을 일삼는 사람으로부터 회사를 보호하기를 기대한다. 그들이 겉보기에는 천사 같은 모습과 훌륭한 자격을 지녔다고 하더라도 말이다. 편집자는 자신이 대하는 자에 대해 될 수 있는 한, 확신을 갖고 싶어 한다. **편집자는 저자에게서 이 세상을 초월하는 선량함을 기대하기보다 그가 가진 역량을 찾는 편이 낫다.** 누구보다도 편집자는 출판사가 책을 발행하기에 앞서, 그러한 중요한 판단을 내릴 위치에 있다.

편집자가 속았다면, 그로부터 교훈을 얻고 다시는 그런 일이 반복되기 않기를 희망해야 한다. 만약 그러한 일을 자주 당하는 편집자라면 다른 직업을 찾아봐야 한다. 또한 본인의 기술로 실제 모습과는 다른 책을 만들 수 있다고 생각하는 태도를 조심해야 한다. 만약 작가가 되고 싶다면 작가가 되어야 한다. 자신이 책을 어떤 식으로든 변화시킬 수 있는 특성이나 속성을 책에 불어넣을 수 있다고 저자에게 말해서는 결코 안 된다. 본인의 역할에 대해 명확한 생각을 갖도록 언제나 주의해야 한다. 편집자는 전문가도 아니요, 창조자도 아니다. 편집자는 도움을 주기 위해 존재한다.

편집자는 어디서 본인의 급여가 나오는지, 왜 나오는지를 기억해야한다. 직무를 적절히 수행했다면, 책에 대해 정말로 헌신을 다했다면, 그 편집자는 고용주와 저자에게 맡은 바 본분을 다한 것이며 도덕적으로나 윤리적으로 올바르게 행동한 것이다. 편집자들이여 기억하라. 책이 얼마나 팔리든, 그 책은 당신이 죽을 때까지 혹은 다른 편집자가 당신의 역할을 대신할 때까지 당신의 수중에 남아 있는 셈이다.

「실용적이고 가격이 저렴한 양질의 책—일반 페이퍼백의 편집」

1950년대 초반에 앵커 북스가 일반 페이퍼백을 처음 선보였을 때 태어난 곰퍼츠는 이렇게 이야기한다. "이제 세기의 마지막 10년에 접어들어 페이퍼백, 그리고 그와 함께 성장한 우리는 중년을 맞이하게 되었다. 이 시점에서 이 독특한 출판 분야에 대해 몇 가지 질문을 해보는 것이 좋을 듯싶다." 곰퍼츠는 매우 도전적인 질문들을 제기하고 이에 인습 타파적인 해답을 제시한다. 그 과정에서 그는 일반 페이퍼백의 외양, 특성, 내용, 일반 페이퍼백을 작업하는 편집자, 일반 페이퍼백 작품을 집필하는 작가, 수많은 사람들의 독서 습관에 영향을 주고 변화를 일으킨 이 독특한 형태의 책을 읽는 독자들을 둘러싼 오해와 근거 없는 믿음을 타파한다.

애정과 열정, 전문지식이 고스란히 묻어나는 곰퍼츠의 글은 일반 페이퍼백의 편집 및 마케팅의 역사를 돌아볼 뿐만 아니라 과거의 여피부터 현재의 베이비 부머에 이르기까지 독자들의 변화하는 속성 역시 규정한다. 곰퍼츠는 이들을 "문화적 식자 세대"라고 칭하면서 이렇게 이야기한다. "일반 페이퍼백, 그리고 지난 40년간 일반 페이퍼백을 펴낸 편집자들은 이 세대를 반영한다. …… 일반 페이퍼백과 편집자들은 대담함이 줄어들고 더욱 실용성을 추구하는 모습을 보이고 있다. 하지만 늘 그래왔듯이, 새로운 세대의 편집자와 독자들이 대거 등장하여 획기적이고 대담한 모습을 보여주면서 일반 페이퍼백 시장에 활기를 불어넣을 것이다."

마크 앨런 곰퍼츠(Mark Alan Gompertz)

마크 앨런 곰퍼츠는 1990년에 설립된 임프린트인 에이번 트레이드 페이퍼백스의 부사장 겸 발행인이다. 에이번에 합류하기 전, 곰퍼츠는 크라운 퍼블리셔스의 선임 편집자였다. 그는 오버룩 프레스에서 처음으로 출판 일을 시작하여 10년간 재직한 끝에 부사장 겸 편집장이 되었다. 그가 작업한 대표적인 책은 케네스 데이비스의 『미국에 대해 알아야 할 모든 것, 미국사』, 스티븐 손드하임과 제임스 라핀의 『숲속으로』, 데니스 맥팔랜드의 『음악실』이다.

실용적이고 가격이 저렴한 양질의 책

—일반 페이퍼백의 편집

—마크 앨런 곰퍼츠

중년을 맞이한 일반 페이퍼백

「에이전트를 만나는 점심시간」을 쓴 존 손튼은 거의 10년 전에 국가 경제의 불황과 출판계 전반의 규모 축소에도 불구하고 일반 페이퍼백 (trade paperback)이 살아남을 것이라 내다봤다. 그는 이렇게 언급한 적이 있다. "예상컨대, 『편집의 정석』의 다음 판에서는 …… 일반 페이퍼백의 근황에 관한 또 다른 글이 실릴 것이다."

그 얼마나 예리한 예측인가! (그로부터 10년 후 또다시 침체와 비운이 미국 경제를 덮쳤지만) 페이퍼백은 살아남았고, 난 지금 이렇게 페이퍼백의 근황을 전하려 글을 쓰고 있다. 독자들은 하필이면 왜 내가 이 글을 쓰게 되었을까 궁금해할지도 모른다. 어떤 경력 덕분에 내가 이 글을 쓰게 되었을까?

사실 페이퍼백을 포함하여 출판계의 특정 부문에 종사하는 사람들은 대부분 우연으로 그렇게 된 것이다. 1989년까지 나는 페이퍼백 사업에 대해 아는 바가 별로 없었다. 그 전까지 14년간 양장본 부문에서 일했기 때문이다. 물론 얇은 앞, 뒤표지로 장정된 책을 편집하기도 했지만 이는 페이퍼백을 편집·출간하는 일과는 다르다. 여기에 대해서는 차차 설명하기로 한다.

나는 1950년대 초반 앵커 북스가 최초로 페이퍼백을 선보였을 때 태어났고, 우리(페이퍼백과 나)는 내가 현재 몸담고 있는 에이번 북스와 같은 출판사들이 페이퍼백을 출간할 방법을 앞장서서 모색하던 1970년대에 성년이 되었다. 나와 내 세대의 많은 사람에게는 페이퍼백이 독서를 위해 선택할 수 있는 하나의 형태였다. 당시 내 도서 목록에는 『이방인』, 『고도를 기다리며』, 『성장의 부조리』(나는 꽤나 공들여 이 책의 여러 구절에 노란색 펜으로 밑줄을 치곤 했다), 『제5 도살장』, 『마지막 지구 백과』와 같은 책들이 올라가 있었다. 무척이나 열정적이고 낭만적인 젊은이였던 나는 전 여자친구에게 휴 프레이더의 『나에게 보내는 편지』를 선물했고, 여자친구는 답례로 우리 시대의 선물용 사진집인 『인간 가족』을 내게 선물했다.

세기의 마지막 10년에 접어들어 페이퍼백, 그리고 그와 함께 성장한 우리는 중년을 맞이하게 되었다. 이 시점에서 이 독특한 출판 분야에 대해 몇 가지 질문을 해보는 것이 좋을 듯싶다. 오늘날의 일반 페이퍼백은 무엇인가? 일반 페이퍼백을 입수하고 펴내는 데 편집자가 어떤 역할을 하는가? 일반 페이퍼백의 독자는 누구인가? 우리가 독자들에게 어떻게 다가가야 하나? 일반 페이퍼백이 초창기처럼 대담하고 혁신적일 수 있을까? 아니면 중년을 향해가는 많은 사람들처럼, 일반 페이퍼백 역시 기품 있고 점잖은 존재 내지는 다소 무미건조한 존재가 되었을까? 마지막으로 일반 페이퍼백이 다가오는 시대에도 건재할까?

삶의 모든 것이 그렇듯 일반 페이퍼백과 이를 작업하는 편집자들에 관한 근거 없는 믿음과 오해가 존재한다. 그중에서도 어김없이 거론되는 말은 일반 페이퍼백이 오로지 평균 이상의 시장에만 호소력을 발휘한다는 것이다. 이건 사실이 아니다. 앵커 북스가 설립 초기부터 '양질의' 일반 페이퍼백을 펴내는 데 주력했기 때문에 많은 사람들은 이러한 방식이 업계의 표준적인 관행이라고 생각한다. 즉, 주로 학자, 문인, 지식 수준이 높은 독자들을 대상으로 일반 페이퍼백을 펴낸다고 생각한다. 그들은 루빅 큐브, 팩맨, 뉴 키즈 온 더 블록, 클리번의 고양이에 관한 책과 일반 페이퍼백으로 출간된 역사 로맨스와 같은 책을 잊고 있는 것이다.

일반 페이퍼백이란

그렇다면 우리가 말하는 일반 페이퍼백이란 무엇일까? 엄밀히 말하면, 일반 페이퍼백은 대중보급용 문고판 페이퍼백(mass-market paperback)이나 랙 규격(rack-size) 도서보다는 크기가 크다. 그리고 가격도 더 비싸다. 일반 페이퍼백은 종종 하드커버, 즉 양장본과 크기가 같으면서도 양장본 정가의 반값에 팔린다. 크기와 가격 외에 일반 페이퍼백은 크기가 작고 가격이 더 저렴한 페이퍼백보다 수명이 더 오래가도록 제본·장정되기 때문에 내구성이 더 강하다. 게다가 책 표지와 디자인도 더 고급스럽고 아름답다(늘 그런 건 아니다). 일반 페이퍼백은 대개 서점 및 도서관과 같은 거래처에 납품하는 직판 담당자들이 판매하지만 일부는 공항과 슈퍼마켓 같은 도매 거래처에 납품되기도 한다.

관리의 측면에서 볼 때, 일반 페이퍼백은 이윤을 최대화하는 한 방법이다. 왜 안 그렇겠는가? 마진이 더 높으며 이론적으로는 책의 반품 비율도 낮다. 효율성을 추구하는 요령 있는 서점들이 책의 '적정량'만을 주문하기 때문이다. 서점들은 그래야만 한다. 주문되는 각 단위마다 비용이 더 들 뿐만 아니라 문고판 페이퍼백의 경우처럼 책 표지를 찢어 안의 내용물을 반품할 수 없기 때문이다. 대신 서점들은 자비를 들여 남은 책들을 반송해야 한다. 그렇기 때문에 서점들은 적정량만을 주문할 수밖에 없다.

일반 페이퍼백은 출판사가 백리스트를 유지할 수 있는 주된 수단이며, 일반 페이퍼백 덕분에 많은 출판사들은 모든 형태(책의 형태, 크기, 배급)의 다양한 책을 입수·제공할 수 있다. 재인쇄의 경우, 출판사는 양장본의 판매 이력에 근거하여 어느 정도 부수의 책을 펴낼지 정확히 가늠할 수 있다.

일반 페이퍼백은 또한 출판사가 더 많은 시장에 다가가도록 한다. 대중보급용 문고판 페이퍼백은 더 많은 경로를 통해 판매되긴 하지만, 이 형태의 책으로는 펴낼 수 있는 것이 제한되어 있어서 편집상의 측면에서 제약이 더 많다. 예를 들어 **문고판 페이퍼백 형태로는 양장본 베스트셀러의 재인쇄판, 로맨스, 과학 소설, 스릴러, 서부물과 같은 장르물이나 추리 소설을 펴낼 수 있다.** 반면 편집의 측면에서 말하자면, **비소설 일반 페이퍼백으로는 역사, 과학, 건강, 심리학, 여행, 비즈니스, 참고도서, 신화, 뉴에이지, 육아 등 다양한 주제의 책이 있다.** 이 모든 범주는 무수한 정보를 제공한다. 또 일반 페이퍼백 소설로는 문학 내지는『파리대왕』,『패리스 트라웃(*Paris Trout*)』,『맘보 킹 사랑 노래를 부르다』,『소유』같은 보다 난해한 책들이 있다.

집필하는 책의 종류에 따라 일반 페이퍼백 출판은 작가에게 더 많은 기회를 제공할 수 있다. 점포 내 공간이 중요하기 때문에 책의 평균적인 진열 기간이 갈수록 줄어들고 있다. 대중보급용 문고판 페이퍼백의 진열 기간은 3주에서 6주다. 반면 일반 페이퍼백의 진열 기간은 6개월에서 8개월이어서 독자들이 책을 구매할 가능성이 더 높다. 만약 책이 도서 판매량을 장악하고 입지를 단단히 굳혔다면 서점은 해마다 그 책을 재주문한다. 출판계에서는 이러한 책을 백리스트라고 부르는데, 백리스트 출판은 일반 페이퍼백 출판의 핵심이다. 이러한 책들은 연금과도 같다. 매년 작가에게 인세를 가져다줄 뿐만 아니라 출판사 매출에도 영향을 준다. 많은 탄탄한 출판사들은 이렇듯 강력한 백리스트를 바탕으로 한다.

대중보급용 문고판 페이퍼백과 일반 페이퍼백은 종종 구분이 잘 안된다. 편집회의에서는 책을 문고판 페이퍼백으로 펴낼지 일반 페이퍼백으로 펴낼지에 대해 상당한 시간을 할애하여 논의한다. 답은 쉽지 않다. 체중 감량 책을 예로 들어보자. (『다이어트 불변의 법칙』과 같이) 체중 감량 책이 문고판 시장에 호소력을 발휘할 것인가? 이 책이 문고판 출판에 적합할 만큼 다량 주문될 것인가? 다른 방식으로 묻자면, 이 책이 도매업자를 통해 이를테면 책 진열 공간이 턱없이 부족한 슈퍼마켓에 납품될 수 있을까? 어떤 가격선이 되어야 소비자들이 더 이상 책을 구매하지 않을까? 체중 감량 방법 또는 저자가 누구나 다 알 만큼 유명한가? 원고를 입수하는 데 얼마를 지불했나? 만약 거액을 지불했다면 그 책을 문고판 시장에 공급해야 한다. 이것은 언제나 중요한 고려사항이다. 에이미 탄의 첫 번째 소설『조이럭 클럽』을 생각해보자. 이 책의 페이퍼백 판권은 랜덤 하우스의 일반 페이퍼백 임프린트인 빈티지에 120만 달러에 팔렸다. 이 작품은 문학 소설에 가까우므로 빈티지가 이를 일반 페이퍼백으로 펴냈을 것이라고 짐작할 수 있다. 하지만 랜덤 하우스의 경영진은 투자한 돈을 더 빠르게 환수하기 위해서는 책을 우선 문고판으로 펴내는 편이 더 나을 것이라 판단했다. 그래서 랜덤 하우스의 문고판 페이퍼백 부서인 밸런타인에서 이 책을 먼저 출간했다.

단순한 재발행이 아니다

또 다른 일반적인 오해는 일반 페이퍼백 편집자가 양장본 출판사의 견본 원고나 최종적으로 완성된 책을 읽고 그 책의 페이퍼백 판권을 사들이는 단순한 재발행인에 지나지 않는다는 것이다. 그건 정말 사실이 아니다. 재발행 판권을 사들이는 일은 편집자가 도서를 입수하는 한 가지 방법에 지나지 않는다. 실제로 1990년대의 일반 페이퍼백 편집자들에게는 타 출판사의 양장본을 사들이는 일이 점점 더 어려워지게 되었다. 양장본 출판사들이 자사에 속한 페이퍼백 임프린트와 사내 계약을 하기 때문이다. 그 결과, 일반 페이퍼백 편집자들은 전보다 더 원작 작품을 많이 찾게 되었다.

원작 작품은 작업하기에 가장 창조적이고 흥미로운 유형의 책이지만, 그만큼 집중적인 작업을 필요로 한다. 양장본 출판과 마찬가지로 편집자는 반드시 좋은 기획안으로 시작해야 한다. 이후에는 끈기 있는 태도로 기획안을 더 발전시키고 적합한 최상의 저자를 수소문하여 섭외하고 계약을 협상하며 책을 편집하고 책을 어떻게 출간할 것인가를 판매 및 마케팅 담당자들에게 알려야 한다. 책에 대한 아이디어는 많은 출처에서 나올 수 있다. 예를 들면 잡지나 신문을 읽거나 친구나 가족과 대화를 하거나 버스에 앉아 있거나 취미활동을 하는 도중에 아이디어가 떠오를 수 있다. (내 경우엔 공연 휴식 시간 중 극장 복도에서 불현듯 좋은 아이디어가 떠오른 적이 있다.) 하지만 일반 페이퍼백의 경우에는, 구상한 아이디어가 페이퍼백이라는 책의 형태에 잘 들어맞는지 판단하기 위해 반드시 책의 시장을 먼저 이해해야 한다. 책을 먼저 양장본으로 펴낼지, 일반 페이퍼백으로 펴낼지 혹은 문고판 페이퍼백으로 펴낼지 결정하는 데에는 정해진 규칙이 없다. 그보다는 스스로에게 많은 질문을 해야 한다. 예를 하나 들어보겠다.

우리는 경영학 석사 학위를 보유한 사업가이자 우연히 마술사가 된 빌 허즈가 쓴『놀라운 기업 간부의 비밀』이라는 책을 출간한 적이 있다. 그의 책은 사무실에 흔히 있는 간단한 물건으로 일터에서 마술을 선보일 수 있는 방법을 기업 간부들에게 알려주는 색다른 경영 지침서였다. 책의 목표는 직원들의 사기를 북돋을 수 있도록 돕고 고객들과 서먹함을 없애는 방법을 알려주는 것이었다. 대개 사업이나 경영에 관한 책은 양장본으로 먼저 출간된다. 책의 독자층이 높은 가격을 감당할 여유가 있을 뿐만 아니라 페이퍼백에 대한 서평을 늘 게재하지는 않는 정기 간행물의 평가를 받아야 하기 때문이다. 하지만 이 책은 실용적이지만 유머가 섞인 색다른 책으로, 젊은 중간 관리자 및 신세대 기업 간부들에게 호소력을 발휘할 가능성이 있었다. 이러한 유형의 독자들은 대개 페이퍼백으로 책을 구매한다.

저자는 일 년 내내『포춘』선정 500대 기업에서 강연을 하고 해당 분야에서 널리 인정을 받았을 뿐만 아니라 『월 스트리트 저널』에 기고를 하는 사람이었다. 따라서 두 가지 사실이 분명해졌다. 즉, 책 표지에 실을 추천사를 많이 받을 수 있었고, 가격만 적절하다면 그의 강연에서 책을 다량으로 구매할 특별한 독자층을 대거 확보하게 된 것이다. 그 판매량은 도매 경로를 통해서는 이룰 수 없는 숫자였으므로, 우리는 책을 문고판으로 펴내지 않기로 했다. 그 책은 분명 일반 페이퍼백으로 펴내야 할 책이었다.

페이퍼백 시장

많은 책은 곧장 페이퍼백으로 펴내야 더 잘 팔린다. 페이퍼백 분야에 주요 시장이 존재하기 때문이다. 그 예로는 자기계발서, 육아 지침서, 대체의학 및 대안문화에 관한 책, 유머 또는 대중음악에 관한 책이 있다. 때로는 가격이 판매를 좌우하기도 한다. 에이번 북스에서는 무려 600쪽에 달하는 『대중문화 백과사전』이라는 책을 출간한 적이 있다. 20달러라는 책의 가격은 아마도 시장이 최대한 감당할 수 있는 선이었을 것이다. 현란한 책 표지와 향수를 불러일으키는 책 내용은 이를 일반 페이퍼백 원작으로 펴내기에 적합했다.

그러나 만약 저자나 에이전트가 명성이나 평단의 평가 또는 도서관 시장을 위해 책을 양장본으로 펴내야 한다고 주장하면 어떻게 할까? 혹은 책의 시장이 양장본의 소매가를 지불할 여력이 된다면 어떻게 할까? 편집자는 분명 기회를 놓치고 싶어 하지 않을 것이다. 혹은 책의 실제 시장은 페이퍼백이지만 시장을 개척하기 위해 양장본이 필요하다는 결론을 내릴 수도 있다. 이 경우 편집자가 할 수 있는 일은 양장본 출판사의 관심 있는 편집자를 찾는 것이다. 대개 편집자는 우선적으로 자사에 속한 임프린트의 편집자를 찾은 뒤 그와 함께 책을 하드-소프트의 형태로 입수한다. 여기서부터 책이 다뤄지는 방식은 각 편집자의 작업 습관과 방식, 그리고 두 사람간의 관계를 포함하여 많은 요인에 따라 달라진다. 책의 유형이 어떠한지, 누가 책에 특히 강점을 갖고 있는지, 누가 저자나 에이전트와 관계를 맺고 있는지 역시 중요한 결정요인이다. 만약 에이번 북스에서 이러한 작업을 한다면, 페이퍼백 편집자가 다량의 편집 작업(개념 및 윤문 편집)을 하거나 두 편집자가 함께 원고를 훑어보고 상의를 하여 하나의 통합된 서신으로 저자에게 답을 보낼 것이다. 이후 우리의 양장본 임프린트인 모로의 양장본 편집자가 생산의 다양한 단계를 감독하고 판매자 회의에 책을 선보인 뒤 홍보 전략 등을 마련할 것이다. 나 역시 내년 페이퍼백 판매회의에서 동일한 일을 할 것이다.

한 에이전트가 제 2차 세계대전 당시 미국 역사에 관한 책의 제안서를 내게 보냈다고 가정하자. 나는 이 책이 해당 분야에서 고전이 될 것이며 교과과정에도 채택될 가능성이 있다고 생각한다. 나는 이러한 유형의 책과 이러한 책의 양장본 시장을 잘 아는 모로의 편집자에게 이 책을 보낼 것이다. 그 편집자 역시 이 책을 맘에 들어 한다면, 우리는 사내에서 손익 계산을 따진 뒤 그 결과를 '합산'하여 이 책을 공동으로 입수하는 데 얼마만큼의 금액을 감당할 수 있을지 결정할 것이다. 우리가 책을 입수하고 나면, 저자는 원고를 완성하여 본인이 좀 더 편안하게 느끼는 편집자 혹은 두 편집자 모두에게 이를 제출할 것이다. 일반적인 관행으로서, 원고를 받은 편집자는 대개 원고를 받았다고 다른 편집자에게 알리고 원고 사본을 만들어 건넨다. 그리고 개별 일정에 따라 편집 작업에 착수한다.

완벽한 경우라면, 두 편집자는 원고의 강점과 약점에 대해 의견을 같이 한다. 그러나 실제로는 한 편집자가 어떤 점을 지적하면 나머지 한 편집자는 다른 점을 지적한다. 때로는 두 편집자가 어떤 점에 대해 의견 일치를 보지 못할 경우, 두 사람 각각의 의견을 저자에게 제시하여 저자가 한 의견을 채택하도록 한다. 나는 언제나 저자가 혼동되지 않도록 하나의 서신만을 보낼 것을 주장한다. 이따금 편집자들은 누가 서신에 서명을 할지를 두고 알력 싸움을 하지만, 대개는 누가 책을 '발굴'했는지 누가 작업을 대부분 했는지에 따라 타협을 할 수 있다. 내 경우 다소 구식이고 전통적인 사고방식을 지닌 양장본 편집자와 작업을 할 때는 내 의견이 제시되고 내 이름 역시 언급되는 한, 그가 서신을 작성하도록 하는 것이 보통이다. 물론 이것이 결코 완벽한 방법은 아니다. 때로는 사람의 감정이 상할 수도 있다. 그러나 전반적으로 단점보다는 장점이 더 많다. 나는 노련한 편집자 두 명이 의기투합하여 작업을 한다면 어떤 저자에게든 진정으로 도움이 된다고 생각한다.

마케팅 방식의 차이

양장본 편집자는 다양한 이유에서 협력을 위해 페이퍼백 출판사에 접근한다. 물론 단순히 금전적인 이유인 경우가 많다. 에이전트가 내놓은 책을 마음에 들어 한 양장본 편집자가 그 책을 입수하는 데 거액이 들 경우, 페이퍼백 출판사와 손을 잡으면 금전적으로 부담을 덜 수 있을 뿐만 아니라 경쟁에서 이길 수 있다는 사실을 안다.

그러나 때로는 상황이 반대인 경우도 있다. 양장본 출판 경험이 없거나 현재 관계를 맺고 있는 양장본 출판사에 만족하지 못하는 저자와 페이퍼백 출판사가 관계를 맺을 가능성이 있을 수 있다. 만약 페이퍼백 편집자가 가치가 있다고 생각할 경우, 그가 저자를 자사에 속한 양장본 출판사에 소개시킬 수 있다.

페이퍼백 출판사가 책을 입수할 당시 적어도 그 금액의 절반을 내놓았다면, 제목 선정, 표지 디자인, 마케팅 계획에 이르기까지 양장본 출판사가 책을 출간하는 방식에 대해 상당한 발언권을 지닌다. 또다시, 이러한 영향력 행사는 출판사마다 작업 건마다 다르다. 내 경험에 비춰 보면, **양장본 편집자와 페이퍼백 편집자가 책을 작업하는 방식은 실제로 크게 다르지 않다.** 둘 다 동일한 독자를 진정으로 생각하기 때문이다. **그러나 제목 선정, 책 표지 디자인, 광고, 홍보에 이르기까지 각각의 출판사가 책을 마케팅하는 방식에는 대개 큰 차이가 있다.**

예를 들어, 양장본 편집자가 저명한 사회학자가 쓴 인간관계에 관해 논란을 일으키는 책을 입수했다면, 그의 출판사는 책에 길고 진지한 권위 있는 제목을 달고 책 표지에는 활자 외에 아무것도 싣지 않을 것이다. 반면 페이퍼백 출판사는 그보다는 짧고 더 효과적인 제목을 달고 논란을 일으키는 주제를 상징하는 약간의 삽화를 책 표지에 실으려 할 것이다. 또 양장본 편집자는 평단의 반응과 평판을 얻으려 할 것이고, 페이퍼백 편집자는 사람들이 책에 주목하고 관심을 가지도록 하는, 즉 페이퍼백이 서점에 널리 배포된 수년 후에도 이 책을 기억하도록 하는 뭔가를 추구할 것이다. 때로는 양 측이 하나가 되어 작업을 할 수도 있다. 만약 양 측이 서로 수용할 수 있는 해결책을 찾지 못한다면, 때로는 페이퍼백 출판사가 1년 후 책 제목 및 표지를 바꿀 수 있는 기회를 갖기도 한다.

1980년대 초반에는 일반 페이퍼백 소설 분야에서 뭔가 흥미로운 일이 일어나기 시작했다. 20~30대 초반의 젊은 남녀 작가들이 역동적이고 세련된 소설을 쓰기 시작했고 다수의 독자들이 그들의 양장본 소설에 매우 열정적인 반응을 보였다. 빈티지 북스를 선두로 일반 페이퍼백 출판사들은 그러한 소설들의 재발행권을 사들여 때로는 음반 겉표지처럼 보이는 대담하고 현대적인 표지로 책들을 포장했다. 평론가들은 그러한 책들에 대해 글을 계속해서 썼고, 따라서 출판사들은 그러한 소설들의 일부를 직접 일반 페이퍼백으로 펴내기 시작했다. 가장 유명한 예가 제이 맥이너니의 『밝은 불빛, 대도시』이다.

하지만 상대적으로 짧은 유행에 불과했다. 너무도 많은 출판사들이 유행에 가세했고 시장이 포화 상태가 되었으며 그러한 유형의 '청년 소설'에 열을 올리던 독자들은 다른 곳으로 눈을 돌렸다. 또 다른 문제는 양질의 문학 소설을 입수하는 데 드는 비용이 천문학적으로 치솟았다는 점이다. 이는 출판사가 저자에게 지불한 거액의 선인세를 회수하기 위해 책을 대량으로 판매해야 함을 의미한다. 출판사가 책을 곧장 페이퍼백으로 펴내려 할 때는 대부분의 신문과 잡지가 그에 대해 평론을 제공하지 않는다.

우리가 에이번 트레이드 페이퍼백스를 설립했을 때에는 많은 경쟁 출판사들이 모든 일반 페이퍼백 소설의 종수를 줄이고 있었기에 우리 역시 한 달에 한 종의 소설만을 출간하기로 결정했다. 이렇게 하면 한 종의 소설을 출간하는 데 더 많은 노력을 쏟아붓고 광고 및 홍보 비용을 더 많이 투자할 수 있다. 물론 우리는 한 달에 한 종의 소설을 출간하는 만큼 매우 신중하게 책을 입수해야 했다. 소설을 입수하는 데 매우 많은 비용을 지불해야 할 때에는 그 책을 대표작으로 출간하여 더 많은 관심이 쏠리게끔 했다. 그렇게 하여 처음으로 출간한 책이 데니스 맥팔랜드의『음악실』이었다. 이 책은 큰 성공을 거두었다. 하지만 이러한 방식은 가끔 사용해야 하고 그것도 적절한 책에만 사용해야 한다.

편집자들은 일반 페이퍼백 소설을 펴내고 싶어 하지만, 요즈음은 그렇게 하기가 매우 어렵다. 안타깝게도 이 부문에서 출간되는 책들의 수를 지탱할 수 있을 만큼 독자가 충분하지 않다. 몇몇 사례를 제외하고 대부분의 일반 페이퍼백 소설 재발행본은 가격이 저렴하지만 양장본만큼 팔리지 않는다. 비싼 돈을 주고 양질의 소설을 양장본으로 살 수 있는 독자들의 수가 한정되어 있어 보인다. 그리고 1년 후 출간된 페이퍼백을 사려는 독자들은 그리 많이 남아 있지 않다. 물론 양장본은 출간 당시 평단의 관심을 받기에 그만큼 독자들이 책을 사려고 몰려드는 이점이 있다. 그러나 1년이 지나면 독자들은 서평에서 읽었던 책을 기억하지 못하는 것처럼 보인다. 그 결과, 대부분의 페이퍼백 출판사들은 출간도서 목록을 축소시키게 되었다. 최근에는 내셔널 북 어워드와 같은 큰 상을 받은 책의 경우는 예외로 보인다.

1990년대 초반인 현재, 일반 페이퍼백 출판사에서 하드-소프트의 형태로 입수하는 책은 대부분 비소설이다.

다행스럽게도 일반 페이퍼백 출판사에서 일하는 우리는 책을 입수하는 방법에서부터 책을 시장에 내놓는 방법에 이르기까지, 양장본 출판 기법과 문고판 페이퍼백 출판 기법을 조합한 방식을 발견하게 되었다. 일반 페이퍼백 편집자의 업무는 근무 시간에 더 많은 회의에 참석한다는 점만 제외하면 양장본 편집자의 업무와 크게 다르지 않다. 이점은 편집자가 일의 속도가 더 빠르고 업무를 제시간에 해내야 하는 압박이 더 큰 문고판 페이퍼백 출판사에서 일할 경우 더욱 그러하다. 사내에 회의가 충분하지 않다는 듯, 우리는 일반 페이퍼백을 위해 또 하나의 회의를 추가했다. 그걸 '표적 마케팅' 회의라 부른다. 이 회의의 목적은 특별히 주목해야 할 출간도서에 대해 판매 및 마케팅 부서의 관심을 유도하는 것이다. 왜냐하면 책의 주제에 따라 독특한 판매 방안을 모색해야 하기 때문이다. 이 회의는 또한 편집자가 발행인처럼 사고할 수 있도록 훈련시킨다. 회의에 참석하기 전, 편집자는 책을 입수한 이유, 판매 담당자들이 흔히 생각하지 못할 수 있는 특수한 시장, 동일 주제를 다룬 다른 책들, 그 책들의 차이점, 서평 사본 및 보도자료를 보낼 수 있는 특수한 매체, 책 광고를 싣기에 적합한 특수 이해집단의 잡지, 출판사가 해당 분야를 널리 소개할 수 있도록 저자가 도울 수 있는 방법에 대해 생각해야 한다. 그리고 우리가 마지막으로 묻는 질문은 누가 이 책을 읽을 것이며, 그 독자들에게 어떻게 최상으로 다가갈 수 있을까 하는 점이다.

페이퍼백 베스트셀러

일반 페이퍼백 분야에 몸담으면서 내가 얻은 교훈 한 가지는 크게 성공한 베스트셀러 재발행본에 의지하지 말라는 것이다. 그러한 책들 중 일부는 성공을 거두지만, 또 일부는 1년 후 페이퍼백으로 발간되고 난 뒤 실망을 안겨줄 것이다. 나는 이 사실을 우리가 재발행권을 사들일 뻔했던 두 권의 양장본 베스트셀러인 케빈 필립스의 『가진 자와 못 가진 자의 정치』와 페기 누난의 『내가 혁명에서 배운 것』의 사례에서 발견했다. 두 책은 경매에서 거액에 팔렸으나 페이퍼백으로 판매 실적이 썩 좋지 않았다. 이 책들이 양장본으로 출간될 당시 쏟아졌던 매체의 어마어마한 관심으로 출판사들이 너도나도 앞다투어 이 책들의 재발행권을 사들이려고 했다. 재발행 출판사들은 그렇게 뜨거운 열기 속에서 두 책의 페이퍼백 판권을 사들였다. 그러나 이 책들의 진짜 독자는 책을 곧바로 읽기 위해 비싼 돈을 주고서 양장본을 산 이들이었다. 1년 뒤 사람들의 관심은 이미 다른 곳에 가 있었다.

페이퍼백 베스트셀러 목록을 살펴보면, 양장본 베스트셀러 목록에는 모습을 보이지 않다가 난데없이 등장한 듯이 보이는 책들을 발견할 것이다. 『미국에 대해 알아야 할 모든 것, 미국사』, 『임신한 당신이 알아야 할 모든 것』, 『아직도 가야 할 길』이 그 예이다. 케네스 데이비스가 쓴 『미국에 대해 알아야 할 모든 것, 미국사』의 양장본과 페이퍼백을 모두 작업한 덕분에 나는 이 책이 왜 페이퍼백으로 성공을 거두었는지 안다. 미국 역사에 대해 우리가 알아야 할 모든 것을 질의와 응답 형식으로 풀어낸 이 책은, 학교에서 배우는 내용에 싫증을 느끼거나 학교에서 배운 내용을 잊었거나 조지 워싱턴과 체리나무처럼 온갖 신화와 오해에 의심을 품은 미국인들 사이에서 뜨거운 반향을 일으켰다. 다소 유쾌한 어조로 데이비스는 모든 내용을 조금씩 다루었다. 이 점이 바쁜 삶에도 불구하고 여전히 알고 배워야 할 필요성을 느끼는 많은 사람들에게 호소력을 발휘했다. 이 책은 양장본으로 상당수 팔렸다. 평단의 반응도 좋았고 입소문도 자자했다. 하지만 서점들이 책을 다량 구비해놓지 않아 종종 품절되기 일쑤였다. 책 가격이 비쌌고 멋진 표지를 달고 책이 진지해보였기 때문이다.

이후 반값에 페이퍼백으로 출간된 책은 표지에 진지함이 덜했기 때문에 이전 양장본만큼 부담스럽지 않았다. 또 크기가 휴대하기에 편리했고, 귀한 인용구들이 곁들여져 있었다. 서점들은 페이퍼백으로 나온 이 책을 대량으로 주문하기 시작했다. 서점들이 그동안 양장본을 들여놓을 수 없어서 책에 대한 수요가 남아 있었기 때문이다. 6월에 출간된 이 페이퍼백은 여러 서점에서 아버지와 할아버지를 위한 더없이 완벽한 선물로 광고되었고, 국경일마다 흥미롭고 대대적인 광고와 홍보가 실시되었다. 그 덕분에 이 책은 베스트셀러 목록에 수개월간 머물렀다.

또한 편집자는 발행인과 같은 태도로 출판사의 일반 페이퍼백 출간목록을 하나의 프로그램으로 간주하여 장점을 쌓고 기회를 활용할 방안을 모색한다. 예를 들어, 편집자가 소련에 관한 책으로 좋은 성과를 거두었다면, 그는 동일 주제를 다룬 다른 책들을 찾을 것이다. 그는 또한 시리즈 작업 역시 염두에 둘 것이다. 앞서 말한『미국에 대해 알아야 할 모든 것, 미국사』로 성공을 거둔 뒤 우리는 동일 저자의『지리학에 대해 알아야 할 모든 것, 지리학의 역사』와『세계에 대해 알아야 할 모든 것, 세계사』라는 책을 계약했다. 가능성은 우리의 상상력과 시리즈의 인기에 맡겨져 있었다.

책이 처음에는 잘 팔리지 않더라도, 후에 저자가 강연을 하거나 매체의 관심을 유도하는 등 적극적인 활동을 할 수 있다. 이러한 기회를 엿보고 책이 두 번째에는 잘 팔릴지도 모르니 판매 부서에 한 번 더 도전을 해보라고 격려하는 일은 편집자의 책임이다.

예전에는 루빅 큐브 책과 같이 가벼운 책, 즉 충동구매용 일반 페이퍼백이 선풍적인 인기를 끌었다. 이제는 널리 알려진 유머, 일부 별나거나 최신 유행에 속하는 수명이 짧은 책들을 제외하고 그러한 일회성 책들이 빛을 보지 못하고 있다. 개인적으로 나는 유행에서 멀리 떨어져 있으려 노력한다. 편집자가 유행하는 주제를 다룬 책을 서점에 갖춰놓을 때면, 변덕스러운 대중은 이미 다른 유행으로 눈을 돌린 후이기 때문이다.

이 글을 쓰는 지금 우리는 불황에 빠져 있다. 어쩌면 우리는 이따금 있었던 충동적인 구매자마저 놓쳐버렸는지도 모른다. 하지만 어떤 경제적 환경에 처해 있든, 그건 문제되지 않는다고 생각한다. 실용적인 정보가 담겨 있고 양장본보다 가격이 저렴한 양질의 책을 찾아 서점으로 향하는 진지한 독자들이 언제나 있을 것이기 때문이다. 이들이야말로 현재나 미래에나 일반 페이퍼백의 진정한 독자라고 나는 생각한다. 인내하는 법을 배운다면, 출판사 소유주들은 수많은 사람들이 이전에 깨달았던 사실을 알게 될 것이다. 그 사실은 **탄탄한 출판사를 만드는 유일한 방법이란 매년 출판사 재정에 기여하는 강력한 백리스트를 통해서**라는 것이다. 느리지만 꾸준한 것이 결국에는 승리를 거둔다. 일반 페이퍼백 편집자의 사명은 이 사실을 인식할 뿐만 아니라 흔치 않은 기회(예를 들면 인기 록 밴드에 관한 책)가 찾아왔을 때 이를 사소하게 치부하지 않는 것이다.

우리가 소위 여피라고 불렀으며 이제는 베이비 부머 세대에 접어든 대규모 독자층이 있다. 나는 이들을 문화적 식자 세대라고 부른다. 이 세대는 더욱 안정되고 내부로 향하며 가족을 부양하고 집에 오래 머무르는 경향을 보인다. 이 독자들은 양질의 진지한 소설, 교양 비소설, 그리고 내용상 너무 건조하거나 학문적이지 않은 다양한 주제를 다룬 대중적인 책을 찾는다. 일반 페이퍼백, 그리고 지난 40년간 일반 페이퍼백을 펴낸 편집자들은 이 세대를 반영한다. 내 생각에 일반 페이퍼백과 편집자들은 대담함이 줄어들고 더욱 실용성을 추구하는 모습을 보이고 있다. 하지만 언제나 그렇듯이, 새로운 세대의 편집자와 독자들이 대거 등장하여 획기적이고 대담한 모습을 보여주면서 일반 페이퍼백 시장에 활기를 불어넣을 것이다. 분명 그러한 편집자 한 사람이 『편집의 정석』의 차기판의 지면을 빌려 글을 쓰게 될 것이다. 그때가 되면 일반 페이퍼백의 '근황'이 어떠할지 무척이나 기대가 된다.

「페이퍼백의 운명을 타고난 책들—대중보급용 문고판 페이퍼백의 편집」

파커는 이렇게 글을 시작한다. "9년 전 『편집의 정석』에 수록하기 위해 쓴 글 「페이퍼백의 운명을 타고난 책들」을 다시 읽어보니, 그 글이 얼마나 1980년대의 산물이었는가를 느끼게 된다. 그 관점은 성급하고 자신만만하며 낙관적이었다. …… 지난 10년간 대중보급용 문고판 페이퍼백 출판계가 크게 변화했다."

파커가 쓴 새로운 글은 이러한 변화가 페이퍼백 편집자와 작가에게 어떤 영향을 미쳤는가에 관한 것이다. 그는 1990년대 초반의 경제 불황을 대중시장 출판계가 맞닥뜨린 "단일하고 중요한 요인"으로 간주하면서, 그것이 편집자-저자의 관계에 미친 영향, 오늘날 대중시장 출판계에서 인기를 끄는 책의 종류, 책들이 편집·마케팅되는 방식, 대중시장 작가들이 하드커버로 전향할 수 있는 시기와 방법, TV 및 영화와 페이퍼백 출판과의 경쟁, 페이퍼백 재인쇄 출판의 쇠퇴, 원작 출판의 중요성에 대해 논의한다.

파커는 "페이퍼백 편집자와 작업하는 것과 하드커버 편집자와 작업하는 것 사이에 다른 점이 없어지기 시작했다"고 말하면서 많은 하드커버 출판사들이 페이퍼백 역시 출판하고 있으며 오늘날 베스트셀러 하드커버 작가의 많은 수가 페이퍼백 원작 작가로 출발했다고 말한다. 페이퍼백 편집자들은 하드커버 편집자와 마찬가지로 저자와 긴밀히 작업을 하며 동일하게 높은 수준의 품질을 지니고 있다. 샌드라 브라운이 베스트셀러 페이퍼백 작가에서 베스트셀러 하드커버 작가로 전향한 과정을 상세히 설명하면서 그는 이렇게 말한다. "…… 그 과정에서 특별했던 것은 샌드라 브라운의 페이퍼백 편집자가 하드커버의 편집 역시 맡았다는 점이다. 이 경우, 다른 많은 사례가 보여주는 것과 마찬가지로 때로는 우리가 어디서 시작해야 할지를 페이퍼백 편집자가 보여준다."

멜 파커(Mel Parker)

멜 파커는 워너 북스의 페이퍼백 부서의 부사장이자 발행인으로, 스콧 터로, 시드니 셀던, 넬슨 드밀, P. D. 제임스, 래리 본드, 샌드라 브라운, 데이비드 모렐, 알렉산드라 리플리와 같은 미국에서 가장 유명한 작가들의 작품이 포함된 페이퍼백 출간목록을 감독하고 있다.
워너에 합류하기 전, 그는 버클리 퍼블리싱 그룹의 편집장이었고 그곳에서 톰 클랜시의 『붉은 10월』을 비롯한 다수의 페이퍼백 베스트셀러를 입수했다.

페이퍼백의 운명을 타고난 책들

—대중보급용 문고판 페이퍼백의 편집

—멜 파커

불황의 타격

9년 전 『편집의 정석』에 수록하기 위해 쓴 글 「페이퍼백의 운명을 타고난 책들」을 다시 읽어보니, 그 글이 얼마나 1980년대의 산물이었는가를 느끼게 된다. 그 관점은 성급하고 자신만만하며 낙관적이었다. 우리는 한 시대의 끝을 향해 가고 있었지만, 1980년대 중반은 여전히 페이퍼백 출판의 호경기인 것처럼 보였다. 나는 대중보급용 문고판 페이퍼백[mass-market paperback : 일반 페이퍼백(trade paperback)보다 질이 낮고 가격이 더 저렴한 보급형 문고판—옮긴이]의 출판이 대중문화의 중심에 있다고 믿었고, 페이퍼백 편집자가 하는 특별한 일이 미국 전역의 해변에 사람들이 앉아 페이퍼백을 읽고 있는 광경을 보는 것이라면, 그걸로 모든 게 보람 있다고 생각했다. 그렇다. 책이 수백만 부씩 팔려나가던 시절에 페이퍼백 출판계는 재미를 보았다. 그러나 1990년대 들어 우리가 빚을 청산하면서 내가 지금 종사하고 있는 일이 다소 힘들어졌다. 워너북스의 페이퍼백 발행인으로 나는 더 이상 내 책들만을 맡지 않는다. 내 직무는 페이퍼백 도서목록 전체를 발행, 관리하는 것이다. 그리고 지난 10년간 대중보급용 문고판 페이퍼백 출판계가 크게 변화했다.

1990년대 초반 경기 침체가 단일하고 중요한 요인으로서 대중보급용 문고판 페이퍼백 출판계에 영향을 미치던 당시, 기업의 규모 축소 및 합병, 비용 상승, '시장' 수축, 미디어와의 경쟁으로 이 업계의 원동력이 둔화되었다. 어떤 면에서 본다면, 우리가 현재 1980년대의 대가를 치르고 있는 것처럼 보인다. 오늘날의 출판계는 마치 대형 스타(예: 베스트셀러 작가)와 막강한 힘을 지닌 에이전트(예: 문학 에이전트)가 업계의 판도를 좌우하는 영화계 같다. 이 때문에 업계 전반에 파급 효과가 미친 결과, 투자금을 회수해야 한다는 압박에 시달린 **출판사들이 지나치게 많은 책들을 펴냈고, 가치가 떨어지는 책들의 인쇄부수만 많아졌으며, 전반적으로 소매업자(또는 소비자)들이 감당하기 벅찰 만큼 배급 체계가 무수한 책들로 넘쳐나게 되었다.** 더욱이 출판계는 서점이나 배급업체가 팔리지 않은 상품(이 경우 수백만 부의 책)을 반품할 수 있는 유일한 산업계 중 하나이기 때문에, 많은 소규모 및 비효율적인 소매업체와 배급업체들이 판매한 책보다 더 많은 부수의 책을 반품했다. 본질적으로 1980년대에 우리는 모두 탐욕스러웠고 번영이 끝나지 않으리라 생각했다. 그 때문에 출판사들 역시 오늘날 더욱 성공적인 작가를 발굴하고 기업 수익을 거두는 일을 어렵게 만드는 환경을 만들었다.

이전 글에서 나는 "대중시장이 많은 특화된 시장들로 구성되어 있다"

라고 말했는데, 그 의미는 당시 미드리스트(midlist: 베스트셀러는 아니지만 꾸준히 출판될 정도로 수익을 올리는 책—옮긴이) 출판에 여전히 기회가 있다는 것이었다. 그 시절에는 편집자들이 주디스 크란츠, 시드니 셸던, 대니얼 스틸과 같은 여성 독자층을 겨냥한 대형 작가의 작품이나 로버트 러들럼, 켄 폴릿, 톰 클랜시와 같은 국제적으로 인기를 얻는 작가의 작품을 찾는 것을 늘 선호했다. 그러나 페이퍼백 부문에는 전도유망한 작가들이 로맨스, 미스터리, 서부물, 남성 모험 소설을 집필해서 글 쓰는 기술을 연마하고 작가로서 발전할 수 있는 기회 역시 존재했다. 제 2의 클라이브 커슬러가 되고자 꿈꾸었던 작가라면, 남성 모험 시리즈 부문에서 실력을 갈고닦아 오리지널 페이퍼백(paperback original: 초판이 페이퍼백으로 나온 작품—옮긴이)을 출간할 수도 있었다. 페이퍼백 출판계가 강세를 보이는 가운데 미드리스트 책 시장이 활기를 띠었던 당시에는 더 많은 종의 도서에 대한 수요가 있었고 미드리스트가 미래의 작가들을 위한 일종의 2군팀으로 역할을 했다. 작가는 본업으로 페이퍼백 대표작을 집필하면서 동시에 카테고리 시리즈를 집필해서 적어도 작가로서 생계를 유지할 수 있었다.

하지만 출판사들은 출간도서 목록의 규모를 축소시켜야 한다는 사실을 깨달았다. 그들의 관점에서 볼 때, 더 적은 종의 책들로 더 많은 수익을 올리는 편이 낫다는 결론이 도출되었다. 더 적은 종의 책들을 펴내면, 인건비·간접비·공장 비용 등이 더 적게 들기 때문이다. 그리고 서점이나 배급업체의 입장에서는 책의 종수가 적으면 재고관리를 더 철저하고 원활하게 할 수 있고 비용도 적게 든다. 이 모든 추세의 희생양은 미드리스트 부문의 책과 그러한 책을 집필하여 작가의 인생을 본격적으로 시작하려던 저자들이었다. 한 예로 10년 전 일반 슈퍼마켓에 가면 『뉴욕 타임스』 주간 10대 베스트셀러뿐만 아니라 대중적인 미스터리, 서부물, 남성 모험 시리즈, 기타 장르의 책들이 무수히 많이 진열된 걸 볼 수 있었다. 하지만 세탁용 세제가 2.95달러짜리 미스터리 페이퍼백보다 훨씬 더 긴요한 어려운 시기가 닥쳐오자 소비자들이 책을 좀처럼 구매하지 않았고, 그 결과 선반에 진열되는 책의 수가 점점 줄어들어 결국 출판사가 출간 종수를 줄여야 할 압박을 느끼게 되었다. 이제 슈퍼마켓에 가면 10대 베스트셀러만이 다량 진열되어 있는 걸 볼 수 있다. 이로써 독자들은 선택권이 훨씬 더 좁아졌고, 작가들은 기회가 더 적어졌다.

페이퍼백의 운명을 타고난 책들

업계의 경제 상황으로 미드리스트 출판이 예전보다 중요성이 훨씬 더 떨어졌다면, 상업적인 대형 책을 쓰고자 하는 신진 작가가 이 업계에 어떻게 진입해야 할까? 우선 크게 바라봐야 한다. 이전 글에서 나는 페이퍼백 책이 넓게는 성별로 규정되는 주요한 세 가지 시장 중 하나를 갖는다고 말했다. 세 가지 시장이란 여성 시장, 남성 시장, '크로스오버' 시장이다. 대규모로 성공을 거두는 여성용 책은 동시대 다수의 여성들에게 중요한 사안과 감정을 다룬다. 그것은 남성들의 세계에서 성공하는 법이 될 수도 있고, 사랑이 덜 복잡해 보였던 과거 시대로 회피하는 것이 될 수도 있다. 반면 남성 시장에서 큰 성공을 거두는 책은 규모가 큰 사안, 관심사, 음모를 다룬다. 남성들은 스릴러를 좋아한다. 그들에게 모험은 판타지이기 때문이다. 고리키 공원이라든가 『붉은 10월』의 잠수함 등 전에는 보지 못했던 세상으로 남성들을 이끄는 책은 많은 부수가 팔려나간다. 그러한 종류의 회피가 현실의 삶이 모험과 완전히 동떨어진 남성들에게 궁극적인 독서의 즐거움을 주기 때문이다. 한편 『뿌리』, 『탈출』, 『쇼군』과 같은 대대적인 성공을 거둔 서사 소설은 전적으로 크로스오버에 속하는 책으로, 요즈음에는 흔치 않다. 이들 소설이 크게 인기를 끈 이유는 로맨스, 모험, 흥미를 하나의 책 안으로 버무려 모든 독자에게 호소하는 모든 요소를 갖추어서 남성 독자와 여성 독자의 '경계를 넘었기' 때문이다. 따라서 현 시대에 페이퍼백 책을 써서 업계에 진출하고자 한다면, 내가 방금 언급한 책들을 여전히 본보기로 삼아야 한다. 이들 책은 상업적인 출판사들이 언제나 찾는 유형의 책으로, 이러한 책이야말로 페이퍼백으로 태어나기 위한 운명을 지녔다.

우리 모두가 제 2의 대니얼 스틸, 톰 클랜시, 알렉스 헤일리를 기다리고는 있지만 출판사들이 그러한 유형의 책을 펴낼 기회가 적어졌으므로 페이퍼백으로 작가 인생을 시작하려는 저자라면 현 추세를 요령 있게 살피는 것이 절대적으로 중요하다. 다시 말해, 언제 추세가 생겨나는지, 또 언제 이를 기회로 삼아야 할지 잘 알고 무엇이 미드리스트가 아닌 페이퍼백 대표작으로 효과를 발휘할지 예의주시해야 한다. 때로는 엄청난 판매량을 달성한 소설이 새로운 추세를 일으키기도 한다. 『무죄 추정』과 『양들의 침묵』은 완전히 새로운 소설 장르가 생겨날 정도로 폭발적인 인기를 끌면서 출판계에 등장했다. 『무죄 추정』은 법정 스릴러에 대한 전폭적인 관심을 끌어냈고, 『양들의 침묵』은 새로운 종류의 공포, 즉 연쇄 살인범에 초점을 맞추어 심리 스릴러가 선풍적인 인기를 끌게 만들었다. 게다가 이 책들이 해리슨 포드와 안소니 홉킨스가 각각 출연한 두 편의 대형 영화로 만들어지면서 대중이 그러한 장르에 더더욱 열광했다. 스콧 터로와 토머스 해리스가 작가들에게 미래의 기회를 만들어주었을까? 그런 것으로 보인다.

때로는 무비 타이-인만으로도 문화적인 속도가 생성되어 새로운 장르가 개발되기도 한다. 논란이 많았으나 크게 흥행한 올리버 스톤 감독의 영화 〈JFK〉는 미국 전역에서 심금을 울렸다. 이 영화는 현재 케네디 암살 사건 기록의 공개를 고려하려는 정부의 결정을 재촉하는 기폭제 역할을 했다고 간주되고 있다. 어떤 분야에서 차기의 대표작을 쓸지 모색하는 전도유망한 작가들을 위해, 〈JFK〉가 적이 외부가 아닌 우리 내부에 있을지도 모른다는 내용의 소위 편집증적인 정치 스릴러의 귀환에 불을 붙일까? 워너 북스의 비소설 페이퍼백이자 영화 〈JFK〉의 바탕이 된 책의 하나인 『암살자들을 추적하여』는 이것이야말로 독자들이 읽기를 원하는 주제임을 보여주었다. 이 페이퍼백은 『뉴욕 타임스』 베스트셀러 1위를 기록했고 약 75만 부가 팔려나갔다. 대중이 관심을 갖는, 음모를 바탕으로 하는 정치 스릴러는 아마도 미래의 대형 서스펜스 소설이 택할 새로운 주제가 될 것이다. 『5월의 7일간』과 『맨츄리안 캔디데이트(The Manchurian Candidate)』를 기억하는지? 앞으로 또 다른 편집증적인 정치 스릴러가 탄생할 것인가?

텔레비전 역시 문화를 생성하는 요인으로 보인다. 한 예로 '타블로이드' 텔레비전(타블로이드판 신문처럼 선정적인 주제를 다루는 TV 프로그램—옮긴이)은 그야말로 범죄 실화에 대한 대중의 관심을 촉발시킨 것으로 보인다. 〈커런트 어페어〉와 같은 프로그램과 〈치명적 환상〉과 같은 TV 영화만으로는 범죄 실화에 대한 대중시장의 욕구가 쉽사리 충족되지 않는 듯 보인다. 그러니 대중시장용 페이퍼백 출판사들이 그러한 대중의 굶주린 욕구를 만족시켜서 성공을 거두는 것도 당연한 일이다. 이러한 추세 속에서 범죄 실화를 다룬 페이퍼백 원작들이 넘쳐났으며

(특정 사건 이후 신속하게 페이퍼백으로 출간됨), 제프리 다머 사건을 다룬 세인트 마틴스 프레스의 페이퍼백인 『밀워키의 살인자들』 등 그중 많은 수가 베스트셀러가 되었다.

마지막으로, 때로는 스콧 터로와 같은 걸출한 신예 작가나 할리우드 대작 영화 또는 인기 TV 시리즈가 아닌, 특정한 시기의 국가의 전반적인 사회적·정치적 분위기로 추세가 형성되기도 한다. 최근 선풍적인 인기를 끌고 있는 장르로 군사 테크노스릴러(과학과 스릴러가 결합된 장르로 첨단기술을 주로 다룸―옮긴이)가 있다. 물론 톰 클랜시가 이 장르를 독보적으로 확립하긴 했지만, 이 장르의 등장을 반기는 국가의 분위기가 이미 조성되었다. 1980년대 초반 미국인들은 마침내 베트남과 평화를 선언하기 시작했고, 레이건 정부 시대에 애국심이 형성되어 베트남 시대에 많은 사람의 따가운 눈총을 받았던 군인 사회가 그 시선에서 벗어나게 되었다. 베트남의 상처가 아물자 군인들에 대한 호감이 다시 생겨났고 군인들의 일상과 군사 장비를 비롯하여 그들의 삶의 모든 측면이 독자들의 관심을 끌었다. 달리 말하면, 『붉은 10월』이 대대적인 베스트셀러가 될 분위기가 국가 전역에 이미 조성되었고, 새로운 작가들이 베스트셀러를 내놓을 환경이 이미 형성되었다.

독자는 가짜가 아닌 진짜를 원한다

그러나 새로운 추세나 장르의 등장을 알리는 문화적인 이정표를 찾는 일만큼 중요한 것으로서, 시장이 싸구려 모방작들로 넘쳐날 때를 알아야 한다. 한 예로, 범죄 실화를 다룬 책의 경우 과다 노출의 결과, 추악하기만 하고 별다른 흥미를 끌지 못하는 온갖 사건을 다룬 책들이 쏟아지고 있다. 살인자의 심리적인 동기를 들여다보거나 용감무쌍한 형사의 자취를 보여주지 않고 불필요한 폭력만을 그려낸 책은 단순한 아류작에 지나지 않는다.

과도한 출판으로 이미 변색되어버린 호러 장르도 마찬가지다. 서점에 가서 일반적인 '호러' 코너를 한번 살펴보자. 악령이 씐 아이들이 등장하는 10여 권 이상의 호러/오컬트 소설을 보게 된다면, 그 장르에 대해 우려할 때가 온 것이다. 출판사들은 이 문제를 책의 오염이라고 부른다. 물론 스티븐 킹과 딘 쿤츠 같은 작가들의 책이 여전히 많이 팔려나가고 있지만, 이른바 '호러' 추세는 시장에 넘쳐나는 조잡하고 진부한 모방작들로 상처를 입었다. 독자들은 소비자들과 마찬가지로, 길모퉁이에서 파는 가짜가 아닌 진짜 롤렉스 시계를 원한다.

가장 힘든 고비는 추세를 간파하는 일이다. 이것은 잘못된 장르의 글을 쓰는 데 오랜 시간을 할애하는 사태를 방지하기 위해 필요하다. 하지만 또 다른 발전, 즉 페이퍼백 재인쇄 출판의 쇠퇴는 페이퍼백으로 작가 인생을 시작하려는 저자에게 추가로 기회를 제공할 수 있다. 9년 전 나는 페이퍼백 편집자가 맡게 되는 원작 원고의 편집자 그리고 재인쇄 편집자로서 이중적인 역할에 대해 이야기한 적이 있다. **재인쇄 편집자란 다른 출판사에서 출간된 하드커버의 페이퍼백 재인쇄 권리를 구매하는 편집자를 말한다.** 나는 재인쇄 편집의 특별한 기쁨에 대해 설명하려고 노력했다. 이는 기자가 특종을 잡았을 때 느끼는 짜릿함과 비슷하다. 하드커버 출판사의 책을 재판으로 찍어내어 페이퍼백 베스트셀러로 재탄생시키는 데에는 특별한 기쁨이 따른다. '페이퍼백으로 탄생될 운명을 지닌' 많은 책들은 재인쇄의 경로를 통해 입수되며, 페이퍼백 편집자가 담당하는 재인쇄 관련 업무가 매우 중요하기에 많은 페이퍼백 편집자들이 재인쇄 권리를 입수하는 일만을 담당한다. 그들의 직무는 하드커버 출판사를 완전히 '대신하고', 무엇을 출간할지 정확히 알며, 하드커버 출판사의 2차 저작권 담당자에게 자사가 페이퍼백 중판을 찍어낼 가장 적합한 출판사임을 확신시키는 것이다. 페이퍼백 재인쇄 편집자들은 하드커버 도서에 대한 입찰에서 유리한 입지를 차지하기 위해 하드커버 출판사와 강력한 관계를 형성하는데, 이로써 페이퍼백 출판사는 향후 재인쇄 권리를 위한 어떠한 경매에서든 최종 후보가 될 수 있다. 페이퍼백 편집자가 원작 원고를 작업하는 데 오전 시간을 할애했다면, 오후에는 향후 도서 재인쇄 거래의 가능성을 싹틔우기 위해 2차 저작권 담당자와 전화 통화를 할 가능성이 높다.

그러나 지난 9년간 하드커버 출판사들이 그 어느 때보다도 페이퍼백 자회사와 긴밀히 손을 잡고 페이퍼백 판권을 팔기보다는 유지하는 바람에 페이퍼백 출판계의 재인쇄 시장이 축소되었다. 저자와 에이전트들은 종전의 재인쇄 계약을 체결하는 것이 더 이상 경제적으로 이득이 없다고 생각하게 되었다. 하드커버 출판사는 계약을 통해 페이퍼백 판권을 판매하면서도 저자의 향후 페이퍼백 인세를 공유하는 혜택을 누렸기 때문이다. 하지만 이제는 소위 하드-소프트 계약을 통해 저자는 자신의 페이퍼백 인세를 어느 누구와 공유하지 않아도 된다. 하드커버 출판사와 페이퍼백 출판사가 동일한 출판사이기 때문이다. 한 출판사 내에서 향후 페이퍼백의 출판을 관리할 수 있기에 출판사들은 하드-소프트 계약을 추천한다. 저자들 역시 이 편을 선호한다. 한 회사가 출판계획 전체를 관리할 경우, 저자와 출판사의 관계가 지속되기 때문이다.

페이퍼백 편집자가 일하는 방식

이 모든 현상으로 페이퍼백 편집자들이 재인쇄 출판계에서 힘을 잃게 되었다. 페이퍼백 판권 입찰에 참여할 수 있는 기회가 이전보다 확실하게 적어진 결과(한 예로 1980년대 중반에는 주요 페이퍼백 경매가 매주 있었지만, 이제는 경매를 좀처럼 찾아볼 수가 없다), 페이퍼백 편집자들이 원작 원고를 개발해야 할 큰 압력을 받게 되었다. 이는 새로운 기회를 모색하는 작가들에게는 좋은 소식이다. 종전에는 페이퍼백 편집자의 업무 중에서 원작 원고 작업과 페이퍼백 재인쇄 업무가 차지하는 비율이 균형적이었고, 베스트셀러가 될 가능성이 있는 페이퍼백 도서를 다량 확보할 수 있었다. 이제 페이퍼백 편집자들은 페이퍼백 원작 원고를 입수하는 데 더 많은 시간을 할애한다. 따라서 페이퍼백 원작에 대한 수요가 높아질 가능성이 커지게 되었다.

이것이 정말로 좋은 소식이라면, 이 분야에 뛰어들기로 결정했다면, 페이퍼백 편집자와 맺는 관계에서 무엇을 기대할 수 있을까? 페이퍼백 편집자와 작업하는 것이 하드커버 편집자와 작업하는 것과 어떤 면에서 다를까? 사실상 다른 점이 존재하긴 할까? 답을 하자면, 작업 관계에서 다른 점이 없어지기 시작했다고 할 수 있다. 하드커버 출판사와 페이퍼백 출판사가 완전히 별개의 회사였던 당시, 즉 둘이 완전히 다른 회사이거나 같은 회사 내의 서로 다른 자회사였던 당시, 하드커버 편집자가 책을 입수하고 작가와 작업을 하며 편집을 했다. 그보다 한 단계 아래인 페이퍼백 편집자는 대개 편집의 측면에서 관여하는 것이 거의 없었다. 페이퍼백 편집자의 임무는 단순히 책을 재인쇄하고 페이퍼백 출판계의 동향을 살피고 마케팅 전략을 수립하는 것이었다. 그러나 많은 출판사에서 이러한 '상하'의 관계가 변화하고 있다. 이 현상은 특히 퍼트넘 버클리 그룹과 같은 출판사에서 가장 두드러지게 나타나는데, 이 출판사는 톰 클랜시, 라빌 스펜서, W. E. B. 그리핀과 같은 퍼트넘 하드커버 베스트셀러 작가의 많은 수가 버클리 페이퍼백 편집자들을 통해 출판사로 유입된다는 사실을 알게 되었다. 페이퍼백 편집자들은 하드커버 및 페이퍼백 자회사들 사이에 종전에 존재하던 거리를 잇는 데 도움을 주었다. 현재는 페이퍼백 편집자와 저자의 일상적인 작업 관계 속에서 편집과 출판의 모든 전통적인 단계들이 이루어지고 있다. 그리고 페이퍼백 편집자가 책을 입수하므로 하드커버를 낸다 하더라도 저자는 대개 본래의 편집자와 작업을 하게 된다.

페이퍼백 편집자가 저자와 어떻게 작업을 하는지 예를 들어보자. 출판사가 페이퍼백 원작, 즉 신진 작가가 쓴 미국 서부 시대의 개막을 알리는 역사적인 장편 소설을 출간하기로 결정했다고 하자. 저자는 개요와 견본 원고를 통해 본인에게 훌륭한 줄거리가 있으며 역사적인 세부 사항은 신빙성이 있고 본인이 미국 서부 시대에 대해 전문지식을 지닌 장래성 있는 작가임을 출판사 측에 증명했다고 하자. 제안서와 견본 원고가 입수되고 나면, 편집자는 이를테면 주요 등장인물 중 하나가 더욱 강력한 역할을 맡을 것을 제안하는 예비 편집자 서신을 작성할 것이다. 예를 들어 남편과 아내가 캘리포니아 골드러시로 부와 명예를 쌓기 위해 서부로 터전을 옮기는 것을 내용으로 한다고 치자. 하지만 주요 인물로서 잠재성을 지닌 아내가 초반부에서 중요성이 떨어지는 것으로 보인다. 이 경우 페이퍼백 편집자는 서신을 통해 그 점을 지적하여 책의 전반적인 향후 방향에 대해 중요한 사안을 제안할 것이다. 만약 저자가 그 점이 줄거리에서 약점인 것 같다고 줄곧 의심해왔다면, 편집자로부터 그 부분을 지적받고 안도할 것이다. 이로써 저자는 본인과 편집자가 책에 대해 동일한 관점을 갖고 있다고 느낄 수 있다.

저자는 1년 후 완성된 원고를 전달한다. 그리고 주요 편집 작업이 시작된다. 편집자는 저자에게 서신을 보내 큼직한 구조적 요소들에 더 신경을 쓰라고 지적한다. 아마도 이 대하 가족소설에 등장하는 경쟁 관계에 있는 아들들 사이의 부차적 플롯이 충분히 전개되지 않았을 수 있다. 혹은 저자가 가족들이 미주리 인디펜던스를 떠나는 과정을 묘사하는 데 너무 많은 비중을 둔 결과, 책의 균형이 맞지 않을 수 있다. 혹은 책에서 인디언을 다룬 부분에 역사적인 세부사항이 없을 수 있다. 혹은 등장인물들이 이따금 1876년 변경 지역이 아닌, 1876년 뉴욕의 응접실에 있는 것처럼 말을 할 수도 있다. 이 모든 사안은 책에 대한 편집자의 기대와 열정을 표현하면서도 저자가 책의 잠재성을 완전히 발휘할 수 있도록 세부적인 문제들을 요령 있게 지적하는 서신을 통해 해결될 것이다. 이러한 건설적인 조언에 힘을 얻은 저자는 맡은 바 본분을 다하고 매사에 세심하게 신경을 쓰는 성실한 편집자와 일한다는 보람을 느끼면서, 원고 앞으로 다시 돌아가 몇몇 인물을 강화시키고 역사적인 세부사항에 신빙성을 더하거나 편집자가 제안한 대로 이야기의 일부에 가속도를 붙일 것이다.

두 번째 원고가 완성되자 기대감이 생겨난다. 저자와 편집자 모두 훌륭한 책이 나왔다는 사실을 인정한다. 이제 남은 일은 약간의 윤문 편집이다. 아마도 이 경우에는 정교한 다듬기를 필요로 하는 대화에 대해 작업이 이뤄질 것이다. 원고상에서 이루어지는 모든 편집은 저자의 승인을 거친다. 그런 다음에도 책의 내부적인 비일관성에 대해 편집자가 몇 가지 질문을 제기할 수 있는데, 이는 대개 원고 여백에 붙인 메모의 형태를 띨 것이다. 저자가 윤문 편집의 내용을 수락하고 편집자가 제기한 질문에 답을 하고 나면, 원고는 본문 편집자 및 생산부로 전달될 준비가 된다. 페이퍼백 편집자와 저자는 그들의 건설적인 협력관계가 하나의 목표, 즉 저자로부터 최상의 책을 끌어내기 위한 것이라는 사실을 깨닫게 된다. 편집자와 저자는 일부 측면에서 의견이 일치하지 않을 수도 있다. 그러나 최종 원고는 편집자에 대한 저자의 신뢰의 산물로서, 출판사 내 판매 담당자들뿐만 아니라 최종적으로는 서점을 둘러보는 변덕스러운 독자들에게 책을 판매하는 데 따르는 어려움을 극복하기 위한 탄탄한 기반이 된다.

서평보다 추천사가 더 중요한 이유

말할 필요도 없이, 페이퍼백 원작의 홍보를 위해 마케팅 전략을 펼치는 데에는 상당한 어려움이 존재한다. 이전 글에서 페이퍼백에 대한 평단의 관심을 끌어내는 일의 고충에 대해 말한 바 있다. 이는 지금도 여전히 사실이다. 하지만 평단의 관심이 페이퍼백 원작의 성패 여부를 전적으로 결정짓는 건 아니라는 사실을 알게 되었다. 주된 목표는 판매 담당자들이 책을 진지하게 받아들이도록 하는 것이다. 그들은 하드커버로서 판매 이력이 전혀 없는 책을 판매해야 하기 때문이다. 그들이 책을 진지하게 받아들이도록 페이퍼백 편집자가 할 수 있는 한 가지 일은 다른 베스트셀러 작가들로부터 책에 대한 추천사를 받는 것이다. 이 관행은 때때로 과도하게 이루어지기도 하지만, 추천사를 받으면 책의 입지를 확립하는 데 도움이 된다. 원고 자체는 판매 담당자들 사이에서 고무적인 반응을 일으킬 수 있는 또 다른 '판매' 수단이다. 책을 제임스 미치너와 루이스 라무어의 전통을 잇는 장편 서부 소설이라고 묘사하면서 판매 담당자에게 신간 서적 견본이나 독자용 특별판을 보내면 매우 효과적이다. 특히 사전에 받은 추천사를 겉표지에 표기하면 더욱 좋다. 표지 역시 독자의 시선을 사로잡는 아름다운 삽화와 함께 짙은 호소력을 발휘하도록 양각으로 무늬를 넣거나 꽃잎 장식을 하면 또 다른 중요한 판매 수단이 될 수 있다.

마지막으로, 저자 자체가 책의 '최고의 판매자'가 될 수 있다. 한 가지 효과적인 방법은 페이퍼백 순회 홍보로, 이는 출판사가 저자를 보내 국가 전역의 주요 관계자들을 만나게 하는 것이다. 이따금 이러한 순회는 도매업자들과의 간단한 조찬 회의의 형태를 띠기도 한다. 이 회의의 자리를 빌려 저자는 페이퍼백 도서 구매자, 최종적으로 도서 주문을 할 사람들, 도서 재고 목록을 관리하고 새로운 페이퍼백 원작이 제대로 진열되도록 할 주요 거래처들을 만날 수 있다. 이러한 주요 거래처와 그 직원들이 고급스럽게 단장된 신간 서적 견본을 읽고 새로운 페이퍼백 도서의 제목이 찍힌 티셔츠를 받고 저자와 조찬을 즐겼다면, 향후에 도서를 다량으로 주문할 것이며 도서 출간일을 기억하고 책이 최대한 많이 팔리도록 진열을 할 것이다. 이 시점에서 편집자는 책의 편집 관리자일 뿐 아니라 페이퍼백 도서를 판매하는 모든 방법에 정통하며 신간이 성공할 수 있도록 사내 마케팅 직원들에게 호소력을 발휘할 수 있는 다면적인 마케팅 전문가로 역할을 하는 책의 기획자이기도 하다.

평단의 찬사를 원한다면

지금까지의 글을 읽고도 페이퍼백 작가가 되고 싶은가? "내 첫 책이 하드커버로 출판된다면 내가 작가로 더 진지하게 여겨지지 않을까?"라는 질문이 뇌리에서 쉽사리 떠나지 않는가? 저자라면 하드커버 작가로 첫출발을 해야 한다거나 그러는 편이 더 바람직하다는 생각을 이제는 버릴 때가 되었다. 평단의 반응이 본인에게 가장 중요하다면, 평단의 찬사가 글을 쓰게 하는 원동력이라면, 하드커버로 작가 인생을 시작해야 한다. 페이퍼백이 그에 마땅한 평단의 관심을 받으려면 아직 갈 길이 멀다. 따라서 1950년대 중서부에 사는 한 청소년이 성년이 되는 과정에 관한 책을 썼다면, 그 책은 평단에서 입지를 확립해야 하고 독립서점에서 판매되어야 한다. 이 경우 하드커버가 최적이다. 앤 타일러가 이런 방식으로 작가 인생을 시작했다. 만약 앤 타일러를 문학적인 본보기로 삼았다면, 페이퍼백으로 작가 인생을 시작하라는 내 말이 쓸모없을 것이다. 그러나 주류 장르의 글을 써서 베스트셀러 10위권에 진입하는 상업적인 작가가 관심 대상이라면, 페이퍼백 작가로 시작하여 그러한 반열에 오를 수 있다. 대니얼 스틸, V. C. 앤드루스, 재닛 데일리, W. E. B. 그리핀과 같은 베스트셀러 작가들은 페이퍼백으로 독자층을 형성했다. 그들은 페이퍼백의 성공으로 충성스러운 독자층을 형성했기 때문에 이후 하드커버로 전향한 뒤에도 독자들이 그들을 따랐다.

하지만 그럼에도 이렇게 의문을 품을 수 있다. "독자층을 형성하는 데 왜 시간을 할애해야 할까? 왜 곧바로 하드커버에 전부를 걸면 안 될까? 내가 훌륭한 법정 소설을 써서 제2의 스콧 터로가 될 수 있지는 않을까?" 답을 하자면 그런 일은 흔치 않다. 그렇게 탄생한 법정 소설이 광고 및 홍보 지원이 거의 이뤄지지 않은 상태에서, 출판사가 그 외에 펴낸 무수한 하드커버 첫 작품들과의 경쟁 속에서 하드커버로 1만 5,000부밖에 팔리지 않는 미드리스트로 운명을 다한다면 말이다. 그러나 동일한 책의 원고가 페이퍼백 편집자의 손에 들어간다면 어떨까? 편집자가 문학 에이전트에게 그 책에 대한 호감을 표시하고, 책의 주요 인물인 로스앤젤레스의 젊은 검사를 속편에도 등장시킬 의향이 있으며, 책에 대한 열정이 대단한 나머지 그 책을 페이퍼백 출간 목록 중에서 대표작으로 펴내고 싶다는 의사를 표한다면 어떨까? 이 시점에서 저자는 1만 5,000부 규모의 하드커버 미드리스트를 원하는지 아니면 약 40만부 규모의 페이퍼백 대표작을 원하는지를 스스로에게 물어야 한다. 동일한 책을 각기 다른 방식으로 펴냈을 때의 상황을 아래에 자세하게 제시해보았다.

시나리오 1	시나리오 2
하드커버	페이퍼백
정가 $19.95	정가 $5.95
인세 10퍼센트(판매부수당 $2.00)	인세 10퍼센트(판매부수당 $.60)
초판 인쇄 1만 5,000부	초판 인쇄 40만 부
광고/홍보 예산 $5,000	광고/홍보 예산 $5만
저자 순회 홍보 없음	주요 거래처에 책을 사전 홍보하기 위한 저자 순회
상당수의 주요 신문이 서평을 제공할 수 있음	주요 신문의 페이퍼백 소개란에 책이 게재될 수 있음
1만 2,000부 판매	22만 5,000부 판매
선지급금 $2만 5,000	선지급금 $2만 5,000
인세 수입 $2만 4,000: 저자가 추가 인세를 받으려면 $1,000 이상의 수입을 올려야 함	인세 수입 $13만 5,000: 저자가 추가로 $11만의 수입을 거둬들임

동일한 원고를 각기 다른 두 편집자에게 보낸 결과 매우 다른 양상이 도출되었다. 작가는 책이 하드커버로 출판된 데 대해 자부심을 느꼈겠지만 그의 걸출한 법정 소설은 1만 2,000부밖에 팔리지 않았다. 따라서 이 소설은 페이퍼백으로 재인쇄될 가능성이 없다. 그 정도의 하드커버 판매량은 책을 대표작으로 펴낼 만한 가치가 없기 때문이다. 게다가 저자는 2만 5,000달러의 선지급금을 받은 상태에서 인세를 2만 4,000달러밖에 거둬들이지 못했다. 따라서 저자는 추가적인 수익을 거두지 못한 셈이다. 이 시나리오에서, 하드커버 출판사가 페이퍼백 자회사를 갖고 있을 경우 페이퍼백이 제공할 수 있는 기회도 희박하다. 책이 이미 하드커버로서 저조한 실적을 보였기 때문이다.

그러나 처음부터 페이퍼백의 길을 택한 작가는 책이 성공을 거두었다고 느꼈을 것이다. 하드커버 출판사는 책이 1만 2,000부밖에 팔리지 않은 작가의 차기 법정 소설을 펴낼지의 여부를 놓고 고심하겠지만, 시나리오 2에서 페이퍼백을 출간한 작가는 이미 두 번째 소설의 계약을 체결했다. 페이퍼백 첫 작품이 22만 5,000부나 팔렸고 그에 대해 출판사가 만족했기 때문이다. 한편 하드커버 작가는 평단으로부터 다수의 긍정적인 평가를 받은 반면, 페이퍼백 작가의 책은 페이퍼백 소개란에서 긍정적인 내용으로 짤막하게 소개되었다. 각자의 미래를 살펴보자면, 하드커버를 선택한 불운의 작가는 또 다른 법정 소설을 쓰기 시작했으나 이번에는 다른 출판사와 계약을 맺어 그에게 기꺼이 기회를 주고자 하는 새로운 편집자와 작업을 하게 되었다. 한편 페이퍼백 작가는 출판사로부터 좋은 반응을 얻어, 그의 두 번째 페이퍼백 원작이 출판사의 주력 작품으로 선정되어 초판 50만 부가 인쇄되었다. 그 결과, 역설적이게도 페이퍼백 작가는 하드커버로 시작을 한 작가보다 하드커버로 성공을 거둘 가능성이 더 커지게 되었다. 만약 그의 두 번째 (혹은 세 번째) 페이퍼백 원작이 베스트셀러가 된다면, 편집자와 출판사들은 처음부터 하드커버로 시작한 작가와 달리, 그가 하드커버 작가로도 가능성이 있다고 생각할 것이다.

페이퍼백에서 하드커버로

워너 북스 같은 출판사에서는 하드커버 출판과 대중보급용 페이퍼백 출판이 같은 곳에서 이루어진다. 여기에서 출간한 현 시대의 베스트셀러 여성 소설가인 샌드라 브라운의 성공 이야기는 페이퍼백 출판이 저자가 향후 하드커버를 출판하는 데 견고한 기반이 되는 과정을 보여준다. 샌드라 브라운이 많은 페이퍼백 로맨스 소설을 집필하여 탄탄한 독자층을 형성해왔고, 따라서 워너 북스의 출간도서 목록 중에서 그녀의 작품을 대표작으로 하여 출판할 시점이 다가왔다. 샌드라 브라운을 담당했던 재능 있는 편집자인 진 티지는 그녀를 지지하는 가장 용감무쌍한 대변인이 되어, 그녀가 여성 소설의 새로운 목소리이며 그녀의 페이퍼백 작품에 대한 독자들의 의견대로 그녀가 장차 스타 작가가 될 것이라고 출판사의 경영진에게 호소했다. 책이 출간될 때마다 거듭 늘어나는 판매량이 독자들이 저자를 어떻게 생각하는지를 보여주는 지표라고 한다면, 독자들이 점점 더 샌드라 브라운에게 빠져들고 있는 것이 분명했다. 샌드라 브라운은 남녀 주인공들을 통해 놀라운 인물들을 보여줬을 뿐만 아니라 치밀하게 플롯을 구성하고 이야기에 긴장감을 더하는 능력은 물론 독자들이 손에서 책을 놓지 못하도록 하는 비범한 재주를 지녔음을 보여주었다. 진 티지는 이렇게 말했다. "샌드라 브라운의 글이 지닌 매력은 선이 언제나 악에 대항하여 승리를 거두며 사랑이 모든 것을 극복한다는, 마음을 따스하게 만드는 소설의 주제에 있다. 여주인공이 지인에 의한 강간의 공포 또는 이기적인 인물의 공격으로 고통 받는다 할지라도 그녀는 자신 그리고 자신이 사랑하는 사람들에 대한 믿음으로 모든 걸 이겨낸다."

매 책마다 새로운 인물로 독자층을 형성하는 가운데, 샌드라 브라운은 워너에서 출간된 세 번째 페이퍼백 원작인 『거울의 이미지』로 『뉴욕타임스』 페이퍼백 베스트셀러 목록에 최초로 올랐으며 이 작품은 약 두 달간 베스트셀러 목록에 머물렀다. 그로부터 약 1년 뒤에 출간된 『의혹의 기미』는 그녀의 두 번째 페이퍼백 베스트셀러가 되었고, 얼마 지나지 않아 하드커버와 페이퍼백 모두를 출간하는 출판사인 워너 북스는 샌드라 브라운이 향후에 작품을 하드커버로 출간할 수 있는 기반을 실제로 쌓았음을 알았다. 진 티지는 이렇게 언급했다. "샌드라 브라운의 소설이 더욱 풍부해짐에 따라 작품의 호소력 역시 짙어지고 성공의 가능성도 커졌다. 플롯의 정교성 및 부차적 인물 및 하위 플롯의 깊이의 측면에서 소설이 갈수록 더 나아지고 규모가 더 커지고 있기 때문에 그녀의 작품을 하드커버로 출간하려는 결정도 당연해 보인다. 그녀가 장르 소설가에서 주류 베스트셀러 소설가로 거듭날 수 있었던 비결은 가능한 최상의 책을 집필하기 위해 도전하는 자세였다."

워너 북스는 왜 샌드라 브라운을 페이퍼백 작가로 놔두지 않았을까? 그녀의 작품을 하드커버로 출간하려는 위험을 왜 무릅썼을까? 답은 간단하다. 샌드라 브라운의 페이퍼백 작품이 지닌 힘과 판매량에 입각하여, 그녀의 작품을 하드커버로 출간한다 해도 그녀의 독자들 다수가 따를 것이라는 사업적인 판단을 했기 때문이다. 라빌 스펜서와 주디스 맥노트와 같은 작가들이 페이퍼백에서 하드커버로 성공적으로 전향한 사례를 보고 자극을 받은 워너 북스는 자사 역시 한 작가를 하드커버 작가로 전향시킬 수 있다고 생각했다. 샌드라 브라운의 작품은 갈수록 성장을 보였고 점점 더 좋은 평판이 입소문을 타고 퍼져나갔으며 그녀 자체가 작품을 홍보할 수 있는 대변인이 되었다. 워너 북스가 샌드라 브라운의 작품을 하드커버로 출간할 예정이라고(그리고 이제 책값이 5.95달러가 아닌 19.95달러로 오를 것이라고) 발표하자 소매업체와 서점들은 무척이나 환영하는 반응을 보였다. 그들 역시 샌드라 브라운의 시대가 왔다고 믿었기 때문이다.

워너에서 출간된 샌드라 브라운의 첫 번째 하드커버인『프렌치 실크』는 리터러리 길드의 주요 선정작으로 선을 보였고,『뉴욕 타임스』,『퍼블리셔스 위클리』및 미국 전역의 기타 베스트셀러 목록에 모습을 드러냈다. 확실히 워너 북스의 하드커버 전향 전략은 성공을 거두었다. 하지만 그 과정에서 특별했던 것은 샌드라 브라운의 페이퍼백 편집자가 하드커버의 편집 역시 맡았다는 점이다. 이 경우, 다른 많은 사례에서와 마찬가지로 때로는 우리가 어디서 시작해야 할지를 페이퍼백 편집자가 보여준다.

「모든 책이 똑같이 중요하다―소규모 출판사의 편집」

저자는 언제 대형 출판사가 아닌 소형 출판사에서 책을 출간해야 할까? 소형 출판사는 대형 출판사가 제공하지 못하는 어떠한 것을 작가에게 제공할 수 있을까? 왜, 언제, 어떤 유형의 작가의 경우, 대형 출판사로부터 거액의 선인세를 받고 무관심 속에 방치되는 대신 소액의 선인세를 받고 상당한 관심과 애정을 받는 것이 더 유리할까? 이는 "미드리스트가 아무런 의미가 없는" 소형 출판사에 관한 이 애정 어린 글에서 묻고 답해진 질문 몇 가지다. 워커는 단호하고도 명확한 어조로 이렇게 말한다. "소형 출판사에게는 모든 책이 똑같이 중요하다. 모든 책이 반드시 잘 팔려야 한다."

워커는 적합한 작가가 소형 출판사를 통해 책을 출간할 때 실제로 어떠한 장점이 있는지 설명한다. 문학적인 글쓰기에 대한 더욱 열린 태도, 작가의 독자층을 효과적으로 겨냥하기 위한 "손익계산보다는 마음에서 우러난" 혁신적인 마케팅 기법, 편집자와 저자 간의 더욱 깊고 지속적인 관계, 대형 출판사의 관행과 달리 책을 절판하지 않고 더 오래 펴내고자 하는 노력이 그 예다.

워커는 이렇게 말한다. "10년 전 아니 5년 전만 해도 소형 출판사는 일부 저자에게는 최후의 수단이었다. 그러나 이제는 최초이자 최상의 수단이 되기도 한다."

"이것이야말로 예전의 출판 방식이다. 훌륭한 책은 순조롭게 출간된다. 이는 적합한 작가와 적합한 책을 만난다면, 작은 것이 아름다울 뿐만 아니라 효과적임을 보여주는 또 다른 사례다."

스콧 워커(Scott Walker)

스콧 워커는 그레이울프 프레스의 창립자·편집장·발행인으로, 이 출판사는 1974년부터 시, 소설, 문학적 비소설을 출간해왔다. 그는 래드클리프 출판과정과 덴버 출판학교에서 강의를 했으며, 출판의 각종 사안에 대해 정기적으로 강연을 하고 자문을 제공하고 있다.

모든 책이 똑같이 중요하다

―소규모 출판사의 편집

―스콧 워커

소규모 출판사를 필요로 하는 책

저자는 다음과 같은 경우에 소형 출판사를 통해 책을 펴내기를 고려해야 한다. 오직 서너 권의 책에만 출판사의 온 관심이 쏟아지는 방대한 출간도서의 목록 속에서 본인의 작품이 파묻혀버리지는 않을까 우려되는 경우, 본인의 작품이 일반 독자층보다는 협소한 독자층에게 더 호소력이 있는 경우, 출판사 및 편집자와 지속적이고 돈독한 관계 맺기를 선호하는 경우, 본인의 작품이 절판되지 않고 꾸준히 출판되길 원하는 경우, 본인의 작품이 애정과 열정 속에서 편집·디자인·생산·배급의 단계를 거쳐 출판되기를 원할 경우.

그레이울프 프레스는 20년 가까이 일반 독자층이 아닌 보다 협소한 독자층을 대상으로 문학 소설, 비소설, 시를 출간해왔다. 그레이울프의 저자들은 언어를 능숙하게 사용하고 좋은 글의 적절한 형태에 대해 기민한 감각을 갖고 있기로 잘 알려져 있다. 그레이울프는 양서를 통해 중요한 문화적 사안들을 다룬다. 『연간 그레이울프 제 5호: 다문화적 문해성』은 많은 논쟁이 따르는 분야의 중요한 저작물이다. 그레이울프는 또한 노화, 알코올 중독, 가족 같은 주제를 다룬 단편소설 모음집들 역시 출간했다. 이 책들은 아름다운 표지를 달고 서점은 물론 대부분의 출판사들이 전혀 생각지 못한 곳에서도 판매된다. 예를 들어 노화에 관한 소설 모음집은 국가 및 지방의 노인 관련 기관이나 의원에 판매되고, 가족에 관한 소설 모음집은 치료 전문가들에게 널리 판매된다. 또 소설과 시집을 여러 환경 단체에 판매한 적이 있는데, 이 단체들은 그 책들을 회원들에게 특별 서비스로 제공했다.

여기서 그레이울프 프레스를 예로 든 이유는 내가 가장 잘 알기 때문이다. 그러나 이 출판사는 '미드리스트'라는 개념과는 무관한 여타의 무수한 소형 독립 출판사들과 비슷하다. **소형 출판사에게는 모든 책이 똑같이 중요하다. 모든 책이 반드시 잘 팔려야 한다.** 소형 출판사는 베스트셀러의 가능성이 있는 책을 밀어주기 위해 인적·재정적 자원을 전적으로 쏟아붓는 일이 좀처럼 없고, 도서 시장의 한 부분(예를 들면 체인 서점)에만 집중하는 일도 거의 없다. 소형 출판사는 책의 잠재적인 독자층의 구석구석을 샅샅이 뒤진다. 왜냐하면 반드시 그래야 하기 때문이다.

10년 전 아니 5년 전만 해도 소형 출판사는 일부 저자에게는 최후의 수단이었다. 그러나 이제는 최초이자 최상의 수단이 되기도 한다.

대형 출판사의 단점

그레이울프 프레스는 지난 15년간 공격적이고 상업적인 대형 출판사들이 외면한 책과 장르들을 출간해온 무수한 소형 출판사 중 하나다. 대형 출판사들이 대기업에 인수되면서 그들의 경영은 아름답게 쓰인 문장이 아니라 수익 창출에 더 집중하게 되었고, 기타 경제적 압력 때문에 '이름 있는' 책에 온 자원을 쏟아붓게 되었다. 그들은 투자수익을 신속하게 제공하지 못하는 책들을 출간 중단했다. 그러한 책이란 미드리스트 소설, 시, 수필, 철학, 자연사, 그리고 아직 탄탄하게 확립되지 않은 여러 분야의 자기계발서이다. 이러한 과정은 1990년대에 들어서 더욱 가속화되었다.

동시에, 그보다 규모가 작은 독립 출판사들이 모든 종류의 책을 출간할 수 있는 능력을 크게 향상시키고 출판계의 변화로 주어진 기회를 포착했다. 근래에 소형 출판사들은, 국가 내 판매 비중이 높고 체인 서점에 책을 다량 배급하며 더욱 다양화된 출간도서 목록과 더 나은 디자인을 갖고 있을 뿐만 아니라 획기적인 홍보 전략, 저자 순회 홍보, 국내외 2차 저작권 판매, 정확하고 시기적절한 인세 보고 및 지급 등 대형 출판사의 전유물이었던 모든 부수적인 서비스를 제공하는 경우가 많다. 종전에는 대형 출판사들이 체인 서점의 구미에 맞춰 베스트셀러를 출간하는 데 집중하려고 도서 목록을 축소하기 시작하자, 독립 서점들은 차별화를 꾀할 필요성을 느끼게 되었다. 소형 출판사들이 질이 더 좋고 이목을 끄는 책들을 출간하기 시작하면서 동시에 독립 서점이 필요로 하는 다양한 책을 공급하기 시작했다.

그럼에도 해외 소유인 경우가 많으며 체인 서점 월든북스에서 찾아볼 수 있는 책들의 85퍼센트를 출간하는 예닐곱 군데의 대형 출판사와 작업을 해야 할 많은 이유가 있다. 만약 저자의 책이 폭넓은 독자층, 즉 '대중'이라고 부를 수 있을 만큼 많은 수의 독자들에게 다가갈 수 있다면, 대형 출판사가 거액의 선인세와 더불어 베스트셀러를 만들 수 있는 마케팅 전략을 제공할 것이다. 저자는 포 시즌스 레스토랑에서 점심식사를 할 수 있고 책 순회 홍보로 이 도시, 저 도시를 다닐 때 특급 호텔에 묵을 수 있으며『뉴욕 타임스 북 리뷰』의 전면을 자신의 책 광고로 장식할 수 있다.

그러나 대부분의 저자와 책의 경우, 대형 출판사를 통해 출간을 할 때 몇 가지 단점이 존재한다. 저자는 종종 다음과 같은 질문을 하게 된다.

내 담당 편집자는 어떻게 되었나? 책은 대개 편집되기보다는 입수된다. (포 시즌스 레스토랑에서 하는 점심식사를 즐겨라. 그날이 편집자를 보거나 그로부터 소식을 들을 수 있는 마지막 날이 될 수 있을 테니까.) 작가들의 모임에 가보면 대형 출판사의 세계에 대해 이야기를 들을 수 있다. 이 세계에서는 저자의 책이 입수되고 출간되는 사이에 편집자들이 하나둘 회사를 떠나기 때문에 한 책을 서너 명의 편집자가 담당하는 일이 많다. 여러 편집자를 거치게 되면 책에 대한 열의가 점점 줄어들기 때문에 마침내 책이 출간된다 하더라도 책이 버림받은 것처럼 보이게 된다.

모두 다 어디 갔을까? 그레이울프의 한 저자는 그레이울프에서 하드커버로 책을 출간한 뒤 한 대형 출판사에서 그 책을 페이퍼백으로 출간하기로 했다. 그 저자는 계약을 체결한 날로부터 PEN 회의에서 가까스로 그 출판사의 홍보 책임자를 만나기까지 출판사의 어떤 직원으로부터도 아무런 말을 듣지 못했다고 한다. 저자가 들은 바에 따르면, 저자의 책은 그해 7월에 출간 계획이 잡힌 85권 가운데 하나이며, 출판사에서는 그 많은 책에서 단 두 권만을 홍보할 수 있다고 했다. 대다수의 책들은 흔적도 없이 사라지고 마는 것이다.

책이 어디에 있나? 대부분의 대중시장용 책들은 서점에 진열되는 기간이 평균 10일이며 그 이후에는 책 표지를 찢어 출판사로 돌려보내고 그 내부는 '재활용'된다. 대부분의 책은 길어야 3개월간 홍보가 활발히 진행되고 이후에는 절판되거나 구간으로 밀려나고 만다.

몇몇 저자에게는 거액의 원고료가 이러한 불행을 대부분 보상해주지만, 그 외 많은 저자는 소형 출판사, 즉 예전의 출판 방식을 훌륭한 대안으로 여기기 시작했다.

소규모 출판사의 장점

소형 출판사의 편집은 여러 측면에서 상업적인 대형 출판사의 편집과 다르지 않다. 원고가 발굴·입수되고 출간 준비가 이루어진다. 그러나 저자의 입장에서는 소형 출판사가 보이는 헌신적인 태도 덕분에 도서 출간이 고립된 경험이 아니라 참여적이고 매우 기분 좋은 경험이 된다.

소형 출판사의 편집자들은 선택된 에이전트에 의존하여 원고를 걸러내기보다는, 직접 원고를 읽고 심지어 '의뢰 받은 것이 아닌', 에이전트를 거치지 않은 투고를 장려하기까지 한다. 소형 출판사의 편집자들은 대형 출판사의 편집자들보다 훨씬 더 많은 양의 원고를 읽어야 하기 때문에 투고에 대해 신속하게 답변을 주지 않을 수도 있다. 그러나 선임 편집자가 각 원고를 공정하게 읽는다.

저자는 소형 출판사로부터 거액의 선금을 받지는 못하겠지만(물론 상당한 원고료를 받을 수도 있다), 실질적이고 지속적인 찬사와 격려를 받을 가능성이 높다. 한 해에 단 20권만을 펴내는 출판사는 책이 빠져나갈 틈이 없다. 출판사는 출간하는 모든 책에 깊이 신경을 써야 하고 세부적인 사안에 철저히 관심을 가지며 저자와 원활하게 의사소통할 가능성이 높다. 소형 출판사의 편집자는 여러 측면에서 저자와 비슷하다. 저자와 편집자 모두 돈보다는 책에 대한 사랑으로 노력을 기울이는 점에서 아마추어와 같기 때문이다. 소형 출판사의 몇몇 편집자들은 원고의 수락 결정을 결혼 결정에 비유하곤 한다. 편집자는 책을 입수할 뿐만 아니라 향후 저자의 작업물에 헌신을 기울이기 때문이다. 저자는 존중으로 대우를 받으며 관계가 오래 지속되는 만큼 배려의 대상이 된다. 편집자는 저자의 주요한 지지자, 작가 인생에 대한 자문가, 격려자로서 역할을 하며 차후의 책 발간을 위해 저자를 기다린다.

많은 저자와 문학 에이전트들은 소형 출판사의 선인세가 적을지 몰라도 소형 출판사의 미드리스트 도서들이 세심한 배려와 열정 속에서 오래 생명력을 이어가고, 또 절판되지 않고 시장에 남아 있는 일이 많으므로 장기적으로는 저자가 더 많은 인세를 받게 되는 경우가 많다는 사실을 알게 되었다. 노스 포인트 프레스가 베릴 마크햄의 『서부의 밤』을 출간한 지 첫 3년 동안 전체 도서 판매량은 약 5,000부였다. 그러나 이듬해 노스 포인트는 2만 9,000부를 팔았고, 그 이후 3년 동안 책이 페이퍼백 베스트셀러 목록에서 상위권을 차지했다. 노스 포인트가 책에 헌신을 쏟아부었고 책을 절판하지 않고 계속적으로 지원했기 때문에 독자들이 마침내 『서부의 밤』을 발견할 수 있었다. 반면 대형 출판사의 경우 책이 1년 이상 절판되지 않고 판매되는 일이 드물다.

소형 출판사는 책과 저자들이 뒤엉켜 길을 잃을 수 있는 관료주의적인 상부구조가 존재하지 않는다. 소형 출판사의 편집자들은 보통 책을 입수할 뿐만 아니라 윤문 편집자, 관리 편집자(일정 관리 및 본문 편집과 교정 작업 포함), 법무부서 직원, 접수 담당자, 행정 관리자의 역할까지 도맡는다. 소형 출판사 편집자의 도서 기획안은 편집회의나 마케팅회의에서 혹평의 대상이 되지 않는다. 물론 편집자는 출판사의 다른 구성원들이 책에 대한 열정에 동조할 수 있게끔 책의 입지를 굳혀야 하지만 소형 출판사 특성상 더욱 친밀한 분위기이므로 편집자가 성공할 가능성이 더 높다. 책이 출간되고 나면 편집자는 전 과정을 관리한다. 서평이 들어오면 저자에게 전화를 걸어 알리고 저자가 차기 작품을 집필하면 누구보다 앞장서서 저자를 격려한다.

소형 출판사의 편집자는 또한 책의 마케팅과 디자인에도 적극적으로 관여하며, 저자 역시 원한다면 출판 과정 전반에 참여하여 온전한 협력자가 될 수 있다. 소형 출판사는 관심을 가진 저자가 얼마나 든든한 협력자가 될 수 있는지 아는 경우가 많으며, 저자의 아이디어, 열정, 참여를 독려한다. 저자는 책 표지 작업에 아이디어를 제공할 수 있고 공감 가는 책 표지 문구 및 광고 문안의 작성에 참여하거나 저자 사인회를 열 의향이 있는 서점을 제안할 수 있다. 소형 출판사는 저자가 살았던 도시들을 매우 진지하게 고려한다. 저자가 생각할 수 있는 모든 '연고지'의 도서관, 서점, 신문, 잡지에 통보를 보내기도 한다.

소형 출판사는 대형 출판사보다는 조용하지만 그만큼 효과적인 방식으로 책을 팔 수 있다. 상업적인 대형 출판사는 무수히 많은 책을 출간하기에 기껏해야 일반적인 판매 경로(체인 서점과 대형 독립 서점)에 책들을 배포한 뒤 몇 개의 광고를 게재하고서 다음 철의 출간도서들을 서둘러 준비해야 한다. 반면 소형 출판사는 각 책이 더 많이 팔리는 것을 필요로 하기 때문에, 더 깊게 더 창의적인 방식으로 독자들에게 다가갈 가능성이 높다.

소형 출판사는 양질의 책에 높은 관심을 보이는 평론가와 도서 판매 업자 집단 사이에서 뜨거운 반응을 불러일으킬 수 있는 방안에 마케팅 노력을 집중시킨다. 이러한 노력의 일환으로, 편집자가 개인적인 서신과 함께 신간 서적 견본을 국가 전역의 주요 서점에 송부하고, 각 서점의 직원 및 도서 구매자들의 책에 관한 관심사를 잘 아는 마케팅 책임자가 시기적절하게 서신을 보내거나 전화를 걸어 신간에 대한 관심을 유도하며, 개별 책의 서점 내 홍보를 실시하거나 저자 순회 홍보를 신중하게 기획한다. 소형 출판사의 훌륭한 발행인은 정상적인 도서 판매 경로의 안팎에서 책의 인지도를 높일 수 있는 저렴하고 매우 효과적인 많은 수단을 활용할 줄 안다.

대부분의 소형 출판사는 기존 거래처뿐만 아니라 그 외의 도서 판매 경로를 탐색하는 데 시간을 들인다(소형 출판사의 경우, 시간과 상상력이 대형 출판사의 자본을 대신한다). 글로브 피쿼트 프레스는 도서 마케팅에 능할 뿐만 아니라 창의적인 다양한 방식으로 책을 판매한다. 이 출판사에서 펴낸 자전거 운동에 관한 책은 자전거 매장에서도 팔리며, B&B(잠자리와 아침식사를 제공하는 숙소―옮긴이)를 소개하는 책은 서점에서 팔리는 것만큼 B&B 숙소에서도 많이 팔린다. 그런가 하면 실 프레스는 여성 학대에 관한 양질의 책들을 국가 전역의 여성 보호소에서 판매하고 있다. 그레이울프 프레스는 예전에 카리브해의 설화에 관한 책을 펴내 단편 모음집, 설화집, '산문시', 아동 도서로 기획하여 카리브해를 연구하는 학과 및 구연 협회에 판매한 적이 있다. 그 결과는 아주 성공적이지는 않았으나 노력한 보람은 있었다. 그 밖에, 나이듦에 관한 단편집을 양질의 문학서로 기획하여 기존 판매처는 물론 노인 환자들을 돌보는 의사와 요양원에도 판매하여 큰 성공을 거두었다.

작은 것이 효과적이다

도서 시장이 위축되고 전보다 더 규모가 큰 출판사들이 기존의 대형 출판사들을 집어삼키는 가운데, 저자들은 뉴욕을 벗어나 양서를 출간하는 데 전념하는 많은 소규모 독립 출판사로 눈을 돌리게 되었다.

베스트셀러 목록과 신문의 서평란을 살펴보자. 선더스 마우스 프레스, 알곤킨 프레스, 워크맨 퍼블리싱, 크로니클 북스와 같은 소형 출판사들과 그보다 이름이 더 알려진 대학 출판부가 펴낸 책들을 발견할 수 있을 것이다. 그보다 문학적인 성격이 더 짙은 그레이울프 프레스의 책한 권(브렌다 유랜드의 『참을 수 없는 글쓰기의 유혹』)은 지금까지 12만 부 이상이 팔렸다. 소형 출판사는 대형 마케팅은 아니더라도 저 나름의 마케팅을 진행하고 있다. 소형 출판사는 출간하는 책에 애정을 갖고, 독자와 저자들은 그들에게 애정을 갖는다. 이들 모두가 이익을 얻어야 한다. 소형 출판사는 간접비용이 낮고 거액의 선인세를 지불하지 않는 경향이 있으며 (그리고 그럴 만한 능력이 안 되며) 손익계산보다는 마음에서 우러난 보다 효과적인 방안을 통해 마케팅 문제를 해결하려고 하기 때문에 양질의 미드리스트 도서를 이윤을 창출할 수 있는 도서로 탈바꿈시킬 수 있다.

이것이야말로 예전의 출판 방식이다. 훌륭한 책은 순조롭게 출간된다. 이는 적합한 작가와 적합한 책을 만난다면, 작은 것이 아름다울 뿐만 아니라 효과적임을 보여주는 또 다른 사례다.

「어떤 책이 선택 받는가—작가를 위한 조언 1」

"편집자로서 무엇을 기대하는지 작가들이 물을 때면, 나는 '예전에 보지 못한 그 무엇'이라고 대답하곤 한다. 내 대답에 작가들이 격분할 수 있다. 별다른 도움이 되지 않기 때문이다. 하지만 사실이다. 새로운 아이디어, 새로운 목소리, 예상치 못한 것에서 느끼는 충격은 편집자와 독자에게 더없이 큰 자극이 된다." 편집자의 원고 수락 및 거절을 결정짓는 요소들을 예리하게 분석한 이 글에서 리처드 마렉이 말한다.

마렉은 소설가의 독특한 목소리나 비전, 속도, 플롯, 그럴듯함, 인물을 그려내는 천부적 재능, 문체, 대화와 같은 중요한 요소들이 편집자에게 미치는 긍정적 영향에 대해 논의한다. 비소설 작가의 경우, 편집자를 유혹할 수 있는 방법은 독창적이고 적절하며 흥미로운 글감을 경쾌하고 이해하기 쉬운 방식으로 조직·제시할 수 있는 기술을 보이는 것이다.

마렉은 편집자의 경력에 도움이 될 만한 두 가지 조언으로 이 실용적인 글을 결론짓는다. 그의 조언은 작가들에게도 도움이 될 것이다. 그의 첫 번째 조언은 "편집자는 상업적인 책을 휴가 기간에 읽지 않는다 하더라도 그러한 책에 대한 감각을 반드시 키워야 한다"이다. 두 번째 조언으로 그는 생소한 분야에서 책을 출간하는 것이 아니라 "본인이 아는 분야에서 책을 출간해야 한다. 자신의 본능과 열정을 믿는다면 독자들이 따를 것이고, 결국 그들이 책을 구매할 것이다"라고 말한다.

리처드 마렉(Richard Marek)

리처드 마렉은 맥밀란 출판사에서 '백리스트 편집자'로 시작하여 선임 편집자가 되어 백리스트를 담당하면서 새로운 도서들을 출간했다. 맥밀란에서 그는 브루노 베텔하임과 함께 『꿈의 아이들』을 작업했다. 이후 월드 퍼블리싱으로 이직하여 처음으로 로버트 러들럼의 저서를 출간했고, 다이얼로 또다시 자리를 옮겨 제임스 볼드윈과 미라 로텐버그의 저서를 출간했다. 다이얼 출판사를 떠나면서 그는 자기 임프린트를 퍼트넘스에 차렸고 그곳에서 러들럼의 저서를 계속해서 출간했다. 그리고 세인트 마틴스에 또다시 임프린트를 차려 『양들의 침묵』을 입수했다. 1985년에는 E. P. 더튼의 사장 겸 발행인이 되어 피터 스트라우브, 주디스 래포포트, 제임스 캐럴의 저서를 출간했다. 더튼 출판사가 NAL/바이킹으로 합병되자, 그는 랜덤 하우스 산하 크라운 퍼블리셔스의 편집장이 되었다.

어떤 책이 선택 받는가

—작가를 위한 조언 1

—리처드 마렉

어쨌거나 수익성

도서 입수 편집자는 전적으로 한 가지 이유에서 고용된다. 그들이 입수한 책들이 그들이 고용되어 있는 출판사를 위해 수익을 창출하기 때문이다.

지나치게 단순화한 면이 없잖아 있는 이 말은 돈에 굶주린 대기업의 새로운 음모를 반영한 것이 아니다. 내가 처음으로 출판계에 발을 들였던 30년 전에도 마찬가지였다. 출판의 역사를 연구하는 자들 역시 인쇄기가 발명된 이래 이 말이 사실이었다고 말한다.

수익과 책이 연관되어 있다고 해서 군것질 같은 '나쁜 책'을 입수하기 위해 편집자를 고용하는 건 아니다. 랜덤 하우스 출판사 역사상 가장 많은 수익을 거둬들인 책은 제임스 조이스의 『율리시스』이고, 맥밀란 출판사에서 1, 2위를 기록한 책은 『바람과 함께 사라지다』와 『윌리엄 버틀러 예이츠 전집』이다. 물론 영양가 없는 책들도 팔리지만, 판매량이 높은 건 아니다. 미국의 베스트셀러 목록은 대중적인 저가의 책과 양질의 책이 기묘하게 뒤섞여 있어 이 나라 국민들의 취향이 다양하다는 사실을 보여준다.

상관없다. 편집자가 결정을 내리기 위해 고려하는 첫 번째 사항은 마케팅과 관련된 것이다. 즉, 저자에게 지급한 선금을 포함한 비용을 회수하고 수익을 창출할 수 있을 만큼 책이 팔릴지의 여부를 고려한다.

대부분의 경우 답은 불확실하다. 알 수가 없다. 마담 드 셰비녜(서간문으로 유명한 프랑스의 후작 부인—옮긴이)의 전기보다 셰어(미국의 가수 겸 배우—옮긴이)의 전기가 더 많이 팔리고, 사춘기 청소년이 서서히 성숙해가는 과정을 그린 실화 소설보다는 폭력적인 액션과 후끈한 섹스 장면이 담긴 소설이 더 많이 팔릴 것이라는 점은 일리가 있다. 하지만 일반화를 하기에 앞서 신중해야 한다. 셰비녜 부인의 전기가 내셔널 북 어워드를 수상하여 수년 동안 꾸준히 팔릴 수도 있다. 그리고 실화 소설은 J. D. 샐린저의 작품일 수도 있다.

'유명 작가'의 작품이 잘 팔린다는 건 사실이다. 그리고 대중이 특히 소설 분야에서 작가에게 충성심을 보인다는 점도 사실이다. 따라서 스티븐 킹의 차기작이 전작보다 그리 뛰어나지 않더라도 그보다 많이 팔릴 가능성이 있으며, 애거서 크리스티의 경우 이야기 구성력이 갈수록 약해졌지만 판매부수는 계속해서 늘어났다. 그 한 가지 이유는 양장본 소설의 경우 대부분 누군가의 선물로 구매하기 때문이다. 구매자는 모험 삼아 모르는 작가의 작품을 구매하려 하지 않는다. 하지만 더 중요한 이유는 유명 작가가 특출하기 때문이다. 유명 작가는 여타 작가들보다 이야기를 더 잘 꾸려나가고 더욱 독창적이며 더욱 기발하게 놀라운 사건을 꾸며내고 더욱 통찰력 있게 인물을 그려낸다. 작가가 글쓰기를 잘할수록 책이 더 잘 팔리는 것은 일반적으로 사실이다.

따라서 편집자가 유명 작가를 섭외하려는 것도 분명 사실이다. 하지만 편집자는 판매부수가 증명된 작가라 할지라도 그의 작품을 입수하는 데 위험이 전혀 따르지 않는다는 건 아니라는 사실 역시 염두에 두고 있다. 다른 출판사들 역시 그들에게 구애 작전을 펼치기 위해 매일 노력한다. 그리고 그들을 유혹할 미끼는 대부분 돈이므로, 유명 작가의 경우 자신의 전작을 성공적으로 출간한 출판사 측에도 거액을 요구하는 경우가 있다. 결국 출판사가 저자의 수익 능력을 넘어서는 선인세를 지급해야 한다면 100만 부가 팔렸다 해도 이는 매우 실망스러운 실적이 될 수 있다. 책의 판매부수가 책의 성공을 결정짓지 않는다. 책에 의해 창출된 최종 수익이 책의 성공을 결정짓는다.

다양한 수익 창출 통로

나는 세 가지 종류의 책이 있다고 생각한다. 첫 번째는 '판매부'의 책으로, 이러한 책의 수익성은 편집자보다는 판매 관리자가 더 잘 판단한다. 이런 책은 어김없이 비소설이며 시장의 필요를 충족시키고 설명하기 수월하다. 판매 관리자는 이런 책의 시장이 존재하는지를 판단하기 위해 몇몇 체인 서점과 독립 서점에 책에 대해 설명만 하면 된다.

한 예로 다이얼 출판사에서 마술에 관한 긴 분량의 원고를 받은 적이 있다. 출판사의 판매 관리자는 시중에 값이 꽤 나가는 마술 책 몇 종과 가장 간단한 기술들을 설명하는 저렴한 책자 형태의 책이 다수 있다는 사실을 알았다. 그러나 중간 가격대의 마술 책은 없었다. 그래서 나는 저자에게 원고 분량을 반으로 줄일 수 있는지 물었다. 저자는 내 요청을 수락했고, 덕분에 다이얼 출판사는 가격이 적당하고 상대적으로 내용이 알찬 마술 책을 출간할 수 있었다. 그 책은 2만 부가 팔려나갔고, 중간 가격대에서는 유일한 마술 책이었다. (다른 출판사에서 전작들을 펴낸 저자의 과거 기록을 알아보는 데 판매부가 유용할 수 있다. 전작들의 기록과 관련하여 에이전트의 말을 믿는 편집자는 그만큼 위험을 각오하는 셈이다. 에이전트는 반품된 책의 부수를 고려하지 않고 배포된 책의 부수를 판매부수로 제시하는 경우가 종종 있다.)

두 번째 종류의 책은 '2차 저작권'이 수반되는 책이다. 예를 들어 대부분의 소설은 미스터리, 로맨스, 스릴러, '여성 소설', 고딕, 역사물과 같은 장르 소설이다. 2차 저작권 담당자는 이들 장르 중 페이퍼백 출판사가 어떤 것을 구매할지, 그리고 이들 장르 내에서 어떠한 줄거리, 상황, 탐정의 유형, 배경 등이 더 이상 성공 가능성이 없는지 알아낸다. 내가 출판계에 입문했을 때, 두 곳의 페이퍼백 출판사가 과학 소설에 주력하고 있었다. 그러다 과학 소설 시장이 쇠퇴하자 한 출판사는 사업을 접었고 다른 한 출판사는 방향을 완전히 바꾸었다. 그러나 얼마 후 이 분야가 다시 활기를 띠면서 그 어느 때보다도 많은 인기를 누리게 되었다.

양장본, 즉 하드커버 소설이 수익을 창출할 수 있는 가장 큰 기회는 대중보급용 문고판 페이퍼백 출판사에 도서를 판매하는 것이다(혹은 도서가 하드커버 겸 페이퍼백 형태로 입수되었을 경우, 대기업의 페이퍼백 계열사가 이를 판매해서 큰 수익을 거둘 수 있다). 따라서 장르 도서의 입수 여부를 결정하기에 앞서 2차 저작권 담당자와 상의하지 않는 편집자는 출판사뿐만 아니라 본인에게도 의무를 태만히 하는 셈이다.

마지막으로, 세 번째 종류의 책은 '편집자의 책'으로 장르에 속하지 않고 알려진 틈새시장을 채우거나 판매 담당자나 도서 구매자에게 전에 봤던 무언가를 상기시키는 종류의 책이다. 편집자는 개인적인 안목과 열정에 입각하여 이러한 책에 본능을 느끼고, 판매부 혹은 2차 저작권 부에 책에 대해 (설득력 있게) 설명을 하며, 결국 이 책으로 유명세를 얻을 기회를 가지게 된다. 편집자의 본능이 옳으면 책은 팔리게 되어 있다. 하지만 그러한 책이 드물다는 사실을 명심해야 한다. 단기적으로는 편집자가 더 많은 자문을 구하고 그에 따를수록 성공 가능성이 높아진다.

『조너선 리빙스턴 시걸(*Jonathan Livingston Seagull*)』은 열 군데가 넘는 출판사로부터 거절을 당한 끝에 맥밀란 출판사가 입수했다("말하는 새에 관한 책이라니?"). 마찬가지로, 판테온 출판사 역시 수차례 거절당한 람페두사의 『표범』("죽은 시칠리아인이 쓴 소설이라니?")을 입수하여 20세기의 가장 위대한 작품 중 하나를 발행한 출판사가 되었다. 물론 나나 다른 편집자들이나 그러한 작품을 결코 거절하지 않을 것이다 (물론 지나고 보니 그렇다는 얘기다). 그러나 당시에는 어리석은 편집자들이 존재했다. 여기서 말하고자 하는 바는 바로 그러한 작품이 편집자의 책이라는 점이다. 판매 또는 2차 저작권 담당자 중 어느 누구도 그 작품들의 성공을 예상하지 못했다. 그들의 성공을 예상할 수 있는 선례가 존재하지 않았기 때문이다.

역시 글이 중요하다

많은 책이 개요와 견본 원고를 기본으로 입수되고, 입수 후 원고가 완성되기까지 수년이 걸린다. 완성된 원고의 형태로 입수된 책이라 할지라도 이를 출간하기까지 아홉 달이 걸릴 수도 있다. 따라서 신문이나 잡지에서 다뤄지는 근래의 뜨거운 화제는 책의 소재로는 보통 적당하지 않다. 물론 워터게이트 사건의 경우, 해당 사건이 터지고 수개월(내지는 몇 년)이 지나서도 이를 다룬 책들이 막대한 성공을 거두었다. 하지만 이 사건을 다룬 책 가운데 크게 실패한 책들도 많으며(내 생각으로는 대부분의 책들이 그렇다), 사건에 대한 대중의 관심이 오랫동안 수그러들지 않으리라 생각한 출판사들이 많은 돈을 잃었다. 존스타운에서 사이비 종교 신도들의 끔찍한 집단 자살이 벌어졌던 당시 그곳에 있었던 유일한 기자가 쓴 책은 사건 발생 후 1년도 채 안 되어 출간되었으나 1만 부도 팔리지 못했다. 존스타운 사건보다 더 충격적이고 끔찍한 사건들이 대중의 머릿속을 채웠기 때문이다. 그러므로 언론에서 이미 다루고 있는 소재로 책을 기획하기보다는 '유행을 타지 않는' 소재로 책을 기획하고 거기에 새로운 요소(대인관계, 사랑, 육아, 자연사, 개인 재무계획 등)를 가미하는 편이 훨씬 낫다.

그러나 모순적이게도 매체 중에서도 즉각적인 파급력을 발휘하는 텔레비전이 책의 구매의사를 결정하는 데 지대한 영향을 미친다. "그가 텔레비전에서 좋은 모습을 보였나?" 하는 점이 저자에 대해 가장 자주 묻는 질문이다. 게다가 (좋은 외모는 말할 것도 없고) 글쓰기의 명료성보다는 사람의 명료성이 더 중요하게 보이기도 한다. 일리가 있는 말이기도 하다. 글을 조직하거나 일목요연하게 주장을 펼치는 저자의 기술보다는 〈오프라 윈프리〉 쇼나 〈도나휴〉 쇼와 같은 방송에 나와서 강한 존재감을 보이는 편이 책 매출에 훨씬 더 큰 영향을 미친다는 사실은 의심의 여지가 없다. 그러나 겉보기에 매력이 넘치는 저자보다는, 신선하고 획기적인 주제를 논리적이고 열정적으로 풀어나갈 줄 아는 저자가 방송에 출연할 가능성이 더 높다. 따라서 편집자는 저자 자체보다는 그의 글을 보고 판단할 줄 알아야 한다.

"예전에 보지 못한 그 무엇"을 달라

편집자로서 무엇을 기대하는지 작가들이 물을 때면, 나는 "예전에 보지 못한 그 무엇"이라고 대답하곤 한다. 내 대답에 작가들이 격분할 수 있다. 별다른 도움이 되지 않기 때문이다. 하지만 사실이다. **새로운 아이디어, 새로운 목소리, 예상치 못한 것에서 느끼는 충격은 편집자와 독자에게 더없이 큰 자극이 된다.** 위대한 자연주의 학자인 로렌 아이슬리는 훌륭한 예술의 특징이란 그 예술가를 떠올리지 않고서는 그 어디서도 마주칠 수 없는 생각, 주제, 정서라고 말한 적이 있다. 그는 반 고흐의 해바라기를 예로 들었으나, 멜빌의 고래나 샐린저의 십대 청소년도 비슷한 예가 될 수 있다.

작가가 독특하고 새로운 목소리나 방향을 제시하면, 편집자들은 그것이 마치 황금인 양 서로 차지하려고 달려든다. 때로는 작가의 목소리나 방향이 매우 생소해서 이해하기 힘든 경우도 있는데, 그럴 때면 소수의 편집자들만이 그걸 차지하려고 노력한다(제임스 조이스나 찰스 다윈의 경우가 그 예다). 그런가 하면 작가의 목소리가 대중에게 익숙해지는 데 다소 시간이 걸리기 때문에 작가의 초기작의 판매량이 적은 경우도 있다(포크너나 존 어빙의 경우가 그 예다). 그렇지만 동료들과 나는 진정으로 독창적인 목소리라면 결코 영원히 묻힌 채로 지나가는 법이 없으며 진정한 대작이라면 세상의 빛을 보지 못한 채로 작가의 다락방에 묻히는 법이 없다고 굳게 믿는다. 작가는 평생 동료들로부터 인정을 받으며, 동료들이 아니라 하더라도 새로운 것에 굶주린 소수의 편집자들이 언젠가는 그의 작품을 발견할 것이다.

소설 원고의 입수 기준

원고를 판단할 때 구체적으로 무엇을 기대하느냐는 질문에 대한 내 대답에 대부분의 편집자들도 동의할 것이다. (아래에서 소설과 비소설로 구분하여 설명하겠다.)

소설에서는 무엇보다도 목소리가 중요하다. 내가 지금부터 수 시간을 할애하여 이 작가의 책을 읽을 것인가? 내가 작가를 믿는가? 그가 흥미로운가? 그가 익숙한 장면을 신선한 방식으로 그려내는가? 또는 생소한 장면을 실제 장면을 보듯 생동감 있게 그려내는가? 내가 그의 동반자라고 느낄 만큼 그가 스스로를 충분히 드러내는가?

눈 내리는 워싱턴의 풍경 내지는 풍만한 금발 미녀와 정사를 하는 도중 갑작스레 울리는 전화벨 소리로 소설을 시작하는 스릴러 작가라면, 그로부터 아주 탁월한 이야기를 이어나가야만 내가 그 소설을 구매할 것이다. (흠, 그가 그럴 가능성은 적다. 진부한 글을 쓰는 작가는 줄거리 역시 진부하기 때문이다.) 하지만 "풍채가 당당한 살집 있는 벅 멀리건"에 비견될 만큼 범상치 않은 구절로 시작하는 원고를 받았다면, 난 단번에 작가에게 사로잡힐 것이다. 그리고 이야기에 힘이 빠지지 않는 한, 원고를 내려놓지 않을 것이다.

내가 여기서 말하는 목소리가 문체가 아님에 주의하자. 로버트 러들럼은 문체가 빼어나다고는 할 수 없지만, 격정적이고 숨 가쁘며 화려한 산문은 그의 멜로드라마에 더없이 완벽하게 어울린다. 어느 누구도 그의 진실성과 헌신을 의심하지 않는다. 자신만의 느낌을 전달하는 그의 방식은 독자들을 사로잡는 장점이다.

목소리에 이어 속도가 있다. 속도를 시험하는 척도는 간단하다. 한쪽을 읽은 후 그다음 쪽을 읽고 싶은가? 러들럼은 물론 속도의 대가다. 사건들이 총알과 같은 속도로 진행된다. 하지만 독자를 사색과 감정으로 점점 빠져들게 하는 훌륭한 언어의 속도 역시 거부할 수 없는 힘이 있다. (영화와 연극에서와 마찬가지로) 작가에게 속도는 본능적이다. 작가(또는 감독)가 이야기를 적절한 리듬으로 끌어갈 수 있다면 속도가 효과를 발휘한다.

그다음으로는 인물이 있다. 물론 인물보다 플롯이 더 중요하다고 생각한다. 하지만 반대의 예들이 있음에도, 플롯은 서로 갈등하는 인물들 사이에서 비롯된다. 우리가 인물들을 좋아하는가? 우리가 그들의 운명에 관심을 갖는가? 그들이 결혼이나 이혼을 할지, 나쁜 짓을 한 누군가에게 복수를 할지의 여부에 우리가 감정을 투자하는가? 그들이 살아 있는가? 그들이 복잡하고 놀라우리만치 실제 인물 같은가? 이 질문들에 대한 답이 모두 "예"라면, 편집자는 그 책을 구매하려는 강한 유혹을 뿌리치지 못할 것이다.

네 번째로 플롯이 있다. (러들럼과 같은) 일부 작가는 독자들을 완전히 휘어잡는 이야기를 해나갈 수 있기 때문에 인물들이 1차원적이라 해도 문제가 되지 않는다. 반면 대다수의 작가들은 인물들의 발전을 통해 플롯을 진전시킨다. 하지만 어떤 경우에든 독자는 속도감 있는 이야기를 기대한다. 앞으로 무슨 일이 벌어질지 알고 싶어 하기 때문이다. 그리고 앞으로 벌어질 일이 납득이 가도록 놀라운 사건이라면 더욱 좋다. 무작정 놀라운 사건은 효과를 발휘하지 못한다. 논리적으로 놀라운 사건이면 더할 나위 없이 좋다.

방금 말한 플롯과는 다소 거리가 있지만, 그다음으로는 문체가 있다. 문체가 좋은 글은 그 자체로도 좋지만, 그것만으로는 책을 입수하기에 부족하다. 실제로 내가 가장 두려워하는 원고는 아름답게 쓰여서 계속 읽어나갔으나 끝에 가서는 아무런 인상이나 놀라움 없이 아무것도 말하지 않고 드러내지 않는 글이다.

마지막으로, 그럴듯함이 있다. 저자가 세부사항을 옳게 묘사하는 것도 도움이 된다. 하지만 지어낸 이야기라도 그럴듯하게 설득력이 있으면 정확성은 그 앞에서 빛을 잃게 된다. "이게 바로 실제 생활에서 벌어진 일이야" 내지는 "이게 바로 방의 실제 모습이야"라고 단정적으로 말하는 저자의 책은 그 품질을 확신할 수가 없다. 어쩌면 그럴듯함보다는 정확성을 추구하는 태도 때문에 많은 기자들이 좋은 소설을 쓰지 못하는지도 모른다. 저자가 어떤 것이 사실임을 내게 납득시킨다면, 난 그게 실제로 사실이든 아니든 신경 쓰지 않는다.

비소설 원고의 입수 기준

비소설 도서 및 제안서를 읽을 때에는 앞서와 비슷하지만 다른 사항들이 적용된다. 여기서도 역시나 목소리로 시작을 한다. 소설보다는 비소설에서 독자가 저자를 더 신뢰해야 하기 때문이다. 책의 방향에 대해 확신이 있고 명료한 목소리로 주제를 전달하는 자신감 넘치고 열정적인 저자는 자신의 주장을 관철시키기 위해 이미 알려진 사실들을 그저 열거하거나 '획기적인 결론'을 이를 뒷받침하는 논리 없이 제시하는 저자보다 훨씬 더 좋은 기회를 얻는다.

(내가 두 번째로 제시하긴 하지만) 아마도 가장 중요한 것은 소재일 것이다. 상업적인 책에 가장 적합한 소재가 무엇인지 논의하는 것은 무모한 일이다. 취향이 변하고, 대중의 관심사가 변하며, 한때 화제가 되었던 분야(예를 들면 자기계발)가 너무 자주 다뤄진 나머지 그 매력을 잃게 되기 때문이다. 한 가지 소재 분야가 큰 성공을 거두면 그를 모방한 책들이 무수히 나오기 때문에, 아무리 설득력 있는 책이라 할지라도 소재가 그와 동일하면 독자의 호응을 얻기가 힘들다. 일반적으로 독자들은 삶에 영향을 미치는 소재에 대해 읽기를 원한다. 섹스, 돈, 살인, 기묘한 인간관계, 유명인사의 굴곡진 삶과 같은 선정적인 주제는 언제나 인기를 얻는 경향이 있다. 일반인들이 타인의 성공이나 불행으로부터 기분 좋은 자극과 위안을 얻을 수 있기 때문이다. 흥미로운 타인의 삶은 늘 우리의 관심을 사로잡는다. 지지해야 할 한 가지 소재가 있다면 바로 이것이다.

세 번째로는 조직, 즉 글의 정렬이 있다. 한 지점에서 다음 지점으로 논리정연하게 진행되어 절정에 도달하는 논리적 서사는 읽는 즐거움을 선사한다. 이는 저자가 자신의 책에 투입할 수 있는 것보다 더 많은 것을 알고 소재를 통제할 수 있음을 의미한다. 이러한 재능은 독자에게 절대적인 편안함을 제공한다. 독자는 전문가가 이를 주도하길 원하며, 각종 사실에 확신을 갖고 이를 현명하게 선택할 줄 아는 저자는 자신이 전문지식을 갖고 있음을 독자에게 증명할 수 있다.

네 번째로 문체가 있다. 글을 정말로 잘 쓰는 저자는 별 관심이 가지 않는 소재라도 이를 흥미롭게 만들 수 있다. 한 예로 존 맥피의 글을 읽은 적이 있는데, 그의 글은 알래스카가 정말 매혹적인 곳임을 내게 설득시켰고 오렌지에 대해 내가 알고자 했던 것보다 더 많은 것을 이야기해주었다. 반면 재능 없는 저자는 흥미로운 주제라도 지루하게 만들 수 있다. 이러한 저자는 가장 선정적인 주제인 살인이라도 졸음이 오게 만들 수 있는 반면, 열의와 활기를 갖고 글을 쓰는 저자는 어떠한 주제라도 흥미롭게 만들 수 있다.

마지막으로, 소설에서와 마찬가지로 그럴듯함이 있다. 아무리 터무니없는 소재라도 이를 설득력 있게 만드는 비상한 저자가 있다. 이는 대개 세부사항의 사용과 본인의 열정과 믿음을 전달할 수 있는 남다른 능력을 통해서다. 최근에 환생을 다룬 책을 읽은 적이 있다. 난 환생을 믿지 않는다. 하지만 저자는 본인이 믿는 바를 나 역시 믿게 만들었고, 난 불안과 혼란에 휩싸인 채로 그 책을 게걸스럽게 읽어댔다. 물론 저자는 나를 완전히 설득시키지는 못했다. 며칠 후 그의 생각이 허튼소리라고 치부하게 되었으니 말이다. 그렇지만 저자는 나를 사로잡았고 잠깐이나마 내 머릿속을 흔들었다.

한 마디가 남았다. 작가들은 언제나 경험을 바탕으로 글을 쓰라는 충고를 듣는데, 편집자들 역시 동일한 충고를 따라야 한다. 편집자가 가진 문제, 관심사, 열정은 독특한 것이 아니다. 이것들은 타인에 의해 투영된 것이다. 따라서 그러한 소재를 다룬 책을 읽을 독자들이 존재한다. 인간관계에서 문제를 겪고 있는 미혼의 젊은 편집자는 결혼에 관한 책보다 본인의 관심사를 공유하는 저자를 찾는 편이 훨씬 더 낫다. 과학에 전문지식이 있는 편집자는 발레에 관한 책을 그 분야의 기존 책들을 많이 접한 동료에게 넘기라는 충고를 들을 가능성이 높다.

개인적 취향과 직업적 취향은 다르다. **편집자는 상업적인 책을 휴가 기간에 읽지 않는다 하더라도 그러한 책에 대한 감각을 반드시 키워야 한다.** 하지만 본인이 구미가 당기지 않는 어떤 분야에서 성공을 거둔 책이 있다는 이유로 그 분야의 책을 발간하려고 하는 편집자는 실패하기 마련이다. 본인이 아는 분야에서 책을 출간해야 한다. 자신의 본능과 열정을 믿는다면 독자들이 따를 것이고, 결국 그들이 책을 구매할 것이다.

「기획서, 제안서, 원고에 무엇을 담아야 하는가—작가를 위한 조언 2」

편집자에게 예비 기획서, 제안서, 원고를 보내는 일은 구직 면접을 보는 일과 같다. 첫인상이 중요하니 말이다. 그것도 매우 중요하다. 제인 본 메렌은 "작가가 할 수 있는 첫 번째 일은 무엇을 제출하든지 간에 올바른 형식을 갖추는 것이다"라고 권고한다. 그녀는 편집자에게 보내는 제안서나 원고를 전문적으로 보이게 할 수 있는 6가지 기본 규칙을 제시한다. 여기서 본 메렌은 예비 기획서, 제안서, 원고가 소설이든 비소설이든 계획 중인 저서를 팔기 위한 효과적인 수단이자 사업 계획이 되도록 하기 위해 해야 할 일과 하지 말아야 할 일을 구체적으로 명시한다. 편집자들은 때때로 싫증이 나거나 바빠서 저자가 설렘 반 걱정 반으로 보낸 기획서나 원고에 관심을 보이지 않는 것처럼 보일 때가 있다. 그러나 본 메렌은 이렇게 결론 내린다. "아무리 산더미 같은 업무에 치여 산다 해도 편집자들은 늘 새로운 것을 기대한다는 사실을 잊지 말아야 한다. 비범하고 신선하며 전적으로 전문적인 저자를 만나는 일만큼 편집자에게 가슴 설레는 경험도 없다. 전문가답게 준비한 예비 기획서, 제안서, 혹은 원고를 그들에게 내민다면, 그들은 바로 그러한 저자를 만났다고 확신할 것이다."

제인 본 메렌(Jane Von Mehren)

제인 본 메렌은 호튼 미플린 산하의 티크너 앤드 필즈의 선임 편집자다. 그녀는 크라운 퍼블리셔스에서 제임스 오셔 웨이드와 함께 출판 업무를 처음 시작하여 이후 편집자가 되었고, 그곳에서 6년간 재직했다. 또한 그녀는 젊은 미국인 편집자에게 영국에서 활동할 기회를 제공하는 토니 갓윈 어워드를 수상했다. 그녀가 편집·입수한 책으로는 수전 팔루디의 『역풍: 미국 여성을 향한 선포되지 않은 전쟁』과 데스먼드 모리스의 『고양이 관찰』과 『개 관찰』이 있다.

기획서, 제안서, 원고에
무엇을 담아야 하는가

─작가를 위한 조언 2

─제인 본 메렌

투고 전 확인할 것들

편집자를 둘러싼 신화의 하나는 그들이 온종일 사무실에 조용히 앉아 산더미같이 쌓인 예비 기획서, 제안서, 원고를 읽는다는 것이다. 이러한 이상적인 상상은 쉴 새 없이 울려대는 전화, 반드시 참석해야 하는 주간 회의, 편집자들이 감독해야 하는 도서 출간의 다양한 단계를 감안하지 않은 결과다. 사실상 편집자들은 근무시간 중 사무실에서 기획서나 제안서, 원고를 훑어볼 시간이 거의 없다. 편집자들은 주로 저녁이나 주말에 집에서 이러한 것들을 읽곤 한다. 왜냐하면 시간이 제한되어 있기 때문에 출판사로 보내진 모든 기획서나 원고를 일일이 살펴볼 여유가 없기 때문이다.

그렇다면 저자가 어떻게 편집자에게 깊은 인상을 주거나 편집자의 관심을 사로잡을 수 있을까?

우선 깔끔함이 중요하다. 엉성하거나 타자를 제대로 치지 않았거나 행간 여백 없이 작성한 원고라면 편집자가 보자마자 이를 돌려보낼 가능성이 크다. 목표는 예비 기획서, 제안서, 또는 원고를 편집자가 최대한 보기 편하도록 만드는 것이다. 편집자가 눈을 가늘게 뜨고 원고를 읽어야 하거나 이상한 각도로 페이지를 넘겨야 하거나 판독이 어려운 원고를 간신히 읽어내야 한다면, 그것만으로도 원고의 거절 사유가 된다. 편집자가 반드시 읽어야 하는 어마어마한 양의 자료를 현실적으로 감안하면 그럴 만도 하다. 게다가 저자라면 편집자의 관심을 사로잡아 원고를 입수하고 싶은 마음이 들게 해야 하지 않겠는가?

투고를 헛되게 하지 않으려면 원고를 어디로 보낼지 신중하게 고려해야 한다. 작가는 '관리 편집자'가 되었든 '소설 편집자'가 되었든 '요리책 편집자'가 되었든, 단순히 '편집자' 앞으로 원고를 보내서는 안 된다. 이러한 행위는 전문적이지 못하다. 대부분의 편집자는 소설과 비소설을 비롯하여 무수한 종류의 책을 작업한다. 편집자라는 일반적인 호칭은 별다른 의미가 없다. 대부분의 편집자에게 모두 적용되기 때문이다. 구체적으로 편집자의 이름을 호명하지 않는다면, 원고는 이미 산더미처럼 쌓여 있는 원고 속에 파묻혀버려 거대한 국제공항의 분실물 관리소에 놓이는 처지처럼 될 것이다.

원고를 어느 출판사의 어느 편집자에게 보낼지 알아내는 일은 생각만큼 어렵지 않다. 우선 본인이 집필한 원고 또는 집필하려고 계획 중인 원고와 비슷한 책을 발간하는 출판사가 어디인지 알아내야 한다. 어떤 출판사가 적절할지 감이 잡히지 않는다면 가까운 도서관이나 서점을 방문하여 책들을 훑어보자. 여러 출판사의 여러 책들의 제목을 적은 다음, 각 출판사의 편집부에 전화를 걸어 해당 책의 편집자의 이름을 알아내면 된다. 이때 편집자 이름의 철자가 틀리지 않아야 한다.

물론 이러한 지침은 특정 출판사의 가장 적절한 편집자에게 원고를 보낼 수 있도록 도움을 주기 위한 것이다. 궁극적으로 편집자가 원고에 호의적인 반응을 나타낼지의 여부를 결정짓는 것은 원고의 내용과 문체일 것이다.

호기심을 일으키는 예비 기획서

길이가 1장에서 5장에 이르는 예비 기획서는 편집자가 추가적인 자료를 요청할 정도로 호기심을 유발해야 한다. 예비 기획서는 여행책과 요리책에서 전기와 자기계발서에 이르기까지 모든 종류의 소설과 비소설에 적당하다. 제안서 및 원고를 보내는 일과 달리, 예비 기획서를 보내게 되면 저자가 미리 상황을 살필 수 있을 뿐만 아니라, 편집자도 저자의 도서 기획안이 본인의 분야에 적합한지 아닌지를 빠르게 판단할 수 있다. 게다가 저자는 많은 양의 자료를 보낼 때보다 기획안에 대한 답변을 훨씬 더 빨리 받아볼 수 있다.

예비 기획서는 저자와 그의 책을 편집자에게 팔기 위한 일종의 광고 문구와 같다. 예비 기획서는 저자가 출판사 측에 제안하려는 책의 콘셉트를 선보여야 한다. 어느 면에서 본다면 약식 제안서인 셈이다. 예비 기획서는 매우 간략해야 하기에 단 한 단어라도 낭비해서는 안 된다. 내용의 초점을 확실히 하고 명확한 관점을 제시해야 한다. 책 내용에 관한 정보, 책 집필과 관련된 저자의 자격, 책의 예상 독자층, 편집자가 독자층에 다가가도록 저자가 도울 수 있는 방법을 명시해야 한다. 또한 책의 주요 특성을 설명하고 동일한 주제를 다룬 다른 책들과 저자의 책이 어떻게 다른지를 강조해야 한다. 이로써 책의 판매 가능성을 증명하는 것이다. 그러나 편집자에게 그 기획이 '보장된 베스트셀러'라고 말해서는 안 된다. 실제로 그럴 리도 없을뿐더러 저자가 비전문가라고 드러내는 행위이기 때문이다.

소설을 제안할 때는 플롯 전체를 다 설명하지 않도록 한다. 대신, 읽는 사람이 감질나서 더 읽고 싶은 마음이 들게끔 이야기를 한두 단락으로 압축하여 설명한다. 장르에 맞게 원고의 특징을 살린다. 제안하려는 소설을 비슷한 다른 작가의 소설과 비교할 수도 있다. 예를 들면 스티븐 킹, 앤 타일러, 에이미 탄, 클라이드 에저튼의 소설과 비교할 수 있다. 방금 언급한 책을 발행한 특정 출판사의 편집자에게 기획서를 보내는 것이라면 그렇게 말하면 된다. 이는 저자가 어느 정도 정보를 찾아보았고 기획서를 무작정 보내는 것이 아니라는 사실을 나타낸다.

소설의 성공은 종종 훌륭한 서사로 판가름 나므로, 소설의 한 장(章)을 첨부하는 것도 좋다. 이때, 책의 중간 부분보다는 항상 첫 장을 보내도록 한다. 책의 중간 부분을 보내면 도움이 되기보다는 혼란만 줄 뿐이다. 특히 기획서를 통해 소설 작가로서 본인의 역량을 전달하는 것이 중요하다. 수많은 사람들이 소설을 쓰려고 하며, 단 하나의 단편이라도 작품 출간 경험이 있다면 나머지 사람들보다 이미 유리한 위치에 서 있는 셈이다.

비소설에 관한 예비 기획서를 보낼 경우, 우선 집필 작업에 대해 전반적으로 설명한다. 그다음 중요한 단계는 동일 분야의 다른 책들 사이에서 본인의 책을 차별화시키는 것이다. 시중에 나와 있는 다른 책들과 본인의 책이 어떻게 다른지를 설명하자. 이렇게 하면 저자가 사전 조사를 했음을 보여줄 수 있고, 더욱 전문적인 인상을 줄 수 있다. 만약 기존에 공개되지 않은 매우 획기적인 정보로 새로운 관점을 제시하는 주제의 책이라면, 기획서를 통해 그에 대해 언급하도록 한다. 예비 기획서 안에 그러한 정보의 몇 가지 예를 포함시킬 수도 있다. 그리고 필수적인 사항은 아니지만, 책의 목차 내지는 책을 통해 이루고자 하는 바를 간결하면서도 흥미를 유발하는 방식으로 요약한 도입부를 기획서에 포함시킬 수도 있다.

예비 기획서를 보내는 일이 낚시와 같다는 점을 기억하자. 낚싯대에 너무 많은 미끼를 달아놓으면 낚시감을 잃고 만다. 간결하고 간단명료한 방식으로, 그리고 열정을 담아 읽는 사람이 감질나도록 만들어야 한다.

제안서가 담아야 할 6가지

강력한 제안서는 판매 수단이자 사업 계획이다. 제안서는 이를 읽은 편집자가 저자에게 책을 계약하자고 할 정도로 설득력이 있어야 하고, 분량·비용·경쟁력·시간과 돈에 대한 투자, 잠재적인 수익을 추정하여 제시할 수 있어야 한다. 예비 기획서와 마찬가지로, 제안서는 편집자가 도서 제안에 대해 더 알고 싶게끔 만들어야 한다. 또한 편집자의 열의에 불을 당겨, 출판사가 책 집필을 마칠 때까지 보탬이 될 수 있도록 저자에게 선금을 지급할 정도가 되어야 한다.

소설 제안서를 쓰기란 극히 어려우며, 편집자가 이를 평가하기도 어렵다. 호소력 강한 개요나 제안서를 썼다고 해서 소설이 반드시 좋은 것은 아니다. 반대로 형편없는 제안서를 써서 편집자의 관심을 사로잡지 못했다 하더라도 기회가 주어지면 훌륭한 소설을 쓸 수도 있다. 유감스러운 이야기지만, 저자가 소설가로서 탄탄한 경력을 갖고 있지 않는 한, 제안서나 개요만으로 책 계약을 얻어낼 가능성은 극히 희박하다. 현실적인 한 가지 선택은 앉아서 소설을 끝까지 쓰는 것이다. 이렇게 하려면 실로 엄청난 투자를 해야 하지만, 이것이야말로 출판계의 엄연한 현실이며 이 현실을 무시한다면 소설가로서 인생을 시작조차 못할 수도 있다. 물론 그렇다고 해서 소설의 개요가 아예 쓸모가 없다는 건 아니다. 실제로 편집자들은 소설의 예비 기획서에 대한 답으로 책의 첫 세 장(章)과 책의 나머지 부분의 개요를 보자고 종종 요청한다. 이는 저자의 수준이 어느 정도인지를 보는 한 가지 방법이다. 보내온 내용이 흡족하다면 편집자는 원고 나머지를 보자고 할 것이다. 이 방법은 얼핏 비효율적으로 보일 수도 있지만, 실제로는 절차를 신속하게 하고 우편비용을 줄인다.

그러나 비소설의 경우에는 제안서가 매우 유용하다. 실제로 대부분의 비소설이 완전히 완성된 원고가 아닌, 제안서의 형태로 팔린다. 제안서의 분량은 적게는 10장 미만에서 많게는 125장에 이르기도 한다. **제안서는 대개 다음과 같은 6가지 요소를 포함하는 경향이 있다.**

콘셉트

제안서는 저자가 쓰려고 계획하는 책의 콘셉트를 설명하는 몇 쪽 분량의 진술로 시작된다. 이 부분에서는 책의 구상에 대해 편집자의 관심을 즉각 사로잡을 수 있는 일화나 다소 도발적인 일련의 사실로 종종 시작한다. 여기서는 적극적인 목소리를 취해서 책의 기획안이 왜 독특한지, 이 책이 왜 적시에 적절한 책인지, 왜 본인이 저자로 적임자인지를 설명해야 한다.

마케팅 제안

대부분의 제안서에는 마케팅에 관한 부분이 있다. 이 부분에서는 본인의 책이 서점에서 직면하게 될 경쟁에 대해 전격적으로 논의해야 한다. 가까운 서점에 가서 어떤 책들이 나와 있는지 확인하자. 여러 군데의 서점을 가보고 『북스 인 프린트(*Books in Print*)』(미국에서 발행되는 모든 서적에 관한 데이터베이스—옮긴이)를 통해 조사를 하도록 한다. 본인이 쓰려고 계획하는 주제를 다룬 다른 어떤 책들이 나와 있는지 설명하고, 본인의 책이 어떻게 차별화되는지 강조한다. 그때 모든 책을 다 언급할 수 없으므로 분야 내의 베스트셀러들을 선택하고 가능할 경우 주목할 만한 판매부수를 언급한다. 여기서 핵심은 본인의 책이 해당 분야에서 이미 검증된 경쟁작들보다 더는 아니더라도 그만큼의 성공을 거둘 수 있음을 보여주는 것이다.

마케팅 부분의 두 번째 목적은 목표 독자층, 그리고 출판사가 목표 독자층에 다가갈 수 있는 방법을 규정하는 것이다. 얼마나 많은 사람이 책의 주제에 관심을 보일지 통계자료를 인용한다. 예를 들어 여행책 제안서를 쓸 때에는 해당 지역으로 매년 여행을 가는 미국인들의 수를 제시한다. 본인의 책을 구매하길 원할 수도 있는 전문기관에 대해 알고 있거나 해당 기관의 소식지가 목표 독자층에 직접 책을 광고할 수 있는 한 가지 통로가 된다면, 그 사실에 대해 쓰도록 한다. 시장을 평가할 때에는 현실적인 태도를 취해야 한다. 쉴 새 없이 평가를 내리는 편집자는 부풀려진 숫자나 무모한 일반화에 현혹되지 않기 때문이다. 본인의 가족이나 친지가 이 책에 큰 잠재성이 있다고 생각한다는 말을 하지 말자. 이보다 더 본인을 비전문가로 보이게 하는 지름길도 없다.

목차와 장별 개요

그다음으로는 대개 목차가 따른다. 편집자가 목차를 읽으면 저자가 책을 어떻게 구성할지 감을 잡을 수 있다. 또한 책 소재의 범위와 깊이를 알 수 있다.

별도로 목차를 제공하지 않고자 한다면, 책 내용을 장(章)별로 분해하여 제시한다. 각 장마다 짧은 글을 쓰는데, 이때 길이는 몇 장 내지는 몇 단락을 넘지 않도록 하고 어떤 소재를 어떻게 다룰지 설명한다. 여기서 목적은 저자로서 취할 접근법의 깊이와 세부사항을 보여주고 책의 소주제들이 장을 거듭할수록 어떻게 발전하는지를 보여주는 것이다. 각 장의 요약은 편집자를 납득시킬 수 있을 만큼 완전해야 하고, 흥미진진하고 신선하며 귀중한 내용을 담고 있으면서도 읽는 사람이 그에 대해 더 알고 싶게끔 만들어야 한다.

도서 세부사항

그다음으로는 집필의 자세한 사항에 대해 이야기한다. 책의 분량이 대략 몇 쪽이 될 것인지, 자료를 수집하고 책을 집필하는 데 어느 정도의 시간이 소요될지 이야기한다. 또 책의 집필에 어떤 종류의 비용이 소요될지, 자료 수집을 위해 답사를 해야 할지의 여부를 이야기한다. 특정한 허가 내지는 삽화와 관련하여 많은 비용이 발생할지의 여부도 이야기한다. 더불어 사진, 도표, 도해 등 책에 포함시킬 추가적인 자료에 대해서도 이야기한다. 여기서 목적은 책 집필에 어떠한 것들이 수반

될지, 얼마만큼의 금전적 비용이 소요될지 현실적으로 평가하는 것이다.

저자 약력

제 3자의 입장으로 쓴 약력을 제시해서 계획 중인 책의 저자로서 자격이 있음을 증명해야 한다. 집필 경력이 있다면 이를 우선적으로 제시한다. 해당 소재에 관해 집필한 글이 있다면 이를 동봉한다. 그런 다음, 본인의 자격에 대해 설명한다. 여기에는 학력, 주요 경력 사항, 부업으로서 해당 주제를 평생 연구한 경력 등이 포함된다. 해당 분야의 권위자들로부터 자격을 검증받을 수 있거나 이미 추천의 글을 받은 적이 있다면, 그 내용을 인용하도록 한다. TV 출연 경험이 있다면 그 장면을 담은 비디오테이프를 제출하거나 기타 매체에 모습을 드러낸 적이 있다면 그에 대해 간략히 설명한다. 책 홍보의 중심은 보통 작가이므로 매체 출연에 적합한 저자와 작업을 한다면 출판사로서는 더할 나위 없이 반가운 일이다.

견본 원고

마지막으로, 책의 한두 장(章)을 견본으로 제공한다. 이로써 저자의 집필 능력을 편집자에게 증명할 수 있으며, 아무도 이것이 완성된 원고라 생각하지 않는다 해도 견본으로 제시한 글로 저자의 글쓰기 기술을 최대한 선보일 수 있다. 각 장은 분량이 20~25장 정도가 적당하고 책 전체에서 사용될 글쓰기 방식을 보여주어야 하며, 책에 수록될 정보의 종류를 포함해야 한다. 책 전체의 모든 가능성을 보여주면서도 읽는 사람의 입맛에 맞는 장을 선택할 것을 명심해야 한다.

제안서 그리고 책을 집필하기 위해 사용하는 개요는 서로 다름을 염두에 두도록 한다. 최고의 제안서는 읽으면서 별다른 의문이 제기되지 않는 제안서이다. 그 이유는 무엇일까? 제안서 안에 모든 답이 있기 때문이다. 목적은 구미를 확 당기는 제안서를 써서 그걸 읽은 편집자가 당장에라도 전화를 걸어 책 계약을 제안하게끔 하는 것이다.

완성된 원고에 기대하는 점

편집자가 예비 기획서나 제안서에서 기대하는 것보다 완성된 원고에서 기대하는 것에 대해 저자에게 훨씬 더 적게 말한다는 사실은 다소 모순적이다. 그 이유는 부분적으로 편집자가 작가가 아니며 최종 원고가 어떻게 나올지 모르기 때문이다. 편집자들은 작가마다 집필 방식이 다르다는 사실을 안다. 완성된 원고를 편집자에게 제출할 때에는 원고, 즉 책의 내용과 문체의 진가에 대해 편집자를 설득할 수 있어야 한다. 그러나 소설이든 비소설이든 엉성한 사고의 흐름이나 부주의한 글쓰기를 보여서는 안 된다. 스스로에게 이렇게 묻자. 줄거리나 주장이 설득력이 있는가? 글이 잘 쓰였는가? 각 장면, 인물, 대화, 생각이 작품에 중요하고도 효과적인 기여를 하는가? 작품이 독창적인가? 가족과 친지외의 사람들이 책의 마지막 쪽까지 읽을 수 있는가?

어느 정도 시간이 걸리겠지만, 열정과 전문지식이 담긴 잘 쓰이고 잘 짜인 원고, 제안서, 예비 기획서는 적당한 출판사를 찾아갈 것이다. 한편으로는 편집자가 보인 반응을 신중하게 고려하여 본인의 저서를 재정비해서 미래에 다시 투고할 때를 대비해야 한다. 이 작업이 얼마나 힘겨운지를 항상 상기하자. 어쨌거나 매일 방대한 양의 자료를 읽고 편집, 생산, 마케팅 업무를 하면서 도서 입수를 게을리 하지 않는 정신없이 바쁜 사람들의 시선을 사로잡으려는 일이니 말이다.

하지만 아무리 산더미 같은 업무에 치여 산다 해도 편집자들은 늘 새로운 것을 기대한다는 사실을 잊지 말아야 한다. 비범하고 신선하며 전적으로 전문적인 저자를 만나는 일만큼 편집자에게 가슴 설레는 경험도 없다. 전문가답게 준비한 예비 기획서, 제안서, 혹은 원고를 그들에게 내민다면 그들은 바로 그러한 저자를 만났다고 확신할 것이다.

「저자와 편집자가 작가 협의회에 가는 이유―작가를 위한 조언 3」

여러분이 "혼자가 아님을 일깨워주고 작가로서 성장하는 데 필요한 도움과 교훈을 줄 수 있는 큰 규모의 다채로운 지지 집단"을 찾고 있는가? 마이클 세이드먼은 "그러한 집단을 만나기 위해 그저 할 일은 작가 협의회에 참석하는 것이다"라고 말한다.

미국 전역에서는 한 해에 무수한 작가 협의회가 개최된다. 세이드먼은 여러분에게 맞는 작가 협의회를 선택할 수 있는 실제적인 지침을 주고, 투자한 시간과 돈에 대비하여 작가 협의회를 최대한 활용할 수 있는 방법을 사실적이고 실용적인 이 글에서 알려준다. 그는 협의회의 매 순간을 활용하는 방법, 워크숍을 선택하는 방법, 피해야 할 워크숍을 식별하는 방법, 협의회에 참석한 편집자들과 경력에 도움이 되는 방식으로 효과적으로 인맥을 쌓는 방법을 제시한다. 편집자들이 협의회에 참석하는 것은 새로운 작가를 발굴하기 위해서다. 편집자들은 작가들이 그들을 만나고 싶어 하는 것만큼이나 작가들을 만나길 원한다. 바로 이 때문에 작가 협의회가 존재한다. 그렇다면 잠시 워드 프로세서를 닫아두고(글쓰기를 중단할 수 없다면 노트북을 가져가자) 작가 협의회에 참석하여 창작의 에너지를 충전하고 작가 인생에 변화를 꾀할 기회를 모색해보는 건 어떨까.

마이클 세이드먼(Michael Saidman)

워커 앤드 컴퍼니의 미스터리 편집자인 마이클 세이드먼은 출판계의 모든 분야에 걸쳐 30년 이상의 경력을 갖고 있다. 아메리칸 미스터리 어워드 최고 도서 편집자상을 받은 세이드먼은 『인쇄에서 출간까지: 출판 과정에 대한 지침』의 저자이다. 그의 최신작인 『꿈을 실현하다: 삶의 한 방식으로 글쓰기』는 1992년 11월에 발간되었다. 그는 한 해에 적어도 열 차례의 작가 협의회에 참석한다.

저자와 편집자가
작가 협의회에 가는 이유

—작가를 위한 조언 3

—마이클 세이드먼

지지 집단 찾기

권위자들은 우리가 가장 많이 배워야 할 것을 오히려 가장 많이 가르친다고 말한다. 10년이 넘게 연사 자격으로 협의회에 초청되고 작가로서 협의회에 참석해 온 나로서는 그들의 말에 반박할 생각이 없다. 그들의 말이 옳다.

그들은 또한 작가란 쓰고, 쓰고, 또 써야 한다고 말한다. 글쓰기에서 한눈을 파는 시간은 낭비하는 시간이며 글쓰기를 배우는 유일한 방법은 글쓰기라고도 말한다. 맞는 말인가?

그들은 글쓰기가 작가가 종이 위에서 홀로 분투해야 하는 가장 고독한 일이라고 말한다. 맞는 말인가?

참으로 애매모호하고 정체를 알 수 없지만 항상 인용되는 "그들". 그러나 그들의 말이 항상 옳은 건 아니다.

오로지 돌아오는 답이라고는 두루뭉술한 거절("⋯⋯는 현재로서는 우리 출판사의 출간도서 목록에 적합하지 않습니다")일 때, 작가는 동일한 실수를 반복하고 있음을 깨닫게 된다. 그리고 실수로부터 배우게 된다. 단, 그 실수가 어떤 특정한 종류의 오류임을 인지할 때에 한한다. 유감스럽게도, 좋아하는 작가의 글을 읽고 모방하려는 시도는 답이 아니다. 그렇게 해서 나온 글은 그저 누군가의 능력의 메아리일 뿐이다.

외로움과 관련하여 최악의 상황을 말한다면, 작가 곁에는 늘 등장인물들만이 있다. 이들은 종이 위에서 생명을 얻어 줄거리는 어찌 되든 말든 앞으로 어떤 일을 벌일지 들려준다. 그러나 최상의 상황을 말한다면, **작가에게 혼자가 아님을 일깨워주고 작가로서 성장하는 데 필요한 도움과 교훈을 줄 수 있는 큰 규모의 다채로운 지지 집단이 존재한다.** 단 며칠간 타자기 앞을 벗어나자(물론 휴대용 타자기가 있겠지만 말이다). 결코 시간 낭비가 아닐 것이다.

그러한 집단을 만나기 위해 그저 할 일은 작가 협의회에 참석하는 것이다.

매년 무수히 많은 작가 협의회가 열린다. 텍사스 보몬트의 '골든 트라이앵글 소설가 협의회', 콜로라도 덴버의 '로키 마운틴 소설가 협의회'와 같은 일부 작가 협의회는 글쓰기 협회와 워크숍의 후원으로 개최된다. 그런가 하면 오클라호마 노먼의 '오클라호마 대학교 전문적 글쓰기 단기 코스' 같은 일부 협의회는 대학교 글쓰기 프로그램이 직접적으로 지원한다. 일부 협의회는 분야 내 다양한 전문가들이 실시하는 세미나의 형태를 띠는데, 글쓰기 전문가 게리 프로보스트가 미국 전역에서 일련의 프로그램을 실시한다.

그 뿐만 아니라 특정 분야의 작가들을 위한 협의회가 열리기도 한다. '미국 로맨스 작가 협회'의 위성 조직들은 회의(요즈음에는 대부분 모든 형태의 글쓰기를 다룬다)를 후원하며, '미국 미스터리 작가 협회'의 시카고 지부는 '폭풍우가 치는 어두운 밤'이라는 프로그램을 실시한다. 그 밖에 아동 소설 작가 지망생을 위한 협의회와 기독교 분야의 작가 지망생을 위한 협의회도 개최된다. 따라서 마음만 먹는다면 어떤 협의회에든 참석해서 도움을 받을 수 있다.

그렇다면 이 많은 협의회 중에서 본인에게 가장 적합한 협의회를 어떻게 골라야 할까? 매년 봄『라이터스 다이제스트(*Writer's Digest*)』에는 앞으로 개최될 협의회의 목록과 협의회에 참석할 연사들을 알리는 광고가 게재된다. 그러므로 우선 이 잡지를 살펴보는 것이 좋다.

한편 동료들에게서도 유익한 정보를 얻을 수 있다. 특정 협의회에 참석했던 동료가 그 협의회가 유익했다고 추천한다면 한번 진지하게 고려해보자.

마지막으로, 가까운 도서관이나 학교, 대학교의 사서가 개최 예정인 협의회에 대해 알고 있어 주최 측과 연락을 취하게 해줄 수도 있다.

이동 비용이 적당하고 본업에 지장을 주지 않을 만큼 시간을 많이 빼앗지 않는, 참석하기에 편리한 협의회를 몇 가지 찾았다면 그다음으로는 본인에게 가장 적합한 협의회를 선택해야 한다. 즉, 누가 참석하며 무엇을 논의하는지에 따라 협의회를 선택하면 된다. 만약 본인의 전문 분야가 과학 소설인데 연사(편집자, 에이전트, 또는 작가) 중 어느 누구도 그 주제를 다루지 않는다면 그 협의회는 제외해야 한다. 물론 평소에 존경하던 작가라든지 뛰어난 안목으로 널리 알려진 편집자와 같이 도움이 될 만한 누군가 있을 수도 있다. 어쨌거나 본인의 필요사항과 본인이 얻고자 하는 바에 입각하여 선택을 하면 된다.

이제는 만나보고 싶은 편집자나 에이전트와 개인적으로 접촉할 수 있는 기회가 있는지 확인하자. 일부 협의회에서는 프로그램의 일환으로 10분간 만남의 자리를 주선하기도 한다. 또는 연사가 여러 명의 사람을 한꺼번에 만날 수 있는 원탁회의를 주선하기도 한다. 혹은 본인이 스스로 만남을 주선할 수도 있다. 협의회의 연사들 대부분은 누군가에게 도움을 줄 만한 기회를 일부러 찾아 나서기 때문에, 연사와 만나는 자리를 마련하지 못했다 하더라도 그들과 이야기할 기회가 영영 없는 것은 아니다.

내가 연사로 참여하는 대부분의 협의회(나는 일 년에 여덟 차례에서 열 차례의 협의회에 참석한다)는 작가가 평가를 받을 수 있는 기회 역시 제공한다. 어떤 협의회에서는 이러한 기회가 일종의 경연대회의 형태를 띠기도 한다(일반적으로 추가 참가비를 받는다). 주최 측의 지침에 따라 본인의 글을 제출하면 전문가들이 이를 심사하여 상을 수여한다. 그러나 수상을 하지 못하더라도 본인의 강점과 약점을 지적한 평가의 글을 받아볼 수 있다.

일단 작가 협의회 장소에 도착하면, 많게는 300명 가량의 사람들이 접수를 하고 협의회 자료(일정표, 연사 약력, 출판사의 지침, 행사에 식사가 포함될 경우 식권, 협의회 종료 후 참가자가 작성하는 평가표)를 받기 위해 대기하는 광경을 보게 될 것이다. 혹은 참가자 인원이 75명에 그칠 수도 있다. 참가자들 중에는 매년 정기적으로 협의회에 참가하는 사람도 있을 것이고 시간이 허락하는 대로 두세 차례의 협의회에 참가하는 사람도 있을 것이다. 혹은 생소한 분야를 접해보려고 시험적으로 협의회에 참가하는 사람도 있을 것이다. 글쓰기와 관련된 각자의 관심사와 필요사항이 어떠하든, 그들은 동일한 한 가지 목적을 위해 모인 사람들이다. 즉, 배우고 다른 작가들을 만나 정보와 경험을 공유하고 발행인 및 편집자들과 인맥을 쌓기 위해 한 자리에 모인다. 그렇게 모두 같은 이유로 모인 것이다.

공책과 연필, 그리고 적절할 경우 도서 제안서, 원고 일부 혹은 기타 자료를 서너 부 준비하자. 대부분의 편집자와 에이전트들은 원고를 집으로 가져가길 원치 않으며 협의회에서 원고를 읽을 시간도 없다. 대부분은 그렇지만 예외도 있다. 따라서 만약 그들 중 누군가를 만나게 된다면 곧바로 물고기를 낚을 준비가 되어 있어야 한다.

협의회에 참석할 때 휴대용 타자기나 컴퓨터를 가져와도 좋다. 협의회는 대개 열정적인 분위기다. 그러나 키보드는 필요 없다. 우리가 문학이라고 부르는 것 대부분은 기계 위에서 탄생되지 않았으며, 옛 방식이 여전히 완벽하게 효과를 발휘한다.

그리고 옷차림을 편하게 하는 것을 잊지 말자. 회의실은 행사가 진행되는 동안 매우 더워진다. 시상식 연회가 있다면 '갖춰 입기'를 원할 수도 있다. 하지만 이는 타자기만큼이나 필요가 없다. 운이 좋아 입상권에 든다 해도 말이다.

작가 협의회를 활용하는 법

협의회가 진행되는 동안 혼자 구석에 앉아 여러 무리의 사람을 지켜보면서 아무에게도 다가가려 하지 않는 사람만큼 심기를 불편하게 하는 것도 없다(편집자 역시 마찬가지다). 수줍은 태도는 괜찮다. 하지만 본인이 하려는 말에 다른 사람들이 관심을 갖지 않을 것이라는 생각은 절대로 하지 말자. 그러므로 **협의회 장소에 도착하면 사람들과 어울리기 시작해야 한다. 사람들 곁으로 다가가 인사를 하고 질문을 하자.** 참여하자. 물론 가만히 앉아서 듣기만 해도 협의회로부터 뭔가를 얻을 수 있다. 하지만 다른 사람들과 주고받다 보면 훨씬 더 많은 걸 얻을 수 있다.

얻을 것은 많다. 어쩌면 너무 많은지도 모른다. 일정표를 들여다보자. 아마도 동시에 9개 내지는 10개의 토론이 진행될 것이다. 협의회가 개최되기 전에 안내 책자를 받을 것이다. 만약 받지 못했다면 등록 시 나눠주는 안내 책자를 살펴보고 하루 일정을 짜자.

참가자라면 어떤 필요에 의해서 또는 특정 연사의 강연을 듣고 싶어서 협의회에 참석했을 것이다. 우선 일정표에서 가장 듣고 싶은 강연이나 토론을 찾아 그걸 놓치지 않도록 하자. 그런 다음 구미가 당기는 다른 강연이나 토론도 찾아 표시해두자. 그런데 만약 두 개가 동시에 겹친다면 어떻게 할까?

요즈음 많은 협의회에서는 소정의 금액을 받고 모든 강연이나 토론의 녹음테이프를 제공한다. 따라서 가장 참석하고 싶은 강연 및 토론(가장 참석하고 싶은 순서이므로 질문도 많을 것이다……. 질문을 하자)에 참석한 다음, 참석하지 못하는 강연 및 토론의 녹음테이프를 구매하면 된다. 또는 본인이 참석하지 못하는 강연에 참석하는 누군가에게 필기한 내용을 공유하자고 부탁해도 좋다.

만약 카세트 녹음기가 있다면 이를 휴대해도 좋다. 녹음테이프를 제공하는 협의회라 할지라도 협의회장에서 내용을 녹음하는 행위를 금지하는 곳은 한 군데도 보지 못했다. 그렇긴 하지만 녹음기를 사용하기 전에 녹음이 허용되는지, 그리고 연사가 이에 반대하지 않는지 확인하도록 하자. 약간의 예의와 정중함을 표시한다면 승낙을 얻을 수 있다. 연사는 녹음한 내용이 어떤 용도로 사용될지 알지 못한다. 연사는 각서에 서명하는 것을 원할 수도 혹은 필요로 할 수도 있다. 연사는 어떠한 이유에서 자신의 말이 녹음되는 것을 원치 않을 수도 있다. 그러나 그건 그리 문제가 되지 않는다(물론 내가 정확히 무슨 말을 했는지 걱정될 때도 있기는 하지만 말이다). 사전에 양해를 구한다면 대부분 승낙을 얻을 수 있다.

행사 중간에 또는 하루 중 어느 때라도 복도나 휴게실에서 초청 연사 중 한두 명을 만나게 될 것이다. 연사가 누군가와 깊이 대화하는 중이라면, 그의 사생활을 존중하여 대화를 방해하지 않도록 한다. 만약 대화하는 중이 아니라면, 스스럼없이 다가가 본인을 소개하고 잠시 시간이 있는지 물은 다음 자연스럽게 대화를 이어가면 된다. 연사가 만약 미스터리 소설 편집자라면 본인의 호러 소설에 대해 너무 깊게 이야기하지 않는다. 대신 요즈음 무슨 작업을 하고 있는지 연사의 강연 중 어느 부분이 인상 깊었는지 등을 이야기하고(여러분은 소설가이지 않은가?), 협의회 행사가 즐거운지를 묻는다(모든 대화가 일에 관한 내용일 필요는 없다). 그러다 적절한 때를 틈타 원고를 보내면 고려해줄 수 있는지를 묻는다.

그러면 상대방이 얼마간 자세한 사항을 물어볼 것이다. 이를테면 원고의 분량이 어느 정도 되는지, 어떤 하위 장르에 속하는지, 혹은 투고와 관련하여 편집자가 물어볼 만한 몇 가지 질문을 할 것이다. 그리고 원고 전체나 일부를 보내달라고 요청할 것이다. 그러면 그날 만났던 일과 관심을 가져준 데 대해 감사의 뜻을 표하는 서신과 함께 원고를 최대한 신속하게 보내고(내가 사무실에 복귀한 날 원고가 도착한 때도 있었다), (글쓰기에 방해가 되지 않는 선에서) 행운이 찾아오기를 간절히 바라면 된다.

만약 편집자가 투고를 거절한다면 그의 생각을 바꾸려 노력하지 말자. 에이전트와 편집자가 언제나 올바른 판단을 하는 건 아니다. 그러나 그들은 자신의 결정에 그럴 만한 이유를 갖고 있다. 그들은 자신의 필요사항을 알고 시장에서 할 수 있는 일에 대해 알며 무엇이 자신에게 효과적인지 알고 있다. 작가는 그들에게 아무것도 '팔 수' 없다. 그러나 작가가 그들을 곤란하게 만든다면 그들이 작가의 이름 정도는 기억할 것이다. 작가란 본인을 도와줄 수 있는 사람들에게 적대감을 일으키지 않고도 충분히 힘겨운 직업이다.

작가를 무시하는 연사는 드물다

작가를 도와줄 수 있는 사람으로는 연사들이 있다. 그들 중에는 좀 더 다가가기 쉽고 대화하기 쉬우며 어울리기 쉬운 사람들이 있다. 게다가 작가를 무시하는 연사는 드물다. 만약 불행히도 그런 연사를 만난다면 입장 전 나눠준 자료에 포함된 평가지에 그 사실을 써넣자. 모든 협의회에서는 협의회 자체, 연사, 토론에 대해 의견을 묻고 가장 유익했던 그리고 가장 형편없었던 강연이나 토론에 대해 묻거나 차후 더 나은 행사를 위해 기타 질문을 하는 평가지가 배포된다. 평가지에 솔직하게 답변을 하고, 누군가 거만했거나 유익하지 못했거나 기대에 미치지 못했다면 그 사실을 써넣으면 된다. 그리고 어떤 내용이나 연사가 특히 시간이 아깝지 않을 정도로 유익했다면 그 사실 역시 써넣자.

연사들만이 도움을 얻을 수 있는 유일한 출처는 아니다. 작가 협의회에서는 동일한 분야의 작가들뿐만 아니라 국가 전역의 작가들을 만날 수 있다. 마찬가지로 그들도 경력에 도움이 될 뭔가를 배우고 통찰을 얻기 위해 한자리에 모인 것이다. 게다가 그들 역시 서로 공유할 가치가 있는 좌절, 침체기, 장애물, 성공, 경험을 갖고 있다. 얼마 안 있어 글쓰기에 관한 특정한 관심사를 나눌 수 있는 누군가를 만날 수 있을 것이다. 잠깐 시간을 들여 인사만 해도 평생의 우정이 피어날 수 있다. 옆자리에 앉은 사람은 많거나 적거나 다른 경험·다른 통찰·다른 지식을 갖고 있을 것이며, 마찬가지로 정보를 공유하고 싶어 할 것이다.

작가들 중에는 협의회에서 누군가와 대화를 나눌 경우, 그가 자신의 아이디어를 가로채갈까 봐 걱정하는 이들이 있다. 하지만 잠시 생각을 해보자. 그들 역시 작가다. 그들은 본인의 머릿속에 넘쳐흐르는 아이디어를 현실로 만드는 것만으로도 시간이 부족하다. 작가 협의회는 열린 마음과 공유의 장이 되어야 한다.

공유를 하고 사람들과 아이디어(그리고 주소)를 교환하고 본인이 혼자가 아님을 알고 경청을 하고 질문을 하고 모든 차원과 단계에서 참여를 한 뒤에는 집으로 오게 된다.

그러나 이걸로 끝난 게 아니다. 편집자가 요청한 원고를 보내야 하고, 작품에 대해 함께 논의하지는 못했으나 호의적인 말을 해주고 편안하게 대해주었던 편집자와 에이전트에게 기획서를 보내야 한다.

누군가 어떤 식으로든 특히 친절했다면, 그에게 감사의 말을 전하면서 만나서 반가웠음을 알리고 추후에 또다시 만나게 되기를 바란다는 뜻을 전한다. (언젠가 투고를 하게 되기를 바란다는 말은 하지 말자. 단, 그러한 말을 할 때에는 예전에 만나서 얼마나 즐거웠는지를 다시

한 번 상기시킨다.)

　다른 작가들에게도 종종 연락을 취하자. 그들에게 조언을 구하고 도움을 주도록 한다. 글쓰기, 작업 습관, 편집자, 출판사, 에이전트, 가능한 시장에 관한 생각들을 교환한다.

　책상에 앉아 글을 쓰노라면 물리적으로는 혼자일 수 있다. 하지만 실제로는 결코 혼자가 아니다. 도움의 손길을 내밀 무수한 사람들이 등뒤에 존재한다. 그저 할 일은 그러한 손길을 요청하는 것이다.

　작가 협의회에 참석하고 몇 시간을 할애하여 글쓰기와 현재 작업 중인 작품에 대해 사람들과 이야기를 나누다 보면, 도움의 손길을 내밀 사람들을 충분히 쉽게 만날 수 있다. 그 시간 동안에는 종이 위에 아무런 글도 쓰지 못하겠지만, 지식을 얻을 수 있고 지지를 받을 수 있다. 따라서 다시 책상 앞에 앉았을 때 더욱 힘이 생겨날 것이다.

피해야 할 워크숍

　작가들이 협의회에 가기 전 신중하게 선택을 하는 것처럼, 나 역시도 연사로 초청을 받을 때면 똑같은 일을 한다. 내가 특히 즐기는 협의회가 있고 다시는 가지 않는 협의회가 있다. 내가 처음으로 하는 일은 누가 협의회에 초청되었는지 보는 것이다. 나 역시도 시간이 있을 때면 강연이나 토론을 듣기 때문이다. 협의회에 가면 글쓰기에 관해서나 출판에 관해서나 항상 배울 것이 있다.

　어떤 협의회에 대해 아는 바가 없으면, 다른 편집자나 에이전트에게 그 협의회에 연사로 초청된 적이 있는지, 협의회가 제대로 운영되는지 묻는다. 이 질문은 대개 이러한 내용이다. 강연이나 토론이 제시간에 시작되는가? 참가자들이 연사와 접촉할 수 있는가? 개별 회의나 소규모 원탁토론이 진행되는가? 그래서 내가 연사와 접촉하고 싶어 하는 사람들과 일대일로 만날 수 있는가? 경연대회나 평가 서비스가 실시되는가? 행사가 끝난 후 저녁에 모두가 모여 오래도록 자유롭게 대화할 수 있는 즐거운 분위기의 연회 장소가 있는가? 내 경험상 후자가 가장 생산적인 시간이다. 사람들 간의 모든 벽이 허물어지고 허세나 가식이 사라지기 때문이다.

그러고 나면 내가 이 글을 시작하면서 언급했던 권위자들의 말, 즉 편집자와 작가로서 가장 많이 배워야 할 것을 오히려 가장 많이 가르친다는 것을 떠올린다.

최근에 참석한 한 작가 협의회에서, 연사 몇 명이 '쉬는 시간'에 몰려오는 참가자들에 대해 불평하는 것을 엿들은 적이 있다. 나는 연사가 강단에 서기로 했으면 가능한 한 많은 시간을 협의회에 할애해야 한다고 생각한다. 그러나 나를 만나든 다른 연사를 만나든지 간에, 약간의 상식과 예절만 있으면 모두에게 더욱 즐겁고 유익한 경험이 된다. 우리는 작가들의 필요사항을 대부분 안다. 혹은 알아야 한다. 우리는 더 친절하고 부드러운 사람이 되려고 노력하지만 진실 역시 말한다. 우리는 작가에게 준비되지 않은 무언가를 투고하라고 부추기지 않을 것이다. 우리는 작가가 일상적으로 편집자로부터 냉정하게 원고를 거절당할 때 받아보지 못하는 소견을 비평의 형식으로 작가에게 제공할 것이다. 혹은 제공해야 한다.

작가가 편집자를 만나기로 했을 때 그가 전적인 관심을 보이길 기대하는 것은 당연하다. 하지만 작가는 약속을 했음을 잊지 말아야 한다. 만나기로 약속을 해놓고 작가가 나타나지 않는 것만큼 편집자에게 실망스럽고 부당한 일은 없다. 결국 편집자는 시간을 낭비하고 다른 누군가는 만남의 기회를 잃었으며 작가 당사자는 스스로에게 떳떳하지 못한 셈이 된다. 약속을 지키지 못할 것 같으면 취소를 해야 한다. 그게 모든 사람에게 좋은 일이다.

개방적인 태도

작가 협의회를 최대한 활용하기란 실로 간단하다. 배우기 위해 그곳에 갔다는 사실을 인정하고 관심을 기울이며 개방적인 태도를 취하면 된다. 그리고 편집자들 역시 스스로 아는지 모르는지는 확실치 않지만, 작가들에게 주는 것만큼 그들로부터 많은 것을 얻는다는 사실을 기억하자.

그래서 나는 강연하기를 즐긴다. 작가들로부터 배울 수 있기 때문이다. 뉴욕시의 탑들을 둘러싼 구름 속에서 길을 잃은 채 미국이 허드슨의 서부와 브롱크스의 북부로부터 시작된다는 사실을 잊기란 쉽다. 작가들을 만나고 그들의 글을 보는 일은 그들의 관심사는 물론 고객들, 즉 우리를 계속해서 행복하게 할 만큼 충분한 책을 결코 사지 않는 사람들의 관심사를 알 수 있는 한 가지 방법이다. 나는 편집자로서 (또는 작가로서) 개척해야 할 분야에서 통찰을 얻을 수 있다. 또 작가들의 요구사항을 더 깊이 이해할 수도 있다(하지만 지금보다 더 빨리 원고를 읽을 수는 없다). 혹은 내 출간도서 목록을 채울 새로운 작가를 발굴할 수도 있다.

그러한 일은 일어난다. 그것도 충분히 자주 일어나므로, 작가 협의회에 참석하여 편집자 및 에이전트들과 이야기를 시작할 때 그러한 가능성을 무시하지 말자. 동일한 것을 기대하는 한 팀을 그들과 이루었다고 생각하자. 주말에 내 책상을 벗어나 작가들을 만난 결과, 나는 열 개 내지는 열한 개의 원고를 입수했다. 게다가 그 외 수많은 작가들이 출판 관계자와 접촉하도록 도울 수 있었다. 이는 정보와 답을 찾고자 하는 작가가 있는 미국의 어딘가로 향하는 비행기에 몸을 실을 때마다 내가 바라는 일이다.

우리 모두는 저마다 다른 것을 기대하며 작가 협의회에 참석한다. 그리고 우리 대부분은 기대하던 것을 찾는다. 혹은 적어도 우리를 발전의 다음 단계로 이끌어줄 지도를 찾는다.

작가들은 모든 걸 알지 못한다. 그들은 충분히 알지 못한다. 창조의 과정은 언제나 변화한다. 출판사의 요구사항은 철마다 변한다. 새로운 편집자들이 나타나 출판계와 글쓰기 기술 모두에 각자의 흔적을 남기기 시작한다.

글을 쓰던 펜을 잠시 놓아두고 글쓰기에 관한 뭔가를 배우자. 자신이 심혈을 기울여 쓴 글을 읽을 사람이 본인 한 사람뿐이 아니라는 사실을 깨닫자.

이제 더 이상 혼자가 아니며 도움의 손길을 건네며 환영해줄 한 무리의 사람들이 있다는 사실을 알면 마음이 든든할 것이다.

여러분의 다음번 작품을 입수할 편집자를 포함해서 말이다.

「계약 조건에 관한 협상의 기술—협상가로서 편집자」

레빈은 협상을 "두 당사자······ 간에 이루어지는 논의로, 일정한 형태의 판권을 구매하기 위한 계약으로 이어진다"라고 정의한다.

레빈의 글은 다음과 같은 두 가지 기본적인 원칙으로 시작한다. "(1) 협상에서 각 당사자는 어떠한 것이든 요구할 권리가 있다. 그러나 상대방 역시 그에 대해 반대 의사를 표시할 권리가 있음을 인지해야 한다. (2) 어떠한 것도 추정해서는 안 된다. 논의된 적이 없고 서면으로 기록되지 않은 모든 것은 각 당사자가 서로 완전히 다르게 해석할 여지가 있다." 레빈은 협상이 저자·에이전트·출판사 모두에게 공정하고 만족스러우며 금전적으로 이득이 되는 경험이 되도록 하는 귀중하고 실용적이며 신선한 방안들을 제시한다.

마사 K. 레빈(Martha K. Levin)

마사 K. 레빈은 현재 더블데이 출판사에서 일반 페이퍼백을 담당하는 앵커 북스의 부사장 겸 발행인이다. 레빈은 10년간 2차 저작권을 판매하는 업무를 담당했고, 가장 최근에는 랜덤 하우스의 2차 저작권 부서의 총괄자로 활동했다. 레빈이 함께 작업을 한 저자로는 에드워드 T. 홀, 나기브 마푸즈, 도널드 스포토, 마크 리처드가 있다.

계약 조건에 관한 협상의 기술
—협상가로서 편집자

—마사 K. 레빈

돈, 계약 조건을 둘러싼 분쟁

작가가 원고를 보낸 지 3개월 후 그리고 계약을 체결한 지 15개월 후에 내게 전화를 걸어왔다. "아시다시피 예상보다 작업량이 훨씬 많아졌어요. 그래서 원고료를 더 주셔야 할 것 같아요. 그리고 동료들에게 이야기해보았는데 제가 인세를 받아야 한다더군요."

한숨이 절로 나왔다. 이 작가와 미리 정해진 원고료로 계약을 할 때 언젠가는 그가 이런 말을 할 줄 알았기 때문이다. 그러나 상황이 얼마나 곤란해질지 당시에는 알 수 없었다.

처음부터 간단한 계약은 아니었다. 한 저자의 유작 관리자가 저자의 수필집을 펴내는 건과 관련하여 내게 연락을 해왔다. 물론 좋은 기획안이었으나 원고를 문학적인 맥락에 맞게 다듬을 안목이 있는 외부 편집자가 필요하다고 생각했다. 한 달간을 수소문한 끝에 마침내 적임자를 찾았다. 나는 그에게 전화를 걸었고 그도 내 작업 제안에 승낙을 했다. 그 작가는 에이전트가 없었기 때문에 나는 매우 조심스럽게 미리 정해진 원고료로 계약할 것을 제안했고, 작업을 논의하는 중에도 그에 대해 수차례 이야기를 했다. "아셨죠? 이 계약에는 인세가 포함되지 않아요. 그렇게 하시는 거죠?" 내가 매번 이야기를 할 때마다 작가는 알아들었다고 내게 답했다.

문학 에이전트 밑에서 일하는 것으로 출판계에 입문한 터라 나는 출판사가 바라는 것보다 저자에게 좀 더 호의적인 경향이 있다. 그래서 나는 작가에게 인세를 지급하려고 했다. 그러고 싶었다. 저자의 유작 관리자에게는 분명 인세를 지급해야 했고, 손익 계산을 해본 결과 두 사람 모두에게 인세를 지급할 경우 타산이 맞지 않다는 걸 알게 되었다. 나는 이 점에 대해 매우 확실하게 설명을 했다고 생각했다. 작가에게 이 계약을 체결하는 것이 무엇을 의미하는지 알리기 위해 할 만큼 했다고 생각했다. 그러나 그러지 못했나 보다. 작가는 화가 많이 난 나머지 대화를 중단했고, 그의 새 작업을 즉각 다른 출판사에 맡겼다.

그를 납득시키기 위해 내가 뭘 더 할 수 있었을까? 모르겠다. 하지만 확실히 그 일이 있은 후, 돈과 계약 조건에 관해 저자와 직접 이야기할 때 더 조심스러워졌다. 많은 편집자들은 에이전트가 없는 저자와 거래하기를 선호한다. 대개 같은 선지급금으로 더 많은 권리(미국 외 국가에서의 저작권, 때로는 영화 저작권 등)를 사들일 수 있기 때문이다. 하지만 나는 그렇지 않다. 아무리 에이전트를 다루기 힘들다 해도(더욱이 함량 미달인 에이전트가 꽤 된다), 가장 민감한 사안인 돈 문제를 저자와 직접 이야기하기보다는 에이전트와 협상하는 편이 낫기 때문이다. 그리고 그간의 경험을 돌이켜보면 협상이 얼마나 필요한지, 그리고 양 당사자가 계약 내용을 완전히 이해하고 이를 따르는 명쾌하고 호혜적인 합의를 이끌어내는 일이 얼마나 중요한지 뼈저리게 느낄 수 있다.

이 사건은 꽤 근래에 일어났다. 그러나 나는 출판계에 발을 들일 때부터 얼마간 협상자로 일해 왔다. 문학 에이전시에서 일하다가 2차 저작권 분야로 옮겨 그곳에서 10년간 일했다. 이후 발행인 겸 편집자가 되어 양장본의 판권과 재발행권을 사들이기 시작했다. 이러한 경력 덕분에 나는 협상을 다양한 관점에서 바라볼 수 있는 특별한 기회를 얻었다.

협상의 두 가지 규칙

앞으로 설명할 협상 규칙은 많지만, 우선 중요한 기본적인 두 가지 규칙을 말하자면 이렇다. **(1) 협상에서 각 당사자는 어떠한 것이든 요구할 권리가 있다.** 그러나 상대방 역시 그에 대해 반대 의사를 표시할 권리가 있음을 인지해야 한다. **(2) 어떠한 것도 추정해서는 안 된다.** 논의된 적이 없고 서면으로 기록되지 않은 모든 것은 각 당사자가 서로 완전히 다르게 해석할 여지가 있다.

협상이란 무엇일까? 협상은 두 당사자, 예를 들면 편집자와 에이전트, 편집자와 저자, 편집자와 2차 저작권 담당자, 또는 2차 저작권 담당자와 잠재적인 저작권 소지자 간에 이루어지는 논의로, 일정한 형태의 판권을 구매하기 위한 계약으로 이어진다. 일반적으로는 양 당사자는 특정 조항에 관해 수 시간에 걸친 논의나 열띤 공방을 한 후 계약을 체결한다. 그러한 조항은 당장으로서는 아무런 관련이 없어 보이지만 이를테면 4년 후에는 중요해질 수 있다. 나는 숱하게 그러한 공방의 당사자가 되어보았고, 왜 그러한 문제에 신경을 써야 하는지 알 만큼 충분한 경험을 갖고 있다. 나는 우리나 에이전트 또는 저자에게 유리한 계약 조건을 성사시키기 위해 오랜 시간 공을 들일 만한 이유가 있다는 사실이 후에 가서야 증명되는 사례들을 충분히 보았다. 있음직하지 않거나 전혀 예상치 못한 일이 발생하곤 한다. 에이전트가 담당 저자가 쓴 책의 번역본 수익에 관해 요구할 필요가 없다고 판단했다가 평생을 후회하게 될 수도 있다. 예를 들면 4년 후 저자의 두 번째 작품이 유럽에서 반향을 일으켜 고전급 존재가 된 덕분에 모든 해외 출판사들이 그의 첫 작품을 사들이기 위해 몰려들 수도 있으니 말이다.

효과적인 협상을 하려면

효과적인 협상이 이루어지려면, 양 당사자가 상대방의 목적을 이해해야 한다. 저자/에이전트는 주로 두 가지 요소, 즉 최대한 높은 원고료와 최상의 출판 조건을 원한다. 반면 편집자의 역할은 더욱 어렵다. 편집자는 다음과 같은 몇 가지 목적을 충족시켜야 한다. (1) 모두가 만족하는 계약을 체결할 것(매우 어려운 일이다). (2) 고용주인 출판사를 위해 가장 경제적인 거래를 할 것. (3) 출판사를 위해 그리고 출판사와 저자/에이전트의 현재 진행 중인 관계와 관련하여 금전적으로나 구조적으로나 효과를 발휘하는 거래를 할 것.

협상은 매우 개인적인 일이다. 모든 사람이 저마다의 방식을 갖고 있고 그 방식이 효과적이길 기대한다. 나는 꽤 단도직입적인 편이어서 내 협상 방식도 그런 경향이 있다. 그러나 사람들이 협상에 어떻게 임하든지 간에, **모든 사람을 이롭게 하는 몇 가지 거래의 요령이 있다.** 내가 터득한 한 가지 요령은 **언제나 상대방이 마지막까지 미소 짓도록 하는 것이다.** 다시 말하면, 상대방이 굴욕감을 느끼지 않도록, 이용당했다거나 품위가 손상되었다고 생각하지 않도록 하는 것이다. 이 말은 어쩌면 다소 과장되게 들릴 수도 있다. 하지만 '큰 건의 협상'(2차 저작권을 담당했을 때는 거액이 오가는 거래를 의미했고 지금은 훌륭한 책을 입수하는 일을 의미한다)을 마치고 전화를 끊은 뒤 상대방 때문에 진이 다 빠지고 불쾌해져서 협상 결과에 뿌듯함을 느끼지 못할 때가 많았다.

그렇다면 이런 상황을 어떻게 피할 수 있을까? 물론 협상 상대자의 행동을 통제할 수는 없지만, 협상 과정에서 상대방에게 한 발 양보해서 그로부터 호감을 살 수는 있다. 예를 들어 페이퍼백 판권을 사려고 할 경우, 더 낮은 인세를 지불할수록 더 많은 이득이 남게 된다. 따라서 늘 가능한 한 인세를 낮게 제시한다. 그러나 협상 대상인 에이전트와 양장본 출판사의 열에 아홉이 우리가 제시한 인세 조건을 흔쾌히 수락하지 않으리란 것을 잘 알고 있다. 따라서 우리 측에서 움직일 수 있는 여지를 만들어놓는다. 에이전트가 이렇게 말할 것이다. "우린 그 인세 조건을 받아들일 수 없어요." 그러면 우리는 싸움 없이는 항복도 하지 않는다는 확실한 인상을 주기 위해 한 시간 가량 기다린 다음에야 한 발 물러나 상대방의 조건에 동의하면 된다. 이것은 거짓말도 아니고 조작도 아니다. 더 낮은 인세로 합의를 볼 수 있다면 출판사를 위해 기여를 한 셈이다. 그러나 사업적인 측면에서 거래에 피해를 입히지 않고 상대방에게 양보할 수 있다는 점을 항상 기억해야 한다.

협상을 원활하게 할 수 있는 비슷한 예는 얼마든지 있다. 다양한 변수들 때문에 생겨나는 유연성이나 불변성을 철저히 이해해두면, 본인이 양보하지 못하는 지점에 다다랐을 때 유용하게 활용할 수 있다. 어떤 출판사의 표준 계약서에든 법무팀이 확고하게 주장하는 불가해한 조항들은 얼마든지 있다. 직원으로서 내 역할은 완강히 버티는 것이다. 때때로 나는 조항의 내용에 동의하지 않거나 심지어 그 내용을 이해하지 못할 때도 있다. 보증이며 배상금 조항은 내 영역을 완전히 벗어나는 사항이다. 하지만 그건 문제되지 않는다. **회사의 편에 서고, 내 고용주의 편에 서는 것이 내 역할이다.** 그러나 나는 늘 어떤 협상에서든 양편을 다 보려고 노력한다. 누군가(특히 내 상사)는 내가 상대방에게 다소 동정적이라고 생각할 수도 있다. 그러나 효과적인 협상자가 되려면 상대방의 입장을 완전히 이해하여 그에 공감을 나타내면서도 아닐 때에는 아니라고 선을 그을 수 있는 것이 유일한 방법이라고 생각한다.

이것은 소프트볼 게임을 하는 것과 비슷하다. 쉽다. 협상 상대자가 호감을 느끼도록 하는 것이 목적이기 때문이다. 하지만 협상의 기술에는 또 다른 측면이 있다. 훨씬 더 힘겹고 두려운 측면이다. 이를테면 출판의 하드볼 게임(1990년대 북미 야구 게임 시장을 휩쓴 시리즈—옮긴이)에 해당한다. 나는 이 일을 잘 해낼 때도 있지만 그렇지 못할 때가 더 많다. 나는 담력 겨루기에 능하지 못하며, 내가 강경한 태도를 취한다면 내 상사의 지원은 물론 설사 내가 승리하지 못하더라도 그 결과를 감수할 수 있다는 개인적 확신을 얻을 수 있다는 점을 상기할 필요가 있다. 이 게임을 잘하는 사람은 대단한 근성을 갖고 있다. 나는 정말로 거친 상대방을 만난 적이 몇 번 있는데, 그들의 협상 방식을 좋아하진 않지만 그들의 완강함을 높이 살 필요는 있다고 생각한다.

몇 년 전 2차 저작권 판매를 담당했을 때, '잘 나가는' 책의 페이퍼백 재발행 경매를 맡은 적이 있었다. 우리는 경매에 대해 다소 불안한 상태였다. 응찰자들이 단념할 정도로 시작 가격대가 높았기 때문이다. 그래서 그날 아침 전화를 받고 또 다른 응찰자가 있다는 사실에 매우 안도했다. 그러나 유감스럽게도, 담당자의 입에서 나온 첫마디에 내 안도감이 순식간에 사라졌다. "이게 우리의 조건이에요. 이 조건은 협상이 불가능해요. 만약 맘에 들지 않으면 저희가 제안을 철회하겠어요." 물론 조건은 맘에 들지 않았다. 지불금은 형편없는 수준이었고 인세 역시 너무 낮아서 이를 제시할 때 민망하지는 않았을까 하는 정도였다. (이는 나보다 하드볼 게임을 더 잘하는 자를 보여주는 완벽한 예였다. 나 같았으면 그렇게 낮은 인세를 절대로 제시하지 못했을 것이다. 그러나 상대방은 주저하는 태도도 없었다.) 상대방은 형편없는 조건을 뻔뻔하게 제시할 만큼 대담했지만, 정말로 훌륭한 하드볼 선수는 아니었다. 그녀는 두 가지 중요한 협상 규칙을 어겼다. 첫 번째 규칙은 **끝까지 고수할 생각이 없는 확정적인 발언은 하지 말라**는 것이다. 나는 (그 제안을 받아들이기 싫다는 내색을 이미 한 상태였다) 그녀를 30분간 기다리게 한 뒤 그녀에게 다시 전화를 걸어 제안을 철회하라고 말했다. 그때 그녀가 처음 제시한 조건을 끝까지 고수할 생각이 없었음이 드러났다. 내가 그녀에게 조건을 개선하지 않는 한, 제안을 받아들이지 않을 것이라고 말하자 그녀는 내가 오랫동안 협상 규칙으로 생각해온 것을 깨뜨렸다. 그 규칙이란 그 내용이 무엇이든 상대방이 말한 무언가에 응답하기 전 얼마간 시간 간격을 두자는 것이다. 그녀는 곧바로 태도를 굽히더니 인세를 올렸다. 그 일로 그녀는 경매 내내 나에 대해 가졌던 우위를 잃고 말았다. 나는 그녀의 제안을 받아들였다. 나는 처음에 제시되었던 인세를 결코 받아들이지 않을 것이며 거래를 철회할 준비가 되어 있다는 사실을 알았다. 또한 그들이 엄포를 놓는 건 아닌지 의심했다. 굳건한 태도와 뛰어난 직감으로 나는 승리했다.

이런 협상 전략을 사용하는 경우는 그리 많지 않다. 대개는 불확실성과 두려움으로 가득한 상황이 더 많다. 즉, 잘못된 입장을 취했다가 (구매자일 경우) 책을 잃거나 (판매자일 경우) 판매 기회를 잃게 될까 봐 우려하는 상황이 더 많다. 신뢰할 수 있는 직감, 오랜 경험, 그리고 가장 중요한 것으로 상대방에 대한 정보에 입각하여 행동할 수 있는지의 여부가 성공적인 협상을 판가름 짓는다.

호의적인 관계 활용하기

협상이 언제나 죽을 각오로 덤비는 싸움은 아니다. 협상을 하면서 가장 재미있었을 때는 북 클럽 판권을 판매할 때였다. 주요 클럽이 두 군데밖에 없었기 때문에 내가 상대하는 담당자들을 잘 알고 있었다. 한번은 널리 알려진 작가의 신작을 클럽에 제안했다. 우리 중 어느 누구도 그의 신작이 전작들만큼 좋다고 생각하지 않았지만, 북 클럽 사이에서는 그가 경이로울 정도의 성공을 거둔 터였다. 그러던 중 한 클럽에서 일하는 편집자로부터 전화를 받았는데, 그는 클럽 측에서 그 책에 별다른 주목을 하고 있지 않기 때문에 판권을 사들일 제안을 할지 확실치 않다고 말했다. 클럽 입장에서 이 중요한 작가의 신작을 제공하지 않고서 회원들을 대하기가 얼마나 곤란할지 아는 나는 이렇게 협상을 시작했다(그리고 끝냈다). "말도 안 돼요. 아시다시피 이 작가와 책이 필요하잖아요. 제게 제안을 하세요. 함께 거래를 성사시켜 봐요." 표준적인 협상 방식은 아니지만(어쩌면 미묘하게 복잡한 방식이다) 당시의 상황과 상대방을 생각하면 적절한 방식이었다. 그 사람은 내가 오랫동안 알아왔던 사람이고 서로 호의가 있는 관계라는 걸 기억하자. **돈독한 관계를 맺고 있는 누군가를 통해 달성할 수 있는 바를 결코 과소평가하지 말자.** 출판에서는 특히 협상 시 친분을 활용하는 경향이 있다. 하지만 내가 지켜본 바로는 정도는 다를지라도 모든 사업이 그러한 측면에서 비슷하다.

발행인 겸 편집자의 역할을 하고 있는 지금, 예전에 판권을 판매할 때보다 지금이 효과적인 협상자의 역할을 하기가 더 힘들다는 걸 알게 되었다. 지금은 직접 협상을 하는 것보다 내 직원들에게 협상을 가르치는 것에 훨씬 더 능숙하다. 근래에 꽤 저력이 있고 잘 나가는 한 에이전트가 상대적으로 인지도가 떨어지는 저자의 원고를 우리에게 보내왔다. 그 에이전트는 평단과 독자들로부터 극찬을 받은 저자의 첫 번째 책 역시 보내면서 우리가 두 책의 판권을 모두 사들이는 것이 어떻겠느냐는 제안을 했다. 주변에서는 신속하게 대응하고 고액의 선금을 지급하라는 권고가 쏟아졌다. 망설일 때마다 에이전트는 다른 출판사들이 그 저자의 책을 손에 넣고 싶어 안달이 났음을 상기시켰다. 우리는 에이전트가 처음과는 다른 태도를 보이지 않을까 의심하면서도 위험을 감수해보기로 했다. 우리는 소박하지만 불쾌하지는 않은 조건을 제시하여 이를 고수했고, 당연하게도 에이전트가 그 조건을 승낙했다. 앞서 말했듯이, 에이전트는 최대한의 조건을 요구해야 하지만 언제나 원하는 조건을 얻을 수는 없다. 무엇을 감당할 수 있을지 또는 무엇을 포기하고자 하는지 결정하는 것, 그리고 제시된 책의 실질적인 시장가치를 판단하는 것은 우리에게 달려 있다.

내 경험으로는, 에이전트로부터 페이퍼백 판권이나 각종 판권을 사들이는 것보다 페이퍼백 판권을 파는 일이 훨씬 더 어렵다. 저작권을 판매하던 시절, 나는 내 입장을 거듭 되풀이해야 했고, 원하는 조건을 얻기 위해 상대방을 구슬리거나 재촉해야 했으며, 상대방이 5만 달러가 제시할 수 있는 최상의 조건이라고 말했을 때 내가 그 조건을 말 그대로 믿는다는 사실을 이해시켜야 했다. 내가 어떤 사람이 제시한 더 나은 조건을 받아들였다는 소문을 듣고 누군가 며칠 후 내게 전화를 걸어와 자기 같았으면 더 높은 금액을 제시했을 것이라고 말하는 것만큼 날 언짢게 하는 일도 없었다. 나는 이러한 게임을 하지 않을 것이며, 솔직히 말하면 그러한 말을 대부분 믿지 않았다.

협상 내용은 무조건 기록하라

마지막으로, 중요한 협상 규칙이 한 가지 더 있다. 이 규칙은 어쩌면 당연한 듯 보이지만 많은 편집자가 이 규칙을 무시하는 것을 보았다. 그건 바로 누군가 말하는 내용을 적으라는 것이다. 나는 (매번 논의가 이루어지는 시각을 포함하여) **내가 제시하는 조건의 내용과 상대방의 반응을 일일이 다 적고, 협상이 진행되는 동안 계속해서 엄청난 양의 메모를 한다.** 몇 년 전 이 규칙 덕분에 나와 내 직원은 상당한 금액이 오고 가야 했던 페이퍼백 재인쇄업자와 벌인 끔찍한 분쟁에서 봉변을 모면할 수 있었다. 내가 보기에 그 직원은 다소 강박적인 면이 있었는데, 내가 보기에도 그렇다는 건 그가 정말로 강박적인 사람이라는 거다. 그는 단순히 메모를 하는 정도가 아니라 협상 과정에서 양 당사자가 하는 모든 말을 있는 그대로 다 받아 적었다.

내 직원과 페이퍼백 편집자가 대화를 하는 동안 소위 '오해'가 있었다. 그러나 그 내용이 페이퍼백 편집자의 상사에게 보고되었고, 얼마 지나지 않아 그 무서운 여자가 전화기에 대고 내게 소리를 질러댔다. 그녀는 편집자의 입장에서 협상에 대해 이야기했고, 나는 내 직원의 입장에서 그녀에게 협상에 대해 이야기했다. 그녀는 내 직원이 거짓말을 했다고 말했다. 그래서 나는 그가 대화의 내용을 일일이 적어둔 수첩을 펼쳐서 그 내용을 그녀에게 읽어주었다. 5분 후 그녀는 진정을 찾더니 10분 후 협상 조건에 대해 양보를 했다. 양쪽 모두에게 극단적인 예이지만 여기서 요점은 그의 엄청난 메모가 매우 곤란하고 불쾌해질 수도 있는 상황으로부터 우리를 구했다는 사실이다. 그러나 통화 내용을 녹음하거나 기타 종류의 첨단 녹음 기술을 사용하는 것에는 반대한다. 나는 협상 상대자들의 타고난 정직성을 믿고 싶어 할 만큼 여전히 옛날 사람이기 때문이다.

메모와 함께 나는 협상을 결론지을 때 내 앞에 계약서 양식을 펼쳐놓는다. 그리고 양식에 관한 모든 질문이 해결되도록 한다. 그래야 계약의 모든 측면을 다뤘다는 확신을 남길 수 있다.

협상은 쉽지 않다. 출판 과정의 기타 많은 측면과 마찬가지로, 협상은 매우 개인적이다. 협상을 준비할 때 이 점을 고려하는 것이 중요하다. 협상은 진지한 일이며 값비싼 대가를 치를 수 있다. 협상의 최종 결과는 누군가 일정 금액의 돈을 받고 그것이 상대방의 책임이 된다는 사실임을 명심하자. 누군가 받게 되는 돈이 본인의 개인 계좌에서 흘러나가는 돈이라고 생각한다면 효과적이고 영리한 협상자이다. 그러면 고용주, 저자, 그리고 본인의 경력을 위해서도 최상의 일을 한 셈이 된다.

「창조적인 협력이 가장 많이 필요할 때—개발 편집」

편집자가 원고에 처음으로 손을 대기 한참 전, 편집자와 저자는 지속적이고 창의적인 협력 작업에 들어간다. '개발 편집'이라고 불리는 이 공생의 협력관계에 대해 매카시는 이렇게 말한다. "작가와 편집자는 구상안이나 이야기에 대한 아이디어를 공동으로 탄생시키는데, 이는 탄탄한 개요서나 도서 제안서를 작성하는 것으로 이어진다. 작가와 편집자는 이를 바탕으로 원고를 진행시키고 견본 원고를 작성한 후에는 완전한 원고를 최상의 상태로 만들기 위해 모든 단계에서 노력을 기울인다."

편집자와 저자의 이렇듯 긴밀한 관계는 갈등과 생산성의 가능성을 모두 배가시킨다. 관계의 정확한 특성과 편집자와 저자가 개발 편집에 대해 취하는 접근법은 그들의 기질, 인성, 작업 습관, 각자의 책임에 대한 확실한 이해에 따라 달라진다. "저자의 의무는 가능한 최상의 책을 쓰는 것이고, 편집자의 의무는 저자가 그 목표를 달성하도록 도와주는 것이다. 저자는 꾸준히 열린 태도를 유지하려고 노력해야 하고, 편집자는 저자의 영역을 지나치게 침범해서는 안 된다." 매카시는 또 다음과 같이 말한다. "둘 사이의 관계를 원활하게 하는 일은 저자의 책임이기보다는 편집자의 책임에 더 가깝다. 물론 힘겨운 일이지만 작업의 중요한 일부다."

"함께 의기투합할 때의 특별한 즐거움과 조화가 있다"라고 믿는 매카시는 편집자와 저자가 원만하게 효과적으로 함께 작업할 수 있도록 하는 많은 귀중하고 실용적인 조언을 제공한다. 개발 편집이 실제로 이루어지는 구체적인 예들을 제시하면서, 그는 작가에 대해 편집자가 갖는 객관성의 중요성, 아이디어와 콘셉트의 조기 교환의 효율성과 중요성, 책의 독자 선정 및 겨냥, 작업을 위한 제안서 또는 조직 계획의 마련, 작업의 구조 구축과 같은 편집자와 저자 간에 기울여야 할 협력의 중요한 측면들을 논의한다.

폴 D. 매카시(Paul D. McCarthy)

폴 D. 매카시는 1986년부터 포켓 북스의 선임 편집자로 일하면서 하드커버 및 페이퍼백 출판을 위한 소설 및 비소설을 입수했다. 그는 도서 평론가이자 전미 도서비평가 협회의 회원이기도 하다. 그의 평론은 『로스앤젤레스 타임스 북 리뷰』와 『시카고 선타임스 북 위크』에 게재되었다. 그는 스콧 메러디스 문학 에이전시에서 에이전트로 활동하다가 1979년에 델 퍼블리싱 컴퍼니/델라코트 프레스에 편집자로 합류했다.

창조적인 협력이
가장 많이 필요할 때

─개발 편집

─폴 D. 매카시

개발 단계에서 편집자의 역할

협력의 창조적인 기쁨을 경험해본 저자와 편집자들이 있기에 편집자가 전체 원고의 최종 편집을 시작하기 전 협력의 가능성이 존재한다.

접근법과 목적의 측면에서 개발 편집(developmental editing)이라 불리는 이러한 협력은 종합적이고 구조적인 윤문 편집과는 다소 다르다. 이를 구분 짓는 선은 완전한 원고다.

개발 편집에서 작가와 편집자는 구상안이나 이야기에 대한 아이디어를 공동으로 탄생시키는데, 이는 탄탄한 개요서나 도서 제안서를 작성하는 것으로 이어진다. 작가와 편집자는 이를 바탕으로 원고를 진행시키고 견본 원고를 작성한 후에는 완전한 원고를 최상의 상태로 만들기 위해 모든 단계에서 노력을 기울인다.

저자가 원고를 완성하고 나면 편집 과정이 변화한다. 즉, 편집자가 단독으로 종합적인 편집을 시작하고, 책의 분석 가능한 모든 측면을 다루는 세부적인 편집자 메모를 작성하며, 원고의 행 단위로 작업을 실시한다.

편집자가 모든 저자나 책에 처음부터 적극적으로 관여하는 건 아니다. 하지만 많은 경우 개발 편집이 중요하고 이는 원고를 만드는 가장 생산적이고 효율적인 방식이 된다.

예를 들어 편집자가 저자에게 아이디어를 제안한다. 편집자가 최초로 아이디어를 구상했기 때문에 적어도 처음에는 아이디어를 어떻게 발전시킬지에 대해 저자보다 더 잘 이해하며, 책이 적절한 궤도에 올랐다고 양측이 만족할 때까지 저자와 작업을 진행할 것이다.

아마도 편집자와 저자는 전에 함께 작업한 경험이 있을 것이며, 저자는 편집자와 함께 작업을 하면서 아이디어와 글을 다듬어갈 수 있기 때문에 이 방법을 선호할 것이다. 저자가 집필을 진행하면서 원고의 일부를 편집자한테 넘기면, 편집자가 그에 대한 즉각적인 반응과 지침을 제공할 수 있다. 이 방법을 사용하면 저자가 집필을 진행하면서 원고를 수정할 수 있어서 잘못된 방향으로 원고를 끝까지 집필하여 시간을 낭비하는 일을 피할 수 있다.

도서 출판 시장은 매우 빠르게 변화한다. 그 때문에 가능한 한 많은 독자에게 다가갈 수 있는 책을 쓰고자 하는 저자는 본인이 염두에 두고 있는 주제에 대해 충분히 넓은 독자층이 존재하는지의 여부를 시장 변화를 매일 체감하는 편집자와 상의할 수 있다.

개발 단계에서는 필연적으로 작가와 편집자의 관계가 더욱 긴밀해

진다. 이는 놀랄 정도의 생산성과 갈등이 생겨날 가능성이 높아짐을 의미한다. 따라서 각자의 의무를 매우 확실히 하는 것이 중요하다. 저자의 의무는 가능한 최상의 책을 쓰는 것이고, 편집자의 의무는 저자가 그 목표를 달성하도록 도와주는 것이다. 저자는 꾸준히 열린 태도를 유지하려고 노력해야 하고, 편집자는 저자의 영역을 지나치게 침범해서는 안 된다. 그러나 그 속성상 개발 편집은 상당한 관여를 필요로 하기 때문에, 편집자의 정중함, 지속적인 지원, 작가의 글과 재능에 대한 믿음, 요령 있는 방향 제시가 긴요하고 필수적이다. 작가 역시 외교적이어야 한다. 그러나 내 생각으로는 편집자에게 어쩌면 불공평할 수 있으나, 둘 사이의 관계를 원활하게 하는 일은 저자의 책임이기보다는 편집자의 책임에 더 가깝다. 물론 힘겨운 일이지만 작업의 중요한 일부다.

성공적인 협력을 통해 저자는 창작, 개발, 개선의 부담을 혼자 짊어지지 않아도 된다는 사실을 알게 되면 자유와 해방을 느낄 수 있다. 물론 독자적으로 작업하는 것은 저자의 권리이자 선택권이다. 나는 함께 의기투합할 때의 특별한 즐거움과 조화가 있다고 생각한다. 공동 작업은 글쓰기와 편집의 외로움을 덜어주고 상승 작용을 통해 창조적인 과정의 효과를 배가시킨다.

효과의 일부는 편집자의 객관성에서 비롯한다. 저자는 홀로 글을 구상하고 집필하면서 글이 올바른 방향으로 나아가고 있음을 짐작하고 그러리라고 기대하는 괴로울 수도 있는 과정을 거치기보다 집필을 진행하면서 다소 거리를 둔 편집자의 판단에 의존할 수 있다. 또한 효율성의 장점도 있다. 즉, 원고 전체를 수정하기보다 아이디어, 제안, 부분적인 원고를 수정하기가 훨씬 더 쉽고 신속하며, 이렇게 초기에 수고를 들이면 완전한 원고를 두고 실시해야 하는 수정 작업의 양을 줄일 수 있다.

　서로 간에 누릴 수 있는 혜택을 말하자면, 저자는 본인이 아이디어를 짜내야 하는 유일한 사람이라는 압박감을 느끼지 않아도 되고 편집자는 책의 콘셉트에 대해 저자에게 전적으로 의지하지 않아도 된다. 탄탄한 아이디어를 가진 상상력이 풍부한 편집자는 적절한 작가를 섭외하여 그와 함께 책을 개발할 수 있다. 아이디어 구상 또는 개발 단계에서 얻는 또 다른 혜택은 특정한 작가와 출판사의 장점을 아는 노련한 편집자라면 그러한 장점을 최대화시킬 수 있는 새로운 또는 수정된 아이디어로 저자를 이끌어갈 수 있다는 점이다.

　내가 편집자가 된 한 가지 이유는 글쓰기 능력을 매우 존경할 뿐만 아니라 그에 관여하기를 무척 즐기기 때문이다. 지난 수년간 많은 저자들이 점점 더 초기에 더욱 긴밀하게 나와 함께 창조적인 작업을 하게 되면서 나는 무한한 기쁨을 느끼게 되었다.

　가끔 요청이 있다면 나는 전에 편집이나 출간을 해본 적이 없는 저자와도 즉각 긴밀히 협력할 것이다. 만약 저자가 과거에 편집이 원활히 이루어진 경험이 있다면, 편집자의 관여가 얼마나 도움이 되는지를 알고 새로운 편집자인 나를 원할 것이다. 만약 저자가 과거에 편집자가 책에 대해 방향을 제시해주기를 원하고 필요로 했으나 그러한 과정이 제대로 혹은 아예 이루어지지 않았다면, 개발 편집에 대한 나의 흥미와 열정을 곧바로 활용하려 할 것이다.

　그런가 하면 나와 저자가 함께 작업을 한 후 둘 다 공동 작업의 이로움을 깨닫게 된 결과, 저자가 처음 아이디어를 떠올리자마자 그에 대해 내 생각을 묻기도 한다. 역으로, 저자와 편집자가 항상 학습을 하기 때문에 저자가 이전 책의 공동 작업으로부터 배운 점을 차기 저서에 적용하여 결과적으로 더욱 독립적으로 글을 쓸 수 있다. 개발 편집의 단기적인 목표가 최상의 책을 만들어내는 것이라면, 장기적인 목표는 작가의 재능과 독립성을 최대한 개발하는 것이다.

개발 편집의 다양한 예

지난 수년간 내가 편집 과정의 거의 모든 측면에 관여할 수 있었던 건 크나큰 행운이었다. 한 행씩 띄어 글을 작성한 100쪽이 넘는 엉망인 상태의 원고에 무수한 메모를 덧붙여 실시한 종합적인 원고 편집에서부터 아이디어의 구상, 작가 섭외, 그리고 흐뭇하게도 최소한의 개발, 구조, 윤문 편집이 이루어진 양질의 책의 편집과 발간에 이르기까지 다양한 과정에 참여했다. 매번 무척이나 힘겨운 작업이었지만 항상 그만큼 깊은 만족감을 느꼈다. 아이디어를 구상하여 이를 책으로 만들어가는 과정에 내재한 창조적인 가능성이 특별한 짜릿함을 선사한다는 건 인정하지 않을 수 없다.

몇 년 전 새로운 속어 사전을 출간하고 싶어 나는 다른 출판사에서 몇 권의 언어 책을 함께 작업했던 저자에게 연락을 취했다. 관심을 보인 그는 작업 구상에 동의하여 책 계약이 성사된다는 보장이 없는데도 발행인에게 보여줄 목적으로 견본 원고를 집필했다. 저자에게는 어려운 일이었겠지만 그 상황에서는 필요한 절차였다.

우리의 다음 단계는 콘셉트에 초점을 맞추고 타 사전들과 어깨를 나란히 할 수 있도록 경쟁력을 갖추는 일이었다. 우리는 학문적인 책에는 관심이 없었다. 우리가 원한 건 별다른 의도 없이 편한 마음으로 훑어볼 수 있으면서도 내용이 다소 한정적이긴 하지만 탄탄한 참고용 사전이라는 생기 넘치고 대중적인 책이었다. 그러한 의도는 저자에게 딱 들어맞았다. 그가 과거에 정확히 그러한 종류의 책을 성공적으로 편찬한 적이 있었기 때문이다. 우리는 책의 범위를 현대 미국의 속어로 한정시키고 가능한 한 다채롭고 흥미로운 단어들에 집중하기로 했다.

작업을 진행하면서 저자가 조사를 해본 결과, 단어들이 범주별로 정리된 속어 사전이 나온 것이 50년 만이라는 걸 알게 되었다. 나는 그러한 나열 방식이 상당한 장점이라는 데 동의했다. 덕분에 단어들이 단순히 알파벳 순서로 나열된 타 사전들에 비해 경쟁력을 갖출 수 있었기 때문이다. 흥미로운 속어들과 범주별 조직 방식을 부각시켜 저자는 간략하지만 설득력 있는 개요서를 준비했고, 덕분에 나는 그 책을 입수할 수 있었다. 이후 우리는 개요를 더욱 발전시켰고, 그 개요가 저자가 실제 원고를 집필하는 동안 길잡이로 삼을 수 있는 철저하고 자세한 지침이 되기를 바랐다.

또 다른 개발 편집의 예에서는 국제적으로 유명한 민간 법 집행 분야의 전문가 부부와 함께 책을 적절히 구상하고 저자를 섭외했다. 각 요소는 편집자의 개별적인 과제였다. 이전에 부부가 공동 집필한 자기 방어 및 관련 사안에 관한 책을 읽은 뒤, 나는 그들을 만나 그보다 더 광범위하고 대중적인 책을 만들자고 제안했다. 부부는 세계 전역을 다니며 강연을 하는 인물들이었고, 나는 그들이 강력한 메시지와 개인적인 이야기를 결합시켜 범죄 예방책을 극대화할 수 있는 일화적인 책을 만들 수 있겠다고 생각했다.

부부는 내 접근법에 만족해했고, 다음 단계는 그들의 잠재성을 실현시켜줄 작가를 섭외하는 일이었다. 내 출판사 측에서는 새로운 책이 매우 흥미롭긴 하나 결정을 내리기에 앞서 실제로 글로 쓰인 내용을 봐야 한다고 요구했다.

나는 전에 원만하게 작업을 하여 좋은 성과를 거두었던 한 작가에게 이야기를 꺼냈다. 그 작가는 완전한 적임자였다. 작가는 책의 아이디어와 부부의 메시지에 고무적인 반응을 보였을 뿐만 아니라 글쓰기와 관련된 위험을 기꺼이 감수하겠다는 입장을 보였다. 나아가 작가는 일화를 넘어서서 독자에게 더 큰 영향력을 발휘할 수 있는 자서전을 쓰자고 제안해서 책에 대한 본래 내 계획에 더 큰 생명력과 호소력을 불어넣는 중요한 기여를 했다. 부부는 작가의 제안을 흔쾌히 수락했고 우리 넷은 도서 제안서를 마련하여 발행인에게 제출할 수 있었다. 이 이야기는 아직 끝이 나지 않았다. 여전히 집필이 진행되고 있기 때문이다. 하지만 나는 가능성을 발전시켰던 그 해를 즐겼고, 나머지 세 사람도 결과에 상관없이 그 경험을 귀중히 생각하리라 믿는다.

한편 이미 집필이 성공적으로 끝난 또 다른 책은 2년의 편집이 소요되었다. 이 책의 경우에는 내가 작업에 합류했을 때 구상 단계가 이미 지난 상태였다. 저자가 원고 대부분의 대략적인 초안을 써놓았기 때문이다. 그러나 초안은 날 것 그대로의 상태였고 아무리 잘해도 썩 좋은 판매량을 내거나 베스트셀러가 될 가능성은 없어 보였다. 그러나 책이 나름대로 독특할 뿐만 아니라 수년간 계속해서 독자층에 다가갈 가능성이 있었다. 작가는 40년이 넘는 현장에서의 개인적인 경험을 바탕으로 용병에 관한 책을 썼고, 거기에 적절한 어조를 더하는 생생하고 다채로운 문체를 갖고 있었다. 그러나 유감스럽게도 원고를 조직하는 감은 없었다. 그는 절과 각 장을 조직하는 방법을 대략적으로는 알았지만 책에는 통일성이나 방향이 없었다.

그러나 구조에 대한 감각은 훌륭한 편집자가 지닌 재능의 하나다. 책의 잠재성에 대한 내 믿음 그리고 내가 제시하는 방향을 기꺼이 받아들이겠다는 저자의 태도 덕분에, 우리는 일을 진척시킬 수 있었다. 그다음 해에 계약 체결 없이 오로지 기대만으로 나는 책의 구조에 대해 계속적으로 제안을 했다. 저자는 원고를 재작업하고 수정하여 내게 다시 보냈다. 그러면 나는 더 많은 제안을 했다. 작업은 그런 식으로 계속되었다. 내 즉각적인 목표는 원고를 최종 상태로 다듬는 것이 아니라 입수할 수 있을 정도로만 개선하는 것이었다. 결국 우리는 그러한 상태로 원고 상태를 끌어올린 후 입수했다. 추가적인 편집과 수정을 하느라 또다른 한 해가 소요되었지만, 무척이나 고맙게도 책은 우리가 예상했던 것보다 더 큰 성공을 거두었다.

아이디어 구상 및 개요 작성 단계

또 다른 극단적인 예를 들자면 소설가와 내가 단 여섯 시간 만에 초기의 아이디어를 완전한 콘셉트로 발전시킨 적이 있다. 작가가 워낙 자신 있게 종합적이고 생생하게 소재를 잘 다루었기 때문에 우리는 개요를 생략했고 작가는 즉각 집필에 돌입했다. 우리는 이전에 놀라울 정도로 조화롭게 공동 작업을 한 적이 있었던 터라 이러한 성과를 낼 수 있었다.

우리의 과제는 두 권의 책 계약에서 두 번째 책의 기본적인 줄거리를 구상하는 것이었다. 이는 보통 내가 느끼곤 하는, 내가 입수해야 할 뭔가를 개발해야 할 압박감이 없다는 것을 의미했다. 작가의 서스펜스 소설에는 미국인 잠수함 사령관이라는 인물이 계속적으로 등장하기 때문에 가장 큰 질문은 이번에는 이 영웅에게 어떤 일이 벌어질까 하는 것이었다. 나는 매 상황을 부자연스러울 정도로 남다른 자신감으로 해결하는 주인공이 지나치게 완벽하다는 우려를 해왔다. 나는 주인공이 좀더 인간적이었으면, 때로는 의구심으로 괴로워하고 이따금 실수를 범하기도 한다면 더욱 매력적일 것이라 생각했다. 그래서 작가에게 주인공을 어떻게든 완전히 무너뜨리고 통솔력의 모범이 되는 이 인물을 자살이라는 극단적인 상황의 직전까지 몰고 가서 그의 확신과 자아감을 산산조각 내어 그가 역경을 딛고 스스로를 바로세울 수 있는지의 질문을 던지면 어떻겠냐는 제안을 했다. 이렇게 하면 모험의 줄거리에 버금가는 심리적인 긴장감을 소설에 더할 수 있었다.

처음에 작가는 예로부터 영웅적이었던 주인공에게 그렇게 파격적이고 위험할 수도 있는 조치를 취하기를 주저했다. 물론 위험이란 주인공을 추종하는 독자들이 그렇게 취약하고 결점이 있는 그의 모습을 받아들이지 않을 것이라는 점이었다. 그러나 추가로 상의를 한 끝에, 작가는 놀라운 상상력으로 극적인 가능성을 탐구하기 시작했다. 작가는 미국과 소비에트의 중요한 연합 작전을 상상해냈다. 이는 주인공의 안위를 둘러싼 해군의 소문을 잠재우고 그가 새로운 시작을 할 수 있는 기회였다. 그는 적대적이고 반항적인 선원들이 있는 러시아 잠수함을 지휘해야 했다. 그 압박감은 엄청났고 실패의 대가는 그보다 더 클 터였다. 우리 둘 모두 창작의 흥분감에 휩싸여 줄거리 전체가 상당히 자세한 개요의 모습을 갖추기까지 하루 종일 의논했다. 작가는 내게서 단한 가지 제안사항만을 받고서 책의 첫 4분의 3을 써내려갔고, 나는 완전한 원고에 약간의 편집만 하면 되었다.

한편 또 다른 저자와 두 번째 책을 작업하기로 한 적이 있는데, 책이 입수되지도 않았을뿐더러 주제도 정해지지 않은 상태였다. 내 예상대로 영리하고 경험 많은 이 저자는 몇 가지 아이디어를 염두에 두고 있었다. 나는 그 아이디어들이 맘에 들긴 했지만, 수십 년간 국가 정보기관에 관해 글을 써온 저자가 이제는 가장 큰 월척을 낚아야 할 때라고 생각했다. 나는 그가 현대 CIA에 관해 글을 썼으면 하고 바랐다. 그가 전에 시도해보지 않은 걸 하면 좋겠다고 생각했다. 안으로부터 이 기관을 탐구하여 작전이 상부에서 하부에 이르기까지 각 부서별로 어떻게 진행되는지 보여주고 기관과 하부 부서들이 작전에 어떻게 성공하고 실패하는지를 보여주었으면 하고 바랐다.

관대하고 열린 태도를 지닌 저자 덕분에 이번에도 나는 그로부터 흔쾌한 수락을 얻어냈고, 우리는 아이디어를 세부적으로 논의하고 저자는 개요를 쓰기 시작했다. 우리 둘 모두 개요를 최대한 자세하고 완벽하게 작성하여 차후 편집 및 수정에 드는 시간을 절약하고 제안서 자체를 팔기를 원했다. 그 때문에 개요 수정을 숱하게 했고 그 덕분에 매번 작업을 할 때마다 더욱 탄탄하고 강력하며 흥미로운 개요가 탄생했다. 저자가 워낙 유명했기에 견본 원고를 쓸 필요는 없었으나, 제안서를 통해 책의 방향을 정확하고 강력하게 제시해야 했다. 우리는 개관에 이어 CIA의 4개 부서인 작전부, 과학기술부, 정보부, 집행부와 중앙정보국장실을 깊게 분석하는 걸로 책을 구성했다. 개요의 처음부터 끝까지, 우리는 CIA라는 기관의 성과를 평가하고 그동안 비밀스럽게 감춰져 있었던 기관의 내부 작용을 본격적으로 해부하겠다는 주된 주제를 갖고서 이 다양한 부서들을 긴밀히 연관시켰음을 명확히 해야 했다.

나는 마침내 완성된 개요를 편집 회의 때 선보였고 상당히 좋은 반응을 얻었다. 이후 수정할 것은 많지 않았다. 우리는 최종 회의를 진행했고, 저자는 실제 원고 집필에 돌입하여 집필이 진행되는 동안 완성된 원고를 조금씩 내게 보냈다. 아이디어 구상 및 개요 작성 단계에서 나와 저자가 워낙 철저하게 개발 작업을 진행했기 때문에 원고 집필 역시 완벽하게 이루어졌고 저자는 나로부터 칭찬 외에는 받을 것도 필요로할 것도 없었다.

창조적인 협력의 중요성

나는 개발 편집이 언제나 성공적으로 이루어지기를 바란다. 물론 완전히 실패할 때도 있다. 이전에 아주 멋지고 신사적인 한 작가의 첫 두소설을 편집, 출간한 적이 있다. 그래서인지 나는 그가 세 번째 소설의줄거리를 구상하는 데 도움을 줄 수 있는 최상의 방법을 알고 있다고자만했다. 우리는 작가가 과거에 시도했던 것보다 더 규모가 크고 다양한 인물이 등장하는 줄거리를 구상하자는 데 동의했다. 작가가 도전을할 준비가 되어 있었기 때문이다.

그가 처음으로 구상한 줄거리에서는 미국 군대가 한 국가에만 관여를 했다. 나는 단호히 말했다. "한 국가만으로는 충분하지 않아요. 세 국가의 다양한 지역에서 군대가 전투를 벌이는 것으로 합시다. 그래야 더많은 등장인물을 만들기 쉽죠." 작가는 확장된 줄거리가 효과를 발휘하게 하려고 안간힘을 썼으나 서로 이질적인 부분들이 합쳐지지가 않았다. 우리는 계속해서 개요를 수정했으나 고통스럽게도 진전이 없었다. 그제야 나는 깨달았다. 다행인 것은 작가가 한 번도 불평을 하지 않았다는 점이다.

나는 기발하고 창의적인 아이디어들이 연쇄 반응을 일으켜 한 아이디어가 폭발적으로 다른 아이디어로 이어지고 그것이 또 다른 아이디어로 이어진다는 사실을 잊었다. 편집자의 접근법도 마찬가지다. 접근법이 적절하다면 작가의 생각과 글쓰기가 질질 끌려가는 것이 아니라 잘 굴러간다. 나는 분명 잘못된 접근법을 선택하여 고수한 것이다.

나는 배려와 협조를 해준 작가가 고마웠다. 우리는 왜 골인 지점에 다다르지 못했는지에 대해 이야기하면서 작가의 가장 큰 장점이 인물이라는 것을 상기했다. 생각해보니 전체적인 구조에서 인물들이 진화하는 것이 아니라 인물들로부터 줄거리와 플롯이 흘러나왔다. 그의 주요 등장인물에게로 돌아가 어떤 상황이 그에게 닥칠지를 생각하는 순간, 작가의 상상력이 자극을 받았고 그로부터 아이디어들이 폭발적으로 분출했다. 다행스럽게도, 무척이나 고생한 작가 덕분에 나는 마침내 방향을 바로잡을 수 있었다.

한편 어려운 두 가지 과제를 안고 있던 한 작가 지망생에게는 다른 방법을 취했다. 그는 책을 집필해본 경험이 전혀 없었고 원고 또한 없었다. 우리가 가진 건 간략한 개요가 전부였다. 훌륭한 편집자들은 이런 잠재적으로 재앙 같은 상황을 즐긴다. 저자는 의구심에 휩싸여 있었으나 다행스럽게도 상당한 재능과 열린 태도와 헌신을 겸비하고 있었다. 우리는 그의 반자서전적인 베트남 소설의 개요를 수정하고 확대했다. 그런 후 글쓰기에 들어가서는 그가 다음 장을 집필하기에 앞서 그전 장에 대해 매번 심도 있게 논의를 하고 인물과 나머지 줄거리에 대해 구상을 했다.

약 100쪽이 집필된 이후 나는 집중적인 편집 작업에 들어가야 할 때임을 느꼈다. 그래서 일련의 편집자 메모를 작성했고, 저자는 수정 작업에 들어갔다. 우리는 두 번째 100쪽에 대해서도 동일하게 작업을 했다. 저자가 가장 힘을 쏟았던 부분 중 하나는 해군 항공과 관련된 기술적인 설명을 단순화하는 일이었다. 나는 일반 독자의 대표가 되어 내가 이해하지 못하면 남들도 이해하지 못할 것이라는 사실을 저자에게 상기시켰다. 때때로 저자는 구절들을 수차례 수정해야 했으나 글쓰기가 계속되면서 그러한 노력을 들일 필요가 점점 줄어들었다.

수정된 200쪽의 원고를 받고 나서 나는 모든 작업을 다시 시작했다. 의논, 편집, 수정의 3단계 과정은 원고가 완성될 때까지 계속되었고, 이후 나는 완성된 원고를 처음부터 끝까지 종합적으로 편집했다. 이러한 집중적인 협력이 빛을 발한 결과, 우리는 두 번째 소설 역시 함께 작업을 하게 되었고, 저자는 여전히 내게 한 번에 한 장을 보낸다. 하지만 저자는 그 동안의 작업으로 많은 것을 배웠기 때문에 내가 해줄 말이 별로 없다.

지금까지 내가 한 이야기는 글쓰기와 편집 과정의 개발 단계에 내재한 많은 가능성을 제시할 뿐이다. 짜릿한 즐거움, 만족감, 친숙한 조화, 둘이 느끼는 성취감은 창조적인 협력이 선사하는 대가의 일부이다. 작가가 궁극적으로 성취하는 것은 장기적 측면에서 독립성을 늘리고 본인이 가진 잠재성을 더욱 깨닫는 것이다. 저자와 편집자의 협력관계에서 역시 중요한 것은 책 발간 전 최소한의 편집과 수정만을 요하고 독자들에게는 오래도록 읽는 즐거움을 선사하는 가장 완전한 형태를 갖춘 원고를 탄생시키는 일이다.

「치료가 필요한 원고를 위해—프리랜스 편집자 또는 북 닥터의 작업」

작가는 언제 프리랜스 편집자 또는 북 닥터에게 도움을 요청해야 할까? 북 닥터는 병든 원고를 위해 실제로 무엇을 할 수 있을까? 저자, 에이전트, 출판사에게 북 닥터가 왜 점점 더 중요한 편집자가 되어가는 걸까? 출판사의 편집자는 언제 원고의 편집을 프리랜스 편집자에게 의뢰하거나 원고의 분석을 북 닥터에게 의뢰할까? 작가는 어떻게 하면 유능한 북 닥터를 선택하여 그와 함께 효과적으로 작업을 할 수 있을까? 제럴드 그로스는 원고를 개선하고 작가 생활을 살리는 데 도움을 주는 오늘날의 새로운 편집자 유형인 북 닥터를 종합적으로 다룬 이 글에서 위와 같은 중요한 질문들에 대해 실용적이고 현실적인 답을 제공한다.

제럴드 그로스(Gerald Gross)

제럴드 그로스는 1953년에 뉴욕시립대를 졸업하고 같은 해에 사이먼 앤드 슈스터 출판사에서 예비 검토자로 출판인의 길을 걷기 시작했다. 페이퍼백 및 하드커버 소설 및 비소설의 편집자로 일하는 동안 그는 고딕 로맨스와 고딕 미스터리라는 대중시장용 페이퍼백 부문을 만들어냈고, 『출판 발행인들(Publishers on Publishing)』(1961)과 『편집의 정석』(1962, 1985)을 편집했다. 이후 소설 및 비소설 프리랜스 편집자 겸 북 닥터로 활동하면서 미국 전역에서 개최되는 작가 협의회에 참석하여 편집 및 출판에 관한 다양한 강연을 펼쳤다.

치료가 필요한 원고를 위해

—프리랜스 편집자 또는 북 닥터의 작업

—제럴드 그로스

북 닥터가 개입하는 단계

일류 북 닥터(book doctor)와 하는 작업은 직업적인 면에서 창조적이고 보람된 경험일 수 있다. 역량 있는 북 닥터는 작가의 상상력을 자극하고 해방시켜 작가가 원고를 신선하고 독창적인 관점에서 바라볼 수 있게 한다. 구조·인물 묘사·대화·플롯 구성·글 조직에 관한 북 닥터의 조언에 따르면, 현재뿐만 아니라 향후 작업을 위해서도 소설 및 비소설의 기법을 향상시킬 수 있다. 하지만 의사를 선택하는 일과 마찬가지로 저력 있고 노련한 북 닥터를 찾아 선택하고 그와 원만한 작업 관계를 형성하는 일이 중요하다. 편집자와 저자의 관계가 대립적이고 기생적인 관계가 아니라 협력적이고 공생적인 관계가 되어야 함을 이해해야 한다. 작가와 편집자는 반드시 상대방의 능력·가치관·목표를 존중해야 한다.

북 닥터는 원고나 도서 제안서의 문제를 분석하는 고도의 기술을 갖추고 각종 문제의 해결책을 제공하는 프리랜스 편집자다. 해결책은 대부분 긴 분량의 심화적인 보고서의 형태로 고객(저자, 에이전트, 출판사의 편집자)에게 전달되며, 이는 원고의 재고려와 수정을 위한 길잡이의 역할 역시 한다. 이러한 비평의 글은 원고의 분량, 원고가 지닌 문제의 수, 문제 해결을 위한 북 닥터의 통찰과 기술에 따라 15쪽에서 30쪽 내지는 그 이상에 이른다. 또한 많은 북 닥터는 행마다 원고를 평가하고, 절의 첨가나 삭제·속도·플롯·분위기·인물 묘사·동기·대화의 개선·윤문 편집 등의 측면에서 수정을 위한 권고안을 제시한다.

그러나 일부 북 닥터들은 우선 원고를 훑어보고 어떤 문제가 있는지 대략적으로 판단한 다음, 고객에게 전화를 하거나 짧은 서신을 써서 원고를 개선하기 위해 어떤 조치를 취할지 설명하면서 편집자와 고객의 관계를 시작한다. 차후 전화 통화나 서신을 통해 고객이 편집자의 권고안에 응답을 하면, 북 닥터가 원고를 세부적으로 분석·평가하기 시작한다.

내 생각에는 전자의 방법, 그러니까 북 닥터인 편집자가 상세한 보고서를 작성하여 저자와 관계를 시작하는 편이 자신에게나 고객에게 가장 이로울 것으로 보인다. 원고를 더욱 예비적으로 피상적으로 읽게 되는 후자의 방법은 원고를 어떻게 수정·편집할지에 대해 북 닥터와 고객 간에 오해가 생겨날 위험이 있다. 북 닥터가 원고 전체를 분석·비평했다가 고객이 그의 접근법을 마음에 들어 하지 않는 결과가 발생할 수 있기 때문이다. 이 경우, 북 닥터의 작업 결과에 만족하지 않은 고객이 원고료를 지불하지 않아 북 닥터가 고객에게 소송을 제기하는 일이 종종 발생한다.

나를 비롯한 많은 북 닥터들은 고객이 (윤문 편집에 대한 제안이 포함된) 원고에 대한 상세한 분석 결과를 받아보고 북 닥터가 원고에 취하고자 하는 편집상의 접근법을 승인할 때까지, 윤문 편집을 실시하지 않는다. 사실상 종합적이고 잘 조직되고 잘 쓰인 분석 보고서의 경우, 윤문 편집과 관련된 제안사항 역시 종종 명쾌하기 때문에 북 닥터의 도움 없이도 저자가 직접 윤문 편집을 하거나 편집자의 기타 권고안을 반영할 수 있다. 어떤 경우에든, 원고의 윤문 편집은 개발 편집(분석의 핵심)이 완료되어 고객의 승인이 이루어진 후에 실시되어야 한다. (실제적인 윤문 편집·수정·재구성 등은 별도의 편집 서비스로, 고객이 원고의 분석에 대해 북 닥터에게 지불하는 비용에는 포함되지 않는다.)

일부의 경우, 고객이 작성한 원고의 상세한 분석 결과를 바탕으로 북 닥터가 작업을 하는데, 이는 고객이 정확히 무엇을 원하는지 북 닥터에게 알려주는 역할을 한다. 이 경우 북 닥터는 제안이나 권고안을 작성할 필요가 없다. 북 닥터는 고객의 지시사항을 따르는 것만으로 비용을 지급 받는다. 이 방식에서는 고객이 북 닥터의 도움을 요청하지 않기 때문에 그가 지닌 전문지식의 혜택을 누리지 못한다. 더욱이 북 닥터의 창조적인 재능이 좌절·낭비된다. 편집자는 빨간펜이나 파란펜 그 이상의 존재가 될 수 있고 그래야 하지만, 때로는 편집자가 빨간펜의 역할만을 하는 것이 고객이 원하고 필요로 하는 전부일 수 있다. 이러한 방식의 작업은 두 당사자 모두에게 이롭지 못하다.

북 닥터가 제공할 수 있는 추가적인 서비스로는 공동 작업과 대필이 있다. 하지만 이 서비스를 받기 위해 북 닥터를 섭외할 때에는 북 닥터가 작가를 겸하고 있는지를 확인해야 한다. 모든 편집자가 작가를 겸하진 않기 때문이다. 편집은 매우 창조적인 작업이지만 글쓰기와 다르다. 편집자의 창의성은 본인의 주요한 능력에서 비롯한다. 반면 작가의 창의성은 본인의 상상력에서 비롯한다. 이 둘은 동일한 사람 내에서 항상 똑같은 효과를 발휘하며 기능하는 건 아니다.

해결사가 필요한 순간

실제 편집이 시작되기 전에 고객과 북 닥터는 상대방이 무엇을 기대하는지 확실히 알아야 한다.

대부분의 북 닥터는 모든 종류의 소설과 비소설을 작업하지만, 소설만을 작업하는 사람도 있고 비소설만을 작업하는 사람도 있다. 또는 미스터리, 자기계발, 로맨스, 과학, 첩보 등 특정한 분야를 전문으로 하는 북 닥터도 있다. 따라서 북 닥터를 섭외하기 전에 그가 어떤 분야를 전문으로 하는지를 먼저 알아야 한다.

어떤 이유에서든, 어떤 원고 작업 단계에서든 북 닥터를 섭외할 수 있다. 예를 들면 프로젝트의 주제 작업, 편집자나 에이전트에게 제출할 제안서의 구상, 개발, 평가, 원고의 완성, 혹은 출판사 편집자에게서 의뢰 받은 원고의 작업 등 어떤 단계에서든 북 닥터 섭외를 원할 수 있다.

만약 비소설 작가라면, 북 닥터가 도서 제안서를 작성하는 데 도움을 주거나 이를 편집자나 에이전트에게 보내기 전에 평가를 해줄 수 있다. 실제로 도서 제안서는 장차 함께 작업할 편집자나 에이전트와 갖는 '면접'이나 마찬가지이므로, 본인이 팔고자 하는 것이 가독성·글의 조직·명확성·효과·독자 겨냥·판매 가능성의 측면에서 최상의 형태를 띠어야 한다. 에이전트나 편집자에게 이미 제안서를 제출했다면, 그들이 제안서를 편집 회의에서 선보이기 전에 북 닥터에게 맡겨 손볼 것을 작가에게 제안할 수 있다.

만약 소설 작가라면, 소설에 대한 북 닥터의 분석을 통해 작품을 신선한 관점으로 바라볼 수 있다. 이러한 식으로, 작가는 소설에 대해 재고를 하고 수정을 하고 다시쓰기를 하여 소설을 최상의 상태로 끌어올려 이를 에이전트나 편집자에게 제출하여 출판사의 편집 회의에서 선보이게 할 수 있다. 만약 대화, 속도, 인물 묘사, 플롯 등 특정 부분에 대해 불확실한 경우 북 닥터에게 해당 부분을 집중적으로 봐달라고 요청할 수 있다.

특정 작품에 관심이 있는 에이전트는 원고를 도서 입수 편집자에게 보내기 전, 해당 작가에게 북 닥터와 작업할 것을 권고할 수 있다. 에이전트가 작가에게 북 닥터를 소개하면 작가는 북 닥터와 자체적으로 금전적인 계약을 맺으면 된다. 에이전트는 원고가 면접과도 같으며 첫인상에 따라 편집자가 책을 입수할 수도 거절할 수도 있다는 사실을 안다. 또 편집자가 시간에 쫓긴다는 점을 알기 때문에 최소한의 편집 또는 편집할 필요가 없는 원고를 제시하길 원한다. 만약 편집자가 작가의 원고에 문제점이 수두룩하여 이를 수정하는 데 상당한 시간이 소요된다고 판단하면, 그 원고를 팔기가 어려워진다. 따라서 북 닥터가 사전 편집자가 되어 해당 책을 첫 번째 도서 입수 편집자가 보기 전에 최대한 완전한 상태로 개선시킬 수 있다.

원고가 번번이 거절을 당하나 작가나 에이전트가 보기에 거절의 이유에 일관성이 없을 경우, 북 닥터가 유용할 수 있다. 어떤 편집자는 플롯을 맘에 들어 하지만 등장인물을 싫어할 수도 있고, 또 어떤 편집자는 플롯을 싫어하지만 등장인물을 맘에 들어 할 수 있다. 그런가 하면 문체가 자연스럽지 못하고 부담스럽다고 생각하는 편집사가 있을 수 있고, 문체가 지나치게 단순하고 빈약하다고 생각하는 편집자가 있을 수 있다. 편집자들은 대부분 책을 거절한 이유를 상세히 설명하지 않거나 문제 개선을 위한 해결책을 내놓지 않는다. 왜냐하면 그럴 만한 시간이 없기 때문이다. 게다가 편집자들은 본인이 속한 출판사가 팔 수 있는, 또는 팔 수 없는 책의 종류에 대해 잘 알아야 한다. 모든 출판사가 모든 종류의 소설 및 비소설을 팔수는 없다. 따라서 편집자는 책이 출판사에 적합하지 않다는 이유를 들면서 도서 제안을 종종 거절한다. 북 닥터는 노련한 편집자로서 건설적이고 객관적인 편집상의 조언을 제공한다. 북 닥터는 병든 원고를 위해 많은 시간을 들여 구체적인 '치료법'을 제시한다. 프리랜서로서 눈앞에 놓인 원고를 분석·평가하는 데에만 집중하는 북 닥터는 특정 출판사가 원고를 팔 수 있을지 없을지를 걱정할 필요가 없다. 이는 병원에서 어떤 의사가 치료를 해줄지 운에 맡기는 것과 달리, 아무런 이의 방해를 받지 않고 개인 주치의로부터 온전한 관심을 받는 것과 같다.

　때로는 책이 동일한 이유로 번번이 거절되지만, 작가가 원고와 너무 밀착되어 있어서 원고를 수정할 방법을 모르는 경우도 있다. 북 닥터는 새로운 관점에서 책을 평가할 수 있는 객관성을 지니며, 작가가 원고 거절의 이유였던 결점들을 해결하고 글을 다시 쓰도록 조언을 해줄 수 있다.

저자를 대신한 원고 수정 혹은 대필

　에이전트나 편집자가 원고의 일부를 삭제하거나 윤문 편집을 하거나 글을 재구성해야 한다고 작가에게 말하지만 작가가 이를 원치 않거나 직접 할 수 없는 경우가 더러 있다. 여기서 또 한 번, 작가가 심리적으로나 정신적으로나 처리할 수 없는 일을 북 닥터가 대신해줄 수 있다. 많은 저자들은 집필을 마치고 나면 원고에 대해 현실적인 관점을 갖지 못한다. 글을 쓰는 과정이 너무도 힘겹고 소모적이기 때문이다. 원고를 삭제하거나 내용을 대폭 수정하거나 재구성하는 일은 물리적으로 고통스러울 수 있다. 게다가 지적으로나 미학적으로나 불가능하다.

　한편 편집자가 원고를 수락했어도 저자들은 몇 가지 이유에서 북 닥터를 섭외한다. 많은 편집자들은 책을 입수하는 일만을 담당한다. 그들 각자에게는 도서 입수의 할당량이 있다. 그렇기 때문에 개발 편집 단계에서든 이후 윤문 편집 단계에서든 저자와 작업할 수 있는 시간이 없다. 때로는 그와 관련된 경험이 없는 경우도 있고, 개발 편집이나 윤문 편집의 기술을 교육받은 적이 없는 경우도 있다. 그들은 저자를 발굴하고 책을 기획하며 어떤 책이 어떤 독자에게 팔릴 것이며 독자의 규모가 어떠할지 직감하는 기술을 갖고 있지만, 저자와 작업하여 책의 형태를 갖추거나 윤문 편집을 하는 방법을 모르는 경우가 있다. 그래서 대신 원고를 본문 편집자에게 곧바로 맡기기도 한다. 본문 편집자는 없어선 안 되는 매우 중요하고 숙련된 편집자이나 원고의 틀을 잡고 윤문 편집을 하는 기술을 훈련받은 자는 아니다. 그러다 보니, 저자들은 본인이 필요로 하고 응당 받아야 하는 편집상의 배려와 관심을 편집자에게서 받지 못하기도 한다. 따라서 이 경우, 원고가 최상의 상태로 본문 편집자에게 전달되도록 하기 위해 저자가 프리랜스 편집자인 북 닥터를 섭외한다. 훌륭한 (또는 형편없는) 편집은 평단의 반응과 책의 판매량에 영향을 미칠 수 있다.

어떤 상황에서는 숙련된 기술을 지닌 편집자조차도 북 닥터를 섭외한다. 때로는 계약상의 이유로 원고를 특정 일자까지 반드시 책으로 펴내야 하기 때문이다. 편집자가 기한을 맞추지 못할 때에는, 출판사가 계약 내용을 이행하지 못하여 저자에게 소송을 제기당할 상황을 피하기 위해 프리랜스 편집자를 고용한다. 또 많게는 1년에 20권의 책을 출간하는 사내 편집자 역시 여러 개의 원고가 한꺼번에 들어올 경우 작업 부담을 덜기 위해 프리랜스 편집자를 고용한다.

한편 출판사의 편집자는 제출된 원고가 탐탁지 않을 때에도 북 닥터를 고용한다. 북 닥터를 고용하여 저자와 함께 원고를 개선하는 작업을 하도록 한 다음, 편집자가 후에 해당 원고를 입수할 수 있다. 때때로 북 닥터의 원고료는 출판사가 전액 또는 일부를 지불한다. 혹은 원고 수락 후 저자에게 지급되는 선지급금의 나머지 절반에서 북 닥터의 원고료가 지불되기도 한다. 그 반대는 극단적이다. 편집자가 원고를 거절하면 저자는 선지급금의 나머지 절반을 받지 못할 뿐만 아니라 처음에 받은 절반을 되돌려줘야 한다. 이러한 상황에서는 편집자, 에이전트, 저자를 비롯한 모든 당사자가 원고가 거절되는 일을 막기 위해 외부 편집자를 분명 필요로 한다. 결국 모든 사람이 책이 출간되기를 원하기 때문이다. 그래야 저자가 선지급금의 나머지를 받고, 에이전트가 수수료를 받으며, 편집자 역시 책을 출간 목록에 올려 저자와 출판사에게 맡은 바 소임을 다하고 모든 이해 관계자를 위해 수익을 창출할 수 있다.

그러나 때로는 모든 당사자가 프로젝트에 너무 깊숙이 관여되어 있고 당사자들 간의 관계가 감정, 명성, 향후 관계, 급기야는 프로젝트 자체에 해를 입힐 정도로 틀어질 수 있다는 이유에서 모든 일을 원만하게 처리하기 위해 외부인, 즉 북 닥터를 고용한다. 실제로 갈등 관계와 적대감이 매우 심한 가운데 에이전트, 편집자, 저자가 서로의 요구에 응하지 않는 바람에 프로젝트가 완전히 막다른 골목에 다다른 결과, 북 닥터를 고용하는 경우도 있다. 북 닥터는 편집자의 감독하에 프로젝트를 맡게 되고 원고가 모든 사람이 만족할 만한 수준으로 수정·편집될 때까지 저자, 에이전트와 작업을 진행한다.

마지막으로, 출판사의 편집자가 원고를 너무 자주 읽는 경우도 있다. 이렇게 되면 원고의 신선함이 사라져 이를 출간도서 목록에 올릴 근거가 사라진다. 편집자는 원고가 어떤 독자층을 위해 왜 입수되었는지 의문을 품지만, 원고에 작업이 필요하다는 사실을 안다. 아마도 도입부나 결말을 새롭게 하거나 글을 재구성하거나 50 내지는 60쪽을 삭제해야 할 수도 있다. 편집자는 원고에 신물이 난 나머지 그에 대해 새로이 열정을 품을 수 없음을 안다. 혹은 잘못된 부분을 어떻게 수정해야 할지 내지는 어떤 부분을 수정해야 할지 확실히 모를 수도 있다. 이럴 때면 편집자는 숙련된 외부 편집자, 즉 북 닥터의 손을 빌려 원고를 분석하고 책에 대한 신선한 관점, 그리고 책을 판매 가능하도록 개선할 수 있는 방안을 얻는다.

북 닥터 보고서

지금까지 북 닥터가 하는 일에 대해 알아보았다. 그렇다면 북 닥터의 도움이 필요하다고 결정한 다음에는 북 닥터를 어떻게 찾아 선택하고 그와 작업을 해야 할까?

북 닥터를 찾으려면, 저자, 출판계의 지인, 또는 아는 에이전트나 편집자에게 의견을 구하도록 한다. 글쓰기 강좌나 작가 협의회에서 만나는 사람들에게 이야기를 해봐도 좋다. 또는 전국 작가 연합이나 편집 프리랜서 협회에 서신을 보내도 좋다. 이들 협회는 전문 분야별로 회원들을 열거한 안내 책자를 발행한다. 또 『문학 시장』이라는 책자에서 이들 협회의 주소를 찾을 수도 있는데, 이 책자는 미국 전역 도서관의 참고도서 코너에 비치되어 있다. 이 책자는 미국 전역에 있는 편집 자문가의 성명과 주소, 서비스 역시 제공한다.

북 닥터를 섭외하기 전, 의뢰할 분야나 주제의 작품과 가장 유사한 작업을 분석한 내용을 보여 달라고 요청한다. **분석 보고서는 종합적이어야 하고, 원고의 잘못된 부분을 지적만 하는 것이 아니라 그 부분을 바로잡기 위한 해결책 역시 제시해야 한다.** 물론 분석 보고서에 담긴 북 닥터의 접근법에 동의하지 않을 수도 있으나, 적어도 분석의 품질을 확인할 수 있고 북 닥터의 분석이 원고를 개선하는 데 필요한 종류의 것인지를 판단할 수 있다.

참고를 위해 북 닥터의 약력이 기재된 이력서, 입수 및 편집된 비슷한 주제를 다룬 책들의 목록, 북 닥터가 함께 작업한 동료 및 저자의 이름이 열거된 목록을 요청하자. 모든 수단을 동원하여 참고 자료의 내용을 확인한다. 북 닥터의 이전 고객들에게 문의를 하여 그가 성실한지, 창의적인지, 실력이 있는지, 함께 작업하기에 수월한지의 여부를 확인한다.

북 닥터에게 원고의 윤문 편집·삭제·수정·재작성을 의뢰할 때에는 이러한 서비스를 어떻게 실시할지 보고서를 작성해달라고 요청한다. 북 닥터가 작업을 시작하기 전, 저자와 북 닥터가 편집의 방향 그리고 최종 편집된 원고의 내용에 대해 동의를 해야 한다. 그러므로 우선 보고서를 읽고 그에 대해 논의한 다음, 북 닥터를 섭외하여 실제로 원고 작업을 진행해야 한다. 저자는 편집자의 권고안 모두에 동의할 순 없어도, 그의 제안사항 대부분을 무리 없이 받아들일 수 있어야 한다. 그렇지 않으면 섣불리 작업을 진행하지 않도록 한다. 그리고 **북 닥터를 고용하여 작업을 진행할지의 여부와 상관없이, 보고서 작성에 대해서는 비용을 지불해야 한다.** 어쨌거나 북 닥터는 원고를 읽고 보고서를 작성하는 데 시간을 소비했기 때문이다.

원고의 편집 작업이 시작되기 전, 의뢰인과 북 닥터 사이에 효력이 있는 계약서를 작성하여 북 닥터가 제공할 서비스의 종류, 서비스의 제공일자, 비용 지불 방법을 명시해야 한다. 비용 지불의 경우, 일반적으로는 계약 체결 시 동의된 금액의 절반을 지불하고, 분석 보고서가 완성되어 이를 원고와 함께 전달받은 후 나머지 절반을 지불한다. 단, 북 닥터가 손본 원고를 출판사가 수락할 경우에만 그에 대해 비용을 지불하겠다는 조건을 내걸어서는 안 된다. (의사가 당신을 다시 건강하게 만들어줄 경우에만 의사에게 치료 비용을 지불하겠는가?)

북 닥터는 고객들로부터 승인을 얻지 않는 한, 그들의 이름을 공개해서는 안 된다. 일반적으로 분석 보고서의 견본을 받을 때에는 저자의 이름이 잉크로 지워져 있기 때문에 이를 알아볼 수가 없다. 북 닥터와 저자가 공유하는 기밀과 사생활은 의사와 환자가 맺는 기밀만큼 엄격하게 지켜져야 한다.

계약한 편집 작업을 계약서에 직접 서명을 한 숙련된 북 닥터에게 맡길지 아니면 그와 함께 일하는 숙련 정도가 덜한 편집자에게 맡길지를 사전에 결정해야 한다. 경력이 덜한 편집자에게 원고를 맡기는 데 동의

한 경우에는 그 비용이 선임자에게 지불되는 액수보다 적어야 한다.

북 닥터 중에 자신과 함께 작업을 하면 에이전트를 고용할 수 있고 편집자가 원고를 입수할 것이라고 장담하는 이가 있다. 그를 조심하자. 어떤 프리랜스 편집자도 그런 약속을 할 수 없다. 미국에서 가장 성공한 북 닥터라 하더라도 말이다. 어떤 에이전트도 북 닥터의 말을 듣고 작가를 섭외하지 않고, 어떤 출판사의 편집자도 프리랜스 편집자의 말을 듣고 원고를 입수하지 않는다. 그러한 거창한 약속은 어떤 병이든 다 고칠 수 있다고 장담하는 의사의 약속만큼이나 비윤리적이다. 그러므로 북 닥터의 그러한 달콤한 말에 속지 말자. 정직하고 윤리적인 방식으로 편집에 도움을 줄 수 있는 다른 북 닥터를 찾아야 한다.

비용과 대가

지금까지 글을 읽었다면, 북 닥터를 고용하는 데 어느 정도의 비용이 들지 궁금할 것이다. 삶의 모든 것이 그렇듯이, 지불한 만큼 대가를 받는다. 의과대학을 갓 졸업한 젊은 의사에게 진찰받는 것과 널리 유명한 권위 있는 의사에게 진찰받는 것은 그 비용이 하늘과 땅 차이다. 따라서 상대적으로 젊은 편집자가 요구하는 비용은 다년간의 경험과 전문 지식을 지닌 북 닥터가 요구하는 비용과 상당한 차이가 있다.

그러나 일반적으로, 한 행씩 띄어 작성된 400쪽 원고에 대해 20 내지는 35쪽의 분석 보고서를 작성할 경우 적게는 600달러에서 많게는 2,500달러의 비용이 소요된다. 원고나 도서 제안서를 윤문 편집, 삭제, 또는 수정하기 위해 북 닥터를 고용할 경우, 비용은 시간당 35달러에서 150달러 사이다. 일부 북 닥터는 원고 분석 및 편집 서비스에 대해 다소 저렴한 비용을 요구하나 책이 입수되어 팔릴 경우 책의 선지급금과 인세의 일부 비율을 요구하기도 한다. 계약서를 체결하기 전에 요금과 비율에 대해 매우 상세하게 의논할 필요가 있으며 양 당사자가 그 내용을 확실히 이해해야 한다. "요금에 대해서는 상호간에 동의한다"와 같은 구절은 피해야 한다. 양 당사자, 즉 저자와 편집자가 계약서에 서명하기 전까지 그리고 분석 비용의 일부가 편집자에게 지불되기 전까지 원고 작업이 시작되어서는 안 된다.

도서 제안서의 작성 및 개발에 대한 비용은 북 닥터의 참여 정도에 따라 달라진다. 달리 말해, 도서 구상의 얼마만큼이 북 닥터로부터 비롯되었는지, 글의 조직 및 글쓰기가 저자와 편집자에 의해 각각 얼마만큼 이루어졌는지, 이미 작성된 도서 제안서를 북 닥터가 손본 것인지, 혹은 저자와의 대화와 대략적인 메모를 바탕으로 북 닥터가 제안서를 직접 작성했는지에 따라 달라진다.

북 닥터를 공동 작업자 또는 대필 작가로 고용할 경우, 북 닥터의 서비스에 대한 비용뿐만 아니라 책이 팔릴 경우 북 닥터가 받아야 할 선지급금과 인세의 비율에 대한 논의 역시 수반된다. 프로젝트에 대한 참여 정도에 따라, 북 닥터가 받게 되는 비율은 책의 선지급금 및 인세의 25퍼센트에서 50퍼센트에 달한다.

마지막 통고: 역량 있고 창의적인 북 닥터는 작가가 직업적으로나 상업적으로나 성공할 수 있도록 돕는다. 그러나 역량과 상상력이 부족한 북 닥터는 작가의 창작 활동에 해가 될 수 있다. 그러므로 자기 몸을 위해 의사를 선택할 때처럼 원고를 위해 북 닥터를 선택할 때에도 상당한 신중을 기해야 한다. 작가의 삶이 달려 있는 일이기 때문이다.

「취약한 글은 취약한 사고와 구조를 드러낸다—윤문 편집 1」

왁스먼의 명쾌하고 현실적인 글은 (원고 편집이라고도 하는) 윤문 편집의 기본적이고 필수적인 원칙과 기술에 관한 종합적인 단기 교육과정과 같다.

"편집자는 뭔가를 책에 첨가해서는 안 된다. 편집자는 기껏해야 심부름꾼의 역할을 한다. …… 결국 편집자는 저자 안에 있는 것만을 끄집어낼 수 있다"라는 맥스웰 퍼킨스의 격언을 지지하는 그녀는 원고 편집자와 저자의 작업 관계를 다음과 같이 규정한다. "…… 저자와 편집자가 좋은 책을 만들어냈다고 믿을 때까지 서로 질문과 답을 오랫동안 지속적으로 주고받는 과정이다. 여기서 좋은 책이란 나온 중 최고의 책이 아니라 가능한 최상의 책을 말한다. 가능한 최상의 책은 저자가 말하려는 바를 최대한 명확하게, 강력하게, 적절하게 말하는 책을 뜻한다. 이러한 목적의 달성은 모든 편집, 특히 원고 편집의 목표다."

이 글에서 왁스먼은 편집과 다시쓰기의 차이점, 명료성, 범위(충분한 정보를 제공함), 조직(독자가 따를 수 있는 방식으로 글을 제시함), 어조(책에 가장 관심을 보일 독자들의 수준에 맞춤)와 같은 중요한 사안들에 대해 충실한 조언을 제공한다. 또한 본격적인 작업 전 원고의 분석, 저자에게 질문을 제기할 수 있는 가장 적절하고 효과적인 방법과 같은 원고 편집의 기술적 측면을 다루는 방법에 대해서도 설명한다.

왁스먼은 작가들에게 다음과 같은 점을 상기시키면서 글을 끝맺는다. "편집자는 저자가 아니며 저자가 되려고도 하지 않는다. 편집자는 저자와 합심하여 양질의 책을 펴내는 데 특별한 재능과 기술을 아끼지 않는, 직관력 있고 쉽사리 만족하지 않으며 에너지 넘치고 인내심 많은 관찰자가 간절히 되고자 한다."

마론 L. 왁스먼(Maron L. Waxman)

마론 L. 왁스먼은 하퍼콜린스 산하 하퍼레퍼런스의 편집장이다. 북 오브 더 먼스 클럽의 도서개발 책임자였던 그녀는 뉴욕시티 대학교와 뉴욕 대학교의 출판 강좌에서 편집을 가르쳤으며, 많은 출판 및 작가 협의회에서도 강연을 진행했다.

취약한 글은 취약한 사고와 구조를 드러낸다

—윤문 편집 1

—마론 L. 왁스먼

심부름꾼 편집자

많은 저자는 편집자가 책상에 앉아 산더미같이 쌓인 원고를 골똘히 들여다보는 광경을 상상한다. 편집자는 원고를 한 장 한 장 넘겨보면서 어떤 문장을 삭제하는가 하면 또 어떤 문장을 열정적으로 편집하고 재구성한다. 마침내 며칠간의 작업이 끝나고 나면, 대리석 덩어리에서 미켈란젤로의 〈모세〉가 탄생하듯 거친 원고에서 말끔하게 다듬어진 책이 탄생한다. 이러한 꿈의 그림은 맥스웰 퍼킨스와 색스 커민스를 비롯한 몇몇 위대한 편집자들이 남긴 유산이다. 가혹한 말이지만, 원고 편집을 진지하게 논의하기 전에 이러한 꿈을 반드시 떨쳐버려야 한다. "편집자는 뭔가를 책에 첨가해서는 안 된다"라는 맥스웰 퍼킨스의 말은 우리에게 원고 편집의 현실을 알려준다. 퍼킨스는 뉴욕 대학교의 편집 강좌에서 이렇게 말했다. "편집자는 기껏해야 심부름꾼의 역할을 한다. ······ 결국 편집자는 저자 안에 있는 것만을 끄집어낼 수 있다."[•]

이렇듯 뭔가를 끄집어내는 과정에서 편집자는 홀로 작업하지 않는다. 원고 편집이란 저자와 편집자가 좋은 책을 만들어냈다고 믿을 때까지 서로 질문과 답을 오랫동안 지속적으로 주고받는 과정이다. 여기서 좋은 책이란 나온 중 최고의 책이 아니라 가능한 최상의 책을 말한다. 가능한 최상의 책은 저자가 말하려는 바를 최대한 명확하게, 강력하게, 적절하게 말하는 책을 뜻한다. 이러한 목적의 달성은 모든 편집, 특히 원고 편집의 목표이다.

사실상 원고 편집은 원고에 쓰인 실제 단어들을 바꾸는 일과는 별 상관이 없다. 취약한 글은 취약한 사고나 구조를 어김없이 드러내기 마련이다. 따라서 편집자는 원고를 읽으면서 다음과 같은 질문을 항상 해야 한다.

저자의 목적이 분명한가?
서술, 주장 또는 해결책을 따라가는 데 필요한 정보를 독자들이 갖고 있는가?
서술, 주장 또는 해결책이 알아보기 쉬운 방식으로 배열되었는가?
정보의 수준과 목소리의 어조가 책의 목표 독자에 적절한가?

위 질문들은 명료성, 범위, 조직, 어조로 요약할 수 있다. 이는 원고 편집자가 고려해야 할 주요 사안들이다. 이 사안들이 적절히 충족되었

[•] A. Scott Berg, *Max Perkins: Editor of Genius*, New York: E. P. Dutton, 1978, p. 6.

다면, 언어의 문제는 종종 저절로 해결된다.

윤문에 들어가기에 앞서

모든 기술이 그렇듯, 편집에도 얼마간의 교육과 규율이 필요하다. 편집을 시작하려고 준비할 때 명심해야 할 세 가지 사항이 있다.

첫째, 원고 편집자는 주변 사람들이 어떻게 생각하든, 즐거움을 위해 글을 읽지 않는다. **원고 편집자는 불편하게 글을 읽고 스스로를 괴롭히고 묻고 또 캐묻고, 또 저자가 언제나 올바른 판단을 하는 건 아니라고 생각하도록 훈련해야 한다.** 편집을 해야 할 때에 자신도 모르게 글을 즐기고 있다면 연필을 내려놓자. 어쩌면 이미 내려놓았는지도 모른다. 그리고 마음껏 글을 즐기자. 책이 어떻게 읽히는지 보자. 그런 다음, 다시 돌아가 연필을 손에 쥐고 편집을 하면서 방금 전 글을 즐기느라 눈에 띄지 않았던 온갖 사소한 문제점이 드러나고 그에 대한 의견이 떠오르는 걸 몸소 느껴보자.

둘째, 편집은 다시쓰기가 아니다. 많은 경우 편집자가 저자의 원고를 길잡이로 삼아 얽히고설킨 구절을 다시 쓰는 편이 더 쉽다. 하지만 그건 편집이 아니다. 다시쓰기는 완전히 다른 작업이다. "편집자는 뭔가를 책에 첨가해서는 안 된다"라는 퍼킨스의 말을 명심하자. 편집자는 저자로부터 글을 끌어낼 수 있는 방법을 반드시 찾아야 한다.

셋째, 편집자가 책의 첫 독자라는 사실을 기억하자. 편집자의 반응과 인상이 저자가 책에 대한 독자의 반응을 예상할 수 있는 최초의 기회다. 이는 편집의 최고 기능 중 하나이므로, 독자처럼 읽을 수 있는 능력을 기르자. 편집자가 글을 읽을 때 혼란이 오고 집중이 되지 않거나 실망스럽다면, 다른 독자들 역시 그럴 가능성이 높다. 편집자는 최대한 정중한 태도로 저자에게 이 사실을 알려야 한다.

이제는 앞서 언급한 주요 사안들로 넘어가보자.

글이 명확한가: 명료성

무엇보다도 독자는 저자가 달성하고자 하는 것, 저자가 책을 쓴 목적을 이해해야 한다.

저자의 목적을 지속적으로 상기하고자 할 때, 마닐라 폴더(목재 펄프에 마닐라삼을 섞어서 만든 마닐라지로 만든 서류철—옮긴이)가 도움이 된다. 비소설 원고를 편집하기 전, 나는 책에 관한 모든 설명적인 정보를 이 폴더 안에 넣어둔다. 여기에는 제안서, 원고 소견서(추가 정보가 있을 경우), 목차, 서론이나 서문, 저자의 약력, 이력서가 포함된다. 이 폴더는 필요할 때 참고하기 위해 편집 과정 내내 책상 위에 놓아둔다.

예전에 새들을 뒷마당으로 불러들이는 방법에 관한 종합적인 책을 편집한 적이 있다. 각 장에는 세부사항이 철저하게 담겨 있었으나, 이상하게도 그 내용을 다 합쳐보면 아무런 의미가 없어 보였다. 누군가 그 모든 일을 왜 해야 하는지 도무지 알 수 없었다. 마닐라 폴더를 참고하고서야 나는 저자가 적극적인 환경 운동가라는 걸 알 수 있었다. 저자의 제안서에는 이 책을 통해 주택 보유자들이 소유지의 면적에 상관없이 새와 인간 모두를 위해 새의 종들을 보존하고 환경을 보호하기 위해 무슨 일을 할 수 있는지가 강력한 목적의식을 담은 목소리로 기술되어 있었다. 그러나 책 어느 부분에서도 그러한 목소리를 찾아볼 수 없었다. 그래서 나는 저자에게 제안서에 쓰인 견해와 가치관을 책의 도입부에 통합시킬 것을 제안했다. 저자가 그러한 내용의 글을 추가하고 나자, 마침내 책이 목적의식을 띠게 되었고 저자가 그토록 설명한 일을 실천해야 할 강력한 명분이 생기게 되었다.

소설, 특히 플롯에 크게 의존하는 소설의 경우, 편집자는 종종 마닐라 폴더 수집 과정을 역으로 진행하며 편집하는 동안 등장인물들에 관한 일지를 작성한다. 아름다운 젊은 여배우가 첫 오디션을 보러갔을 때 어떤 옷을 입었을까? 그날 저녁 그녀가 살해된 채로 발견되었을 때 그녀가 입고 있던 검은색 라이크라 미니스커트와 같은 옷이었나? 전기의 경우, 일부 편집자는 생년월일, 중요한 사건, 가족 구성원의 이름과 연령 등 해당 인물의 통계자료를 지속적으로 수집한다. 이러한 식으로 편집자는 부주의한 실수로 책 속에서 해당 인물이 아홉 살의 나이에 결혼을 하거나 해당 인물의 자녀들의 이름이 바뀌는 일이 발생하지 않도록 한다.

편집자는 저자의 글을 계속해서 추적해야 한다. 아래는 저자가 어떻게 잘못된 방향으로 들어설 수 있는지를 보여주는 한 예다.

『뱃사람』은 작가의 작품 세계가 가진 두 가지 주요한 관심사를 언급한다. 이 작품은 마리너가 2인칭 시점에서 쓴 유일한 두 소설 중 하나다(나머지 하나는 『파도』이다). 절묘한 은유법으로 표현한, 해안 국가에서 바다가 갖는 의미, 그리고 세세한 일상으로 그려진 선원의 삶에 대한 묘사가 그것이다.

이 단락에서 저자는 매우 확실히 언급된 아이디어를 갖고 있지만, 주의가 분산되어 또 다른 생각으로 넘어간다. 이는 두 번째 문장에 해당한다. 두 번째 문장까지 읽었을 때 독자는 이전에 읽었던 내용(두 가지 주요한 관심사)을 잊어버리고 말 것이다. 편집자가 단어를 바꾸어 문장을 고치려고 할 경우 명확성이 떨어질 가능성이 높다. 그러나 단어를 바꾸지 않고 문장을 다음과 같이 수정할 수 있다.

『뱃사람』은 작가의 작품 세계가 가진 두 가지 주요한 관심사를 언급한다. 이는 절묘한 은유법으로 표현한, 해안 국가에서 바다가 갖는 의미, 그리고 세세한 일상으로 그려진 선원의 삶에 대한 묘사이다. 『뱃사람』이 앨리스 마리너가 2인칭 시점에서 쓴 유일한 두 소설 중 하나라는 점이 흥미롭다. 나머지 하나는 『파도』이다.

하나 또는 두 개의 문장에서 이러한 배회 현상은 상당히 자주 나타난다. 그러나 책에서 단락 및 장 전체가 이러한 식으로 배회를 하면 독자가 길을 잃어버리게 된다. 편집자는 바짝 경계하고 길잡이 역할을 해서 저자가 항상 제 길로 되돌아올 수 있도록 도와야 한다. 이는 매력적인 우회로가 없다는 이야기가 아니라 우회로는 우회로로 명확히 인식해야 한다는 이야기다.

정보가 충분한가: 범위

전혀 예상치 못한 등장인물이 전혀 예상치 못한 동기를 갖고서 악인으로 드러나는 미스터리 소설을 읽어본 적이 있는가? 대부분의 독자들은 이러한 데우스 엑스 마키나(deus ex machina: 극에서 예기치 않은 인물이나 사건을 동원하여 긴박한 상황을 해결하는 수법—옮긴이)를 실망스럽게 생각한다. 마찬가지로, 재료 목록에 언급되지 않은 재료가 요리법의 한 단계에 느닷없이 등장할 때, 저녁식사를 준비하기 위해 팔을 걷어붙인 요리사는 당혹감을 감출 수 없다.

범위, 즉 충분한 정보는 윤문 편집자가 관심을 가져야 할 또 다른 주요 사항이다. 전에 두 권의 전기를 편집한 적이 있는데, 저자들이 실수로 해당 인물의 생년월일을 언급하지 않았다. 요즈음 나는 즉시 이러한 정보를 찾아본다. 그러한 실수를 처음 접했을 때 내가 왜 놀랐을까? 원고 편집자는 원고를 샅샅이 뒤지며 문제를 찾아내느라 바쁘기 때문에 원고에 지나치게 사로잡혀 있는 경우가 많다. 따라서 원고로부터 거리를 두고 원고에서 무엇이 빠졌는지 알아내기가 훨씬 더 어렵다. 그러나 이는 원고 편집자가 개발해야 할 가장 중요한 기술의 하나다. 여기서 중요한 것은 모든 사람, 용어가 충분히 파악·규정되었는지 확인하는 것이다. 6학년생이라면 이렇게 글을 시작하여 이 문제를 해결할 것이다. "사전에서는 '절대주의'를 ……라고 정의한다." 더욱 노련한 작가는 이렇게 진부한 도입부를 사용하지 않으려고 노력하지만, 그러다가 기본적인 정보를 종종 생략하고 만다. 편집자는 이러한 실수를 반드시 예의주시해야 한다.

언젠가 데크와 파티오를 설치하는 방법을 단계별로 자세히 설명한 원고 초안을 편집한 적이 있다. 그러나 원고 어디에도 데크와 파티오라는 용어를 설명하거나 둘 사이의 차이점을 지적한 대목이 없었다. 그리고 최근 『뉴욕 타임스』의 제 1면 기사 제목이 "〔소비에트 연방〕 12개국 중 10개국이 〔경제연합에 대해〕 지지를 선언하다"였으나 지지를 선언한 10개국 혹은 반대를 선언한 2개국이 전혀 언급되지 않았다. 다시 한 번 이는 사소한 예에 불과하다. 원고 편집자는 15만 개의 단어가 들어가 있는 책 속에 널리 퍼져 있는 이와 유사한 생략의 예에 직면할 수 있다. 그러므로 반드시 각 쪽을 넘기면서 "필요한 또는 중요한 사항이 빠지지 않았나? 저자가 해당 분야의 가장 최근의 발전이나 성과를 다루었나?"라는 질문을 하도록 훈련해야 한다.

물론 정반대의 경우도 있다. 즉, 지나치게 많은 정보다. 소설이든 비소설이든, 글쓰기는 저자가 무수한 정보로부터 최상의 이야기를 만들 수 있는 정보를 선택하는 과정이다. 그러나 정보를 수집하는 과정에서 저자가 너무 몰두한 나머지 쓸모없는 정보조차도 미련 없이 버리지 못할 때가 있다. 이 시점에서 편집자가 반드시 나서서 불필요한 부분을 조심스럽게 가지치기 하여, 독자가 다량의 정보 속에서 길을 잃지 않도록 해야 한다. 그렇다고 해서 단순함이나 간결함을 절대적으로 추구하라는 얘기는 아니다.

여담, 꼭 필요한 것은 아니지만 약간의 다채로운 정보, 적절한 묘사, 또는 유쾌한 암시를 위한 여지는 분명 존재한다. 그러나 작가가 충분히 소화하지 못한 모든 생각과 조사 결과를 독자가 따라갈 필요는 없다. 한 편집자는 일전에 작업했던 소설의 빼어난 한 구절에 대해 이야기했다. 그 구절은 생기 넘치고 빛나긴 했으나 정신을 산만하게 만드는 면이 있었다. 원고 초안에서 그 구절은 도입부 장에 등장했다. 그러나 편집자의 제안으로 그 위치에서 삭제되어 이후 장으로 이동되었다. 각 초안마다 그 구절은 이후 장으로 옮겨져, 결국 편집자와 저자 모두가 그 구절을 다음 책을 위해 남겨두기로 결정했다. **모든 책에서 중요한 것은 각 조각의 정보가 아니라, 책 완성에 필요한 정보 내지는 책이 지속적으로 앞으로 나아가도록 하는 서사적인 추진력이다.** 매 구절이 아무리 흥미롭거나 아름답게 쓰였다 하더라도 말이다.

책 내용을 고려할 때 염두에 두어야 할 또 다른 두 가지 요소는 바로 정확성과 균형이다. 편집자는 읽고 있는 내용을 지속적으로 검사하고 그에 질문을 제기해야 한다. 내용이 완전한가? 최신 내용인가? 올바른가? 이치에 들어맞는가? 교과서·소설·전기·원예 입문서·과학 연구물 등 작업하는 책의 종류에 따라 편집자는 본인이 주제에 대해 충분한 지식을 갖고 있는지 혹은 전문가에게 책의 검토를 맡겨야 하는지를 결정해야 한다. 정확성은 비소설은 물론 소설에서도 중요하다. 현실적인 추리 소설의 편집자는 형사가 헤매는 일 없이 한 거리에서 다른 거리로 거침없이 이동할 수 있도록 도시의 지도를 손에 쥐고 있어야 한다.

균형 역시 집중력을 필요로 한다. 불균형은 생략으로 발생할 가능성이 높기 때문이다. 미국 남북전쟁에 관한 목격자의 이야기들을 모은 최근 선집에서 저자는 편집자의 시선을 사로잡을 기억에 남을 만한 사건들을 선택했다. 그러나 편집자가 선택된 사건들의 감정적인 영향으로부터 거리를 두고 보니, 책이 남부 작가들에게 지나치게 치중되어 있으며 흑인 군대에 대한 언급 역시 부재하고 국내 전선에 대해서도 그다지 다뤄지지 않았음을 알게 되었다. 따라서 그 책은 본래 의도와는 달리, 전쟁이 미국에 미친 영향을 진정으로 묘사한 책이 아니었다. 본래의 목적을 달성하기 위해서는 새로운 항목을 첨가하고 반복되는 항목을 제거해야 했다.

생각의 흐름대로 진행되는가: 조직

편집자는 정보가 완전하고 정확하며 균형이 잡혔는지 확인해야 할 뿐만 아니라, 독자가 따라갈 수 있는 방식으로 정보가 제시되도록 해야 한다.

원고를 읽을 때 편집자는 저자의 생각을 계속해서 따라갈 수 있는지, 책 속에서 방향을 잃지 않기 위해 알아야 할 모든 정보가 언급되었는지를 반드시 확인해야 한다. 한 편집자가 거름주기 및 잡초 죽이기에 관한 자세한 정보가 담긴 원예 책자를 작업한 일화를 이야기한 적이 있다. 긴 대목의 마지막 문장은 이러했다. "이 화학물질들은 독성이 있으므로 취급 시 매우 주의를 기울여야 한다. 실제로 거름을 주거나 잡초를 죽일 때에는 장갑을 끼는 것이 바람직하다." 편집자가 지적했듯이, 부주의한 정원사가 이 대목을 읽을 즈음에는 이미 늦었을지도 모른다.

뒤죽박죽 섞인 원고를 재조직하는 데에는 두 가지 유용한 수단이 있다. 길잡이 문장과 개요가 그것이다.

편집자는 항상 길잡이 문장을 찾아야 한다. 길잡이 문장이란 저자의 의도나 방향을 확실히 언급하거나 밝히는 문장이다. 이 문장은 대개 절의 시작 부분보다는 절의 끝부분에 요약의 형태로 나타난다. 이 문장이 시작 부분에 제시되면, 뒤따르는 글의 모습을 형성하는 주제문으로서 기능할 수 있다. 편집자는 이러한 문장을 발견했을 경우, 독자를 올바른 방향으로 이끌 수 있는 위치로 옮겨서 이를 최대한 활용해야 한다. 여기 예가 있다.

함께 작업하는 일은 힘들다. 한 보조자는 출판사에서 일하기 전까지 저자가 얼마나 형편없는 대우를 받는지 몰랐다고 말했다. 저자는 마치 출판사가 책을 펴내기 위해 참아내야 하는 성가신 존재처럼 여겨진다고 말했다. 책을 펴내는 힘겨운 과정 속에서 원만한 작업 관계를 유지하는 것이 편집자의 주된 임무다.

이 단락을 좀 더 확실한 형태를 갖도록 재작업을 하여 307쪽에 제시했다. 원본 초안에서는 단락의 중심 생각이 맨 뒤에 나오기에 독자가 단락을 끝까지 읽기 전까지 그 의미에 대해 궁금하게 만든다.

취약한 조직을 해결할 수 있는 또 다른 방법은 단어들을 제거하고 구조에 직접 다가가는 것이다. 글의 윤곽을 나타내도록 한다. 장들이 닥치는 대로 꼬리에 꼬리를 무는 책 전체이든 무질서하게 뒤섞인 한 장이든 상관없다. 이따금 나는 각 단락의 주제를 여백에 써넣으면서 한 장 전체를 단락별로 읽어야 할 때가 있다. 이 작업을 완료하면, 원본을 복사하고 복사본을 잘라서 나눈 뒤 동일한 주제에 관한 모든 단락을 한 곳에 모아 단락들을 재조직한다. 그러나 이 방법은 극단적인 경우에 해당하며, 정상적인 원고 편집 과정에서는 필요하지 않다. 간단한 개요는 대부분 반복·생략·취약한 조직을 나타내며, 저자가 글을 재작업할 수 있는 좋은 출발점이 된다.

취약한 조직은 이따금 대담한 방법으로 해결할 수 있다. 한 편집자가 바티칸의 역사에 관해 비교적 잘 쓰인 글을 작업한 적이 있다. 그 책은 여러 건물을 둘러보며 훌륭한 설명을 곁들이는 것으로 시작하여 두 번째 장에서는 교황들을 연대별로 나열했다. 편집자는 그 장을 읽기 쉽게 만들려고 이리저리 손을 보았지만 별 효과가 없었다. 편집자가 아무리 손을 보아도 그 장은 일종의 목록과 같은 형태로 남아 책의 진행에 방해가 되었다. 그 장에 담긴 정보는 참고자료로서 책에 반드시 필요했으나 바티칸의 역사를 펼쳐 보이는 중간에 삽입될 필요는 없었다. 결국 편집자는 그 장 전체를 들어내 부속서로 만들어 교황들의 약력을 나열해도 문제가 없게끔 했다.

독자층을 파악하고 있는가 : 어조

저자의 기대와 믿음에도 불구하고, 모든 독자의 흥미를 끄는 책은 거의 없다. 편집자는 저자가 본인의 책에 가장 관심을 보일 독자들이 누구인지, 예를 들면 저자의 동료 전문가들, 해당 주제를 처음으로 접하는 독자들, 혹은 상당한 지식을 갖춘 비전문가들인지의 여부를 인식하도록 도와야 한다.

주로 전문가 독자층을 대상으로 글을 썼던 한 정신과 의사가 최근 일반 대중을 대상으로 책을 집필했다. 편집자는 몇 가지 측면에서 글을 재집필해야 한다는 점을 지적했다. 첫째, 편집자는 전문가들이 쉽게 이해할 수 있는 용어와 개념을 일반 독자들이 생소해할 것이라는 점을 저자에게 경고했다. 즉, 전문 용어를 제거하고 필요한 기술 용어에 주석을 달아야 한다는 얘기였다. 둘째, 편집자는 연구 데이터와 출처 자료에 대한 논의 대부분을 책 뒤편의 부록에 모을 것을 제안했다. 이렇게 하면 독자들에게 부담감을 주지 않으면서 책의 논점들에 필요한 학문적인 기반을 제공할 수 있다. 독자들은 원할 때마다 부록을 참고할 수 있다. 각주는 직접적인 인용에만 사용되었다. 셋째, 편집자는 각 장 끝부분의 요약을 제거하여 책을 더 편안한 느낌으로 만들고 정신의학 전문용어가 가득한 수많은 사례 연구 대신 몇 가지 두드러진 예를 제시하면서 책의 무게감을 덜었다.

대부분의 저자들은 책마다 본인의 방침을 극단적으로 바꿀 필요는 없다. 그러나 편집자와 저자는 책의 반대편에 있는 독자에 대해 항상 인식하고 독자의 지식수준을 알아야 한다. 이는 내가 교육 훈련용으로 비교적 간단한 브라우니 만드는 법을 사용할 때마다 절실히 느끼는 바이다. 얼마간의 요리 경험이 있는 학생은 조리법 내용을 쉽게 이해한다. 하지만 "중간 크기의 냄비에……"라고 시작되는 조리법을 처음부터 따라잡지 못하는, 요리 경험이 전혀 없는 학생이 늘 있기 마련이다.

저자와 작업 정보 공유하기

지금까지 편집자의 최초의 원고 읽기 혹은 원고 평가에 대해 이야기해보았다. 이 과정은 대개 편집자가 원고에 펜을 대기 전에 이루어진다. 그렇다고 해서 편집자가 모든 원고를 두 번씩 읽는다는 얘기는 아니다. 그러나 내 생각에, 편집자는 모든 원고를 두 가지 수준에서 읽는다. 첫 번째 읽기는 지금까지 이야기한 평가로, 이 과정에서 얼마간의 거리를 두고 원고를 훑어보면서 명료성과 같은 큰 사안들을 평가한다. 두 번째 읽기는 작업 과정으로, 원고를 본격적으로 살펴보면서 저자로부터 끌어낼 결과물의 틀을 잡는다.

이러한 힘겨운 과정 속에서 저자와 원만한 작업 관계를 유지하는 것이 편집자의 임무다. 한 편집 보조자는 출판사에서 일하기 전까지 저자가 얼마나 형편없는 대우를 받는지 몰랐다고 말했다. 저자는 마치 출판사가 계속 책을 펴내기 위해 참아내야 하는 성가신 존재처럼 여겨진다고 했다. 하지만 편집자가 저자에게 계속해서 정보를 제공하고 편집과 관련된 사안들을 신중하게 고려하며 조심스럽게 저자에게 질문을 제기하면, 저자나 편집자 혹은 둘 다가 책을 놓고 벌이는 주도권 다툼에서 스스로를 패배자처럼 인식하는 대립적인 상황을 피할 수 있다. 결국 가능한 최상의 책을 펴내는 것이 두 사람의 목표이며, 편집자는 이 사실을 명심하고 부드럽지만 단호하게 작업을 해야 한다.

편집을 시작하기 전 회의를 하는 것은 앞으로 편집이 어떻게 진행될지 저자에게 알릴 수 있는 가장 좋은 방법이다. 특히 편집자가 저자를 미리 만나보지 않은 경우에 도움이 된다. 물론 회의를 하는 것이 언제나 가능하지는 않으며, 서신이나 전화 통화로 회의를 대체할 수 있다. 하지만 회의를 하는 쪽으로 노력을 하자.

편안한 분위기를 원한다면 점심식사도 좋다. 어쨌거나 회의는 저자가 편집자와 출판사로부터 무엇을 기대해야 하는지 저자에게 설명하는 데 목적이 있다. 편집자는 편집과 본문 편집의 차이를 설명하고 어떤 단계에서 원고가 저자에게 다시 전달되는지 말해줘야 한다. 또 원고에 어느 정도의 편집이 필요한지, 참고문헌, 출처 목록, 용어집과 같은 부속물이 필요한지의 여부를 알려야 한다. 또 각 단계가 얼마나 시간이 소요될지, 저자가 얼마 만에 원고를 돌려줘야 하는지와 같은, 일정에 관한 정보를 저자에게 알려야 한다. 이렇게 하면, 저자는 작업과 관련하여 유용한 기본적인 정보를 얻게 되고 편집자는 저자가 편집에 어떻게 반응할지 판단할 수 있는 기회를 얻게 된다. 후자는 편집자가 상당한 시간을 원고에 할애하려고 할 때 유용한 정보가 된다.

기본적인 사항을 전달한 후에도 편집자는 얼마간의 신중함으로 일을 진행해야 한다. 저자가 모든 제안에 동의하리라고 절대적으로 확신하지 않는 한, 편집자는 원고의 첫 한두 장(章) 정도를 편집하여 이에 원고 소견서를 첨부하여 저자에게 보내는 것이 현명하다. 그런 다음, 원고 편집을 잠시 중단하고 저자에게 2, 3주의 시간을 주면서 편집된 장을 살펴보고 다시 돌려줄 것을 요청한다. 저자가 원고를 돌려줄 때면, 편집자는 저자가 얼마만큼의 편집을 허용하는지를 즉시 알게 된다. 이는 향후 편집뿐만 아니라 중요성에 따른 우선순위 결정에도 길잡이 역할을 할 것이다.

원고 작업 전 분석

편집자가 원고 작업을 시작하기 전, 편집 표시에 대해 예비적으로 정리를 해둬야 한다. 이러한 표시의 일부는 유치원 수업 내용과 같아 보이겠지만, 편집자는 원고 여기저기에 이러한 표시를 해야 하고 이 표시들이 저자에게 어떻게 보일지를 생각해야 한다. 이러한 기본적인 표시를 두서없이 해놓는다면 편집 과정의 출발이 좋지 않은 것이나 다름없다.

일반적으로 원고 편집자는 검은색 제 2번 연필을 사용하고 여백에 질문을 써넣는다. 포스트잇 메모는 주로 이후에 본문 편집자가 사용한다. 뭔가를 쓸 때에는 명백하고 단호하게 쓰자. 많은 편집자들이 머뭇거리며 글을 휘갈겨 쓰는데, 그 때문에 저자가 편집자의 의견과 질문을 알아보기가 힘들다. 편집을 한다면 자신 있게 편집을 하자. 의심 가는 부분에 연필로 흐리게 대강 밑줄 표시를 해서는 안 된다. 여백에 메모를 하여 간결하게 편집을 하자. 편집자가 표시를 적게 할수록 저자가 편집자의 의견을 따르기가 더 쉽다. 그리고 당연한 얘기지만 그 내용을 더 잘 이해하고 공감한다. 만약 여백에 적을 의견이 너무 길면 이를 원고 소견서에 쓰도록 한다.

편집자와 저자의 관계를 연습해보고 싶다면, 그중에서도 빨간색 펜으로 원고를 편집한 뒤 그걸 본인에게 메일로 보내보자. 그리고 그 원고가 출판사로부터 편집된 원고를 기다리는 저자에게 어떻게 보일지 생각해보자. 한 편집자는 원고를 보고 "피투성이 걸레" 같다고 말했다.

저자의 원고 원본에 뭔가를 덮어쓰지 말자. 만약 한두 단락을 수정해야 한다면, 별도의 종이에 수정된 내용을 작성하여 저자가 이를 보고 고려하도록 해야 한다.

원고의 사본을 항상 확보해둔다. 계약상 저자는 2부의 원고를 제출해야 하므로, 두 번째 원고가 원고 사본이 되는 셈이다. 이따금 출판사 내의 누군가 원고 사본을 필요로 하기도 하므로, 원고 사본의 위치를 알아놓고 있거나 복사를 해두자. 마찬가지로, 대부분의 출판사는 편집된 원고를 저자에게 전달하기 전 복사해놓는다. 이는 원고 분실을 대비한 것일 뿐만 아니라 편집자와 저자가 전화로 원고에 대해 의논을 할 때에도 필요하다.

예비적인 사항에 대해 다뤘으니 이제는 실질적인 편집으로 넘어가보자. 편집자가 해결하는 각종 사안과 편집자의 변경 및 수정 제안은 책의 성공에 필요하다. 그러나 '더 낫게 들린다'는 의견은 편집상의 변경에 대한 충분한 근거가 되지 못한다. 사실, 문법, 철자와 관련된 실제 오류가 아닌 모든 편집상의 변경 사항에 대해 저자가 최종 발언권을 갖기 때문에, 편집자는 반드시 본인의 제안사항에 대해 타당한 근거를 납득이 가도록 제시해야 한다. 그러기 위해서는 편집을 기꺼이 수용하고자 하는 저자의 태도는 물론 편집 사안에 대해서도 분석을 해야 한다.

편집자는 어떠한 원고에서든 많은 역할을 해야 한다. 저자가 반드시 동의해야 하는 변경사항들의 우선순위를 정하면서 편집하는 책마다 어떤 역할들이 가장 중요한지를 결정해야 한다. 내 경우엔 이러한 변경사항들을 필요한 것, 적절한 것, 세심한 것으로 대략 분류한다. 물론 이 세 가지 기준에 입각하여 작업하기가 대개는 가능하지 않다. 재구성, 새로운 글감, 실질적인 수정을 필요로 하는 원고에서는 저자에게 다소 반복되거나 어색한 구절을 지적하는 것이 시간의 낭비다. 반면 나룻배가 호수 위를 미끄러져가듯 이야기가 매끄럽게 흘러가는 플롯이 잘 짜인 소설의 경우, 형편없이 쓰인 구절은 물 위에 둥둥 떠다니는 버려진 스티로폼 컵처럼 두드러져 보일 것이다.

언제나 가장 중요한 것은 반드시 변경해야 하는 사항이고, 이에 대해 논의할 여지를 많이 남겨서는 안 된다. 변경사항의 대상으로는 명백하게 틀린 모든 것, 이를테면 누락, 취약한 조직과 논리, 사실의 오류, 균형의 부족 등이 있다. 이러한 문제들은 책의 핵심을 약하게 하고 편집 과정에서 이 문제들이 해결되지 않으면 책이 비판의 대상이 된다. 이러한 문제들을 안고 있는 원고의 경우, 편집자가 이 문제들에 온 관심을 쏟아야 하기 때문에 몇몇 언어적인 세부사항을 포기해야 할 수도 있다.

1989년 10월 27일자 『뉴욕 타임스』에 실린 부고의 발췌 부분을 살펴보자.

> 그의 아내 수전 J. 올트가 1983년에 세상을 떠났다. 그들은 36년간 결혼생활을 했다.
> 그는 두 명의 딸인 세일럼의 셜리 에반스와 버지니아 주 알렉산드리아의 바바라 클리블랜드, 그리고 4명의 손주, 3명의 증손자와 함께 생존해 있다.

주어진 날짜로 생각해보면, 주어의 큰 딸은 결혼 첫 해에 태어났다고 가정할 경우, 42세를 넘을 수 없다. 나이가 많아봐야 40대 초반인 큰 딸과 작은 딸이 3명의 손주를 갖는 것이 가능할까? 세 쌍둥이인가? 아마도 아닐 가능성이 높다. 이는 반드시 의문을 제기해야 할 부분이다. 이 부분을 바로잡는 것이 다른 부분을 변경하는 것보다 더 중요하다.

적절한 변경으로는 어색한 언어를 매끄러운 표현으로 대체하기, 서술의 추진력 강화하기, 대중서를 무겁게 만드는 지나치게 긴 인용구 삭제하기가 있다. 여기서 중요한 것은 옳고 그름의 문제라기보다는 원고를 개선하고 독자에게 더 나은 책을 제공하는 일이다. 편집자는 반복, 산만한 플롯의 세부사항, 주어-술부-목적어 형식을 따라 생기 없이 길게 늘어진 문장, 난해하고 복잡한 문장들로 가득한 단락, 독자가 의미를 이해할 여유도 주지 않는 속사포 문장들로 이루어진 단락을 지적해야 한다. 아래에 편집되지 않은 상태의 구절과 편집된 상태의 구절을 제시했다. 한번 비교해보자.

맨 아랫면, 뒷면, 윗면을 1×4 평판 위에 펼쳐 설치를 시작한다. 그리고 각각을 절단한다.

베이스볼을 고정시키기 위해 윗면에 3개의 구멍을 드릴로 뚫는다. 구멍의 중심은 앞면 가장자리로부터 1½인치 지점, 각 끝부분으로부터 2½인치 지점, 그리고 윗면의 중앙부에 위치해야 한다. 이 부분들을 표시한 뒤 베이스볼이 들어갈 수 있도록 2인치의 구멍을 뚫는다.

전기 드릴과 홀 커터를 사용하면 이 큰 구멍을 신속하게 뚫을 수 있다. 브레이스 드릴과 확장형 비트를 사용할 경우 각 부분들을 단단하게 탁자에 고정시킨다.

(수정본) 설치를 시작하기 위해 맨 아랫면, 뒷면, 윗면을 1×4 평판 위에 펼친다. 그리고 각각을 절단한다.

그런 다음, 베이스볼을 위한 3개의 구멍을 각 면에 드릴로 뚫는다. 전기 드릴과 홀 커터 내지는 브레이스 드릴과 확장형 비트를 사용할 수 있다. 2개의 바깥쪽 구멍의 중심은 앞면 가장자리로부터 1½인치 지점, 각 끝부분으로부터 2½인치 지점에 위치해야 하고, 세 번째 구멍은 중심에 위치해야 한다. 이 부분들을 표시한 뒤 베이스볼이 들어갈 수 있도록 각 부분에 2인치의 구멍을 뚫는다.

전기 드릴과 홀 커터를 사용하면 이 큰 구멍을 신속하게 뚫을 수 있다. 단, 브레이스 드릴과 확장형 비트를 사용할 경우 각 부분들을 단단하게 탁자에 고정시킨다.

원본 원고에는 아무런 기술적 오류가 없다는 점을 알아두자. 따라서 편집해야 할 것이 없다. 그러나 모든 편집자는 자기가 편집하는 원고에 나름의 판단과 해석 능력을 동원한다. 이 편집자는 특히 구멍 뚫는 과정이 언급된 이후에 드릴 장비에 대한 설명이 나왔기 때문에 독자가 망원경 설치법을 따르는 데 어려움을 겪을 수 있다고 판단했다. 구절을 바꿔 쓰면서 편집자는 글의 속도를 줄였으며, 장비에 관한 정보의 위치를 옮겼다. 편집자는 이러한 변경사항을 저자에게 어떻게 제시했을까? 편집자는 원고 여백에 이렇게 적었다. "설치법이 독자가 따라가기에는 다소 빠른 것 같습니다. 글의 속도를 좀 줄이면 어떨까요? 동의하지 않으신다면 해당 구절을 다시 써주십시오."

저자가 변경사항에 관심을 갖게 되고, 편집자의 제안을 거절하고 해당 구절을 직접 수정할 수 있는 기회가 저자에게 주어진 점에 주목하자. 편집자는 내용에 영향을 미치는 모든 변경사항, 즉 문법·구두법·철자 등 계약으로 출판사가 정한 사내 고유의 양식을 제외한 모든 사항에 대해 반드시 저자의 동의를 구해야 한다. 책 내용은 분명 저자의 영역이기 때문이다. 사소한 변경사항에 대해서는 간단히 "OK?"라고 물어도 된다.

언어와 표현을 정교하게 다듬고 특징 묘사의 미묘한 차이를 살리는 일은 보통 대대적인 수정과 변경이 이루어지지 않은 원고에서만 가능하다. 이 경우 편집자는 언어를 가능한 한 정밀하고 세심하게 다듬는 데 전념할 수 있다. 물론 여기서 보여준 편집상의 제안사항은 가장 세심한 축에 속하겠지만, 대대적인 수정이 이루어지지 않았기 때문에 원고의 편집 정도가 미미할 것이다.

노련하고 설득력 있게 수정 제안하기

편집자가 원고에 행한 작업의 대부분은 질문의 형태로 저자에게 제시된다. 편집자는 원고를 읽으면서 생겨나는 의문들로부터 질문을 제기하는데, 대개 수정·삭제·확장 등의 제안이 그 내용이다. 대부분의 경우 저자가 편집자의 제안사항을 수락할지의 여부에 대해 최종 결정권을 가지기 때문에, 편집자는 노련하고 설득력 있는 방식으로 제안사항의 근거를 제시하면서 최상의 책을 펴내는 데 필요한 글을 저자로부터 끌어내야 한다.

질문을 제기할 때는 일대일 회의를 포함하여 많은 경우가 있지만, 가장 일반적인 두 가지 형태는 원고 소견서와 여백의 메모를 이용하는 것이며, 때로는 구체적인 의견을 담은 페이지를 서신 형태로 첨부하기도 한다. 서신과 메모는 서로 용도가 다르다. 서신은 일반적이거나 반복되는 사안을 논의하고 메모는 구체적인 예나 구절을 언급한다.

여백의 메모로 다루기에는 너무 길거나 복잡한 질문들, 또는 자주 등장해서 그때마다 지적을 해야 하는 문제에 대해 편집자는 원고 소견서를 써서 저자가 성가시게 여길 수 있는 반복적인 사안을 논의할 수 있다. 한 예로 암석 수집 입문서를 집필하는 저자들은 암석 수집을 위해 채취를 하러 다니는 여성들의 부적절한 복장을 두고 종종 농담을 하기도 한다. ("저 젊은 여성에게 높은 구두를 집에 두고 오라고 말해라…….") 편집자는 불쾌감을 줄 수도 있는 각 구절에 대해 원고상에서 질문을 제기하기보다는 다음과 같이 원고 소견서를 활용할 수 있다.

독자가 생각하기에 구시대적이거나 모욕적이라고 생각할 수 있는 일부 구절을 재작업하는 것이 어떨까 합니다. 12, 37, 62, 118, 214, 276~277, 303쪽에 표시된 구절을 봐주십시오.

아래는 랜덤 하우스의 대표 편집자인 색스 커민스가 맥스 비어봄(영국의 풍자화가 겸 수필가—옮긴이)의 전기 저자인 S. N. 베어먼에게 보낸 서신 및 메모다.

원고가 도착한 지 하루가 채 지나지 않았지만 이렇게 서신을 보냅니다. 제 생각에 저자께서 분위기 및 선택적인 세부사항의 측면에서 우리 둘이 염두에 두고 있는 맥스에 대한 인상주의적인 묘사에 점점 더 다가가고 있는 것으로 보입니다. 저자만의 매력과 독보적인 문체가 46쪽에 걸쳐 눈에 띄게 드러나 있으며 소재 역시 지금까지 풍부합니다. 다만 다음 사항을 제안하고자 합니다.

저는 여전히 원고에 확장이 이루어지기를 원합니다…….

지나치게 일반화된 언급을 하는 것이 저자께 별다른 도움이 되지 않음을 알고 있습니다. 제가 일일이 예를 들어 자세히 설명하지 않는 한, 제가 무엇을 원하는지 저자께서 짐작하지 못하실 테지요. 따라서 매 쪽마다 질문과 제안사항을 제시할 테니 이를 수락 또는 거부할지의 여부를 알려주십시오.

제1쪽: 듀빈의 선조들에 대해 그랬던 것처럼, 줄리어스, 콘스탄시아, 엘리자를 상세히 다루면 맥스와 허버트의 배경에 대해 훨씬 더 많은 이야기를 할 수 있을 것 같습니다.

제2쪽: 허버트 비어봄 트리가 『인민의 적』을 무대에 올리던 당시 미국 특히 시카고의 분위기를 좀 더 자세히 전달하는 것이 가능할까요?

제4쪽: 『더 옐로 북』에 대해 한두 문장을 쓰면 어색할까요? 이 문예지는 어느 정도의 역사를 지니고 있습니다. 그리고 이 문예지에 실린 맥스가 쓴 수필의 특징에 대해 별다른 언급이 없는데, 맥스의 관점에서 이 수필에 대해 좀 더 설명을 하면 도움이 될 것 같습니다.

제5쪽: 스콧 피츠제럴드와 네드 셸던에 관한 언급이 공중에 붕 떠 있는 느낌입니다. 얼마간의 유사점을 구체적으로 제시하지 않으면 비교의 효과가 사라지지 않을까 우려됩니다. 그리고 오브리 비어즐리에 관한 내용을 추가하면 어떨까요?

제6~7쪽: 영국 수필가 월터 페이터에 대한 농담은 놓치기엔 너무 아깝습니다. 좀 더 많은 내용, 좀 더 세게 일격을 가하는 내용이 있었으면 합니다.●

커민스의 질문 제기 기술은 편집자와 저자의 관계를 강화시킬 수 있다. 가장 중요한 점으로, 그는 책에 대한 본인의 열정을 확언하면서 서

● Dorothy Commins, *What Is an Editor? Saxe Commins at Work*, Chicago: University of Chicago Press, 1978, pp. 90-91.

신을 시작했다. 이는 저자의 용기를 북돋고 따라서 저자로부터 최대한의 것을 끌어낼 수 있는 중요한 요소다. 편집자와 저자가 같은 목표를 위해 의기투합한다는 사실은 모든 지점에서 극명하게 드러난다. 그 목표에 도달하기까지 무수한 시간과 노력이 소요된다 하더라도 말이다. 전반적으로 서신에는 도움과 관심의 어조가 깔려 있다. 일반적인 비판은 생략, 반복, 불충분한 정보 등의 구체적인 사안으로 신속하게 넘어간다. 따라서 저자는 무엇을 작업해야 하는지를 정확히 알게 된다.

또한 커민스가 최초의 독자로서 본인의 반응을 어떻게 활용했는지 그리고 나아가 다른 독자들의 반응을 어떻게 암시했는지에도 주목하자. 그가 쪽마다 남긴 많은 의견에서는 본인 혹은 독자를 언급했다. 이 접근법은 원고를 최종적인 독자의 손에 들어간 완성된 책으로 가정할 뿐만 아니라 원고에 내재된 문제점들을 의미 있는 방식으로 지적한다. "여기서의 주장을 아무도 따라갈 수 없을 겁니다"라고 저자에게 말하는 대신, 편집자는 "여기서의 주장을 제가 따라가는 데 어려움이 있군요. 예시를 주십시오"라는 말로 동일한 문제점을 지적할 수 있다. 그 차이는 미묘하지만, 부담의 일부를 스스로 짊어진 편집자는 비판을 덜하면서 독자의 요구를 제시할 수 있다.

커민스의 의견을 더 자세히 살펴보자. 부주의하고 배려가 부족한 편집자라면 원고 여백에 "모호함", "더 많은 내용이 필요함", "결말이 약함"이라고 휘갈겨 썼을지도 모른다. 반면 커민스는 본인이 제안한 사항에 대해 일일이 타당한 근거와 논지를 제시했다. 이렇게 하면 저자가 편집자의 제안사항을 무시하거나 동의하지 않을 여지가 적어지고, 따라서 편집자가 원하는 바를 달성하는 데 도움이 된다. 나는 편집자들이 질문 제기에 대한 아무런 설명도 없이 의심이 가는 구절 옆에 "맞습니까?"라고만 써넣는 것을 봐왔다. 이렇게 하면 편집자가 원하는 반응을 얻기가 힘들다. 만약 저자가 "예"라고만 대답하고 추가로 증거나 근거를 제시하지 않으면 어떡할 것인가? 설상가상으로 저자가 그러한 질문에 기분이 상하여 "아니요"라고만 답하면 어떡할 것인가?

최상의 책을 만들기 위해

효과적인 질문 제기는 편집자가 원하는 반응을 끌어내며, 편집자는 반드시 저자가 반응하도록 유도해야 한다. 저자의 첫 번째 초안에 모호하거나 혼란을 주는 구절이 있다면 그가 아무런 지적을 받지 않고서 두 번째 초안에서 그 부분을 실제로 수정하리란 보장이 없다. 따라서 단어를 신중히 선택하여 저자에게 질문을 제기해야 한다. 아래 단락을 예로 살펴보자.

19세기에는 참치가 돈벌이가 되지 못했다. 연어의 경우는 아니었다. 연어는 통조림으로 생산되어 널리 유통되었다. 어느 해에 정어리의 어획량이 감소하자, 한 정어리 통조림업자가 참치를 통조림으로 가공할 생각을 해냈다. 참치 통조림은 즉각 널리 팔려나갔다.

편집자가 여백에 "혼동이 됩니다. 명확하게 해주세요"라고 썼다면 그보다 혼동이 덜하도록 어떻게 글을 다시 쓸 수 있을까? 하지만 편집자가 "글을 따라가기가 힘듭니다. 연어와 정어리가 일반적으로 통조림으로 생산되며, 정어리와 연어가 부족해져 정어리 통조림업자가 참치를 사용한 것입니까? 설명적인 문장을 덧붙여주세요"라고 썼다면 어떨까?

여기서 편집자는 저자가 재작업을 할 수 있는 기초를 제공한 셈이 되며, 저자가 질문에 답을 한다면 편집자는 해당 구절을 이해 가능한 또는 편집이 가능한 만큼의 충분한 정보를 얻을 것이다.

결국 우리는 저자와 편집자의 교류의 관계, 가능한 최상의 책을 만들어내는 길고도 보람 있는 과정으로 되돌아오게 된다. 편집자가 얼마나 많은 작업을 해야 하는가는 그가 저자로부터 받는 원고의 종류에 따라 달라진다. 그러나 효과적인 편집자일수록 그가 작업한 결과는 모습을 덜 드러낼 것이다. 그가 편집 과정에 얼마나 많은 것을 쏟아부었는지와는 상관없이 말이다.

편집자는 저자가 아니며 저자가 되려고도 하지 않는다. 편집자는 저자와 합심하여 양질의 책을 펴내는 데 특별한 재능과 기술을 아끼지 않는, 직관력 있고 쉽사리 만족하지 않으며 에너지 넘치고 인내심 많은 관찰자가 간절히 되고자 한다.

「최상의 협력자가 되는 의사소통의 기술—윤문 편집 2」

왁스먼은 윤문 편집의 목표가 "가능한 최상의 책을 끌어내는 것"이라고 말했다. 존 페인은 짧지만 지혜로운 이 글에서 현직 원고 편집자로서 그 목표를 달성하기 위해 사용하는 가장 효과적인 기술과 원칙들을 설명한다.

윤문 편집을 "타당한 제안의 기술"이라고 소개한 페인은 편집의 기술이 최대한의 효과를 발휘할 수 있도록 또 다른 기술을 배워야 한다고 말한다. 그건 바로 "의사소통의 기술"이다. 그는 이렇게 말한다. "편집자와 저자의 돈독한 관계를 형성하는 데 매우 중요한 편집자 메모의 두 가지 특징을 짚고 넘어가고자 한다. 첫째는 편집자가 저자의 글에서 마음에 드는 부분에 대해 계속해서 얘기해야 한다는 점이다. …… 둘째는 최상의 협력자의 언어를 사용해야 한다는 점이다."

페인은 편집자가 저자로부터 "창의적인 반응"을 이끌어낼 수 있는 방법에 대해 상술한다. "저자가 제안사항을 고려하고 나름의 신선한 반응을 보이는 것이야말로 편집자가 진정으로 원하는 바이다. 이로써 더 나은 책이 탄생한다."

존 K. 페인(John K. Paine)

존 페인은 펭귄 USA의 NAL/더튼의 책임 원고 편집자다.

최상의 협력자가 되는 의사소통의 기술

─윤문 편집 2

─존 K. 페인

편집자 메모의 두 가지 특징

윤문 편집자는 저자의 첫 번째 독자로서 중요한 역할을 수행한다. 글의 윤곽을 드러내고 글을 다듬는 직접적인 편집이 원고에 도움이 되지 않는 경우는 드물다. 그렇긴 하지만 출판사의 비위를 맞추고픈 저자조차도 매 쪽마다 여백의 메모, 재구성된 문장, 줄이 그어진 문장, 완성되었다고 생각한 책에 삽입된 새로운 단어나 구절이 가득한 원고를 받아들 때면 실망감을 감출 수 없다. 이러한 점 때문에 윤문 편집자는 중요한 자산이라 할 수 있는 의사소통의 기술을 일찌감치 익혀야 한다.

윤문 편집자가 제시하는 다양한 수준의 제안에 대해 살펴보기에 앞서, 편집자와 저자의 돈독한 관계를 형성하는 데 매우 중요한 편집자 메모의 두 가지 특징을 짚고 넘어가고자 한다. 첫째는 편집자가 저자의 글에서 마음에 드는 부분에 대해 계속해서 얘기해야 한다는 점이다. 이는 필수적인 사항이다. 어떠한 저자든지 비판에 민감하며, 부정적인 비판이 잇따를 경우 편집자가 오만하고 뭐든 다 아는 체를 하는 사람으로 비쳐질 수 있기 때문이다.

둘째는 최상의 협력자의 언어를 사용해야 한다는 점이다. 내가 저자에게 제안을 할 때에는 "……처럼 보입니다", "저자께서 ……를 고려해보시기를 바랍니다", "아마도 더 나은 방안은……"과 같은 말을 자주 쓴다. 이렇게 하면 저자가 압박당하는 느낌을 받지 않기 때문에 조심스러우면서도 열린 태도로 편집자의 제안사항을 평가하게 된다. 이것이야말로 편집자가 원하는 바이다.

수정을 제안하는 몇 가지 방법

저자의 글을 더 나은 방향으로 수정해야 하는 이유를 전달하는 방법은 여러 가지가 있다. 가장 일반적인 차원에서 시작해보자면, 점심식사를 함께하거나 전화 통화를 하면서 포괄적이고 구조적인 다양성의 변화를 제안하는 것이 적절하다. 이 경우 저자가 더욱 대대적인 수정을 위한 새로운 방안들을 편집자와 주고받을 수 있다. 때때로 편집자는 서신을 쓰는 편이 더 낫다는 결정을 내리기도 한다. 글로 쓸 때 아이디어의 전반적인 범위가 더 잘 전달되는 경우가 많기 때문이다. 이러한 유형의 서신에서는 파악된 문제들을 전반적으로 논의한 뒤 그 해결책을 열린 형식으로 제시할 수 있다. 여기서는 열린 형식이 관건이다. 저자가 편집자보다 더 신선하고 독창적인 해결책을 내놓는 경우가 대부분이기 때문이다.

한편으로는 더 심도 있는 접근법이 나을 수도 있다. 이따금 일반적인 아이디어를 제시하는 편집자의 서신으로 저자가 방향을 잃고 헤맬 수 있기 때문이다. 저자의 심정은 이러할 것이다. "이제 당신이 어느 부분을 마음에 들어 하지 않는지 알았다. 그러나 실제로 그 부분을 개선할 방법을 알려주지는 않았다." 저자는 본래 문제에 도움이 되지 않는 전혀 다른 방향으로 나아갈 수도 있다. 이러한 이유로 나는 보통 더욱 세부적인 접근법을 취한다. 즉, **원고 소견서에서 각종 문제를 전반적으로 이야기한 다음, 원고의 개별 쪽마다 메모를 첨가한다.** 이렇게 하면 저자가 원할 경우 전반적인 문제를 단계별로 해결할 수 있다. 예를 들어, 정치에 관한 책을 집필하는 저자가 인터뷰 내용을 과도하게 수록한 나머지, 긴 인용문 때문에 서술의 방향을 잃었다고 하자. 그렇다면 일련의 편집자 메모를 통해 인터뷰 내용을 서술자의 논지를 뒷받침하는 짧은 인용문으로 단축시킬 수 있는 구체적인 부분들을 지적할 수 있다. 물론 이러한 방법을 쓴다 하더라도 저자가 주어진 제안사항을 무시할 수 있다. 하지만 적어도 저자는 편집자가 제시한 제안사항이 더욱 큰 문제에 도움이 될지 고려할 기회를 얻는다.

이러한 부차적인 메모는 특히 더 강력한 인물을 구축하는 데 유용하다. 두서너 문장의 간략한 제안사항을 원고의 상단이나 하단에 적은 다음, 제안사항에 해당되는 원고의 대목에 화살표 표시를 한다. 인물을 약하게 그리는 일은 소설가가 범하는 가장 일반적인 실수이며, 편집자가 메모를 통해 그 점을 지속적으로 지적하면 저자가 자신이 인물로부터 무엇을 원하는지를 깨닫는 데 도움이 된다. 편집자가 제시한 악의 없는 제안사항에 입각하여, 저자는 문제가 되는 부분에 새로운 내용을 첨가할 수 있을 뿐만 아니라 나아가 더 나은 인물을 재창조할 수 있다. 이렇듯 저자가 스스로 날갯짓하여 도약하는 걸 보는 일이야말로 편집자의 궁극적인 바람이다.

여백의 메모는 원고를 다듬을 때에도 도움이 된다. 저자에게는 유감스러운 일이지만, 윤문 편집자의 주된 임무 중 하나는 죽은 나뭇가지를 쳐내는 일이다. 편집자는 단순히 불필요한 부사와 형용사를 다듬는 것에서 시작하여 넓게는 단락 전체, 심지어 원고 몇 쪽을 통째로 삭제하기도 한다. 편집자는 대대적인 다듬기와 삭제에 대해 납득할 만한 근거를 제공할 준비가 되어 있어야 한다. 그리고 여백에 몇 문장을 적는 것으로 충분하지 않다면, 반쪽 내지는 한쪽의 메모를 해당 원고 쪽에 끼워넣어 삭제된 부분이 왜 서사의 진행을 방해했는지를 설명할 수 있다. 이렇듯 글을 덩어리째 삭제하는 일은 범죄 실화를 다룬 책에서 빈번하게 발생한다. 이러한 책의 저자들은 대부분 신문기자다. 그들의 장점은 정보 수집이지만, 약점은 책의 일부나 전체는 말할 것도 없고 응집력 있고 잘 짜인 장(章)을 구성하지 못하는 것이다. 이 경우 종종 법정과 관련된 소상한 내용이 나열된 쪽들을 통째로 들어내어 형사 또는 살인자의 이야기를 속도감 있게 끌어가는 추진력을 유지해야 한다. 편집자가 지속적으로 서사의 힘에 집중할 필요가 있음을 제안하는 일은 저자가 나무가 아닌 숲을 볼 수 있도록 돕는다.

대대적인 문법 수정

또 다른 형태의 제안은 윤문 편집보다는 대규모 문법 작업에 도움이 된다. 원고의 도입 부분에 일련의 긴 메모를 제시하여 책 전체에 걸쳐 정정해야 할 구체적인 문체상의 문제를 지적할 수 있다. 몇 가지 일반적인 문제를 들자면, 메모를 통해 수동 구문, 불필요한 중복, 지나친 장황함을 지적할 수 있다. 편집자는 저자가 문제를 완전히 인식할 정도로 충분한 길이의 메모를 써서 더욱 강력한 문체를 만들기 위한 원칙들을 제시하고 계속해서 변화를 촉구할 수 있다. 서두에서 메모를 읽은 저자는 각 예마다 그러한 변경 제안에 동의하지 않을 수도 있지만, 적어도 그 문제가 왜 반복적으로 지적되는지는 이해할 수 있다. 예를 들어 저자가 능동태 동사 대신 분사구문을 자주 쓴다고 하자. 원고에는 이렇게 쓰여 있다. "그는 고개를 돌렸고 낮은 선반에서 곤봉을 꺼내 카운터 위에 탁 하고 내려놓았다(He turned his head, lifting the blackjack from the low shelf and slamming it on the counter)." 메모에는 이렇게 적혀 있다. "첨부된 페이지를 봐주십시오." 첨부된 내용은 이렇다. "이러한 식의 구문은 능동형 동사를 쓸 때보다 힘이 약합니다. 힘 있는 산문의 원동력은 능동형 동사이기 때문입니다. 문장을 강력하게 써보면 이렇습니다. '고개를 돌려 그는 낮은 선반에서 곤봉을 꺼냈고 카운터 위에 탁 하고 내려놓았다(Turning, he lifted the blackjack from the low shelf and slammed it on the counter).' 이렇게 하면 문두의 사소한 행위가 제 위치로 격하되고 연결된 두 동작 사이의 긴장이 강조됩니다." 이러한 변경을 완강하게 권유할 필요는 없지만 이 경우 저자는 제안된 모든 변경사항의 98퍼센트에 동의했다. 변경의 이유가 사전에 설명되었기 때문이다.

마지막으로 앞서보다 좁은 범위에서, 편집자가 저자에게 수정을 제안하는 일반적인 표시는 단어 또는 구절의 대체와 관련된 것이다. 주의 깊은 저자라도 유사한 행위 특히 유사한 감정을 묘사하는 데 동일한 단어와 구절을 자주 쓰는 일반적인 함정에 빠질 수 있다. 편집자가 식상하게 느껴지는 단어에 동그라미를 쳐놓고 주변 여백에 "너무 자주 쓰임"이라고 써넣으면, 저자는 그 단어가 대체될 때마다 그 이유를 알 것이다. 한 절에서 두드러진 단어를 두 번이나 쓸 정도로 저자가 부주의하다면, 해당 단어마다 동그라미를 치고 여백에 대체 단어를 써넣으면 된다. 언제나 그렇듯, 목표는 편집자가 책을 다시 쓰는 일에 관심이 없다는 사실을 저자에게 일깨워주는 것이다.

윤문 편집자가 훌륭한 의사소통 기술을 발휘하여 저자의 글을 비하하려고 자꾸 비판하는 것이 아니라 도움을 주려는 것임을 저자가 알게 된다면, 저자로부터 창의적인 반응을 얻을 수 있다. 저자가 제안사항을 고려하고 나름의 신선한 반응을 보이는 것이야말로 편집자가 진정으로 원하는 바다. 이로써 더 나은 책이 탄생한다.

「저자의 생각을 최상으로 표현하기—본문 편집」

다 실바는 "저자의 자연스러운 목소리를 보존하기 위해" 본문 편집자가 하는 일에 관한 간결하지만 종합적인 이 글에서 "본문 편집자란 무엇이며 왜 필요한가?"라는 질문을 던지고 이에 답을 한다. 그녀는 작가를 위해, 도서 입수 편집자의 개발과 윤문 편집을 거친 원고를 완벽히 하는 과정에서 본문 편집자가 행하는 다양한 역할에 대해 설명한다. 이러한 본문 편집자의 역할로는 철자 오류 및 문법의 정정, 사실의 확인, 비일관성의 해결, 저자 문체의 개선, 조사 등이 있다.

다 실바는 온갖 질문이 적힌 질문지와 함께 원고가 돌아오는 것에 대해 우려하는 작가를 안심시키면서 이는 "그만큼 본문 편집자가 원고를 주의 깊게 꼼꼼히 검토했다"는 증거라고 말하면서, 질문지를 신속하고 효과적으로 처리할 수 있는 방법을 설명한다. 질문지는 본문 편집자가 저자와 소통할 수 있는 하나의 경로이며, 그녀는 "저자가 본문 편집자에게 선호하는 사항을 이야기하거나 도움을 요청할 수 있는 가장 쉬운 방법은 메모를 작성하여 원고와 함께 보내는 것이다"라고 충고한다.

본문 편집자의 기술의 다양성에 대해 자부심을 표하며 다 실바는 다음과 같이 글을 끝맺는다. "우리는 말없이 무명으로 책에 헌신을 다했음을 안다. 그러나 우리 스스로를 속이진 않는다. 저자가 영웅이다."

집시 다 실바(Gypsy da Silva)

집시 다 실바는 25년 전에 사이먼 앤드 슈스터에서 처음 출판계에 입문했으며 현재는 이 출판사의 본문 편집부의 제작 편집자(production editor)로 일하고 있다. 그녀는 본문 편집자로서 소설 및 비소설을 작업하고, 직원 및 프리랜스 본문 편집자의 작업을 감독하면서 보람을 느끼고 있다.

저자의 생각을 최상으로 표현하기

—본문 편집

—집시 다 실바

본문 편집자란

본문 편집자(copy editor)는 누구이며 왜 필요한가? 본문 편집자는 저자가 집필을 마치고 편집자가 편집을 마친 원고의 첫 번째 문장을 들여다보며 다음과 같은 질문을 하는 사람이다. "이걸 두 개의 질문으로 나누는 편이 나을까?" "우리"의 선행사는 무엇일까? "그들"을 "그"나 "그녀"로 바꾸어야 할까? 이걸 "본문 편집자들"이라고 고쳐서 대명사가 선행사와 수적으로 일치하도록 만들어야 할까? 그렇게 하는 것이 중요할까? 이 모든 질문이 본문 편집자의 머릿속에 떠오른다. 본문 편집자의 임무는 저자(그리고 편집자)가 책을 통해 저자의 생각을 최상으로 표현하도록 도와주는 것이기 때문이다. 그러나 저자의 문법(과 그 외 여러 사항)을 '수정'할지를 결정하기 전에, 본문 편집자는 반드시 저자의 자연스러운 목소리를 보존하도록 주의해야 한다.

편집자와 본문 편집자의 노동 분업은 편집자의 첫 번째 임무가 출판사의 기준으로 볼 때 대중에게 내놓을 만한 가치가 있다고 여겨지는 책을 찾고 그에 대한 계약을 하는 일이라는 사실에서 시작한다. 이후 편집자는 글의 일부를 가지치기하거나 확장시키는 것이 어떨까 하는 제안을 하거나 글의 부분들을 더욱 조화롭게 재배열해서 저자가 책의 전반적인 모습을 갖추도록 도움을 줄 수 있다. 일부 편집자는 더 적절한 표현을 찾거나 철자 오류를 정정하거나 문법과 구두점을 정리하는 등 더 세부적인 사항에까지 신경을 쓴다. 하지만 이러한 마지막 작업은 대개 본문 편집자에게 맡겨진다. 몇몇 편집자는 원고와 함께 메모를 보내 본문 편집자가 특별히 주의해야 할 사항을 알리기도 한다. 예를 들면 이렇다. "저자가 '사실상'이라는 말을 자주 씁니다. 제가 그 단어를 많이 삭제했으니 더 삭제하셔도 됩니다." "저자가 매우 예민합니다. 뭔가를 수정할 때는 반드시 문의하세요." "저자는 영국의 상황에 대해 글을 쓰는 영국 작가입니다. 우린 미국식 철자를 원해요. 그렇지만 뜻이 아주 모호하지만 않다면 영국식 관용 표현을 그대로 살리세요." 그런가 하면 또 어떤 편집자들은 원하는 것을 알리거나 최상의 작업 방식을 상의하기 위해 본문 편집자에게 미리 연락을 취하기도 한다. 본문 편집자는 또한 저자가 세부사항과 문체의 일관성을 유지하고 있는지, 사실이 정확한지 재확인해야 한다.

우선 원고가 있다. 모든 원고는 한 행씩 띄어 작성되어야 한다. 비소설을 작업하는 저자는 다른 책 내용의 인용, 각주(또는 권말 부속물의 주석), 참고문헌 역시 한 행씩 띄어 작성해야 함을 기억해야 한다. 이

부분들이 본문보다 작은 활자로 인쇄된다 해도 말이다. 그 이유는 본문 편집자가 작업해야 할 공간이 필요하기 때문이다. 한 행씩 띄어 작성된 원고에는 작업할 공간이 존재한다. 본문 편집자가 생각하는 이상적인 저자는 참고문헌 목록에 정확히 어떤 요소들이 들어가는지 이들이 어떻게 배열되는지 안다. 이 경우 본문 편집자가 해야 할 일이 별로 없다. 하지만 많은 저자는 주석을 달거나 참고문헌을 작성하는 데 도움을 필요로 한다. 어떤 경우에든 한 행씩 띄어 작성된 원고를 읽는 편이 훨씬 더 편하다. 본문 편집자와 본문 디자이너는 또한 원고의 네 가장자리에 넉넉한 여백을 두는 저자를 반긴다. 저자는 본문 편집자가 다양한 표제, 발췌문, 목록, 기타 요소에 (글자나 숫자를 사용하여) 어떻게 표시를 할지 알 것이다. 그러나 저자는 본문 편집자가 작업을 마친 후 내부 조판을 담당하는 디자이너 역시 각 요소에 적용될 활자체와 폭을 표시할 여백을 필요로 한다는 사실을 모를 수도 있다.

본문의 일관성 유지와 오류 수정

세부사항의 일관성을 확인하는 본문 편집은 특히 소설가에게 유용할 수 있다. 저자가 실수로 제 2장에서 여주인공의 머리카락을 황금색으로 묘사했다가 제 16장에 가서는 붉은색으로 묘사하지 않았는가? 본문 편집자는 원고에 첨부한 질문지를 통해 색상의 불일치를 지적하고 머리카락을 어떤 색으로 할 것인지 물을 것이다. 한편 오랜 시간이나 몇몇 세대를 아우르는 소설에서는 연대가 뒤죽박죽 얽히기도 한다. 본문 편집자는 날짜나 나이 등을 지속적으로 기록해둔 뒤, 이를테면 말에서 추락하여 굽이치는 강으로 떨어진 여인을 구한 원주민에 대해 "아홉 살소년이 성인 여성을 들어올릴 수 있을까요?"라고 물을 수 있다. 때때로 본문 편집자는 이야기 초반에서 상세하게 언급되었으나 후에는 한 번도 활용되지 않은 대목을 발견하여 이를 후반부에서 이야기를 강화시키는 데 사용할 수 있다. 한 남자가 적의 첩자를 아무 소리도 없이 죽일 수 있는 기술을 훈련했다. 하지만 남자가 익힌 기술이 이야기에서 전혀 사용되지 않았다. 이후 본문 편집자는 남자가 후에 살인을 시도하는 대목에서 그가 호주머니에 손을 넣었다가 그 안에 들어 있던 피아노 줄을 찾게 된다는 이야기를 제안했다. 이는 저자가 만들어내는 긴장감에 멋진 첨가물이라 할 수 있다.

표기법에 대한 본문 편집은 철자, 구두점, 구문과 같은 사항을 점검하는 것을 말한다. 워드 프로세서에 철자 검사 프로그램을 갖춘 일부 저자에게는 본문 편집자가 철자를 고치는 일이 쓸모없어 보일 수도 있다. 하지만 본문 편집자는 철자 검사 프로그램의 문제점을 안다. 만약 어떤 단어가 틀리지만 않으면 그것이 문맥에 적절한지의 여부에 상관없이 그냥 지나간다는 것이다. 'lemon aide'를 예로 들어보자. 'lemon'과 'aide'는 실제로 쓰이는 단어다. 그러나 정원에서 시원한 'lemon aide'를 즐긴다는 게 말이 될까? 동음이의어를 아는 본문 편집자는 스스럼없이 이를 'lemonade'로 정정할 것이다. 게다가 영국과 미국에서 서로 다른 철자로 표기되는 성가신 단어들이 수도 없이 많다. 저자가 traveller를 선호할까? traveler를 선호할까? colour를 선호할까? color를 선호할까? judgement를 선호할까? judgment를 선호할까? 영국 철자를 미국화해야 할까? 구두법 또한 반드시 검사해야 한다. 여러 개의 단어가 나열될 때 'and' 앞에 콤마를 써야 할까? 두 개의 독립된 절의 주어가 동일할 때 등위 접속사 앞의 콤마를 생략해야 할까? 콜론 뒤에는 대문자를 써야 할까? 소문자를 써야 할까? 한편 본문 편집자는 저자의 구문과 어휘가 적절한지 또한 살펴야 한다. "주교가 의식용 옷을 벗었다"에서 저자가 말한 의식용 옷은 '제의복'을 의미할까? 금발의 영화배우가 회고록에서 자신이 수영장 옆의 긴 의자에 누워 있었다고 말했다. 이것이 '긴 의자'가 맞을까? 여기서는 누구의 구문과 어휘를 사용해야 할까? 본문 편집에는 이렇듯 세부사항에 대한 긴밀한 주의가 요구된다.

훌륭한 본문 편집자는 저자가 올바른 사실을 제시했는지 확인할 때 추측만으로는 충분치 않다고 생각한다. 캐리 네이션(미국의 여성 금주 운동가—옮긴이)의 철자가 Carry Nation일까? Carrie Nation일까? 삼위일체주일(Trinity Sunday)이 1913년 5월 1일 이전일까? 이후일까? 주인공이 골드 러시에 합류하기 위해 뉴욕에서 배를 타고 파나마 운하를 통과하여 캘리포니아까지 갈 수 있었을까? 본문 편집자는 권위 있는 출처를 통해 사실을 확인하고자 할 것이다.

본문 편집자가 저자가 언급한 것과 다른 사실을 제공하는 출처를 발견했을 때, 그 문제를 저자에게 요령껏 지적해야 한다. 본문 편집자는 저자가 작업의 가장 힘든 부분을 완수했다는 사실을 기억해야 한다. 이 점은 반드시 존중되어야 한다. 노련한 본문 편집자는 십여 개의 항목을 확인하고 나면 저자가 세심한지의 여부를 안다. 본문 편집자는 더 많은 실수를 찾아낼수록 더 많은 확인 작업을 거쳐야 한다. 시간이 허락한다면 문제가 없다. 그러나 거의 언제나 시간이 문제다. 원고가 손에 들어와 있는 상황에서, 저자·편집자·발행인은 완성된 책을 하루빨리 서점에 배포하고 싶어 한다. 그러니 서둘러야 하지 않는가?

이상적인 본문 편집자는 다양한 주제에 대해 광범위한 지식을 갖고 있다. 그러나 각자의 전문 분야 역시 있다. 편집자는 진행 중인 작업을 이에 걸맞은 지식을 갖춘 본문 편집자에게 맡길 줄 안다. 비소설의 경우, 저자는 본문과 함께 부록·주석·참고문헌을 비롯한 모든 부속물을 제공하고 이를 신속하게 편집자에게 전달하도록 권장된다. 그 이유는 부속물이 있어야 저자가 어떤 출처를 참고했는지를 본문 편집자가 알 수 있기 때문이다. 본문 편집자는 다수의 참고도서를 구비하고 있으나, 본인이 보유하고 있지 않은 정보를 확인하기 위해 도서관 역시 이용한다. 이는 저자가 어떤 책이나 논문을 사용했는지 본문 편집자가 아는 데 도움이 된다. 본문 편집자는 영화 제작에 관여한 자의 이름을 확인하기 위해 동네 비디오 가게에서 비디오를 빌리고, 군사 시설의 철자를 확인하기 위해 미국 군사정보국에 전화를 걸기도 하며, 노래 가사를 확인하기 위해 음악을 구하는가 하면, 위생용품 상표명의 정확한 철자를 확인하기 위해 가게 안을 서성이기도 하고, 저자가 제시한 운동법을 따라할 수 있는지 확인하기 위해 몸소 몸을 꼬아보기도 한다.

몇몇 출판사는 본문 편집자를 직원으로 두기도 하지만, 출판사 외부에서 일하는 프리랜스 본문 편집자에게 본문 편집을 맡기기도 한다. 본문 편집 작업을 할당하는 자는 제작 편집자(Production Editor), 원고 감독자(Manuscript Supervisor), 또는 본문 책임자(Copy Chief) 등의 명칭으로 불린다. 이 직책을 맡은 자는 들어온 원고를 살펴보고 주제와 일정을 고려한 뒤 본문 편집을 맡길 적임자를 물색한다. 필요할 경우, 제작 편집자가 본문 편집자에게 지시를 내리기도 한다.

집요한 질문자

그렇다면 저자가 본문 편집자에게 원하는 사항을 전달할 수 있을까?

물론이다. 저자가 본문 편집자에게 선호하는 사항을 이야기하거나 도움을 요청할 수 있는 가장 쉬운 방법은 메모를 작성하여 원고와 함께 보내는 것이다. 한 가지 단어에 대해 사전에서 두 가지 가능한 철자를 제공할 경우, 저자가 두 번째 철자를 강력히 선호한다면? 그렇다면 이를 본문 편집자에게 알리면 된다. 그러면 본문 편집자는 저자가 선호하는 철자를 변경하지 않아도 될 뿐만 아니라 그 철자가 일관되게 사용되도록 할 수 있다. (그러나 'gray'와 'grey'의 색깔이 다르다는 한 저자의 주장에 본문 편집자는 골똘히 생각하다가 "그 차이를 독자들이 알까요?"라고 조심스럽게 물을 수밖에 없었다.) 'Teheran'보다 'Tehran'을 선호한다면 본문 편집자에게 그 사실을 알리면 된다. 그렇다면 제목의 대문자화는 어떻게 처리할까? 정부 문서를 읽는 데 익숙한 저자들은 대개 모든 기관 명칭의 경우 첫 글자를 대문자로 쓴다고 생각한다. 그러나 출판인들 사이에서 널리 사용되는 『시카고 매뉴얼 오브 스타일(*The Chicago Manual of Style*)』에서는 특정 기관의 명칭이 해당 기관을 책임지는 자와 함께 사용될 경우에만 대문자를 쓰도록 권고한다. 따라서 본문 편집자는 베이커 국무장관과 국무장관을 각각 Secretary of State Baker, the secretary of state으로 표기할 것이다. 한편 하느님을 지칭하는 대명사는 어떻게 처리할까? 많은 사람들은 대명사를 대문자로 시작해야 한다고 생각하며 실제로도 종종 그렇게 한다. 그렇다면 성경을 한번 살펴보자. "예수께서 그의 열두 제자를 불러모으사(Then **he** called the twelve disciples together)."(킹 제임스 성경, 누가복음 9:1) "예수께서 그의 열두 제자를 불러모으사(Then **he** called the twelve together)."(개정표준 역, 누가복음 9:1) 그리고 『시카고 매뉴얼 오브 스타일』에서는 "자비로우신 주(God in **his** mercy)", "예수와 그의 제자들(Jesus and **his** disciples)"이라고 예를 드는

(7.77) 것처럼 대명사를 소문자로 쓰고 있다. 널리 사용되는 또 다른 표기법 지침서인 『유형별 단어』에서는 일부 예에서만 첫 대문자를 쓰라고 권고한다. (신문 표기법과는 종종 다른) 표준 도서 표기법을 잘 알지 못하거나 특정한 표기법 지침서를 선호하는 저자라면 작업을 시작하기 전에 그에 대해 본문 편집자에게 알려야 한다.

저자가 정보를 찾아내려고 안간힘을 썼으나 결코 해결되지 않는 세부 사항이 있는가? 그렇다면 본문 편집자에게 알리자. 아마도 그가 정보를 찾는 데 도움을 줄 것이다. 저자가 등장인물의 이름을 조지에서 프랭크로 바꿨으나 조지 혹은 두 이름 모두를 놓쳐서 곤혹스러운가? 그렇다면 본문 편집자에게 알리자. 그가 도움을 줄 것이다.

본문 편집자가 원고를 돌려주면 제작 편집자가 원고에 제기된 질문들을 검토하고서 원고를 편집자에게 보낼 것이다. 편집자는 본문 편집이 된 내용을 훑어보면서 질문의 일부 또는 전체에 답을 할 것이다. 대부분의 경우, 편집자는 저자에게도 원고를 전달한다.

과정을 처음 겪는 저자는 적게는 몇 개에서부터 많게는 수십 개에 이르는 질문지가 원고에 달린 것을 보고 놀랄 수도 있다. 한 저자는 본문 편집자가 무수한 질문지를 첨부한 걸 보고서 암살자를 고용하고 싶었다고 말했다. 하지만 과거에 본문 편집자와 좋은 경험을 했던 저자라면 그러한 분홍색이나 노란색이나 파란색의 메모지를 보고서 안심을 할 것이다. 그만큼 본문 편집자가 원고를 주의 깊게 꼼꼼히 검토했다는 의미이기 때문이다. (처음에 암살자를 고용하고 싶었던 저자는 본문 편집자의 질문들을 읽어본 뒤 마음이 바뀌었다고 털어놓았다. 그는 "사랑에 빠진 것 같다"고 결론 내렸다.) 어떤 구절이 다소 어색하게 표현되었다면 본문 편집자는 해당 구절을 명확히 하기 위해 이를 수정하려 할 것이고 그렇게 수정하는 것이 괜찮은지 물을 것이다. 그런가 하면 본문 편집자는 원고의 구절을 수정하지 않고 질문지를 통해 가능한 다른 표현들을 제안하면서 그중 어떤 표현이 저자의 뜻을 가장 잘 전달하는지 물을 것이다. 때때로 본문 편집자는 그 이전 또는 이후와 철자가 일치하지 않는 단어에 대해 질문을 할 것이다. 이러한 질문은 만들어낸 이름 내지는 실제 이름이긴 하지만 흔하지 않은 이름이 사용될 경우에 가장 제기되기 쉽다. 아마도 이는 이전에 언급된 명칭이나 본문 편집자가 참고용 도서나 기타 출처에서 얻은 명칭과 일치하지 않는 경우에 해당할 것이다. 저자가 상표명의 철자를 추측해서 쓴 것일까? 본문 편집자는 상점으로 가서 포장을 살펴보고서야 상표명이 레디윕(Ready Whip)이 아니라 레디-윕(Reddi-wip)임을 확인할 수 있을 것이다.

질문이 무엇이든지 간에, 질문지를 읽고 거기에 적힌 질문에 답을 하는 것은 저자의 몫이다. 질문지에 "괜찮습니까(OK)?"라고 적혀 있다면 저자는 그 옆에 확인 표시를 하여 "예"라는 사실을 알리면 된다. 또 하나의 문제를 해결하기 위해 두 가지 답이 제시되었다면, 저자는 둘 중에 원하는 답에 동그라미 표시를 하고 원하지 않는 답은 줄을 그어 지우면 된다. 혹은 저자에게 제 3의 답이 떠올랐다면, 본문 편집자가 제안한 답을 줄을 그어 지우고 떠오른 답을 메모에 적으면 된다. 이렇게 메모를 통해 지속적으로 대화를 하는 이유는 원고가 지저분해지지 않도록 하고 조판 작업자에게 혼란을 주지 않기 위해서다. 만약 저자가 원고에 직접 얼마간의 수정을 하고 싶다면, 전에 사용한 것과 다른 색의 펜을 사용해야 하고, 새로운 변경사항이 어떤 색상으로 표기되었는지를 제작 편집자에게 알려야 한다. 한편 긴 구절을 다시 쓰고자 할 때에는 약 21×27센티미터 규격의 별도의 종이에 새롭게 글을 작성한 다음, 이를 본래의 원고에 고정시키고 새로운 종이에 쪽 번호를 매기면 된다. 특별히 허가되지 않는 한, 저자가 하지 말아야 할 일은 워드 프로세서로 원고 전체 또는 일부를 다시 작성하는 것이다. 본문 편집자 또는 제작 편집자는 본문 편집된 원고의 원본을 저자로부터 반드시 회수해야 한다. 그리고 질문지는 원고에 부착되어 있어야 한다. 어떤 이가 되었든 최종 작업을 하는 자가 원고를 훑어보고 저자의 답과 변경사항들을 원고에 반영시켜야 하기 때문이다.

질문지에 충분한 여백이 없어 질문에 답하기가 어려울 경우, 저자는 자체적으로 메모지를 추가하여 답을 하면 된다. 문구점, 잡화점, 슈퍼마켓에서 구입할 수 있는 포스트잇이면 충분하다. 단, 포스트잇이 원고 중간에 숨겨지는 일이 없도록 포스트잇으로 원고 가장자리 부분을 감싼다. 이렇게 하지 않으면, 원고를 일일이 한 장씩 넘겨보지 않고 가장자리 부분만을 보는 편집자가 포스트잇을 발견하지 못할 수도 있다.

질문을 어떻게 처리해야 할지 모를 때에는 편집자에게 전화를 걸어 제작 편집자나 본문 편집자를 연결해달라고 하면 된다. 언제나 도움의 손길이 열려 있으므로 외부와 단절된 상태로 작업을 할 필요가 없다. 본문 편집자가 표시한 내용을 저자가 이해하지 못한다면? 그렇다면 전화기를 들자. 다시 한 번 말하지만, 본문 편집자는 저자를 돕기 위해 존재한다.

그러나 주의할 점이 있다. 일부 본문 편집자는 몇몇 질문을 원고 여백에 써넣을 것이다. 그렇게 하면 저자가 질문을 놓치고 지나갈 수도 있으므로 적절치 못하다는 말을 들었어도 말이다. 제작 편집자는 이러한 습관에 대해 탄식하기도 하고 본문 편집자에게 충고를 하기도 한다. 그러나 그러한 상황을 단념하고 받아들이기도 한다. 그만큼 본문 편집자의 작업이 고되고 도움이 되기 때문이다. 따라서 저자는 원고 여백에 적힌 표시를 주의 깊게 살펴봐야 한다.

저자가 한 답변들이 원고에 반영되고 질문지가 제거되고 나면, 원고는 활자 디자인과 마크업을 위해 생산부로 넘어간 다음, 구성을 위해 조판 작업자에게로 전달된다.

저자가 교정쇄를 받은 후 주의할 점

몇 주가 지나면 저자는 교정쇄를 받게 된다. 이는 일정이 빠듯하고 페이지에 직접 작업하는 것이 가능한 경우에 해당한다. 저자는 이 첫 번째 교정쇄를 받았을 때 원고로 돌아가서는 안 된다. 즉, 원고를 참고하는 일 없이 교정쇄만을 읽어야 한다. 원고와 대조하여 교정쇄를 교정하는 일은 또 다른 전문가, 즉 교정자의 몫이다. 이렇게 하는 데에는 그만한 이유가 있다. 원고를 수차례 훑어본 자의 경우, 원고를 처음 보는 자보다 오타를 인식할 가능성이 낮기 때문이다. (책의 일정이 매우 빠듯하지 않는 한) 본문 편집자는 원고를 두 차례 혹은 세 차례까지 읽을 것이며 편집자 역시 그러하고 저자 역시 그러할 것이다. 따라서 교정자의 신선한 시선이 필요하다.

일부 출판사는 교정쇄를 저자에게 보낼 때 활자 교정 표기법을 동봉한다. 저자는 『시카고 매뉴얼 오브 스타일』의 교정 부분이나 교정자 표기법 사전을 참고할 수도 있다. 저자가 기억해야 할 중요한 사항은 교정본의 변경사항을 반드시 교정쇄의 여백에 표시해야 한다는 점이다. 교체해야 할 단어를 줄을 그어 삭제하고 여백에 이를 대체하는 단어를 (깔끔하고 읽기 쉽게) 써넣는다.

훌륭한 교정자는 원고와 대조하여 단어 대 단어로 교정쇄를 매우 신중하게 읽는 것 그 이상의 일을 한다. 교정자는 본문 편집자의 작업 역시 지원한다. 최고의 실력을 갖추고 성실하며 주의가 매우 세심한 본문 편집자라 할지라도 일반적인 철자 오류나 사실의 착오 등 뭔가를 놓칠 수 있다. 현명한 저자가 훌륭한 편집자 및 본문 편집자의 도움을 받고자 기대하는 것처럼, 현명한 본문 편집자 역시 일류 교정자의 도움을 받고자 기대한다. 저자가 교정쇄를 편집자에게 넘기고 편집자가 이를 제작 편집자에게 넘기고 나면, 저자는 제작 편집자로부터 한두 가지 질문과 관련하여 전화를 받을 수 있다. 책 한 권을 인간이 할 수 있는 한 가장 완벽한 상태로 만드는 데 수반되는 작업은 글쓰기로부터 시작하여 편집 및 본문 편집 단계, 교정쇄(galleys), 페이지 교정쇄(page proofs), 전사쇄(reproduction proofs), 조판 담당자의 교정을 거쳐 지속되는 과정이라고 할 수 있다. 그러나 **저자는 생산의 후기 단계들을 대부분 알지 못한다. 그러므로 완성된 책이 세상에 나오기까지 수주 혹은 수개월 동안 출판사 직원들이 기울이는 전문적인 노력에 대해 인내심과 확신을 가져야 한다.**

색인 작성의 전문성

저자가 고려해야 할 책의 한 가지 추가적인 요소는 바로 색인이다. 저자가 색인을 만들 수도 있다. 솔깃한 일일 수 있다. 전문적인 색인 작성자가 작업을 할 경우 색인 작업에 대해 저자가 비용을 지불해야 하기 때문이다. 저자는 색인을 직접 만들 것인지의 여부를 결정할 때, 해당 작업에 필요한 기술들을 염두에 두어야 한다. 색인 작성은 전문적인 작업으로 일종의 예술 행위와 같다. 훌륭한 색인 작성자는 저자와 다른 방식을 사용하여 흥미를 가진 독자가 저자의 글에 다가갈 수 있도록 한다. 저자는 전문가에게 색인 작업을 맡길 경우, 색인 원고를 보기를 요청하여 본인이 독자에게 전달하고자 하는 모든 중요한 사항들이 색인에 반영되었는지를 확인해야 한다. (물론 색인 작성자는 본문에 있지 않은 내용을 색인에 넣을 수는 없다.) 저자는 또한 색인 작성자가 해결해야 하는 시간과 공간의 제약이 있다는 점을 고려해야 한다.

컴퓨터화로 이 모든 작업이 쓸모없어지지 않을까? 저자가 디스크를 출판사 측에 건네주고 이것이 조판 작업자에게로 넘어가지 않을까? 그렇게 하는 편이 비용을 절약하지 않을까? 물론 그렇다. 구성 작업에 드는 비용이 얼마간 줄어들 것이다. 그러나 저자가 교정쇄에서 수정을 하고자 할 경우, 그간 절약된 비용이 편집자 정정(editor's alteration, EA)과 저자 정정(author's alteration, AA) 비용으로 온데간데없이 사라질 수 있다. 출판사가 정말로 입력 작업을 위해 비전문 조판 작업자(즉, 저자)를 고용하길 원할까? 저자가 조판 작업자 또는 작가로서 대가를 지불받기를 원할까? 저자가 본인에게 편집자 내지는 본문 편집자의 도움이 필요하지 않다고 자신할 수 있을까? 물론 편집자나 본문 편집자가 저자의 디스크에 작업을 할 수도 있다. 그러나 전문적인 편집자 또는 전문적인 본문 편집자가 비전문 입력자가 되기를 원하는 사람이 있을까? 원고가 디스크의 형태로 조판 작업자에게 맡겨질 때 식자공에 의한 오식(PE)은 없다는 점을 기억하자. 저자와 출판사가 활자 교정쇄(type proofs)상에서 편집과 본문 편집을 하게 되면, 처음부터 원고를 종이 출력물로 작업할 때보다 결국 구성에 더 많은 비용이 소요될 것이다.* 여기서 열거할 수 있는 예들은 떠올리기도 괴롭다. 내가 아는 한, 이 분야에서 활발하게 활동을 해온 본문 편집자들은 한 가지 확실한 사실을 발견했다. 지금으로서는 저자의 디스크로 작업을 할 경우 시간을 절약할 수 없다는 점이다. 디스크를 곧바로 조판 작업자에게 넘기는 가능성에 대해 두 번 생각해보자. 만약 디스크를 보낸다면 종이 출력물 역시 보내야 한다. 조판 작업자가 어떤 방식이 경제적으로 가장 최상인지 결정하도록 해보자. 우리 모두는 잠재성으로 가득한 길 앞에 서 있지만, 거기에는 잠재적인 어려움 또한 가득하다. 라이노타이프에 의한 주조활자 조판 방식이 컴퓨터 환경으로 바뀌기까지 10여 년이 걸렸지만, 변화는 이루어졌다. 종이 출력물을 보내는 방식에서 디스크를 직접 조판 작업자에게 보내는 방식으로 변화를 꾀하고 그로부터 정말로 좋은 결과를 얻기까지는 그만큼 오랜 시간 혹은 그보다 더 오랜 시간이 걸릴지도 모른다. 내가 신기술 반대자일까? 그건 아니다. 그러나 좋은 책을 만들고 책을 잘 만드는 데 필요한 전문적인 기술에 대해 큰 존경심을 품을 만큼 이 업계에 오랜 시간 몸담았다.

본문 편집자는 대개 알려지지 않는다. 우리는 아이디어, 언어, 책을 사랑하기 때문에 이 일을 한다. 우리는 이름이 빛나길 원치 않는다. 다만 저자가 우리의 노고를 생각하여 감사의 말에서 우리를 언급할 때 그저 기쁨과 고마운 마음으로 이를 받아들일 뿐이다. 우리는 말없이 무명으로 책에 헌신을 다했음을 안다. 그러나 우리 스스로를 속이진 않는다. 저자가 영웅이다.

●   72쪽 편집자 주를 참조할 것.

「자신만의 출간 목록을 갖기까지—보조 편집자가 겪어야 하는 일들」

"보조 편집자는 무엇을 하는가?"라는 질문의 답은 "모든 것"이다. 거의 모든 투고를 첫 번째로 읽는 일, 사내의 관료적인 미로에서 지름길을 찾는 일, 출간 일정을 관리하는 일(그리고 저자에게 출간 일정을 알리는 일), 윤문 편집, 잃어버린 미서명 계약서와 잘못된 위치에 있는 원고를 찾는 일, 저자의 원고료를 요청하는 일, 그 밖에 일에 쫓기는 편집자가 필요로 하는 모든 일을 한다. 그 대가로, 현명한 편집자는 보조 편집자가 마침내 자신만의 출간도서 목록을 가진 부편집자가 될 때까지 편집의 각종 복잡한 기술을 가르친다.

경력을 발전시키고자 하는 저자는 보조 편집자와 원만하게 작업하는 일이 그의 상사와 원만하게 작업하는 일만큼이나 중요하다는 사실을 깨달아야 한다. "내가 그의 밑에서 일하게 된 첫날, 17명의 저자가 내게 전화를 걸어와 축하를 해주었다. 그들은 내 배경에 대해 묻고 조만간 만나기를 기대한다고 말했다. 게다가 어찌나 존중과 배려를 보이던지 그들이 날 중요한 사람으로 착각했나 싶을 정도였다. 그들은 정말로 다정한 사람들이었다."

"그 저자들이 어떻게 처신하는 게 유리한지를 정확히 알고 있다는 걸 내가 깨닫기까지는 채 하루도 걸리지 않았다. 나는 단순히 편집자를 위해 일하는 것이 아니라 편집자와 함께 일하는 것이었다. 내 직무는 그저 편집자라는 중요한 직책의 부속물이 아니라 그 자체로 하나의 독립체였다."

이러한 장인과 도제의 관계에서 다음 세대의 편집자들이 탄생한다. 퓨츠는 이렇게 말한다. "견습 기간이 계속되면서 보조 편집자는 부족한 부분을 보완할 수 있는 절호의 기회를 얻게 된다. 경험이 가장 중요하기 때문에 모든 사람은 실제로 바닥에서부터 시작한다." 퓨츠는 재치와 매력이 넘치는 이 글에서 보조 편집자가 바닥에서 시작하여 출판계의 높은 위치까지 오르는 과정을 설명한다.

케이시 퓨츠(Casey Fuetsch)

케이시 퓨츠는 리터러리 길드의 인내심 많은 세 명의 편집자 밑에서 보조 편집자로 출판 일을 시작했다. 이후 더블데이의 일반 단행본 부서의 선임 편집자가 되어 『하늘과 땅이 자리를 바꿀 때』, 『특별한 영웅』, 『무도회가 끝난 후』, 『기적의 소리』를 비롯한 다양한 책을 입수, 편집했다. 그녀는 발레리 세이어즈, 데이비드 제임스 덩컨, 사라 버드 등의 소설가들과 작업을 하고 있다.

자신만의 출간 목록을
갖기까지

—보조 편집자가 겪어야 하는 일들

—케이시 퓨츠

편집자의 협력자, 보조 편집자

출판계의 편집자들이 대부분 그렇듯, 나도 보조 편집자(editorial assistant)로 처음 출판 일을 시작했다. 내 첫 번째 상사는 유행에 밝고 힘이 넘치는 선임 편집자로, 대중문화와 로큰롤에 관한 책을 입수했다. 『피너츠』 만화에 나오는 피그펜처럼 그는 늘 셔츠를 밖으로 빼 입고 넥타이를 대강 맨 채 창조적인 열정을 내뿜고 다녔고, 그가 다녀간 자리에는 웃음은 물론 한바탕 폭풍우가 지나간 듯했다. 어떤 편집자들은 1년에 15권의 양장본을 내는 데 만족했지만, 그는 30권을 내지 않는 이상 좀처럼 만족하는 법이 없었다. 게다가 그 모든 30권에 (각각 개별적인 계약에 의한) 공동 저자 두 명과 프리랜스 사진 담당자가 참여를 하고 명망 있는 권위자가 머리말을 써주면 더없이 만족해했다. 동료나 작가가 그에게 들러 담소를 나눌 때면, 그에게서는 장난감에서 동전이 튀어나오듯 아이디어가 샘솟았다.

내가 그의 밑에서 일하게 된 첫날, 17명의 저자가 내게 전화를 걸어와 축하를 해주었다. 그들은 내 배경에 대해 묻고 조만간 만나기를 기대한다고 말했다. 게다가 어찌나 존중과 배려를 보이던지 그들이 날 중요한 사람으로 착각했나 싶을 정도였다. 그들은 정말로 다정한 사람들이었다.

그 저자들이 어떻게 처신하는 게 유리한지를 정확히 알고 있다는 걸 내가 깨닫기까지는 채 하루도 걸리지 않았다. 나는 단순히 편집자를 위해 일하는 것이 아니라 편집자와 함께 일하는 것이었다. 내 직무는 그저 편집자라는 중요한 직책의 부속물이 아니라 그 자체로 하나의 독립 체였다. 나는 편집자를 위해 거의 모든 투고를 읽었으며, 그의 작은 제국이 순조롭게 돌아가도록 돕는 사무 관리자였다. 나는 허가 요청하기, 출간 일정 관리하기(그리고 출간 일정을 저자에게 알리기), 서명되지 않은 계약서 찾기, 다양한 원고를 윤문 편집하기, 커피 타기, 저자 원고료 요청하기 등의 일을 했다. 무척이나 고맙게도, 내 상사는 커피를 직접 타왔고 내 성과를 기꺼이 열린 마음으로 인정해주었으며 저자가 전화를 걸어와 원고료 지급이 늦었다고 소리를 지를 때에도 내 비효율적인 일 처리에 대해 한 번도 나를 나무라지 않았다. 또 나만의 도서 출간 계획을 추진하도록 도와주었다. 그의 입장에서는 많은 시간과 노력이 소요되었지만, 그는 내 경력을 쌓는 데 없어서는 안 될 존재였다.

시간이 지나면서 우리는 서로의 강점이 무엇인지 알게 되었고, 각자 만족할 정도로 노동을 공유했다. 그는 사진 책에 열정을 갖고 있었기에 각 책의 '모양새', 즉 책 표지 모양, 종이의 질에 매우 신경을 썼다. 덕분에 나 역시 종이와 제책, 더불어 소설 출간 시의 필수적인 세부사항에 대해서 많은 걸 배우게 되었다. 그러나 내가 좋아한 일은 운문 편집이었고, 내 상사는 철저한 감독하에 작가의 산문을 내가 손볼 수 있게 해주었다.

견습 기간 동안 배우는 것들

그가 채택하고 그의 저자들이 기꺼이 수락했던 전통은 장인과 도제의 전통이었다. 견습 기간이 계속되면서 보조 편집자는 부족한 부분을 보완할 수 있는 절호의 기회를 얻게 된다. 경험이 가장 중요하기에 모든 사람은 실제로 바닥에서부터 시작한다. 대학 학위를 몇 개 취득했는지, 어떤 대학에서 학위를 땄는지, 해외여행을 어느 정도 했는지, 혹은 나의 가통(家統)은 눈앞에 놓인 직무에 적용되는 만큼만 중요하다. **보조 편집자에게 정확히 얼마만큼의 책임이 주어지는가는 그의 재능과 경험, 감독 편집자의 업무량과 성향, 직원 양성에 대한 출판사의 태도에 따라 크게 좌우된다.** 학교를 갓 졸업하여 때 묻지 않은 이상주의를 지닌, 출판계에 막 입문한 신입들 중에 상사가 쓴 이를테면 존 디디온에게 보내는 서신을 옮겨 적는 데 하루를 온전히 바치고 싶은 사람은 거의 없을 것이다. 그것보다 대부분의 신입들은 존에게 메스꺼움이 도시의 불안을 나타내는 적절한 상징인지를 직접 묻고 싶어 할 것이다. 하지만 포 시즌스 레스토랑(이상주의자들 사이의 일반적인 신화)에서 점심식사를 하면서 문학에 대해 격조 높은 대화를 나누는 수준까지 오르기 위해, 보조 편집자는 수많은 시간을 복사기 앞에서 보내야 한다.

보조 편집자가 훗날 성공적으로 편집자가 되려면, 초기의 근무 기간을 최대한 활용해야 한다. 부모님이 늘 말씀하시는 것처럼, 맡은 일이 참기 힘들 정도로 지루하다 해도 그건 모두 '배우는 경험'이다. 재고 부서에 전화를 걸어 책의 판매량을 알아내는 단순한 업무조차도 보조 편집자의 지식을 쌓는 데 보탬이 된다. 특히 재고 담당자가 "아버지의 날이 있었던 터라 지난주에 물량을 많이 보냈어요. 어머니의 날에 책이 팔리지 않는 건 참 유감이에요"와 같은 말을 했다면 더더욱 그렇다. 사소해 보이는 작은 정보라도 어느 날, 예를 들면 보조 편집자가 훗날 편집자가 되어 톰 클랜시 신작의 출간 날짜를 결정할 때가 되면 귀중한 정보가 될 수 있다.

출판 경험을 가장 행복하게 즐기는 저자는 보조 편집자가 본인을 얼마나 도울 수 있는지를 제대로 아는 자다. 저자는 편집자와 보조 편집자에게 각자 어떤 영역을 작업하는지를 묻고, 두 사람에게서 나오는 신선한 힘을 활용할 줄 알아야 한다. 그 결과, 편집자와 보조 편집자 사이에서는 역동적인 분업이 이루어진다. 편집자는 원고를 입수, 편집하고 홍보, 판매, 마케팅 부서의 충분한 관심을 얻는 데 상상 이상의 시간을 할애해야 한다. 그리고 보조 편집자는 그 밖의 모든 일을 처리해야 한다. 보조 편집자의 주된 직무의 하나는 '조율'하는 일이다. 어떠한 순간에라도 계약서, 원고, 또는 일정표의 정확한 위치를 아는 사람은 바로 보조 편집자다. 교정쇄를 읽어야 할 시간에 저자가 네팔에서 등반을 하고 있다면? 보조 편집자가 나서서 생산부와 상의하여 교정 일정을 변경해야 한다. 저자가 본인의 새 소설과 관련하여 인용할 만한 찬사의 말이 담긴 서신을 소설가 페이 웰돈으로부터 갓 받았다면? 보조 편집자가 책 표지 담당자에게 연락을 취하여 편집자가 점심식사를 마치고 돌아올 때까지 책 표지 작업을 중단시켜야 한다. 이후 셋은 책 표지 어느 자리에 추천사를 집어넣으면 좋을지 결정할 수 있다.

보조 편집자는 대개 편집자의 사무실에 도착하는 모든 원고의 첫 번째 독자다. 경우는 다양하지만, 보조 편집자의 소견서가 이미 첨부된 상태로 원고가 편집자의 책상에 놓이는 것이 보통이다. 이러한 관행은 일부 신참 작가들에게 두려움을 안겨준다. 분명 작가는 자기 작품의 가치를 일개 보조 편집자 따위가 평가할 수 없다고 생각할 것이다. 하지만 견습생 제도를 기억하자. 보조 편집자가 실은 (서정 산문을 훌륭히 평가할 수 있는) 로즈 장학생(로즈 장학 재단의 국제 장학금 프로그램으로 선발 과정이 까다로움―옮긴이)이었을 수도 있고, '출판 가능한' 책이 무엇인지에 대해 이미 상당한 감을 갖고 있을 수도 있다. 게다가 이 지점에서 에이전트가 관여하여 특정한 소설이나 비소설 제안서에 특별히 주목할 것을 보조 편집자와 편집자에게 사전에 당부한다. 그러나 에이전트의 이러한 언질이 없다 해도, 훌륭한 원고라면 보조 편집자의 시선을 사로잡기 마련이다. 투고는 보통 수준 이하인 경우가 많으며, 편집자의 전문 분야와 관련이 없는 주제를 다루기도 한다. **보조 편집자는 함량 미달의 원고와 뛰어난 원고를 분리하고 때로는 원고 검토를 동료들에게 적절히 배분하여, 편집자가 가장 뛰어난 원고만을 신중하게 검토하고 이미 계약이 체결된 책들을 작업할 수 있도록 시간을 벌어준다.**

그럼에도 때로는 신참 작가의 두려움이 성실한 보조 편집자를 사로잡기도 한다. 보조 편집자는 차기 퓰리처상 수상작 베스트셀러를 놓치는 악몽을 꾸기 시작한 탓에, 모든 형편없는 소설을 한쪽도 놓치지 않고 죄다 읽느라 진을 빼기도 한다. 그리고 악몽이 실제로 현실이 된다.

매 원고마다 동일하게 주의를 기울일 수 없기 때문이다. 얄궂게도, 보조 편집자에게 원고를 거절당할까 봐 노심초사했던 작가가 일단 책 계약이 완료되자 그동안 편집자와 보조 편집자가 주말과 밤 시간을 쪼개어 양질의 책을 발굴하느라 오랜 시간 원고 검토를 한 노고를 모른 채하는 사람으로 돌변할 수도 있다.

그러나 대부분의 작가는 보조 편집자가 하는 일을 존중하며, 이는 둘 모두에게 도움이 된다. 보조 편집자는 독자의 한 사람으로서 특정 인물이나 줄거리에 대해 유용한 의견을 제시할 수 있다. 작가는 작품을 최초로 읽은 자가 제시한 모든 제안에 응할 필요는 없으나, 그러한 숙고의 수단이 있으면 요긴하다. 편집자는 새 소설을 계약하거나 논란이 많은 책을 예정된 발행일에 맞추려고 검토하느라 일정에 쫓긴 나머지 화자 목소리의 일탈이나 논지의 취약한 부분을 간과할 수 있다. 그러나 보조 편집자는 편집자와 달리 발행인이나 에이전트의 직접적인 압력을 받지 않으며, 따라서 황제에게 적절한 의복이 갖춰졌는지의 여부를 점검할 수 있는 독특한 입지에 놓여 있다.

보조 편집자는 출판사 내에서 책에 대해 두 번째로 강력한 지지자가 될 수 있다. 편집자의 임무는 영상에 매료된 대중의 어둡고 냉정한 세계를 상대로 책을 최대한 보기 좋게 내놓는 것이다. 하지만 편집자가 4색으로 된 신간 서적 견본을 요청하고 저자가 책 홍보를 위해 16개 도시를 순회하는 사이에, 보조 편집자가 크고 작은 일에 관여해야 한다. 최근 한 프리랜스 서평가가 내 사무실에 전화를 걸어와 도서 목록을 요청했다. 전화에 답을 하면서 내 보조 편집자는 우리가 편집하고 있던 소설에 대해 자신감 넘치는 어조로 호평을 했다. 서평가는 내 보조 편집자의 열띤 태도에 마음을 빼앗긴 나머지 그 책에 꼭 서평을 하겠다고 약속했고, 영화 제작자인 친구에게 전화를 걸어 그 소설에 대해 이야기를 했다. 그 전화 한 통화로 찬사가 가득한 서평이 나올지 혹은 수익성 좋은 영화 계약이 성사될지는 시간이 지나봐야 알 일이지만, 벌써부터 '들뜬' 분위기가 조성되었다. 그로써 내 보조 편집자는 제 힘으로 새로운 두 건의 관계를 마련한 셈이다.

자율성을 갖기까지

출판에서 작가와 편집자의 관계, 편집자와 보조 편집자의 관계, 작가와 보조 편집자의 관계는 모두 결혼과 비슷하다. 즉, 평생 지속되는 초기의 호의적인 관계에 모든 희망을 건 채 두 당사자가 공동의 목적을 위해 하나로 합치는 것이다. 결혼이 지속되면서, 당사자들은 열정적인 결합체가 되어간다. 책은 작가의 창조적인 자식이다. 책은 각 협력관계에 항상 존재하는 제 3의 가장 중요한 개체로 반드시 지지를 받아야 하고 모든 변화를 겪으며 더 나아져야 한다.

모든 사람의 직장 생활(실제로 모든 사람의 일상 경험)은 건전한 착취와 깊은 공감을 얻으면 더욱 즐거워질 수 있다. 안타깝게도 보조 편집자는 일하는 시간에 비해 적은 보수를 받는다. 그들의 주된 기쁨의 하나는 호의적인 작가와 대화를 하는 일이다. 즉, 책에 대한 보조 편집자의 견해를 존중하는 저자, 보조 편집자가 늘 최상의 답을 갖고 있는 건 아니지만 그 답을 찾으려고 노력한다는 점을 이해하는 저자, 자신이 전문가의 한 사람으로서 보조 편집자 및 편집자와 매일 함께 일해야 한다는 점을 아는 저자와 대화를 하는 일이다.

또한 편집자 및 저자와 갖는 조용하고 다정한 대화를 통해, 어떤 책은 완성하기까지 5년이라는 길고 고된 세월이 걸리며 작가는 책의 출간일이 다가옴에 따라 예민하고 불안해질 수 있고 보조 편집자의 역할이 결국 행복한 결말을 가져온다는 사실을 보조 편집자가 상기하는 것이 도움이 된다.

물론 결말은 부편집자(associate editor)로 승진하는 일이다. 부편집자는 더 이상 다른 사람의 서신을 작성하거나 상사의 전화를 받지 않아도 된다. 부편집자는 책을 입수하여 어느 정도의 자율성을 갖고서 출간 과정을 주도할 수 있다. 승진은 그동안의 노고와 재능을 공개적으로 인정받는 짜릿한 일이지만, 불화를 일으키는 계기가 되어서는 안 된다. 이는 성가신 업무들을 떨쳐버리고 수 년 동안 갈망해 온 천직에 대해 온전히 책임을 갖게 되는 흐뭇한 기회다. 어느새 작가는 도움을 주던 어제의 보조 편집자가 어엿한 편집자가 되어 있는 걸 발견하게 될 것이다. 부편집자는 그동안 무가치한 일을 위해 뼈 빠지게 일한 것이 아님을 알게 될 것이다. 이제는 오래전 동경의 대상이었던 에이전트와 저자들로부터 투고를 받는 위치에 오르게 된 것이다.

경험은 확신을 가져오고, 확신을 통해 출판계 새내기와 신예 작가들은 그동안 자주 믿었으나 오류가 있는 가정을 마침내 떨쳐버릴 수 있다. 그 가정이란 누구든지 일원이 되길 갈망하는 거대한 문학 '모임'이 존재한다는 것이다. 다행히 현실은 이러한 상상 속의 모임이 그저 외부인의 불안이 꾸며낸 허구라는 것이다. 훌륭한 작품에 찬사를 보내고 재능에 힘을 실어주며 다른 이의 안녕을 배려하는 진실된 노력은 당사자가 어떤 일에 종사하고 어떤 직책을 가졌든지 간에 언제나 길고 결실 있는 직업 인생을 그에게 선사한다.

「범죄 실화 도서에 열광하는 '진짜' 이유─범죄 실화의 편집」

"사람들이 범죄 실화를 다룬 책을 사는 이유에 대해서는 온갖 이론이 존재한다." 그러나 스파이서는 다음과 같이 설명한다. "사람들이 그토록 범죄 실화를 다룬 책에 열광하는 진짜 이유는 훌륭한 줄거리 때문이라고 생각한다. 인물, 플롯, 배경, 생동감, 해결이라는 모든 요소를 갖춘 줄거리야말로 내가 책을 계약할 때 염두에 두는 것이다."

범죄 실화를 다룬 책의 두 가지 유형인 '원초적인' 책(매우 근원적인 차원에서 독자들에게 영향을 미치는 책)과 '부유층'의 책(유명하거나 부유한 사람들의 세계를 배경으로 하며 대개 그러한 위치에서의 추락을 다룬 책)의 차이를 설명하면서, 그는 각 유형의 책이 성공을 거두는 데 필요한 편집상의 요소들에 대해 논의한다.

범죄 실화를 다룬 책이 물밀듯이 쏟아지는 가운데 그 소멸이 임박했다는 예견에도 불구하고, 스파이서는 다음과 같이 글을 마무리 짓는다. "남편과 아내들이 서로를 잔인하게 죽이고 부모와 자식들이 서로를 잔혹하게 살해하는 한, 그에 관한 이야기를 쓰는 사람이 반드시 있을 것이며 그 글을 읽는 사람도 분명 있을 것이다. 범죄 실화는 영원히 존재할 것이다. 그리고 실력 있는 작가에게는 범죄 실화가 분명 성과를 가져다줄 것이다."

찰스 스파이서(Charles Spicer)

찰스 스파이서는 세인트 마틴스 프레스의 선임 편집자로, 소설 및 비소설을 편집한다. 그는 또한 세인트 마틴스 페이퍼백의 트루 크라임 라이브러리 임프린트를 이끌고 있다. 그는 토머스 프렌치의 『응답 받지 않은 외침』, 켄 잉글레이드의 『이해할 수 없는』과 『보스턴의 살인』, 그리고 각각 『뉴욕 타임스』 베스트셀러인 레슬리 워커의 『갑작스런 분노』, 돈 데이비스의 『밀워키의 살인자들』을 편집했다.

범죄 실화 도서에 열광하는 '진짜' 이유

―범죄 실화의 편집

―찰스 스파이서

출판계의 가장 뜨거운 장르

『뉴욕 타임스 북 리뷰』에서는 최근 범죄 실화를 "현재 출판계에서 가장 뜨거운 장르"라고 소개했다. 아마도 그럴 것이다. 하지만 가장 새로운 장르는 분명 아니다. 범죄 실화는 카인이 아벨을 죽이고 성경에서 그들의 가족사를 널리 조망한 이래 존재해왔다. 현재의 인기조차도 트루먼 커포티의 『냉혈한』(랜덤하우스, 1966)이 출간되었던 1960년대에서 그 시작을 찾아볼 수 있다. 최근에는 특히 페이퍼백 시장에서 범죄 실화를 다룬 책들이 폭발적인 인기를 누리고 있다. 널리 유명한 양장본의 재인쇄본과 대대적인 사건이 발생한 후 몇 주일 만에 출간되는 간이 도서(instant book)들이 함께 오른 베스트셀러 목록을 보면 이러한 경향을 알 수 있다.

사람들이 범죄 실화를 다룬 책을 사는 이유에 대해서는 온갖 이론이 존재하며, 그와 관련하여 확실히 관음증적인 요소, 인간 본성의 어두운 면에 대한 일종의 병적인 흥미가 존재하는 것처럼 보인다. 이러한 책을 통해 일반 독자들은 책이라는 안전한 장치 내에서 사이코패스의 머릿속을 들여다보고 살인이 실제로 일어나는 세상을 엿볼 수 있다. 그럼에도 나는 사람들이 그토록 범죄 실화를 다룬 책에 열광하는 진짜 이유는 훌륭한 줄거리 때문이라고 생각한다. 인물, 플롯, 배경, 생동감, 해결이라는 모든 요소를 갖춘 줄거리야말로 내가 책을 계약할 때 염두에 두는 것이다.

"이걸로 굉장한 책을 만들 수 있지 않나요?"라는 질문과 함께 기대에 들뜬 작가들이 유독 끔찍한 범죄에 관한 기사를 내게 자주 건네곤 한다. 역시나 내가 자주 하는 대답은 "아니요"이다. 충격적인 기삿거리가 되는 범죄와 흥미진진한 책이 되는 범죄 사이에는 상당한 차이가 있다. 냉담하게 들릴 수도 있겠지만, 일자리를 잃고 상사를 총으로 쏜 다음 자신 역시 총으로 쏴 자살을 해버린 한 남성의 기사가 실린 『뉴욕 포스트』를 맨 처음 집어드는 사람은 바로 나일 것이다. 그렇지만 그 사건에 대해 360쪽을 읽고 싶다고는 말하지 못하겠다. 그렇다면 자신이 성적으로 집착하고 있는 남자의 사랑을 얻기 위해 자기 자식들의 죽음을 용의주도하게 계획한 아름다운 여자의 이야기라면 어떨까? 그런 이야기라면 내 얼굴에 미소가 번질 것이다. 그런 책이라면 주말을 즐겁게 보낼 수 있을 것이다.

책의 성공을 좌우하는 요소

물론 이렇듯 줄거리가 중요하긴 하지만, 책의 성공을 좌우하는 더 중요한 요소가 있다. 바로 줄거리를 이야기하는 방식이다. **범죄 실화가 정말로 빛을 발하게 하려면 작가에게 인물을 밝혀내고 긴장감을 조성하는 소설가의 능력이 필요하다.** 사건의 진상을 낱낱이 알고 있는 기자가 좋은 책을 쓸 것이라고 생각하는 것은 큰 오산이다. 떠올리기에 오싹하긴 하지만, 자식을 살해한 혐의로 기소된 여성은 다이앤 다운스 외에도 또 있다(앨리스 크리민스를 기억하는가?). 그러나 다이앤 다운스의 실화를 다룬 『작은 희생』이 그토록 독자들의 시선을 끈 이유는 앤 룰이 그만큼 훌륭한 이야기꾼이었기 때문이다.

이야기 속에서 나는 무엇을 기대할까? 한 동료는 범죄 실화를 다룬 책을 '원초적인' 책과 '부유층'의 책으로 절묘하게 구분했다. 원초적인 책은 매우 근원적인 차원에서 독자들에게 영향을 미치는 책이다. 『작은 희생』(NAL, 1987)에서는 어머니가 자식들을 살해하고, 『갑작스런 분노』(세인트 마틴스, 1989)에서는 입양아가 가정을 선사해준 양부모를 칼로 찌른다. 이러한 이야기에 우리는 충격을 받고 매우 혼란을 느낀다. 자식에 대한 어머니의 사랑은 신성불가침이며 입양아가 가정을 선사해준 양부모에게 고마움을 느끼는 건 당연하다. 하지만 세상은 순리대로 돌아가지 않으며 독자로서 우리는 책을 통해 그러한 경험을 접하고서 대단히 심기가 불편해진다.

한편 부유층의 책은 유명하거나 부유한 사람들의 세계를 배경으로 하며 대개 그러한 위치에서의 추락을 다룬다. 토미 톰슨의 『피와 돈』(더블데이, 1976)과 윌리엄 라이트의 『폰 뷜로 사건』(델라코트, 1983)에서는 높은 지위에 있는 부유한 남편들이 역시나 부유하고 아름다운 아내를 살해한 또는 살해하려고 시도한 혐의로 법정에 선다. 남편의 추락은 그가 사람들이 몰린 법정에 들어서면서 자명해지며, 희생자들 역시 궁극적인 추락으로 빠져든다. 독자들은 부유한 사람들의 세계를 엿보면서 기분 좋은 자극을 느끼고 그들의 삶이 나락으로 떨어지는 것을 보면서 만족감을 느낀다. "부자들의 삶 역시 그리 좋은 것만은 아니군!" 나는 이 부류에 속하는 책들을 좋아한다. 마지막 쪽을 넘겨 책을 덮으면서 난 자주 따뜻한 만족감을 느낀다.

인물은 소설과 마찬가지로 범죄 실화를 다룬 책에서도 중요하다. 실화에 흥미로운 사람들이 등장할 수 있으나, 작가가 인물을 묘사하는 방법을 모른다면 책은 실패하게 되어 있다. 영웅, 악인, 희생자가 있으며 각각은 나름의 중요한 역할을 한다. 하지만 내가 좋아하는 건 악인이다. 게다가 특이할수록 더 좋다.

섀너 알렉산더의 『호두까기』(더블데이, 1985)와 조너선 콜맨의 『어머니의 요청』(아테네움, 1985)에 등장하는 사교계 명사이자 살인범인 프랜시스 슈레더는 간담을 서늘하게 한다. 자식을 살해하는 어머니보다 더 끔찍한 인물이 있을까? 할아버지를 살해하라고 자식을 협박하는 어머니라면 어떨까? 알렉산더와 콜맨 모두 슈레더 부인이 얼마나 잔혹한 인물인지를 단순히 이야기해주지 않는다. 대신 독자들에게 직접 보여준다. 이로써 독자들은 남의 눈에 비치는 자기 모습을 그토록 중시하고 가식적이며 출세를 바라는 이 여성이 실은 비위생적인 습관을 갖고 있었다는 걸 알게 된다. 그 뿐만 아니라 본인이 자식만을 끔찍이 위하는 다정한 어머니라고 주장하던 이 여성은 정서적으로 가학적인 면이 있었고, 저자들은 그녀가 무용을 전공한 작은 딸을 잔인하게 학대하는 모습을 그녀의 입장에서 보여준다. 이 이야기에서 인물은 매우 중요하다. 프랜시스 슈레더가 마침내 죄의 대가를 치르게 될 결말에서 독자들이 카타르시스를 느끼기 때문이다.

켄 잉글레이드의 『이해할 수 없는』(세인트 마틴스, 1990)은 모순을 통해 악인을 실감나게 그려낸다. 잉글레이드는 단정하고 매우 똑똑한 기숙학교 학생인 엘리자베스 헤이솜과 그녀의 또 다른 모습인 완전히 제멋대로이고 보복심에 불타는, 자기 부모의 끔찍한 살해 계획에 가담하는 소녀를 대조시킨다. 이에 뭔가 잘못되었다고 느낀 독자들은 이야기에 더 많은 궁금증을 품게 된다.

영웅과 희생자의 역할

그렇다면 영웅은 없을까? 물론 있다. 『작은 희생』에서 다이앤 다운스가 철창 신세를 지도록 한 인물인 부장검사 프레드 휴기는 살아남은 그녀의 자식 둘을 입양한다. 악인과 달리, 영웅은 한 번의 인상적인 행위가 아닌 완강한 투지로 영웅의 면모를 드러낸다. 작가의 과제는 영웅의 고군분투를 강렬하게 감동적으로 그려내는 것이다. 고전에 속하는 『치명적 환상』(퍼트넘, 1983)의 저자인 조 맥기니스는 살해된 콜레트 맥도널드의 의붓아버지인 프레디 카사브를 기억에 남을 만한 인물이자 영웅으로 만들었다. 그렇다면 어떻게 했을까? 저자는 카사브가 자신이 신뢰했던 사위가 자신의 의붓딸과 손자들을 파괴시켜버린 괴물일지도 모른다는 의심을 하게 되면서 독자들 역시 그의 고통을 경험하게끔 만들었다. 저자는 카사브를 우리 모두가 공감할 수 있는 인물로 만들면서 상상할 수 없는 일을 상상하기 시작한 그를 독자들이 공감하게끔 만들었다. 작가로서 맥기니스의 특출한 재능 덕분에 독자들은 그저 사실들을 듣는 것이 아니라 이야기 속으로 직접 들어갈 수 있었다.

그렇다면 안타까운 희생자는 어떠할까? 많은 면에서 희생자의 역할이 중요하다. 작가가 독자로 하여금 희생자에게 관심이나 흥미를 갖도록 하지 않는다면 책을 읽을 이유가 없기 때문이다.『맹목적인 믿음』(퍼트넘, 1989)에서 조 맥기니스는 그의 책이 왜 이례적으로 성공을 거두는지 또 한 번 보여준다. 남편이 고용한 청부 살인업자의 손에 죽은 마리아 마셜의 죽음이 그토록 모순적이고 정서적으로 혼란을 주는 이유는 그녀가 어머니이자 아내의 역할에 무척이나 충실한 헌신적인 여성이었기 때문이다. 책의 초반부에서 맥기니스는 독자들을 그녀의 집으로 데려가 그녀가 아들들을 위해 팬케이크를 만드는 장면을 보여준다. 그런 후 마리아가 흐뭇한 마음으로 아이들의 운동회에 참석하는 장면을 보여준다. 그녀는 아이들에게서 기쁨을 느끼며 아이들은 엄마의 사랑에 따뜻하게 보답한다. 그렇기에 아이들이, 엄마를 잔인하게 살해한 장본인이 바로 아빠라는 사실을 알게 되는 대목에 이르렀을 때 독자들은 그를 찢어 죽이고 싶은 심정에 이른다.

한편 토머스 프렌치의『응답 받지 않은 외침』(세인트 마틴스, 1991)에서는 희생자인 카렌 그레고리가 이미 죽은 채로 이야기가 시작된다. 프렌치는 그녀에 대한 친구들의 추억을 신중하게 선택, 제시하여 독자들이 그녀를 살아 있는 인물처럼 느끼게 해서 작가로서 능력을 증명했으며 덕분에 그녀가 책 후반부를 장악했다. 그녀의 빈자리는 친구들 못지않게 독자들에게도 가슴 아프게 느껴졌다.

철저한 조사와 현장감

그렇다면 인물 외에 내가 기대하는 것은 무엇일까? 미스터리물 애호가라면 철저한 조사가 필수라는 점을 안다. 범죄 실화를 다룬 책에서도 철저한 조사가 전제되어야 이야기가 진정성 있고 실감나게 그려진다. 작가는 형사가 범죄 현장에 도착했을 때 무슨 일이 벌어지는지를 묘사하고, 복잡한 법의학의 매력 그리고 유죄를 증명하는 데 법의학이 하는 중요한 역할에 대해 설명하며, 독자를 경찰 기동대로 데려가 각 구성원이 어떤 역할을 하는지 보여주고, 살인자를 추적하기 위해 녹초가 되도록 발품 파는 일을 흥미진진하게 그려내야 한다. 물론 행운이 따른다면 도움이 된다. 『이해할 수 없는』에서 켄 잉글레이드는 발로 뛰는 버지니아의 형사들과 함께하도록 독자들을 이끈다. 그들은 아름다운 엘리자베스와 그녀의 연인을 눈앞에서 놓치고 둘은 영국으로 도피하여 흔적도 없이 사라진다. 몇 달 후 잉글레이드는 독자들을 영국의 한 백화점으로 데려가 젊은 연인이 절도로 체포되는 광경을 보여준다. 뭔가 심상치 않음을 감지한 영국 형사들은 곧 위조된 신분증을 발견하게 되고, 수사의 실마리가 하나씩 풀리면서 독자들은 생생한 긴장감과 짜릿함을 느끼게 된다.

또다시, 무수한 사건들 속에서 흥미로운 부분만을 추려내 이를 흡인력 있는 줄거리로 엮는 것은 작가의 몫이다. 몇 시간에 걸친 검시관의 증언을 들어본 경험이 있다면 그게 얼마나 지루한지 알 것이다. 게다가 그걸 말 그대로 옮겨 적는 작가는 줄거리를 이야기하는 것이 아니다. 그건 기록에 불과하다. 미스터리 작가와 마찬가지로, 범죄 실화를 다루는 작가는 언제 어떻게 정보를 독자에게 제공할 것인지 스스로 결정해야 한다. 책을 시작하기 전에 모든 걸 다 알고 있다 해도 말이다. 여기 긴장감을 조성하는 한 가지 가설적인 예를 들어보겠다. "스미스 형사가 벽에 튀긴 피를 보자 어떤 형상이 떠오르기 시작했다. 순간 그는 그 끔찍했던 날 밤 무슨 일이 벌어졌는지 감을 잡았다. 하지만 그걸 어떻게 증명할지 의문이었다." 그가 무엇을 발견했는지 독자에게 아직은 이야기하지 않았다. 독자는 계속해서 궁금증을 품게 되고, 작가는 이로써 독자를 헷갈리게 할 만한 정보를 흘리면서 독자가 추측하게 만든다. 그 결과 긴장감이 계속해서 넘치게 된다. 다음 문장과 비교해 앞 문장이 얼마나 긴장감이 넘치는지 보자. "스미스 형사는 벽에 튀긴 피를 보고서 존 존스가 ……라는 이유로 살인을 저질렀음을 알아챘다." 이 문장은 무려 책의 4분의 1에 해당하는 내용이다.

배경과 현장감은 줄거리에 엄청난 생동감을 더한다. 특히 범죄 실화를 다룬 책에서 더욱 그러하다. 맥기니스의 『맹목적인 믿음』에서는 뉴저지 톰스 강의 마을(지형, 외관, 관습)이 무척 명확하게 묘사되어 있어서 인물의 영향력이 배가된다. 트루먼 커포티의 『냉혈한』에서도 클러터 일가가 살해된 캔자스 마을이 매우 정확하게 묘사되어 있다. 토미 톰슨의 『피와 돈』은 조앤 로빈슨 힐(텍사스 출신의 사교계 명사이자 승마 선수—옮긴이)에 관한 책만큼이나 텍사스와 텍사스 주 사람들을 생생하게 묘사한다.

소송과 협박에 대비하기

범죄 실화를 다룬 책의 작가는 명예훼손법 및 출판법에 대해 잘 알아야 한다. 범죄 실화를 다룬 모든 책은 상당한 법적 비용과 시간을 들여

법적 심사를 거치는데, 저자가 필요한 문서의 종류를 알고 소송 및 소송 협박을 피할 수 있도록 글을 쓰는 방법을 알 경우, 그러한 비용과 시간을 줄일 수 있다.

재판은 그 특성상 인물과 플롯이 결합하여 극적인 장면을 탄생시키는 놀라운 장을 선사한다. 하지만 그 장면을 극적으로 그려내려면 작가가 노련해야 한다. 재판 내용을 끝도 없이 소상하게 기록한 원고라면 난 곧바로 그 원고를 내려놓는다. 만약 그러한 기록 내용이 범죄 실화를 다룬 책의 독자들이 원하는 것이라면, 재판 내용을 고스란히 기록하여 책으로 내놓으면 된다(아마도 매우 건조한 책이 나오겠지만). 그러나 나는 기소 검사와 피고 측 변호사가 마치 로마 경기장의 검투사들처럼 서로 필사적으로 싸우는 법정에 실제로 와 있는 듯한 느낌을 받고 싶다. 브라이나 터브먼은 로버트 체임버스 사건을 다룬 『사립학교 학생의 살인사건 재판』(세인트 마틴스, 1988)에서 훌륭한 두 변호사인 잭 리트먼과 린다 페어스타인의 치열한 두뇌싸움을 재현했다. 그들이 신경전을 벌이는 동안, 젊은 남자의 인생과 젊은 여성의 살인자에 대한 정의가 한 치 앞을 알 수 없는 위태로운 상태에 놓여 있었다. 작가는 실제 피고는 물론이고 희생자와 기소된 살인자의 가족들이 법정의 우여곡절에 반응을 하는 가운데 독자가 동정심에 이리 흔들리고 저리 흔들리는 감정의 소용돌이를 느끼도록 해야 한다. 이는 대부분의 범죄 실화를 다룬 책이 지닌 힘의 바탕이 되는 지점이다.

그렇다면 360쪽을 읽은 내 노력의 대가는 어디에 있을까? 심지어 해당 사건의 공판이 열리기도 전에 범죄 실화를 다룬 책의 계약이 성사되곤 하던 시절에는 그러한 대가를 보장할 수 없었다. 물론 피의자가 무죄로 풀려난 경우에도 책을 집필할 수는 있으나, 책의 결말부에서 진짜 살인자가 체포되지 않는다면 만족감이 없을 것이다. (이건 결말 없는 미스터리와도 같다.) 확실히 소설가와 달리, 범죄 실화를 다룬 책의 저자는 실제 사건 앞에서는 속수무책이다. 하지만 나는 유죄가 선고될 가능성이 높은 사건을 찾는다.

하나의 장르로서, 범죄 실화를 다룬 책의 미래는 어떠할까? 작가·편집자·발행인들은 범죄 실화가 새로운 인기의 파도를 타기 시작한 때부터 그 소멸을 예상해왔다. 그리고 현재와 달리 많은 종의 책들이 시장에 지속적으로 나오지 못할 가능성도 어느 정도 있다. 그다지 흥미롭지 못한 사건을 조악하게 그려낸 취약한 책은 아무리 잘 포장한다 하더라도 실패하게 되어 있다. 반면 정말로 좋은 책은 최고의 자리에 오르기 마련이다. 하지만 한 가지는 확실하다. **남편과 아내들이 서로를 잔인하게 죽이고 부모와 자식들이 서로를 잔혹하게 살해하는 한, 그에 관한 이야기를 쓰는 사람이 반드시 있을 것이며 그 글을 읽는 사람도 분명 존재할 것이다.** 범죄 실화는 영원히 존재할 것이다. 그리고 실력 있는 작가에게는 범죄 실화가 분명 성과를 가져다줄 것이다.

「기본적으로 좋은 소설이어야 한다—범죄 소설의 편집」

캐빈은 "좋은 범죄 소설을 쓰기 위한 공식은 없다. 만약 누군가 그러한 공식을 준다면, 그 공식으로 쓴 소설은 좋은 소설이 아니다"라고 이 유용하고 유익한 글에서 단언한다. "좋은 범죄 소설은 범죄가 중심에 있는 좋은 소설이다. 나는 '미스터리 소설'이나 '미스터리물'보다 '범죄 소설'이라는 말을 사용한다. '범죄 소설'이라는 말은 어떤 식으로든 추리 소설의 엄격한 경계를 넘어서는 소설까지 포함하기 때문이다. 하지만 뭐라고 부르든, 똑같이 찍어낸 획일적인 인물들이 등장하는 단순한 수수께끼의 시대는 갔다."

캐빈이 소설을 입수하면 비로소 저자와 작업이 시작되는데, 작업은 "몇 가지 질문에 답하고 혼란을 주는 문장을 수정하라"고 요청하는 일에서부터 "몇 가지 일화를 다시 쓰거나 플롯의 중요한 측면을 다시 고려하거나 인물을 다시 창조할 것"을 제안하는 일까지 다양하다. 전화, 팩스, 편집자 서신을 통해 그녀는 여담과 지루한 도입부를 피하는 방법, 긴장감을 높이고 (인물이 하는 말과 행동, 타인이 그에 대해 하는 말을 통해) 인물을 구축하는 방법을 제시하는 등 원고의 문제점을 해결하기 위한 방안을 제공하려고 노력한다.

그녀가 궁극적으로 기대하는 것은 '최고의 범죄 소설'이다. "이러한 소설은…… 그 호소력은 신선하고 남다르며 심지어 별나기까지 하다. 원고가 이러한 특성들을 지닌다면, 편집자는 그 원고를 이상적인 책으로 펴내기 위해 필요하다면 기꺼이 오랜 시간 공을 들여 저자와 작업하고자 할 것이다. 책의 잠재성을 실현하는 일이야말로 편집을 그토록 짜릿하고 보람 있게 만드는 도전이다."

루스 캐빈(Ruth Cavin)

루스 캐빈은 1979년에 워커 앤드 컴퍼니에 입사하기 전 작가 겸 프리랜스 편집자로 활동했다. 이 출판사는 미스터리물을 펴내는 것으로 잘 알려져 있는데 모든 책이 영국 도서의 미국판이다. 캐빈은 다수의 미국 작가의 작품을 입수하기 시작했고, 빌 크라이더, 아론 엘킨스, 제레미아 힐리의 첫 번째 범죄 소설을 구매했다. 범죄 소설은 그녀의 전문 분야가 되었고, (세인트 마틴스 프레스의 현재 직책으로 옮겨온) 1988년에 범죄 소설에 대한 기여도를 인정받아 미국 추리작가 협회로부터 엘러리 퀸 상을 받았다.

기본적으로 좋은 소설이어야 한다

—범죄 소설의 편집

—루스 캐빈

공식은 없다

저자들은 가끔 내게 편집 '지침'이 있는지 묻는다. 그럴 때면 나는 정색을 하고 내가 하는 일을 말해준다. "타자기 또는 워드 프로세서/컴퓨터에 원고를 준비하세요. 원고에 작성을 할 때는 한 행씩 띄고 종이의 한 면만을 사용하세요. 그리고 새로운 장마다 새로운 쪽 번호를 시작하지 마세요." 범죄 소설을 쓰기 위한 마법과 같은 공식을 찾으려고 한 가장 극단적인 예는 작가 협의회 도중 한 여성이 나를 구석으로 밀어넣고 몇 쪽에서 살인이 일어나야 하는지 물었을 때다.

이런, 세상에.

어느 누구도 좋은 범죄 소설을 쓰기 위한 공식을 줄 수 없다. 만약 누군가 그러한 공식을 준다면, 그 공식으로 쓴 소설은 좋은 소설이 아니다.

'좋은 범죄 소설'은 범죄가 중심에 있는 '좋은 소설'이다. 나는 '미스터리 소설'이나 '미스터리물'보다 '범죄 소설'이라는 말을 사용한다. '범죄 소설'이라는 말은 어떤 식으로든 추리 소설의 엄격한 경계를 넘어서는 소설까지 포함하기 때문이다. 하지만 뭐라고 부르든, 똑같이 찍어낸 획일적인 인물들이 등장하는 단순한 수수께끼의 시대는 갔다.

범죄 소설로서 책은 범죄와 그와 관련된 인물에 대해 기발한 질문을 제기하는 플롯을 갖는다. 또한 긴장감과 지금까지 일어난 수수께끼 같은 사건들을 설명하는 논리적인 결론을 갖는다.

소설로서 책은 실제와 같은 있음직한 인물들, 다시 말해 깊이가 있고 다차원적인 인격을 지닌 독특한 인물들을 갖는다. 인물은 선하거나 악하거나 (교묘하게) 둘 다의 특징을 지닐 수 있다. 단, 모든 인물이 실제 인간 같아야 한다. 어느 누가 종이 인형에게 일어난 일을 신경 쓰겠는가?

소설로서 책은 현장감을 갖는다. 독자에게는 배경 및 다양한 장소의 묘사만 주어지는 것이 아니다. 독자는 특정한 풍경이나 특정한 방, 특정한 도시, 마을, 집의 구체적인 특성을 느낄 수 있어야 한다. 이는 작가가 특정 장소에 대해 직접 느끼고 종이 위에서 그 장소에 생명을 불어넣을 때 가능하다. 이렇게 하기 위해서는 아주 사소한 것이라도, 특정 장소의 특징을 형성하는 세부사항을 선택하고 아무런 의미가 없는 일반적인 묘사와 보편적인 세부사항을 모두 제거해야 한다.

소설로서, 책은 잘 쓰여야 한다. 나는 문체가 헤밍웨이처럼 간결하거나 프루스트처럼 난해한지의 여부에는 관심을 두지 않는다. 그보다는 문체가 투박하고 불분명한지의 여부에 관심을 갖는다. 나는 작가가 전달하려는 내용을 대략적이 아닌, 콕 집어 말하는 정확한 언어를 높이 평가한다.

따라서 **좋은 범죄 소설은 범죄에 관한 소설이어야 할 뿐만 아니라 소위 좋은 주류 소설의 모든 특성을 갖추어야 한다.** 내가 소설 출간에 착수할 때는 그 소설이 적어도 그러한 특성들을 발현할 수 있는 잠재성을 갖추었을 경우다. 목적은 그 특성들이 발현된 상태로 소설을 출간하는 것이다.

플롯, 행위, 긴장감에 대한 조언

좋다. 여기 내가 읽고 감탄했으며 그 가능성을 보고 출간하려고 입수한 원고가 있다고 하자. 하지만 원고를 입수했다고 해서 그 원고가 완벽하게 완성된 상태여서 이를 본문 편집자에게 넘길 준비가 되었다고 생각하는 건 아니다. 저마다 그 정도는 매우 다르지만, 원고에 추가 작업이 필요하다. 저자에게 몇 가지 질문을 하고 혼란을 주는 문장을 수정하라고 요청하는 선에서 끝날 수도 있지만, 몇 가지 일화를 다시 쓰거나 플롯의 중요한 측면을 다시 고려하거나 인물을 다시 창조하라고 제안할 수도 있다.

첫 번째 단계는 (종종 출판사가 마련하는 점심식사 자리를 통해) 직접 만나거나 전화 통화로 가능하다. 그러나 적어도 내 경우에는 편집자 서신을 통하는 게 대부분이다. 비교적 분량이 긴 이 서신을 통해 원고에 무엇이 잘못되었는지, 어느 부분을 수정해야 하는지, 어떤 조치를 취해야 하는지를 전달한다. 물론 모든 저자가 편집자 서신을 받는 건 아니고 모든 원고가 그러한 조치를 필요로 하는 건 아니다. 만약 줄거리가 탄탄하면 내가 원고 여백에 메모를 적는 선에서 끝나고, 본문 편집을 거친 원고가 저자에게 전달되었을 때 저자가 그에 따라 얼마간의 수정을 하면 된다.

한 가지 기억할 것은 우리가 (대개 사무실에 쌓여 있는 50개에서 100개의 원고 중) 출간을 위해 선택된 원고에 대해 이야기하고 있다는 점이다. 이는 내가 기본적으로 글쓰기, 등장인물, 분위기에 만족한다는 것을 의미한다. 만약 이와 같은 요소들은 좋으나 플롯에 문제가 있다면 걱정하지 않아도 된다. 플롯은 수정할 수 있다. 그러나 형편없는 글쓰기, 종잇장처럼 피상적인 등장인물, 텅 빈 배경은 구제하기가 어렵다. 내가 이미 입수한 원고는 내가 일시적으로 의욕 상실을 겪지 않는 한, 언제나 가능성이 있으며 수정할 수 있는 원고에 해당한다.

따라서 편집자 서신에서는 대부분 플롯, 행위, 긴장감과 같은 문제를 다룬다. "당신 소설의 인물들은 실제 같지 않아요"라고 말해야 한다면, 그 책은 내가 애초에 입수하질 말았어야 한다.

한편 작가는 편집자 서신을 받고 충격에 빠질 수도 있다. 작가는 글을 수정하고 다듬고 때로는 조언을 들으려고 주변 사람들에게 원고를 보여주면서 원고가 완벽해 보일 때까지 오랜 시간 공을 들였을 것이다. 그런데 그랬던 원고가 갑자기 초안이나 다름없는 상태가 되어버렸다. 물론 그렇게 절망적인 상황은 아니다. 그러나 우리가 누군가의 소중한 창작물에 대해 이야기할 때, 그 사람의 생각은 적어도 일시적으로 왜곡될 수 있다. 지금까지 나와 작업한 저자들은 모두 자기 능력에 대해 자신감을 회복하여 살아남았다. 그들은 종종 글을 쓰고 또 쓴다.

서신이나 대화 등에서 나는 문제가 되는 부분을 지적할 뿐만 아니라 그걸 수정하기 위한 방안을 제안한다. "이 지점에서 그가 그녀에게 잃어버린 파일 이야기를 해야 할 것 같아요. 그래야 그녀가 대형 냉장실 안을 들여다볼 이유가 생기죠." 다른 편집자들은 그저 이렇게 말할지도 모른다. "그녀가 아무 이유 없이 냉장실 안으로 들어갔어요. 그 이유를 찾아야 할 것 같아요."

때로는 구조적인 문제로 글을 다시 쓰기도 한다. 그러나 이 문제는 소재를 바꾸면 쉽게 해결되기도 한다. 최근에 나는 개별 부분들은 좋으나 그 부분들을 합쳐놓으면 구조가 편향되는 원고를 받았다. 책의 주인공은 얀이었다. 그러나 이야기는 그다지 흥미롭지도 중요하지도 않은 부차적인 인물인 캐롤로 시작되었다. 그리고 이후 30쪽 동안 얀은 캐롤의 생각 속에서만 등장했다. 그런 탓에 캐롤이 독자들의 머릿속에 우선적으로 각인되었다. 줄거리가 진행되면서 캐롤이 실질적인 역할을 전혀 하지 않자, 처음에 그녀를 강조했던 것이 혼란의 원인이 되었다. 나는 저자에게 이렇게 말했다. "얀으로 이야기를 시작해보세요. 그러면 캐롤이 제자리로 가라앉을 거예요." 내 제안은 효과를 발휘했다.

저자와 편집자는 내가 속되게 말하는 "무의식적인 가려움"을 느끼기 마련이다. 무의식적인 가려움이란 원고의 뭔가 잘못되었다고 생각하는 쉽사리 가시지 않는 느낌이다. 즉, 분명하진 않지만 뭔가 제대로 되지 않았다고 느끼는 직감이다. 이는 잠재의식 속에 존재하는, 뭔가가 잘못되었다는 인식을 그대로 두려는 유혹으로 저자들이 종종 그러한 유혹에 빠진다. 이 경우에는 그러한 가려움증을 알고 있는 편집자가 단호한 입장을 취하여 저자에게 글을 수정할 것을 요청하는 편이 수월하다.

미숙한 작가가 소설을 쓸 때 자주 문제를 겪는 측면은 바로 도입부이다. 작가는 이야기가 시작되기 전에 발생한 사건에 관련된 사실들을 독자에게 전달해야 한다. 만약 그러한 사실들을 단순히 이야기한다면, 필요 이상으로 이야기가 길어지고 결국 내용이 지루해진다. 이 정보는 행위의 일부가 아님을 기억하자. 말하자면, 이것은 단순히 무대장치를 꾸미는 일이다. 이러한 이야기를 물 흐르듯이 힘들이지 않고 해야 한다. 효과적인 방법이 몇 가지 있다.

주인공인 조가 뉴욕의 소호 거리를 거니는 장면으로 이야기가 시작된다고 하자. 그는 상점 진열창을 들여다보고 지인들과 인사를 나누며(그가 이 동네에 친숙한 인물임을 우연히 암시하는 한 방법이다) 식료품점 입구에 붙어 있는 임대 전단지를 들여다보기 위해 발걸음을 멈춘다. 독자가 다음 사항을 아는 것이 중요하다.

1. 그는 최근 아내의 요구로 결혼생활에 종지부를 찍었다.
2. 그는 어퍼 이스트 사이드에 있는 친구의 집에 머물고 있다.
3. 그는 친구의 집에서 나가고 싶기 때문에 현재 소호 거리에 있는 방을 알아보고 있다.

그렇다면 이야기를 이렇게 시작할 수 있다.

아내에게 내쫓긴 뒤로 이스트 세븐티스에 있는 바바라의 집에서 죽 머물고 있다. 지금은 거처를 옮기려고 계획 중이다.

이야기 이전에 존재했던 사실을 전달하기 위해 다음과 같이 두 인물 간의 대화를 사용할 수 있다. 물론 인위적이지 않은 방식으로 그러한 사실을 끄집어내기란 까다롭다.

"바바라의 집에 머물고 있는 사람이 네 오빠 아니니?"

"맞아. 그렇지만 둘 사이는 아무것도 아냐. 오빠는 아내에게 쫓겨난 뒤로 머물 곳이 필요했을 뿐이야. 이젠 그 집에서 나간다 하더라고."

"왜? 네 오빤 소호 스타일이잖아. 어퍼 이스트 사이드가 싫다고 하니?"

"그런 건 절대 아니야. 그냥 오빠가 배려심이 깊어서 바바라에게 더 이상 부담을 주고 싶어 하지 않아서야."

만약 몇 쪽에 걸쳐 도입부를 쓰고 있다면, 글쓰기를 멈추고 시간을 더 거슬러 올라가 이야기를 시작하여 모든 사실을 직접 말하는 편이 최상이 아닌지를 생각해보자. 그러려면 첫 장에 더 이전의 날짜를 삽입해야 할 수도 있지만, 이는 허용된다.

저자는 형과 갈등을 겪은 후로 호주에 20년간 머물렀던 주인집 아들이 그날 오후 도착한다는 사실을 혼잣말로 중얼거리면서 극을 여는 하찮은 가정부(깃털로 만든 비를 들고 방안을 폴짝폴짝 뛰어다니는)처럼 보이는 걸 원치 않을 것이다. 좀 더 미묘함을 더해보자.

내가 저자에게 도움을 줄 수 있는 한 가지 일은 긴장감을 높이는 것이다. 단순히 범죄가 일어났다는 이유로 탐정이 그걸 발견하여 수사에 착수한다는 식의 원고가 그토록 많다는 사실에 나는 놀라곤 한다. "이런, 여기 목이 잘린 여주인이 있군. 경찰을 불러야 하는 게 맞지만 이 사건을 우리끼리 풀어보자고." 유감스럽게도, 주인공의 진취성과 호기심은 독자의 관심을 잡아두기에 충분하지 않다.

긴장감은 위험이 다가온다는 조짐에서 비롯된다. 주요 인물이 어렴풋이 다가오는 위험을 떨쳐내기 위해 수수께끼를 풀도록 하는 뭔가 반드시 임박해야 한다. 위협이 있어야 하고 가까이 다가와야 한다. 아마도 또 다른 살인이 임박해야 할 것이다. 독자들이 좋아하는 어떤 인물이 거짓 혐의로 기소되어야 할지도 모른다. 그런 후 무죄가 증명되어야 할 것이다. 혹은 주인공이 심각한 위험에 처해야 할 것이다. 심상치 않은 행각을 벌이려는 범죄자를 찾아내 그의 질주를 막아야 할 것이다. 무엇을 이야기할지는 저자에게 달려 있고, 그것이 효과를 발휘할지의 여부를 말하거나 또 다른 방안을 제시하는 일은 편집자에게 달려 있다.

긴장감을 깨뜨리는 한 가지는 여담이다. 경험 많은 작가조차도 이런 황당한 실수를 자주 저지른다는 사실에 난 놀라곤 한다. 다른 어떤 소설보다도 범죄 소설에서는 추진력이 필요하며, 플롯을 진전시키지 않거나 인물을 조명하지 않거나 분위기를 더하지 않는 무언가를 위해 행위를 멈춰서는 절대로 안 된다. 예를 들어, 많은 작가는 어떤 이유에선지는 몰라도 등장인물이 운전을 할 때마다 그 경로를 일일이 독자들에게 알려야 한다고 생각한다.

> 나는 몬트로즈 거리를 두 블록 내려가 왼쪽으로 방향을 돌려 사우스 스트리트로 접어들었다. 그로부터 세컨드 애비뉴까지 뻗어 있는 길은 원래 같으면 기분 좋은 길이지만, 이번에는 네 번이나 적색 신호에 걸리고서야 오른쪽으로 방향을 틀어 세컨드…….

이렇게 길게 여정이 설명된 후에야 그녀는 용의자의 집 또는 범죄 현장에 다다른다. 그런가 하면 섹스 장면이나 정치적인 장광설에 매달리는 작가들도 있는데, 이는 줄거리에 필요하지도 않고 그저 행위와 관심을 멈추게 할 뿐이다. 줄거리 속에서 실질적인 역할을 할 경우에만 여정이나 경로, 섹스 장면, (타당한) 정치적 장광설을 사용하도록 한다.

그 외의 경우엔 사용하지 않는다.

윤문 편집에 들어가기

저자와 내가 모든 걸 계속 논의하여 결론을 내면 대개 별다른 문제가 생기지 않는다. 대부분의 저자들은 내 의견을 무척이나 기꺼이 고려해준다. 열에 아홉은 내가 제안한 사항에 동의를 하며, 동의하지 않을 때에는 그럴 만한 타당한 이유가 있다. 물론 때로는 우리가 해결하지 못하는 의견의 불일치가 있을 것이다. 내가 원고에서 찾아낸 문제가 유독 심각하지 않는 한, 난 다소 불편함을 느끼더라도 저자의 뜻을 대부분 따른다. 개인적으로, 난 아주 중요한 문제에 대해 저자와 합일점을 찾지 못해 결국 "이 책을 함께 작업하지 못하겠습니다. 책 계약을 취소하고 선지급금 반환을 요청하겠습니다"라는 말로 관계를 끝내버리는 상황을 한 번도 겪어본 적이 없다. 매우 극단적인 상황이긴 하지만, 때로는 그런 상황이 발생하기도 한다.

물론 편집자가 언제나 옳은 건 아니다. 누구나 이따금 잘못된 판단을 내릴 수 있다. 더욱이 단 하나의 '옳은' 결정만 있는 것도 아니다. 그러나 편집자가 옳은 경우가 많다면, 그건 부분적으로는 편집자가 책 집필을 돕고 책을 시장에 내놓으며 서점 구매 담당자, 독자, 비평가들이 어떤 반응을 보일지 살피는 일에 경험이 있기 때문이다. 또 편집자가 숙련된 경험을 바탕으로 제 2의 눈을 통해 객관적인 시선으로 작품을 바라볼 수 있기 때문이다. 한때 작가였던 나는 누군가의 원고에서 내가 발견한 약점이 내 원고에 있을 때에는 내가 모르고 지나칠 수 있다는 사실을 누구보다 잘 안다.

수정된 원고를 앞에 두고 나는 윤문 편집을 한다. 이는 본문 편집과 다르다. 본문 편집자는 편집자와 저자가 잡아내지 못한 언어의 부적절함을 찾는 일에 더해, 날짜·숫자·고유명사 등 책에 수록된 모든 사실을 확인한다. 또 한 가지 이상의 형태를 갖는 단어들이 일관적으로 표기되었는지, 고유명사가 일관적으로 표기되었는지, 제목이나 명칭이 대문자로 혹은 소문자로 표기되었는지를 확인한다. 또 놓치고 지나간 문법 또는 철자의 실수를 바로잡는다.

반면 윤문 편집은 원고를 상세히 읽고 어색한 구절을 매끄럽게 다듬으며 불확실하거나 의심쩍어 보이는 사소한 부분에 대해 질문을 하고 어딘가에 더 나은 단어를 제안하는 작업을 포함한다. 나는 원고 여백에 메모를 하면서 이 작업을 한다. 예를 하나 제시하겠다.

밖으로 드러난 뿌리를 덮는 데 두 사람이 필요하지 않습니다. 한 사람은 망을 보고 나머지 한 사람은 작업을 하는 게 어떨까요. 그렇게 하면 두 사람의 성격 차이를 보여줄 수도 있을 것 같군요.

이 부분은 무엇을 암시하나요? 이 부분을 확실히 해주세요.

그녀가 서둘러 현관으로 향하기 '전'에 트렁크에서 가방을 꺼내야 하지 않나요?

아래 부분이 이해가 되지 않습니다.

1. 그들은 모두 미혼으로 남기로 맹세했다.

2. 그들은 30번째 생일을 맞은 회원에게 조각보 이불을 선물하기로 했다.

3. "그들은 대부분 결혼 선물로 조각보를 받았다"라고 원고에 언급되어 있습니다. 그렇다면 그들이 모두 30세에 결혼을 한 건가요? 그렇지는 않을 것 같군요. 그들이 결혼을 했다면 왜 조각보를 선물로 받았을까요? 이 부분을 확실히 해주세요.

그녀가 사라진 날 그들이 계산을 했습니다. 우리는 이 중요한 사실을 이 부분에서 처음 알게 되는데, 이 사실을 한 번 더 언급하는 게 좋을 것 같습니다.

이 같은 작업은 사소한 부분을 트집 잡으려는 것이 아니라, 애매모호한 부분을 모조리 제거하고 느슨한 부분을 매듭지으려는 노력이다. 이는 언제나 중요한 작업이지만 특히 미스터리 소설에서 중요하다.

"우리 출판사와 맞지 않습니다"

이 글은 범죄 소설의 편집에 관한 것이지만 입수된 원고를 갖고 저자와 작업하는 일에 대해서만 이야기할 수는 없다. 도서 입수는 책 출간 준비만큼이나 중요한 편집자의 직무 가운데 하나다.

"어떤 미스터리 작가를 좋아하십니까?"(나는 좋아하는 미스터리 작가가 따로 없다. 몇 명만 꼽으려 해도 토니 힐러먼, 로스 토머스, 수 그라프튼, 나이오 마시와 같은 걸출하고 다양한 작가들이 가득한 미스터리 세계에서 어떻게 단 한 명만을 꼽을 수 있겠는가?)라는 질문보다는 덜 언짢지만 자주 받는 질문이 있다. 그건 바로 "어떤 책을 찾습니까?"이다. 이 질문에 대해서는 적어도 준비된 대답이 있다. 나는 좋은 책을 찾는다. 하드보일드이든 고전이든 거칠든 학구적이든 읽기 '편하든' 아무런 상관이 없다. 또 책이 3인칭 시점인지 1인칭 시점인지도 상관이 없다(2인칭 시점은 가능하지 않다. 시도하지 말길). 물론 아주 개인적으로는 현재 시제로 쓰인 책을 다소 탐탁지 않아 하지만, 그건 나의 별난 점일 뿐 입수의 조건은 아니다. 때로는 시제를 제외하고 모든 면이 매력적이어서 어떻게라도 출간하고 싶은 책을 만나곤 한다. 책은 유쾌할 수도 있고 진지할 수도 있고 문학적일 수도 있고 비문학적일 수도 있다. 책의 주인공은 남성일 수도 있고 여성일 수도 있고 이성애자나 동성애자·흑인·백인·노인 또는 젊은이도 될 수 있다. 그 누가 되었든 실제 같은 있음직한 인물이어야 한다. 이제 이해할 것이다. 나는 소설이 신선하고 흡인력 있으며 잘 쓰였다면, 어떤 종류의 범죄 소설에든 열린 태도를 갖고 있다는 것을.

내가 속한 출판사는 에이전트가 없는 신진 작가의 투고를 검토하는 몇 안 되는 출판사의 하나다. 그러다 보니 사무실에는 원고가 어마어마한 속도로 쌓인다. 물론 많은 수의 에이전트와 전에 함께 책을 출간했던 저자들에게서도 투고를 받는다. 따라서 선택의 여지가 많다. 내가 모든 원고를 읽을까? 나는 모든 원고를 훑어본다. 대개는 내가 원하는 원고인지 아닌지 판단하기 위해 원고를 그리 자세히 읽을 필요가 없다.

흔히 내가 거절하는(세인트 마틴스에서는 보다 조심스럽고 정중하게 "사양하다"라는 표현을 쓴다) 원고는 정말로 '형편없는' 원고가 아니다. 많은 원고가 적어도 어느 수준에는 도달한다. 그러나 나는 부득이하게 산더미 같은 원고에서 단 몇 개의 원고만을 입수한다. 나머지 원고에 대해서는 원고 거절 이유에 대해 저자에게 이야기를 해주기가 불가능하다. 그럴 만한 시간이 있어도 말이다. 하지만 시간이 없는 경우가 보통이다. 저자들은 자기 원고의 결점에 대해 이야기를 듣고 해결책을 강구하고 싶어 한다. 그들은 내가 이렇게 말해주길 원한다. "제가 이 원고를 입수하지 않은 이유는 소형 선박 수리소에서 살인이 일어나기 때문입니다. 그건 믿기 어려운 일이죠." 그렇게 하면 저자는 살인 현장을 온실로 옮겨 출간 가능한 원고를 만들 것이다. 하지만 일이 그런 방식으로 이뤄지진 않는다.

사실은 그저 원고에 대해 할 말이 없기 때문이다. 원고가 정말로 함량 미달이라면(한 동료는 읽어달라고 요청을 받은 원고에 대해 이렇게 말했다. "100쪽까지 읽었는데 그 이상 읽으면 온몸에 두드러기가 날 것 같아요"), "원고가 최악이군요. 당신은 글을 쓸 수가 없어요. 다른 직업을 찾아보세요"라고 서신을 써서 보낼 수가 없다. 그래서 우리는 별 의미는 없더라도 정중한 표현으로 "우리 출판사와는 맞지 않습니다"라든가 "우리 출간도서 목록에는 적절치 않습니다"라는 말을 쓴다.

글을 능숙하게 썼으나 궁극적으로 지루한 원고에 대해서도 별 할 말이 없다. 분명하게 지적할 만한 두드러진 흠이 없기 때문이다. 칭찬할 순 없지만 딱히 흠 잡을 데도 없이, 모든 요소가 설정되어 있고 인물들이 (무미건조하긴 하지만) 실제 인간처럼 움직이고 걸어 다니며 말을 한다. 다만, 전혀 독창적인 데가 없다. 원고가 전혀 새롭지 않다. 신선함도, 개성도, 생동감도 없다. 도무지 읽을 의욕이 나질 않는다. 특히 어느 흐린 일요일 오후 텅 빈 사무실에 앉아 원고를 읽던 도중 보석처럼 빛나는 원고를 발견했을 때와 비교하면 더욱 그러하다. "우리 출판사와는 맞지 않습니다"라든가 "우리 출간도서 목록에는 적절치 않습니다" 정도가 말할 수 있는 전부다. 지극히 평범한 것에 대해서는 실제로 별다른 할 말이 없기 때문이다.

나는 요즘 유행에 맞게 이야기를 짜 맞추려는 저자를 보면 심기가 불편해진다. 이따금 언론계에 종사하는 사람들이 전화를 걸어와 요즘 소설 추세에 대해 내게 (그리고 다른 출판사의 편집자들에게도) 묻는다. 그들은 상상력이 전혀 없는 사람들이다. 열에 아홉이면 그들은 내게 "하드보일드 여성 사립 탐정의 새로운 추세"에 대해 이야기해달라고 요청한다. 나는 언제 유행이 진행되어 정착되는지 알지 못한다. 하지만 하드보일드 여성 사립 탐정은 여성의 달라진 위상의 결과이며, 그러한 책의 원작자 그리고 그를 모방한 수많은 작가들에 의해 수년에 걸쳐 책에 등장해왔다. 이것은 더 이상 유행이 아니다. 하드보일드 남성 사립 탐정, 지적인 대학교수 겸 탐정, 혹사당하는 도시 경찰관과 같이 이미 전형적인 인물이다.

나는 때때로 진정으로 현 시대적인 추세를 본다. 나이 많은 형사가 그 예다. 하지만 어떤 유형의 인물이나 소재가 대중 사이에서 유행이라고 해서 자신이 염두에 둔 것 대신에 그걸로 글을 쓴다면 어리석다고 말하겠다. 좋은 책은 언제나 대중에게 인기가 있다. 온전히 현실적인 측면에서 생각해보자. 유행하는 책을 쓰기까지 얼마나 걸릴까? 그러한 책이 입수되기까지 얼마나 걸릴까? 그 책을 편집, 수정하는 데 얼마나 걸릴까? 그 책이 서점에 진열되기까지 얼마나 걸릴까? 그 무렵 즈음이면 그 유행은 이미 사라져 없어져버렸을지도 모른다. 변덕스러운 대중은 작년 혹은 재작년에 자신들이 나이 든 형사를 좋아했다는 사실을 잊을지도 모른다. 이제는 정신과 의사 겸 탐정 혹은 심지어 무언극이 인기를 끌지도 모른다.

그럼에도 정말로 쓰고 싶은 책이 우연히 유행에 맞아 떨어지는 책이라면, 그 책을 쓰도록 한다. 하지만 유행에 맞는다는 이유로 그러한 책을 써서는 안 된다. 작가가 진정한 관심이 없으면 그가 쓴 원고는 편집자가 거절하기 마련이다.

전문지식이 있는 저자의 이점

특정 분야에 전문지식이 있는 저자라면 정말로 운이 좋다. 저자가 진취성이 있고 충분한 지식을 갖고 있다면, 그 분야를 소설에 적용하거나 그 분야를 바탕으로 범죄 소설을 쓸 수 있다. 내가 직접 편집했거나 읽은 책들 중에는 탐정이 후디니와 같은 탈출 곡예사, 방사선 전문의, 나바호족 경찰관, 법인류학자, 점성술사, 화재 감식관, 골동품 전문가, 타폰 낚시 안내인으로 등장했다. 이러한 특별한 요소는 이야기에 추가적인 색깔과 흥미를 더하고, 다른 범죄 소설 작가들 사이에서 차별성을 갖게 한다. "본인이 아는 것에 대해 쓰라"는 격언은 상투적이긴 하지만 좋은 조언이다. 특히 작가가 다른 이들에겐 익숙하지 않은 생소한 분야에 대해 잘 알 때 더욱 그러하다. 다만, 반드시 신빙성 있는 지식이어야 한다. 속이는 일은 금물이다. 금세 탄로 나기 마련이니까 말이다.

앞서 이야기했듯이 좋은 인물을 창조하는 방법을 저자에게 알려주기란 어렵다. 하지만 내 관점에서 볼 때, 좋은 인물은 원고에 매우 중요하기 때문에 내가 투고를 읽을 때 큰 영향을 미친다. 그래서 그와 관련하여 도움이 될 만한 몇 가지를 이야기하고자 한다.

극작가로부터 조언을 얻자. 말해주는 것보다는 보여주는 것이 항상 낫다. 극작가는 산문 작가처럼 인물을 독자에게 설명하지 않는다. "그는 기분 변화가 심했고, 때로는 매우 깊은 우울에 빠져 삶이 무슨 의미가 있을까, 스스로에게 묻곤 했다." 극에서는 이런 식으로 인물을 설명할 수 없다. 극작가는 단 세 가지 방법으로 인물을 청중에게 전달한다. 즉, 인물이 말하는 내용, 인물이 행하는 행동, 다른 사람들이 인물에 대해 말하는 내용으로 인물을 청중에게 전달한다. 산문 작가는 이러한 제약을 받지 않으나, 이 방법을 알아두어도 해가 될 것이 없다.

관찰력을 발휘하자. 이 점은 어떤 작가에게든 중요하다. 두 사람이 같은 생각을 어떻게 다르게 표현하는지 주목해보자. 각자의 표현을 보면 그가 어떤 유형의 개인인지를 알 수 있다. (기회가 된다면 배심원단의 평결을 들어보자.) 가능하다면, 사람들에게서 눈에 띄는 점들을 글로 기록하고, 사람들의 말과 행동이 그들을 어떻게 규정하는지 가늠해보자. 극을 위한 글쓰기로 잠시 돌아와 보자. 이러한 유형의 글쓰기는 매우 힘겨운 작업으로, 다른 작가들에게 귀중한 교훈을 줄 수 있다. 조지 S. 코프먼과 에드나 퍼버가 쓴 매우 오래된 극인 『극장 뒷문』에는 중요도가 떨어지는 사소한 인물들, 극 전체를 통틀어 대사가 한두 줄밖에 되지 않는 젊은 여성들이 대거 등장한다. 학생들이 상연한 이 극에서, 감독은 여성 배우들이 부족하자 자주 그렇듯 한 배우에게 두 인물의 역할을 주었다. 이 경우에는 두 극작가가 아무리 사소한 허구의 인물일지라도 그 인물에 맞게 대사를 만들었기 때문에, 배우가 한 인물의 대사를 하고 나서 또 다른 인물의 대사를 할 때에는 그 인물의 특성을 살려야 했다.

몇몇 저자들은 본인이 아는 실제 인물을 바탕으로 등장인물을 창조한다. 혹은 실제로 아는 몇몇 인물을 조합하여 인물을 창조하는 경우도 많다. 물론 효과적인 방법이지만 주의를 해야 한다. 만약 소설 속 인물의 바탕이 되는 실제 인물을 지나치게 의식하면, 그 인물이 작가로부터 어느 정도 거리에 있게 된다. 반면 종이 위에서 실제로 인물을 창조했다면, 작가는 친구나 친지 또는 연인에 대해 알 수 있는 것보다도 더 그 인물에 대해 많은 것을 안다.

범죄 소설 저자에게 원하는 것

이 모든 조언과 제안을 종합해보면, 편집자가 저자에게 원하는 것은 잠재성을 발휘하는 책이다. 플롯은 논리적이어야 하고, 긴장감·흥미·신선함이 있어야 한다. 또 인물들은 독자가 그들에게 마음을 쓸 만큼, 즉 그들을 사랑하거나 증오하거나 그들로부터 즐거움을 느낄 수 있을 만큼 실제 같고 인간적이어야 한다.

최고의 범죄 소설은 결코 평범하지 않다. 이러한 소설은 작가 고유의 독특한 목소리를 지닌다. 애매모호한 말이긴 하지만, 편집자는 그러한 목소리를 즉각 알아본다. 그러한 목소리란 여타 사람들과는 다른 개성적인 방식으로 의사소통하는 능력이라고밖에는 정의할 수 없지만 말이다. 하지만 그 호소력은 신선하고 남다르며 심지어 별나기까지 하다. 원고가 이러한 특성들을 지닌다면, 편집자는 그 원고를 이상적인 책으로 펴내기 위해 필요하다면 기꺼이 오랜 시간 공을 들여 저자와 작업하고자 할 것이다. 책의 잠재성을 실현하는 일이야말로 편집을 그토록 짜릿하고 보람 있게 만드는 도전이다.

「아이디어의 홍수 속에서 살아가기—비소설의 편집」

프리드먼은 비소설 편집의 위험과 보람에 관해 쓴 이 글에서 다음과 같이 말한다. "비소설 편집자는 낙관적인 성격 외에, 탐구하는 책과 설명하는 책 사이에서 균형을 유지하기 위해 두 가지 능력을 필요로 한다. 하나는 다양한 주제에 대한 관심 및 몇몇 주제에 대한 전문지식이고, 또 하나는 오늘날의 시장에서 그러한 주제들 중 어느 것이 자극적인 속성이나 해당 학문 분야에 대한 기여도의 측면에서 두드러지는지, 따라서 책을 잘 팔리도록 하는지 아는 능력이다."

프리드먼은 또 비소설 출간을 위해 책을 선택하는 과정에서 기대하는 요소에 대해 논의한다. 그 요소들이란 저자가 글감을 자유자재로 다루는지의 여부, 논란의 가능성, 독창성이다. 그녀는 또한 클리블랜드 에이모리, 앨런 더쇼비츠, 칼 로완, 라이오넬 타이거와 같은 저자들과 겪은 흥미로운 일화를 제시하면서 비소설 편집에 대한 본인의 접근법을 설명한다.

편집자와 저자가 책에 대해 할 수 있는 모든 일을 다 하고 나면, 그들은 대중의 반응을 기다리게 된다. "책이 잠재성에 충분히 도달했다면 그 책은 찬사를 받을 것이다. 편집자가 뒤에서 얼마나 기여를 했든, 책이 먼저이자 가장 중요하며 저자의 성공이 항상 중요하다."

편집은 길고 힘겨우며 때로는 사람을 기진맥진하게 만드는 작업이다. "이렇게 하는 게 가치가 있을까?" 프리드먼은 묻는다. "분명 편집은 대부분의 편집자를 부유하거나 유명하게 만들지 않는다. 그러나 비소설을 다룰 때 그 주제들은 말 그대로 이 세상만큼 광범위하고 다양하며, 편집자는 거듭하여 배울 수 있는 기회를 대가로 얻는다. 편집자는 매일 자극적인 아이디어의 홍수 속에서 지내게 된다. 이는 대학에서 복수 전공을 하는 호사를 누리는 것과 같다. …… 무엇보다도 편집자는 평생의 직업으로 차이를 만들 수 있는 행운을 거머쥔 몇 안 되는 사람들이다. 편집자가 출간하는 책이 독자들에게 영향을 미치기 때문이다."

프레드리카 S. 프리드먼(Fredrica S. Friedman)

프레드리카 S. 프리드먼은 1988년부터 리틀 브라운의 부사장, 책임 편집자, 부발행인으로 재직했다. 그 이전에는 리틀 브라운의 선임 편집자, 리더스 다이제스트 콘덴스드 북스의 선임 편집자, 리더스 다이제스트 프레스의 선임 편집자, 그리고 잡지 편집자로 활동했다.

아이디어의 홍수 속에서 살아가기

―비소설의 편집

―프레드리카 S. 프리드먼

지극히 크고 다양한 비소설 출판 시장

매년 양장본으로 출간되는 비소설의 수는 3만 8,500권으로 소설 5,500권보다 약 8배 많다. 여기서 중요한 사실을 즉각 알 수 있다. 비소설은 크고 극히 다양한 세계라는 점이다. 비소설의 범주는 정치 회고록, 문학인의 전기, 범죄 실화를 다룬 책, 고양이에 관한 책, 최신 과학에서 역사 및 동시대의 각종 사안을 다룬 책까지 다양하다. 간단히 말하면, 발생한 일, 발생하고 있는 일, 발생할 수도 있는 일이 모두 비소설작가 및 편집자에게 가능한 주제다. 시인 에이미 로웰은 "모든 책은 꿈이거나 칼이다"라고 말했다. 가장 큰 과제는 책을 펴낼 영감과 근거를 찾는 것이다.

비소설 편집자는 낙관적인 성격 외에, 탐구하는 책과 설명하는 책 사이에서 균형을 유지하기 위해 **두 가지 능력을 필요로 한다. 하나는 다양한 주제에 대한 관심 및 몇몇 주제에 대한 전문지식이고, 또 하나는 오늘날의 시장에서 그러한 주제들 중 어느 것이 자극적인 속성이나 해당 학문 분야에 대한 기여도의 측면에서 두드러지는지, 따라서 책을 잘 팔리도록 하는지 아는 능력이다.** 지난 수십 년간 편집자는 출판의 사업적 기능, 즉 판매·마케팅·회계에 대해 이해해야 했다. 낭만적인 통념과는 달리, 편집자는 조용한 사무실에서 원고를 읽으며 하루를 보내거나 저자와 고급스러운 식당에서 비싼 점심식사를 하지 않는다 (여기에 대해서는 추후 자세히 이야기하기로 하자). 편집자가 하는 일은 다른 무엇보다도 도서 출판의 사업과 관련이 있다. 그 사업이란 바로 책을 파는 것이다. 따라서 내가 비소설을 입수할 때는 각 도서가 세분화된 시장으로 팔려나갈 것이라는 이해가 늘 수반된다. 세분화된 시장이란 예를 들면 대통령의 회고록에 관심이 있는 구매자, 페미니즘에 관심이 있는 구매자, 할리우드 이야기에 관심이 있는 구매자를 뜻한다.

오늘날 성공적인 편집자는 저자가 주제를 발전시켜 최상의 책을 내놓도록 돕는 기본적인 역할만을 하지 않는다. 편집자는 책이 최대한 많은 독자들에게 다가갈 수 있도록 책의 입지를 굳히고 마케팅을 하는 방법 역시 이해해야 한다. 편집자로서 나는 책을 '사랑해서' 또는 책이 중요하므로 출간되어야 한다고 생각해서 책을 입수하지는 않는다. 물론 이러한 요소들은 출판의 중요한 일부이긴 하다. 나는 책이 어느 정도 깊이로 시장에 도달해야 독자들에게 읽히고 출판사가 돈을 벌 수 있는지 판단이 될 경우에 책을 입수한다. 돈 버는 일은 출판을 비롯한 모든 사업의 목표다. 물론 출판은 여타 영리 사업과는 다르긴 하지만 말이다.

각 상품은 서로 뚜렷이 구별되므로 각각을 개별적으로 개발, 마케팅해야 한다. 한 해에 최소한의 출간 권수인 열두 종의 도서를 출간하는 편집자는 그 기간에 열두 군데의 각기 다른 가게를 여는 셈이다. 편집자는 전적으로 독특한 상품을 개발하는 데 수반된 상당한 금액의 초기 비용에도 불구하고 손익분기점을 넘는 이윤을 낼 수 있도록 많은 고객이 찾아오길 바란다. 각 책은 단일하고 서로 구별되는 소비자 상품과 같지만, 각 책은 반드시 지속적인 수요를 창출할 의도로 출간되어야 한다. 여기서 수요란 속편, 시리즈에 대한 수요, 같은 분야의 다른 책에 대한 수요 혹은 처음에 양장본으로 출간되었을 경우 일반 및 대중보급용 페이퍼백에 대한 수요를 뜻한다. 다른 사업, 예를 들어 신발 사업이나 신문이나 잡지 같은 매체 사업의 경우, 각 기사, 사안, 또는 제조된 신발은 집합적인 사업의 일부에 불과하며, 성공을 반복하기 위해 동일한 틀 내지는 동일한 방식으로 생산되기도 한다. 출간된 각 책은 잘 팔리거나 혹은 진가를 발휘하지 못하는 개별적인 상품이다. 개별 편집자의 동기와 마찬가지로, 언제나 서로 뚜렷이 구별되는 책이 신발보다는 흥미로운 상품이라는 낙관론이 이 지점에서 비롯된다. 이상적으로 이야기하자면 도서 편집은 지적으로 자극적이며 상품에 의해 그 공급업자, 즉 편집자가 인쇄된 글의 힘, 내구성, 심지어 불멸성으로 연결된다. 책이 의회도서관에 영구 소장되기 때문이다. 다른 상품들은 우리의 정신과 삶을 형성하고 지속되는 힘을 지니지 못한다. 혹은 우리를 미치게 만들지 못한다. 한 신발은 다른 신발과 비슷할 수 있다. 만약 그 신발이 잘 팔리면 판매자는 그 스타일을 생산하는 셈이 된다. 아마도 수백만 켤레의 신발이 팔릴 것이다. 내가 좀 전에 언급한, 매년 출간되는 비소설의 숫자를 상기해보자. 그 무수한 책 중에서 아마도 300권 정도가 한두 개의 베스트셀러 목록에 오를 것이다. 그리고 아마도 수천 권이 상당수 팔릴 것이다. 이 책들은 초판 인쇄를 넘어서서 저자와 출판사를 위해 이윤을 창출할 것이다.

전문 분야를 만들라

편집자가 성공하기 위해서는 해당 시기나 다음 시기에 시장에 침투하기 위해 하나 이상의 전문 분야를 갖고 있어야 한다. 내 경우 구체적으로 이야기하자면 다방면에 걸쳐 박학다식한 사람이 되려고 하지는 않는다. 나는 가지각색의 무수한 비소설 주제에 대해 충분히 배울 수 없다. 역사학과 정치학 분야에서 교육을 받았으며 동시대 사회에 관심이 있기 때문에 난 다섯 가지 분야에 초점을 맞춘다. 따라서 전기와 자서전(로버트 맥나마라, 패트릭 뷰캐넌, 리처드 굿윈, 래리 킹, 댄 래더와 같은 워싱턴의 정치인 및 언론인에 관한 책), 사회 및 문화의 역사(R. J. 레이놀즈 가족 및 사코위츠와 와이어트 간의 불화에 관한 책), 동시대의 사안(예루살렘, 페미니즘의 실패, 『뉴욕 타임스』와 『워싱턴 포스트』의 경쟁 관계에 관한 책)을 주로 다룬다.

또 크로스 오버 시장을 갖는 독특한 책을 이따금 출간하기도 한다. 그예로 운 좋게도 클리블랜드 에이모리의 최근작인 『크리스마스에 왔던 고양이』와 『고양이와 심술궂은 사람』을 작업하면서 동물 전기가 내 부수적인 전공 분야가 되었다. 이 책들은 150만 부 넘게 팔리면서 출판계에서 하나의 현상이 되었다. 이 책들은 양장본, 일반 페이퍼백, 일곱 개의 외국어판을 포함하여 아홉 개의 경로를 갖게 되어 거의 소규모 출판 라인이나 다름없게 되었다. 이는 앞서 언급했듯이, 하나의 상품이 여러 개의 상품으로 이어지게 하는 한 방식으로서 모든 출판사가 기대하는 연속성이다.

　나는 또한 논쟁적인 사안을 수반하는 소수집단에 관한 책 역시 출간한다. 칼 로완이 자서전을 쓰기로 했을 때 나를 흥분시킨 것은 미국에서 흑인 신분으로 (국가적으로 유명한 평론가이자 전 미국 대사 및 각료로서) 확고한 성공을 이룩한 그가 도시의 흑인으로서 다수의 백인에게 여전히 분노를 품고 있었다는 사실이다. 그 결과물인『장벽 허물기』는 모든 인종의 시민들이 미국에서 보다 평등한 삶을 누리기 위해서 해결되어야 할 일들을 다룬 도전적인 책이었다. 사람들의 인식에 반향을 불러일으킨 선언 덕분에 이 책은 지역 및 국가 차원에서 베스트셀러가 되었다. 그리고 하버드 대학교 형법 교수이자 유명한 항소심 전문 변호사인 앨런 더쇼비츠가『후츠파(Chutzpah)』를 집필하기로 했을 때 내가 관심을 가진 부분은 법과 관련된 그의 도전들보다는 그가 평가한 미국 유대인들의 지위였다. 그는 일반적인 통념과 달리, 유대인들이 실제로는 1급 시민이 아닌 2급 시민이라고 주장했다. 난 흥미진진하고 적절한 예들로 뒷받침된 이러한 논쟁적인 이론이 소위 '홀로코스트' 시장으로 침투할 것이라 생각했다. 이는 동화된 모든 유대인 내에 도사리고 있는 두려움(언제든 반유대주의가 다시 생겨나 참담한 결과를 초래할 것)이 지배하는 시장이다. 이 책은 양장본으로 20만 부 이상 팔렸고, 올해 여름『뉴욕 타임스』에서 비소설 부문 베스트셀러 1위를 기록했다.

비소설 제안서가 담아야 할 요소

나는 출간하는 책을 어떻게 입수할까? 대개는 문학 에이전트의 투고를 통해서다. 비소설의 투고는 보통 제안서의 형태를 띤다. 제안서 안에는 개요, 저자가 의도하는 책, 장의 구체적인 내용과 주제가 들어 있다. 요령 있는 에이전트와 저자는 견본 원고, 대개는 한두 개의 장이나 원고의 일부를 제안서에 포함시킨다. 그리고 때로는 텔레비전 토크쇼에 저자가 출연해 책을 홍보하기에 '적합하다'는 사실을 보여주기 위해 저자의 비디오테이프를 포함시키기도 한다. 저자가 이전에 베스트셀러를 낸 적이 있거나 평단으로부터 찬사를 받는 작가라면, 투고는 차기작에 관한 두세 쪽의 서신이나 설명의 형태를 띠기도 한다. 때로는 오로지 구두상으로 작품을 제안하기도 한다. 즉, 에이전트가 저자를 데려와 편집자와 발행인에게 차기작에 관해 설명하도록 한다. 하지만 저자의 이력은 이전에 발간된 책들로 고스란히 드러난다. 한편 아직 인지도를 쌓지 못했거나 작가로 전성기에 다다르지 못한 경우, 책 주제의 타당성과 이를 논리정연하게 풀어나갈 능력을 보여줄 수 있는 가장 효과적인 방법은 철저하고 확신에 찬 어조의 견본 원고를 준비하는 것이다. 저자는 책 주제를 자유자재로 다루고 그 유효성을 입증할 수 있어야 하고, 제안서나 견본 원고는 글이 명쾌하고 견해가 일관적이어야 하며 주제를 조리 있고 간결하게 나타내야 한다.

그 밖에 내가 **비소설 제안서에서 기대하는 두 가지 요소가 있는데, 그중 하나는 논란**이다. 어느 한쪽의 독자들이 분노를 느낀다면 다른 한쪽의 독자들은 만족감을 느끼게 되어 있다. 이 두 속성은 책이 팔리는 데 도움이 된다. **비소설에서 내가 기대하는 마지막 요소는 언제나 적**

용되는 건 아니지만 책의 성공을 결정짓는 데 필수적이다. 그건 바로
독창성이다. 주제가 아무리 중요하다 해도, 소재가 아무리 실질적이다
해도, 그걸 극적이고 흡인력 있는 방식으로 풀어내지 못한다면 독자나
나의 흥미를 자극하지 못할 것이다. 또한 노련한 에이전트라면 투고의
초기 단계에서 저자가 책의 입지를 확고히 하도록 도움을 준다. 편집자
들은 언제나 제안서에 대해 상반되는 두 가지 반응을 보인다. "이런 종
류의 책은 시장에서 치열한 경쟁에 직면할 것입니다" 내지는 "우리 출
간도서 목록에 꼭 필요한 책입니다"가 그것이다. 따라서 저자는 본인이
쓰려는 책이 어느 정도의 경쟁에 처할지 예상하고 시중에 나와 있는 동
종의 책들과 참고문헌을 파악해야 한다.

한 예로 클리블랜드 에이모리가 북극곰이라는 이름의 애완동물에 관
해 쓴 『크리스마스에 왔던 고양이』와 『고양이와 심술궂은 사람』을 출간
하면서, 다른 책의 작업에도 적용할 수 있는 마케팅상의 사실들을 알게
되었다. 설명하자면, 고양이를 키우는 미국인의 숫자(5,600만 명)가 얼
마나 되는지, 애완동물 부문에서 성공을 거둔 책들이 얼마나 팔려나갔
는지, 이 작가의 책이 동종의 다른 책들과 어떻게 차별화되는지(재치
있는 문체와 동물의 의인화 묘사), 작가가 언론매체와 관련하여 어떤
경험(유명 텔레비전 토크쇼 출연 및 주요 신문, 잡지 기고)이 있는지 알
게 되었다. 나는 저자가 동물기금의 회장이며(동물 애호가라면 모두 그
를 안다), 잡지 『퍼레이드』의 각종 기사로 6,600만 명의 사람들에게 다
가갔다는 사실도 알고 있었다. 저자가 이와 같은 정보를 제안서에 제시
했다는 사실은 적어도 내게는 저자가 책의 소재를 넘어서서 '시장'을 생
각했음을 암시한다. 따라서 나는 책 파는 일에 관심이 있고 그러한 성
과를 달성하기 위한 편집상의 제안 및 기타 제안에 반응하는 저자와 함

께 작업하게 되리라는 사실을 처음부터 알 수 있었다.

직접 작가 섭외하기

비소설은 편집자가 저자를 수소문하거나 특정 주제에 적합한 저자를 섭외하여 탄생하기도 한다. 내 경우엔 관심 가는 작가에게 매주 몇 차례씩 짧은 서신을 보낸다. 예를 들면 잡지나 신문에 기고한 인상적인 글로 내가 흠모하게 된 작가나 최근 저서를 읽고 좋아하게 된 작가에게 서신을 보낸다. 내가 쓰는 서신은 때로는 그저 팬레터이다. 혹은 작가가 기고한 글에서 바로 그 주제나 관련 주제에 관한 책의 영감을 얻기도 한다. 얼마나 다양한 사람이 글을 쓰는지 그리고 어떻게 글을 쓰는지 알기 위해 나는 한 달에 40권에서 50권 정도의 잡지와 몇몇 일간지를 '읽거나' 적어도 훑어본다. 또 현재 추세를 놓치지 않고 파악하기 위해 특히 평단의 좋은 평가를 받은 책이나 베스트셀러 목록에 올라와 있는 책들도 부분적으로 읽는다. 그러나 출판계는 긴박하게 돌아간다. 내가 한 해에 받는 투고만 해도 800건에서 1,000건에 달하고, 내가 편집하고 출간하는 책은 12권에서 18권 가량 되며, 그와 동시에 다양한 출간 단계를 거치는 책이 40권에 달한다. 따라서 책 기획안을 구상하고 그에 걸맞은 작가를 섭외할(그리고 모든 당사자가 만족할 만한 선인세와 계약 조건을 협상할) 시간을 확보하기가 어렵다.

상황이 다른 한 가지 경우는 내가 이미 성공적으로 책을 출간했던 저자의 새로운 저서를 개발하는 것이다. 올해만 해도 이러한 책이 세 권이나 된다. 『장벽 허물기』의 성공으로 칼 로완과 나는 그 회고록의 뒤를 이을 작품에 대해 이야기했다. 모든 좋은 책이 그렇듯이, '완성된' 책에는 남아 있는 이야기가 있었다. 하지만 우리는 그것만으로는 소재의 재활용이 될 수밖에 없다는 데 동의했다. 이후 칼이 그 이야기를 재구성하여 이를 바탕으로 독특한 전기를 집필하기 위한 새로운 방법을 고안해냈다. 그는 PBS에서 제작한 수상 경력이 있는 두 편의 텔레비전 대담 프로그램을 통해 서굿 마셜 판사와 이례적인 만남을 가진 적이 있었다. 게다가 그와 판사는 시민 평등권 운동 시절부터 오랜 친구였으며 중요한 시기마다 삶을 함께한 사이였다. 덕분에 그는 『꿈을 만드는 자들, 꿈을 깨뜨리는 자들: 서굿 마셜 판사의 세상』이라는 새로운 책을 제안하게 되었다. 이 책은 최초의 흑인 판사의 삶과 시대에 관해 내부자가 최초로 하는 이야기이기 때문에 시장이 즉각 관심을 보일 것이 분명했다.

또 다른 예로, 앨런 더쇼비츠의 경우에는 편집자와 저자가 차기작의 주제를 탐색하는 방식이 다소 다른 형태를 띠었다. 최근 본인이 다뤘던 소송들을 책 소재로 다루면 어떻겠느냐는 앨런의 기획안을 검토한 후, 나는 그에게 『후츠파』의 독자들이 책에 제시된 쟁점과 답에 대해 아직 만족하지 못했으며 사실상 그저 선동되기만 했다고 이야기했다. 나는 그에게 그 책의 주제가 어디로 향할지 생각해보라고 권했다. 그 결과로 나온 답이 『우리에게 미래는 있는가?』라는 책이었다. 그 책은 유대인의 동화 현상에 관한 설명에 더해서 포스트 게토 시대의 유대인에 관한 농담, 그리고 화이트칼라 유대인 피고와 미국 주류 지배 계급 피고 간의 처우 차이와 같은 구체적인 하위 주제를 제시하여 내용의 깊이를 담보했다.

도서 입수에서 편집 단계까지

어떤 편집자도 외부와 단절된 상태로 책을 펴내지 않는다. 그래서 나는 제안서와 견본 원고를 받고 나면, 그리고 내 관심을 끄는 특정 기획안이 판매의 잠재성이 있다고 판단하면 리틀 브라운 출판사 동료들에게 자문을 구한다. 편집자는 언제나 사내 주요 사람들과 열정을 공유하기를 원한다. 나는 독립 서점 및 체인 서점에 책을 팔아야 하는 마케팅 또는 판매 담당자, 페이퍼백, 북클럽, 오디오 저작권 시장에 대한 전문지식을 가진 2차 저작권 담당자들에게 원고를 보여주곤 한다. 부서의 총괄 책임자 역시 출판사가 펴내는 모든 책에 궁극적으로 책임을 지니기 때문에 의사결정 과정에 참여한다. 제안 단계에서 우리는 책에 무엇을 제공할지를 결정하며, 저자의 에이전트에게 직접 거래를 제안하거나 도서 제안서가 한 군데 이상의 출판사에 제출되었을 경우, 우리가 에이전트에게 책에 대한 관심을 보이면 에이전트가 경매를 개시할 수 있다. 그렇다. 들리는 그대로다. 이 과정은 예술품, 보석류, 우표, 골동품, 기타 시장의 경매와 마찬가지다. 전화상으로 응찰을 하고 가장 낮은 선지급금에서 가장 높은 선지급금으로 입찰 절차가 진행되며 보통 가장 높은 금액을 제시한 응찰자가 결국 책을 출간하게 된다. 그러나 경험 많은 문학 에이전트는 "저자가 가장 높은 금액을 제시한 출판사 외의 출판사를 선택할 권리가 있다"고 서면으로 언급한다. 어쩌면 한 출판사가 책을 마케팅하기 위한 더욱 야심차고 획기적인 계획을 제시했을 수 있다. 혹은 저자가 이전에 만났던 편집자나 명성 있는 특정 출판사를 선호할 수 있다.

책을 입수하는 데 성공하고 나면 계약을 체결하게 된다. 이 시점에서 나는 저자에게 우리가 편집의 측면에서 일을 어떻게 진행할지 정확히 이야기한다. 만약 전에 함께 일해보지 않은 저자라면 책 전체의 초고를 볼 때까지 기다리기보다는 원고의 일부를 먼저 보고 싶다고 조심스럽게 말할 것이다. 혹은 저자가 개별 장들을 보여주길 선호한다면 난 기꺼이 그것들을 검토할 것이다. 내 목표는 어떤 방법을 사용하든지 간에 저자가 가장 생산적이고 편안하게 집필을 하도록 돕는다. 원고의 일부를 먼저 보게 되면, 저자의 방향·문체·요지를 결정할 수 있고, 변화나 수정을 하기가 더 어려워지기 전에 수정을 제안할 수 있다. 집필된 400쪽의 원고를 다시 쓰는 편보다 첫 50쪽에서 목소리를 바꾸거나 아이디어를 다듬는 편이 훨씬 쉽다. 저자는 원고를 편집자에게 넘기고 나면 편집자의 반응을 빨리 알고 싶어 한다. 그러면 나는 원고를 받았으며 그걸 그날, 그 주, 혹은 그다음 주말에 읽겠다고 저자에게 전화를 걸어 이야기한다. 편집자는 저자를 바깥세상과 이어주는 탯줄과 같다. 편집자가 내 원고를 좋아할까? 독자들이 내 원고를 좋아할까? 그래서 나는 저자가 고립되었다는 부담을 덜 수 있도록 돕는다.

첫 번째 단계와 차후 초고에서, 나는 원고를 읽으면서 저자가 원하는 바를 달성하고 있는지, 만약 그렇지 않다면 저자가 뭘 해야 하는지를 스스로에게 묻는다. 저자의 분석에 명료성을 더해야 할 수도 있고, 극적인 사건으로 하나의 장을 종결짓는 것이 아니라 하나의 장을 시작해야 할 수도 있다. 또는 복잡한 문장을 쉽게 풀어내 직접적인 전달력을 높여 문체에 생동감을 부여해야 할 수도 있고, 주장에 추가적인 근거를 첨가해야 할 수도 있다. 나는 원고를 읽으면서 기록을 하고 원고의 장단점을 파악하고 나서 편집자 서신을 작성한다. 제출된 원고의 분량과 복잡성에 따라 세 쪽에서 열다섯 쪽에 이르는 편집자 서신을 통해, 원고의 어떤 부분이 좋고 적절한지 찬사를 보내고 내 판단에 방해가 되는 부분을 지적하며 해결책을 제안한다. 나는 최대한 구체적으로 말하려고 노력한다. 그리고 내 의견을 강조하기 위해 원고의 해당되는 쪽마다 노란색 포스트잇을 붙이고, 필요할 경우 단락별로 내지는 행별로 원고에 대해 저자와 대화를 한다. 한 예로, 초고부터 도발적이었던 『후츠파』를 작업할 당시, 나는 독자들에게 단번에 충격요법을 써야 한다는 사실역시 알고 있었다. 어떤 책은 글이 진행되면서 초점을 찾아간다. 그러나 난 책이 시작되는 행에서부터 시선을 강력하게 압도하는 문장을 기대한다. 그래서 저자에게 결론 중 하나를 책의 시작부로 옮겨 그 문장들을 책의 강령 겸 조직 원칙으로 바꿀 것을 제안했다. 유대인은 미국에서 2급 시민이며 반유대주의가 고개를 들고 있다는 선언을 필두로, 저자는 내가 앞서 언급했던 '홀로코스트 정신'을 인정하고 그에 대한 이해를 처음부터 보여주었다. 여기서 핵심은 저자가 말해야 하는 내용이 책의 자연적인 독자들의 인식과 확실하게 일치했다는 점이다. 생각과 의도를 명확히 하면, 편집 과정과 책 판매에 모두 도움이 된다(그 결과물인 이 책의 성공을 기억하자).

원고 초안에서 최종 원고에 이르기까지, 보통 세 개의 뚜렷한 편집 단계 내지는 원고의 수정이 이루어진다. 초고의 경우(저자는 글을 수도 없이 쓰고 또 썼겠지만 편집자는 그 글을 최초로 읽는 것이다) 편집자 서신과 노란색 포스트잇으로 원고의 큰 문제들을 지적하고 정확한 해결책을 제안한다. 예를 들면 책이 더 분석적이어야 한다든지 더 많은 일화를 첨가해야 한다는 점을 지적하고, 주제가 확실하지 않음을 지적하며, 글의 조직이 혼란스럽다는 점을 지적할 수 있다. (저자가 방금 지적된 문제들을 해결한) 두 번째 원고에서는 글을 더 다듬는다. 예를 들면, 논지가 제대로 주창되었으나 더 큰 주제를 강화하기 위해 여러 장에 걸쳐 추가적인 설명이 필요하다는 점을 지적할 수 있다. 이 단계에서는 대개 인물묘사에 더욱 세부적인 사항을 추가한다. 즉, 그들이 책 속에서 누구인지, 어떤 존재인지뿐만 아니라 그들이 서로 어떻게 구별되는지(물리적 몸짓, 구두상의 대화)를 묘사한다. 여기서 또다시, 쪽마다 노란색 포스트잇을 붙이고 진전 사항에 대해 저자에게 축하의 말을 전하고 앞으로 행해야 할 작업을 제시하는 편집자 서신을 쓴다. 이 단계에서는 노란색 포스트잇의 숫자가 전보다 적고 서신 역시 첫 번째 서신보다 길이가 짧다. 그리고 세 번째 원고에서는 큰 질문들에 대해 답변이 제공되고 최초에 지적된 문제들이 해결된 상태이므로, 문체와 구절을 매끄럽게 다듬는다. 이제는 마지막 손질만 남은 상태다. 예를 들면, 극적인 효과를 위해 글의 위치를 이동시키거나 균형이나 영향력을 위해 한 인물의 역할을 강화하거나 분위기를 상세하게 기술하거나(그 운명의 날에 하늘이 어떻게 푸르렀나?) 독자가 마지막 쪽을 넘기고 나서도 정서적인 혹은 지적인 여운이 남도록 결말을 다듬을 수 있다.

완료 단계가 되면, 개요에 세부사항과 색상이 더해진 풍부하고 완전히 살이 붙은 하나의 작품이 탄생한다. 편집자 서신과 노란색 포스트잇은 내가 나름의 방식으로 저자를 위해 항상 '곁에' 있으면서 긴 조언과 지지를 아끼지 않음을 보여준다. 이러한 의미에서 나는 직업적으로 저자의 가장 친한 친구이며 그의 성공을 누구보다도 바란다. 하지만 효과적인 편집자는 저자를 흠모하는 벗일 뿐만 아니라 비판 역시 할 줄 알아야 한다. 나는 제임스 서버가 언젠가 남긴 말을 좋아한다. "나는 더 이상 개선될 수 없는 글을 한 번도 써본 적이 없다."

아이디어의 홍수 속에서 살다

작가와 내가 원고를 위해 각자 할 수 있는 모든 일을 했다고 느끼면, 우리는 저 나름대로 혹은 함께 편집자-저자의 관계를 이행한 셈이 된다. 책이 잠재성에 충분히 도달했다면 그 책은 찬사를 받을 것이다. 편집자가 뒤에서 얼마나 기여를 했든, 책이 먼저이자 가장 중요하며 저자의 성공이 항상 중요하다. 그게 순리이다. 편집자의 만족감은 본인이 맡은 여러 역할 중에서도 첫 번째 역할, 즉 저자가 능력을 최대한 발휘하여 글을 쓸 수 있도록 잘 도왔다는 사실을 아는 것에서 비롯한다. 전문적인 마케팅 전략을 실시했다 하더라도, 나머지는 종종 변덕스러운 신의 손에 달려 있다. 매년 출간되는 약 5만 종의 책에서 소수, 즉 수백 종만이 평단의 찬사를 받고 널리 팔리기 때문이다. 한 동료는 이렇게 말한 적이 있다. "행운이 깃들기를 기도해야 할 거야."

경쟁이 치열한 출판계에서 편집자가 살아남아 성공가도를 달리려면 책에 대해 믿음을 가져야 한다. 이 책은 훌륭하며 그다음 책은 더 훌륭할 것이다, 라는 믿음을 가져야 한다. 또 편집자는 하루 종일 일주일 내내 작업을 할 수 있는 정력과 의지가 있어야 한다. 일반적인 근무 시간에는 글을 읽고 편집을 할 시간이 충분치 않다. 아홉 시 반부터 다섯 시 반까지 편집자가 사무실에서 실제로 하는 일은 회의이기 때문이다. 즉, 홍보·광고·마케팅 담당자들과 회의를 하고, 각종 문제와 기획안에 대해 편집자 동료들과 회의를 하며, 향후 펴낼 책에 대해 에이전트와 협상을 하고, 원고에서 제기된 문제에 대해 법무부서와 해결책을 모색하고, 협상 내용에 대해 계약 담당 부서와 의논을 하며, 언제 책을 페이퍼백으로 판매할지에 대해 2차 저작권 담당자와 상의를 해야 하기 때문이다. 모든 일의 시작점인 원고와 도서 제안서를 읽는 일은 하루 일과가 끝난 뒤에 시작된다. 하루 온종일 울려대던 전화기가 조용해지는 다섯 시 반이 되면 난 그로부터 두 시간 더 사무실에 앉아 있곤 한다. 일주일에 2, 3일은 저녁식사를 하고 나서 또 몇 시간 동안 원고를 읽고 편집을 한다. 하지만 내 경우에는, 매주 하루를 통째로 할애하여 글을 읽고 편집을 해야 눈앞에 놓인 원고에 온전히 집중할 수 있다.

이렇게 하는 게 가치가 있을까? 분명 **편집은 대부분의 편집자를 부유하거나 유명하게 만들지 않는다. 그러나 비소설을 다룰 때 그 주제들은 말 그대로 이 세상만큼 광범위하고 다양하며, 편집자는 거듭하여 배울 수 있는 기회를 대가로 얻는다.** 편집자는 매일 자극적인 아이디어의 홍수 속에서 지내게 된다. 이는 대학에서 복수 전공을 하는 호사를 누리는 것과 같다. 또 책 작업을 하는 동안, 편집자는 일반 사람들보다 더 열정적이고 매력적이며 큰 업적을 달성한, 흥미롭고 때로는 별나며 지식이 풍부한 저자들을 만나고 친해질 수 있다. 무엇보다도 편집자는 평생의 직업으로 차이를 만들 수 있는 행운을 거머쥔 몇 안 되는 사람들이다. 편집자가 출간하는 책이 독자들에게 영향을 미치기 때문이다.

게다가 편집자의 삶에는 얼마간의 즐거운 특전이 있다. 이따금 편집자는 1년에 한 번쯤 작가가 있는 곳으로 찾아가야 할 때가 있다. 운 좋게도 작가가 보스턴이 아니라 로스앤젤레스에 있다면 말이다. 또 가끔은 작가와 함께 멋진 식당에 가서 점심식사를 하기도 한다. 내가 좋아하는 감사의 말 중 하나는 인류학자인 라이오넬 타이거가 최근작인 『쾌락의 추구』에 쓴 것이다. 라이오넬은 편집자를 말 그대로 원고를 편집하는 자와 호화로운 식당에서 점심식사를 하며 책을 '입수'하기만 하는,

그리고 이름 없는 보조 편집자에게 윤문 편집을 맡기는 자로 구분하여 출판계에 뜨거운 반향을 일으켰던 『뉴 리퍼블릭』의 기사를 인용하면서 다음과 같이 썼다. "…… 현대 출판의 역사를 위해, F. S. F.와 나와의 돈독한 협력관계가 출판사가 주관하는 점심식사의 결과물이 아니라는 희귀한 사실을 기쁘게 기록하는 바이다." 이에 지지 않으려고 나는 곧 장 그에게 전화를 걸어 말했다. "라이오넬, 점심식사는 당신의 선택이에요." 그러자 그가 말했다. "뤼테스에서 보죠." 뤼테스에서 한 점심식사는 정말로 훌륭했다. 무엇보다도 기뻤던 건 우리가 후식을 먹으면서 다음 책을 계획했다는 점이다.

「저자의 신념을 확고하게 지지하는 일―비소설 편집에서 '정치적 올바름'의 문제」

정치적 올바름에 관한 현 논쟁에서 비소설 편집자는 어떤 역할을 해야 할까? 편집자는 논란을 불러일으키는 단어, 견해, 정치적·사회적·개인적 상황 및 관계를 "다르게 칭해서" 우리 문화가 가진 어렵고 문제가 많은 측면에 대해 완곡 어구를 사용하는 현 추세에 편승해야 할까? 아니면 저자의 의도를 정확히 전달하는 전통적인 역할을 유지해야 할까? 그리고 만약 저자의 의도가 영향력 있는 문학적 또는 학문적 계층이나 편집자의 정치적·성적·사회적 믿음과 다르다면 어떻게 할 것인가?

웬디 울프는 저자, 출판사, 세상이라는 다소 모호한 개념 또는 서구 문명 전반, 본인 자신에 대해 편집자로 지니는 책임감을 인식하면서 이렇듯 논란이 되는 사안들에 접근한다. 그녀는 이렇게 말한다. "내 생각과 경험에 비춰볼 때, 바람직한 생존에 중요한 것은 '책임'이라는 말에 초점을 맞추고 서로 상충하는 내 의무들의 균형이 편집과 관련된 크고 작은 다양한 사안에 어떤 영향을 미치는지 보려고 노력하는 것이다."

열정적인 능변으로 때로는 도발적인 어조로, 울프는 정치적 올바름의 압력과 영향이 비소설 원고의 선택, 저자·출판사·독자와의 관계, 그녀 자신의 진실성·양심·인간성에 미치는 모든 파급 효과를 고려한다.

울프는 이렇게 말한다. "난해한 사상의 경우에는, 그 사상의 논지가 축적된 증거로 뒷받침되는지 알기 위해 철저하게 검토해야 한다. 그러나 금전적 결과에 대한 두려움, 불온한 사상에 연루된다는 두려움 또는 일반적인 상식이나 지혜로부터 벗어난다는 두려움 때문에 우리의 책임을 저버릴 수는 없다. 작가들은 그들의 신념을 확고부동하게 지지해주는 편집자에게 큰 신세를 진 입장일 수 있다. 하지만 우리 역시 그들에게 뭔가를 신세 지고 있다."

웬디 M. 울프(Wendy M. Wolf)

웬디 M. 울프는 현재 하퍼콜린스의 선임 편집자이며 이전에는 판테온 북스에서 선임 편집자로 활동했다. 그녀는 역사, 대중문화, 음악, 스포츠, 전기, 과학, 유머 분야의 책을 편집한다. 그녀가 책을 펴낸 저자로는 배리 카머너, 로버트 크리스트가우, 바인 델로리아 주니어, 톰 레러, 맷 그레이닝, 존 클리즈, 마이클 폴린, 그리고 몬티 파이선스 플라잉 서커스의 기타 회원들이 있다.

저자의 신념을 확고하게 지지하는 일

―비소설 편집에서 '정치적 올바름'의 문제

―웬디 M. 울프

거대한 선택의 사슬에 동참하는 자

　나와 함께 보조 편집자로 처음 출판 일을 시작한 동료 대부분은 마침내 현실을 직시하여 부동산 중개업과 같은 실리적인 분야로 일자리를 옮겼다. 그러나 몇몇 심지 곧은 동료들은 끝까지 남기로 결정했다. '결정하다'라는 말을 기억하자. 어떤 편집자든 그 자유의지에서 비롯된 행동을 인정하지 않으면 안 된다. 우리 일의 음울하지만 피할 수 없는 측면을 분명히 하려고 할 경우, 즉 "무엇을 출간할지를 어떻게 선택해야 할까?"라는 질문에 끊임없이 답하려고 할 경우, 이내 곤경에 처하고 만다.

　내 대답은 실제로 간단하다. 편집자로서 나는 여러 방면에서, 즉 저자, 고용주, 세상 또는 서구 문명 전반이라는 다소 모호한 개념, 그리고 나 자신에게 책임을 갖는다. 열이면 아홉, 나는 한 책임이 어디서 시작되고 또 다른 책임이 어디서 끝나는지 모르며 그에 대해 우려하지도 않는다. 각 책임들이 공동으로 이행되기 때문이다. 다만 그 책임들이 조화를 이루지 못하고 서로 어긋나고 이해관계와 책임 사이에 갈등이 발생하면, 나는 편집자의 역할이 문화적 관료 내지는 문학적 매개자 그 이상의 것은 아닐까 의구심을 품는다. 내 생각과 경험에 비춰볼 때, 바람직한 생존에 중요한 것은 '책임'이라는 말에 초점을 맞추고 서로 상충하는 내 의무들의 균형이 편집과 관련된 크고 작은 다양한 사안에 어떤 영향을 미치는지 보려고 노력하는 것이다. 나는 바로 이러한 맥락에서 '정치적 올바름(인종, 민족, 종교, 성 차별 등의 편견에 근거한 언어 사용이나 활동을 바로잡으려는 운동—옮긴이)'이라는 문제에 대해 생각한다.

편집자는 선택이라는 거대한 사슬에 적극적으로 참여하는 자다. 책 작업을 할 때에는 왜 그 일을 하는지 스스로에게 답해야 하고, 그 결과를 기꺼이 감수해야 한다. 선택이라는 거대한 사슬은 특정한 출판사에서 일하겠다고 다짐한 순간부터 실적을 쌓으면서 그 회사에 재직하는 내내, 그리고 출판사가 장·단기적으로 성과를 이루기까지 시간의 흐름에 따라 다르게 작용한다.

나 역시 대부분의 동료들과 마찬가지로 책을 선택하기에 앞서 그 책이 내가 설정한 다양한 목표나 기대 중 하나를 어떻게 충족시킬 수 있는지 고려한다. 그러한 목표나 기대는 상을 받거나 화젯거리를 만들거나 적을 공격하거나 범죄를 폭로하거나 돈을 벌거나 즐거움을 주거나 정부의 심기를 불편하게 하거나 비난하거나 눈을 즐겁게 하거나 어머니께 크리스마스 선물로 드릴 수 있는 뭔가를 만들어내거나 새로운 논점을 제시하거나 진부한 관점을 반박하거나 광범위한 주제를 유용하게 종합하여 제시하거나 고장 난 증기관을 고치는 방법을 설명하는 것이 될 수 있다. 모든 책이 혁명을 일으키는 건 아니다. 편집자가 이런 얘기를 하는 건 내가 처음이겠지만, 지난 수년간 내가 펴낸 책들 중에는 얼마간의 웃음을 주는 것 외에 별다른 용도가 없는 책들도 있었다. 어떤 누구도 앞서 말한 이유 중 어느 하나가 다른 것들보다 더 타당하거나 타당하지 않다고 말할 수 없다. 나는 내 출간도서 목록과 출판계 전반 모두를 위한 우선순위를 갖고 있다. 다른 사람들은 또 저 나름의 우선순위를 갖고 있다. 나는 우리 모두의 의견이 일치하길 바라지만 실상은 그렇지 않다. 기껏해야 우리는 서로의 결정을 존중하기로 동의할 수밖에 없다. 그리고 이를테면 수익성이나 현재의 정치적 유행과 같은 어떤 하나의 요소만이 책의 잠재적 인지도에서 필수적인 요소는 아니다.

내가 어떤 책을 추구하라고 독려하는 것은 대개 이러한 범주들의 다소 별난 조합이며, 나는 이따금 내 머리가 어떤 범주나 어떤 범주들의 조합으로 끌려가는지 명확히 말하는 데 애를 먹곤 한다. 컴퓨터 시스템처럼 움직이는 사람들은 편집과 관련된 의사결정을 일련의 변수와 프로그램들로 전락시키는 데이터베이스를 마련하기 위해 고군분투한다. 그들에게 나의 이런 경험은 기분 좋은 좌절감을 안겨주는 원천이다. 우리는 좋은 기분으로 회의 자리에 앉아 그들에게 이러한 정보 자원을 생성하라고 부탁한 다음 정중하게 한 마디 덧붙인다. "물론 실제로는 일이 그렇게 굴러가지 않지만요."

우리는 늘 판단을 내린다

편집자들이 의사결정 사슬에서 모든 책임을 빼앗겼으며 그들이 보수를 받는 것은 그들이 하는 일이 팔리는 내용이나 영향을 그저 만들어내기 때문이고, 편집자가 사상의 흐름을 의도적으로 규제하는 문지기가 아니라 중립적인 조력자라는 주장이 있다. 점차 지지를 얻고 있는 이 주장을 나는 전적으로 수용하지는 않는다. 실제로 일각에서는 편집자에게 규제할 권리가 없다고 주장한다. 그렇다면 사상의 시장으로 무엇이 유입될지의 여부를 결정하는 우리는 도대체 누구란 말인가? 모든 견해와 작가가 독자에게 자유로이 접근해서는 안 되는가? 대중이 원하는 것 내지는 팔리는 것을 출간하라. 그들은 이것이야말로 편집자가 취해야 하는 중립적이고 비판단적인 태도라고 주장한다. 하지만 대중이 무엇을 원하는지를 결정하는 일은 앞으로 알게 되겠지만, 생각보다 쉽지 않다. 문화적 시민권 박탈에 대한 분노, 규범의 통제, 그리고 널리 논란의 대상이 되고 있는 새로운 지배적 힘인 '정치적 올바름'은 '대중'이 정확히 누구인지 그들이 무엇을 원하는지 또는 무엇을 원해야 하는지에 대해 서로 충돌하며 종종 모순적인 메시지를 보낸다. 흥미롭게도, 규범에 대한 전쟁은 베스트셀러들의 전쟁을 치르는 이들이 아닌, 군대에 의해 치러지는 것으로 보인다.

글을 쓰는 이유가 많은 것처럼, 책을 좋아하는 이유도 많다. 그러나 **도서 입수 편집자로서 판단하지 않는 척하면서 결정을 내리는 행위는 스스로를 속이는 위험한 태도다.** 심지어 '세상이 읽기를 원하는 것'을 공공 서비스로 제공한다고 주장하는 이들조차도 실은 한 저자, 한 도서의 출간 기획, 혹은 어느 날 갖게 된 자신의 관심사가 아니라 세상 전반의, 대개는 알 수 없는 광범위한 취향에 대해 판단을 내린 것이다. 중립성에 대해서는 이쯤 하기로 한다.

여기서 내 핵심은 어떤 종류의 이유가 더 낫거나 나쁜지 신성하게 순서를 매기려는 것이 아니다. 핵심은 편집자가 책이나 기획안을 입수하거나 도서 출간에 자금을 지원하거나 출간 과정을 감독하거나 사상과 상품의 세계 속에서 출판사가 책의 입지를 확립하도록 돕기 위한 결정에 대해 결국 책임을 져야 함을 단순히 인정하는 것이다. 그저 "세상 사람들이 읽기를 원하기 때문에 이 책을 출간한다"라고 말하는 건 내게는 만족스러운 설명이 아니다. 그건 의식적인 계산을 한 말이다. 편집자가 환경 때문에 어쩔 수 없이 자기 의지와 반대로 내키지 않는 도서를 출간해야 한다는, 시장의 희생자라는 말 속에는 불평이 도사리고 있다. 나는 이런 말이 현실에서 사실로 증명된 경우를 거의 보지 못했다. 책이 악취 나는 알바트로스 새처럼 난데없이 하늘에서 머리 위로 떨어지진 않는다. (물론 많은 책들이 도중에 그렇게 되긴 하지만.) 어떤 누구도 순전히 자기 의지에 어긋나는, 더 나은 자기 판단에 어긋나는 책을 출간하지 않는다. 그럴 만한 이유가 있다고 마음속 어딘가에서 어떤 목소리가 속삭일 것이다.

책이 담론장에서 수행하는 역할

이상적인 세계라면 우리는 지적으로 매력적이고 자극적이면서도 전반적으로 수익을 거둘 수 있는 책을 펴내서 본인의 대차대조표는 물론 출판사의 대차대조표 역시 만족시킨다. '전반적으로'라는 말을 기억해야 한다. 『워싱턴 포스트』의 스포츠 평론가인 토머스 보스웰은 야구선수의 능력에 대해서는 단 한 경기는 물론이고 일주일만 봐서도 아무것도 평가할 수 없다고 말한다. 선수의 능력이 시간의 경과에 따라 나타나기 때문이다. 편집자나 저자 심지어 출판사의 출간도서 목록의 경우도 마찬가지다. 모든 선수가 매 타석에 출루하는 건 아니다. 내 생각에 비춰보면, 금전적인 잠재성 내지는 즉각적인 인기의 정도에 전적으로 기대어 모든 책을 판단해서는 안 된다. 무엇보다도 우리의 예측 능력이 매우 대략적이기 때문에 거기에 장기간 의지할 수 없다. 우리는 베스트셀러 목록에 오랫동안 머물며 긴 생명력을 유지하는 책들에 대해 안다. 그러나 기존 분야와 장르 내에서만 책을 출간한다면, 매우 흥미로운 신간뿐만 아니라 상당한 수익 역시 잃을 위험이 있다. (의구심을 품은) 초기 독자인 내게 기호학자가 이탈리아어로 쓴 방대한 양의 난해한 역사 추리 소설 원고에 대해 물어보라. 유능한 적임자의 손에 들어간 『장미의 이름』이 어떤 성과를 낼지 그 누가 알았겠는가? 연예 산업에서도 마찬가지다. 누가 처음으로 엘비스의 음악을 들었는지 업계 관계자에게 물어보라.

두 번째로, 책은 그 시작부터 상품의 시장은 물론 사상의 담론에서 중요한 기능을 수행해왔다. 이러한 책의 정체성을 이루는 두 부분이 단절되면 우리는 중대한 위험에 처하며, 시장의 수요에 대한 인식에 사로잡히고 만다. 나는 책의 소규모 독자층을 계산할 때에도 책의 잠재적인 독자층에 대해 암시적인 가정을 한다. 즉, 책이 어떤 독자들에게 다가갈 수 있으며, 어떤 독자들에게 다가가야 하는지를 가정한다. 책의 독자층에 대해 상상하려고 노력할 때, 나는 사람들이 책 내용에 동의하는지가 얼마나 중요한지 물어야 한다. 예나 지금이나 대중이 원한다고 생각되는 것을 그들에게 제공하는 일은 쓰레기를 출판하는 걸 의미하진 않기 때문이다. 하지만 여기에는 '독자층'을 정확히 규정하는 일이 수반된다. 이 과정에서 우리는 교외 쇼핑몰의 인구학적 구성을 자주 따른다.

전적으로 시장이나 금전의 측면에서 판단을 한다고 주장하는 편집자조차도 어느 순간에는 본인의 실패에 대해 해명을 해야 한다. 우리 모두는 사후 평가, 시장에 대한 계산 착오 및 오독을 검토하는 데 턱없이 적은 시간을 할애한다. 그러나 만약 그러한 일에 충분한 시간을 들인다면, 한 건의 도서 계약 결정에 대해 서로 다른 여러 근거들(나는 이 책이 좋기 때문에/중요하기 때문에/잘 팔릴 것이기 때문에)이 제시되었지만, 실은 모든 결정이 가치 판단과 잠재적인 도서 판매량에 대한 정확한 생각들의 혼합이라는 사실을 알게 될지도 모른다. 이러한 맥락에서 볼 때, 편집자들은 시장에 관심이 있는 것이 아니다. 그보다는 대중 시장을 추구하는 편집자들이 다양한 틈새시장의 독자들을 겨냥한 편집자들보다 시장을 더 경멸적으로 바라보는지도 모른다. 우리는 소위 틈새시장의 독자들이 주류 도서시장에 접근할 권리에 대해 고려해야 하고, 책 팔기의 현 상황에만 집중하면서 그들을 밀어내려는 우리의 공모에 대해서도 생각해봐야 한다.

역사, 역사 편찬, 언어 자체를 둘러싼 낡은 가정의 다수가 비난을 받는 상황에서, 편집자가 된다는 일의 한 가지 과제는 독자나 책의 구매자로 상상한 사람에게 정직함을 유지하는 것이다. 소외된 소수 계층 출신의 작가들은 우리가 그들의 잠재적인 독자들을 차별한다고 주장한다. 그들이 '전통적(백인이자 교육 수준이 높으며 부유한 북 클럽 회원)이지' 않다는 이유로 말이다. 나는 그렇다고 생각한다. 가장 큰 이유는 우리의 도서 판매 경로가 그러한 '기타' 독자들의 수요를 아예 충족시키지 않다시피 하기 때문이다. 이는 비난의 악순환처럼 들리며 모든 참여자가 그러한 악순환을 끊어야 할 책임이 있지만, 우리가 펴내는 책들을 통해 모든 목소리를 두루 대변하는 쪽으로 향할수록 작가층뿐만 아니라 독자층 역시 확대하도록 노력해야 한다. 도서 구매의 장을 열고 도서관들을 지원하며 대중을 위한 읽기 및 쓰기 교육을 실시해야 한다. 이는 새로운 테리 맥밀런이나 토니 모리슨을 발굴하는 일만큼이나 중요한 과제다.

우리가 다루는 책들 대다수는 잠재적인 판매량에 대한 의견 불일치나 책 표지를 파란색 또는 빨간색으로 하는 게 가장 낫겠다는 의견 외에는 별다른 논란을 불러일으키지 않는다. 그렇다면 내가 소위 '어려운 신간 기획안', 예를 들면 대중에게 익숙하지 않은 사상을 제시하고 널리 인정받는 일반적인 관습에 도전을 가하며 독자의 심기를 불편하게 하거나 그저 문제를 일으키는 결과밖에 낳지 않는 비소설을 만난다면 어떻게 할까?

답은 간단하다. 나는 내가 선택권을 갖고 있다는 걸 안다. 나는 이 특정한 책을 왜 출간하려고 하며 거기에 내 이름을 왜 결부시키려 하는지를 알아내야 한다. 즉, 그 책이 세상·담론·저자·내 출판사·내 자신에게 어떤 결과를 가져다줄지를 알아내고, 그 지점에서 시작해야 한다. 이 행위는 본인의 결정에 책임을 지고 그 결정을 고수하는 것이나 다름없다. 나는 한 도서를 출간하기 위해 내가 내린 결정이 내 책상 위에 있는 다른 몇몇 일에도 동시에 영향을 미치며, 지금은 내게 호소력을 발휘하는 책이 한 해가 지나면 진부해 보일 수도 있다는 사실을 안다. 오래도록 효력을 발휘하는 정해진 공식은 없다. 책마다 공식에 내재하는 개별적인 변수들이 다를 뿐만 아니라, 출간도서 목록이 제 기능을 하도록 하다 보면 다른 요구들이 생겨나기에 시간의 경과에 따라 공식은 달라진다. 그러나 난 개인적으로는 돈을 인식하는 지혜와 능력이 언제나 가장 먼저라는 믿음에 동의하지 않는다. 더욱이 벌 수 있는 돈도 그리 많지 않다. 어떻게 해서든 이윤을 극대화하는 것이 목표라면 신발 파는 일로 눈을 돌려라. 적어도 남은 신발들을 신을 수 있으니 말이다.

'정치적 올바름'의 압제적 규칙

이제 그리 간단하지 않은 문제가 남았다. 앞서 말한 **책에서 제시한 논점이 세상의 견해나 취향에 위배될 뿐만 아니라 본인의 감성이나 가치관에 반한다면 어떻게 할 것인가?** 저자는 뇌 과학이라는 최첨단 연구에 대해 흥미진진하게 이야기를 풀어나가나, 뇌의 능력이나 용량에서 인종간의 차이뿐만 아니라 제약이 있다는 점을 뒷받침하는 증거를 제시한다. 편집자는 실험실 연구가 매우 흥미롭지만 결론이 혐오스럽다고 생각한다. 혹은 대대적인 정치적 추문으로 명예가 실추된 유명인이 편집자에게 다가와 (본인의 이름 역시 밝히고 혹은 밝히지 않은 채) 그 추문에 연루된 자들의 이름을 대겠다고 약속한다고 하자. 편집자는 그의 이름이 세간의 관심을 끌 뿐만 아니라 돈 역시 거둬들일 것이라는 점을 안다. 하지만 편집자는 그가 기소된 혐의에 대해 사실상 유죄라고 믿는다. 정치 영역의 어디에서든 공격이 시작될 수 있다. 우파가 좌파를 공격하고 흑인이 유대인을 공격하며 여성이 남성을 공격하고 '전통적인 가족관'을 지지하는 자가 게이의 음모를 주장하고 나설 수 있다. 서로 대립되는 적들과 그들 사이의 논쟁을 열거하자면 끝도 없다. 하지만 도서 제안서나 원고의 내용에 구미가 당기면서도 동시에 불편한 심기를 느낀다면 어떻게 할 것인가?

두 가지 기타 심각한 고려사항 중 한 가지가 여기서 제기된다. 책으로 돈을 잃을 것이 불 보듯 뻔하거나, 더 최악의 상황으로는 우리가 실제로 혐오스럽게 보일 수 있는 뭔가를 대량으로 팔 수 있다는 점이다. 결국 그것이 대중이 원하고 믿는 것이라면 어떻게 해야 하는가?

논쟁 및 갈등을 피하거나 소수의 의견을 억누르거나 언어를 통제하거나 날카로운 모서리를 무디게 하거나 검열을 실시하기 위한 설득력 있는 논거는 존재하지 않는다. 특정한 상황에서 '가장 인도적인 의도' 하에 실시된다 할지라도, 검열의 노력은 진압의 선례를 낳는다. 그러나 내가 그들을 검열하지 않는다면 그들은 나를 검열할 구실을 갖지 않을 것이다. 그러나 이는 편집자나 출판사가 제안 받은 모든 것을 펴내야 할 의무를 지닌다고 말하는 것과는 다르다. 또한 논란을 불러일으키는 단순한 사실이 일반 서적으로 만들어져 홍보될 가치가 있는 것도 아니다. 내 생각에 이 점은 시장의 압제 및 상업적 선택을 통한 검열에 관한 논쟁에서 필수적이다. 내가 선택에 의하여 위와 같은 입장에 서 있다고 인식할 때 나는 책임을 안게 될 뿐만 아니라 보호 역시 받게 된다.

요즈음 널리 입에 오르내리는 소위 '좌파의 새로운 매카시즘'에 대해 많은 이야기가 오고 간다. 이는 '정치적 올바름'의 압제적인 규칙으로, 극단적인 형태를 띨 경우 역사를 쓰거나 우리 사회의 과거나 미래를 묘사하려는 모든 시도에 대해 엄격한 심사를 실시할 것을 요구한다. 이러한 심사는 차별적 언어, 패권주의에 입각한 문화적 추정, 예로부터 미국 사회에서 소외된 특수 이익집단 내지는 '민족(대개 비-유럽인이면서 비-코카서스인)'에 대한 의도된 혹은 의도치 않은 비방을 걸러내기 위한 것이다. 로버트 휴즈에서 C. 반 우드워드에 이르기까지 문화적·정치적 영역의 다양한 지점에 분포해 있는 작가들은 『뉴욕 리뷰 오브 북스』나 『빌리지 보이스』의 지면을 빌려 오늘날 대학가에 퍼져 있는 정치적 올바름이 가져온 공포 시대의 규모와 깊이에 대해 논쟁을 벌였다. 나는 감히 무방비 상태로 그러한 논쟁에 끼어들고 싶지는 않다. 나는 그저 도서 입수 담당자의 입장에서 목격한 정치적 올바름의 압제에 대해 이야기할 수 있을 뿐이고, 누가 상위권에 있는지, 누구의 책이 잘 팔리는지, 누가 돈을 많이 버는지에 관한 증거로 베스트셀러 목록을 제시할 뿐이다. 정치적 올바름을 향한 격분은 사실상 잘 조직되고 연결되었으며 매우 가시적이고 입심 좋은 우파가 피해망상을 효과적으로 나타내는 또 다른 징표일 수 있다. 앨런 블룸, 커밀 팔리아, 디네시 디수자, E. D. 허슈의 도서 판매량 수치를 곰곰이 생각해보자. 이들 중에는 남다른 능력을 가진 푸에르토리코 혈통의 트로츠키주의자 바스크인의 권리를 옹호하는 자는 하나도 없음을 눈치 챘을 것이다. 구체제를 옹호하는 것은 여전히 시장성이 있는 상품으로 보인다.

내가 있는 곳에서 볼 때, 민주혁명당의 일원이라고 해서 출간 자격이 있는 것도 없는 것도 아니다. 예일 대학교의 종신 교수라 해도 마찬가지다. 그건 역시나 지루한 얘기다. 나는 적어도 누군가 말하려는 내용을 존중하거나 그 안에서 나름대로 가치를 찾으려 한다. 말할 필요도 없이, 크고 작은 틈새시장에서 비롯된 목소리들의 균형이 이상적이다.

책은 또한 유명인사가 그려진 티셔츠-록 비디오-아침식사용 시리얼과 같은 존재가 되었다. 이러한 출간의 특혜가 확대되는 대상이 단순히 축구 선수나 유명 연속극 배우라 하더라도 그건 무해하다. 그들의 책은 서구 문명을 구하거나 자유의 대의명분을 발전시키지 않을 것이다. 하지만 그들은 대개 아무에게도 해를 가하지 않으며 어딘가에서 좋은 용도로 쓰일 수익을 창출하지도 않는다. 하지만 그보다 더 우려 섞인 상황을 생각해보자.

KKK 대표가 도서 제안서를 들고 온다면

데이비드 듀크(백인우월단체 KKK의 전 대표—옮긴이)가 도서 제안서를 들고 내게 찾아온다면 어떨까? 그가 대중 사이에서 인지도가 있으며 그의 주장을 듣고 그 유효성을 검증하려는 관심이 존재하므로, 유명인사와 관련된 요소가 분명 존재한다. 게다가 그러한 책이 수익과 이윤을 창출할 수 있다는 점을 고려해야 한다. 결국 많은 사람들이 그의 의견에 동조하고 그의 주장을 듣고자 할 것이다. 하지만 그의 책을 펴내려면 몇 가지 질문에 대해 답을 찾아야 한다. 내가 어떻게 특정 공동체의 이해관계에 이바지할 것이며, 인종, 사회복지 구조, 정부의 역할에 관한 논의를 확대시킬 것인가? 듀크가 자기 의견을 소리 높여 주창하게 해서 내 판단에 전혀 수용 불가능한 논지를 정당화시키는 데 사실상 내가 기여할 것인가? 이제 증거로서 듀크와 관련된 문서들의 집합체는 실질적으로 두려운 존재가 될 수 있다. 하지만 듀크 그 자체를 포장하여 제공하는 일에 대한 내 대답은 확실히 '아니다'이다. 난 그의 책을 출간한 다른 출판사의 판단에 대해서 의문을 제기할 수도 있지만, 그건 그 출판사의 특권이다. 그렇다. 그건 내 입장에서는 개인적인 정치적·도덕적 결정이지만 그의 책을 출간하겠다는 결정 역시 그러하다. 이 세계에는 개인적인 것이 개입되지 않은 결정이 존재하지 않는다. 이는 언어와 용어의 측면에서 내가 후에 논의할 영역과 관련이 있다. 어떤 책들은 무슨 일이 있어도 본인만의 방식을 추구하는 저자의 이상한 고집으로 혹은 날카로운 연필로 무장한 편집자의 의지로 고정된 형태로 모습을 드러낸다. 내 자신, 내 출판사, 세상 전반에 대한 책의 '가치'와 유해를 판단하는 과정에서, 난 늘 성공적인 것은 아니지만 내가 바라는 책의 모습과 책의 실제 모습 그리고 책의 실질적인 특성과 제약을 구별하려고 노력한다.

편집자로서 우리는 그보다는 덜 극단적인 양심의 위기에 직면하는 경우가 더 많다. 심기를 불편하게 하는 몇 차례의 전환을 하고 위험하고도 예기치 못한 몇 마디를 던지는, 근거가 충분한 논지가 그 예다. 내게는 스스로를 위한 고정 불변의 규칙이 없으며, 난 늘 성공적인 것은 아니지만 편협한 교조주의자가 되는 선까지 나아가지 않고 새로운 설득에 열린 태도를 유지하려고 노력한다. 나는 복잡하고 까다로운 도서 기획을 설명하면서 "그건 온갖 종류의 잡동사니야"라는 말을 자주 한다. 하지만 놀랄 만한 것은 거의 없다. 시간을 들여 단 세 장짜리 도서 제안서를 검토할 때도 어디선가 음침한 말이 튀어나올지 몰라 긴장하는 일은 흔치 않다. 나는 내 자신을 거기에 내던져야 할지 말지를 결정해야 한다는 사실을 안다. 하지만 일단 결정을 하고 나면, 내 절대적인 의무는 저자가 자기 주장을 관철시키도록 돕는 일이 된다.

그러한 질문의 답을 찾아주는 컴퓨터 프로그램이 있다고 하자. 그러나 편집자는 자신만의 비용 편익 분석에 사로잡혀 있다. 물론 비용 또는 편익을 구성하는 요소들의 정의는 정해진 공식을 따르지 않는다. 수익이 나는 책만을 입수하겠다는 결정은 자동적으로 또는 선험적으로 '정치적' 원칙에 입각한 선택만큼 옹호할 만한 것이 아니다. 그것은 주어진 결정이 아니라 의도적인 결정이며, 중대한 파급 효과를 지닌 결정이다. 편집자가 자신이 하는 일을 왜 하는지를 받아들이기 위해 노력하는 필수적인 의식을 실시하기 때문이다. 유감스럽게도, 우리는 독자층의 규모와 책의 호소력이 지닌 속성에 대해 오판하는 경우에 대해 평가나 해명을 하는 데 극히 적은 시간을 할애한다.

동의하지 않는 저자와 작업하는 방법

이제 나는 내 책상에 반체제적인 학문의 위험한 결과물을 올려놓았다. 그렇다면 그에 대해 무얼 해야 할까?

내 생각으로는 편집자를 위한 영향 또는 개입의 세 단계가 존재하며, 각각은 뚜렷한 기회와 필요조건을 갖는다. 단계 1은 도서 기획에 서명을 할지를 고려하는 기간이다. 일단은 상당한 분량의 원고와 이를 뒷받침하기 위한 저자의 확실한 약력이 있을 것이다. 요즈음 같으면 서로 관련 없는 잡지 기사 세 건과 10쪽 분량의 개요만 있어도 다행이다. 그럼에도 내가 무엇에 착수해야 할지 결정하는 데 도움이 되는 내 나름의 조사 수단을 확보한다. 좋건 나쁘건 이 논지가 어디로 향하는지, 최소한의 부차적인 인물들이 존재하는지, 저자의 작업물의 어느 부분이 내 입장과 일치하지 않는지 알아야 한다.

첫째, 해당 분야에서 내가 알고 신뢰하는 사람들에게 이야기를 한다. '일반적인 관심사'를 가진 편집자로서 내가 정통한 분야는 적다. 그리고 많은 분야의 경우, 내가 전문지식을 갖고 있는 척할 수도 없다. 내가 가진 능력의 하나(어쩌면 업계의 요령일 수도 있다)는 전문지식을 지닌 사람들로부터 어떻게 좋은 조언을 얻어낼지 아는 것이다. 둘째, 가능할 경우 저자를 개인적으로 만나보려 노력한다. 만약 저자가 내 정체성과 신분에 대한 실마리를 찾아내려고 내 서재, 머릿속, 혹은 미결 서류함의 내용물을 들여다보려 하는 대신 내 창의 크기를 신중하게 가늠한다면 그것이야말로 우리 관계의 미래를 말해주는 것이다. 필요하거나 적절할 경우, 나는 어느 부분에서 내 개인적 견해와 그의 견해가 다른지, 책의 논점이 지닌 잠재적 약점이나 위험한 영역이 어디에 존재하는지 역시 설명한다. 개요만을 갖고 작업을 한다면 분명 많은 세부사항이 발생할 것이다. 하지만 자유로우면서도 방향성 있는 대화가 오고 간다면 가장 잠재적인 두려운 부분들이 밝혀질 것이다.

여기서 관건은 모든 저자와 절친한 친구가 되라는 것이 아니다. 하지만 공동의 신뢰의 기반이 없다면 난 내 직무를 수행할 수 없다. 나는 존경하지 않는 저자와 필요한 대화를 해나갈 수 없다. 우리의 의견이 일치하지 않더라도 말이다. 또한 편집자가 저자의 입장에 대해 알 권리를 가지듯, 저자 역시 편집자의 입장에 대해 알 권리를 가진다고 생각한다. 일단 함께 작업을 하기로 결정하고 저자와 계약을 체결하고 나면, 모호한 태도가 없어야 하기 때문이다. 단계 1에서는 책 작업에 전념하기 전에 천사들과 치열하게 몸싸움을 벌어야 한다. 책의 전제, 내용물, 결론을 받아들이고 나면 편집자는 정력과 인성이 허락하는 한, 가능한 완벽한 책을 만드는 데 전념해야 하기 때문이다.

이제 단계 2로 넘어간다. 여기서 편집자의 역할은 저자의 논점이 완벽해질 때까지, 혹은 저자의 논점이 책 작업에 착수하기 전 저자와 함께 설정한 허용 가능한 수준에 도달할 때까지 책과 그 집필자를 괴롭히고 고민거리를 안겨주고 고통스럽게 하고 질문을 제기하고 도전을 가하고 캐묻고 개입하고 구슬리고 회유하고 칭찬하고 공격하기 위해 극도로 분명한 태도를 취하는 것이다. 이러한 상호관계는 단계 2의 중요한 측면이다. 저서가 '허용 가능한지'의 여부는 가장 심오한 법적·도덕적·재정적 파급 효과를 지닌 성가신 질문이기 때문이다. 이는 실제로 논란을 일으키거나 위험을 감수하는 많은 책에 중요한 중단점이다. 단계 2에서는 또한 논의를 하기에 앞서 이 책이 누구의 것인가, 즉 책이 내 것이 아니라 저자의 것이라는 점을 반드시 지속적으로 상기해야 한다. 어느 부분에서 내가 도전을 가하여 저자가 내 반대 입장에 맞서 본인의 입장을 변호하는가? 어느 부분에서 우리가 의견 불일치에 합의하는가?

낭만적인 방식으로 나는 우리의 모든 주장이 깊은 정치적 진실 위에 서 있다고 상상하고 싶다. 하지만 사실상 중요한 것은 언급되는 내용이 아니라 그 내용이 언급되는 방식이다. 즉, 표현 방식 특히 누가 독자층이 될 것인가, 작가의 단어 선택에 대해 독자층이 어떤 반응을 보일지가 중요하다. 이는 사상의 문제 그리고 불만을 품은 저자가 하는 검열의 문제가 될 수 있으나, 그건 대개 자기기만이다. 나는 언어, 표현, 단어 선택의 영역이야말로 섬세하고 직설적인 편집자가 원고의 완성을 돕기 위해 가장 영웅적인 임무를 수행할 수 있는 부문이라고 생각한다.

저자의 확신에 대한 지지

나는 정치적 올바름이라는 고정된 어휘에 동의하지 않는다. 언어와 수사법의 상세한 내용이 매우 중요하다고 생각하며, 그러한 믿음에 대한 존중과 민감함을 저자들에게 전하려고 노력한다. 그러나 내 경험에 따르면, 실제 언어는 대개 사상에서 비롯되며, 생각이 민감하다면 그러한 생각의 표현을 민감하게 만드는 것은 어렵지 않다. 예를 들어 나는 작가들이 둘 다 인류의 뜻을 지닌 mankind와 humanity와 같은 단어의 영향력을 알 수 있도록 또는 어려운 어휘상의 결정을 내릴 수 있도록, 이를테면 '북미 원주민'을 쓸지 '아메리칸 인디언'을 쓸지, 혹은 '흑인'을 쓸지 '아프리카계 미국인'을 쓸지 '유색 인종'을 쓸지의 여부를 결정내릴 수 있도록 도우려 노력한다. 또한 '캄푸치아'나 '미얀마'와 같이 논란의 대상이 되는 명칭 변경이 정치적으로 어떠한 암시를 하는지 알아내려 노력한다. 이와 관련하여 우리(또는 『뉴욕 타임스』)는 정치적 올바름에 입각한 결정이 사실은 소규모 독재자 집단의 의지의 표명이지 사람들이 일반적으로 선택한 단어는 아니라고 생각한다.

편집자는 언어의 매듭에 스스로를 옭아매, 자신들이 어떻게 묘사되는지에 대해 특수한 이해관계 집단들이 제기하는 다양한 목소리와 요구를 수용하고자 노력할 수 있다. 많은 경우, 그것은 권리를 박탈당해 힘없는 자들이 자신들의 환경을 결정하는 좀 더 실질적인 사안들을 제어하려는, 혹은 적어도 자신들의 명칭에 대해 주장을 제기하려는 문제라고 생각한다. 우리는 어렸을 적 학창시절의 경험으로부터 누군가에게 붙는 꼬리표가 강력하고 지속적인 사회적 효과를 발휘한다는 것을 안다. 하지만 어느 시점이 되면 정치와 언어에 대한 민감성과 오래된 상식의 조합을 적용하게 된다. 많은 경우, 단순히 문장을 다시 쓰고 '여러 가지로 이뤄진' 묘사적인 어구를 피하며 그 대신 보통의 명사와 동사를 사용해서 여러 집단에 대한 길고 복잡한 꼬리표를 피할 수 있다. 이는 뒤얽힌 산문의 매듭을 풀어내는 일이라고 할 수 있다.

대명사의 성별 선택은 특정 집단을 의도적으로 도발하거나 소외감을 느끼게 할 수 있다. 나는 무엇이 옳은지 자동적으로 결정하는 암시에 대한 계산자가 있다고 생각하지 않는다. 그보다는, 특정한 선택이 왜 이루어졌는지 그러한 선택이 정보에 입각하여 유도된 것인지의 여부에 대해 저자와 편집자가 함께 논의할 수 있다고 생각한다. 미리 선정된 독자층이 상호간에 합의한 어휘를 저자가 따르려고 노력할까? 특정 용어가 작가 또는 지칭 대상에게는 편안하지만 미리 선택된 집단 외부의 독자들에게는 그렇지 못하다면 어떻게 할 것인가? 누가 우선시되어야 할까?

나는 저자에 대해 관대한 독자의 역할을 하고 있다고 자주 생각한다. 달리 말하면, 내 역할은 저자의 단어를 수정하는 것이 아니라 저자가 사용한 구절의 영향에 대해 경고를 하는 것이다. "저는 이 문장을 이렇게 읽었어요. 제게는 이렇게 들립니다. 이게 당신이 말하려고 한 바입니까? 이게 말하려고 한 바를 가장 효과적으로(혹은 가장 직접적으로, 가장 환기적으로, 가장 도발적으로) 전달하는 방식입니까?" 주요 사안은 대부분 작업마다 비슷하다. "논지가 충분한 증거에 입각한 것입니까? 증거가 존재합니까? 이렇게 제시하는 방법이 효과적입니까? 언어가 신중하고 정확합니까? 그 효과를 의도한 것입니까?" 내가 저자의 논지, 가정 혹은 결론의 어느 측면에 대해 여전히 동의하지 않는 경우, 내 질문에 대한 저자의 답을 열린 태도로 듣기가 늘 쉽지 않다. 그러나 내 역할은 펴내는 책마다 내 의지와 세계관을 강요하는 것이 아니라 그저 내 회의적인 입장을 표하는 것이다.

우리는 언제 끝을 볼 수 있을까? 분명 모든 책은 저마다 다른 과정을 거치지만 결국엔 동일한 곳에 다다른다. 저자가 절대적인 확신으로 "이게 제가 말하고 싶은 바예요. 제가 선택한 단어들을 고수할 겁니다"(때로는 "이게 제가 할 수 있는 최선이에요. 이 정도면 충분히 좋다고 생각해요")라고 내게 말할 수 있을 때, 비로소 책이 완성된다. 합리적인 관점에서 이는 내가 처음에 원했던 바를 원고가 행하는 지점이기도 하며,

나는 이를 지지한다.

이 시점에서 나는 (변호사, 전문가, 동료들과 함께) 원고를 수락할지 말지를 반드시 결정해야 한다. 이 시점은 물론 책의 일생에서 두 번째로 중요한 순간이다. 책을 수락하고 나면, 출판사는 그 책을 일정 기한 내에 출간해야 하는 법적·계약적 의무를 지게 되며, 출판사 내외부의 여론의 변화에 상관없이 출판사는 그 법적인 의무를 다해야 한다. 많은 출판사의 계약서에 출판사가 그러한 의무를 불이행할 경우에 대한 조항이 이미 포함되어 있는 걸 보면, 모든 이가 책에 동의하는 건 아님을 알 수 있다. 나는 취약한 시장의 변화하는 만일의 사태 때문에 출판사가 곤란한 처지에 놓일 수 있다는 사실을 인정하지만, 책 수락의 시점에 다다라서는 그러한 현실을 받아들여야 한다.

단계 3은 원고가 완성되어 출간을 준비하는 시기이다. 잠재적으로 잡음이 많은 원고의 경우, 내 역할은 판매 및 마케팅 담당자들을 단단히 대비시켜 출판사 내에서 책이 나아갈 길을 터주는 것이다. 그러한 역할의 일부로서, 책과 관련된 논쟁의 속성 및 정도, 예상되는 평론가들의 반응, 특정한 학문적 또는 정치적 논쟁에서 저자가 어느 편에 서 있는지를 그들에게 알릴 수 있다. 아는 것이 미리 대비하는 것이다. 만약 홍보 담당자가 인터뷰 진행자의 적대적인 태도에 놀라는 일을 방지하거나 책이 집필된 중요한 맥락을 판매 부서에 알릴 수 있다면, 불쾌하게 놀라거나 예상치 못한 상황에 처하는 일을 어느 정도 피할 수 있다. 이 일은 책의 '입지를 다지는 데'에서 책 독자층의 규모를 예상하는 일만큼이나 중요하다. 앞서 말했듯이, 결국에 가장 큰 이윤을 창출하는 것은 예기치 못한 사건의 발생과 파격적인 책이지만, 비현실적으로 책을 과장해서 부풀리는 건 저자에게나 출판사에게나 도움이 되지 않는다. 책이 왜 중요한지, 우리의 기대가 무엇인지에 대해 우리가 확실한 태도를 지닐수록, 책이 기대를 크게 넘어설 때 그 만족감이 더 클 것이다.

가치중립이라는 허구

추정되는 중립성, 즉 논란이 많은 책을 출간할 때 출판사가 취하는 가치중립적인 태도는 자세히 살펴볼 필요가 있다. 추정되는 중립성은 두 가지 경우, 그러니까 도서 구매자 대다수가 십중팔구 불편한 심기를 느낄(그래서 책을 구매하지 않을) 책을 출간해야 할 때, 그리고 우리는 책에 대해 불편한 심기를 느끼지만 '저 어딘가에 있는' 사람들은 책 내용에 수긍하여 구매할 것이라고 예상되는 책을 출간해야 할 때 적용된다. 일반적으로 제기되는 주장은 '세상이 원하는 것을 세상에 내놓는다'고 해서 출판사가 어떠한 범죄에 연루되는 건 아니며, 사실상 출판사는 전 영역에 걸쳐 책을 출간할 의무가 있다는 것이다. 따라서 불쾌하고 혐오스럽지만 인기 있는 책을 출간하는 일은 중립적인 입장으로 간주되며, 편집자는 대중의 취향을 널리 알리는 매개자에 불과하다. 그러나 실제로는 책 출간의 어떠한 부분도 중립적이지 않다. 출간 결정, 적어도 오늘날 책이 출간되는 방식은 작가 또는 공인의 주장을 상업적으로 제시하는 행위를 통해 그들에게 불가피한 타당성을 부여한다.

내 생각에 우리는 도덕적 책임을 시장 지향의 위장물로 숨기고 있다. 우리는 충분히 이해되지 않는 책을 세상에 내놓아 사람들이 이를 읽고 분석하고 반응하도록 하는 건 아니다. 포장과 제시의 모든 측면에서 그리고 책을 묘사하는 언어를 통해, 우리는 평론가, 비평가, 도서 판매자, 독자들이 책을 받아들이는 방식에 영향을 미치고 이를 제어하려고 한다. 우리는 "이걸 읽고 직접 판단하시오"라고 말하지 않고 "이것이 진실입니다"라고 말한다. 또 공식적인 승인을 통해 그리고 역시나 중요한 것으로 광고, 저자 순회 홍보, 기타 마케팅 전략을 통해 진실성과 타당성을 인정한다. 우리는 책을 둘러싼 논쟁 또는 책의 라벨, 표지, 문구, 홍보 전략, 심지어 책등에 찍힌 출판사 이름과 로고에 대한 인식까지 의도적으로 제어하려고 노력한다.

책은 한때 (때로는 지금도 여전히) 유명세를 누릴 수 있는 경로였다. 이제 도서 출판은 매체가 사건을 만들어내고 물질이 활용되는 거대한 망 속으로 빨려들어가고 있다. 이 망은 유명인사가 영화나 토크쇼에 출연하거나 운동 비디오를 찍거나 스파게티 소스나 향수를 추천하거나 책을 쓰는 세상이다. 출판사가 이 활용도 높은 시장으로 돈을 벌지 않는 것은 어리석은 일이지만, 우리는 한때 출판의 결과물(명성)이었던 것이 책 계약의 필수적인 전제조건이 되지 않도록 해야 한다. 모든 사람이 내 의견에 동의하진 않겠지만, 9개 도시를 순회할 자격이 되지 않는 작가의 저서를 출간하는 것도 출판사의 의무이며, 크고 작은 책들 사이에서 균형을 유지하는 일이야말로 우리가 단순히 문화적 공예품을 파는 상인이 아님을 출판사가 건전하게 인식하고 있다는 증거다.

수익을 제공해야 할 의무를 넘어서서

당연히 나는 내 나름의 믿음을 이미 반영한 글에 매료되지만, 내가 작가의 생각이나 방향을 일시적으로 바꾸는 것처럼 내 마음도 수시로 바뀐다. 때로는 그 극단적인 입장 덕분에 논쟁을 진전시키는 데 중요한 역할을 할 책을 만나곤 한다. 페미니즘 심리학이든, 국가의 약물 정책이든, 혹인 자본주의든, 식민지 시대 토착민 정책이든, 특정 주제에 관한 논지가 내가 개인적으로 받아들일 수 있는 선을 훨씬 더 넘어설 수도 있다. 하지만 그러한 극단적인 견해를 드러내서 현재 진행 중인 논쟁에 구체적이고 긍정적인 기여를 할 수 있다는 확신이 든다면, 책 출간이 책임감 있는 행위가 된다. 이것이 선택이라는 행위를 통해 내 의지와 편견을 세상에 부과하는 일일까? 물론이다. 하지만 돈을 잘 벌 수 있으리라는 생각에서 책을 계약하는 행위 역시 마찬가지다.

책과 출판사의 설득의 힘은 엄청나게 무시무시하며, 우리 모두는 그 힘을 잊어서는 안 된다. 숫자만이 유일한 진실을 말해준다는 믿음하에 하나의 텔레비전 프로그램이나 영화가 끌어내는 어마어마한 수의 시청자 내지는 관객들과 비교한다면, 우리가 세상에 미치는 영향은 거의 감지되지도 않을 것이다. 대신 우리는 논쟁, 사고, 개인의 자아상, 공공 정책, 국가의 양심 및 의식에 영향을 미친다. 이 영향에는 대중적인 것과 비대중적인 것, 불온한 것과 관습적인 것 모두에 관심을 기울이고 대다수의 여론 형성자나 명성을 추구하는 자들의 그늘에 가려질 이들의 목소리를 대변해야 할, 피할 수 없는 의무가 수반된다. 나는 내게 봉급을 지급하며 투자를 한 이들에게 수익을 제공해야 할 의무를 안고 있음을 안다. 나는 그러한 수익이 돈을 넘어서서 더 많은 형태로 찾아온다는 사실을 그들이 알았으면 한다. 그리고 그것이 사실임을 그들에게 납득시키려 노력한다. 사고방식을 변화시키는 일은 그만큼 가치가 있으며, 책이 그러한 사회 변화를 위한 중요한 수단이 된다.

그렇다고 해서 단지 대중적이지 않다는 이유로 도발적인 소재를 무조건 책으로 펴내겠다는 얘기는 아니다. 난해한 사상의 경우에는, 그 사상의 논지가 충분한 증거로 뒷받침되는지 알기 위해 철저하게 검토해야 한다. 그러나 금전적 결과에 대한 두려움, 불온한 사상에 연루된다는 두려움 또는 일반적인 상식이나 지혜로부터 벗어난다는 두려움 때문에 우리의 책임을 저버릴 수는 없다. 작가들은 그들의 신념을 확고부동하게 지지해주는 편집자에게 큰 신세를 진 입장일 수 있다. 하지만 우리 역시 그들에게 뭔가를 신세 지고 있다.

「진짜보다 더 진짜 같아야 한다—소설의 편집」

세일은 편집자의 역할에 대해 깊은 연륜에서 우러나온 견해로 글을 시작한다. "내가 존경하는 작가가 글의 윤곽을 드러내고 글을 갈고 다듬도록 돕는 과정은 일종의 사랑의 행위가 될 수 있다." "내가 하는 발언이나 원고에 하는 표시는 그저 제안일 뿐이라는 점을 될 수 있는 대로 자주 저자에게 상기시킨다." "나는 (적어도 원고가 책으로 탄생할 때까지) 저자를 위해 원고에 대한 가장 지적이고 공감하는 독자가 되려고 한다."

세일은 일반적인 출판 과정, 즉 소설의 발굴·편집·출간의 여정으로 우리를 데려간다. 그녀가 예로 든 소설은 코니 메이 파울러의 소설 『슈거 케이지』다. 그녀는 작품에 대한 첫인상("나는 즉각 그 원고가 읽을 만한 작품이라는 걸 느꼈고…… 계속 읽고 싶다는 유혹을 뿌리칠 수 없었다")에서부터 원고를 완성된 책으로 출간하기까지 그 과정을 우리에게 소개한다. 여기서 저자의 에이전트와 협상 및 논의하기, 저자와 전화 통화 및 개인적 만남 갖기, 세부적인 편집상의 제안, 저자의 수정 원고 작업에 관해서도 엿볼 수 있다.

그 뿐만 아니라 삽화가와 책 표지 상의하기, 책 디자인, 책 표지 문안 작성하기, 평론가의 관심 유도하기 및 추천사 요청하기, 판매 담당자 및 2차 저작권 담당자들로부터 책에 대한 열정을 끌어내는 과정도 살펴볼 수 있다.

그녀의 글을 읽으면 매우 섬세하고 창의적인 편집자의 작업 과정을 들여다볼 수 있으며, 그 안에서 소설의 탄생을 목격하고 편집자와 저자의 관계가 얼마나 생산적이고 돈독해질 수 있는지를 알 수 있다.

그녀는 관심과 열정을 가지고 파울러의 차기작을 기다리는 중이다. 물론 에이전트가 상당한 원고료를 요구할 것이라는 사실도 알고 있다. "분명 우리는…… 동일한 과정을 또다시 거칠 것이다. 하지만 그게 편집자가 하는 일이다. 그리고 내가 사랑하는 일이기도 하다."

페이스 세일(Faith Sale)

페이스 세일은 G. P. 퍼트넘스 선스의 부사장이자 책임 편집자로 1979년 12월부터 이곳에 몸담았다. 그 전에는 10년 넘게 프리랜스 편집자로 활동하다가 E. P. 더튼에서 2년 동안 선임 편집자로 재직했다. 그녀는 펜 아메리칸 센터 이사회의 회원이며, 이 기관 산하 글쓰기를 위한 자유 위원회의 공동 의장이다.

진짜보다 더 진짜 같아야 한다
—소설의 편집

—페이스 세일

사랑의 행위로서 소설 편집

소설 편집에 관해 글을 쓰기란 내겐 매우 힘겨운 일이다(이 책의 편집자 역시 쉽게 수긍할 것이다). 그 이유는 각 작가마다 심지어 동일한 작가의 각 작품을 편집할 때마다 다른 방식으로 하기 때문이다. 하지만 그보다도, 내게는 소설 편집이 지극히 개인적이고 기쁜 일이다. (편집자라는 직책 앞에 어떤 수식어가 붙든) 출판사에서 편집자의 직책을 맡은 사람으로 내가 해야 하는 일의 대부분이 고되거나 단조롭다는 것도 사실이다. 하지만 내가 존경하는 작가가 글의 윤곽을 드러내고 글을 갈고 다듬도록 돕는 과정은 일종의 사랑의 행위가 될 수 있다.

좋은 글쓰기, 즉 언어의 흥미로운 사용, 진정한 정서의 환기, 인식하지 못했던 진실의 폭로는 내 생각에 가장 고결한 형태의 예술이다. 나는 (그러한 예술을 결코 행하지 못하는 사람으로서) 그러한 예술을 위해 일한다는 사실에 긍지를 느낀다. 그래서 소설에 다가갈 때는 반드시 그 생각을 염두에 둔다. 그리고 내가 하는 발언이나 원고에 하는 표시는 그저 제안일 뿐이라는 점을 될 수 있는 대로 자주 저자에게 상기시킨다. 작품은 반드시 저자가 원하는 그대로 쓰여야 한다고 굳게 믿기 때문이다. "그건 당신의 책이에요." 난 항상 말한다. 작품의 어느 대목을 수정하면 작품이 더 탄탄해지리라고 절대적으로 확신하는 상황에서 저자에게 수정을 간곡히 요청할 때라도 말이다. "고마워요. 제가 약점을 드러냈군요. 하지만 제가 원하던 결과였어요." 내 제안과 직감으로 도움을 받고서 한 저자가 내게 한 말이다.

나는 적어도 원고가 책으로 탄생할 때까지 저자를 위해 원고에 대한 가장 지적이고 공감적인 독자가 되려고 한다. 그러기 위해서는 저자의 신뢰를 반드시 얻어야 하고 저자가 나와 내 의견을 편안하게 느끼도록 해야 한다. 그러다 보니 나는 한 해에 평균적으로 함께 작업하는 네댓 명의 작가에게 종종 무의식적으로 다양한 역할을 하곤 한다. 그래서 어머니, 여자 형제, 조카 내지는 교사나 제자, 혹은 교도소 수간호사, 보모 또는 정신과 의사, 절친한 친구 역할을 한다. 난 작가와 편집자의 관계를 영광스러운 것으로 생각하기 때문에, 이 지면에서는 내가 어떤 작가에 대해 어떤 역할을 하는지는 털어놓지 않을 것이다.

내게 '소설의 편집'은 글의 선택으로 시작한다. 작품을 처음 내는 작가라면 원고가 대개 완성된 형태일 것이고, 이전에 출간 경험이 있는 작가라면 원고가 부분적으로 완성된 형태나 개요의 형태를 띨 것이며, 유명 작가라면 대강의 약속으로 출간이 성사될 수 있다. 하지만 난 언제나 장기적인 관계로 들어서고자 한다. 작가의 인생은 책 한 권이 전부가 아니기 때문이다. 나는 앨리스 호프먼의 아홉 권의 소설 중 여덟 권을 출간했고, 리 스미스의 소설 일곱 권, 지금은 세상을 떠난 도널드 바셀미의 소설 네 권을 출간했다. 그리고 현재는 에이미 탄의 세 번째 작품을 작업하는 중이다. 일단 소설의 목소리에 매료되고 나면, 난 그 소설이 최대한 많은 독자에게 다가갈 수 있도록 내가 할 수 있는 모든 일을 할 준비가 되어 있다. 그건 소설이 출간 과정의 일련의 단계들을 순조롭게 거쳐가도록 하는 일일 수도 있고, 전반적인 재구성 작업을 총괄하는 일일 수도 있고, 사내에서 소설에 대한 관심을 유도하는 일일 수도 있다. 일단 작품에 마음을 빼앗기고 나면 나는 어떤 장애물이 있든지 간에 확고부동한 태도로 많은 시간과 노력을 들인다. 그러나 가식을 부릴 수는 없다. **소설에 대한 내 헌신은 지성보다는 본능에서 우러나오고 계산된 판단보다는 정서적인 반응에 바탕을 둔다.** 연결의 순간은 내가 책(또는 저자)의 지지자, 즉 양육자·변호인·옹호자·대변자·경호인이 되는 순간이다. 이렇듯 책을 완강히 보호하는 내 태도는 더 큰 그림을 바라봐야 하는 홍보 담당자, 판매 담당자 또는 출판사 내 다른 사람들에게 종종 실망을 안겨주기도 한다. 그들은 출간도서 목록 전체를 대상으로 쌍방 타협을 하면서 균형을 유지하고 평가를 하는 반면, 나는 한 권의 책이 응당 받아야 할 대우를 단호히 요구한다. 난 동료들에 맞서 이러한 입장에 서는 것을 즐기지는 않지만, 책이 내 가장 주된 관심사가 되어야 한다고 생각한다.

책을 입수하겠다는 결정을 내리고 나면, 책을 최상의 상태로 만들기 위해 행해야 하는 조치를 저자에게 어떻게 전달해야 할지를 반드시 생각해야 한다. 단, 책을 저자가 구상한 것이 아닌 다른 모습으로 만들어서는 절대로 안 된다. 내 생각에 그건 결코 일어나서는 안 되는 일이다. 저자를 위한 최고의 독자라는 역할을 안고서, 나는 책의 전반 또는 일부에 대해 내 반응을 표현하면서 다음과 같이 물을 것이다. "독자들이 이렇게 느끼도록 의도한 게 맞나요? 만약 그렇지 않다면, 당신이 원하는 대로 독자들이 느끼게 하는 방법을 모색해봅시다." 달리 말해 내가 하려는 일은 저자가 자신의 의도를 깨닫도록 도와주는 것이다.

그렇게 하려면 저자와 개인적으로 만나거나 전화를 통해 상당한 의논을 거쳐 내가 저자의 의도를 제대로 이해했는지를 확인해야 한다. 이 시점에서 (그리고 대개는 어떠한 시점에서도) 나는 그 유명한 '편집자 서신'을 쓰지 않는다. 편집자들은 "휴, 방금 편집자 서신을 열두 쪽이나 썼어"라고 말하곤 한다. 그럴 때면 그들이 첫 번째 질문에 대한 답을 듣지 않고도 어떻게 두 번째 질문을 만들어낼 수 있는지 궁금할 뿐이다. 얼마 전 내가 만난 한 작가(이 작가는 할리우드에서의 돈이 되는 경력을 위해 책을 포기했음을 미리 말해둔다)는 못 해도 열 쪽을 꽉꽉 채워 300건 가까이 되는 원고의 수정 제안을 담은 서신을 보낸 놀라운 편집자에 대해 이야기를 꺼냈다. 그러나 그가 수정 제안 중 네 가지만을 실천하겠다고 하자 편집자는 그걸 흔쾌히 받아들였다고 한다. "얼마나 좋은 편집자예요!" 작가가 말했다. 나는 편집자와 저자의 대화를 경쟁이나 시험 또는 성적표로 여기지 않는다. 내가 내 역할을 제대로 했다면, 내가 제안하는 각 사항에 대해 저자가 직접 실천하진 않더라도 적어도 고려는 했을 것이다.

진짜보다 더 진짜같이

내게 소설의 편집은 유기적인 과정, 서로 주고받는 교류의 과정으로 그 안에서 저자와 편집자 모두 말을 하고 글을 쓰고 상대방의 말을 듣는 것으로 도움을 얻는다. 이는 기존에 존재하던 것을 더 깊게 하거나 풍부하게 하는, 뭔가를 쌓아올리는 과정이라고 할 수 있는데, 저자가 단순히 수정을 하는 것이 아니라 새로운 것을 다시 상상하거나 재창조하도록 유도되는 최상의 경우, 그저 충분했던 것을 절묘한 것으로 탈바꿈시킬 수 있다. 저자와 나는 인물의 행동이나 줄거리 구성을 위해 책 전체, 한 장, 한 장면을 구성할 수 있는 다수의 가능성을 모색할 수 있다. 하지만 결국에는 우리 중 어느 누구도 최종 결과물에 반영된 해결책을 누가 제시했는지 기억하지 못한다. 혹은 신경 쓰지 않는다.

내 관심사는 대략 설명하자면 허구적인 설정 내에서 등장인물의 말, 즉 박자, 말씨, 심지어 내용의 신빙성을 보장하는 것이다. 혹은 사건들의 순서 내지는 속성의 신빙성을 보장하는 것이다. 예를 들면 저자가 책을 위해 상상한 세계 속에서 논리적으로 일어날 수 없는 일을 방지하는 것이다.

저자들은 내게 수도 없이 이렇게 말한다. "그렇지만 이 장면은 내가 겪은 실제 사건에 바탕을 둔 것이에요." "실제로 우리 부모님이 그렇게 말도 안 되는 방식으로 만났어요." "성격은 온화하지만 이름이 그렇게 이상한 은행 직원을 실제로 내가 알아요." 그러면 난 이렇게 말하곤 한다. "그 일이 실제로 일어났든 그게 소설 속에서 효과를 발휘하지 못하든 그건 상관없어요." 우리 모두는 소설 속에서 사용될 수 없는 우연을 겪곤 한다. 그런 우연은 저급하게 억지로 짜 맞춘 것처럼 보일 수 있다.

"그렇지만 그건 사실이에요"라는 말로는 충분치 않다. 최고의 소설은 진짜보다 더 진짜 같아야 한다.

때때로 둘 다 미처 생각하지 못한 개선사항을 작가가 모색할 수도 있다. 언젠가 존 어빙이 지금은 세상을 떠난 편집자 헨리 로빈스가 『가아프가 본 세상』과 『뉴 햄프셔 호텔』의 초입부를 편집했던 것을 이야기해 주었다. "이 부분이 다소 부드럽게 느껴지는데요"라고 헨리가 지적했고 존은 그 구절을 그 나름의 방식으로 강화시키기 위해 궁리를 했다. 존은 그것이 (적어도 그 당시에는) 최고의 '편집'이었다고 말했다. 이와 달리, 난 한 편집자로부터 "그 말을 믿나요?"라는 오싹한 말을 들었다. 얼마 전 나와 함께 작업을 했던 젊은 저자는 에이전트에게 전화를 걸어 신경질적인 어조로 내가 그의 소설에 가한 '끔찍한 훼손'에 대해 불평을 했다. 정말 안타까운 일이다. 그건 모두 했어야만 하는 작업이었다. 그나마 저자가 내가 아닌 에이전트에게 전화를 건 게 다행스러울 뿐이었다. 나 역시 할 말이 많다. '훼손'이라니! 내겐 생각할 수도 없는 일이다. 난 원고 여백에 질문이나 의견을 적는 것 외에, 저자에게 아무런 말을 하지 않고 원고에 손을 대는 일이 결코 없다. 간단히 말하면, 난 절대로 수정을 지시하지 않는다. 그저 원고의 각종 문제를 지적하고, 요청이 있을 경우 그 해결책을 모색하는 일에 참여할 뿐이다.

편집의 이러한 부분에 저자가 어떻게 반응하는지는 흥미롭다. 때로는 두렵기까지 하다. 조지프 헬러의 원고를 처음으로 편집할 당시, 나는 그에게 말조차 제대로 꺼내지 못했다. 그리 오래전의 일이 아니다. 난 의심할 나위 없이 장성한 성인이었다. 그래도 내가 어떻게 이 세계적인 작가의 원고를 개선한단 말인가? 더욱이 그는 내가 제시한 제안사항에 일일이 거절의 뜻을 내비쳐서 내 최악의 두려움을 확인시켜주었다. 그러나 수주에 걸쳐 매주 며칠 동안 두서너 시간의 전화 통화를 하면서 그는 원고로 다시 돌아가 내가 지적한 모든 부분을 수정하기 시작했다. 그 과정이 끝날 무렵, 그는 자신과 연락이 닿지 않을 경우 내가 생각하기에 필요한 모든 조치를 취하라고 내게 대리인 자격까지 주었다. 그것 또한 두려운 일이었다. 나는 그와 상의하지 않고서는 어떤 사소한 수정도 하지 않았다. 실제로 새로운 저자가 나의 제안사항을 너무 쉽게 받아들일 때면 이따금 걱정이 된다. 난 늘 이렇게 말한다. "그대로 하지는 마세요. 그건 고려해보라고 제가 내놓은 하나의 가능성이니까요. 그게 정말로 당신이 원하는 건지 확신이 들 때까지 생각해보세요." 나는 뭔가를 고치는 데 단 하나의 적절한 방법이 있는 것이 아님을 안다. 그리고 이 사실을 신인 작가에게 가르쳐야 한다고(기성 작가에게는 이 사실을 상기시켜야 한다고) 생각한다.

내가 관여하는 한, 편집 과정은 한 차례의 논의로 끝나지 않는다. 나는 저자가 그다음 단계로 넘어갈 준비가 될 때까지(혹은 내가 저자에게 다음 단계로 넘어가라고 설득할 준비가 될 때까지) 원고를 읽고 저자와 상의하기를 계속한다. 본문 편집이 이루어지는 동안, 나는 본문 편집자가 제기할지도 모르는 일반적인 질문에 답하기 위해 그리고 그러한 질문에 대한 답변에 관해 저자와 상의하기 위해 기다린다. 본문 편집자가 저자와 의견 합일을 이루지 못하는 것으로 보일 경우, 나는 그동안의 답변들을 원고로 통합하기 위해 펜을 다시 집어들 수도 있다. 작품이 활자로 조판되면 대개는 그걸 다시 읽지는 않지만, 개인적으로 만나거나 전화를 걸어 저자의 교정쇄에 대해 상의하여 어떤 식으로든 작품에 해가 가는 일이 없도록 돕기도 한다. 또 교정자의 교정 내용을 살펴보고 저자의 문체가 엄격한 문법 규칙을 따르는 교정자에 의해 훼손되지는 않았는지 확인한다. 그리고 책 생산의 추가적인 단계들을 점검해서 저자나 내가 출판된 책을 보고 놀라는 일이 없도록 한다.

『슈거 케이지』의 예

한편 책자, 마케팅, 홍보 계획, 책 표지 문구 작성 등 출판의 사소한 절차를 반드시 처리해야 한다. 그리고 이 모든 내용을 저자에게 전달해야 한다(혹은 표지 문구의 경우, 저자로부터 수락을 구해야 한다). 그 뒤 책이 정말로 저자의 손을 떠난 시점부터 평론가들의 반응이 쏟아지는 시점까지 불확실하고도 으스스한 시간이 찾아온다. 예를 들면 커트 보네거트와 같이 자칭 남성적이라 하는 작가 중에서도 가장 강심장인 작가조차도 대중 앞에 새로운 작품을 선보인다는 기대감으로 몸을 떤다. 이는 아마도 저자가 보살핌과 치유를 가장 필요로 하는 시점이자 편집자가 차기 작가의 초기 편집이나 다른 작가의 작품 출간 준비에 신경을 쓰느라 저자에게 보살핌과 치유를 제대로 베풀지 못하는 시점일 것이다.

나는 이 모든 일반적인 이야기를 하나의 전형적인 사례로 설명하고 싶다. 그러나 경험에 비춰보면 어떠한 사례도 전형적이지 않다. 하지만 어쨌든 코니 메이 파울러의 첫 번째 소설인 『슈거 케이지(Sugar Cage)』의 이야기를 해보려 한다. 이 소설은 1990년 6월의 어느 날, 내가 매우 존경하나 실제로 함께 작업을 해보지는 않은 한 에이전트를 통해 내 손에 들어왔다. 에이전트는 그 책에 대해 매우 높은 기대를 갖고 있었고 출판사 측에서도 그러한 기대를 보여주길 원했으며, 원고를 다수의 출판사에 동시에 보내 그중 가장 높은 원고료를 제시하는 출판사를 선택하려는 준비도 되어 있었다. 그러나 에이전트는 내게만 원고를 보여주는 것이라고 말했다. 나 역시 그 소설에 매료되어 책의 큰 잠재성을 알아볼 것이라고 에이전트가 직감했기 때문이다. 그건 장차 작업을 함께하게 될 편집자에게는 약간의 부담일지 모른다. 그래도 어쨌든 돈이나 다른 압력 따위는 될 수 있는 대로 생각하지 않고 당시에는 이브 에르줄리(Ave Erzulie)라는 불가해한 제목이 붙어 있던 그 원고를 읽기 시작했다. 나는 즉각 그 원고가 읽을 만한 작품이라는 걸 느꼈고, 앞으로 어떤 일이 벌어질지 저자가 다소 어려운 상황들을 어떻게 풀어나갈지 보기 위해 계속 읽고 싶다는 유혹을 뿌리칠 수 없었다.

기본적으로 소설은 플로리다 북동부 작은 도시에 사는 두 가족에 관한 이야기였다. 두 부부는 지극히 평범하고 소박한 사람들로, 1945년 같은 날에 우연히 결혼을 하게 되었고 같은 해변 모텔에서 신혼여행을 보내게 되었다. 이후 그들은 교도소가 유독 많기로 유명한 티아마라는 마을에 서로 이웃으로 살고 있다는 것을 알게 되었다. 이들, 즉 루니 부부와 주얼 부부는 20년 가까이 친구이자 적이 되었고, 루니의 십대 아들인 에모리는 바람을 피운 아버지의 삶을 불행하게 만들었다. 각 인물이 이야기의 일부분을 서술하는데, 그 외에 다섯 명의 목소리가 더 있었다. 그러한 소설에서 아무런 문제가 없기란 쉽지 않았다. 내가 책을 읽어가는 동안 상당수의 문제가 튀어나왔다. 하지만 난 소설 읽기를 계속했다.

나는 책을 쉽게 내려놓지 못하는 유형의 사람이 아니다. 내게는 대부분의 책, 아니 어떤 원고든지 그걸 내려놓는 일이 가장 쉽다(그것이야 말로 내가 살아남을 수 있는 방법이기도 하다). 실제로 그건 과학 실험과도 같다. 내가 원고 읽기를 멈출 수 없다면 그걸 출간할 수밖에 없다

(또는 적어도 출간하려고 노력할 수밖에 없다). 소설은 다소 뒤섞여 있었다. 도입부가 책의 나머지 부분과 잘 맞지 않았고, 밭(정말로 밭이다!)이 이야기를 했으며, 가장 매력적인 인물(부두교를 믿으며 사탕수수 밭에서 일하는 솔레 마리라는 여자로, 에모리가 아버지에 의해 삼촌의 농장으로 쫓겨났을 때 그녀와 사랑에 빠진다)이 너무 늦게 등장했고, 그녀와 관련된 모든 구절이 잘 짜여 있는 다른 인물들의 구절과 달리 덩어리져 있었다. 하지만 나는 진짜 작가의 세계에 들어와 있었다. 이 현명하고 배려 깊고 세심한 코니 메이 파울러라는 작가는 글쓰기 강좌의 실습을 하는 것이 아니었다. 그녀는 어떤 글을 쓸 수 있는지 독자들을 놀라게 하려는 심산으로 과시를 하는 것이 아니었다. 작가는 실제 같은 세계를 창조하고 인물들에 피와 살을 붙여 진짜 사람처럼 보이게 만들었고, 가장 중요한 것으로 독자들이 그 인물들에 관심을 갖게 만들었다.

그래서 나는 에이전트에게 책 출간에 관심이 있다고 말했다. 작가 역시 내가 원고를 읽었다고 해서 그것이 작품의 방향성에 불리하게 작용하지는 않으리라 생각했다. 하지만 책을 이상적인 상태로 만들기 위해 저자와 내가 해야 할 모든 일을 생각하니, 에이전트가 희망하는 금액의 3분의 1 이상을 선금으로 지불하는 데 마음이 편치가 않았다. 이는 에이전트가 내 제안을 받아들일지 아니면 처음 생각대로 여러 출판사에 동시에 원고를 보낼지 결정해야 함을 의미했다. 내 생각에 그 소설은 널리 읽힐 정도로, 즉 어떤 다양한 시장이 존재하는지 판단해야 하는 출판사 사람들에게 널리 읽힐 정도로 온전한 형태를 갖추지는 못했다. 아니 사실을 말하자면, 북 클럽 판권이나 중판권을 살 수도 혹은 사지 않을 수도 있는 외부 사람들에게 보여줄 만큼 온전한 형태를 갖추진 못했다. 달리 말하면, 그 소설은 에이전트의 금전적 기대를 충족시킬 충분한 수익을 거둘 수 있다고 우리가 확신할 만큼 좋은 상태가 아니었다. 나는 에이전트에게 내가 원고를 살펴보고 특히 작가가 재작업을 하고 나면(작가가 그렇게 하기로 동의할 경우), 에이전트의 기대에 부응할 수 있으리라고 설득하는 데 성공했다. 에이전트는 동의하기까지 약간의 얼버무림, 다른 편집자를 찾으려는 소극적인 시도, 다소 불확실한 태도를 보였다. 결국, 에이전트는 소설에 대한 내 직감을 믿었고 나와 내가 속한 출판사가 그 소설을 펴내는 데 적격이라고 생각했다. 우리는 초기에 어느 정도 성공을 거둘 경우, 선금을 회수하기 전이라도 저자의 금전적인 측면에 즉각 도움을 줄 것이라 협상했다.

편집자의 제안을 적극적으로 수용한 저자

이제는 저자에게 이야기를 할 차례였다.

코니 메이 파울러는 30대 초반의 여성인 것으로 드러났다. 그러나 그녀의 소설에서 보이는 놀라운 지혜 때문에 에이전트와 나는 그녀가 실제 나이의 두 배는 될 것으로 예상했다. 나는 솔직한 태도로 그녀에게 독자로서 어떤 점들이 불편했는지 털어놓았다. 소설 도입부를 읽고 어떻게 해서 소설이 로즈 루니에게 치우치게 되었다고 생각했는지, 어떻게 해서 솔레 마리에게 제 역할이 주어지지 않았다고 생각했는지 말했다. 또 소설 속에 아홉 명의 실제 인물의 목소리가 존재하기 때문에 밭의 목소리를 없애는 것이 좋겠다고 말했다. 이에 더해, 목소리들의 균형이 맞지 않아 보이고 책 자체가 다소 모습을 갖추지 못했다고 덧붙였다.

이렇게 전화 통화를 한 결과, 코니는 이 모든 이야기를 듣고 싶어 했고 실제로 내가 함께 작업을 했던 어떤 저자보다도 열의를 보였다. 하지만 그녀는 전화로는 이야기를 잘 하지 못하기 때문에 수정 계획에 대해 서신을 써서 보내겠다고 했다.

며칠 후 서신이 도착했다. 코니는 원치 않는 사실(마틴 루터 킹이 죽는다는 것과 같은 사실)들을 알고 있는 흑인 가정부 아이네즈로 소설을 시작하면 어떨까 생각했다고 썼다. 우리 둘은 이렇게 하면 아이네즈가 사소한 인물이 아니라 소설 전반에 걸쳐 이야기의 틀이자 가닥이 될 수 있다는 사실을 깨달았다. 코니는 다른 부분들에 대해서도 답변을 내놓았고, 내가 요구하는 것이 무엇인지, 내가 어느 부분에서 문제를 느꼈는지를 정확히 알고 있었다. 우리가 같은 주파수대에 있으며 의기투합하여 손발이 척척 맞게 작업할 수 있겠다는 사실이 곧바로 느껴졌다. 우리는 이미 시작한 것이나 다름없었다.

6개월 후, 그러니까 작가가 대대적인 수정 작업을 마친 후, 나는 세인트 어거스틴 해변 근처에 위치한 그녀의 작은 집에 있는 식탁에 그녀와 함께 앉아 있었다. 책의 외부적인 형태는 이제 어느 정도 잡힌 상태였다. 그러나 내부적으로는 '할 일'이 많이 남아 있었다. 각 장에는 번호, 제목, 날짜, 화자의 이름이 적혀 있었는데, 이는 내가 생각하기에 각 장의 시작부에 제시되기보다는 이야기 속에서 떠올라야 하는 정보였다. 우리는 의논을 거듭한 끝에, 장들이 연이어 뒤따르는 형식 대신 책을 두 부분(후에는 네 부분)으로 나누자는 계획을 마련했다. 우리는 어떤 부분을 삭제할지, 어떤 부분을 이동시킬지, 어떤 부분의 인물 묘사를 다듬어야 할지에 대해 합의를 보았다. 그렇게 해서 코니는 다시 책상 앞에 앉았고, 나는 뉴욕으로 돌아왔다.

약 한 달이 지난 후에 코니가 완성된 수정본을 보내왔다. 우린 목적지에 거의 다다랐다. 그건 우리가 원하던 책이었으나 약간의 다듬기, 삭제, 상당한 '윤문 작업'이 필요했다. 내게 윤문 편집은 많은 걸 의미한다. 그건 목소리가 어조, 말투, 어휘 선택의 측면에서 일관되도록 하는 작업이다. 예를 들면 "이 대화에서 어린 소년의 말이 너무 나이 든 사람처럼 들리지는 않을까?" 혹은 "이 사람이 정말로 욕설을 할 만한 사람인가?"라고 의문을 제기하는 작업이다. 또 이는 간결함을 더하면 더 큰 호소력을 지닐 것으로 보이는 장면의 삭제나 압축을 권장하는 작업이기도 하다. 또 시대착오적인 부분, 언어의 부적절함, 길게 늘어지는 구절, 그리고 인위적인 글쓰기 때문에 독자를 소설에 집중하지 못하도록 하는 어떤 부분이든지 지적해내는 작업이기도 하다.

이렇게 말하니 상당히 수고스러운 작업처럼 들릴지 모르나, 전혀 그렇지 않다. 이 작업은 내가 하는 일 중 가장 즐거운 부분이다. 저자와 함께 작업하는 일(나는 '함께'를 강조한다), 저자의 반응을 듣는 일, 저자가 원하는 바를 정확히 표현한 수정본을 내놓는 것을 보는 일, 저자가 조각가처럼 작품의 형태를 점차 갖춰가는 과정을 목격하는 일, 저자가 소설의 내용을 더 깊고 예리하게 만들면서 더 많은 것을 끌어내기 위해 인물 속으로 파고드는 것을 지켜보는 일은 내게 가장 즐겁다.

내 모든 제안사항에 대해 코니는 중간중간 전화를 걸면서 2주 뒤 또 다른 완전한 수정본을 보내왔다. 여기서 내 제안사항이란 오로지 질문과 제안이라는 점을 기억하길 바란다. 그 시점(원고를 제출한 지 열 달 후, 계약을 체결한 지 여덟 달 후)에서 나는 출판사 내 다른 사람들에게 원고를 읽게 할 준비가 되어 있었다. 원고는 홍보 부서·2차 저작권 부서·판매 부서·기타 편집자들에게 전달되었고, 동시에 원고를 본문 편집자에게 넘겼다. 느낌이 매우 좋았다. 우리는 (경매를 하는 대신) 원고를 재발행 출판사 한 군데에 독점적으로 보냈고, 얼마간의 협상 뒤 그들은 우리가 기대했던 여섯 자리의 금액을 제시했다. (확신할 길은 없지만, 원본 원고에 대해 그러한 제안은 결코 없을 것이다.) 북 클럽들도 마찬가지였다. 그들은 매우 열의를 보였고 몇 차례의 입찰 끝에 우리는 운 좋게 다섯 자리의 금액을 받아냈다. 출판사 내 다른 부서들, 특히 발행인 역시 열띤 반응을 보였다. 내가 원본 원고와 다양한 재작업 원고를 보여주었다면 그들은 그렇게 고무적인 태도를 보이지 않았을 것이다. 사내에서 그만큼 뜨거운 반응을 끌어내기 위해서는 사람들에게 최종 완성 상태에 가까운 원고를 보여주어야 했다.

질문이 답을 만든다

본문 편집은 여느 때처럼 순조롭게 진행되었다. 우리는 두드러지는 문제점을 대부분 이미 잡아낸 후였고, 본문 편집자 역시 공을 들였다. 하지만 전화 통화를 하면서 코니가 수정한 부분들을 기록하고 원고를 훑어보는 동안 몇 가지 거슬리는 부분이 눈에 띄었다. 코니는 매번 얼마간의 새로운 정서적 울림을 일으키는 말이나 생각을 만들어내곤 했다. 그중 가장 눈에 띄었던 것은 에모리가 베트남전에 참전하기 위해 군대에 갈 준비를 하면서 아버지의 자동차를 처분해야 하는 장면이었다. 그는 자동차 앞좌석 사물함을 비우던 중 여성용 머리핀을 발견했다. 그는 그 핀이 몇 년 전 그곳에 남겨진 어머니의 것이라 생각했다. 하지만 난 그 핀이 아버지의 내연녀의 것이 아님을 에모리가 어떻게 알았는지 혹은 우리가 그 사실을 어떻게 알 것인지 의문이 떠나질 않았다.

코니는 그 핀이 어머니의 것이라고 확신했지만, 애매모호함을 피하길 강력히 원했다. 내연녀 문제는 오래전에 해결되었기 때문이다. 그녀는 전화를 끊은 뒤 15분 뒤에 다시 전화를 걸어와 새로 쓴 구절을 읽어주었다. 그녀는 그 부분을 내게 읽어주면서 울먹였고 나 역시 그걸 들으면서 가슴이 북받쳤다.

나는 개인 소지품이 있는지 차 내부를 확인했다. 앞좌석 사물함 외엔 티 하나 없이 깨끗했다. 앞좌석 사물함에는 엄마가 쓰시던 여러 개의 장밋빛 스카프 중 하나가 들어 있었다. 우리는 늘 엄마 생신 때마다 장밋빛의 물건을 선물하곤 했다. 오래전의 일이다. 그 스카프는 아빠가 돌아가시기 전부터 계속 그곳에 있었을 것이다. 순간 나는 그걸 그곳에 남겨둘까 했지만 이내 생각을 고쳐먹고 내가 챙기기로 했다. 스카프는 먼지투성이였지만 부드러웠고 달콤한 무언가가 스며 있었다. 난 울음을 터트릴 뻔했다. 그건 바보 같은 짓이었다. 내가 차를 갖고 돌아다니는 동안 여태껏 그에 대해 단 한 번도 생각하지 않았기 때문이다. 그런데 젠장, 이제 입대를 해야 한다니. 엄마의 작은 소지품쯤은 갖고 가도 괜찮겠지. 나는 스카프를 가방 안에 넣었다.

"이걸 어떻게 생각해냈어요?" 내가 물었다. "어디서 영감을 얻었죠?"
"편집자님이 옳은 질문을 하셨잖아요." 코니가 대답했다.
나는 그게 내 묘비명이라도 되는 듯 기뻤다.

나머지 업무는 정치와 같다

편집은 오로지 글에 관한 것이다. 업무의 나머지는 정치나 다름없다.

우선 책 자체를 생각해보자. 책 표지가 중요하다. 그 이유는 표지가 책에 적절해야 하고 인물·어조·내용을 암시해야 하며 가장 이상적으로는 소설의 정서적인 특징을 시각적으로 나타내야 하기 때문이다. 이 책의 경우, 나는 플로리다/카리브해의 더위의 느낌을 전달하면서도 책의 어떠한 인물이나 시간의 요소를 구체적으로 나타내지 않는 무언가를 원했다. 그리고 책 표지가 아름다워야 했다. 나는 삽화가를 고용하여 몇 가지 삽화를 고안하도록 했고, 아트 디렉터와 함께 일주일 동안 가장 시선을 끌면서 색상이 다채로운 삽화를 골랐다. 이후에는 적절한 배경색을 고르고 책 표지의 그림 크기를 결정하고 색조와 톤을 조정하는 오랜 과정이 뒤따랐다. 몇 개월 동안 모든 부서와 상의하고 이틀 동안 인쇄 담당자를 방문한 끝에, 우리는 만족할 만한 결과물을 손에 넣게 되었다.

책 내부의 경우, 디자이너와 내가 활자, 표제, 그리고 독자가 이 책 속에만 존재하는 세상에 있는 느낌이 들도록 하는 기타 요소에 대해 결정을 했다. 또 몇 시간을 들여 각 장의 시작을 알리는 장식을 고르고, 서술을 하는 아홉 명의 인물 각각을 위해서도 각기 다른 장식을 골랐다.

동시에 조기에 책에 대한 서평을 얻으려고 노력했다. 새로운 책, 특히 첫 작품의 경우에는 각 단계를 거치면서 책이 그다음 독자들에게 다가갈 수 있도록 하는 수단이 필요하다. 출간 전, 그 독자들이란 책을 팔아야 할 사람들, 즉 서점 구매 담당자들이 책을 사들여 진열하도록 설득해야 하는 출판사의 대표들 그리고 (출판사가 희망하기에) 책을 고객에게 권유할 서점 관계자들을 의미한다. 첫 작품의 경우, 사람들의 관심이 없고 이전에 이루어진 평가도 없기 때문에 잘 알려진 작가에게서 작품에 대한 인정을 받는 일이 책을 지원할 수 있는 가장 신뢰할 만한 수단이 된다. 따라서 기꺼이 책을 조기에 읽고 평가해줄 수 있는, 이름과 명성이 있는 작가를 섭외하는 것이 내 임무다. 그 시점에서 그러한 작가가 읽어야 하는 것은 타자기로 친 원고였다. 이는 모든 잠재적인 독자가 우편배달부로부터 받기를 원치 않는 것이다(더 최악으로는 원고를 우체국에서 가져와야 한다). 더욱이 순회, 강연, 책 검토를 하는 일 없이 온전히 자신의 원고를 집필하는 데 집중하면서 가장 행복한 순간을 보내고 있는 작가의 귀한 시간을 빼앗는 것만큼 무례한 폐가 또 어디 있겠는가? 코니 파울러는 책 표지에 추천사를 실어줄 영향력 있는 작가를 한 명도 알고 있지 못했다('인맥'의 시대에서 이 얼마나 희귀한 일인가?). 그래서 그 일은 전적으로 내게 달려 있었다. 나는 서로를 위해 함께 작업하는 작가에게 이런 부탁을 하기를 자제한다. 그러나 아주 드물게 진정으로 친밀감이 있다고 생각하는 한두 명의 작가에게 아무런 조건 없이 책 읽기를 부탁한다. 어쨌거나 작가들은 왜 같은 편집자를 두었다는 이유로 서로에게 추천사를 써주어야 할까? 그런데 작가들은 다른 편집자를 둔 작가에게도 글을 써준다. 난 그들이 저 나름의 규칙을 고수하고 있다고 생각했다. 그래서 나는 관심을 보일 듯한 작가 세 명에게 추천사 부탁을 했고, 그들은 의외로 멋진 추천사를 써주어 나를 안심케 했다. 그렇게 해서 앨리스 호프먼, 리 스미스, 에이미 탄으로부터 받은 추천사를 출판사 내에 돌린 뒤 신간 서적 견본에 실었다.

서점 구매 담당자를 설득하는 법

그다음은 판매회의다. 여기서 편집자는 실제로 서점으로 가서 구매 담당자에게 책 구매를 권유해야 하는 30명 넘는 판매 담당자들에게 이 책이 그만한 공을 들일 가치가 있다는 점을 설득시켜야 한다. 알고 보니 그들은 나보다 앞서서 신간 서적 견본을 읽었고, 서점 관계자들에게 신간 서적 견본과 함께 제시할 수 있도록 특별한 개인적인 서신을 써 달라고 내게 부탁했다. 그러한 종류의 서신을 쓰는 일은 내 취향은 아니었다. 난 그러한 서신을 써본 적이 한 번도 없었다. 왜냐하면 내가 읽었던 서신들은 언제나 행상인이 물건 파는 소리처럼 들렸고, 특히 내가 강한 애정을 갖고 있는 책을 부풀려 선전해서 많이 팔려고 하는 일을 참지 못하기 때문이다. 난 그저 "이 책이 맘에 듭니다. 귀하께서도 맘에 드셨으면 좋겠네요"라는 짧은 문구와 함께 소설을 보내곤 한다. "빛나는", "놀라운", "전율이 흐르는", "눈부신", "독특한" 등과 같은 흔히 쓰는 상투적인 수식어는 질색이다. 물론 평론가가 지면에서 그러한 수식어를 쓴다면 어쩔 수 없지만 말이다. 어쨌거나 판매부는 그러한 서신을 원했고 난 거기에 동의했다.

여기 내가 쓴 서신이 있다.

G. P. 퍼트넘스 선스

200 매디슨 애버뉴 뉴욕, 뉴욕 주 10016

페이스 세일   1991년 6월 5일

부사장

책임 편집자

도서 판매 담당자 귀하

저는 이러한 서신을 전에 써본 적도 없고 앞으로 다시 쓸 일도 없을 것 같습니다. 하지만 이 소설 때문에 제가 이렇게 서신을 쓰게 된 건 정말로 특별한 일입니다.

『슈거 케이지』는 플로리다 세인트 어거스틴에 사는 젊은 여성인 코니 메이 파울러가 쓴 첫 번째 소설입니다. 삽화 및 표지 담당자, 홍보 담당자, 2차 저작권 담당자, 판매 담당자를 비롯한 출판사 내 사람들, 원고를 처음 보고 여섯 자리의 계약 금액을 제시한 포켓 북스, 그리고 기타 관계자들이 이미 이 소설에 매료되었습니다.

그래도 책이 귀하의 손에 들어갔을 때 어떤 일이 벌어질지가 책의 일생에서 가장 중요하겠지요. 제가 펴냈던 다수의 다른 책들, 특히 에이미 탄의 『조이럭 클럽』과 앨리스 호프먼과 리 스미스의 작품이 성공할 수 있었던 건 바로 귀하의 지지 덕분이라는 걸 잘 알고 있습니다.

부디 『슈거 케이지』를 읽는 것이 즐거운 경험이 되기를 바라며, 이 작품을 다른 분들에게도 권유해주시길 바랍니다.

언제나 평안하시기를 바라며 늘 감사합니다.

서신에 대한 반응은 내게 용기를 북돋아주었고 이렇게 노력을 들인 일이 허사가 아님을 확신시켜주었다. 미국 전역의 여러 서점에서 책을 주문했고, 지역 도서 박람회에서는 코니를 저자 간담회에 초청했다. 대규모 도매업체인 베이커 앤드 테일러는 판매 담당자들이 읽을 특별 서적 견본을 요청했다. 그리고 많은 거래처에서 점포 내 홍보 수단(마케팅부의 젊은 직원이 애정을 갖고 준비한, 인용구와 아름다운 책 표지 삽화가 새겨진 입식 광고판)을 요청했다.

편집자로 영향력을 발휘해야 할 때

마지막으로, 평론가, 서평지 편집자, 널리 입소문을 내줄 사람들에게 신중하게 압력을 가할 때가 되었다. 단, 적절한 사람들에게 적절한 말을 하고 특정한 책에 대해 특정한 사람들에게만 압력을 가해야 한다. 이는 편집자가 수년에 걸쳐 적절한 사람들을 만나고 그들의 관심을 유도하면서 능해져야 하는 일이다. 그리고 저자 및 평론가의 민감한 속성과 문학계 여론의 휘발적 속성을 생각할 때, 매우 신중하게 압력을 가해야 한다. 나는 지난 10년간 내가 출간한 책들로 이름이 알려져 있다. 내가 새로운 책을 누군가에게 권유한다면, 내가 모든 사람이 그토록 흠모하는 X, Y, Z라는 책을 출간한 바로 그 편집 경력자이며 경솔하게 권유를 하면서 돌아다닐 법한 사람이 아니라는 이해가 나와 그 사람에게 따른다. 나는 이것이 편집자에게 주어진 임무의 중요한 부분이라고 생각하지만, 그것을 향한 지름길은 없다. 이는 언제나 꾸준한 건 아니지만 서서히 (상업적이지 않다면 적어도 문학적인) 성공의 역사를 쌓아야만 가능하다. 게다가 이는 오로지 이따금 그리고 조심스럽게 갈 수 있는 길이다.

이제 책이 드디어 세상에 나왔다. 지금 나는 평론가들의 반응과 서점의 최초 보고를 기다리는 중이다. 난 할 일을 다 했고, 편집자가 할 수 있는 바를 다 했다. 이제 나머지는 내 손을 떠났으며, 모든 건 운명의 손에 달려 있다.

코니는 차기작을 집필 중이다. 난 그 작품을 출간하고 싶다. 아직 원고를 보진 못했으나 이 작가를 많이 신뢰한다. 분명 몇 달 후에는 원고를 보게 될 것이다. 분명 에이전트는 거액의 원고료를 요구할 것이다. 우리는 분명 그녀의 첫 작품의 성과를 바탕으로 동일한 과정을 또다시 거칠 것이다. 하지만 그게 편집자가 하는 일이다. 그리고 내가 사랑하는 일이기도 하다.

「상상력을 지배할 수는 없다―소설 편집에서 '정치적 올바름'의 문제」

이 글에서 마이클 데느니는 정치적 올바름이 작가와 편집자의 표현의 자유에 긍정적인 혹은 부정적인 영향을 미치는지의 여부를 살펴본다.

본인이 말하는 소위 "편집의 절대적 규칙: 이것은 편집자의 책이 아니라 저자의 책이다"를 준수하면서 데느니는 소수집단, 특히 아프리카계 미국인, 게이, 레즈비언이 소설에서 묘사되는 방식과 관련된 민감성에 대해 인식한다. 하지만 그는 저자가 의도하는 바를 최상으로 끌어내려는 과정에서 어떠한 압력에도 굴하지 말 것을 편집자들에게 당부한다. 저자가 말하려고 하는 내용이 현재 영향력을 떨치고 있는 문학적·학문적·언론적 가치관과 부합하지 않더라도 말이다. "있는 그대로의 진실은, 진지한 예술 작품이란 그것이 얼마나 시급하게 필요한지 혹은 어느 정도의 선의에서 비롯되었는지에 상관없이, 선전도 아니고 공공관계를 위한 노력도 아니라는 점이다."

데느니는 다음과 같이 결론 내린다. "일반적으로, 모든 소설을 정치적으로 올바르도록 만들려는 시도는 잘못된 것이다. 이는 상상력을 지배하려는 시도다. 이러한 경향은 플라톤이 최초로 자신의 이상적인 공화국에서 시인들을 추방한 이래 정치적으로 전념하는 사람들 사이에서 상당히 우세했다. 오늘날 이러한 경향의 부활은 유감스럽지만 꽤 예측 가능한, 활발해진 정치적 활동의 결과에 불과하다. 이러한 정치적 활동은 언제나 독선과 편협의 위험을 안고 있다."

"편집자로서 내 충성심은 개인의 상상력의 자유에 있으며, 그 결실은 현실 세계에서 별다른 해를 끼치지 않는다. 유감스럽게도, 정치적 활동에 관해서는 이와 같이 말할 수 없다. 정치적 올바름이 이론상으로가 아닌 실제로 더 나은 세상을 만들 수 있을 때까지, 나는 그들이 상상력으로 가득한 문학의 세계를 지배하는 것을 혹은 그 힘을 빼앗는 것을 가만히 보고 있지 않을 것이다."

마이클 데느니(Michael Denneny)

마이클 데느니는 세인트 마틴스 프레스의 선임 편집자이며 게이 및 레즈비언 문학을 전문으로 하는 페이퍼백인 스톤월 인 에디션스의 일반 편집자이다. 그는 『연인들: 두 남자의 이야기』와 『고결한 열정: 사랑에 관한 진실된 이야기』의 저자다. 또 『첫사랑/끝사랑: 크리스토퍼 스트리트의 소설』과 『크리스토퍼 스트리트 리더』를 편집했으며, 현재는 출판에 관한 수필집을 준비하고 있다. 그는 잡지 『크리스토퍼 스트리트』의 창립자의 한 명이며, 세인트 마틴스 프레스에 재직하기 전 시카고 대학교 출판부와 맥밀란에서 일했다.

상상력을 지배할 수는 없다

—소설 편집에서 '정치적 올바름'의 문제

—마이클 데느니

다원주의의 등장

최근 대학가와 주요 신문, 잡지를 휩쓸고 있는 정치적 올바름에 관한 논의의 돌풍은 문화가 대대적인 재편성을 겪을 때 발생하는 격변을 나타낸다. 정치적 올바름에 관한 논쟁의 경우, 지난 몇십 년간 미국 문화 내에서 발생한 상당히 주목할 만한 사회적 변화에 내재된 긴장을 얼마간 엿볼 수 있다. 역사의 대부분 동안, 미국 문화는 상대적으로 작은 규모의 계층인 앵글로-색슨의 문학적·문화적 전통에 깊은 뿌리를 두고 이에 충성심을 갖는 영어권 남성들에 의해 지배·규정·평가되었다. 이러한 전통적인 상류층의 지배와 다양한 원주민 보호주의자, 지역주의자 또는 이민자의 권리 주장 사이에는 늘 얼마간의 긴장이 존재했지만,

영국의 식민지로서 역사를 시작한 다른 국가들과 마찬가지로 미국 문화의 주요 줄기는 단연 앵글로가 장악했다.

그러나 제 2차 세계대전 이후로 미국은 엄청난 문화의 지각변동을 겪게 되었다. 1950년대 도시의 남성 유대인 작가, 1970년대의 아프리카계 미국인 여성 작가, 오늘날의 게이 및 레즈비언 작가들의 등장을 생각해보라. 게다가 미국 문화의 바탕이 된 인구학적·사회적 구성 역시 대대적인 변화를 겪었다. 한 예로, 1960년 버클리 대학가에서는 전체 학생의 단 3퍼센트만이 비-백인이었던 반면, 1991년 가을에는 전체 신입생의 50퍼센트 이상이 비-앵글로 출신이었다. 그때까지 소외계층이었던 이들에게 교육 및 문화 제도가 개방된 점과 다원주의의 등장은 오늘날 돌이킬 수 없는 추세로 보인다. 이 추세가 정말로 돌이킬 수 없는 것이라면, 이는 문화의 구성뿐만 아니라 문화의 근본적인 속성의 대대적인 변화를 일으킬 것이다. 나는 이 현상이 매우 바람직하다고 생각한다.

이러한 근본적인 과도기에는 혼란, 갈등, 그리고 출판계와 같은 문화 분야에서 일하는 사람들에게 문제가 생기기 마련이다. 최근 대두된 정치적 올바름에 대한 주장, 더 정확하게는 특정 소수계층의 구성원의 심기를 불편하게 하는 등 정치적으로 올바르지 못한 태도를 취한 작가들에 대한 공격이 그러한 예다. 그 효과는 개별 저자에 대한 압력 그리고 평론가의 견해 및 독자의 반응에 대한 영향의 형태를 띠고 출판 과정의 양 극단에서 나타나며, 현직 편집자에게 흥미로운 판단의 질문들을 제기한다.

판단은 내리지 않되 지지하기

지금까지 소외계층 출신의 저자가 공적인 공간에서 본인의 목소리를 내는 데 성공했다면, 그는 출판의 공적인 속성 때문에 작가로서 중압감을 느낄 뿐만 아니라 본인이 속한 집단의 대변인이 되었다는 부담감역시 느끼게 된다. 한 작가로서 독특하고 진정성 있는 목소리를 내려고 노력하는 동시에, 그는 본인이 속한 집단의 대표로 간주된다는 사실을 깨닫고 제약을 받게 된다. 이는 역사적 상황에 내재된 딜레마로 피할 수 없다. 각 작가는 자기 목소리를 내려는 의사와 본인이 속한 공동체에 대한 책임 사이에서 균형을 찾아서 이 위험한 상황 속에서 타협을 통해 나아갈 길을 터야 한다. 내 생각에 여기에 정해진 규칙은 없다. 편집자의 의무는 사안에 신중하게 다가가면서 공명판과 같은 존재가 되어 작가에게 반응을 제시해야 한다. 취해진 결정들은 매우 근본적이다. 따라서 편집자가 부과하기보다는 저자가 반드시 이 결정들을 철저히 논의해야 한다. 다른 많은 경우에서와 마찬가지로, 여기서 편집자는 판단을 내리진 않지만 저자를 지지하는 치료자의 역할을 행한다. 마치 반향실과 같은 이러한 역할이 때로는 다소 지루할 수 있지만, 편집의 절대적 규칙인 "이것은 편집자의 책이 아니라 저자의 책이다"를 지킬 수 있는 큰 장점을 지닌다.

있는 그대로의 진실은, 진지한 예술 작품이란 그것이 얼마나 시급하게 필요한지 혹은 어느 정도의 선의에서 비롯되었는지에 상관없이 선전도 아니고 공공관계를 위한 노력도 아니라는 점이다. 이 점이 오늘날 모든 사람에게 명백하지 않다는 사실은 지난 50년간 구소련에서 행해진 사회주의 리얼리즘의 문학적 실험의 참혹한 결과를 생각할 때,

의아할 뿐이다. 내 말은 "남자가 트랙터를 만난다. 남자가 트랙터와 사랑에 빠진다. 남자가 트랙터와 결혼한다"가 기대에 부응하지 못한다는 얘기다. 우리가 정말로 예술을 원한다면, 그리고 우리가 예술을 원하는지의 여부가 플라톤 시대 이래로 정치 사상가들에게 진지한 질문이었다면, **예술이 모든 사람을 위한 본보기를 제공할 수 있다는 어리석은 생각을 반드시 포기해야 한다.** 이러한 논지가 어떻게 통용되었는지는 내 영역 밖의 일이다. 순간의 생각으로 이것이 날아가버리기 때문이다. 호메로스의 아킬레우스는 그가 누구였든지 간에 고대 그리스인들의 본보기가 분명 아니었다. 그는 중용의 모든 조언을 거부하고 죽음이라는 운명의 제약에 맞섰기 때문이다. 이는 그리스인들 사이에서 인간의 조건을 규정하던 것이었다. 보바리 부인 역시 프랑스 지방 여인들의 삶을 위한 본보기로 의도된 인물이 아니었다. 문학이 본보기를 제공한다는 이론은 결국 한 사람이 어떤 무언가를 하면 모두가 그걸 보고 따라 한다는 무척이나 단순한 개념인 셈이다. 이는 문학과 삶의 관계에 대한 상당한 오해를 나타낸다.

그럼에도 과거에 문화 속에서 존재감을 드러내지 못했거나 타인들이 만들어낸 부정적인 이미지 속에서 자신들이 묘사되는 방식에 소유욕을 강하게 느꼈던 사회적 집단의 입장에서는 이해할 만한 경향이 존재한다. 필립 로스의『포트노이의 불평』이 선풍적인 인기를 끈 이래, 다양한 공동체 사이에서는 소설이 공동체의 대중적인 평판에 미치는 영향을 잣대로 하여 소설을 판단하는 경향이 생겨나기 시작했다. 이러한 경향은 엔토자케 상게의『무지개가 뜨면 자살을 꿈꾸는 여자들』, 또는 래리 크레이머의『남자 동성연애자』에 대한 초기 반응에서 볼 수 있듯이, 무척이나 근시안적이고도 집요하다. 두 작품 모두 각 작가가 속한 공동체의 구성원들로부터 가장 큰 질타와 공격을 받은 바 있다. 내가 생각하는 한, 저자는 그러한 감정적인 난타와 비판에 따른 심적 갈등을 견뎌내면서 본인이 취한 방향성의 진정한 정직성을 보존하는 것 외에 달리 도리가 없다. 편집자의 역할은 모든 사람에 맞서 저자를 지지하는 일이다. 때때로 이 일은 편집자에게 힘든 경험일 수 있다. 물론 저자에게는 더욱 힘든 경험이겠지만 말이다. 그러나 내 어머니가 말씀하시듯이, 그건 일상적인 일이다. 그러한 상황에 대한 가장 적절한 대처의 예는 스파이크 리가 맬컴 엑스의 삶에 관한 영화를 만들겠다고 발표했을 때 무수히 쏟아진 조언과 비판 속에서 그가 한 말이다. "내가 맬컴에 관해 만드는 영화가 싫다면, 당신이 직접 만들어라."

이러한 상황 속에서 저자와 편집자는 정치적 올바름을 준수해야 한다는 압박을 지속적으로 느끼게 될 것이다. 하지만 정치적 올바름이란 그저 창조적인 상상력의 필수적인 변증법, 저자와 사회 간의 긴장, 개인의 재능과 전통 간의 긴장의 또 다른 표현에 불과하다. 사회, 전통, 그리고 현재 통용되는 정치적 올바름은 항상 견해의 중요성과 숫자의 측면에서 이점을 지닌다. 편집자는 저자의 개인적 재능과 독특한 방향성을 뒤에서 밀어주면서 균형을 바로잡기 위해 행할 수 있는 바를 행하는 편이 내게는 합리적으로 보인다.

저마다 다양한 목소리를 내게 하는 일

저자가 속한 공동체에서 나오는 정치적 올바름에 대한 요구("그것이 유대인들에게 좋은 것인가?")로부터 저자를 보호하는 일 외에, 편집자가 자신과 다른 공동체에 속한 작가의 작품을 출간할 때 더욱 미묘한 문제들이 발생한다. 앤트 루트 북스의 조앤 핑크보스가 지적했듯이, 예를 들어 백인 편집자가 유색 인종 작가와 작업을 할 경우 때때로 무의식적이다시피 작가의 목소리를 백인 독자들이 이해하기 쉽거나 허용하기 쉽게 만들려는 유혹에 빠질 위험이 있다. 이러한 유혹은 반드시 단호하게 떨쳐내야 한다. 편집 과정에서 편집자에게 진정한 잣대를 제공할 수 있는 것은 작가의 목소리와 방향성의 진실성뿐이다. 편집의 목적은 책을 다르게 만드는 것이 아니라 더 낫게 만드는 것이다. 미국의 흑인 음악의 역사로부터, 우리는 흑인 음악을 백인이 '리메이크'하는 기제를 잘 알고 있다. 이 행위는 분명 상업적이고 문화적인 모작으로서, 편집자가 이러한 행위를 한다면 심각한 범죄가 된다고 나는 생각한다. 작가가 상업적으로 더욱 성공을 거두려는 생각에서 그러한 변화를 기꺼이 시도하거나 간절히 원한다 하더라도(우리는 이를 신념을 버리는 행위라 부른다), 시장에 영합하려는 그러한 행위 때문에 편집자가 작가의 책을 계약해야 할 근거가 사라진다. 물론 편집자의 시야를 넓혀주는 작가의 목소리와 메시지의 힘과 신선함에서 편집자가 느끼는 즐거움도 사라진다.

흑인 작가의 작품을 백인 독자들 사이에서 더 널리 수용되도록 하려는 유혹은 작품을 더욱 '보편적으로' 통용되게 만들려는 노력과 달리, 저자를 미묘하지만 심각하게 배반하는 행위이다. 이러한 행위는 아무리 악의가 없다 할지라도 작가가 의도한 독자층을 편집자가 의도한 독자층으로 바꾸려는 시도를 감추기 때문이다. 이는 실제로 다원론적인 출판에 종사하는 목적을 무효화시키며, 유럽인들의 즐거움이나 교화를 위해 세계 각지에서 '이국적인' 인류의 표본들을 발견하여 가져온 초기의 탐험가와 인류학자들을 연상시킨다. 게다가 이러한 행위가 혐오스럽기까지 한 이유는 궁극적으로 문학을 동물원으로 변모시킬 것이기 때문이다. 다원론적인 출판의 목적은 글로 쓰인 언어의 영역을 지금까지 배제되었던 집단들에게 개방함과 동시에 그들과 다른 공동체의 구성원들이 그들의 새로운 목소리를 듣게 하는 것이다. 물론 누군가 방언이나 생소한 억양으로 말하는 것을 처음 듣는다면, 그 말을 이해하기까지 어느 정도 시간이 걸린다. 하지만 편집자의 역할은 모든 사람이 동일한 방식으로 말하도록 하는 것이 아니라, 저마다 다양한 목소리가 선사하는 풍부함 속에서 우리에게 기쁨을 느끼게 하는 것이다.

중요한 건 저자의 의도

정치적 올바름을 둘러싼 대부분의 갈등은 작가의 방향성, 그리고 작가가 속한 공동체의 적극적인 구성원들이 자신들이 공개적으로 어떻게 묘사되어야 하는지에 대한 확신 사이의 차이에서 비롯한다. 그런데 여기에는 작가가 '다른' 공동체 구성원을 부정적으로 묘사하는 문제 역시 존재한다. 예를 들면 매체에서 아프리카계 미국인 남성을 주로 범죄자나 약물 중독자로 묘사해서 그 집단 전체를 비방하는 사례를 보면 문제의 심각성을 알 수 있다. 매체 전반에서 여전히 이러한 행태가 이뤄지고 있는지의 여부는 또 다른 문제다. 하지만 내 경험에 따르면, 출판계에서는 이러한 사례가 상당히 드물다. 아프리카계 미국인에 대한 부정적인 편견은 이제 흔하지 않으며, 대개 인종주의보다는 (재능 없는 소설가의 징후인) 상투적인 사고방식과 상상력의 부족에서 나온다. 그리고 이따금 영국 책을 제외하고, 오늘날에는 소설에서 반유대주의를 찾아볼 수가 없다.

그러나 이따금 동성애 혐오증적인 경솔한 언급은 여전히 보인다. 이때 편집자는 그 사실을 저자에게 지적해야 한다. 줄거리나 인물 묘사의 측면에서 그러한 언급에 대해 정당한 근거가 없다면, 그것이 독자에게 미치는 영향을 저자가 인식하게끔 해야 한다. (물론 동성애 혐오증을 가진 인물이나 동성애 혐오증적인 행위를 묘사한다고 해서 저자가 동성애 혐오증을 가졌다는 건 아니다.) 최근에 내가 작업한 추리물에서 한 인물이 "난 퀴어가 아니야"라고 말하는 대목이 나와서 저자에게 그 부분을 지적했다. 문맥상 '게이'라는 말 대신 '퀴어'라는 말을 쓴 것은 내게 다음 중 하나로 들렸다. (a) 나쁜 사람은 나쁜 언어를 사용하므로 이 자는 나쁜 남자다. (그 남자는 실제로 나쁜 남자였으나 내용 전개상 그 시점에서는 독자가 그에 대한 실마리를 얻어서는 안 되었다.) (b) 이 남자는 동성애 혐오증을 갖고 있으며 그 사실이 줄거리와 관련이 있을 것이다. (c) 이 남자는 지나치게 자기 방어적이다. 즉, 본인의 성적 정체성에 대해 혼란스러워하거나 갈등을 겪고 있으며 그러한 사실이 줄거리와 관련이 있을 것이다. 두 번째와 세 번째 설명은 줄거리에 적합하지 않아 보였으므로 나는 저자가 추리물의 너무 이른 시점에서 그 인물의 성격에 대한 실마리를 독자에게 제공하는 실수를 범했다고 생각했다. 그러나 얼마간의 상의 끝에 저자가 그 남자의 내면에 있는 상당한 성적 억압을 나타내려고 했음을 알게 되었다. 저자는 그 주제를 더 끄집어내려고 했으나 글쓰기 도중 묻혀버리고 말았다. 이후 원고를 추가로 약간 수정한 후에야 (줄거리를 포기하는 일 없이) 이야기가 매끄러워졌다.

오늘날 그러한 단어들이 실생활에서보다 소설에서 더 큰 중요성을 띠는 것은 사실이며 저자는 그러한 사실을 고려해야 한다. 사무실에서 욕설을 하는 여성 간부는 흔히 볼 수 있다. 그러나 소설 속에서 욕설을 하는 여성 간부는 저자가 의도하지 않은 바를 독자에게 알릴 수도 있다. 언제나 그렇듯, 편집자의 주된 임무는 저자의 의도를 명확히 하는 일이다.

물론 실제로 동성애 혐오증, 인종 차별주의, 또는 반유대주의를 고수하는 저자를 만날 수도 있다. 이 경우, 단순히 그의 작품을 출간하지 않는 선택권을 발휘할 수 있다. 하지만 이 점만은 확실히 하자. **저자의 작품을 출간하지 않겠다는 나의 선택은 검열이라 부를 수 없다.** 검열은 출판에 대한 일반적인 금지로, 보통 국가의 권력 내지는 교회나 그와 비슷한 사회적 제도의 권력을 필요로 한다. **편집자 또는 발행인으로서 특정 책을 출간하지 않겠다는 의사는 검열이 아닌 취향의 문제다.** 저자가 책을 다른 출판사에서 출간하거나 다른 모든 방법이 실패하여 자비로 직접 책을 출간할 수 있는 한, 여기에는 검열의 문제가 존재하지 않으며 오로지 상업적인 또는 사회적인 성공의 문제만이 존재한다. 그리고 이는 전적으로 다른 문제다.

한편 정말로 재능이 탁월하나 동성애 혐오증, 인종 차별주의 내지는 반유대주의를 고수하는 작가를 만날 가능성도 있다. T. S. 엘리엇이나 에즈라 파운드의 경우를 생각해보자. 나는 정말로 비범한 재능을 지녔으나 이를테면 동성애 혐오증을 가진 소설가를 만나게 되면 내가 어떻게 할지 늘 궁금했다. 하지만 그런 일은 한 번도 일어나지 않았으므로, 물론 매우 궁금하긴 하지만 솔직히 내가 어떻게 반응할지 모르겠다. 매우 특출한 재능을 지녔으나 동성애 혐오증을 가진 저자의 비소설, 예를 들면 루이스 파라한의 수필집을 출간하는 것을 상상해볼 수는 있다.

편집자의 견해는 설 자리가 없다

　원칙적으로 나는 편집자 나름의 정치관, 견해, 편견이 편집 과정에서
설 자리가 없다고 굳게 믿는다. 편집자의 정치관, 견해, 편견은 다소 이
상한 상황을 발생시킬 수 있다. G. 고든 리디의 자서전인 『의지』를 편
집할 당시, 나는 1968년 시카고에서 있었던 민주당 전당대회에 모였던
급진주의 학생들을 비판하는 대목을 다시 쓰도록 저자를 돕는 어처구
니없는 상황에 처했다. 당시 나는 그와 함께 내 주방 식탁에 앉아 그에
게 미사여구를 삭제하고 전쟁에 반대하는 시위자들에 대한 그의 견해
를 실질적인 공격으로 바꾸도록 권유했다. 그건 우리 둘에게는 정말로
모순적인 상황이었다. 그는 내가 당시 그랜트 파크에서 시위를 하고 있
었다는 사실을 잘 알았기 때문이다. 다행스럽게도 우리는 정치적 견해
가 일부 달랐어도 좋은 친구가 되었고, 편집상의 도움에 대한 화답으로
한나 아렌트의 『혁명론』을 읽겠다는 약속을 그로부터 받아냈다. 그 약
속을 받아낸 것으로, 편집과 관련되지 않은 내 양심을 어느 정도 달랠
수 있었다.
　어떤 면에서 보면, 세상 경험이나 정치적 신념이 나와 비슷한 작가의
작품을 편집하기보다 그러한 것들이 나와 크게 다른 작가의 작품을 편
집하는 편이 더 쉽다. 작가와 유지하는 거리감으로 절제력과 조심성이
생기기 때문이다. 편집 작업을 할 때면 그에 필요한 상상을 하고 공감
을 하려는 노력을 하고 있음을 스스로 느낄 수 있다. 절제력은 감지가
가능하며 때로는 정신을 고통스럽게 한다. 상당히 비슷한 감성이나 정
치적 성향을 다룰 때면 글 안으로 빠져들려는 더욱 미묘한 유혹이 발생
한다. 데니스 앨트먼과 『미국의 호모섹슈얼화: 호모섹슈얼의 미국화』

를 계약하기 전, 데니스와 나는 길고도 솔직한 대화를 해야 했다. 책의 내용이 내가 적극적으로 관여하고 글을 쓰는 분야였으며, 데니스 역시 긴밀하게 연결된 문제여서 본인이 가진 진실한 견해와 개성적 의견이 해를 입을까 봐 염려하는 마음이 있었기 때문이다. 그렇게 대비를 한 결과, 우리는 작업을 꽤 순조롭게 진행했고 비록 책 내용 전체에 내가 동의하는 건 아니었으나 나는 데니스가 책이 온전히 자신의 것으로 유지되었다고 확신한 것에 대해 긍지를 가졌다.

아마도 오늘날 게이 소설에 대한 정치적 올바름의 가장 취약한 부분은 에이즈의 시대에서 묘사되는 안전하지 못한 섹스일 것이다. 한편에는 앨리슨 퍼블리케이션스에서 출간하는 모든 소설에 대해 안전하지 못한 성적 행위의 묘사를 금하는 사샤 앨리슨의 강력한 입장이 존재한다. 그 반대편에는 에이즈에 걸린 내 오랜 친구인 워렌 싱어의 입장이 존재한다. 그와 나는 사샤의 입장에 대해 이렇게 결론 내렸다. "세상에, 안전하지 않은 섹스를 할 수 있는 유일한 장소가 우리의 상상 속뿐이라니!" 이러한 진퇴양난은 끝없는 철학적 논의로 이어질 수도 있으나, 이 문제는 사례별로 구체적으로 다룰 때 가장 잘 해결할 수 있다.

최근에 HIV 양성인 자와 HIV 음성인 자의 게이 로맨스를 다룬 소설을 읽은 적이 있다. 그들의 항체 상태는 글 속에 잘 드러나 있었다. 소설 속에서 HIV 양성인 주인공은 관계가 끝난 후 자신이 썼던 콘돔이 찢어져 있었다는 사실을 알게 되었다. 그러나 주인공과 작가 모두 그에 대해 아무런 언급도 하지 않은 채 이야기가 진행되었다. 하지만 난 더 이상 글을 읽어나갈 수 없었다. 그 사건을 어떻게 해석해야 할지 몰랐기 때문이다. 실제로 연인과 맺는 관계에서 그런 일이 발생한다면 그건 분명 중요한 사건이며, 마찬가지로 소설 속에서도 중요한 사건이 되어야 한다. 그러나 작가는 그 사건의 의미를 불확실하게 남겨두었다. 이건 마치 거실에 코끼리가 있다고 불쑥 말해놓고는 그에 대해 다시 이야기하지 않는 것과 마찬가지다. 이러한 일이 있어서는 안 된다. 체호프가 말했듯이, 극의 첫 행위에서 총을 꺼내들었다면 마지막 행위가 끝나기 전에 총을 쏴야 한다. 그렇지 않으면 애초에 총을 꺼내들지 말았어야 한다. 현대 게이 소설에서 등장인물이 안전하지 않은 성행위를 했다면 그 사실은 작가가 고려해야 할 해석상의 중요성을 지닌다. 독자가 분명 그에 대해 고려할 것이기 때문이다. 세월은 변했다. 마찬가지로, 오늘날 소설 속 등장인물이 '유대인 남자(Jew boy)'나 '검둥이(nigger)'와 같은 단어를 일상적으로 쓴다면 독자는 분명 작가가 그 인물에 대해 상당히 강력한 암시를 하고 있다고 생각할 것이다. 만약 그 소설이 60년 전에 쓰였다면 그렇지 않았겠지만 말이다.

모든 소설이 정치적으로 올바를 수는 없다

여기서 관건은 어쨌거나 편집 과정에서 별다른 효과를 발휘하지 못할 일반적인 규칙을 세우는 것이 아니라, 특정 사건으로 독자가 어떤 암시를 얻게 될 것인가를 각 사례마다 저자에게 지적하고 저자가 의도하지 않은 결과를 부주의하게 초래하지 않도록 하는 것이다. 저자는 등장인물을 아주 불쾌한 사람으로 의도할 수는 있으나 자기 자신을 불쾌한 사람으로 나타내는 경우는 드물다. 언제나 그렇듯, **편집자의 역할은 저자가 정치적으로 올바르도록 보장하는 것이 아니라 저자가 자기 목표를 달성하도록 돕는 것이다.**

일반적으로, 모든 소설을 정치적으로 올바르도록 만들려는 시도는 잘못된 것이다. 이는 상상력을 지배하려는 시도다. 이러한 경향은 플라톤이 최초로 자신의 이상적인 공화국에서 시인들을 추방한 이래 정치적으로 전념하는 사람들 사이에서 상당히 우세했다. 오늘날 이러한 경향의 부활은 유감스럽지만 꽤 예측 가능한, 활발해진 정치적 활동의 결과에 불과하다. 이러한 정치적 활동은 언제나 독선과 편협의 위험을 안고 있다.

정치 운동가와 시인은 언제나 다른 길을 걸어왔다. 편집자로서 내 충성심은 개인의 상상력의 자유에 있으며, 그 결실은 현실 세계에서 별다른 해를 끼치지 않는다. 유감스럽게도, 정치적 활동에 관해서는 이와 같이 말할 수 없다. 정치적 올바름이 이론상으로가 아닌 실제로 더 나은 세상을 만들 수 있을 때까지 나는 그들이 상상력으로 가득한 문학의 세계를 지배하는 것을, 혹은 그 힘을 빼앗는 것을 가만히 보고 있지 않을 것이다.

「세 종류의 독자층을 위한 학술서 출판하기—학술서의 편집」

아이세이는 저자가 학자일 경우 편집자와 저자의 관계에 내재하는 "특수한 긴장과 기회"에 대해 논의한다. 그녀는 이렇게 말한다. "책을 집필하는 저자와 최상의 저서를 만들려는 편집자 사이에 내재적인 불평등이 존재할 경우, 어느 누구보다도 본인의 책 주제에 대해 잘 아는 저자, 그리고 저자로부터 최상의 책을 끌어내는 임무를 맡은 편집자 사이에 특별한 동맹관계가 성립되어야 한다."

아이세이는 학자가 동료 학자들을 위해 글을 쓰거나 다양한 분야의 학자들의 관심을 유도하기 위해 글을 쓰거나 일반 대중의 관심을 유도하기 위해 글을 쓰는 경우와 관련하여 편집자-저자 관계에 대해 실용적이고 직접적이며 생생한 조언을 제공하고, 편집상의 구체적인 예와 경험 역시 제시한다.

아이세이는 "학자들이 본인보다 지식 수준이 낮은 사람들을 언제나 신뢰하는 건 아니"라고 하면서, 편집자가 "관심과 존중을 지녀야 하고" "저자의 학문 분야에 대해 지식이 있으면 수준 있는 독자가 될 수 있을 뿐만 아니라 둘 사이에 공동의 언어가 생겨나므로 큰 장점이 된다"라고 조언한다.

제인 아이세이(Jane Isay)

제인 아이세이는 1963년에 하코트 브레이스의 검토자로 출판 일을 처음 시작했다. 그녀는 1964년부터 15년간 예일 대학교 출판부에 몸담았고 1979년에 편집장직을 그만두었다. 이후 베이직 북스, 하퍼 앤드 로, 사이먼 앤드 슈스터, 에디슨-웨슬리에서 책임 편집 및 출간 업무를 담당했다. 그리고 1991년에 에디슨-웨슬리를 떠나 G. P. 퍼트넘스의 임프린트인 그로셋 북스의 발행인이 되었다.

세 종류의 독자층을 위한 학술서 출판하기

―학술서의 편집

―제인 아이세이

해당 분야에 대한 전문 지식

학자들이 쓴 책은 그것이 동료 학자들을 위한 온전히 학문적인 것이든, 더욱 폭넓고 다양한 분야의 학자들의 관심을 유도하기 위한 것이든, 혹은 일반 대중의 관심을 유도하기 위한 것이든 모두 편집자와 전문가 간의 관계를 활용한다. 하지만 출판에서 성공을 위한 근본적인 요소인 이러한 동맹관계는 취약하고 깨지기 쉬울 뿐만 아니라 특수한 긴장과 기회를 지닌다. 나는 우선 그러한 관계에 대해 이야기할 것이다. 그리고 각 유형의 책을 편집하는 과정의 차이점을 대략적으로 설명하고 얼마간의 지침을 제공하고자 한다.

일반적인 비소설을 출간하는 상업 출판사의 편집자들은 전문 작가와 종종 협업하는데, 그들 중 많은 수는 편집자가 제안한 내용을 토대로 전문적으로 글을 다시 쓰기도 하는 기고가이다. 하지만 책을 집필하는 저자와 최상의 저서를 만들려는 편집자 사이에 내재적인 불평등이 존재할 경우, 어느 누구보다도 본인의 책 주제에 대해 잘 아는 저자 그리고 저자로부터 최상의 책을 끌어내는 임무를 맡은 편집자 사이에 특별한 동맹관계가 성립되어야 한다. 따라서 편집자는 저자는 물론 그의 주제에 대해 관심과 존중을 지녀야 한다.

편집자가 저자의 학문 분야에 대해 지식이 있으면 큰 장점이 된다. 편집자가 수준 있는 독자가 될 수 있을 뿐만 아니라 둘 사이에 공동의 언어가 생겨나기 때문이다. 학자들은 본인보다 지식 수준이 낮은 사람들을 언제나 신뢰하는 건 아니며, 편집자가 해당 학문 분야에 대해 무지하다는 이유로 책을 위해 어떤 일을 해야 할지 역시 모른다고 생각하는 우를 범할 수도 있다. 때로는 편집자의 영리한 무지 또는 단순성 덕분에 학자가 얼마만큼의 설명이 필요한지 이해하고 글을 명료하게 할 수 있다. 하지만 학자가 다른 학자들을 대상으로 저서를 집필할 경우에는 편집자가 지식을 갖추는 편이 일반적으로 최상이다. 해당 학문 분야에 대해 전반적으로 알고 있거나 더 나아가 주제에 대해 확고한 견해를 갖고 있다면 작업을 성공시키는 데 도움이 된다. 지식을 갖추고 요령이 있는 편집자는 때로는 저자를 대담하게 만들거나 저자에게 예상되는 비판을 제시해서 책을 더 탄탄하게 만들 수 있다.

예전에 정신의학과 철학에 관해 글을 쓰는 저명한 정신과 의사의 책을 편집한 적이 있다. 나는 그 분야를 공부했고 꽤 많은 것을 알고 있었다. 원고를 편집하던 도중, 저자가 철학자들과 불필요한 논쟁에 휘말려들 여지가 있는 논지가 눈에 띄었다. 그래서 난 저자에게 유용한 조언의 형태로 반대 의견을 제공했고, 덕분에 저자는 자신의 주장을 철회하지 않고 더욱 강화할 수 있었다. 물론 쉬운 일은 아니었다. 여타 전문가들과 마찬가지로 그 저자 역시 책의 내용을 온전히 도맡고 싶어 했기 때문이다. 그런가 하면 성경을 다루는 훌륭한 문학 비평가와 작업을 한 적이 있는데, 그 책에 마지막 장이 필요했다. 그 장에 실렸으면 하고 바라는 내용을 말하기 위해 나는 그 장을 유대인의 속죄일인 욤 키푸르를 마감하는 예배에 비교했다. 저자는 내가 원하는 바를 즉시 알아듣고 마지막 장을 썼고, 그 책은 그 시기의 가장 영향력 있는 성서 비평서의 하나가 되었다.

학자의 긍지를 손상시키지 않도록

한편 편집자는 본인의 무지를 언제 인정해야 할지를 알아야 한다. 노벨 경제학상 수상자이자 컴퓨터 천재이기도 한 허버트 사이먼은 자신이 쓴 수필집의 한 단어에 대해 질문을 받았다. "그 단어는 웹스터 사전 제 3판에 없어요." 내가 썼다. 그러자 그는 이렇게 대답했다. "그건 웹스터 사전 제 4판에 실릴 거예요." 내가 진 셈이다.

편집자와 저자의 대화가 이어지는 동안 서로 간에 신뢰가 쌓이려면 시간이 걸린다. 책 자체가 주제가 아니라 하더라도 학자들의 세계에 관해 사소한 대화를 하고 이야기를 듣고 심지어 소문거리를 이야기하는 것이 중요하다. 편집자는 그 학문 분야의 현황이 어떤지에 관해 많은 정보를 얻을 수 있고 책의 독자층을 더 깊이 간파할 수 있다. 그리고 저자는 편집자에게서 진정한 전우애를 느껴, 책을 통해 대중에게 다가가는 경험을 더욱 수월하게 할 수 있다. 물론 유감스럽게도, 학자가 자기보다 주제에 대해 잘 알지 못하는 누군가의 말을 듣는다는 것이 그렇게 쉽거나 자연스러운 일은 아니다. 특히 편집자가 젊을 때 더욱 그러하다. 그리고 학자들은 저서 출간의 위험에 관한 오싹한 이야기들을 끊임없이 듣는다. 편집자가 말해야 할 바의 가치에 대해 학자가 열린 태도를 지녀야 편집 과정을 성공적으로 원활히 할 수 있다.

훌륭한 편집자는 어떤 주제든지 간에, 논지 · 순서 · 언어 · 명확성의 측면에서 문제를 포착할 수 있다. **학자들은 본인이 원고를 이해하고 원고에 대해 동료 집단으로부터 좋은 평가를 받으면 원고를 출간할 준비가 다 되었다고 생각하는 경향이 있는데, 이것이야말로 그들이 극복해야 할 주요한 문제다.** 어느 누구도 더 작업해야 할 부분이 있다는 이야기를 듣고 싶어 하지 않는다. 특히 그 이야기를 비전문가로부터 듣는다면 더더욱 그러할 것이다. 내 경험에 비춰보면, 진정으로 훌륭한 학자일수록 솔직한 비판에 개방적이고 협조하고 합리적인 변화를 꾀할 준비가 된 태도를 보인다. 방어적인 태도는 도움이 되지 않는다.

학문 분야 · 원고 · 세상 전반에 관한 대화가 이루어지는 동안, 저자와 편집자의 만족할 만한 관계의 밑바탕이 되는 신뢰가 서서히 쌓여간다. 신뢰의 중요성은 아무리 강조해도 지나치지 않다. 특히 저자가 굉장한 전문가이고 편집자의 제안을 귀담아 듣거나 그러한 제안을 진지하게 고려할 만한 특별한 이유가 없을 경우에 더욱 그러하다. 편집자가 학문 분야를 제대로 이해하지 못하거나 그 진가를 알지 못한다고 생각하는 저자에게 이야기의 논지를 이해시키기란 극히 어려우며, 편집자가 학문 분야를 존중한다는 사실을 알아보는 저자에게 제안을 하는 편이 훨씬 쉽다.

언젠가 전문 용어로 온통 도배되다시피 한 사회과학 분야의 원고를 작업한 적이 있다. 분명 획기적인 연구물이었고 중요한 책이었기에 나는 저자를 위해 그 책을 다시 쓰게 했다. 그 책은 좋은 평가를 받았고 예상보다 훨씬 더 많이 팔려나갔으나, 저자는 나를 결코 용서하지 않았다. 내가 전문 용어에 반대했기 때문에 저자는 내가 그의 학문 분야의 지지자가 아니라고 생각했다. 그 점에 대해서는 그가 옳았다. 따라서 그의 작가의 긍지뿐만 아니라 학자의 긍지 역시 상처를 받았다. 저자들은 침묵의 반대자를 알아챌 수 있으므로, 편집자라면 본인이 존중하지 않는 분야의 학술서를 편집하는 일을 피하는 것이 최선이다. 내가 부적절한 말을 할 때 학자의 얼굴에 드리워진 표정은 행복한 표정이 아니다. 하지만 편집자라면 본인이 즐길 수 있는 분야에서 학자들과 작업할 수 있는 기회가 충분히 많으니 그 방향으로 눈을 돌리는 것이 좋다.

학자들을 대상으로 한 순수한 학술서

학자들을 대상으로 한 학술서는 창의적인 편집을 위한 도전과 기회의 범위가 좁지만, 도움을 줄 일은 많다. **편집자는 해당 연구가 현재 우세한 학문과 비교하여 어느 지점에 서 있는지를 잘 파악하여, 책의 어떤 측면이 부당한 비판에 취약한지 저자가 사전에 감지하여 그 부분을 강화할 수 있도록 도와야 한다.** 논쟁이 치열한 학문 분야의 경우, 저자는 자기 저서가 의도하는 바와 의도하지 않는 바를 책 서두에서 설명해야 한다. 또 위험을 감수하여 여러 학문 영역에 걸친 주제로 옮겨가는 저자라면 새로운 분야 역시 본래 자신의 분야만큼 능숙히 다룰 수 있다는 점을 보여줄 수 있도록 도움을 받아야 한다.

학술적인 글쓰기와 편집에서 지켜야 할 몇 가지 간단한 규칙이 있다.

다음과 같다.

첫째, 저자가 논문의 형식을 과도하게 사용하지 않도록 한다. 그러한 형식에는 긴 도입부, 문헌에 대한 평가, 불필요한 각주, 매 단계마다 반복되는 목표가 포함된다.

둘째, 저자가 참고문헌의 고통에서 벗어나게 해야 한다. 아직 확고한 태도를 갖지 못한 젊은 학자나 대담한 논지를 내세우는 저자는 각주를 달고 또 달아서 관련이 있는 모든 논문과 저서를 읽고 그에 대해 주장을 펼칠 수 있다는 사실을 스스로에게 그리고 독자에게 보여주어서 불안감을 해소하려는 경향이 있다. 대담한 논지를 펼치는 책일지라도 그 책이 탄탄하고 주장이 잘 제시되어 있고 방어가 잘 되어 있음을 저자에게 인지시키면, 각주의 필요성은 사라질 것이다.

셋째, 공격의 두려움으로부터 저자를 해방시켜야 한다. 논지가 정연한 학술서는 그 자체로 최상의 방어 수단이 된다. 방어적인 어조의 책은 결코 확신을 심어주지 못한다. 책이 얼마나 훌륭한지 (그렇다고 믿을 때) 혹은 얼마나 대담한지를 저자에게 인식시키는 일은 실제로 큰 차이를 만들며, 저자가 확신 있는 어조로 본인이 말하려 하는 바를 당당히 말할 수 있는 분위기를 조성한다.

중간 수준의 학술서

두 번째 종류의 학술서인 '중간 수준의 책'은 주요 독자층이 학자와 기타 전문가들이긴 하지만 더 폭넓은 독자층을 대상으로 하며 더 많은 작업을 진행할 수 있다. 이는 여러 학문 영역을 다루는 책이 될 수도 있고, 별다른 관계가 없는 분야의 전문가들에게 중요한 주제를 제시할 수도 있으며, 매우 독창적이어서 다른 학문 분야에 큰 영향을 미칠 수도 있다. 중간 수준의 책들은 대학교 출판부와 베이직 북스, W. W. 노튼, 프리 프레스와 같은 전통 있는 출판사의 출간 목록을 장식한다. 이들 출판사는 그러한 책들을 줄곧 출간해왔으며 수년간 그 방면에서 명성을 쌓은 결과 『뉴욕 타임스 북 리뷰』나 『뉴욕 리뷰 오브 북스』와 같은 유명 매체로부터 널리 관심을 받는다. 저자와 편집자는 책의 가독성을 높이기 위해 몇 가지 조치를 취할 수 있다. 게다가 그러한 작업에 당연히 시간을 들여야 한다. 책의 주제가 더 포괄적이고 그 영향이 더 광범위하며 저자가 더 폭넓은 독자층을 기대할 수도 있기 때문이다. 여기 몇 가지 제안사항이 있다.

저자가 처음부터 저서를 가장 넓은 맥락에 두도록 한다. 도입부 장은 설명을 하는 데 중요하며, 책의 나머지 부분을 다 집필할 때까지 이 부분을 집필해서는 안 된다. 책을 끝까지 집필하고 나서야 저자는 지금까지 쓴 내용의 범위와 중요성을 실제로 이해하게 된다.

학문의 경우에는 결과, 즉 결론이 책의 후반부에 나와서 독자들을 놀라게 해서는 안 된다는 점을 저자에게 인지시켜야 한다. 초기 장에서는 저자가 믿는 바를 명료하고 강력한 어조로 언급해야 한다. 저자의 방향이 확실해야만 그 방향을 사전에 숙지한 독자가 증거가 얼마나 잘 결집되었는지 평가할 수 있다.

도입부 장과 결론이 설득력과 어조의 측면에서 평형을 이루도록 해야 한다. 책의 이 두 부분을 일치시키는 과정에서, 저자는 책의 견해를 명확히 하고 그 중요성을 새롭게 인식하도록 도움을 받을 수 있다. 이는 더욱 흥미진진한 글쓰기와 독서를 가능하게 한다.

초기의 장들을 가장 일반적이게 하고 책이 진행될수록 더 구체적인 내용으로 가야 한다. 가능할 경우, 가장 세부적인 정보는 부록에 수록한다. 여기서 또다시, **저자만큼 전문가이지 않은 독자들에게 다가가고 싶다면 가장 일반적인 정보를 제시해야 그들이 독서를 계속하는 반면, 가장 학문적인 내용을 제시한다면 그들이 독서를 중도에 포기할 것이다.**

책과 각 장의 조직을 가능한 한 명료하게 유지하여 독자가 책 속에서 길을 잃지 않게 한다. 부제는 독자뿐만 아니라 저자를 위해서도 중요한 요소다. 부제를 붙이면 논지의 순서를 명확히 할 수 있고 혼란을 주는 부분을 찾아내는 데에도 도움이 된다.

각 장을 시작하는 데 각별히 신경을 쓰는 일도 매우 중요하다. 시간을 들여 새로운 소재를 소개하는 좋은 방법을 고안함과 동시에 독자가 책의 흐름을 놓치지 않도록 하는 것이 실제로 매우 요긴하다.

각 장에 독창적인 제목을 붙이는 것도 독자에게 큰 도움이 된다. 그리고 장들의 순서를 논리적이고 이치에 맞게 해야 한다.

마지막으로 제목이 있다. 옷이 사람을 만들지 못하는 것처럼 제목도 책을 만들지는 못한다. 그러나 훌륭한 제목이라면 차이를 만들 수는 있다. 내게는 흐뭇한 두 가지 경험이 있는데, 하나는 예일 대학교 출판부에 재직하던 시절의 이야기다. 당시 나는 영광스럽게도 고대 근동을 연구하는 명망 있는 학자인 소르킬드 야콥슨의 저서를 편집하고 있었다. 당시 그의 대작 제목은 '4천 년에 걸친 메소포타미아의 종교'로 계획 중이었다. 편집자라면 셰익스피어와 성경에서 제목에 대한 영감을 우선적으로 얻는다. 그래서 난 구약성경을 살펴보며 그 시기에 출간하기로 했던 시어도어 헤스버그 신부가 쓴 책의 제목을 찾아보고 있었다. 그러다가 거기서 헤스버그의 책 제목 대신, 이사야의 한 구절을 발견했다.

그 대목에서 선지자 이사야는 우상 숭배를 하는 고대 히브리인들을 호되게 나무랐는데, 그는 이를 "흑암 중의 보화(The Treasures of Darkness)"라고 불렀다. 그건 야콥슨의 저서에 완벽한 제목이었다. 그리고 또 다른 흐뭇한 경험은 베이직 북스에 재직하던 시절의 이야기인데, 당시 나는 운 좋게도 하워드 가드너가 쓴 다중지능에 관한 획기적인 책을 작업하는 중이었다. 그 책의 제목은 원래 '다중지능 이론'이었는데, 어느 날 나는 그에게 전화를 걸어 『마음의 틀』이라는 시선을 잡아끄는 제목을 제안했다. 두 경우 모두 본래 제목이 부제가 되었고, 두 책 모두 폭넓은 독자층에게 상당한 영향을 미쳤다.

지금까지 몇 가지 요령을 제시했으나, 이 요령들을 따른다고 해서 책이 반드시 예상 가능한 독자층을 넘어서서 성공을 거둔다는 건 아니다. 책의 독창성과 중요성이 차이를 만든다. 그러나 이러한 요소들에 관심을 기울이면, 정말로 중요한 책이 진지한 독자들의 의식으로 좀 더 쉽게 다가가도록 할 수 있다.

일반 대중을 위한 학술서

그렇다면 대중을 대상으로 한 학술서는 어떨까? 어떻게 하면 학술서가 대중의 상상력을 자극하고 비전문가 독자들에게 팔릴 수 있을까? 우리는 그에 대해서는 정말로 많은 걸 알지 못하지만, **학술서가 일반 독자에게 호소력을 발휘하려면 훌륭한 이야기를 말해주거나 독창적이고 중요한 논지를 제시해야 한다.**

물론 역사의 경우에는 이야기를 잘 풀어나간다면 일반 독자층을 어김없이 사로잡을 수 있다. 미국 남북전쟁을 학술적으로 풀어 이야기한 책들이 좋은 예다. 소설가의 기법은 학자가 이야기를 원활하게 풀어나가는 데 도움이 된다. 제임스 맥퍼슨이『자유의 함성』을 집필할 당시『전쟁과 평화』를 줄곧 염두에 두었다고 해도 전혀 놀랍지 않다. 나는 사이먼 샤마를 모르지만 속도와 박자에 대한 그의 소설가적 감각은 그의 학술서를 읽는 즐거움에 큰 보탬이 된다. 이야기를 중단하고 개인 또는 순간에 초점을 맞추는 능력은 소설가의 상투적인 기술이지만, 이는 역사서 독자들에게도 환영을 받는다. 세부사항을 이야기하면서 보다 큰 질문을 조명하는 극적인 기술은 소설가의 기법이지만 학술적인 글쓰기에도 도입할 수 있다(로버트 단턴의『고양이 대학살』이 좋은 예다). 원고 위에서 개성 강한 인물을 만들어내는 능력은 학술서를 크게 강화시킬 수 있다. (피터 게이가 이에 매우 능하다.) 소설의 구조를 적용할 수 없을 경우에는, 책 주제의 접근법과 그와 관련이 있는 동시대의 주요 사안을 결부시키면 좋은 효과를 볼 수 있다. 폴 케네디의 편집자가 그에게 저서『강대국의 흥망』에 마지막 장을 첨가할 것을 제안한 일화는 유명하다. 마지막 장에서 케네디는 책의 주제와 유럽의 현 상황을 연결지었다. 그 장은 평론가와 해설가들의 눈길을 사로잡았고, 결국『강대국의 흥망』은 학술서로서 베스트셀러 반열에 오르게 되었다.

대중의 상상력을 사로잡는 또 다른 방법은 논쟁을 벌이는 것이다. 앨런 블룸의『미국 정신의 종말』이 그 예다. 아무도 이 책이 수십만 부가 팔려나갈지 예상하지 못했으나, 저자는 강력한 논지를 지니고 있었고 위험을 감수했으며 시기가 적절했다. 그다음 이야기는 알고 있는 그대로다.

내가 본 바로는, 지성인들은 일반 독자에게 다가가려 할 때, 때때로 그들을 과소평가하여 글을 지나치게 단순화하거나 쉽게 쓰거나 어느

정도 격을 떨어뜨려야 한다고 생각하는 경향이 있다. 이러한 방법은 결코 효과를 발휘하지 못한다. 진지한 책을 찾는 독자들이 많으며, 그들은 새로운 사상과 생각하고 토론할 무언가를 원한다. 독자들은 작가가 그들에게 혼란을 주려고 작정하지 않는 한, 사고를 확장시킬 준비가 되어 있다. 복잡하고 어려운 논지일지라도 명확하고 정연하게 제시된다면 시장에서 큰 기회를 잡을 수 있다. 레스터 서로의 『제로섬 사회』가 바로 복잡한 논의를 명료하게 제시하여 큰 성공을 거둔 사례다. 그리고 때로는 어느 정도의 모호함이 도움이 된다. 물론 내가 권장하는 방향은 아니지만, 『괴델, 에서, 바흐』와 『황제의 새 마음』과 같은 책들이 팔리고 또 팔려나간다. 이러한 책을 조금이라도 읽을 수 있다는 것만으로도 독자들은 스스로 지성인이라고 느끼며, 책 읽기를 중도에 포기할지라도 자신이 상당한 지점까지 도달했다고 생각한다.

물론 대중을 대상으로 한 학술서가 전부 성공을 거두는 건 아니다. 베스트셀러를 만들려면 저자와 편집자의 노력을 넘어서서 많은 일이 이루어져야 한다. 책의 등장에 대해 학계의 술렁임이 있어야 하고, 많은 평론가가 일제히 책에 압도되어야 하며, 책 출간에 관한 소식이 세계 전반으로 퍼져나가야 하고, 악동과 같은 서적 판매의 신이 책을 향해 미소를 지어야 한다. 그러나 평론가와 독자들 모두 광범위한 독자층을 대상으로 하지만, 이야기나 논지가 부족한 학술서를 관대하게 받아들이지는 않을 것이다. 중요한 주제들에 대해 학문적인 연구가 이루어지고 그 결과가 책으로 출간되도록 해야 하지만, 그것들이 큰 성공을 거둘 것이라고는 기대하지 말아야 한다. 공평한 분석 연구가 이루어지고 편집되도록 해야 하지만, 그로부터 큰 성공을 기대해서는 안 된다. 알려진 주제를 명쾌하게 풀이한 책이 쓰이도록 해야 하지만, 그로부터 큰 성공을 기대해서는 안 된다.

지금까지 이야기한 세 가지 유형의 학술서의 편집 중 어느 것이 가장 흥미로운가? 지난 수년간 나는 모든 유형의 학술서 편집을 즐겨왔다. 하지만 요즈음에는 마지막 유형의 학술서가 가장 흥미롭다. 학자의 연구 결과에 대해 진실성을 유지하면서 최대한 폭넓은 독자층에 다가가는 일이 보통 만만치 않기 때문이다. 이는 가장 도전적이면서도 가장 위험한 여정이다. 하지만 편집자가 적격한 학자 겸 작가를 만날 수만 있다면, 본인은 물론 저자에게 행운이 될 것이며 두 사람이 함께 일궈낸 책으로 독자들 역시 혜택을 누리는 행운을 얻을 것이다.

「좋은 책은 아이들의 삶을 변화시킨다—아동 도서의 편집」

포겔먼은 아동 도서 편집자의 특별한 세계로 우리를 안내한다. 그 여정은 아이들의 상상력을 풍부히 하고, 아이들이 세상의 현실과 다양성에 눈뜰 수 있도록 헌신하는 그녀의 열정을 보여준다. 그녀는 흥미롭게 잘 쓰였으며 오래 읽힐 수 있는 재미있는 책을 만들기 위해 삽화가 및 저자와 함께 작업하는 아동 도서 편집자의 독특하고 창의적인 경험에 대해 설명한다.

아동의 경우에는 대부분 부모가 직접 구매해준 책을 읽게 되므로 어떠한 아동용 도서를 출간할지 선택하는 과정에서 편집자가 우선 성인에게 호소력을 발휘해야 한다는 점을 지적하면서 그녀는 이렇게 말한다. "청소년 도서 편집자라면 아이들이 무엇을 좋아할지를 아는 것이 가장 중요하다. 그러기 위해서는 본인의 어린 시절을 되돌아보는 것도 도움이 된다."

포겔먼은 도서의 입수를 결정하는 사업·판매·마케팅 요소들에 대해 전문적으로 논의하지만, 궁극적으로는 가장 영향력 있는 요소는 책에 대한 그녀의 개인적인 열정이다. "내가 프로젝트에 매료되어 그 내용에 흥미를 느끼고 개인적으로 감동을 느끼며 그 작품이 아이들에게도 호소력을 발휘할 것이라 믿으면, 우선 그걸 출간해야겠다는 결정을 내린 다음에 출간 방법을 모색한다."

포겔먼은 출판이 최종 결과를 선택하고 형성하는 과정에서 개인이 실질적으로 영향을 미칠 수 있는, 오늘날 남아 있는 몇 안 되는 분야의 하나라고 생각한다. "내가 이 분야에 종사하는 한 가지 이유는 책이 아동에게 얼마나 중요한지 알기 때문이다. 좋은 책은 아이들의 삶을 변화시킬 수 있다. 좋은 책은 다양한 주제에 대해 아이들이 어떻게 생각하고 느끼는지에 영향을 미칠 수 있다. 그러한 과정에 참여하는 일은 매우 흥미로울 뿐만 아니라 막중한 책임이기도 하다. 이는 아동 도서 출판의 중요한 부분이다."

필리스 J. 포겔먼(Phyllis J. Fogelman)

필리스 J. 포겔먼은 다이얼 북스 포 영 리더스의 사장, 발행인, 편집장이다. 그녀는 1961년에 지금의 하퍼콜린스에서 제작 편집자로서 아동 도서 부문에 처음 발을 들였다. 1966년 후반에는 하퍼에서 선임 편집자직을 그만두고, 편집장으로서 다이얼 프레스의 새로운 아동 도서부에 합류했다. 이후 1976년에는 부사장으로 임명되었고, 출판사명이 다이얼 북스 포 영 리더스로 바뀐 1982년에는 발행인을 겸직하게 되었다. 그리고 1986년에는 다이얼의 사장으로 임명되었다.

포겔먼이 함께 작업한 저자와 아티스트로는 레오 딜론, 다이앤 딜론, 수전 제퍼스, 스티븐 켈로그, 줄리어스 레스터, 머서 메이어, 제리 핑크니, 밀드레드 D. 테일러, 로즈메리 웰즈가 있다.

좋은 책은 아이들의 삶을 변화시킨다

—아동 도서의 편집

—필리스 J. 포겔먼

어린이 책 편집의 즐거움

아동 도서의 편집과 출판의 가장 만족스러운 측면의 하나는 저자 또는 아티스트의 작품에서 잠재력을 발견하는 것이다. 원고가 왔을 때 내가 하는 일은 그 원고가 양질의 아동 도서, 즉 오래도록 꾸준히 읽힐 수 있는 도서가 될 가능성을 판단하는 것이다. 이러한 결정의 일부는 개인의 취향 그리고 또 일부는 시장에 대한 지식에 따라 달라진다. 하지만 무엇보다도 내가 정서적으로 감동을 받아야 한다.

아동 도서의 저자와 마찬가지로, 아동 도서의 출판사 역시 특정한 종류의 책으로 알려지게 된다. 출판은 최종 결과를 선택하고 형성하는 과정에서 개인이 실질적으로 영향을 미칠 수 있는, 오늘날 남아 있는 몇 안 되는 분야의 하나다. 이는 무엇보다 편집 과정에서 더욱 그러하다. 그리고 아동 도서 부문은 편집자가 아티스트와 함께 작업하도록 허용하는, 혹은 그렇게 하기를 필요로 하는 큰 장점을 가지고 있다. 이는 내가 처음부터 매우 좋아한 직무의 일부다.

아동 도서 편집의 또 다른 큰 즐거움은 출간되는 책 종류의 다양성이다. 아동 도서는 유아 및 어린이를 위한 보드북과 그림책에서부터 중학생 및 청소년을 위한 소설과 비소설까지 다양하다. 책의 주제와 형태는 서로 매우 다르지만, 선택 기준은 모두 비슷하다. 유아용 그림책이든 청소년용 소설이든, 글이 흥미롭게 잘 쓰이고 주제가 책이 겨냥한 연령 집단에 호소력을 발휘하는 것이 중요하다. 아동용 소설에서는 플롯과 인물 묘사 역시 매력적이어야 한다. 아동용 비소설의 경우에는 기본적인 얘기지만 사실이 정확해야 하고, 글쓰기의 수준이 양질의 소설과 마찬가지로 정교하고 생생해야 한다. 이 모든 사항은 성인용 도서의 입수와 편집에도 적용된다. 그러나 어떤 아동 도서를 펴낼지 선택할 때에는 최종적인 독자, 즉 책이 우선적으로 의도한 아동들에게 다가가기 위해 성인들에게도 반드시 호소력을 발휘해야 한다. 십대는 대개 책(주로 페이퍼백)을 스스로 고르지만, 아동의 경우에는 대부분 부모가 구매해준 책을 읽기 때문이다. 하지만 십대용 책의 경우에도 우선적으로 도서 판매업자와 도서관 사서, 즉 성인들의 여과 과정을 거친다.

도서 편집자는 성인이 아동을 위해 어떠한 책을 구매할지를 아는 특별한 능력을 가져야 한다. 하지만 그 이상으로 아이들이 무엇을 좋아할지 아는 것이 가장 중요하다. 그러기 위해서는 편집자 본인의 어린 시절을 되돌아보는 것도 도움이 된다. 내가 아동 도서 편집자이기 때문에 내 유년기의 느낌에 대해 상당한 기억을 갖고 있는지, 아니면 그러한 어린 시절 기억을 많이 갖고 있어서 내가 성인 도서가 아닌 아동 도서의 편집을 맡게 되었는지는 잘 모르겠다.

하지만 내가 이 분야에 종사하는 한 가지 이유는 책이 아동에게 얼마나 중요한지 안다는 것이다. 좋은 책은 아이들의 삶을 변화시킬 수 있다. 좋은 책은 다양한 주제에 대해 아이들이 어떻게 생각하고 느끼는지에 영향을 미칠 수 있다. 그러한 과정에 참여하는 일은 매우 흥미로울 뿐만 아니라 막중한 책임이기도 하다. 이는 아동 도서 출판의 중요한 부분이다. 교과서와 달리, 서점과 도서관에서 볼 수 있는 일반 아동 도서는 즐거움을 위해 읽는 것이다. 기본적인 교과서가 아닌 양질의 문학 작품은 읽는 즐거움을 제공할 뿐만 아니라 상상력을 자극하고 세상과 그 안에 사는 사람들에 대한 지식과 이해를 넓혀주며 그래야 한다.

어린이 책은 어떤 내용을 담아야 하는가

아동은 성인보다 훨씬 더 쉽게 외부의 영향을 받고 취약하다. 그렇기 때문에 아동이 무엇을 읽어야 적절할지에 대해 큰 의견 차이가 존재한다. 어떤 편집자들은 일부 부모들과 마찬가지로, 아이들이 우리 사회의 위험과 불행을 아는 것으로부터 보호하려고 한다. 책에 좋은 주제라고 해서 아이들에게 모두 적절한 건 아니다. 하지만 아이들을 강하게 만들고 우리가 바라는 세계가 아닌 실제 그대로의 세계에 아이들이 대비하도록 만드는 것은 대개 지식의 부족이 아니라 지식 그 자체다. 보호가 철저한 환경에 사는 아이들조차도 TV와 영화를 쉽게 접할 수 있으며, 이 매체들은 대부분의 아동 도서보다 더 강렬하고 혹독한 현실 인식을 종종 심어준다. 반면 **아동 도서는 가혹한 주제라도 더욱 감성적인 방**

식으로 다루는 경우가 많다.

그러한 주제 중 하나가 바로 에이즈다. 최근 우리 출판사는 열 살부터 성인까지를 대상으로 『라이언 화이트: 나의 이야기』라는 책을 발간했다. 라이언은 열여덟 살의 나이로 세상을 떠날 때까지 5년간 에이즈와 싸웠으며 특히나 때때로 맞닥뜨리는 폭력적인 편견에 맞서 고군분투했다. 내가 생각하기에 이는 매우 중요한 이야기였다. 많은 사람은 이 주제에 관해 읽기를 꺼려한다. 하지만 원고를 계약하는 순간부터 나는 이 책을 폭넓은 독자들에게 다가가도록 만들기 위해 특별한 노력을 기울여야 한다는 사실을 깨달았다. 그러다 보니 라이언의 자서전에 대한 관심을 유도하기 위해 홍보 활동을 벌일 필요가 있었다. 이 책은 『뉴욕 타임스』 베스트셀러 목록에 오르긴 했으나, 그럼에도 일부 도서 구매업체들은 책의 주제 때문에 구매를 주저했다.

아동 도서는 국가 전역의 다양성을 나타내야 한다. 미국은 백인들만의 국가였던 적이 단 한 번도 없었다. 하지만 특히 1970년대 이전에는 그러한 사실이 아동용 도서에 수록되지 않았다. 나는 십대 때부터 미국의 많은 소수계층이 쓴, 그리고 그들에 관한 책을 모든 아이가 읽는 것이 매우 중요하다고 생각했다. 뉴잉글랜드에 있는 인구 3만 명의 도시에 살던 어린 시절, 나는 아홉 살 때까지 공공 도서관에 있는 모든 어린이용 책을 읽었다. 그 책들 중에는 흑인이 썼거나 흑인에 관한 책이 하나도 없었다. 그로부터 4년 후 집에서 리처드 라이트의 『흑인 소년』이라는 책을 발견할 때까지, 그리고 그로부터 1, 2년 후 그의 첫 번째 소설 『미국의 아들』이 출판되기까지 흑인이 쓰고, 흑인에 관한 책이 없었다는 사실에 대해 생각조차 해보지 않았다. 당시 나는 예전에 읽은 책에서 아프리카계 미국인이 유일하게 언급된 것이 4학년 내지는 5학년 사회 시간에 미국 남북전쟁에 관해 공부하던 때였음을 순간 확실하게 떠올렸다. 교과서의 내용은 노예 제도가 물론 나쁘기는 하지만 대부분의 노예들은 따뜻한 보살핌을 받고 행복했다는 것이었다. 비록 나는 학교에서 배운 내용에 대해 의문을 제기하는 부류의 학생은 아니었지만, 그 이야기가 사실이 아니라는 것을 즉각 알아차렸다. 마치 물건처럼 누군가에게 소유된 노예들은 행복할 수가 없었다. 어떻게 그럴 수 있단 말인가? 리처드 라이트의 두 권의 책과 노예 제도에 관한 교과서의 내용은 어린 내게 큰 영향을 미쳤다. 그 때문에 나는 다이얼 출판사로 이직한 1960년대 후반부터 1990년대까지 흑인이 쓴 책과 흑인에 관한 책을 출간하게 되었다.

다양한 인종의 작가와 삽화가의 출현

북스 포 영 리더스의 편집장으로 다이얼 출판사에 합류한 직후, 나는 성인용 도서부에서 출간하려던 『조심해, 백인 녀석아!』의 원고를 읽게 되었다. 저자 줄리어스 레스터가 탁월한 작가였기에 나는 그에게 어린이를 위해 글을 써보는 건 어떻겠냐고 제안을 했다. 몇 주 후 그는 네댓 개의 아이디어를 갖고서 내 사무실을 찾았다. 그가 의회도서관에서 조사를 하면서 과거 노예였던 자들의 경험담을 수집했다고 말한 순간, 나는 즉시 "좋아요. 그걸로 시작하세요"라고 말했다. 마침내 노예가 정말로 무엇인지를 말해주는 아동용 책이 탄생하려는 순간이었다. 그렇게 해서 1968년에 『노예가 된다는 것』을 출간하게 되었고, 이 책은 뉴베리 아너 상을 받았다. 이는 비소설 부문에서는 드문 사례일 뿐만 아니라 당시 흑인 작가로서도 처음 있는 일이었다. 그때부터 많은 학교의 4,

5학년 수업에서 그 책을 노예에 관한 학습 자료로 사용했다. 나는 지금까지도 『노예가 된다는 것』이 내가 펴낸 책 가운데 가장 중요하고 보람 있는 책의 하나라고 생각한다. 그리고 지금도 백인이 아닌 다른 인종 출신의 특출한 작가와 아티스트를 발굴하려고 노력 중이다.

이번 주에는 『레무스 아저씨의 마지막 이야기』의 원고를 받았다. 이 책은 아프리카계 미국인들의 방대한 민간 설화를 비범한 방식으로 재구성한 줄리어스 레스터의 네 번째이자 마지막 작품이다. 나는 이 대규모 프로젝트를 1985년에 처음 그에게 제안했고, 첫 번째 책인 『레무스 아저씨의 이야기』가 1987년에 출간되었다. 우리가 함께 작업한 열 번째 책인 『마지막 이야기』는 1993년에 발간된다.

1960년대와 70년대에는 시민 평등권 운동으로 주도된 사회적·정치적 진보 덕분에 다양한 인종 집단, 특히 아프리카계 미국인 출신의 작가와 삽화가들이 빛을 보게 되었다. 이러한 새로운 소요가 일으킨 결과의 하나는 내가 이후 작품을 출간했던 다수의 흑인 작가들이 아프리카 특히 가나로 갔다가 돌아와 책을 집필하거나 삽화를 그렸다는 점이다. 아프리카의 예술과 디자인에서 비롯된 모티프와 스와힐리어는 아동 도서에 새로운 차원을 더했다. 내게 이것은 다문화적인 운동의 진정한 탄생이었고, 이는 오늘날 아동 도서 분야에서 매우 강력한 힘이 되었다.

뮤리엘 필링스가 『모자(Moja)는 하나라는 말: 스와힐리어 숫자책』의 기획을 제안할 당시, 그녀는 단순한 리놀륨 블록 아트를 삽화에 사용하려고 했었다. 나는 전에 『노예가 된다는 것』의 삽화를 그린 탐 필링스에게 이 책의 삽화를 맡기자고 그녀를 설득했다. 그의 아름다운 그림은 작품에 걸맞은 분위기를 더했다. 그 결과 1972년에 탐은 흑인 삽화가 최초로 칼데콧 아너 상을 받았다. 그리고 1975년에 또다시 『잠보

(Jambo)는 안녕이라는 말: 스와힐리어 알파벳 책』으로 칼데콧 아너 상을 받았다.

한편 나는 레오 딜론과 다이앤 딜론에게 처음으로 『대초원의 원: 쇼니족의 전설』의 삽화를 의뢰하여 이를 1970년에 출간했다. 그리고 몇 년 후에는 내가 그들을 위해 발견한 아프리카 민간 설화의 삽화를 그려 줄 것을 요청했다. 그들은 내 요청을 수락하여 걸출한 작품을 내놓았고, 그 결과물인 『모기는 왜 사람의 귀에서 윙윙댈까』로 레오가 1976년에 흑인 삽화가 최초로 칼데콧 메달을 수상했다. 이어서 딜론 부부는 1977년에 『아샨티족에서 줄루족까지: 아프리카의 전통』으로 칼데콧 메달을 수상했고, 같은 해에 다이얼 출판사의 또 다른 책인 밀드레드 D. 테일러의 『천둥아, 내 외침을 들어라』가 뉴베리 메달을 수상했다. 밀드레드는 뉴베리 메달이라는 큰 영예를 안은 두 번째 흑인 작가였고, 대공황 시대 미시시피에 살던 본인 가족의 이야기를 바탕으로 작품 활동을 하여 계속해서 많은 상을 받았다. 한편 『레무스 아저씨』 시리즈의 삽화를 담당했던 아프리카계 미국인 삽화가인 제리 핑크니는 로버트 D. 상 수시의 『말하는 달걀』의 삽화 역시 담당했는데, 이 작품은 1989년에 칼데콧 아너 상을 받았고 코레타 스콧 킹 상 역시 받았다.

1960, 70년대부터 우리 출판사는 아메리칸 인디언의 민간 설화를 다룬 책들을 펴냈고, 1991년에는 수전 제퍼스가 『시애틀 추장』의 삽화를 그렸다. 이 아름다운 책은 1992년에 여러 달 동안 『뉴욕 타임스』 베스트셀러 목록에 올랐는데, 우리가 땅의 주인이기보다는 땅을 보살피는 사람이라는 책의 환경적인 메시지 덕분이었다. 이 메시지는 언제나 아메리카 토착민의 믿음의 일부를 이루는 철학이기도 하다.

한편 이 나라에 수백만의 라틴계 미국인들이 있다는 사실을 생각하면 아이들을 위해 글을 쓰는 라틴계 저자가 극소수라는 사실이 안타깝기만 하다. 대표적인 저자로는 니콜라사 모어가 있는데, 그녀가 다이얼 출판사에서 출간한 세 권의 책을 내가 편집했다. 『누에바 요크에서』는 서로 연결된 이야기들의 모음집으로, ALA 노터블 북, 최고의 청소년 도서로 선정되었다. 그리고 어린이를 대상으로 한 『펠리타』와 『집으로』는 뉴욕에서 자라 푸에르토리코에 처음으로 갔던 저자 본인의 경험을 바탕으로 한 작품이다. 이 책들은 그와 비슷한 경험을 가진 어린이들로부터 많은 편지를 받았다.

아동 도서 편집자에게 필요한 훈련

때때로 아동 도서 편집자라는 직업에 가장 좋은 훈련이 무엇인지에 대해 질문을 받는다. 두 가지 필수적인 요소는 모든 종류의 책에 대한 평생에 걸친 사랑과 다양한 주제와 사안에 대한 관심이다. 이에 더해 계약을 협상하는 일에서부터 저자가 책을 완성하도록 독려하는 일까지 순식간에 자연스럽게 옮겨갈 수 있는 능력 역시 갖춰야 한다. 여기에는 약간의 심리적인 기술이 필요할 수 있다. 그런 뒤에는 삽화가와 함께 그림책의 형식을 즉각 결정하고 (원고가 수정되거나 삽화 작업이 시작되기 전) 책의 예상 판매부수를 추정하여 제작 비용을 가늠할 수 있어야 한다. 이 과정은 사무실에 도착한 지 30분도 지나지 않아 모두 이루어질 수 있다. 아동 도서 편집자는 출간하려는 원고를 선정·편집하는 방법을 알아야 할 뿐만 아니라 저마다 다른 유형의 삽화가들과 작업할 수 있어야 한다. 또한 디자인, 제작, 마케팅, 홍보, 2차 저작권에 대해서도 잘 이해해야 한다.

이 모든 과정이 있지만 출판은 편집자가 홀로 사무실에 앉아 원고를 읽는 일로 시작된다. 대개는 혼자가 아닐 경우가 많다. 나는 다이얼의 사장 겸 발행인이기 때문에 사무실에 앉아 원고를 읽을 만큼 혼자 있는 시간이 충분치 않다. 실은 내게 온 메일이라도 확인할 여유가 있다면 다행이다. 그러다 보니 북적이는 지하철에서 원고를 읽거나 밤 열한 시가 되어서야 집에서 소파에 앉아 원고를 읽을 때가 많다. 이렇게 할 일이 산더미 같기 때문에 사무실에서 원고를 읽을 시간이 없다.

하지만 내가 어디에 있든, 원고를 읽는 이 단계에서 나는 작가의 작품에 반응하는 독자에 불과하다. 만약 저자가 삽화가를 겸하여 그림책을 작업하는 프로젝트라면, 나는 보는 사람이기도 하다. 즉, 삽화를 살펴보고 평가를 하는데, 이때 삽화는 보통 대략적인 스케치의 형태를 띤다. 어떤 경우에든 내가 프로젝트에 매료되어 그 내용에 흥미를 느끼고 개인적으로 감동을 느끼며 그 작품이 아이들에게도 호소력을 발휘할 것이라 믿으면, 우선 그걸 출간해야겠다는 결정을 내린 다음, 출간 방법을 모색한다.

편집 과정에서 주요한 부분은 저자 또는 저자 겸 삽화가와 작업을 하는 일이고, 내 경험에 비춰볼 때 그 관계에서 가장 중요한 요소는 신뢰다. 저자는 편집자가 수정을 요구할 때 그가 스스로 무엇을 말하고 있는지 알고 있다고 반드시 믿어야 한다. 이 때문에 나는 프로젝트의 계약을 체결하기 전에 새로운 저자를 만나보는 걸 선호한다. 생산적인 작업 관계를 위해서는 상당한 정도의 친밀감이 필요하다. 나는 가능하면 언제나 개인적으로 저자와 만나 어떠한 종류의 수정이 필요한지 논의하고 그에 대해 저자의 반응을 듣기를 선호한다.

성공적으로 출시한 보드북의 예

여느 원만한 관계에서 그렇듯이, 신뢰와 정직은 편집자와 저자의 관계에서 중요하다. 이는 언제나 양방향의 관계다. 최근에는 저자나 삽화가와 오래 일하면 일할수록 편집자로서 그와의 관계에 더욱 능숙해진다는 사실을 깨달았다. 각 책을 작업할 때마다 저자에 대해 더 잘 알게 되기 때문이다. 저자 입장에서도 마찬가지다. 저자는 특정한 편집자로부터 어떠한 조언을 얻을 수 있을지 이해하게 되고 무엇을 기대해야 할지를 잘 알게 된다. 편집자에게 원하는 것은 사람마다 크게 다르다. 누군가는 발상을 구체화하기 전에 그에 관해 의논하길 원하고, 또 누군가는 편집자가 작업에 참여하기 전에 완전한 원고 또는 스케치를 보낸다.

나는 1970년부터 로즈메리 웰즈와 작업을 했는데, 그때부터 지금까지 그녀의 책 40권 이상을 편집, 출간했다. 그림책, 보드북, 중등 학년 및 청소년을 위한 소설, 성인을 위한 패러디 요리책까지 다양했다. 편집 외에 로즈메리가 내게 기대했던 것은 본인에게 있는 아이디어들 중 어느 것을 어떤 순서로 작업해야 할지 결정하도록 돕는 것이었다.

1977년 어느 날, 수화기 너머로 익숙한 목소리의 익숙한 말이 들려왔다. "필리스, 제게 아이디어 세 가지가 있는데 어떤 걸 먼저 작업해야 할지 알려 줄래요?" (1990년대 들어 로즈메리는 이러한 전화를 더 자주 걸고 있으며 이제는 네댓 개의 좋은 아이디어 가운데 어느 것을 먼저 작업할지 고민하곤 한다.) 전화상으로 로즈메리는 '늘 작업하던' 그림책, 이전에 의논했던 청소년용 소설, 그리고 유아를 위한 새로운 짧은 그림책에 대해 설명했다. 마지막 책에 대한 그녀의 간략한 설명을 들은 직후 나는 이렇게 말했다. "유아용 책을 먼저 하세요."

한 달 후 로즈메리는 『맥스의 첫 번째 말』의 대략적인 스케치를 들고 내 사무실로 찾아왔다. 그건 놀라웠다. 나는 그녀를 집에 보내면서 토끼 남매인 맥스와 루비에 관한 어린이용 책을 세 권 더 작업하자고 했다. 그래서 1979년에 맥스와 루비를 주인공으로 한 네 권의 책들을 출간했는데, 이는 미국 최초로 최고의 품질을 자랑하는 독보적인 보드북이 되었다. 이 책들은 처음, 중간, 끝으로 이루어진 아름다운 이야기로 구성되었다는 점에서 과거의 보드북과는 차별성이 있었다. 이 책들은 즉각 성공을 거두었고, 그 여파로 미국은 물론 해외에서도 수많은 보드북이 제작되었다. 이번 작업에서 내가 처음으로 제몫을 한 바는 로즈메리에게 이들 책에 집중하라고 말한 일이었다. 그러나 제작 비용을 추정하고 보니 심지어 편집 작업이 시작되기도 전에 출간 첫 해에 맥스 보드북을 최대한 많이 팔 수 있는 방법을 궁리해내야 했다. 보드북은 가격이 매우 저렴해야 한다. 이는 비용을 낮추기 위해 대량의 책을 찍어내야 함을 의미한다. 1970년대에 대중 시장을 겨냥하지 않은 양질의 책을 펴내는 다이얼과 같은 출판사가 거의 서점만을 대상으로 그만큼 많은 부수의 책을 펴낸다는 것은 도박에 가까웠다. 하지만 보드북이 큰 성공을 거두어 곧바로 또다시 책을 찍어야 했다. 우리 출판사는 1985년에 로즈메리의 두 번째 보드북을 펴냈고, 크기가 더 크고 그보다 더 어리지만 취학전 아동을 대상으로 한 맥스 그림책과 마찬가지로 지금도 꾸준히 인기를 끌고 있다.

출간 후 몇 년이 지나 보드북에 관한 저자/편집자 대담 요청이 들어왔을 때, 로즈메리와 나는 그간 얼마나 많은 작업이 이루어졌는지 잊고 있었다. 나는 작업 파일을 훑어보고, 책이 만들어지는 과정을 보여주기 위해 초기 작업본을 바탕으로 슬라이드를 만들었다. 이를 토대로 대담의 주제인 편집자와 저자의 작업 관계를 보여주기 위해서였다. 『맥스의 아침식사』 차례가 되어 내가 로즈메리가 아직 보지 못한 슬라이드를 보여주기 전, 그녀는 "이 책은 작업이 쉬웠어요"라고 말했다. 그녀는 본인이 완벽한 책을 만들기까지 얼마나 많은 작업을 했는지 잊고 있었다.

『맥스의 아침식사』 최종본은 이렇게 시작한다. "'달걀을 먹어, 맥스.' 누나 루비가 말했다. '그건 나쁜 달걀이야.' 맥스가 대답했다."

원본이 화면에 비춰지자 루비의 첫 문장은 최종본과 같았으나 맥스의 대답은 '그건 독이야'로 되어 있었다. 그러고서 루비는 맥스를 데리고 집안을 돌아다니며 먹지 말아야 할 해로운 물질들을 가르쳐주었다. 그 책을 작업할 때 내가 도움을 준 것은 집안의 유해 물질에 관한 교육적인 이야기도 좋지만 그것이 책의 의도가 아니라고 지적한 일이었다. 『맥스의 아침식사』의 원본 내용이 바뀔 수 있었던 것은 로즈메리가 최초의 발상에 대해 기꺼이 다시 생각하고 이를 재구상하려고 한 덕분이었다.

원고 수정을 둘러싼 긴장

나는 편집자-저자 관계에서 중요한 부분이 수정 과정 그 자체라고 항상 생각해왔다. 양측이 공들여 작업을 하는 와중에도 특출한 역량의 작가나 아티스트는 좋은 이야기를 그보다 더 나은 책으로 발전시킬 수 있다. 그러나 일부 원고의 경우 저자가 기꺼이 수정하려는 태도를 보이지 않는다면, 출간을 못 하거나 훨씬 더 개선될 수 있는 여지를 놔두고 책이 출간되기도 한다. 편집자가 제안하는 사항은 저자에게 반드시 납득이 되어야 하고, 편집자는 수정이 왜 필요한지에 대해 명확히 설명해야 한다.

이상적으로 전문적인 작가들은 편집자들의 제안사항을 주의 깊게 듣고 수정을 하는 반면, 스스로 확신이 없는 작가들은 수정 작업을 원활히 하지 못하는 경우가 많다. 로즈메리 웰즈는 나를 두고 "내 타자기 앞에 앉아 있는 필리스"라고 말하곤 한다. 오랫동안 함께 작업한 덕분에, 그녀는 내게 뭔가를 보여주기도 전에 그에 대해 내가 어떻게 반응할지를 예상하곤 한다.

몇몇 작가와 작가 지망생들은 심지어 수정이라는 말만 들어도 고개를 절레절레 흔들지만, 밀드레드 테일러가 두 번째 작품이자 첫 번째 소설인『천둥아, 내 외침을 들어라』로 뉴베리 메달을 수상했던 날 밤, 그녀는 내게 다른 출판사 두 곳에서 더 좋은 조건을 제시했지만 첫 번째 작품『나무들의 노래』를 다이얼에서 출간했다고 말해주었다. 그 특별한 이유는 내가 그녀에게 작품의 수정을 요구했기 때문이라고 했다. (『나무들의 노래』는 1973년에 다인종 도서 위원회상을 받았고, 이후 위원회는 다수의 출판사에 수상작 원고를 보냈다.) 밀드레드는 지금까지도 꼼꼼하게 수정 작업에 임하는 남다른 작가다.

때로는 투고에서 보석을 발견한다

원고는 많은 다양한 경로를 통해 아동 도서 출판사에 도착한다. 그러나 우리가 이전에 책을 출간한 적이 있는 저자나 저자 겸 삽화가가 새 원고를 보낼 경우, 그 원고가 우리의 출간도서 목록에 적합할 가능성이 평균보다 훨씬 더 높다. 때로는 저자가 새로운 작품을 집필하기도 전에 그에 관한 '논의'가 오고 간다.

하지만 새로운 인재를 발굴하는 일도 중요하다. 이 일은 출판사의 생명선으로, 다이얼 출판사에서는 매 철마다 새로운 작가와 삽화가의 작품을 출간한다. 많은 새로운 인재가 추천이나 문학 에이전트를 통해 우리 출판사에 소개된다. 그러나 출간 경험이 없는 저자는 에이전트를 구하기가 작품 출간만큼이나 어려울 수 있으며, 각 출판사는 매년 미국 전역의 전도유망한 저자들로부터 수천 건에 달하는 투고를 받는다. 우리 출판사는 한 해에 평균적으로 약 6,000건 정도의 투고를 받아 읽어본다. 물론 어마어마한 작업이지만 내가 전념을 다하는 일이며, 이따금 그 속에서 보석 같은 책을 발견하기도 한다.

그러한 책 가운데 하나가 존 벨레어스의 『벽에 시계가 걸린 집』이다. 1973년에 출간되기 몇 년 전, 존은 300쪽에 달하는 원고를 우리에게 무작정 보냈다. 현재는 작가 겸 아티스트이자 당시에는 젊은 보조 편집자였던 캐런 앤더슨은 원고 분량을 반으로 줄이고 주인공을 중년 아저씨가 아닌 소년으로 바꾼다면 원고를 다시 검토할 의향이 있다고 그에게 서신을 보냈다. 1년 후 그는 수정된 원고를 예고도 없이 보냈고, 그 책은 우리가 그의 이름으로 출간하여 성공을 거둔 열세 권의 소설 중 첫 번째 소설이 되었다. 그의 모든 작품은 지금도 여전히 하드커버와 페이퍼백으로 출간되고 있다. 지난 몇 년간 우리는 투고된 그림책 몇 권과 소설 두 권을 계약했다. 그리 높은 비율은 아니지만, 이러한 식으로 투고를 읽다가 보석을 발견하는 일이 가치 있다고 생각한다.

어떤 책은 다른 출판사들로부터 번번이 퇴짜를 맞다가 마침내 크게 빛을 보기도 한다. 『내 독일 병사의 여름』이 바로 그러한 예다. 출간 직후 저자 베트 그린은 에이전트가 그 원고를 내게 보내기 전, 열한 군데의 출판사로부터 거절을 당했다고 말했다. 그 책은 1973년에 출간되어 어마어마한 성공을 거두었다. 책을 펴내기까지 원고를 수도 없이 다듬고 수정한 것을 생각해보니, 다른 출판사들이 왜 그런 대대적인 작업에 손을 대지 않았는지 알 것도 같았다. 하지만 나는 원고를 처음 읽었을 때부터 이야기와 정서적인 측면 모두에 푹 빠지고 말았다. 『내 독일 병사의 여름』은 다이얼 하드커버로 지금까지 출간되고 있으며 페이퍼백으로는 100만 권 이상이 팔렸고 황금시간대의 두 시간짜리 텔레비전 쇼로도 만들어졌다. 그러나 원고를 출간하기 바로 직전까지 내가 과연 올바른 결정을 내렸는지 수도 없이 의문을 품었다.

가끔은 원고를 보면서 이렇게 자문할 때도 있다. "훌륭한 원고야. 그렇지만 이게 어린이용 책일까?" 만약 원고가 정말로 남다르고 특별하다면, 나는 어린이용 책의 범위를 확대시킬 수 있는 작가에게 도박을 걸곤 한다. 작가만이 아니라 삽화가도 마찬가지다. 원고가 처음 들어온 순간부터 다이얼에 있는 관계자들은 이렇게 묻는다. "어떤 아이들이 이걸 좋아할까? 이 내용이 아이들에게 의미와 중요성이 있을까?" 그림책일 경우에는 이렇게 묻는다. "어떤 그림을 집어넣어야 작품이 살아날까?"

삽화가 선정의 어려움과 중요성

삽화가의 선정은 그림책의 출간 과정에서 아마도 가장 중요하고 어려운 부분일 것이다. 글과 그림이 얼마나 조화롭게 어우러지는가에 따라 그림책의 성공이 좌우되기 때문이다. 나는 문자 그대로 이야기를 '그리는 것'을 원하지 않는다. 그건 단조롭고 반복적이다. 그보다는 이야기의 특정한 요소들, 이를테면 유머, 따뜻함, 아름다움 등을 강조하거나 이들 간에 균형을 맞출 수 있는 삽화가를 원한다. 하지만 적절한 삽화는 책의 의미를 확장시키고 나아가 완전히 새로운 차원을 더할 수도 있어야 한다.

작가가 글쓰기와 삽화를 겸한다면, 작품의 초안은 대개 편집자가 최초로 보는 스케치의 형태를 띤다. 작가가 아이디어를 반드시 시각적으로 나타내야 한다는 사실을 생각하면 당연한 일이다. 그로부터 편집자는 작가가 말하고자 하는 내용을 볼 수 있고 그렇게 해서 글과 삽화를 구체화하는 작업을 도울 수 있다. 때로는 콘셉트가 상당히 구체화될 때까지 그리고 조판 작업을 할 시점이 될 때까지 스케치와 분리된 원고가 존재하지 않을 수도 있다. 따라서 편집자는 그림책을 이루는 두 가지 요소인 글과 그림을 따로 분리된 개체로 생각하지 않고 함께 묶어서 작업한다.

스티븐 켈로그와 나는 스물일곱 권의 책을 함께 작업했는데, 그중 열다섯 권이 그가 글을 쓰고 삽화를 그린 그림책이다. 스티븐은 탁월한 작가이자 삽화가로, 그는 많은 책을 쉽고 빨리 작업했고 스케치 개요에 따라 최종 책들을 완성해갔다. 그의 가장 최근작인 『크리스마스의 마녀』가 그러한 작품의 하나다. 다른 작품들은 과정이 좀 더 복잡했다. 한 예가 『가장 친한 친구들』이다. 몇 년 전 바사(Vassar) 여름 출판 학교에서 강연을 해달라는 요청을 받았을 때, 우리는 유년기의 유쾌하기도 하고 혼란스럽기도 한 감정들을 따뜻하고 재미난 방식으로 풀어낸 그림책인 『가장 친한 친구들』을 강연에 사용하기로 결정했다. 스티븐이 원본 스케치를 보내준 덕분에 내가 그걸 강연에 사용할 슬라이드로 만들 수 있었다. 그는 이런 메모를 덧붙였다. "필리스, 이걸 보니 추억에 젖는군요. 『가장 친한 친구들』의 오래된 스케치예요. 당신은 무려 12년 전에 이걸 처음 봤죠." 그중 여섯 개의 스케치에는 내가 쓴 얼마간의 메모들이 첨부되어 있었다. 그 메모들은 매우 흥미롭고 기발한 아이디어가 어떻게 놀랍도록 훌륭한 책으로 변신해갔는지를 보여주었다.

새로운 개념의 아동 도서를 만드는 모험

우리가 출간하기로 계획한 원고가 들어오면, 다이얼의 아트 디렉터인 아사 테혼이 삽화가를 선정하고 그림책의 콘셉트를 잡는 과정에 참여한다. 출판사마다 일 진행 방식이 다르지만, 다이얼에서는 모두가 하나의 팀이 되어 함께 작업을 하기 때문에 서로의 역할을 쉽게 바꾸어 텍스트를 심도 있게 검토하거나 삽화를 꼼꼼히 살펴본다. 저자가 삽화를 겸하지 않을 경우, 좋은 그림책은 두 가지 재능이 협력해서 얻어진 결과물이 되어야 한다. 그러나 대부분의 경우 저자는 이야기에 그림을 덧붙일 삽화가를 선정하는 과정에 참여하지 않고, 심지어는 책 작업이 진행되는 동안에도 삽화가와 한 번도 대화를 나누지 않는다. 저자의 시각이 상당히 구체적이고 개인적인 경향이 있기에 자칫 삽화가의 자유를 제약하고 삽화 작업에 방해가 될 수도 있다. 이는 내가 아는 한, '분리평등' 원칙이 적용되고 반드시 그래야 하는 유일한 상황이다.

나는 발행인이자 편집장으로서 특정한 책에 어떠한 시장이 존재하는지를 파악하고서 그 책을 출간하는 것이 가치가 있는지를 판단해야 한다. 때때로 나는 새로운 프로젝트의 초기 단계에서 판매 및 마케팅 담당자들과 의논한다. 이는 책의 잠재적인 시장 및 예상 판매부수와 같은 기타 사안에 대해 그들의 의견을 참고하기 위해서다. 대개 이는 팝업북과 같은 '신개념' 책에 해당한다. 저자와 편집자 사이에서 책의 상당 부분이 여전히 논의를 거치는 단계라면, 판매 및 마케팅 담당자들이 아무리 역량 있고 지원을 아끼지 않는다 해도 저자의 아이디어에 대해 이들과 논의하기가 어려울 때가 많다.

아동 도서를 작업하는 데에는 늘 위험과 모험의 요소가 따른다. 어떤 누구도 작업의 시작 단계에서 그 책이 아이들이나 평론가들 사이에서 좋은 반응을 얻을 수 있을지 예상할 수 없다. 그래도 위험을 무릅쓰는 것은 내가 이 분야에서 기쁨을 느끼기 때문이다. 미래가 창창한 신예 작가를 발굴하고, 작가가 본인의 전망을 실현하도록 돕고, 창의적이고 협력적인 작업에서 만족감을 얻는 일은 아동 도서를 편집하고 출판하는 것을 언제나 가치 있게 만드는 주요한 요소다.

「체계화된 지식에 쉽게 접근하는 법—사전, 연감, 편람 등 참고도서의 편집」

오늘날 그 어느 때보다도 많은 출판사가 더욱 다양한 주제에 대해 더 많은 참고도서를 펴내고 있다. 모스는 이렇게 말한다. "우리는 사람들이 체계화된 지식에 쉽게 접근하기를 필요로 하고 원하는 세상에 살고 있다."

모스는 학술적인 참고도서를 "학자나 전문가를 대상으로 하고 대개 도서관 및 기타 기관에 배포되는 종종 여러 권으로 된 도서"라고 정의하고, 일반 참고도서를 "광범위한 일반 독자의 지적인 호기심을 충족시키기 위해 집필되며, 일반 서점과 직접적인 메일, 기타 경로를 통해 구매 가능한 한 권으로 된 도서"라고 정의한다.

저자가 한 명인 참고도서는 일반 비소설과 상당히 유사한 방식으로 편집된다. "그러나 저자가 여러 명인 참고도서는 지적인 일관성, 팀의 단합, 장기적인 작업 관리와 같은 독특한 사안이 존재한다." 모스는 논의를 위한 모델로 "저자가 여러 명인 일반 참고용 백과사전을 사용하는데, 이는 보다 전문적인 독자를 대상으로 하지만 편집상의 사안은 동일하다."

모스의 글은 책을 펴낼 주제 분야의 계획, 편집 위원회 및 기고자들의 선정과 이들과의 작업, 책 내용의 개발, 장기적인 작업 관리의 감독 등 참고도서의 편집을 둘러싼 모든 중요한 측면을 다룬다.

모스가 내다보는 미래는 이렇다. 컴퓨터의 사용으로 참고도서 편집자들이 보다 빠르고 유연하게 세부적인 편집 개발 및 행정 작업을 처리하게 될 것이다. 그리고 육중한 규모를 자랑하는 참고도서와 공존하는 획기적인 새로운 기술(CD-ROM, 온라인 서비스 등)로 편집자들이 만드는 자료가 독자들에게 다다르는 방식이 계속해서 바뀔 것이다. 그러나 그녀는 마음속으로 기술이 책을 대체하지 못하리라 믿는다.

린다 핼보슨 모스(Linda Halvorson Morse)

린다 핼보슨 모스는 뉴욕에 있는 옥스퍼드 대학교 출판부의 책임 편집자로, 일반 참고도서부를 총괄하면서 한 권으로 된 백과사전인 '컴패니언' 시리즈, 풍부한 삽화를 곁들인 역사서, 각종 문집을 펴내고 있다. 모스는 맥밀란 퍼블리싱 컴퍼니에서 출판인으로 첫발을 내딛어 주요 학문 백과사전을 담당했고, 이후 매사추세츠 렉싱턴에 있는 D. C. 히스 앤드 컴퍼니에서 몇 년간 역사 및 정치학 분야의 참고서를 입수했다.

체계화된 지식에 쉽게
접근하는 법

—사전, 연감, 편람 등 참고도서의 편집

—린다 핼보슨 모스

참고도서란 무엇인가

대부분의 정의에 비춰볼 때, 참고도서의 출판은 긴박하게 이루어지지 않는다. 참고도서의 출판은 학술 지식이 서서히 축적되어야만 가능하고, 가장 진지한 형태로 신중하고 철저하며 심혈을 기울인 과정을 거친다. 최초의 백과사전 집필자와 사전 편찬자들이 인간의 지식을 수집, 조직하는 데로 관심을 돌린 이래, 그들의 노력이 현재까지 무수히 반복되어 크고 작은 결과물이 생겨났다. 그 지적인 과정의 본질은 여전히 동일하게 남아 있지만, 그러한 과정이 이루어지는 환경은 확실히 예전과 크게 다르다. 오늘날에는 참고도서를 펴내는 출판사의 수, 다뤄지는 주제, 출간되는 도서의 수가 두드러지게 증가했다. 그 이면에는 수요와 공급의 현실이 존재한다. 우리는 사람들이 체계화된 지식에 쉽게 접근하기를 필요로 하고 원하는 세상에 살고 있다. 그리고 출판사들은 여느 기업과 마찬가지로, 시장이 요구하는 '제품'을 제공하고자 한다.

참고도서는 여러 가지 형태가 있다. 각양각색의 참고도서를 단일하고 협소하게 규정지을 수는 없지만, 대개는 **일반 백과사전, 전문 백과사전, '컴패니언' 시리즈, 지침, 편람, 사전, 용어집, 참고문헌, 색인, 연감, 지도책, 문집을 참고도서라 칭한다.** 이야기 역사나 개관의 경우, 충분히 종합적이고 신빙성이 있어 해당 분야에서 '백과사전적'이라고 고려될 때 이 역시 참고도서에 포함될 수 있다.

참고도서는 물론 다양한 독자를 대상으로 편찬될 수 있다. 학자나 전문가를 대상으로 하는 도서는 상당 부분 도서관 및 기타 기관에 배포되며, 그에 따라 포장되고 가격이 책정된다. 이 글을 쓰는 현재, 그러한 전문 도서는 보통 권당 100달러에 구입할 수 있고, 여러 권에 걸쳐 수천 페이지에 달할 수 있다. 자주 개정되는 편람이든 세대마다 한 번씩 개정되는 학술서든, 이들 도서는 대상 독자의 강력하고 전문적인 관심을 끈다. 한편 일반 참고도서는 광범위한 일반 독자의 지적인 호기심을 충족시키기 위해 집필되며, 관련 분야의 학자나 전문가의 '첫 번째 참고 출처'로도 사용될 수 있다. 이러한 도서는 대개 한 권으로 구성되고 개별 도서 구매자가 구입할 수 있는 선(현재 가격 상한선은 50달러)에서 가격이 책정되며, 일반 서점과 직접적인 메일, 기타 경로를 통해 구매 가능하다.

이 도서들의 공통점은 무엇일까? 우선 독자 대부분이 이 도서들을 어떤 용도에 사용하는지 생각해보면 알 수 있다. 일반적으로, 참고도서는 처음부터 끝까지 차례대로 읽지 않는다. 그보다는 특정한 정보를 찾아볼 때 이용한다. 투명하고 접근이 쉬운 도서의 구조, 즉 알파벳 순서·주제별 순서·연대기적 순서·편집상의 장치(예를 들면, 백과사전에서 볼 수 있는 상호참조 체계) 덕분에, 독자는 방대한 양의 관련 없는 정보까지 훑어보면서 필요한 특정 정보를 찾을 필요가 없다. 참고도서는 지식을 체계화하여 독자가 이에 쉽게 접근할 수 있도록 한다.

두 번째로, 참고도서는 금전적인 측면에서 바라볼 수 있다. 일반적인 출판 용어로 말하자면 참고도서는 '백리스트'로도 알려져 있다. 이는 참고도서가 출간 해에 주요 출판물일 뿐만 아니라 어느 정도의 기간, 심지어는 연속으로 판(edition)을 찍어내면서 여러 세대에 걸쳐 읽힌다는 것을 의미한다. 베스트셀러 로맨스 소설과 비교해보면, 참고도서가 장기적이고 꾸준하며 상대적으로 예측 가능한 수입원이라는 얘기다. 반면 이들 도서는 보통 펴내는 데 상당한 비용이 소요된다. 사내 개발에 수년이 걸릴 수도 있고, 이에 따른 노력을 포함한 실질적인 편집 비용 그리고 도서의 수명이 지속되는 동안 실시되는 실제적인 마케팅 비용이 뒤따른다. 이렇듯 참고도서는 오래 지속되는 특징이 있다.

누가 참고도서를 필요로 하는가

출판사는 독자의 요구에 민감하고, 또 그래야 한다. 자녀를 처음 가진 부모가 최신 육아 정보가 담긴 지침서가 필요할 때, 변호사가 새로운 조세법에 관한 체계적인 편람이 필요할 때, 일반 독자가 음악이나 고고학과 같은 다양한 분야에서 아이디어를 얻기 위한 출처를 원할 때 이를 예의주시하는 출판사가 결국에는 반응을 하게 되어 있다. 출판사는 직접 프로젝트를 개시하거나 외부 저자들이 출판사 측에 제안한 프로젝트를 신중하게 검토해서 반응을 한다. 비즈니스, 법, 의학, 공학, 기타 전문 분야에는 특화된 참고도서를 필요로 하는 넓은 독자층이 존재한다. 학술적인 독자들은 과학에서 인문학, 예술까지 학문 분야의 전 범위에 걸쳐 체계화된 지식을 원한다. 그리고 지적 호기심이 왕성한 일반 독자들은 원예에서 정치, 문학까지 다양한 분야에 걸쳐 신빙성 있는 정보를 원한다.

그렇다면 무엇이 특히 참고도서 출판 분야를 비옥하게 할까? **지식을 구조화하거나 체계화해야 할 과제가 여전히 남아 있는 신흥 학문 분야의 경우, 참고도서를 편찬해낼 적절한 기회가 존재한다.** 이를테면, 여류 작가 연구 분야는 상대적으로 최근 들어서야 학문적 조명이 집중된 분야인데, 흥미롭고 독창적인 연구 결과가 다양한 형태의 참고도서로 통합되고 있는 중이다. 때때로 학문의 방향이 급선회하면서 판도가 크게 바뀌는 고급 학문 분야 역시 참고도서를 펴낼 수 있는 풍부한 기회를 제공한다. 이제는 과거의 '북과 트럼펫'을 넘어서서 크게 확장되고 있는 군사(軍史) 분야 역시 중요한 사회적 측면을 포함하고 있어 좋은 예에 해당한다. 고급 학문 분야든 아니든, 일부 주제는 어떤 형태의 정보든 지칠 줄 모르고 흡수하는 일반 독자들의 시선을 늘 사로잡는다. 미국 서부 역사, 미국 남북전쟁, 셜록 홈즈 등이 이에 해당한다.

저자가 여러 명인 참고도서의 편집

포장·가격 책정·마케팅의 차이를 제외한다면, 학술적인 참고도서와 일반 참고도서의 편집상의 과제는 큰 차이가 없다. 내 경험으로 볼 때, 더 큰 차이는 단일 저자의 참고도서와 공동 저자의 참고도서 사이에 존재한다. 물론 단일 저자의 참고도서는 종합성, 균형, 권위성, 지속적인 호소력과 같은 특수한 부담을 안고 있다. 이 부분은 이 책에 있는 다른 편집 과정과 유사하기 때문에 여기서 특별히 살펴보지 않기로 한다. 그러나 참고도서의 저자가 여러 명이라면, 지적인 일관성, 팀의 단합, 장기적인 작업 관리와 같은 독특한 사안이 존재한다. 이 때문에 여기서는 이 부분을 살펴볼 필요가 있다.

저자가 여러 명인 일반 참고용 백과사전을 예로 들어보자. 공저로 집필되는 학술용 참고도서는 보다 전문적인 독자를 대상으로 하지만 편집상의 사안은 동일하다.

주요 참고도서를 펴내는 작업은 어느 면에서 보아도 상당한 일이다. 소요되는 비용뿐만 아니라 시간의 측면에서도 그러하다. 아이디어 기획에서 원고 완성까지 걸리는 편집 과정은 적어도 2~3년 내지는 그보다 훨씬 더 걸릴 수 있다. 이러한 점을 감안할 때, 편집 과정은 실질적인 사안 및 행정 절차에 관해 사전 논의가 필요한 까다로운 여정이다. 프로젝트 내내 어떠한 것도 운에 맡겨질 여지는 거의 없다.

이제부터는 참고도서 편집의 주요 단계(물론 참고도서 출판사마다 이 과정이 서로 다르다)와 더불어 그로부터 발생하는 저자-편집자 관계의 여러 측면에 대해 알아보기로 한다. 이러한 장기적인 협력관계에서는 작업 방식의 공유와 지적인 열망이 성공뿐만 아니라 과정을 즐기는 데 도움이 된다.

대표 저자, 혹은 총괄 편집자의 역할

이 단계에서 출판사는 우선적으로 사내에서 기획된 것이든 외부에서

온 것이든, 아이디어가 얼마나 탄탄한지를 판단해야 한다. 입수 담당 편집자는 일상적인 조사를 하고, 해당 분야의 학자·도서관 사서·서점 관리자·판매 및 마케팅 담당자들에게 조언을 구해 일련의 중요한 질문들을 해결한다.

일부 질문은 책의 시장과 관련된 것이다. 해당 분야의 다른 주요 도서들이 초기 및 장기적으로 판매에 성공했는가? 시장 점유율을 장악한, 경쟁 상대가 될 만한 도서들이 존재하는가? 바삐 돌아가는 시장은 기회를 나타내고, 침체된 시장은 그 반대를 나타낸다. 어떤 독자층(또는 여러 독자층의 혼합)이 해당 도서를 구매할 만큼 충분한 관심을 보일 것인가? 출판사의 입장에서 볼 때, 이상적인 일반 참고도서는 폭넓은 독자층을 끌어들인다. 예를 들어, 세계 정치에 관한 종합적이고 권위적인 일반 참고도서는 비교정치학·국제관계·역사·경제학·기타 관련 분야의 학자들은 물론, 저널리즘·국제경영·국제외교 분야의 전문가들, 그리고 본인이 사는 세상에 대해 배우려고 하는 열정적인 일반 독자들에게 호소력을 발휘할 것이다. 백과사전은 형태상 명쾌한 설명, 통합(합치고 이해를 위한 맥락과 특정 주제에 대한 다양한 관점을 제공함), 해석(주제에 대해 독창적인 사고를 제공함)을 제시하여 각 독자가 저마다 별개의 방식으로 혜택을 누리게 한다.

그 밖의 질문은 참고도서의 특성과 관련 있다. 해당 분야가 새로운가? 아니면 실제로 학자들 사이에 전반적인 관심이 퍼져 있을 만큼 발달된 분야인가? 혹은 전문적인 차원에서 참고도서에 대한 수요가 존재하는가? 극히 초기 단계에 있는 학문 분야는 이에 해당하지 않는다. 그보다는, 학문이 성숙된 경지에 올라 활발한 논의가 진행되고 있는 분야가 이상적이다. 기타 중요한 질문은 다음과 같다. 기획 중인 도서가 주제에 대해 어떤 참신한 견지를 취하면서 같은 분야의 기존 문헌에 특별한 보탬이 되어 또 하나의 표준적인 참고도서가 될 수 있는가? 프로젝트의 실질적인 범위는 어느 정도까지여야 하는가?

마지막으로, 출판사는 외부 총괄 편집자를 선정할지 고려한다. 이는 새로운 참고도서를 기획하는 과정에서 가장 중요한 단계다. 나는 일부러 저자(author)라는 말 대신 총괄 편집자(general editor)라는 명칭을 쓴다. **총괄 편집자는 본인의 글을 직접 참고도서에 기고할 수 있으나, 몇백 명의 다른 기고자들의 글 역시 조화시켜야 하는 막중한 책임을 지닌다.** 학문적, 직업적, 또는 경험적 측면에서 총괄 편집자의 역량은 매우 중요하다. 총괄 편집자는 주제에 정통해야 하고 참고도서의 권위에 마땅히 관심을 갖는 독자와 비평가들이 인정할 수 있는 사람이어야 한다.

출판사는 해당 학문 분야에 가시적으로 큰 이바지를 했고, 그 분야의 외부 경계, 논쟁이 이루어지는 부분, 주목할 만한 새로운 방향, 학자나 전문가들의 두드러진 목소리에 대해 두루 지식을 갖춘 총괄 편집자를 섭외하려고 노력한다. 출판사는 분야 내에 널리 인맥을 갖추고 명망 있는 동료 학자들이 (공동 편집자, 자문위원 또는 기고자 자격으로) 프로젝트에 참여하도록 이끌 수 있는 총괄 편집자를 선호한다. 총괄 편집자에게는 참고도서의 잠재적인 독자층을 통찰하는 본능적인 감각이 중요하다. 또 독자들의 특정한 필요와 관심에 맞게 참고도서를 맞춤화할 수 있는 편집상의 '미세 조정' 능력 역시 중요한 고려사항이다. 독자들을 강하게 인식하는 총괄 편집자는 독창적인 발상으로 도서의 마케팅 계획에도 기여할 수 있다.

도서 입수 기간에는 총괄 편집자와 담당 편집자가 긴밀히 협조하여 참고도서를 위한 예비 기획안을 마련하는데, 이는 종종 프로젝트 제안서의 형태를 띤다. 나는 쉬운 답이 존재하지 않더라도 총괄 편집자가 프로젝트의 모든 측면을 해결하기 위해 애쓰도록 장려한다. 적어도 이러한 방식으로 프로젝트가 진행되면서 어떠한 사안을 더 완전하게 해결해야 하는지 알 수 있기 때문이다. 나는 총괄 편집자에게 다음과 같은 문제에 초점을 맞춘 제안서의 개요를 요청한다: 학문 연구의 현황, 해당 분야에 대한 대중의 관심(예: 이 분야에서 흥미로운 부분은 무엇인가? 기획 중인 참고도서에 대한 시장이 왜 존재하는가?), 참고도서가 겨냥한 독자층, 참고도서의 실질적인 범위와 조직 원칙, 그리고 일정 및 총괄 편집자와 출판사 간의 분업과 같은 행정적 사안. 그리고 외부 평가자들에게 제안서 검토를 요청하는데, 제안서는 사내에서 최종 승인을 받을 때까지 수차례 수정을 거칠 수 있다.

이 시기에는 '인력' 문제가 해결되어야 한다. 대개 총괄 편집자가 네댓 명의 동료 학자 내지는 전문가들로 이루어진 편집 위원회를 구성하여 그들과 긴밀히 협력한다. 편집 위원회는 보완적인 전문지식을 프로젝트에 제공하고 편집 작업의 일부분을 맡는다. 규모가 큰 참고도서는 한 개인이 맡는 경우가 드물다. 편집 위원회는 집단적인 시야를 갖고 참고도서의 범위가 포괄적이면서도 균형이 잡히도록 돕는다. 이러한 체계 내에서 총괄 편집자가 편집 위원회와 출판사의 소통을 매개하는 주요 연락 담당자 역할을 하고, 편집 위원회를 대표하여 최종적인 의사 결정 권한을 갖는다.

마지막으로, 종종 자문 위원회를 설치하여 프로젝트에 추가로 전문 지식을 제공한다. 편집 위원회가 적극적으로 편찬 작업에 임하는 반면, 자문 위원회는 연이어 작성되는 목차들을 검토하고 각자의 분야 내에서 기고자들에게 제안을 하는 등 보다 반응적인 역할을 한다.

목차가 아닌 표제어 목록

출간 계약을 하게 되면 출판사와 총괄 편집자(또는 편집 위원회) 간의 장기적인 협력관계가 공식적으로 시작된다. 이 시점에서 출판사는 프로젝트에 참여할 사내 개발 편집자를 임명한다. 책의 구성 및 내용과 관련하여 크고 작은 의사결정이 반드시 필요한데, 담당 편집자는 그 과정에서 편집 위원회에 방향을 제시할 수 있다. 개발 단계에서 달성해야 할 주된 목표는 상세한 목차를 완성하는 것이다. 이는 창작력을 필요로 하는 과정으로, 1년이나 그 이상의 집중적인 편집 작업이 필요할 수 있다. 여기서 잠시 언급하자면, **참고도서가 알파벳순으로 되어 있다는 점을 생각할 때, '목차'보다는 '표제어 목록'이라는 표현이 더 정확하다.** 참고도서에서는 '표제어'가 알파벳순으로 되어 있는 체계에 따라 독자가 관심 있는 주제를 찾아보기 때문이다. 독자는 표제어만으로 관심가는 내용을 찾을 수 있다. 따라서 목차가 필요하지 않다. 한편 도서 입수 단계에서 이미 책의 범위와 내용에 대해 상당한 숙고를 하지만, 프로젝트의 내부 구조를 세부적으로 짜는 일은 모든 편집상의 관계자가 계약을 체결한 후에야 본격적으로 시작된다.

모든 참고도서의 주요 목표는 종합성과 균형을 맞추는 것이다. 즉, 학문 분야나 주제의 모든 측면을 철저히 다루고, 다양한 하위주제 각각의 상대적인 중요성을 정확히 반영하여 각 하위주제마다 그에 상응하는 지면을 할당한다는 얘기다. 일반적인 체제에서는 편집 위원회 각 구성원이 저마다의 편집 권한 내에서 표제어 목록을 작성한다. 그런 다음 개별 목록들을 하나의 최종 목록으로 통합한다. 이후, 편집 위원회가 수정을 거듭하여 목록의 전반적인 일관성을 평가한다. 자문 위원회 역시 주기적으로 요청을 받아 범위의 격차, 불균형, 기타 부족 사항을 지적한다. 이 단계에서는 편집 위원회가 전문가로 인정을 받는 기고자들을 찾아 섭외하는 일 역시 담당한다.

일관성 유지를 위한 명확한 지침

공동 저자들의 참고도서를 작업할 때 주된 걸림돌은 한 사람이 아닌 여러 사람이 작업을 한다는 사실에서 비롯한다. 한 저자가 집필하는 글에서는 일관성, 즉 하나의 관점, 하나의 이야기, 하나의 목소리가 유기적으로 생산된다. 그러니 여기서는 개발 과정이 시작될 때부터 일관성을 반드시 요구해야 한다. **향후 집필을 할 기고자들이 의식적으로 통일성을 염두에 두고 각자의 작업을 시작하기 위해서는 다음과 같은 작업이 필요하다.** 즉 프로젝트의 전반적인 조직과 내용에 대해 그리고 각자의 글이 그보다 큰 책의 범위 내에서 어떤 실질적이고 고유한 역할을 맡을지, 다시 말해 각자의 글에서 독자가 그 어떤 책에서도 찾지 못할 그 어떤 내용을 다룰지에 대해 숙지를 해야 한다. 또 특히 중요한 사항으로, 기고자들이 책이 겨냥한 독자층을 제대로 이해하여 그에 맞게 글을 맞춤화해야 한다.

개발 단계에서는 편집 위원회와 사내 편집자들이 위 사안들을 명확히 하기 위해 기고자들에게 보낼 자료를 마련한다. 프로젝트에 대한 전반적인 설명에 더해, 동료들과 내가 사용하는 장치는 '범위 설명'이다. 이는 각 기고문에 대해 설명하는 문안으로 계획된 범위와 초점을 안내하고, 기고문이 담아야 할 구체적인 예시나 주제를 나타내며, 책에 포함시키기로 계획한 관련 주제에 관한 글을 나열한 것이다. 이 단락은 필요할 경우 기고자와 상의를 거쳐 수정하므로 출판사 측과 기고자가 글의 목적에 대해 처음부터 확실하게 동의할 수 있다. 각 기고자에게 '범위 설명' 자료를 보내는 일은 여러 기고문들로 이루어진 망 속에서 범위의 차이나 불필요한 반복이 생기는 일을 방지한다. 이 밖에도 기고자들에게는 편집 및 참고문헌 표기법에 관한 기술적인 지시사항과 더불어 기고문을 원고의 형태로 쓰거나 전자적인 방식으로 작성하는 방법에 관한 지침이 필요하다. 이 사안들에 대해 기고자들에게 명확히 지침을 제공하면, 후기 편집 단계에서 불필요한 복잡함이 사라진다.

많은 참고도서의 개발을 지켜보고 이에 참여하다 보니, 나는 상대적인 확신을 갖고 두 가지를 말할 수 있게 되었다. 하나는 표제어 목록을 개발하는 일이 늘 예상보다 복잡하다는 것이다. 어떠한 프로젝트에서든 콘셉트와 관련된 복잡한 문제들이 서서히 드러나고, 급기야는 관련된 모든 당사자가 이렇게 가망 없고 밑도 끝도 없이 계속되는 일에 왜 참여한다고 했는지 의아해하는 상황이 벌어지기도 한다. 그러나 집요함은 끝내 빛을 발하고, 안경을 쓰자 세상이 또렷이 보이는 것처럼 복잡한 백과사전 작업의 구조와 내용이 마침내 딱 맞아떨어지게 된다. 그리고 내가 말할 수 있는 또 다른 한 가지는 편집 위원회를 한데 모아 책의 본질과 조직에 관한 초기의 질문들을 깊이 고려하려는 모든 노력이 가치를 발한다는 것이다. 이 과정에서 생겨난 공동체 정신은 중요한 편집 사안에 집중적이고 생산적으로 전념하게 만들고, 팀의 연대를 끈끈하게 해서 피할 수 없이 힘든 시기를 함께 헤쳐나가게 한다.

누가 행정을 처리할 것인가

표제어 목록이 최종 형태를 띠고 기고자들이 선정되고 나면, 프로젝트의 행정 작업이 시작된다. 여기서는 프로젝트의 초기 계획 단계에서 설정한 분업이 제 역할을 한다. 한 가지 일반적인 합의에 따르면, 출판사가 프로젝트의 행정적인 측면을 담당한다. 즉, 출판사는 기고자들을 섭외하고, 기고와 관련된 계약서를 작성하여 송부하며, 기고자들로부터 원고를 받아 이를 편집 위원회에 전달하여 검토하게 하고, 기록 관리를 한다. 편집 위원회가 책 내용의 중요한 사안에만 집중할 수 있도록 하는 것이다. 이러한 합의는 출판사가 직원들을 두고, 사내 프로젝트 편집자를 임명하여 매일 해결해야 하는 산더미 같은 행정적인 세부 사항을 처리할 수 있도록 할 때에만 가능하다. 물론 출판사가 (해당 시간에 여러 개의 프로젝트를 취급할 수도 있는) 프로젝트 편집자를 참고 도서 작업에 할당하는 데에는 추가적인 비용이 발생한다. 그러나 확실한 장점은 출간을 향해 작업이 빠른 속도로 꾸준히 진행된다는 점이다. 행정적 합의의 세부적인 내용이 어떠하든, 모든 당사자는 각 기고문이 최대한 신속하게 편집 과정을 거치도록 노력해야 한다.

기록 관리는 수백 명의 기고자들이 참여하고 무수한 집필 작업이 이루어지는 어느 프로젝트에서든 핵심적인 과제다. 이상적으로는 출판사가 컴퓨터를 사용하여 프로젝트 데이터베이스를 생성·유지하고, 기고문 제목과 설명·기고문 길이·마감 기한·원고료 지급 조건·편집 상태의 전자적인 기록을 지속적으로 갱신할 수 있다. 데이터베이스를 사용하면, 사내 프로젝트 편집자가 개별적인 일상 서신 목록이나 기한을 넘긴 기고문 목록을 상대적으로 손쉽게 생성할 수 있다. (십 년도 훨씬 전에 내가 저자가 여러 명인 참고도서 편찬 작업에 처음 참여했을 때에는 컴퓨터가 아직 널리 사용되기 전이었다. 그래서 일련의 편집 단계를 거치는 기고문들의 현황을 파악하기 위해 커다란 벽보를 사용했다.) 물론 총괄 편집자가 적절한 컴퓨터 사용 능력이나 이러한 복잡한 과정을 추적하는 데 적합한 다른 수단을 갖추었다면, 출판사가 이 작업을 담당할 필요가 없다. 실로 현실적인 결정이다. 기록 관리, 일정 관리, 자료 추적의 세부적인 사항을 매일 철저하게 가장 잘 처리할 수 있는 이는 누구인가? 흥미롭게도, 앞서 말한 개발 과정에서도 컴퓨터가 중요한 수단이 되었다. 방대한 양의 서류를 조직적으로 관리하는 데이터베이스는 긴 표제어 목록을 자세히 검색하여 범위나 균형의 문제를 파악할 수 있게 한다.

개별 기고문의 편집

앞서 언급한 행정 작업이 진행되는 가운데, 편집이 실상 그와 동시에 진행된다. 개별 기고문의 편집이 진행될 때에도 기록을 해야 하고, 집필이 더딘 기고자에게 독촉 서신을 보내야 하며, 편집 위원회에 원고를 검토할 수 있게 전달해야 한다. 편집 기간 동안에는 의뢰한 원고의 내용 및 문체를 검토·수정하여 최종 본문 편집 단계에 이를 때까지 철저한 과정을 거친다. 이 과정은 보통 사내 프로젝트 편집자가 지휘한다. 원고의 마감 기한은 예상되는 분량에 따라 정해지는데, 가장 짧은 원고(1,000단어 미만)는 의뢰일로부터 3, 4개월, 가장 긴 원고(6,000~7,000단어 가량)는 대부분 1년으로 정한다.

대부분의 프로젝트에서 효과적인 체제는 각 원고가 적어도 2명의 편집 위원회 구성원의 검토를 거치는 것이다. 즉, 종종 '부분 편집자 (section editor)'라고 불리는 편집자가 자신이 맡은 특정 부문에 속한 원고를 검토하고, 프로젝트에 전반적인 책임을 갖는 총괄 편집자가 책에 수록되는 모든 원고를 검토한다. 일반적으로 부분 편집자가 필요한 수정 작업에 대해 기고자와 의사소통을 하고 최종 형태의 원고를 승인한다. 초기 개발 단계에서 기고자들에게 집필과 관련된 지시사항을 제대로 숙지시켰다면, 대부분의 원고는 이 시점에서 어느 정도 미세한 조정만을 거치게 된다.

독자들은 참고도서의 범위가 불완전하거나 해석상 협소한 관점만 제시할 경우 당연히 실망을 한다. 따라서 부분 편집자가 반드시 균형, 정확성, 범위의 완전성의 측면에서 각 원고를 점검하고 원고에 결함이 있다면 이를 보완하는 구체적인 방향을 기고자에게 제시해야 한다. 동시에 총괄 편집자는 관련된 주제들에 관한 기고문들 내에서 각 기고문이 다른 기고문들과 조화를 이루는지를 평가해야 한다. 검토 및 수정이 이루어지는 내내 또 다른 중요한 사안은 좋은 글쓰기의 요소에 대해 관심을 갖는 것이다. 그중에서도 확실한 논지, 주장을 뒷받침하는 대표적인 예시, 높은 흥미도가 중요한데, 다른 글쓰기 작업에서와 마찬가지로 참고도서의 집필에도 이 요소들을 적용해야 한다. 부분 편집자가 제시한 세부적인 제안사항을 바탕으로 문체상의 문제를 해결하도록 기고자에게 요청하거나, 부분 편집자가 원고를 검토하는 과정에서 윤문 편집을 실시할 수 있다. 지속적으로 발생하는 사소한 문제들은 최종 본문 편집에서 해결할 수 있다. 물론 원고를 수정할 때마다 기고자가 수정 사항을 검토, 승인할 수 있는 기회를 얻어야 한다.

편집의 최종 단계에서는 저마다 최종 형태를 띤 기고문들이 알파벳순으로 된 응집적인 하나의 원고로 통합된다. 독자가 원하는 구체적인 정보를 찾을 수 있도록 하는 편집상의 장치(상호참조 등)가 이 시점에서 고안되어 원고에 삽입된다. 대부분의 참고도서에서 매우 중요한 접근 지점이라 할 수 있는 색인은 교정 단계에서 완성된다. 이러한 최종적인 노력은 책의 내용 전체와 서로 연관된 글들의 패턴에 관한 지식을 필요로 한다. 이 때문에 이 작업은 사내 편집자들과 긴밀히 협조하는 총괄 편집자가 가장 효과적으로 수행할 수 있다. 참고도서에서 원하는 정보를 찾지 못할 때의 좌절감을 느껴봤다면, 편집 과정에서 이 특정한 단계가 얼마나 중요한지 알 수 있다. 이제 원고는 제작 및 생산을 위한 준비를 완료한 상태로, 운이 따른다면 몇 개월 내에 완성된 책으로 세상에 모습을 드러내게 된다.

참고도서의 미래

오래된 격언을 조금만 바꿔보면 참고도서 출판의 속성을 그런대로 잘 요약할 수 있다. "뭔가 그대로 남을수록 그것은 더 많이 변한다." 지금 내게 익숙한 참고도서 출판이 향후 몇 년간 크게 변하지 않으리라 생각한다. 동료들과 나는 참고도서를 펴낼 만한 촉망받는 분야를 계속해서 찾고, '오래된 주제'에 대한 시선을 새로이 하며, 참신한 주제를 획기적으로 다루면서 독자들의 흥미를 따라가도록 노력할 것이다. 또한 꽤 많은 비용이 소요되지만 그만한 대가가 따르는 복잡한 프로젝트에 노고를 아끼지 않을 것이다. 아울러 세상을 살기에 더 나은 곳으로 만드는 어떤 중요한 일에 종사하고 있다는 마음으로 우리의 길을 걸어갈 것이다. 우리가 하는 일은 상당 부분 예전 그대로 남아 있을 가능성이 크다.

물론 나날이 경쟁이 치열해지는 시장에서 살아남기 위해 전보다 더 빨리, 더 월등하게 일을 해야 할 수도 있지만 말이다. 그보다 변화는 우리가 일을 하는 방식에서 나타날 가능성이 크다. 컴퓨터를 사용하여 전보다 빠른 속도와 유연성으로 작업 계획을 면밀히 조사해서 더 나은 책을 만들 수 있다. 또 세부적인 행정 작업 역시 보다 효율적으로 처리하게 될 것이다. 게다가 컴퓨터는 육중한 규모를 자랑하는 참고도서와 공존하는 획기적인 새로운 기술(CD-ROM, 온라인 서비스 등)을 통해, 우리가 만드는 자료가 독자들에게 다다르는 방식을 계속해서 바꿀 것이다. 그러나 마음속으로 우리는 기술이 책을 대체하지 못하리라 믿는다.

「전기의 생명은 세부사항에 있다—삶을 편집하는 기술」

"전기의 생명은 그 세부사항에 있다"라고 데이비슨은 전기 작가, 자서전 작가, 편집자를 위해 사려 깊은 조언과 위트로 쓴 이 글에서 말한다.

데이비슨은 40년이 넘도록 전기를 편집해왔으며 대표작으로는 다이앤 미들브룩의 『앤 섹스턴 전기』가 있다. 데이비슨은 이 글을 통해 편집자와 작가들에게 본인의 전문지식을 아낌없이 내어준다. 그는 전기 및 자서전의 편집과 관련된 세부사항, 문제 및 고려사항, 중요한 자료를 찾고 이에 합법적으로 접근하는 방법, 개인적 서신과 관련하여 저작권 및 공유 저작물 법을 다루는 방법, 글을 인용하고 사진을 게재하기 위한 허가를 받는 방법, 묘사 및 인용된 인물들이 공개한 자료를 확보하는 방법, 너무 적게 말하거나 너무 많이 말하려는 자서전의 주인공을 다루는 방법, 현재 생존해 있거나 최근 세상을 떠난 전기 대상자의 배우자에 대처하는 방법, 명예훼손의 위험 및 처벌을 피하는 방법, 집필 대상자를 지나치게 존경하거나 증오하지 않는 전기 작가를 선택하는 방법, 전기 또는 자서전의 흥미로운 도입부와 만족스러운 결론을 쓰도록 저자에게 제안하는 방법, 전기 작가에게 전기 대상자의 재평가를 권고하는 방법 등에 대해 논의한다.

전기는 감히 그 이름을 말하지 않는 허구라는 프랑스 비평가 롤랑 바르트의 말을 인용하면서, 그는 사람들의 삶을 편집하는 기술에 관한 예리한 진실을 이야기한다. 그중 일부는 다음과 같다.

"자서전 저자는 본인의 이야기를 처음부터 시작해야 할까? 대개는 그렇지 않다."

"편집자는 자서전 저자에 대해 부모의 애정 어린 심정으로 다가가야 한다. 단, 회고록의 신빙성을 유지하기 위해 부모의 엄격한 태도 역시 필요하다."

"전기 작가가 빠질 수 있는 최악의 유혹은 전기 대상자를 실제보다 더 나은 인물로 만드는 일이다."

피터 데이비슨(Peter Davison)

피터 데이비슨은 1950년에 하코트 브레이스 앤드 컴퍼니에 입사하면서 출판계에 입문했다. 이후 허버드 대학교 출판부, 애틀랜틱 먼슬리 프레스, 호튼 미플린 컴퍼니에 재직했다. 또한 애틀랜틱 먼슬리의 시 부문 편집자이기도 하다. 그는 아홉 권의 시집(가장 최근작이 『거대한 암붕』, 크노프, 1989), 한 권의 자서전(『절반의 기억』, 1973(개정판, 스토리 라인 프레스, 1991)), 시에 관한 한 권의 책(『위험한 직업: 시 작품과 시의 작용에 관한 수필들』, 미시건, 1991)을 집필했다.

전기의 생명은
세부사항에 있다

—삶을 편집하는 기술

—**피터 데이비슨**

순전한 진실 끌어내기

40년 동안 나는 크고 작은, 가볍고 무거운 전기와 자서전을 편집해왔다. 그러나 대개는 명망 있는 사람들, 이를테면 엔리코 카루소(내 첫 번째 작품), 캐서린 코넬, 앤 섹스턴, 홈즈 판사, 에즈라 파운드, 애덤 클레이턴 파월 2세의 전기와 알프레드 케이진, 팔리 모왓, 루이스 크로넨버거(『채찍질 없이는 금시계도 없다』), 에즈라 파운드의 딸 메리 드 레이치월츠(『사려 깊음』)의 자서전을 작업했다. 이에 더해 내 자서전인 『절반의 기억』을 썼고, 이 책은 첫 출간 후 약 20년 만에 페이퍼백으로 개정·확장되어 출간되었다. 비록 난 여전히 나머지 반을 기억하지 못하지만 말이다.

나는 마릴린 먼로와 같은 '유명인사'의 전기를 편집해본 적도 없고, 사람들의 시선을 사로잡기 위해 선정주의를 최대한 끌어내 잇따른 명예훼손에 관한 법적 공방으로 '비공인' 상태를 자랑하는 부류의 책을 편집해본 적도 없다. 오늘날 그러한 책들은 유명인사의 은밀한 부분까지 고스란히 폭로한다는 점을 대중에게 각인시키기 위해 비공식적인 전기로 노골적으로 발표된다. 이 글 속에서 그러한 책을 쓰는 방법을 찾는다면 헛수고일 것이다. 이 글을 읽는 독자들은 그러한 시도를 하지 않으리라 생각한다. 그것은 엄청난 대담함과 유명인사에 대한 악의를 필요로 하는 위험한 게임이다.

프랑스 비평가 롤랑 바르트는 전기를 감히 그 이름을 말하지 않는 허구라고 글을 쓴 적이 있다. 이 말은 자서전에 더욱 적절하게 들어맞는다. 회고록은 생존해 있는 사람이 생존한 독자들을 대상으로 집필하고, 성 아우구스투스 내지는 장 자크 루소의 『고백록』과 같이 자신을 고스란히 드러내는 드문 범주에 속하지 않는 이상, 자화상을 가장 돋보이게 하는 색깔들로 칠하는 경향이 있다. 대부분의 자서전에서 저자는 자신을 본보기나 희생자 또는 지혜의 원천, 때로는 유머의 대상으로 삼는다. 어쨌거나 생존해 있는 자서전 저자는 살아 있는 독자들을 여전히 눈으로 바라봐야 한다. 편집자는 다른 무엇보다도 저자가 본인의 개인적인 이야기에 대해 어떠한 태도를 취할지를 반드시 결정해야 한다. 편집자는 저자의 결정을 도울 수 있을 만큼 저자와 그의 이야기를 충분히 이해해야 할 책임이 있다. 이 일은 편집자가 저자의 이야기에 대해 잘 알지 못한 결과, 자신이 중요한 인물이라는 생각으로 들떠 있는 저자로부터 순전한 진실을 끌어내야 할 경우에는 쉽지 않다. 게다가 이 일은 저자가 명망이 있다 하더라도 편집자가 저자를 알지 못할 경우, 혹은 출판사가 먼저 자서전을 의뢰할 만큼 저자가 대중적인 호소력을 충분히 발휘하지 못할 경우 더욱 어렵다. (유명인이 실제로 회고록을 쓴 다음 이를 출간해줄 출판사를 찾는 드문 경우는 여기서 고려하지 않기로 한다. 문학 에이전트가 있는 오늘날에는 오히려 그 반대로 일이 진행되기 때문이다.)

나는 본인에 대해 너무 많은 걸 말하려고 하는 자서전 저자들과 일한 적이 있다. 하지만 본인에 대해 충분히 이야기하려고 하지 않거나 본인을 부정적인 시선으로 묘사하기를 상상하지 못하거나 본인의 사랑하는 또는 이혼한 배우자(배우자는 모든 자서전에서 비장의 패다)가 생각하기에 부정적인 시선으로 본인을 묘사하기를 상상하지 못하는 저자들이 더 많다. **편집자는 자서전 저자에 대해 부모의 애정 어린 심정으로 다가가야 한다. 단, 회고록의 신빙성을 유지하기 위해 부모의 엄격한 태도 역시 필요하다.** 성적으로 흥분한 노출증 환자를 제외하고 어느 누구도 사람들 앞에서 바지를 내리고 싶어 하지 않는다. 그러나 노출욕이 있는 몇몇 사람은 헨리 밀러와 같이 사실상 훌륭한 자서전을 집필하기도 하는데, 그들의 책은 어떤 면에서 소설이라고 불린다. 그보다 더 심각한 상황은 사람들 앞에서 누군가의 바지를 내리는 일이다. 이는 편집자와 저자를 대변하는 변호사들의 골칫거리다.

언제부터 이야기를 시작해야 할까

그렇다면 자서전 저자는 본인의 이야기를 처음부터 시작해야 할까? 대개는 그렇지 않다. 자궁으로부터 세상에 나오는 과정은 누구나 비슷하며 산부인과 의사들이나 관심 갖는 일이다. 인생에 큰 영향을 미친 유년기나 성인기의 중요한 장면이나 일화는 어떠한 방식으로든 책 전체의 문체와 방향에 영향을 준다. 자서전 저자가 그것을 제시할 수 있다면, 시작부터 끝까지 인생의 주요한 사건들을 가장 잘 조명할 수 있는 방식으로 이야기를 풀어나갈 수 있다. 여섯 권의 회고록을 집필했고 80대의 나이에 마사 그레이엄의 전기를 쓴 애그니스 데밀은 어떠한 책에서도 처음부터 시작을 하지 않는다. 첫 번째 자서전인 『피리에 맞춰 춤추다』에서도 그녀는 연극 연출을 그만두고 영화 감독을 하려는 아버지를 따라 열 살의 나이에 할리우드로 가면서 자신에게 무용가로서 재능이 있다는 사실을 알게 되는 일화로 시작을 한다. 그녀의 재능은 상대적으로 늦은 나이에 빛을 보게 되었지만 이후 그녀 삶의 모든 측면에 영향을 미쳤다. 그런가 하면 저스틴 카플란은 마크 트웨인이 서른한 살이던 때를 그의 전기의 출발점으로 삼았다. 그 이유는 "그가 쓸 만한 과거를 발견하면서 그의 원숙한 문학적 삶의 중요하고 극적인 사건이 시작되었기 때문이다."

철저하게 빅토리아 시대 사람이었던 버트런드 러셀은 백작이었던 조부모(그의 조부는 영국의 총리를 지냈다)의 얼굴을 알아보는 것으로 자서전의 문을 열었다. "내 머릿속에서 처음으로 생생하게 떠오르는 기억은 1876년 2월 펨브로크 로지(조부 존 러셀의 집—옮긴이)에 도착하던 때였다." 불운하게도 병에 시달리던 그의 부모가 연이어 세상을 떠나자 조부모가 버트런드와 그의 형 프랭크를 화려하고 웅장한 자택으로 데려와 돌보게 된 것이었다. 어려서부터 다른 아이들과 동떨어져 자랐던 러셀은 90년이 넘는 평생 동안 다른 사람들, 아니 모든 인간을 그리워했을 것이다. 어린 시절 그는 으리으리한 대저택에 외롭게 사는 고아를 아무도 동정하지 않는다는 것을 깨달았다. 그래서 어려서부터 철학으로 위안을 삼고 여린 감정을 명석한 두뇌로 무장했으며 모든 것에 견해를 갖게 되었다.

자서전은 지은이의 성향뿐만 아니라 겨냥한 독자층에 따라서도 달라지는데, 편집자는 독자에 대해 반드시 민감해야 한다. 조지 F. 캐넌의 감명 깊은 자서전을 읽은 독자들은 이전에 그를 익명으로 '봉쇄 정책(Containment policy)'을 주창한, 보이지 않는 곳에서 외교관계에 대해 자문을 해주는 영향력 있는 자로만 알고 있었다. 하지만 캐넌은 말해야 할 개인사 역시 갖고 있었다. 따라서 무척 조심스럽게 꿈의 나라 미국 중서부 지방에서 보냈던 행복한 어린 시절로 이야기를 시작했다. 그곳은 평생의 외교관으로서 그가 다시는 돌아가지 못할 곳이었다. "물론 어린 시절을 또렷이 기억하는 능력은 사람마다 큰 차이가 있다. 나는 그러한 능력이 약한 부류에 속하지는 않을까 염려된다." 그가 수년간 외교관으로 활동한 뒤 고향으로 돌아왔을 때 위스콘신의 시골 같은 소박한 풍경은 이미 사라진 지 오래였다. 캐넌의 회고록은 국제관계에 대한 현실주의를 표방하면서도 이면에서는 상상 속의 순수한 미국을 향한 애통함을 드러낸다. 그러다 보니 당연하게도 동시대 미국에 대한 연민이 자제되어 있다가도 이따금 극도로 표출된다.

어조와 결말

자서전을 쓸 때는 무엇보다도 어조에 신경 써야 한다. 저자는 스스로를 향해 어떤 어조를 취할까? 캐넌은 향수에 젖은 어조를 취했고, 러셀은 위트 넘치는 어조를 취했다. 에즈라 파운드와 올가 러지의 딸인 메리 드 레이치윌츠는 진짜 부모가 누구인지 알기도 전 수년간 티롤 지방에서 양부모가 선사했던 유년기의 따뜻함과 소박함으로 글을 시작했다. 친부모의 존재는 그녀에게 계속 따라붙던 꼬리표였다. 동경하는 아버지의 폭풍우가 몰아치는 듯한 인생 내내, 그녀는 산간 오지에 살던 어린 시절의 소박함을 다시금 느끼고 그 안으로 아버지를 끌어들이고 싶어 했다. 그건 아버지가 가장 바라지 않는 일이었고, 그녀가 아버지에 대해 마지막으로 깨닫게 된 사실이었다. 나는 그녀와 작업을 하면서 아버지를 향한 존경심을 강조하고 그의 반(反)유대주의를 축소시킬 것을 그녀에게 권유했다. 에즈라 파운드를 아는 모든 사람이 그를 탐탁하게 여기는 것은 아니었기 때문이다.

자서전은 결말 부분에서 많은 어려움이 발생한다. 마지막 문장을 쓸 때까지 자서전의 주인공이 여전히 생존해 있기 때문이다. 어떤 선택을 하든 모두 만족스럽지 못하다. 독자들을 웃음 짓도록 하는 편이 최상의 선택인지도 모른다. 그러나 가장 드물게 하는 선택이기도 하다. (대개 두 번째 내지는 세 번째의) 결혼을 하여 줄곧 행복하게 사는 결말을 매우 자주 볼 수 있으나 이는 설득력이 없다. 그런가 하면 아내, 부모 또는 자녀와 같은 사랑하는 사람의 죽음으로 결말을 짓는 방법은 큰 여운이 남을 수 있지만 저자가 그러한 부분까지 독자들에게 낱낱이 이야기하는 의도에 대해 의문을 제기하지 않을 수 없다. 편집자는 뭔가 뇌리에 남을 만한 결말을 제안할 수 있어야 한다. 프랭크 콘로이의 자서전 『정지 시간』은 동시대의 자서전 중 가장 잊지 못할 인상적인 결말로 끝을 맺는다. 그의 차가 한 도로에서 빠른 속도로 미끄러지는 장면이 펼쳐지며 이러한 구절로 이야기가 마무리된다. "그러나 앞바퀴가 낮은 연석에 걸려 치어리더가 돌리는 배턴처럼 차가 분수 주위로 빙그르르 돌았다. …… 그 뒤 약간의 요동과 함께 모든 것이 멈춰버렸다……."

존경과 공감이 없다면

전기와 관련해서 서로 전적으로 다른 두 사안이 있다. 하나는 오래전에 세상을 떠난 사람의 삶이고, 또 하나는 최근에 세상을 떠난 사람의 삶이다. 전자는 관련 문서 및 출처의 발견에 바탕을 두고, 후자는 홀로 남은 배우자, 유저(遺著) 관리자, 변호사와 같은 생존해 있는 사람들의 선의에 바탕을 둔다. 이러한 차이 때문에 편집자는 서로 다른 접근법과 도움을 받아야 한다. 그러나 전자의 경우든 후자의 경우든, **편집자는 우선 작가가 전기의 대상자를 가능한 한 깊이 존경하고 공감하고 있다는 사실을 굳게 확신해야 한다.** 왜 그럴까? 전기 작가는 전기 대상자와 함께 짧게는 5년 길게는 미국인 대부분의 결혼 생활보다 긴 10년이 넘도록 함께 살다시피 해야 하고, 그 사람에 대해 결코 상상하지 못했던 사실까지 발견하게 되기 때문이다.

토머스 하디의 전기 작가는 하디가 범죄자의 교수형 장면을 보고 그 소리를 들으면서 성적으로 흥분을 느꼈으며, 두 번째 결혼을 했지만 그리 사이가 좋지 않았던 첫 번째 아내의 죽음을 (매우 공공연하게 아름다운) 긴 일련의 시들을 써서 애도했다는 사실을 알게 되었다. 한편 조지 오웰의 전기 작가는 그가 낮은 사회계층에 대해 깊이 연민을 표했지만 개인적으로는 무례하고 불쾌한 사람이었다는 사실을 알게 되었다. 또 조세핀 허스트의 전기 작가는 캐서린 앤 포터의 전기 작가에게 포터가 가장 친한 친구인 조세핀을 FBI에 고발했다고 폭로했다. 내가 작업을 했던 전기 대상자들 중에서는 안톤 체호프가 유일하게 심각한 결점이나 흠이 없었다. 그는 전기 작가가 집필을 하기에 가장 쉬운 대상이기도 하지만 동시에 가장 이해하기 어려운 대상이기도 하다.

전기 작가가 대상자의 약점을 알고 이를 폭로의 대상으로 삼는다면, 책을 쓰는 데 예상보다 두 배의 시간이 걸릴 수 있다. 작가가 혐오스러운 행동을 한 누군가에 대해 공감을 갖고 억지로 글을 쓰기가 어렵기 때문이다. 내가 알기로는 외설적이고 음탕하며 술에 찌든 자기 파괴적인 딜런 토머스에 대해 그의 미망인을 제외하고 어떤 여성도 객관적으로 글을 쓴 적이 없다. 비록 그가 생존했을 때에는 숱한 여성이 그의 침대로 몰려들었겠지만 말이다. 하지만 토머스는 39세라는 젊은 나이에 세상을 떠났다. 만약 90세까지 사는 사람이라면, 저자와 편집자가 따라잡기에 무수한 세월이 걸릴 수도 있는 길고 긴 행적을 불가피하게 남길 것이다.

저자, 편집자가 결말이 올 때까지 생존할 수 있을까? 헤밍웨이, 치버, 윈필드 타운리 스콧 및 기타 유명인의 전기를 쓴 노련한 전문 전기 작가인 스콧 도널드슨은 아치볼드 매클리시의 매우 길고도 파란만장한 굴곡진 인생과 씨름을 할 때, 자신이 치밀하게 계산했던 마감 기한이 서서히 멀어지고 있음을 감지했다. 따라서 본래 의도와 달리, 책의 분량이 예상보다 많아지게 되었다. 편집자의 임무는 이제 그만해야 한다는 것을 알고 그 사실을 작가에게 설득시키는 것이다. 따라서 본문이나 참고문헌, 주석을 단축시키기도 한다. 상업적인 관점에서 볼 때, 구매자들은 존경하는 사람의 일대기를 읽기 위해 특정한 대가를 지불하겠지만, 모든 이야기에는 최대 상한선이 있다.

오래전에 세상을 떠난 사람에 대한 두 번째의 경고성 질문은 바로 이것이다. 관련 문서가 어디에 존재하는가? 누가 이를 관리하는가? 이를 인용할 수 있는가? 이 질문은 시간의 경과에 관한 질문을 대신할 수 있다. 보스웰 문서는 그가 죽은 지 150년이나 지나 말라하이드 성 구내에서 마침내 발견되었다. 어느 누구도 그곳에서 문서가 발견될지 예상하지 못했다. 이후 문서에 대한 소유권이 확립되어야 했다.

편집자가 그러한 전기를 집필하는 작가를 도울 수 있는 세 번째 방법은 주인공을 동시대의 관점에서 재평가하도록 장려하는 것이다. 캐롤린 하일브런은 『여성들에 대한 글쓰기』라는 책에서 남성이든 여성이든 전기 작가가 여성의 삶에 대해 글을 쓰는 방식에 대해 다수의 도전적인 질문을 제기한다. 게다가 오늘날 많은 전기 작가들이 글로 남겨지지 않은 여성들의 삶에 대해 발견하고 있기 때문에, 여성이 대상인 전기라면 그녀의 가치관을 시험해볼 가치가 있다.

실비아 플라스와 앤 섹스턴의 전기

두 번째 종류의 전기는 아마도 가장 어려운 것일지도 모른다. 그건 바로 최근에 세상을 떠난 사람의 전기다. 그에 관한 기록과 추억은 여전히 생존해 있는 사람들의 서랍장과 일기장에 그리고 머릿속에 머물러 있으며, 그 사람들 대부분은 사랑했던 (혹은 사랑하지 않았던) 사람의 삶이 '정확하게' 글로 쓰이는가에 특별한 관심을 갖는다. 집필 대상이 젊은 나이에 세상을 떠났고 그의 죽음을 통탄하는 사람이 있는가 하면 그렇지 않은 사람도 있으며 그의 문서들이 저작권 처리되어 탐탁지 못한 관리자의 손에 쥐여져 있을 경우, 그 전기 작가는 어떤 작가보다도 더 많은 기지를 발휘해야 한다. 최근의 가장 대표적인 예가 실비아 플라스다. 그녀는 서른 살의 나이에 스스로 생을 마감하고 미처 이혼하지 않은 남편의 손에 자신의 문학 작품들을 남겼다. 그 결과, 1963년 그녀의 죽음 이후 그녀의 전기를 쓰려던 작가들(적어도 아홉 명의 작가들이 전기를 쓰려고 했는데 그중 다섯 명만이 실제로 집필을 완료했다)이 인용하는 시의 매 행마다 플라스 재단으로부터 허가를 받아야 했다. 재단은 심사에 필요하다며 전기 작가에게 책의 본문을 제출하라고 요구했다. 혹은 전기 작가가 재단의 본문 심사를 피하기 위해 플라스의 유명한 시를 인용하는 것을 생략해야 했다. (재단의 본문 심사는 사생활 침해 혹은 명예훼손과 관련된 것이었다.) T. S. 엘리엇의 전기 작가들도 비슷한 문제를 겪었는데, 이 경우에는 승인이 검열보다는 금전과 관련된 것이었다.

나는 우연히 실비아 플라스와 그녀의 남편을 알게 되었다. 그 때문에 그녀의 삶을 주제로 글을 쓰려는 거의 모든 사람이 내게 면담을 청해왔다. 그러나 그녀가 사망한 지 24년이 지나서야 재단의 대리인인 올윈 휴즈가 앤 스티븐슨이 쓴 플라스의 전기를 편집하기 위해 내게 연락을 취해왔다. 앤 스티븐슨은 예나 지금이나 내가 매우 존경하는 시인 겸 비평가이다. 그녀는 재단의 정확성(그리고 자기 방어) 요건을 만족시키기 위해 수정에 수정을 거듭했으나 결국 교착 상태에 봉착했다. 그런 탓에 모든 당사자가 저자의 관점과 문체에 맞게 그리고 재단의 엄격한 심사 기준을 통과할 만한 본문을 만들기 위해 원고를 내게 넘기기로 결정했다. 그 일은 플라스의 삶과 시에 대한 스티븐슨의 관점, 그리고 우연히 플라스의 작품들을 맡게 되었으며 재단의 수탁자일 뿐만 아니라 책 속의 인물들이기도 한 사람들의 관점을 조화시켜, 페이지마다 책을 다시 쓰는 것을 의미했다. 내가 쓰는 글은 전기의 진실성을 실천함과 동시에, 독창성에 대한 전기 작가의 자존감 그리고 플라스의 남편과 시누이의 사리사욕, 공정하게 말하자면 깊이 개입하려는 바람을 모두 만족시켜야 했다. 그것은 내가 맡았던 가장 끔찍한 편집 작업이었다. 재단은 원하는 바를 행할 법적 권리를 갖고 있었고, 저자는 본인의 생각을 털어놓을 도덕적 권리를 갖고 있었기 때문이다. 편집 작업은 책의 초고가 완성된 뒤 2년이나 계속되었다. 끝없는 협상에서 꼭 필요했던 것은 호튼 미플린 컴퍼니의 유능한 변호사의 신중한 역할이었다. 이모든 난관에도 불구하고, 그로부터 탄생한 『쓰디쓴 명성: 실비아 플라스의 삶』은 그녀를 아는 모든 사람에게 한 여성의 가슴 저미는 호소력 짙은 삶으로 여전히 남아 있다. 무모한 가슴을 지녔지만 뛰어난 시인이었던 그녀는 본업 외에도 생전에 소설가, 어머니, 언론인, 주부, 요리사, 지식인, 연인, 양봉가가 되고자 했다. 다만, 그녀를 동경하는 사람들의 오해와 달리, 그녀가 페미니스트는 아니었다.

비슷한 문제에 대해 정반대의 해결책을 보여주는 예로는 다이앤 미들브룩의 『앤 섹스턴 전기』가 있다. 역시나 자살을 한 시인의 전기인 이 책은 의뢰부터 출간까지 꼬박 10년이 걸렸고 인쇄되기까지 편집자 네 명의 손을 거쳤다. 조녀선 갈라시는 유저(遺著) 관리자이기도 한 앤 섹스턴의 큰 딸과 함께 스탠퍼드 대학교의 미들브룩 교수를 찾아 앤 섹스턴 전기를 집필하여 호튼 미플린 컴퍼니를 통해 출간할 것을 의뢰했다. 미들브룩은 재단 보조금과 민간 기금의 도움으로 5년이 넘는 기간 동안 면담, 연구, 문서 기록의 내용을 수집하여 정리했다. 그리고 그제서야 섹스턴의 정신과 주치의였던 마틴 오른 박사가 나서서 전기 작가와 협력하는 데 동의했고, 심지어 약 300시간에 달하는 그녀의 정신과 상담 녹음테이프를 제공하기로 했다. 당시 초고를 상당 부분 완성했던 미들브룩은 가장 사적인 자료라 할 수 있는 상담 테이프를 듣고 그 내용을 사용할 수 있는지를 유저 관리자에게 처음으로 물었다. 재단의 동의하에 미들브룩은 키보드를 제쳐두고 1년 가까이 상담 테이프를 들으며 그 내용에 주석을 달았고, 이후 앤 섹스턴의 목소리를 직접 귀로 들으며 책을 다시 썼다. 그녀는 작업을 진행하면서 앤 섹스턴의 시가 정신적인 상호작용과 얼마나 긴밀하게 연관되어 있는지를 발견하게 되었다. 그때쯤 나는 그 책의 네 번째이자 마지막 편집자가 되어 있었다. 첫 번째 편집자는 책에 적합한 저자를 찾는 데 도움을 주었고, 두 번째 편집자는 인내와 도덕적인 지지를 보내주었다. 그리고 세 번째 편집자는 많은 남성을 사랑했고 가장 특이한 결혼을 고집했으며, 많은 친구들에게 큰 사랑을 주었고 위태로운 정신을 그나마 지켜주었던 시인의 삶을 살기 위해 찢겨진 삶을 고스란히 바친 한 여성의 이야기를 풀어가는 과정에서 걸림돌이 된 명예훼손, 사생활 침해, 비방이라는 복잡한 문제를 헤쳐나가는 데 저자에게 방향을 제시했다.

편집자로서 내 임무는 『쓰디쓴 명성: 실비아 플라스의 삶』이 출간되는 데 큰 공헌을 했던 변호사의 조언을 얻고 앤 섹스턴의 딸과 변호사인 그녀의 남편의 아낌없는 협조와 지지를 얻어, 다이앤 미들브룩이 최종 원고를 완성할 수 있도록 이끄는 일이었다. 다이앤 미들브룩이 모든 단어를 직접 선택했지만, 가족과 친구들에게 불쾌감을 주지 않으면서도 섹스턴의 삶의 참혹한 진실을 이야기해야 했다. 그녀가 쓴 편지와 시, 그녀가 친구와 연인들로부터 받은 편지를 직접 인용하려면 남편, 자녀, 친구, 연인, 동료의 허락을 일일이 받아야 했다. 전기를 집필하는 동안 미들브룩이 보여준 꼼꼼함과 전문가 정신은 실로 어마어마했다. 나는 그녀가 쓴 유려한 문장들을 행마다 살펴보고 허용되는 한계 내에서 책의 분량을 조정하는 방법에 대해 조언을 했다. 그 외에 나는 주로 섹스턴의 주변 환경에 대한 내 개인적인 지식을 동원하여 뭔가 더 할 말이 있거나 특정한 접근 방법에 대해 허락을 해줄 섹스턴의 지인들을 찾도록 미들브룩을 도와주었다.

3년간의 편집 작업 끝에 미들브룩의 노고가 마침내 결실을 맺는 걸 보니 자긍심이 느껴졌다. 하지만 놀랍게도 『퍼블리셔스 위클리』의 사전 서평에서 정신의학의 윤리에 대해 전문가의 견해를 요청한 사실을 알게 되었다. 그 전문가는 책을 단 한 글자도 읽어보지 않은 채 전기 작가가 정신과 의사의 면담 테이프를 사용한 행위를 도덕적으로 비난했다. 그리고 또 한 가지 놀랐던 사실은 우리가 논란의 장본인이라는 내용이 런던의 신문들과 『뉴욕 타임스』의 제 1면에 실린 것은 물론 언론 전체에 퍼진 것이었다. 이 모두는 전기가 실제로 출간되기 3개월 전의 일이었다. 우리는 앤 섹스턴의 삶, 심지어는 그녀의 정신병력을 둘러싸고 많은 말이 오고 갈 것이라 이미 예상했다(섹스턴의 두 번째 정신과 의사는 실제로 2년간 그녀와 불륜 관계를 유지했고 그녀에게 사랑의 시를 써주었다. 그러나 의사는 그러한 잘못을 언급하기를 피했다). 그러나 다행히도 뜨거운 찬사가 쏟아지고 출판사와 저자가 담대하게 홍보 노력을 한 덕분에, 책이 베스트셀러 반열에 오르고 문학적으로도 성공을 거두었다.

전기 대상자의 명예와 관련된 문제들

요약하자면, 최근에 세상을 떠난 사람, 특히 최근에 세상을 떠난 문학계 인물의 전기의 경우에 작품의 저작권이 소멸될 정도로 오래전에 세상을 떠난 사람에게는 해당되지 않는 문제들이 발생한다. 물론 후자의 경우는 공인의 공적인 문서가 아닌 한, 사망자가 쓴 공개되지 않은 서신과 기타 문서를 인용하기 위해서는 해당 사망자의 재단으로부터 승인을 받아야 한다는 내용이 법으로 명시되어 있지만 말이다. J. D. 샐린저가 전기 작가 이언 해밀턴이 본인의 서신을 인용하거나 심지어 이를 다른 말로 바꾸어 쓰는 일조차 하지 못하도록 법원에 금지 신청을 한 유명한 사건이 있다. 전기 편집자는 전기 대상자와 관련된 판례법을 숙지하거나 변호사의 자문을 구해야 한다.

이 때문에 **전기 편집자는 인용 허가의 까다로운 세부사항, 묘사되고 인용된 사람들이 공개한 내용, 사진 게재를 위한 허가에 특별히 신경을 써야 한다.** 이와 같은 불모지에는 명예훼손이라는 독수리가 늘 머리 위를 날아다닌다. 그렇다. 출판사의 계약은 위와 같은 의무들을 저자의 손에 맡긴다. 그러나 저자가 피해를 당하지 않도록 출판사가 보호해야 하는 오늘날에는 출판사가 그러한 부담의 상당 부분을 떠안아야 한다. 대부분의 전기 작가보다 더 많은 전기 작업에 참여한 노련한 편집자는 특정한 사안을 해결할 수 있도록 도움을 받지 못한다면, 본인의 임무를 다하지 않을 것이다. 전기의 생명은 그 세부사항에 있다.

위대한 인물로 만들고 싶은 유혹 떨치기

만약 완벽한 전기 작가가 있다면 그는 유연하고 오감을 만족시키는 이야기를 구성하고 들려줄 수 있는 진정한 작가일 것이다. 그러한 면모에 더해 그는 문서 및 면담 내용 연구에 정통한 실력자이고, 친지·도서관 사서·연인·유저 관리자·자녀·부모·편집자를 잘 다룰 수 있는 기지와 요령을 터득하고, 전기 대상자의 인격을 정확히 파악하여 진실만을 취하고 거짓은 버릴 수 있는 능력을 갖추고, 책 내용의 정확성을 기하기 위해 모든 사실·문서·사진·소문을 거듭 확인하는 신중함을 지녔을 것이다. 그러나 전기 작가의 진면모는 이러한 단순한 기술들을 공들여 적용하는 것을 넘어선다. 그의 역할은 만약 전기 대상자가 살아 있다면 정말로 자신의 이야기라고 느낄 만한 삶의 이야기를 풀어낼 수 있는 공감과 상상력을 갖는 데 있다. 전기 작가가 빠질 수 있는 최악의 유혹은 전기 대상자를 실제보다 더 나은 인물로 만드는 일이다.

앤 스티븐슨은 실비아 플라스의 삶을 글로 풀어내면서 그녀를 더 깊이 이해하게 되었고 처음보다는 끝에 가서 그녀에게 더 깊이 공감하게 되었다. 어쩌면 가족보다도 그녀에게 더 공감했을지도 모른다. 다이앤 미들브룩 역시 섹스턴에 대해 상상했던 것보다도 더 많은 것을 알게 되었고, 섹스턴이 폐허 같은 삶 속에서 자신의 시를 지켜낸 방식에 존경심을 품게 되었다. 한편 로널드 스틸은 월터 리프먼의 전기를 쓰면서 그의 성향, 유대교에 대한 그의 태도, 그의 삶의 다른 측면들에 대해 공감을 잃기 시작했다. 스틸의 편집자는 지금은 세상을 떠난 에드워드 윅스였는데, 그는 리프먼의 절친한 친구였고 그의 책 다수를 편집한 바 있었다. 스틸은 리프먼보다는 본인에게 더 공감해줄 새롭고 젊은 편집자를 출판사 내에서 찾을 수 있을까 하고 수소문을 하고 다녔다. 그러는 사이 책의 출간 기한이 몇 년이나 지나버렸다. 윅스는 편집자가 쓸 수 있는 가장 강력한 무기를 사용했다. 그건 바로 인내였다. 그러나 리틀 브라운 출판사, 그중에서도 판매부는 안달이 난 상황이었다. 리프먼은 이제 오래전에 세상을 떠난 사람이 되었고(물론 전기 집필이 시작될 당시에는 리프먼이 살아 있었고 심지어 왕성한 활동을 했다), 그런 탓에 대중이 그의 일대기를 다룬 책에 더 이상 흥미를 느끼지 않는다면 최악의 상황인 셈이었다. 여기서 편집자의 수칙은 때로는 판매부의 한

탄에 지나치게 귀를 기울이지 않아도 된다는 것이다. 마침내 1980년에 『월터 리프먼과 미국의 세기』가 출간되었을 때 미국의 모든 일류 평론가들이 큰 관심을 보이며 찬사를 아끼지 않았다. 이 책은 5만 부가 팔려나갔고, 밴크로프트 상, 전미 도서비평가 협회상, 『로스앤젤레스 타임스』도서상을 받았다.

최고보다 최초가 더 중요하다

다이앤 미들브룩의 사례에서 보듯이, 전기 작가가 대상 인물에게 공감하기까지 겪는 수년간의 고통과 고투는 그만한 가치가 있다. 그러나 앤 스티븐슨과 실비아 플라스의 이야기는 결말이 그리 순탄하지 않다. 스티븐슨이 쓴 플라스의 삶은, 스티븐슨의 전기가 출간되기 전에 나온 두 권의 전기(하나는 매우 정확성이 떨어지고 또 하나는 단순히 플라스에 대한 이해가 부족한 책)가 발간되고 나서, 그리고 매우 기이한 이유로 플라스가 사후에 환상에 불과한 페미니즘 운동의 상징이 되고 나서야 비로소 관심을 받기 시작했다. 스티븐슨의 노고와 진실이 담긴 책은 비평가들 사이에서 공격받고 잘못 해석되었으며 열띤 논란의 대상이 되었고 미국 대중으로부터는 상대적으로 외면을 받았다. 오히려 영국에서는 비평가들이 더 날카로운 독설로 혹평을 했지만, 일반 독자들이 더 많은 책을 구매했다. 내가 방금 언급한 세 권의 책 중 『쓰디쓴 명성: 실비아 플라스의 삶』만이 베스트셀러가 되지 못했다.

편집상의 교훈: 진실과 역사를 위해서는 대상 인물에 관한 최상의 전기를 쓰는 것이 중요하다. 그러나 수익성의 측면에서는 누구보다 발 빠르게 움직이는 편이 더욱 유리할 수 있다. 존 맬컴 브리닌이 쓴

딜런 토머스의 최초의 전기인 『미국의 딜런 토머스』는 그 이후 출간된 그보다 더 심혈을 기울인 딜런 토머스의 전기들보다 더 많이 팔려나갔다. 후자의 예로는 콘스탄틴 피츠기븐의 『삶』이 있는데, 이 책은 10년 후 딜런 토머스 저작권 신탁 관리회로부터 허가를 받았다. 한편 브리닌의 책은 연극으로도 만들어져 저자와 신탁 관리회에 인세까지 선사했다. 전설을 만들려면, 그걸 만들기 위한 노력을 되도록 빨리 기울여야 한다.

로버트 프로스트의 사례는 그중에서도 가장 안타까움을 자아낸다. 그는 불행하게도 프린스턴의 도서관 사서인 로렌스 톰슨을 자신의 전기 작가로 직접 지명했는데, 프로스트는 전기 집필 계약기간보다 25년이나 더 살았다. 그때까지 톰슨은 세 권의 전기를 쓰기 위한 모든 자료를 모았을 뿐만 아니라 전기 대상인 프로스트에 대해 반감을 품게 되었다. 이는 루퍼스 그리스월드가 에드거 앨런 포의 삶을 부정적으로 그려낸 것처럼, 로버트 프로스트의 명성에 독이 될 수도 있었다. 미국의 주요 인물 중 로버트 프로스트만큼 명예를 회복시켜줄 전기를 절실히 필요로 하는 사람은 없을 것이며, 유저 관리자들이 모두 세상을 떠나고 이해 관계자들이 무관심해진 뒤에야 그에게 걸맞은 전기가 집필될 터였다. 앨런 테이트의 말을 빌리자면 "로버트 주인님(Marse Robert)의 벗들"이 마치 뮈르미돈들이 파트로클로스의 시체를 에워싸듯, 시골뜨기 현자의 사후 명성을 회복시키기 위해 의기투합했다. 미국 시인으로는 유일하게 대통령 취임식에서 시를 낭송했고 우표에 초상화가 찍혔으며 문학사상 가장 아름답고 위트 넘치며 가슴 울리는 시를 노래했던 그는 너무 오래 살아서, 너무 이른 시기에 적합하지 못한 자를 전기 작가로 지정해서, 그리고 어떤 이유에서인지 전기 작가로부터 비밀스러운 반감을 사서 결국 제대로 된 전기를 갖지 못했다. 이러한 운명에 대해 편집자는 어찌할 도리가 없다.

「시련에 맞선 승리」의 서사를 즐기는 사람들—심리학 도서와 자기계발서의 편집」

"이상적으로 보면 대중 심리학 도서와 자기계발서는 지식이 대대적으로 민주화되었음을 보여주는 일부다. (최악으로 보면 어느 누구도 분별 있게 행동할 상식이 없음을 의미한다.) …… 이 도서들은 또한 지극히 미국적인 것으로 보인다. 할 수 있다는 정신과 결합된 자기 개선, 자기 의존, 인간의 완벽성, 즉 적절한 방법만 찾으면 삶을 온전히 자기 것으로 할 수 있다는 정신에 대한 우리의 오랜 신념을 떠올리게 한다."

토니 버뱅크는 이 유익하고 생생한 글에서 다음과 같이 이야기한다. "자기계발서는 주제 중심이다. 베스트셀러 소설가와 달리, 종전에 베스트셀러 기록을 냈던 자기계발서 작가는 차기 주제가 독자의 요구를 직접적으로 충족시키지 못할 경우 크게 실패할 수 있다."

자기계발서는 인지도에 크게 의존하기 때문에 "편집상의 결정 과정에서 저자/대변인이 여전히 우선"이라고 버뱅크는 말한다. 이는 저자가 전문적인 경력을 갖추고 자기 생각을 분명히 전달하며 토크쇼에서 언변에 능할 뿐만 아니라 주기적으로 강연을 하고 자기 분야에서 기타 주요 저자들과 인맥이 있어야 함을 의미한다.

버뱅크는 편집자가 기대하는 책이란 공식에 따라 쓰인 책이 아니라 "잇자국이 나 있는 책, 혼란과 고심의 흔적이 드러나 있는 책"이라고 강조한다. "내가 생각하는 최고의 자기계발서 저자는 개인적으로 문제와 씨름하여 이를 극복한 사람이다."

경험에서 우러난 사례들을 망라한 버뱅크의 글은 책의 주제 선정, 책의 입수, 책의 개발, 조직, 윤문 편집 단계에서 저자와 하는 작업, 마케팅, 자기계발서의 미래와 같은 다양한 사안을 다룬다. 그녀의 글은 편집자와 작업 간의 행복한 결혼을 그린 초상화와 같다. "내가 편집하는 모든 자기계발서는 어떤 식으로든 내 삶을 바꾼다. 마찬가지로 독자들의 삶 역시 바꾸리라 믿는다."

토니 버뱅크(Toni Burbank)

토니 버뱅크는 20여 년 전에 밴텀 북스에 보조 편집자로 입사하여 현재는 부사장 겸 책임 편집자로 일하고 있다. 그녀는 여성 운동, 모성, 육아 부문의 초기 도서와 뉴에이지 심리학, 건강 및 치유, 재활, 정신 건강에 관한 책들을 편집했다. 함께 작업한 저자로는 수전 포워드, 존 브래드쇼, 디팩 초프라가 있으며 비-자기계발서 저자로는 로버트 퍼시그, 앨빈 토플러, 나탈리 골드버그가 있다.

'시련에 맞선 승리'의
서사를 즐기는 사람들

—심리학 도서와 자기계발서의 편집

—토니 버뱅크

지식의 민주화 덕분에 대중화된 분야

편집자가 무엇인지 몰랐을 때 나는 교사가 되고 싶어 했다. 정확히 말하면 르네상스 문학 교수가 되고 싶었다. 허름한 아파트에서 지내던 대학원생 시절부터 나는 '대중적인' 것은 무엇이든 하찮게 여겼다. 내가 알았던 유일한 심리학 이론은 셰익스피어나 밀턴의 문구를 설명하는 데 필요한 이론이었다. 내가 학자보다는 이해와 터득이 빠른 사람에 가깝고, '가르치는 일'이란 '무엇이 사람들의 삶을 형성하는지 이야기하는 데 내 삶을 할애하는 한 가지 방법'에 불과하다는 사실을 깨닫기까지 오랜 고통의 시간이 필요했다.

나는 내가 편집하는 책들에 대해 예전에 함께 공부했던 동료들에게 해명하기를 포기했다. 대중 심리학은 출판의 주 소득원이자 '즉각적인 백리스트'이자 놀라운 베스트셀러다. 그러면서도 평판이 좋지 못한 분야이기도 하다. 언젠가 『뉴욕 타임스 북 리뷰』의 편집자인 레베카 신클러가 자기계발서의 서평을 절대로 싣지 않을 것이라 단언한 적이 있는데, 대부분의 잡지가 그러한 추세를 보이고 있다. 게다가 자기계발서는 『뉴욕 타임스』의 '입문서, 실용서, 기타' 베스트셀러 목록에서 별도로 취급되는데, 얼마 전부터는 여기서 윌리라는 안경을 쓴 작은 녀석과 매주 순위 다툼을 벌이게 되었다.

그러나 이상적으로 보면 대중 심리학 도서와 자기계발서는 지식이 대대적으로 민주화되었음을 보여주는 일부다. (최악으로 보면 어느 누구도 분별 있게 행동할 상식이 없음을 의미한다.) 때로는 미국 정신의학회의 연례 학술회의에서 발표가 있은 후 몇 주 지나지 않아 내 책상에 도서 제안서가 놓이는 경우도 있다. 이 도서들은 또한 지극히 미국적인 것으로 보인다. 할 수 있다는 정신과 결합된 자기 개선, 자기 의존, 인간의 완벽성, 즉 적절한 방법만 찾으면 삶을 온전히 자기 것으로 할 수 있다는 정신에 대한 우리의 오랜 신념을 떠올리게 한다.

지난 10년간 자기계발의 문학이 매우 깊어졌다. 편집자로서 내가 저지른 잊지 못할 실수 하나는 로빈 노우드의 『너무 사랑하는 여자들』의 재발행권을 확보하지 못한 일이었다. 왜냐하면 '대부분의 여성'이 책에서 묘사되는 도벽, 폭식증, 자살 시도를 비롯한 병적 행동에 공감하지 못할 것이라 생각했기 때문이다. 물론 그 이후 재기 운동의 열기가 뜨거워지면서 심각한 기능장애가 토크쇼의 단골 주제가 되었다. 게다가 오늘날의 자기계발서는 전보다 훨씬 더 체계화된 해결책과 프로그램을 제시하고, 새로이 개척된 생물정신의학에서부터 뉴에이지 운동으로 널리 알려진 영적 전통까지 다양한 주제에 바탕을 둔다.

인지도에 의존하는 자기계발서

자기계발서는 주제 중심이다. **베스트셀러 소설가와 달리, 종전에 베스트셀러 기록을 냈던 자기계발서 작가는 차기 주제가 독자의 요구를 직접적으로 충족시키지 못할 경우 크게 실패할 수 있다.** 그리고 떠오르는 화젯거리를 주제로 삼는다면, 다른 출판사가 그 분야에서 이미 책을 출간하여 시장을 장악하고 있다 해도, 동일한 분야에서 제 2의 베스트셀러를 출간하여 수익을 거둬들일 수 있다. 재기 운동의 초기 당시, 재닛 워이티츠의 『알코올 중독자의 성인 자녀』가 베스트셀러로 장기 집권하는 가운데, 그와 유사하지만 인지도는 떨어지는 책들이 상당히 좋은 판매 실적을 거두었다. 여기서 요령은 과잉 상태가 되기 전에 책을 펴내는 것이다.

그렇긴 해도 편집상의 결정 과정에서는 저자/대변인이 여전히 우선이다. 자기계발서는 논평의 대상이 되는 일이 드물기 때문에 인지도에 의존한다. 저자가 어떠한 전문적인 경력을 갖추었는가? 저자가 책에서 제시한 방법을 얼마나 오래 실천했는가? 저자가 토크쇼에 출연하기에 적합할 만큼 자기 생각을 분명히 전달하고 호감형에 속하는가? 저자가 주기적으로 강연회를 여는 등 왕성한 활동을 하여 책을 장기적으로 지원할 수 있는가? 저자가 자기 분야의 기타 주요 저자들과 인맥이 있는가(특히 밴텀 북스의 뉴에이지 도서 목록에 오른 저자들은 하나의 거대한 대가족 같다)? 혹은 저자가 최고의 권위자로부터 지지를 받을 수 있는가?

일부 사례에서는 출판사가 특별히 매력적인 주 저자에게 공동 저자를 붙이기도 한다. 그러나 요즈음 대부분의 도서 제안서를 보면, 필요할 경우 주 저자와 공동 저자가 이미 지정되어 있다. 공동 저자의 자격은 신중하게 부여해야 한다. 요즈음에는 많은 공동 저자가 프로젝트에 상당한 전문지식을 제공하기 때문이다. 이들은 단순히 글 잘 쓰는 사람들이 아니다.

물론 기발한 책 제목도 도움이 된다. 예를 들면 책 내용을 알기도 전에 동료들이 탄성을 내지르며 열광했던 『녹초가 되어서 퇴근할 필요는 없다!』라는 책이 있다. 그러나 나는 에이전트나 편집자들이 '술책', '한 방'과 같은 말을 쓰는 걸 들을 때면 발끈하곤 한다. 영리하게 수완만 부리면 된다는 식이기 때문이다. 그것보다 차라리 할리우드의 '하이 콘셉트(high concept: 흥행을 목적으로 쉽고 간결한 내용의 영화를 기획하는 일─옮긴이)'라는 말이 더 낫다. 이 말이 좀 더 아이디어에 가깝게 들리지 않은가.

독자들은 자신이 술책의 대상이 되었음을 안다. 그리고 아무리 좋은 성과를 냈다 할지라도 공식에 따라 쓰인 책을 구별할 수 있다. 나는 그런 책보다는 잇자국이 나 있는 책, 혼란과 고심의 흔적이 드러나 있는 책을 선호한다. 도서 제안서를 읽을 때면, 그 내용에 대한 판단이 아닌 나의 집중도, 각성도가 그 책을 입수할지를 결정하는 유용한 척도가 된다. 사람과 마찬가지로, 책에서도 우리는 '존재감' 내지는 '신빙성'이라는 규정하기 힘든 속성에 반응한다. 그러한 요소가 책 속에 없다면, 아무리 편집을 한다 해도 그 빈자리를 채울 수 없다.

최고의 저자는 직접 문제를 극복한 사람

내가 생각하는 최고의 자기계발서 저자는 개인적으로 문제와 씨름하여 이를 극복한 사람이다. 저자가 그간 겪은 고군분투를 책에서 얼마만큼 드러내는가는 개인의 취향 문제다. 이는 열렬한 자기주장의 형태로 드러나는 데 그칠 수도 있다. 나는 작가들에게 스스로를 더 드러내라고 요구하는가 하면 그렇게 하면 상처를 입을 수 있다고 경고하기도 한다. (아주 성공적인 몇몇 조합에서는 공동 저자 역시 책과 관련하여 개인적인 사연을 갖고 있다. 나는 이 정도의 관련성을 기대한다.)

나는 책이 나와 얼마나 관련이 있는가에도 관심을 갖는다. 물론 출간 도서 목록의 균형을 유지할 수 있고 밴텀 북스의 역량에 적합한 책을 찾는다. 하지만 직업의식만으로는 나 자신을 지탱할 수 없는 때가 출판계에서는 허다하다. 난 의지할 수 있는 더 강력한 힘의 원천을 찾는다. 때로는 도서 제안서의 제목을 보고 두 팔 벌려 크게 웃으며 이렇게 말한다. "이 책은 나를 위한 거야!" 내 필요에 절대적으로 부합한다는 얘기다. 어쩌면 다음 주에 만나는 사람마다 붙잡고 도서 제안서의 내용을 일일이 소개할지도 모른다. 또 어쩌면 친구나 가족을 위해 개인적으로 도서 출간에 전념할지도 모른다. 단, 난 마른 체형의 유전자가 있기 때문에 체중 감량 책은 절대로 작업하지 않는다.

대부분의 자기계발서는 제안 단계에서 입수되기 때문에, 기본적인 내용에 입각하여 책을 개발하는 작업과 함께 편집자로서 내 역할이 조기에 시작된다. 가톨릭 신학대학에서 교육을 받은 존 브래드쇼는 토마스 학파의 방식을 집필 작업에 적용하지만, 다른 저자들은 책 작업이 끝날 때까지도 글을 조직하느라 애를 먹는다. 나는 곧바로 페이지 조판 교정쇄를 보는 요즈음의 관행을 좋아하지 않는다. 교정용 가인쇄본을 사용하던 예전에는 이따금 책이 다 조직된 이후에도 일부 장들을 옮겼기 때문이다.

도서 집필이 처음인 저자들은 대부분 표준적인 편집 절차가 무엇인지 내게 묻는다. 그럴 때면 난 항상 그런 건 없다고 대답한다. 책마다 저자마다 다른 접근법이 필요하기 때문이다. 저자들은 보통 앞부분의 장들을 완성되는 대로 편집자에게 보내 어조에 대해 의논하고 잠재적인 문제점을 조기에 찾기를 선호한다. 각 항목마다 덧붙이는 편집자 메모와 원고 여백에 붙이는 포스트잇은 결함을 보완하는 후기 단계에서 사용하는 경우가 많다. 나는 저자와 직접 만나거나 전화 통화를 하면서 실질적인 사안을 논의하기를 훨씬 더 선호한다. 그러면 저자 혹은 공동 저자와 내가 (때로는 셋 모두가) 원활하게 작업을 할 수 있다.

이렇게 직접 만나거나 통화로 의논을 할 때 큰 장점은 책을 더 확장시키고 깊게 할 수 있으며 저자가 속으로 생각하고 느끼지만 미처 말하지 못한 바를 들을 수 있다는 점이다. 전문가 특유의 신중함과 경계심 때문에 많은 저자는 빈 종이를 앞에 두고 더욱 몸을 사린다. 예를 들면, 『아메리칸 헬스』의 편집자였던 조엘 구린은 "마치 신처럼 당당하게 수술실로 걸어 들어와 거침없이 환자의 살을 째는 의사가 종이 위에서는 조심스러운 관료가 되어 머뭇거리며 아무 말도 하지 못하곤 한다"라고 말한 적이 있다. 나는 저자들을 격려하면서 그들의 유머, 개인적 열정, 연민, 인간 행위에 대한 관심이야말로 독자들이 원하며 필요로 하는 것이라고 설득시킨다.

경험이 생긴 덕분에 나는 이렇게 저자로부터 뭔가를 끌어내는 데 젊었을 때보다 훨씬 더 대담해지고 자유로워졌다. 저자를 밀고 당기고 도전을 제기하고 용기를 북돋우면서 내가 저자의 집필 작업에 얼마나 박차를 가할 수 있는지 가늠한다. 또 저자에게 원고의 어느 부분이 특히 흥미롭고 어느 부분이 흥미가 떨어지는지 이야기한다. 나는 평생 말을 아낀 끝에 이제는 스스로를 더 드러내기 시작하는 중이다. 게다가 매 순간 '일에 매이지 않고' 이따금 궤도로부터 벗어나는 것에 좀 더 편안함을 느낀다. 때로는 휴식을 취하고 있을 때나 점심시간에 번득이는 아이디어가 떠오르곤 한다. 언젠가 존 브래드쇼가 즐거운 마음으로 내게 새 정원을 구경시켜준 적이 있는데, 나는 순간 그에게 그 정원에 대해 글을 써보라고 제안했다. 그렇게 하여 탄생한 문구는 그의 새로운 저서인 『사랑의 창조』 제 2부의 매우 인상적인 도입부가 되었다.

문제 해결에 치료만큼 유용한 책

이러한 과정은 놀랍도록 황홀하고 짜릿한 시간이자 내 직업에서 최고의 순간에 해당한다. 하지만 내가 하는 편집 작업의 상당 부분은 오래된 수사학 분야에 속한다. 대중 심리학 도서와 자기계발서는 의식을 바꾸고 행동을 변화시키는 것을 목적으로 한다. 1989년 심리학자 대니얼 골먼은 『뉴욕 타임스』에서 **일부 자기계발서가 경등도에서 중등도에 이르는 각종 문제를 해결하는 데 치료만큼이나 유용하다는 연구 결과**를 보고한 적이 있다. 이러한 변화는 책장을 펴는 순간부터 책을 읽는 내내 줄곧 *끈끈해져야* 하는 독자와의 연대감을 필요로 한다. 저자는 스스로를 어떻게 나타내고 누구를 독자로 지정할까? 나는 첫 번째 상사였던 마크 자페가 했던 "대중 시장이라는 것은 없다. 오로지 개별적인 독자들이 있을 뿐이다"라는 말을 저자들에게 자주 전하곤 한다. 나는 치료 전문가들에게 가장 호기심이 가고 매력적인 환자들 내지는 대학 동기들을 대상으로 글을 쓰라고 권고한다. 저자는 자기 분야의 권위자이지만 (그렇지 않다면 왜 책을 신뢰하겠는가?) 독자 역시 지성적이고 진지하며 반응적이다(어쨌거나 독자가 책을 구매했으니 말이다). 이러한 사실을 인정하고 나면, 독자를 폄하하려는 경향은 대개 사라진다.

존 브래드쇼의 『귀향』에는 뇌의 진화 및 구조의 현대적인 이론을 설명하는 '삼위일체 뇌'에 관한 구절이 있다. 원고를 사전에 읽어본 사람들 몇 명은 그 부분을 삭제하기를 권했다. 불필요하게 복잡하다는 이유에서였다. 나는 존과 함께 그 부분을 문맥에 필요하면서도 간결하게 다듬으려고 무척 노력하면서 결국 그 부분을 남겨두기로 했다. 간단한 예시에서 학문적인 내용이 인용되는 뇌 연구로 옮겨가는 '수준들의 충돌'이 내게는 순수한 브래드쇼, 즉 그의 흡인력과 깊이의 일부로 보였기 때문이다. 그리고 독자가 당혹스러움을 느꼈다면, 독자가 그 구절을 참고 읽어본 뒤 더 수월한 대목으로 돌아갈 만큼 그 구절이 책 속에서 깊게 작용한다는 얘기다.

자기계발서의 내용 흐름

자기계발서의 흐름은 문제의 식별, 문제의 원인에 대한 해석 및 탐구, 해결책, 이렇게 세 부분으로 종종 나뉜다. 하지만 이 부분들이 서로 연관되고 나뉘는 데에는 딱히 정해진 공식이 없다. 환자가 자신의 문제를 느끼고 치료를 받듯이, 독자는 분명 책을 집어 들기 전에 문제를 식별했을 것이다. 그러나 책은 문제를 탐구할 수 있는 안전한 공간을 반드시 마련해야 한다. 아무리 좋은 조언이라도 그걸 실천할 수 있기까지는 시간이 걸리기 때문이다. 임상 경험이 있는 저자들은 이러한 비유를 쉽게 이해한다. 첫 번째 장에서 너무 많은 내용을 제시하면 나는 이렇게 묻곤 한다. "첫 번째 치료 시간에서 이 많은 내용을 다 이야기하실 건가요?"

나는 목차와 부제에 유독 신경 쓴다는 점을 저자들에게 강조한다. 목차와 부제를 만들려면, 여러 시간을 들여 구상을 하고 각 장의 제목을 책 제목만큼이나 환기적으로 만들고 유사성이 있을 경우 이를 나타내야 한다. 부제는 각 장 내에서 내용이 진행되는 과정을 일목요연하게 보여줘야 하는데, 나는 늘 하는 편집 작업의 일부로 부제들만 모아 목록을 만들어 그것이 '읽히는지' 살펴보고 종속관계의 순서가 올바른지 확인한다. 후에 목차와 부제들은 책을 팔기 위한 주안점과 홍보 문구를 제공하는 중요한 마케팅 수단이 되기도 한다.

이러한 마케팅 노력은 책의 외양에도 적용된다. 나는 (이전에 출간된 자기계발서) 'X와 같은 개방적이고 이해하기 쉬운 디자인'을 요청하고, 연습문제, 명상록, 글상자, 도표 등 내가 강조하고 싶은 특별한 요소들을 지적한다. 존 올드햄 박사와 로이스 모리스의 『성격의 자화상』에는 매우 정교한 자가 진단과 역시나 복잡한 점수 계산 절차가 수록되어 있다. 우리는 최대한 확실하고 사용자 친화적인 점수 계산 표가 완성되었다고 서로 동의할 때까지 적어도 네 차례의 디자인 작업을 거쳤다.

책에서 실습 및 해결방안을 제시하는 부분에서는 실현 가능성, 그리고 각종 문제에 대한 세부적인 예측이 핵심이다. 워크숍에 쓰이도록 개발된 연습 과제는 개별 사례에 맞게 조정되어야 한다. 대인 관계에 관한 책은 관계에서 소외된 사람들 내지는 대하기 힘든 협력자를 지닌 사람들을 위한 연습 과제를 중점적으로 실어야 한다. 여기서 내 할 일은 책의 모든 내용을 문자 그대로 받아들이는 독자 역할을 하는 것이다. 그리고 원고 여백에 이런 내용이 담긴 노란 메모를 덧붙이곤 한다. "제가 언제 다시 경계를 늦추지 않아야 하나요?" "제가 이렇게 말했을 때 그가 불같이 화를 내며 자리를 박차고 나가버리면 어떡하죠?" "제가 이 질문에 '예'라고 답하면 그건 무슨 의미가 되나요?"

또한 저자는 책 내용이 충분치 않을 때를 인정해야 한다. 『여자를 힘들게 하는 남자, 그 남자를 사랑하는 여자』를 집필하던 수전 포워드가 어느 날 내게 전화를 걸어와 무척이나 불안한 목소리로 이렇게 말했다. "독자들이 이 단계에 도달하면 어마어마한 분노가 표출될 거예요. 독자들이 그걸 스스로의 힘으로 감당하지는 못해요. 그들은 도움이 필요해요. 그리고 분노 때문에 충동적으로 행동하지 않도록 주의할 필요가 있어요. 이걸 스스로 헤쳐나가는 과정이라고 말하려니 죄책감이 들어요."

"좋은 지적이에요. 지금 제게 하신 말씀을 그대로 글로 쓰세요." 내가 말했다.

『귀향』에서 존 브래드쇼는 어떠한 감정이 올라오면 체험 과제를 중단할 것과 체험 과제를 해서는 안 되는 사람들에 대해 매우 강력하게 경고했다. 게다가 요즈음에는 약물이나 알코올에 중독된 사람들에게 그와 다른 주제를 다룬 자기계발서를 읽고 그 내용을 실천하기 전에 약물 및 알코올 문제를 먼저 해결해야 한다고 경고하는 것이 일반적이다. 이는 출판사 측 변호사를 만족시키기 위해서 하는 조치가 아니라, 기본적인 양심의 문제다.

저자의 기술은 특히 대중 심리학에서 빠지지 않는 두 가지 요소인 사례사(case history: 한 환자의 가족관계, 환경, 병력, 그 외 각종 정보를 수집한 기록—옮긴이)와 유형론(typology: 몇 가지 심리 유형을 정하여 사람의 성격을 기술하는 이론—옮긴이)을 다루는 데에서 확연히 드러난다. 물론 모든 저자는 프로이트의 입장에 바탕을 둔다. 어떤 작가가 '꼬마 한스', '늑대 사나이', '오이디푸스 콤플렉스'를 거론하면서 자긍심을 가지지 않겠는 가? 사례사는 진부해지고 정형화될 수 있다. 이는 환자가 몇 가지의 기적적인 치료법을 이해하고서 (또는 요즈음 같으면 신경 안정제 몇 알을 먹고서) 두 차례의 치료만에 '증세가 호전'되었다고 이야기하는 것과 같다. 사례사라고 해서 특정한 문제가 겉으로 드러난 다양한 양상, 변화의 복잡한 과정, 통찰을 얻기 위해 벌인 고투가 지닌 가치를 전혀 알려주지 못하는 건 아니다. 사례사 속의 인물들을 어떻게 발전시켜야 하는가, 해결방안과 관련하여 사례사의 배치와 서사 속도가 어떻게 되어야 하는가, 모든 사례사의 결말이 해결되어야 하는가의 여부가 논의의 핵심이다.

로빈 카사지안의 첫 번째 저서『용서: 평화로운 마음을 위한 대범한 선택』에서 우리는 사례사라는 사안에 대해 함께 머리를 싸맸다. 나는 초고를 보고서 "너무 추상적"이라고 말했고, 그녀는 내가 제안한 모델 사례들에 대해 "진정성이 느껴지지 않는다"고 말했다. 우리를 가로막았던 장애물은 로빈이 친구들과 워크숍 참여자들에게 용서와 관련된 개인적인 사연을 보내달라고 부탁하면서 해소되었다. 그들이 보내온 서신들은 책에 매끄럽게 들어맞기에는 다소 길긴 했지만, 내가 읽어본 가장 감동적이고 극적인 증언이었다. 우리는 서신들을 수록하기 위해 각 장 사이에 특별한 지면을 만들었고, 책의 견본을 판매부에 보낼 때가 되자 그 부분을 보내기로 결정했다.

결국 이야기가 모든 걸 좌우한다고 나는 생각한다. 사람들은 마음이 움직일 때 가장 잘 배우며, 자기계발서는 추리 소설이나 로맨스 소설과 같이 극적인 형태를 띠는 하나의 오락거리이기도 하다. 우리는 각자의 삶을 하나의 이야기로 바라보며, 자기계발서의 커다란 약속은 이야기가 흘러가는 방식을 우리가 변화시킬 수 있다는 점이다. 자기계발서의 열렬한 독자는 무사평안하게 지내지 못하는 사람이 아니라, 몰락과 구원, 혼돈에서 벗어나 얻은 질서, 시련에 맞선 승리라는 이 특별한 형태의 아주 오래된 이야기를 즐기는 사람일지도 모른다.

자기계발서의 미래

재기에 관한 책을 자주 작업했던 사람들은 이제 다음 '추세'가 무엇일지에 촉각을 곤두세우고 있다. 나는 개인적으로 요즘 떠오르는 분야인 생물정신의학과 더불어, 유전학, 선천적 기질, 신경학, 뇌 화학에 관한 새로운 지식이 정신역학 및 행동학의 각종 접근법과 어떻게 상호작용할지에 관심을 갖고 있다. 얼마 전 여배우 패티 듀크와 의학 기고가 글로리아 호크먼의 새로운 저서인 『눈부신 광기』의 작업을 마쳤다. 이는 패티 듀크의 조울증의 개인적인 사례와 이 복잡한 질병에 관한 최근 연구 결과를 결합한 책이다. 나는 이 책이 정신질환에 씐 오명을 벗기고 '정상적인' 행동의 범주를 넓히는 커다란 움직임의 일부라고 생각한다.

나는 자기계발서의 경계가 지속적으로 확대되어 뉴에이지, 재기, 자아초월 심리학이 개척한 부문으로까지 영역을 넓힌 결과, 영적인 부분에 관심이 점차 쏠릴 것이라 생각한다. 종교, 종교 의식, 삶의 목적에 대한 새로운 관심으로 우리는 '나르시시즘의 문화'의 심리적 한계를 넘어설 것이다.

또한 새로이 강조된 다문화주의가 자기계발서 집필에 어떤 영향을 미칠지 기대가 된다. 우리는 정신 건강에 관한 모델들이 적어도 부분적으로는 문화적으로 결정된 것이라는 사실을 직면할 준비가 되어 있는지도 모른다. 가족에서 분리되는 것이 완전한 성숙으로 향하는 유일한 길일까? 자기희생이 숭고함일까, 아니면 '상호의존'일까? 공격성이 남성의 정체성에 필수적일까? 자기계발서는 국가마다 사고방식의 차이가 존재하기 때문에 번역서로 팔리기가 매우 힘들다. 『자존감의 여섯 기둥』이라는 새로운 저서를 내놓은 너새니얼 브랜든이 문화적 규범이라는 사안을 다룬 최초의 대중 작가라고 생각한다.

마지막으로, 인구통계학적 변화와 에이즈 때문에 우리는 나이듦과 죽음이라는 인간의 진리로 다시금 눈을 돌리고 있으며, 새로운 출판의 범주가 생겨나 그 호기심을 충족시킬 것이다. 나이듦에 관한 책을 찾는 중년 독자층이 상당할 것으로 예상된다. 이들은 부모의 죽음 이후 어느덧 세상을 떠날 '다음 차례'가 되어 삶을 바로잡으려는 특별한 시급성을 느끼는 계층이다. 또한 우리의 새로운 의식이 죽음 자체를 성장의 마지막 단계로 만들고 있다. 이는 우리가 자신과 가족을 위해 병원과 기계로부터 반드시 되찾아야 하는 것이다.

영문학에 빠져 있던 시절, 제레미 테일러의 고전 『성생론(Holy Living)』과 『성사론(Holy Dying)』의 제목을 처음 듣고 웃음을 터트렸던 기억이 난다. 당시는 모순의 시대였기에 테일러의 단순명쾌함에 당황했는지도 모른다. 지금 나는 그의 정신적 후손인 작가들과 함께 일하게 되어 무척 행복하다. 내가 편집하는 모든 자기계발서는 어떤 식으로든 내 삶을 바꾼다. 마찬가지로 독자들의 삶 역시 바꾸리라 믿는다.

토마는 기독교 시장을 대상으로 편집을 할 때에는 (혹은 글을 쓸 때에는) 〈새터데이 나이트 라이브〉에서 그려지는 '교회 여성 신도'의 전형적인 모습을 잊으라고 권고한다. 그녀는 이렇게 덧붙인다. "독자층을 반드시 이해해야 한다. …… 더욱 다양한 독자층을 바라보거나 스스로가 신실한 기독교 신자가 되어야 한다." 그리고 기독교 독자층을 이루는 가장 큰 두 집단인 주부와 사무직 종사자를 주로 겨냥하여 편집을 하거나 글을 쓸 때에는, 해당 책이 전적으로 기독교 서점(CBA)을 위한 것인지, 아니면 기독교 서점과 일반 서점 모두를 위한 것인지를 우선 결정해야 한다. "CBA 서적은 성서가 자유롭게 인용되며 주제가 주로 기독교적인 관점에서 다루어진다."

토마는 기독교 출판에서 저자와 편집자가 맺는 관계에 대해 "일부 일반 출판사와 동일하다. 즉, 양질의 책을 얻어내기 위해 도서 구상 또는 제안의 단계에서부터 실질적인 편집 과정에 이르기까지 편집자와 저자가 직접 접촉하여 작업한다"라고 말한다.

토마의 글은 어떠한 소설 및 비소설(특히 자기계발서) 주제가 다뤄질 수 있는지, 이들 주제가 많은 다양한 기독교인들을 대상으로 한 책에서 어떻게 다뤄져야 하는지에 대해 매우 실용적인 정보를 제공한다. 신실한 종교적 믿음을 갖고 있는 독자들을 불쾌하게 하는 일 없이 의미 있는 책을 통해 그들에게 성공적으로 다가가고자 하는 작가와 편집자들에게 중요한 글이다.

재닛 후버 토마(Janet Hoover Thoma)

재닛 후버 토마는 토머스 넬슨 퍼블리셔스 산하에 있는 재닛 토마 북스의 부사장이다. 자신만의 임프린트를 갖기 전, 그녀는 토머스 넬슨의 입수 담당 선임 편집자였다. 10년 전 넬슨에 합류하기 전, 그녀는 데이비드 C. 쿡 퍼블리싱의 관리 편집자였다.

재기를 위해
신을 찾는 사람들

—기독교 시장을 위한 편집

—재닛 후버 토마

기독교 시장에 대한 편견 버리기

얼굴에 드리워진 갈색 곱슬머리, 투명한 플라스틱 테 안경, 목 주위로 단추가 단단히 채워진 피터 팬과 같은 흰색 옷깃, 꽃무늬 면 치마, 나이 든 여자들이 신는 투박하고 무거운 신발, 카랑카랑하고 째지는 목소리. 무척이나 감상적인 어조로 여자는 이렇게 말하곤 한다. "정말 특별하지 않나요?" 또는 비도덕적이거나 바람직하지 못하다고 생각되는 행동에 대해 이렇게 말한다. "누구 때문에 우리가 이런 행동을 하게 되나요? 그게 누구일까요? 바로 사탄입니다!" 이 여자의 차림새와 하는 이야기가 익숙하지 않은가? 〈새터데이 나이트 라이브〉를 보았다면 여자가 바로 '교회 여성 신도'라는 걸 금세 알아차릴 것이다.

기독교 시장을 위해 편집을 할 때에는 (혹은 글을 쓸 때에는) 이러한 전형적인 모습을 잊어야 한다. 이 시장을 위해 편집을 하거나 글을 쓰기 위해서는 독자층을 반드시 이해해야 한다. 다시 말해, **앞서와 같이 희화적으로 그려지는 기독교 신자가 아닌 더욱 다양한 독자층을 바라보거나 스스로가 신실한 기독교 신자가 되어야 한다.**

기독교 서적의 독자들은 기독교 서점(미국에 7,267개의 서점이 있다)과 일반 서점, 이렇게 두 개의 시장으로 나뉜다. 이 뚜렷한 두 시장은 서로 다른 독자들을 포함한다.

그렇다. 미국의 기독교 서점에 가면 앞서 말했듯이 희화적으로 그려지는 교회 여성 신도를 가끔 볼 수 있다. 하지만 1991년에 미국 기독교 서점 협회(CBA: Christian Booksellers Association)가 실시한 소비자 조사에 따르면, 기독교 서점의 전형적인 구매자는 일주일에 1회 이상 교회에 참석하는 25세에서 54세의 여성(60퍼센트가 25세에서 44세, 15퍼센트가 45세에서 54세)이라고 한다. 그리고 내 말을 믿길 바란다. 25세의 여성은 교회 여성 신도보다는 가수 에이미 그랜트의 모습에 가깝다. 남성은 소비자의 25퍼센트를 차지한다.

이 소비자들의 직업은 다양한데, 주부와 사무직 종사자가 가장 큰 비중을 차지한다. 조사 대상이 된 여성의 26퍼센트가 주부였고, 또 다른 21퍼센트가 사무직 종사자였다. 남성의 26퍼센트는 사무직 종사자였고, 17퍼센트는 교회 직원, 14퍼센트는 노동직 근로자였다. 조사 대상이 된 대부분의 사람들이 고등학교를 졸업했고 3분의 1 이상이 대학 학위 소지자였다. 그리고 소비자의 약 절반이 받는 연봉이 2만 달러에서 4만 달러에 달했고, 나머지 절반은 그보다 낮은 연봉(2만 달러 미만)과 그보다 높은 연봉(4만 달러 이상)으로 비슷하게 갈라졌다. 평균 연봉은

3만 1,872달러였다.

이 독자들의 신앙은 전형적인 교회 여성 신도의 신앙과는 다소 다르다. 물론 개중에는 "나는……을 결코 하지 않을 것이다"라고 단호히 말하는 근본주의자들도 있지만, 많은 수는 본인의 믿음을 몸소 실천하려고 노력하는 정직하고 평범한 사람들이다. 또한 교육 수준이 어느 정도 되는 교양 있고 다소 진보적인 사람들이다. 이들 중에는 침례교도도 있고 기독교 서점뿐만 아니라 그보다 20년 먼저 생겨난 가톨릭 서점에서도 도서를 구매하는 가톨릭교도도 있다.

점점 더 많은 기독교 출판사들이 일반 서점에서 효과적으로 도서를 판매하고 있다. 이 시장에서도 독자층은 여전히 기독교도인데, 장로교, 영국 성공회, 루터교의 일원과 같이 더욱 '주류'의 기독교도인 경우가 많다.

따라서 이러한 시장을 대상으로 편집을 하거나 글을 쓸 때에는 해당 책이 전적으로 기독교 서점(CBA)을 위한 것인지 아니면 기독교 서점과 일반 서점 모두를 위한 것인지를 우선 결정해야 한다. CBA 서적은 성서가 자유롭게 인용되며 주제가 주로 기독교적인 관점에서 다루어진다.

기독교인 재정 상담가 래리 버킷의 『정석대로 사업하기: 사업가를 위한 성경적 원리의 지침서』(토머스 넬슨, 1990)가 한 예다. 이 책은 저자가 인정했듯이 성서의 원리를 사용하여 회사 방침을 제정하는, 사업 경영에 대한 급진적인 접근법을 제안한다. 이 책에서는 직원 해고, 공정 임금, 대출과 같은 민감한 사안들이 성서 원칙의 관점에서 다루어진다. 기독교인이 누군가를 해고할 수 있을까? 물론이다. 그가 나태하거나(잠언 22:29) 정직하지 못하다면(잠언 14:2) 말이다.

그러나 유대교-기독교적 관점은 일반 시장까지 겨냥한 책에서는 논의의 일부가 될 뿐이다. 프랭크 미너스, 폴 마이어, 로버트 헴펠트, 새런스니드 박사의 저서 『사랑에 대한 굶주림』(토머스 넬슨, 1990)이 한 예다. 두 명의 정신과 의사, 중독 상담사, 영양사 겸 영양 상담사인 이 저자들은 강박적인 과식의 심리적·신체적 요소에 관한 신빙성 있는 정보를 제공함과 동시에 종교적 측면에 대해서도 이야기한다. 음식 중독을 부추기는 사랑에 대한 굶주림을 해결할 수 있는 진정한 답은 신의 무조건적인 사랑이라고 저자들은 믿는다. 이 책은 신체·정신·영혼이라는 3차원적인 독특한 접근법 덕분에 1990년에 출간되자마자 『퍼블리셔스 위클리』의 목록에 이름을 올렸다.

기독교 출판사가 기독교 서점이나 일반 서점을 겨냥해 발행하는 책은 기독교 집단에 불쾌감을 줄 수 있는 욕설, 저속한 언어, 원색적인 성적 묘사를 피해야 한다. 그러나 종교 의식에 따른 성적 학대와 같은 어려운 사안을 기독교 저자들이 다룰 때에는 책의 현실적인 면을 유지하고, 희생자들의 고통스러운 경험을 고스란히 전하기 위해 학대 행위에 대해 충분히 자세하게 묘사한다.

재기를 위해 신을 찾는 사람들

"어떤 책을 출간할까?"라는 오래된 질문에 정해진 답은 없다. 대부분의 기독교 출판사들은 일반 출판사들과 마찬가지로, 독특한 주제를 지닌 책을 찾는다. 그러면서도 기독교 출판사로서 개성을 추구한다. 따라서 책은 일반 시장에서는 흔히 찾아볼 수 없는 영적이거나 유대교-기독교적인 메시지를 반드시 지녀야 한다.

기독교 출판사들은 예부터 자기계발서를 출간해왔다. 어려운 시기를 겪는 사람들이 대개 도움을 얻기 위해 신에게 의지하거나 성경 및 기독교 믿음에 관한 책을 찾기 때문이다. 기독교 출판사들이 강박 행동으로 고통 받는 이들을 위해 재활 도서를 출간하는 것도 자연스러운 일이다. (이러한 책의 독자들은 보통 '재기를 위해 신을 찾는' 사람들로, 대다수는 기독교 교회와 관련이 없다.) 넬슨 출판사에서는 현재 영성에 관한 책을 찾고 있다. 재기를 하는 상태이든 아니든, 사람들이 영적인 의미를 찾기 때문이다.

시기는 퍼즐의 또 다른 한 조각이다. 『사랑에 대한 굶주림』을 출간할 당시 우리는 신체, 정신, 영혼의 측면에서 쓴 식습관에 관한 책이 독특하다고 생각했다. 이 책은 4개월간 집필되었기 때문에 다가오는 1990년 겨울 도서 출간 목록(1월, 2월, 3월)에 포함되어 식습관에 관한 책이 출간되는 전형적인 철과 맞물리게 되었다. 게다가 세기가 바뀌는 시점이 다가옴에 따라 세상의 종말(일부 기독교인들은 2000년 무렵에 그리스도가 재림하지 않을까 생각한다)과 예언에 관한 책들이 인기를 끌고 있다. 이러한 주제를 다룬 책들은 중동에서 이스라엘과 아랍 국가들 사이의 갈등이 전쟁으로 번지는 시기이면 언제든 CBA 베스트셀러 목록에 오른다. 한 예로 기독교 서점에 도서를 배급하는 업체인 스프링 아버에 따르면, 1991년에 예언에 관한 책의 판매량이 1990년보다 157퍼센트 높았다고 한다. 스프링 아버는 이러한 판매량의 증가를 "걸프 전쟁에 의한 일시적 현상"이라고 칭했다.

또한 유명인 특히 스포츠인의 자서전이나 전기를 발간하는 데에도 시기는 중요하다. 야구선수 오렐 허샤이저의 『아웃 오브 더 블루』(월지무스 앤드 하이야트; 16만 5,000부 판매)와 야구선수 데이브 드라베키의

『복귀』(존더밴/하퍼; 양장본 17만 5,000부, 페이퍼백 7만 5,000부 판매)와 같은 책은 저자의 전성기로부터 1년 내에 출간된 덕분에 성공을 거두었다. 그러나 책이 출간되기 전에 인기가 시들해진 유명 배우나 스포츠인의 전기는 판매부수가 5만 권 미만인 경우가 흔하다. 기독교 출판사가 출간하는 유명인의 전기는 그의 직업적인 경력을 자세히 드러낼 뿐만 아니라 그가 지닌 영적인 신념에 대해서도 드러낸다. 문학적 질은 시기보다는 덜 중요하다.

그런가 하면 소설이 최근 기독교 시장에서 강세를 띠고 있다. 프랭크 페레티의 『어둠의 권세들』과 『어둠을 뚫고』(크로스웨이), 그리고 재닛 오크의 선구자 시리즈(베서니 하우스)의 두드러진 성공으로 다른 출판사들 역시 소설 출간에 가세했다. (페레티의 책 두 권은 합쳐서 300만 부 이상이 팔려나갔고 오크의 책 스무 권은 900만 부 이상이 팔려나갔다.) 크로스웨이 북스는 이 분야에서 개척자와 같은 존재였다. 이 출판사는 저자의 첫 소설의 연간 판매량이 적더라도 그로부터 차근차근 저자의 인지도를 쌓는 데 능했다. 저자 스티븐 로헤드의 첫 번째 작품인 『인 더 홀 오브 더 드래곤 킹(In the Hall of the Dragon King)』은 판매부수가 네 자리 숫자에 그쳤으나, 이 책 그리고 이 책과 함께 드래곤 킹 3부작을 구성하는 속편 두 권의 판매부수는 합쳐서 현재 15만 권 이상에 달한다. 그의 차기 3부작인 '펜 드래곤 사이클'은 20만 권 이상이 팔려나갔다. 한편 베서니 하우스는 독특한 방식으로 저자 재닛 오크의 인지도를 쌓았다. 이 출판사는 도매업체 겸 출판기념회 업체인 석세스풀 리빙 측에 재닛 오크의 저서를 다수 판매했다. 이 업체는 타파웨어와 같은 회사들이 마케팅의 일환으로 주최하는 소규모 파티에서 책을 판매한다.

일부 출판사는 소설을 "즐거움을 목적으로 만든 이야기"로 간주한다.

그러나 일부 근본주의 서점 소유주들은 소설을 "교육을 목적으로 만든 이야기"로 간주한다. 따라서 책 속의 주요 인물 중 한 명 이상이 그리스도를 구세주로 받아들이기를 기대한다. 편집자나 작가는 반드시 출판사의 정책을 알아야 한다. 출판사의 정책이 책 줄거리에 영향을 미치기 때문이다(넬슨, 워드, 존더밴과 같은 크로스오버 출판사들은 소설을 오락으로 간주하는 경향이 더 크다).

대부분의 기독교 출판사들은 일반인을 위한 참고도서 역시 입수하며, 일부 출판사(무디, 베이커, 존더밴, 어드먼스)는 목사와 신학생을 위한 신학서를 출간한다.

구체적인 독자를 상상하라

기독교 출판의 저자와 편집자의 관계는 일부 일반 출판사와 동일하다. 즉, 양질의 책을 얻어내기 위해 도서 구상 또는 제안의 단계에서부터 실질적인 편집 과정에 이르기까지 편집자와 저자가 직접 접촉하여 작업한다. 내 경우에는 저자가 책의 첫 몇 장(章)을 건넨 뒤, 책이 올바른 방향으로 향하고 있는지 적절한 어조와 속도를 지니고 있는지 함께 판단한다. (난 이 방법으로 시간을 절약할 수 있다고 생각한다. 수개월을 들여 원고를 완성했다가 원고 전체를 다시 쓰는 일만큼 더한 시간 낭비도 없기 때문이다.) 이후 저자는 집필 과정 내내 3개 정도의 장(章)을 계속해서 내게 보낸다.

상담사, 목사, 유명인 등 저자가 해당 분야의 전문가지만 글을 써 본 경험이 없거나 글을 쓸 시간이 없을 만큼 바쁠 경우, 나는 대필 작가를 고용하기도 한다. 반드시 해야 하는 작업(대필 작가가 초고를 받아 작업을 하거나 저자의 말을 녹음하여 초고는 물론 최종 원고까지 집필해야 한다)의 분량과 프리랜스 작가의 전문성 정도에 따라 일반적으로 보수가 6,000달러에서 1만 5,000달러에 이른다. 때때로 대필 작가는 저자가 받을 인세의 일부와 인세에 비례한 선금을 받는데, 이는 항상 매절 원고료보다 적은 금액이다. 왜냐하면 장기적인 책 판매로 이득을 얻을 수 있기 때문이다. 그러나 일부 작가들은 책의 판매부수와 상관없이 지급되는 매절 원고료를 선호한다. 대부분의 도서 입수 편집자들은 전에 함께 작업해본 적이 있거나 작품이 알려져 있는 대필 작가와 작업을 한다.

나는 항상 작가들에게 책의 구체적인 독자, 예를 들면 35세의 일하는 엄마 또는 젊은 기업 간부가 앞에 앉아 있다고 상상하라고 말한다. "컴퓨터 화면 대신 살아 있는 사람을 바라보세요. 그 사람이 이해할 만한 말을 사용하고 그에게 익숙한 설명과 일화를 제시하세요"라고 말한다.

나는 비소설의 첫 장(章)을 풍경의 세부사항을 통합하는 그림의 틀에 비교한다. 따라서 첫 장에는 특정한 구체적인 내용이 포함되어야 한다. 첫째, 첫 장은 독자가 공감할 수 있는 일화나 환자에 관한 설명으로 문을 열어야 한다. 한 예로, '알코올 중독자 갱생회'의 12단계 치유법에 관한 책인 『평온함으로 향하는 길』에서 저자는 알코올 중독자인 대학 교수의 이야기로 첫 장을 시작했다. 만약 책의 목표 독자가 약물 의존증 환자였다면 적절한 시작이었을 것이다. 그러나 이 책의 목적은 12단계 치유법을 더 광범위한 독자층, 즉 상호의존증 환자, 일 중독자, 폭식증 환자 등 강박 행동에 중독된 모든 사람에게 적용하는 것이었다. 내가 편집자로서 저자가 알코올 중독자의 이야기로 책을 시작하도록 허용했다면, 몇몇 잠재적인 구매자들은 책의 첫 장을 훑어보고는 이 책을 알코올 중독만을 다룬 책으로 오해하고 책을 다시 내려놓았을 것이다. 그렇게 되면 목표 독자의 70퍼센트를 잃는 셈이다.

그래서 우리는 갓 시작한 컴퓨터 사업에 집착하는 일 중독자 앤디 톰슨의 이야기로 책을 시작했다. 앞서 언급한 알코올 중독자 마틴 우드러프는 알코올 중독자의 성인 자녀들 모임에서 앤디가 그를 만나게 되는 제 2장에서 소개되었다.

둘째, 첫 번째 장은 주제를 규정하고 책의 집필 이유(문제의 정도)를 독자들에게 설명해야 한다. 나는 책에서 서문을 좀처럼 사용하지 않는다. 많은 독자가 서론이나 서문을 건너뛰고 그 안에 담긴 중요한 정보를 읽지 않기 때문이다. 따라서 첫 번째 장은 책 집필과 관련된 저자의 약력을 제시하고 독자에게 다음과 같은 약속을 해야 한다. "이 책을 읽으면 시작부의 일화에 소개된 주인공과 마찬가지로 당신 역시 도움을 받을 수 있다."

마지막으로, 첫 번째 장(또는 두 번째 장)은 책을 위한 '청사진'으로 끝을 맺어야 한다. 작가는 독자를 독서의 과정으로 이끌기 전에 책을 전반적으로 개괄해야 한다. 그래야 독자가 책 안에 담긴 원칙들을 보다 쉽게 이해할 수 있다. 원칙들 중 일부는 일반인에게 생소하거나 전문적인 학위 없이는 이해하기 어려울 수 있기 때문이다.

또 작가는 독자가 본문 장(章)들 간의 관계와 절(節)들 간의 관계를 계속해서 이해할 수 있게 해야 한다. 작가들은 이를 독자에게 명백하게 제시하는 일을 자주 잊곤 한다. 편집자로서 나는 이러한 표지판이 장의 끝부분 무렵 또는 다음 장의 시작부에 제시되도록 한다. 그 이유는 자기계발서의 주제가 매우 기술적이기 때문에 독자가 이러한 이행부를 필요로 하기 때문이다. 이러한 이행부가 없으면 독자가 넘쳐나는 새로운 정보 속에서 길을 잃고 만다.

작가는 또한 비소설의 각 장에서 독자에게 얼마간의 "교훈 내지는 해결책"을 제공해야 한다. 예전에 크리스 서먼 박사의 『우리가 진리라고 믿고 있는 거짓말들』이라는 책을 발간한 적이 있다. 크리스 박사는 첫 일곱 개 장에서 자기 자신에 관한 거짓말, 세속적인 거짓말, 결혼생활과 관련된 거짓말, 사실을 왜곡시키는 거짓말, 종교적 거짓말, 이렇게 다섯 가지 거짓말을 제시하도록 원고를 조직했다. 일반적인 독자(편집자는 정말로 일반적인 독자다)로서 나는 거짓말에 이어 거짓말에 관해 읽으면서 상당히 지루함을 느꼈고 괴롭기까지 했다. 마지막으로 책이 끝나는 시점의 한 장에서는 잘못된 사고방식을 바로잡는 여덟 개 방법이 제시되었다.

크리스 박사에게 나는 이렇게 말했다. "상담의 첫 50시간을 각종 거짓말을 소개하는 데 할애한다니 믿기지 않네요. 중간중간 독자들에게 잘못된 사고방식을 극복하는 방법을 제시해야 해요. 안 그러면 독자들이 등을 돌리고 말 거예요." 그래서 우리는 책을 이렇게 수정했다. "나는 모든 사람으로부터 사랑과 인정을 받아야 한다"와 "그건 다른 사람의 잘못이다"와 같은 자기 자신에 관한 거짓말을 설명한 제 2장의 종료부에서 독자들에게 그들이 믿는 거짓말을 떨쳐버릴 수 있는 방법을 제공하는 "자신의 거짓말을 타파할 수 있는 방법"으로 한 절을 시작했다. 이러한 제목의 절은 이후 다섯 개 장에서도 반복되었다. 마지막 두 개 장에서는 진실 그리고 삶의 변화에 관해 이야기하면서 책을 마무리 지었다(이 장들은 후속작인 『우리가 믿어야 하는 진실들』로 이어졌다).

상담사가 집필하는 대부분의 자기계발서에 내가 적용하는 공식은 매우 간단하다. 그건 바로 "상담실 의자에 앉아 있는 환자에게 하는 것과 똑같은 방식으로 독자에게 이야기를 풀어나가야 한다"이다. 보다 상업적으로 말하자면 이렇다. "어떤 정보를 책을 통해 독자에게 제공할 때 그 비용은 16.95달러다. 이는 똑같은 정보를 시간당 50 내지는 100달러에 환자에게 제공하는 것과 같다."

기독교 출판의 미래

기독교 출판의 미래는 과거보다 더 밝아 보인다. 중독 행위를 극복하도록 도움을 주는 12단계 치유법과 지원 단체들이 성공하자 신과의 개인적인 관계가 건강과 행복에 필요하다는 사실이 대부분의 사람들에게 더욱 명백해졌다. 물론 우리는 희화화된 교회 여성 신도의 기벽과 뛰어난 춤 실력에 웃음을 터트리며 그녀의 판단과 철학을 거부할 수 있다. 그러나 우리 중 많은 수는 우리 내부에 존재하는, 신과 영적 초월성을 향한 갈망을 무시할 수 없다. 앞으로도 영적인 책들은 신을 향해 여정을 떠나는 많은 사람에게 동반자가 되어줄 것이다.

「시장이 아니라 공동체로 접근하라─유대교 출판의 비밀」

"유대교 출판의 비밀을 공유하는 일은 누군가에게 맛초를 실제로 만드는 비법을 알려주는 것과 비슷하다. 사실 비법은 없다." 페터먼은 유대교 출판에 관한 통찰력 있고 유쾌하며 때로는 감동적인 이 글에서 이렇게 말한다.

많은 면에서 유대교 시장을 위한 편집은 심리학·과학·교육 등 여타 전문 분야의 편집과 유사하다. 하지만 유대교 도서 출판이 여타 출판과 다른 점이 한 가지 있는데, 그건 바로 공동체다. 유대교 공동체에 대한 헌신과 연대감 없이는 이 분야에서 출판을 할 수 없다.

"도서 제안에 대한 유대교 편집자의 반응은 대개 해당 책이 유대교 공동체 내에서 통용될 수 있는지에 대한 진정한 척도가 된다. 편집자가 출판사 측의 '우리'가 아닌 유대교인 측의 '우리'라는 말을 사용하여 '좋아요. 우리는 이 책을 필요로 해요'라고 말할 수 있지 않는 이상, 편집자는 언제나 타인의 본능에 의존해야 한다."

페터먼은 이렇게 말하며 글을 마무리 짓는다. "우리의 책은 개방적인 책, 즉 전통에 충실하고 다양한 배경의 사람들에게 해결책을 제시하는 책에 충분히 관심을 갖는 독자들에게도 다가가야 한다고 생각한다. 그리고 그러한 책을 통해 독자들이 개인적이고 진심어린 마음에서 유대인의 유산이 진정 자신의 것이라고 느끼게 된다면, 그것만으로도 유대교 출판과 유대인 공동체에 대한 내 헌신이 빛을 발한다고 생각한다."

보니 V. 페터먼(Bonny V. Fetterman)

보니 V. 페터먼은 1982년부터 쇼켄 북스의 유다이카의 선임 편집자 겸 편집장으로 활동하고 있다. 이전에 그녀는 하퍼 앤드 로 및 베이직 북스에서 편집자로 일했다. 브랜다이스 대학교에서 유대학 석사 학위를 취득했으며 예루살렘의 히브리 대학교에서도 공부했다. 그녀는 1987년 예루살렘 도서 박람회에 회원으로 참가했으며, 1990년 이스라엘에서 개최된 미국 유대인 위원회의 모세 미션에도 회원으로 참가했다.

시장이 아니라 공동체로 접근하라

—유대교 출판의 비밀

—보니 V. 페터먼

유대교 공동체와 사명감

유대교 출판의 비밀을 공유하는 일은 누군가에게 맛초(유대인들이 유월절에 먹는 빵—옮긴이)를 실제로 만드는 비법을 알려주는 것과 비슷하다. 사실 비법은 없다. 유대교 도서의 편집자로서 내가 하는 일은 심리학·과학·교육 등 여타 전문 분야의 편집자가 하는 일과 매우 비슷하다. 즉, 해당 학문 분야에 대한 배경지식, 조언을 해주고 훌륭한 저자를 소개해줄 지인과 동료들, 매우 학문적인 글을 편집할 수 있는 고도의 편집 기술이 필요하다. 다른 편집자들과 마찬가지로, 나 역시 저자와 작업을 하고 독자들의 질문을 우선적으로 해결하도록 저자를 설득하고 학문적인 용어를 알아듣기 쉬운 개념으로 바꾸고 그 의미가 잘 전달되도록 하는 데 많은 시간을 할애한다.

하지만 유대교 도서 출판에는 네 번째 요소가 있다. 이것은 유대교 도서 출판이 여타 출판과 다른 점이다. 그것은 바로 공동체다. 모든 전문 편집자는 본인이 출판하는 책의 입지를 올바로 다지기 위해 그 시장을 알아야 한다. 그러나 **난 여기서 시장이라는 말 대신 공동체라는 말을 사용할 것이다. 유대교 공동체에 대한 헌신과 연대감 없이는 이 분야에서 출판을 할 수 없기 때문이다.**

도서를 제안 받은 유대교 편집자가 보이는 반응은 대개 해당 책이 유대교 공동체 내에서 통용될 수 있는지를 알아볼 수 있는 진정한 척도가 된다. 편집자가 출판사 측의 '우리'가 아닌 유대교인 측의 '우리'라는 말을 사용하여 "좋아요. 우리는 이 책을 필요로 해요"라고 말할 수 있지 않는 이상, 편집자는 언제나 타인의 본능에 의존해야 한다. 출판은 물론 그런 식으로 이루어질 수 있다. 그 경우 책이 책처럼 보이고 책의 냄새가 나지만 영혼 없는 몸이 될 수 있다. 그리고 유대교 책을 구매하는 대중은 그 차이를 감지한다.

이 이야기는 유능한 비소설 편집자의 손에서 탄생한 유대교의 관심사를 다룬 일반 베스트셀러에는 해당되지 않는다. 나는 유대교 출판에 종사하는 사람들에 관해 이야기하는 것이다. 여기에는 항상 공동체와 맺는 직접적인 관계와 공동체에 대한 헌신이 뒤따른다. 유대교 서적 출판사를 규정하는 것은 바로 이러한 사명감이다. 이는 해결해야 할 구체적인 종교적 안건이 아닌(물론 일부 경우에는 해당되는 이야기다), 동시대 유대인들의 필요사항을 충족시키려는 강한 욕구다.

유대교 출판의 다양한 유형

그렇다면 미국 유대인들만큼 다양한 공동체의 필요사항을 어떻게 충족시킬 수 있을까? 이는 다양성·우수성·접근 가능성을 제공하고, 각기 다른 책이 이 복잡하고 흥미로운 시장의 각기 다른 분야에 호소한다는 사실을 깨달아야 가능하다.

매년 다양한 출판사들이 유대교와 관련된 갖가지 주제를 다룬 무수한 책을 내놓는다. 그러한 출판사로는 유대교 각 종파의 필요사항을 충족시키는 종교 출판사(정통파, 보수파, 개혁파, 재건주의파)에서부터 일반 대학교의 유대학 교수로 재직 중인 새로운 유대교 학자들의 논문과 획기적인 연구 결과를 출간하기 시작한 십여 군데의 대학 출판부까지 다양하다. 예를 들면, 유대학 서적을 적극적으로 발행하는 대학 출판부로는 예일대, 인디애나대, 옥스퍼드대, 코넬대, 하버드대, 웨인주립대, 뉴욕대 출판부, 캘리포니아대, 뉴욕주립대 출판부가 있다. 한편 유대인 학교의 교과과정 및 유대인 교사를 위한 학습 자료를 제공하는 교육 출판사(베어먼 하우스, 크타브, 토라 오라)도 있다.

유대교 출판은 반드시 종교 서적만을 의미하지 않는다는 점에서 기독교 출판과 다소 다르다. **유대교 출판은 종교를 포함하긴 하지만 그보다 훨씬 더 많은 것, 즉 유대인의 역사와 문명까지 포함한다.** 몇몇 출판사(쇼켄 북스, 제이슨 애론슨, 주이시 퍼블리케이션 소사이어티)는 관심 있는 일반인을 위해 다양한 유대교 서적을 출간한다. 이들 출판사의 출간 목록에는 유대인의 삶과 문화, 역사, 철학, 종교, 성서학에 관한 책, 랍비 문학, 히브리어 및 이디시어 고전의 번역본이 포함되어 있다. 나는 유대교 서적을 유대인들과 연대감을 강화하는 모든 책으로 광범위하게 규정한다. 유대교 편집자들 전반은 진지하고 다양한 독자들 사이에서 유대교에 대한 학습이 원활히 이루어지도록 하는 데 전념하고 있다. 제이슨 애론슨의 부사장이자 유대인 북 클럽의 대표인 아서 커즈와일은 본인의 출간도서들을 "화제성이 있기보다는 유행을 타지 않는 것"으로 설명한다. 그는 누군가의 개인적인 유대교 도서관에 영원히 꽂혀 있을 책을 내려고 노력한다.

몇몇 독립 출판사는 홀로코스트(베이즐 블랙웰, 홈즈 앤드 마이어)나 영성(새뮤얼 와이저, 주이시 라이츠)과 같은 특히 관심을 끄는 주제를 다룬 책들을 발간한다. 일부 기독교 출판사(폴리스트 프레스, 하퍼 샌프란시스코, 비컨 프레스) 역시 성서 신학, 비교 종교학, 페미니즘, 신비주의와 같이 유사한 분야에서 도서를 발행하기 시작했다. 그 뿐만 아니라 여기서 열거하기에 무수히 많은 일반 대형 및 소형 출판사 역시 유대인 시장을 겨냥하여, 앨런 더쇼비츠의『후츠파』(리틀 브라운)와 같은 현재 화제가 되는 주제를 다룬 책, 유명인의 전기, 자서전에서부터 조지프 텔루슈킨의『유대인의 상속 이야기』(모로)와 같은 유대인들의 삶의 다양한 측면을 다룬 역사 서적과 자기계발서에 이르기까지 다채로운 책을 출간하고 있다. 일부 출판사(파라 스트라우스 지루, 데이비드 고딘, 그로브 프레스, 헨리 홀트)는 유대교 소설을 펴내는 데 주력하는 한편, 유대교 비소설을 펴내는 데 주력하는 출판사(베이직 북스, 프리 프레스, 쇼켄 북스, 스크리브너스, 랜덤 하우스, 사이먼 앤드 슈스터, 이들 출판사의 다양한 임프린트)도 있다. 그런가 하면 다수의 출판사〔바이킹, 카-벤 카피즈, 홀리데이 하우스, 크노프, 주이시 퍼블리케이션 소사이어티, UAHC(미국 히브리 총회연합회)〕가 유대교 아동 도서를 출간한다.

위 출판사들의 출간도서 목록은 완전한 것은 아니며, 유대교 출판의 다양한 유형을 보여줄 뿐이다. 앞으로 유대교 분야의 편집자나 저자가 되고 싶다면, 이들 출판사의 목록을 잘 탐색하고 틈새시장을 공략해야 한다. 각 유대교 출판사는 저마다 매우 뚜렷한 특색을 갖고 있으며, 공동체의 각기 다른 계층에 다가간다. 편집자가 특정한 도서 기획안에 대해 "우리 출판사의 출간도서 목록과는 맞지 않습니다"라는 말을 할 때에는, 제안을 정중히 거절하는 상투적인 말을 하는 것이 아니라 뭔가 실질적이고 현실적인 말을 하는 것이다. 저자에게 타깃 독자층을 정하는 일은 본인의 책을 가장 잘 배급시켜줄 출판사를 선택하는 과정에서 중요한 첫 번째 단계다. 이는 또한 책을 집필하는 과정에서 지침이 될 수 있다.

약간의 조사를 하면 저자가 집필 작업에 착수하는 과정에서 많은 단계를 절약할 수 있다. 유대교 서적 출판사들은 『문학 시장』('종교 부문')이라는 참고용 도서에 열거되어 있으나, 『유다이카 북 뉴스』(부커진)나 『주이시 북 월드』(주이시 북 카운슬) 같은 서지학 정기간행물을 참고하면 다양한 출판사들이 현재 선보이고 있는 각종 도서에 대해 더욱 확실한 그림을 얻을 수 있다. 출판사에 서신을 보내 안내 책자를 요청하여 읽어보고, 서점의 유대교 및 종교 코너를 살펴보자. 본인이 염두에 두고 있는 것과 동일한 독자층을 겨냥한 책의 출판사를 눈여겨보자.

시장 수명을 고려한 도서 탐색

편집자에게 틈새시장을 선택하는 일은 본인이 최선을 다할 수 있고, 어떻게 만들어야 할지 알며, 궁극적으로 마음에 가장 와닿는 책을 찾는 일을 의미한다. 내 출판 프로그램은 부분적으로 지난 10년간 내가 몸담아 온 출판사의 결과물로, 또 부분적으로 개인적인 열정의 결과물로 진화했다. 유대학에 대한 내 관심은 대학생 때 쇼켄 출판사의 책들을 읽으면서 불이 붙었고, 그 덕에 그 어느 곳보다도 쇼켄 출판사에서 일하기를 진심으로 원하게 되었다. 나는 졸업 직후 편집 보조자로 일을 시작했다. 그러던 어느 날, 쇼켄 출판사의 자문 편집자였던 나훔 N. 글레처 교수가 나를 따로 부르더니 정말로 유대교 분야의 편집자가 되고 싶다면 우선 "뭔가를 배워야" 한다고 조언했다. 결국 나는 다시 학교로 돌아가 유대학을 공부했고, 그 후 몇 년간 일반 출판사에서 편집자로 일했다. 그리고 마침내 쇼켄 출판사의 특정한 출판 방향에 더욱 걸맞은 실력을 갖추고서 그리로 다시 돌아갔다.

쇼켄 출판사는 예로부터 유대교 비소설을 주로 출간해왔다. 대표적으로 유대교 영성의 근원을 다루는 책, 자신의 문화의 뿌리에 다가가고자하는 유대인 종교인 및 일반인을 대상으로 한 고전물이 이에 해당한다. 나치 정권하에서 1938년까지 독일에서 활동한 몇 안 되는 유대교 출판사 중 하나인 쇼켄 출판사는 유대인들의 자랑스러운 문화유산을 종종 최초로 소개하면서 독일 유대인 공동체의 사기를 북돋는 데 앞장섰다. 이 출판사의 대표적 저자로는 부버, 아그논, 숄렘, 프란츠 카프카가 있다. 1945년 뉴욕에 출판사를 다시 설립하면서, 부버의 『하시드 이야기』와 같은 많은 고전들이 영어로 번역, 출간되었다.

이렇듯 개성 뚜렷한 저서들을 보유한 쇼켄 출판사는 쇼켄 가의 지원으로 꾸준하게 점진적인 상승세를 이어갔는데, 1960년대 후반 미국 유대인 공동체가 두각을 나타내면서 일반 대학에 유대학 교과과정이 마련되는 행운을 우연히 맞이했다. 양질의 교과과정용 페이퍼백이라는 새로운 분야의 선두주자로서 쇼켄 북스는 많은 교과과정의 중심이 되었고, 당시 힘을 얻게 된 유대인 성인 교육 시장을 위한 대들보 같은 존재가 되었다.

이러한 인상적인 역사는 내가 1982년에 유대교 분야의 도서 입수 선임 편집자가 되었을 때부터 내 도서 선택에 방향을 제시했다. 나는 대개 일반 양장본 독자를 겨냥한 일반 단행본을 펴내지만, 이 도서들은 페이퍼백으로도 출간되어 대학 교과과정 및 성인 교육 시장에서도 사용된다. 일반 단행본은 수명이 짧기로 악명이 높다. 나는 항상 페이퍼백 백리스트를 염두에 두고 책을 입수한다. 즉, 시장 수명이 최소 10년이 되는 책을 찾는다.

내 출판 업무에서는 번역, 즉 고전의 번역과 역시나 중요한 것으로 이러한 고전을 접할 수 있게 하는 동시대 저자들의 책이 큰 비중을 차지한다. (아브라함 코헨의 『만인의 탈무드』, 나훔 사르나의 『창세기의 이해』와 『출애굽기의 탐구』, 레이첼 비알레의 『여성과 유대교 율법』이 그 예다.) **지난 10년간 유대교 출판계에서 일어났던 가장 중요한 사건이 번역 프로젝트라는 것도 우연이 아니다.** 대표적인 성과로 랜덤 하우스가 『스테인샬츠의 탈무드』를, 주이시 퍼블리케이션 소사이어티가 『타나크(Tanakh)』(해설이 곁들여진 히브리 성경)를 출간했다. 미국 유대인들은 번역본밖에 읽을 수 없다는 점에서 스스로를 교육하는 데 필사적이다. 독자들의 배경이 다양하기 때문에 각종 문헌을 원문 그대로 제공하는 것 외에는 다른 방법이 존재하지 않는다. 1992년 가을 쇼켄 출판사는 탈무드와 미드라시의 전설 및 우화를 담은 비알리크와 라브니츠키의 『전설의 서』의 영어 완역본을 최초로 출간한다. 3,300페이지나 되는 방대한 분량의 원고를 편집하면서 나는 내 머리를 시험할 수밖에 없었다. 하지만 이 고전을 유대인 공동체가 영어로 읽을 수 있다고 생각하니 매우 귀중하고 보람된 일이라고 느꼈다.

새로 번역된 숄렘 알레이헴, 페레츠, 앙스키(『디벅』의 작가)의 작품이 포함된 쇼켄 출판사의 라이브러리 오브 이디시 클래식 시리즈는 종교와 관련되지 않은 이디시어 유산을 꾸준히 소개하려는 목적을 지닌다. 각 세대는 고전들의 생명을 유지하기 위해 번역본을 필요로 한다.

현대 유대인의 정체성 변화

세월이 변하듯 공동체 역시 변하며, 우리도 그에 발맞추어 변화해야 한다. 지난 몇 년간 취향과 수요의 특징적인 변화가 포착되었는데, 가장 최근에는 예로부터 유대인들이 기피하던 주제인 영성을 다룬 유대교 책에 대한 수요가 늘어났다. 아리에 카플란의 『유대 명상』의 성공이 그 예다. 이에 다른 출판사들 역시 종종 매우 개인적인 문체로 쓰인 영적인 필요와 관심사를 다룬 책들을 내놓고 있다.

현대 이스라엘과 홀로코스트라는 주제를 다룬 많은 책이 여전히 매년 출간되고 있지만, 나는 이 두 주제가 10년 전과는 달리 미국 유대인 정체성의 중심이라고 생각하지 않는다. 현대의 유대인들은 정체성보다는 내용·의미·적절성이라는 사안을 두고 더욱 분투하고 있는 듯 보인다. 1970년대 초반 유대인 성인 교육을 위한 최초의 자율 지침서였던 리처드 시겔, 마이클 스트라스펠드, 새런 스트라스펠드의 『유대인 편람』(주이시 퍼블리케이션 소사이어티)의 출간 이후, 유대인의 삶과 유대인 학습을 위한 지침서의 수요가 그 어느 때보다도 늘어났다. 유대인 학습을 위한 지침서는 배리 W. 홀츠가 편집한 『근원으로 돌아가기』(서밋)라는 책 덕분에 더욱 각광을 받게 되었다. 오늘날 교육에서 화두는 '역량 증진'이다. 이들 책은 이러한 전통의 일부를 직접 경험할 수 있는 기술을 독자들에게 제공한다. 이러한 발전으로 나는 출판사의 백리스트를 재평가하고 현 수요에 부합하기 위해 출판사의 프로그램을 재조정하게 되었다. 번역본 외에, 요즈음에는 이른바 "살아 있는 유대인이 쓴 살아 있는 유대인을 위한" 책을 더 많이 작업하는 중이다.

1987년에 쇼켄 북스가 랜덤 하우스에 병합되어 유대교 서적을 펴내는 임프린트로 자리 잡게 되면서, 나는 내 편집 정책을 다시 평가하게 되었다. 이 상업적인 대기업에 처음 들어갔을 때 나는 순전히 가치라는 측면에서 백리스트의 모든 도서를 지지했다. 나는 열성적인 '신념의 수호자'였다. 그러나 시간이 흐르면서 한 가지 사실이 점점 분명해졌다. 이전 세대가 쓴 철학과 지성의 역사를 다룬 무거운 책들을 아무도 읽지 않는다면 우린 누굴 위해 일하는 걸까? 고전 중에는 유행을 타지 않고 꾸준히 읽히는 것도 있고 그렇지 않은 것도 있으며, 유대인 대중은 원하는 바를 우리에게 보여주고 있다. 게다가 프리모 레비의 『주기율표』(쇼켄)와 같은 새로운 책들이 우리 세대의 고전으로 떠오르고 있었다.

나는 일반인을 대상으로 책을 펴내지만, 이러한 책을 집필하는 수준 있는 전문가가 필요하다. 내가 함께 작업을 하는 저자는 대부분 랍비와 유대학을 연구하는 교수이며, 내 주된 역할은 그들이 일반 대중을 위해 글을 쓰게 하는 일이다. 언젠가 한 저자에게 완전한 수정을 거쳐 꽤 훌륭한 원고가 나온 일로 축하를 한 적이 있는데, 그는 내가 해준 조언 덕분에 본인의 목소리를 찾을 수 있었다고 귀띔해주었다. 당시 나는 히브리어 학교에서 가르쳤던 시절에 들었던 격언을 그에게 말해주었다. "우선 그들이 당신을 좋아해야 한다. 그런 다음에야 그들은 당신이 뭔가를 가르치는 것을 허락할 것이다." 이 격언은 저자에게 독자를 생각하지 않고 곧바로 주제에 뛰어들었다는 사실을 일깨워주었다. 그래서 그는 주제에 대한 관심이 어떻게 생겨났는지에 대한 개인적인 이야기로 초고를 다시 쓰기 시작하여, 독자가 그에게 공감하고 그의 기쁨을 공유하며 그의 여정에 합류할 수 있도록 했다. 우리 책을 읽는 독자층은 어느 정도의 교양을 갖추긴 했으나 유대교 문헌에 정통하거나 해당 분야의 전문가들이 사용하는 난해한 용어에 익숙하지는 않은 성인들이다. 더욱이 이들이 품는 질문은 학자들이 흥미를 느낄 만한 질문과는 다르다. 일반 대중 역시 현대 유대학 연구의 결실을 접하도록 하기 위해서는, 학자들이 동료들을 위한 글쓰기에서 사용하는 것과는 다른 목소리를 찾아야 한다. 우리 세대의 이러한 학자들과 작업하는 일은 내가 하는 일 중에서 가장 짜릿한 경험이다.

나는 사무실을 벗어난 학회나 교육 협의회에서 가장 귀중한 시간을 보낸다. 그곳에서 나는 영감을 얻고 새로운 책을 구상한다. 책을 직접 팔기도 한다. 사람들이 책에 대해 하는 이야기를 듣고 싶어서다. 랍비, 교사, 교수들은 교과과정에서 어떤 책을 사용했는지, 그 책을 다시 사용할 의향이 있는지의 여부를 내게 말하고 싶어 한다. 또 있었으면 하고 바라는 책을 내게 말해주며, 그러한 책을 집필할 수 있는 저자를 추천하기도 한다. 또 오래된 책을 다시 살리거나 재인쇄하거나 교체해야 할 때를 알려주기도 한다. 『쇼켄의 유대교 서적 지침서』는 바로 그러한 현 수요에 대한 논의를 통해 탄생한 책이다. 이 책은 유대인의 역사·문학·문화·종교에 관한 각종 책을 독자에게 안내해주는 유용한 지침서가 필요하다는 판단에서 집필되었다.

때로는 내가 참석했던 강연 시리즈에서 책이 탄생하거나 유대교 회당에서 갖는 비공식적인 회의에서 책에 대한 구상이 떠오르기도 한다. 내 업무의 주된 부분은 이렇듯 아직 집필되지 않은 책의 적절한 저자를 찾는 일이다. 견본 원고만 봐도 저자가 하늘에서 내려준 적임자인지 아닌지 금세 판별된다. 이는 언제나 시도해볼 가치가 있는 일이다.

유대교 출판의 상업적 측면

이제는 유대교 출판의 상업적 측면에 대해서도 이야기를 해야겠다. 가장 규모가 큰 상업 출판사 아래에서 규모는 작지만 명성 있는 임프린트를 맡고 있는 유대교 편집자로서, 나는 상충하는 요구들 사이에서 끊임없이 균형을 유지해야만 한다. 그 요구들이란 쇼켄 출판사 도서 목록의 품질을 유지해야 할 필요성, 모회사의 수익 기대를 충족시켜야 할 필요성, 유대교 공동체에 헌신해야 할 필요성이다. 유대교 공동체의 경우 스스로 무엇을 필요로 하는지 언제나 알진 못한다. 특히 우리가 아직 존재하지 않는 것들의 영역으로 들어섰을 때 그러하다.

나는 예전부터 베르디체브스키의 수필집을 작업하기를 꿈꾸었다. 그는 초기의 시온주의 이론 지도자로 그가 없었다면 세속적인 이스라엘인들의 정신을 이해할 수 없었을 것이다. 하지만 나는 사실상 알려지지 않은 이 수필가가 쓴 저서의 잠재적인 판매량, 그리고 책을 널리 알리기 위해 어떠한 마케팅 노력이 필요할지 역시 알고 있다. 공격적인 마케팅을 실시한다 해도, 베르디체브스키를 출판사의 대표적인 작가로 만들 수 있을지에 대해서는 의구심이 든다. 이게 가치 있는 일일까? 물론이다! 이게 쇼켄 임프린트의 생존을 위험에 빠뜨리면서까지 감행할 가치가 있을까? 그건 아니다. 이 작업은 보조금을 지원받는 출판사나 대학 출판부 내지는 내가 매우 부유한 남편을 만나 차리게 될 회사에나 적합한 일이다.

책을 '널리 알리는 일'로 돌아와 보자. 이 일 역시 대형 출판사의 유대교 편집자로서 내가 해야 할 업무의 일부다. 다른 부서들은 유대인 독자 시장을 알기 위해 유대교 공동체에 대한 직접적인 지식을 지닌 유대교 편집자에게 의존한다. 앞서 말했듯이 유대인 시장은 매우 다양하다. 교파뿐만 아니라 장르에 따라서도 여러 갈래로 분기되기 때문이다. 세속적인 이디시 문학의 열정적인 독자는 성경 및 성서 신학에 관한 책이나 유대교 관행이나 유대교 휴일에 관한 지침서를 구매하는 자와 동일한 독자가 아니다. 시장을 겨냥하고 책을 광고하거나 서평을 받을 만한 적절한 잡지를 선택하고 시장에서 영향력을 발휘할 추천사를 써줄 인사들을 선정하는 일은 편집자에게 달려 있다. 나는 완전히 정통주의적인 유대교 서점에서 모데카이 카플란(유대교 관행에 대한 비전통적인 접근법 중 하나인 재건주의의 창시자)의 책을 팔려고 시도했다가 쫓겨난 패기 넘치는 젊은 판매 담당자를 아직도 기억하고 있다. 나는 그와 함께 그 서점으로 다시 가서 그곳의 고객들이 호응을 보일 만한 정통적인 책들을 서점 구매 담당자에게 보여주었고, 그 목록을 출판사의 판매 담당자들에게도 배포했다. 나는 언제나 판매 담당자들을 염두에 두고 책의 독자층을 겨냥하려고 한다. 게다가 서점 측에 많은 서신을 직접 보낸다. 유대교 시장의 각 분야가 매우 잘 규정되어 있으며, 국가 전역에 흥미를 가진 독자들이 체인 서점에만 의존할 경우 이러한 책들을 결코 보지 못할 것이기 때문이다. 궁극적으로 책은 운명을 타고나야만 잘 팔린다. 하지만 잘 팔릴 운명이란 편집자의 노력이 더해져야 한다는 걸 의미하기도 한다.

홍보의 측면에서는 저자가 본인의 책을 위해 직접 발로 뛰는 일만큼 좋은 것이 없다. 저자가 강연, 유대교 서적 박람회, 유대인 공동체 협회에 참석하는 것이 큰 도움이 되며, 대부분의 출판사들은 이러한 행사에서 책을 판매하기를 선호한다. 기본적으로 저자는 책을 홍보하기 위해 모든 인맥을 동원할 수 있으며 출판사가 이를 활용하도록 도움을 줄 수 있다. 나는 적극적이고 활기 넘치는 저자가 만들어낼 수 있는 차이점을 잘 알고 있다. 왜냐하면 많은 고전 번역본 역시 작업하기 때문이다. 이미 세상을 떠난 저자의 경우에는 이러한 홍보의 기회가 없다.

편집자가 느끼는 과중한 책임의식

유대교 편집자가 세상에서 가장 선망의 대상이 되는 직업이라고 생각하기 전에, 유대교 편집자들 전반이 왜 유독 열의, 좌절, 극단적인 감정을 분출하는 경향이 있는지 설명하고자 한다. 이는 어깨를 짓누르는 막중한 책임 의식 때문이다. 창문 너머로 브랜다이스 대학교 교정을 바라보면서 유대교 출판으로 나를 이끈 스승인 글레처 교수가 이렇게 말했다. "지금은 유대교에 관한 지식을 유대교 백과사전에서 얻는 시대야." 그 얼마나 의미심장하고 정신을 번쩍 들게 하는 지적인가. 미국의 유대인들은 유대인으로서 정체성에 내용과 의미를 부여하는 문화, 즉 만개한 문명을 최초로 진지하게 접하기 위해 책에 의존한다. 그리고 유대교 출판에 종사하는 우리는 감히 그들을 좌절시킬 수 없다. 내 동료 한 명이 이렇게 털어놓은 적이 있다. "어느 날 오후에 유대인들의 운명을 내 어깨에서 내려놓고 항해를 떠나고 싶어." 나는 그의 말이 어떤 의미인지 정확히 안다. 나 역시 가끔 예언자 예레미야의 처지에 공감한다. 예레미야는 사명을 지녔으나 그걸 어깨에 짊어진 순간 내려놓지 못했다. 늘 그 사명에 대해 푸념했어도 말이다. 만약 예레미야가 20세기에 다시 나타난다면 그는 랍비이거나 유대교 편집자일 것이다.

매년 『퍼블리셔스 위클리』와 『유다이카 북 뉴스』에는 유대교 출판의 성과를 살펴보고 이 분야의 다양성과 생명력을 축하하는 기사들이 등장한다. 나 역시 그러한 낙관적인 글을 쓴 적이 몇 번 있다. 하지만 이러한 축제 분위기의 이면에는 걸려 있는 이해관계에 대한 훨씬 더 냉정한 자각이 존재한다. 우리 모두의 정신의 이면에는 레슬리 피들러가 말한 "침묵의 홀로코스트"가 존재한다. 이는 유대인 공동체가 동화되어 공동체 내의 유대인들이 감소하는 현상이다. 물론 대개의 경우, 동화는 의도적인 선택이 아니며 반드시 존중되어야 한다. 하지만 사실상 동화는 유대인의 삶에 대한 지식과 노출 부족의 결과로 발생한다. 유대교 문화와 유대인들의 독특한 통찰 없이는 인류가 열악해질 것이라고, 그것도 끔찍할 정도로 열악해질 것이라고 믿는 우리로서는 이러한 현상이 참을 수 없는 고통의 근원이다.

유대교 책을 처음부터 구매하기를 생각하지 않는 독자층을 겨냥하는 것은 실수이다. 우리는 유대교 책을 사랑하고 이를 사용하며 필요로 하는 전문가와 일반인들로 이루어진 유대인 공동체의 요구를 꾸준히 충족시키는 것만으로도 시간이 모자라다. 하지만 우리의 책은 개방적인 책, 즉 전통에 충실하고 다양한 배경의 사람들에게 해결책을 제시하는 책에 충분히 관심을 갖는 독자들에게도 다가가야 한다고 생각한다. 그리고 그러한 책을 통해 독자들이 개인적이고 진심어린 마음에서 유대인의 유산이 진정 자신의 것이라고 느끼게 된다면, 그것만으로도 유대교 출판과 유대인 공동체에 대한 내 헌신이 빛을 발한다고 생각한다.

「전문 편집자들의 헌신으로 성장해온 장르—과학 소설의 편집」

존 W. 실버색은 과학 소설 편집자가 맡는 다양한 역할, 그들이 겪는 문제, 그들이 느끼는 기쁨·고통·성취·절망, 그리고 우리 문화 속에서 SF와 판타지가 갖는 중요성에 대해 조명한 종합적이고 때로는 논란을 일으키는 이 글을 이렇게 시작하고 끝맺는다. "1991년에 과학 소설과 판타지 소설이 미국에서만 20억 달러 이상 규모의 상품이 되었다고 한다. …… 지난 50년간의 세월(그 자체로 과학이라는 개념)에서 과학 및 판타지 소설을 제외한다면, 이 세상은 지금과 매우 다를 뿐 아니라 매우 한정되어 있을 것이다."

실버색은 현대 과학 소설의 많은 측면에서 SF 작품의 편집, SF 작가의 기회, 규모가 큰 기업에서 SF 편집자가 임프린트를 구축할 수 있는 자유, 저자 지향의 독자들에게 SF가 마케팅되는 특별한 방식, SF가 미국 문화에 미친 영향, 미국 문화가 SF에 미친 영향을 논의한다.

"신예 작가들은 대부분의 경우 편집자-저자 관계가 시작되기도 전에 그 관계에 대해 극도로 우려하는 데 많은 시간을 보낸다. 나는 그 관계에 대해 단 두 가지 기준을 갖고 있는데, 이는 책을 입수할 때 사용하는 기준과 같다. 그 기준이란 '노력을 기울일 가치가 있는가?'와 '효과를 발휘할 것인가?'이다. …… 책이 양질의 수준이고 판매 가치가 있을 뿐만 아니라 상당한 금액의 선인세와 원고 외에 저자와 내가 서로에게 제공할 것이 있음을 내가 인식해야 한다는 얘기다. …… 그래서 젊은 SF 및 판타지 편집자들에게 내가 하는 충고는 스스로에게 꼬리표를 붙이지 말라는 것이다. 젊은 작가들에게 하는 내 충고도 같다."

존 W. 실버색(John W. Silbersack)

존 W. 실버색은 13세의 나이부터 편집자 노릇을 했다. 당시 그는 도버 퍼블리케이션스의 에버렛 F. 블레일러에게 몬터규 로즈 제임스의 『단편집』을 재발행하도록 요청했고, 그 대가로 책을 받았다. 1992년에 그는 워너 북스의 한 분야인 퀘스타의 편집장이 되었다. 그는 펭귄 북스의 과학 소설 분야인 ROC 북스의 설립자이자 전 편집장이었고, 1978년부터 1981년까지 버클리 퍼블리싱 코퍼레이션의 과학 소설 프로그램을 담당했다. 그는 베스트셀러 과학 소설인 『노 프릴스 사이언스 픽션』을 비롯하여 여러 작품을 집필했다.

전문 편집자들의 헌신으로 성장해온 장르

―과학 소설의 편집

―존 W. 실버색

전문 편집자들의 헌신

과학 소설 분야의 잡지인 『로커스』의 통계에 따르면, 1991년에 과학 소설과 판타지 소설이 미국에서만 20억 달러 이상 규모의 상품이 되었다고 한다. 과학 소설이 미래의 상징인 2001년을 향해 가는 동안, 과학 소설의 숫자는 늘어날 수밖에 없다. 50여 년 전 대중보급용 페이퍼백이 처음 세상에 모습을 드러내 혁신을 일으켰던 당시부터 그래왔던 것처럼 말이다.

1977년에 『스타워즈』가 영화로 탄생할 때까지, 과학 소설 분야는 사실상 전 세계적으로 여섯 군데 남짓의 출판사, 그것도 대부분 미국에 있는 출판사의 몇몇 헌신적인 SF 전문 편집자들이 발전시켜왔다. 15년 후 과학 소설은 승승장구하여 SF를 방치된 상태에서 꺼내준 창의적이고 선도적인 편집자들의 손을 벗어나게 되었다. 이 분야의 대유행은 어느 한 사람이나 한 집단의 결실이 아니었다. 과학 소설이 재정적·대중적으로 성공하자, 미래를 탐구하는 배타적이고 고립된 문화로 과학 소설을 여기던 추세가 역설적이게도 다양한 문화와 매체를 통해 과학 소설의 성공을 기념하는 추세로 바뀌었다. 그 과정에서 무엇이 과학 소설인가, 즉 나 같은 편집자가 과학 소설을 뭐라고 부를 것인가가 매우 탄력적으로 변했다. 그 결과, 과학 소설은 마케팅상의 편의에서 도서 장르를 분류하는 한 가지 방법이라는 의미 외에 별다른 의미를 갖지 않게 되었다. 과학 소설의 글쓰기, 출판 또는 읽기에 관심이 있는 사람(특히 신예 작가)이라면, 이렇게 되기까지의 과정을 이해하는 것이 중요하다.

제 2차 세계대전과 SF

싸구려 잡지, 닳아빠진 페이퍼백, 문학계에서 그들만의 비밀스런 인사법으로 이루어진 게토화된 세계에 한정되었던 과학 소설은 제 2차 세계대전 이후 실로 세계적인 현상이 되었다. 역시나 간단히 말하자면, 과학 및 판타지 소설에 고유한 언어, 즉 이들 소설을 이해하는 데 필요한 생각과 개념의 수단이 지구상에 글을 읽고 쓸 줄 아는 거의 모든 사람의 문화적 어휘의 일부가 되었다. 50년이라는 짧은 시간 안에 과학 소설은 소수만이 추종하는 문화에서 널리 수용되는 만개한 문화로 발전했다. 모순적이게도, 이러한 수용은 이 모든 것이 시작된 곳을 제외하고 모든 영역에 존재한다. 이 모든 것이 시작된 곳이란 오늘날 과학 소설이 무엇인가보다는 무엇이 아닌가라는 측면에서 과학 소설을 규정하는 데 더욱 관심이 많은 진정한 신봉자들이 있는 중심부이다. 출판의 한 장르로서 SF는 여전히 동화되지 않았으며 여전히 게토에서 벗어나지 못한 상태다. 그렇지 않을 때를 제외하곤 말이다.

1960년대 중반 이래 대중매체의 폭발을 언급하지 않고 SF와 판타지를 논한다면, 소설이 사실상 전 세계의 독자들에게 다가간 이래 대중문화의 가장 두드러진 (그리고 가장 드물게 논의된) 진화의 하나를 간과하는 셈이나 다름없다. SF가 수십억 달러의 산업으로 놀랍게 급성장한 일은 텔레비전에서 비디오 게임까지 모든 것을 두루 포괄하는 소위 전자매체 때문이었다. 오늘날 하나의 문학 장르로서 과학 소설을 발전시키는 원동력은 글로 쓰인 언어와는 거리가 멀며, 기껏해야 먼 친척에 불과하다. 그러나 대부분의 편집자와 마찬가지로 내가 아는 모든 SF 편집자는 책을 순수하게 사랑하는 마음에서 이 분야에 뛰어들었다. 도서 출판이 다른 매체에 자리를 내어주고 순수함이 실용주의와 상업으로 대체되는 상황 속에서, 나는 대형화된 과학 소설 시장에 조심스럽게 발을 내딛으며 균형을 유지하려고 노력한다.

내가 편집자 생활을 시작했을 때에는 상황이 그런 식으로 돌아가지 않았다. 혹은 적어도 내 머릿속에서 가장 중요한 사안은 민첩성이 아니었다. 나는 특수한 연구나 관심사 때문이 아니라 여느 독자와 같은 방식으로 과학 소설을 알고 있었다. SF는 대학 가기 전에 읽은 책들이 전부였고, 내겐 그저 하나의 장르에 지나지 않았다. 그러나 대부분의 과학 소설 독자들과 마찬가지로 나는 이미 읽은 책을 꼼꼼하게 또다시 읽었다. 모두 십대 초반 때의 일이긴 하지만 말이다. 나는 SF라 불리는 문학의 모든 고전을 읽은 덕분에 주요 작가들과 그들의 이력에 관해 꽤 많이 알고 있었다. 심지어는 어느 출판사에서 어느 작품을 출간했는지도 대충 알고 있었다. (잠깐 한 가지 짚고 넘어가겠다. 이 글에서는 내가 따로 구별하지 않는 한, 과학 소설에 판타지 소설이 속하는 것으로 간주할 것이다. 실제로는 판타지 소설에 과학 소설이 속한다고 하는 편이 더 정확할 수도 있지만 말이다.) 나는 장차 편집자가 되리라는 선견지명을 가지고 이 모든 일을 한 것은 아니다. 그저 난 핵심적인 과학 소설 독자의 본보기에 적합했을 뿐이다. 내 독서 방식은 저자 지향적이다.

'저자 지향적인' 태도는 출판의 측면뿐만 아니라 내 경력의 측면에서도 매우 중요한 것으로 드러났다.

저자 지향의 SF 독자들

저자 지향적인 태도란 독자가 최근에 읽은 책을 누가 썼는지 관심을 가지고 (만약 그 책이 맘에 들었다면) 적어도 동일한 작가가 쓴 다른 작품을 찾아보는 최소한의 노력을 기울이는 것을 의미한다. 어떤 시대에서든 이런 태도는 출판사의 꿈이다. 하지만 특히 출판사가 대기업화되고 기업의 체계를 따르는 현 시대에 더욱 그러하다. 무엇 때문에 그럴까? 왜냐하면 그로써 예부터 출판이 가진 하나의 장애, 즉 대량 상품화가 불가능하다는 장애물이 극복되기 때문이다.

인구 2억 5,000만의 국가에서 어떤 상품을 마케팅하려면 상당한 비용이 소요된다. 효과적으로 팔리는 상품은 주방용 세제, 초코바, 주요 가전제품, 음료이다. 비록 한 해에 수백만 달러가 소요된다 할지라도 코카콜라를 광고하는 건 가능하다. 다음 해에 아니 10년 후에도 동일한 코카콜라가 큰 수익을 거둬들일 것을 알기 때문이다(그들이 제조법을 다시 바꾸지 않는 이상 말이다).

이와 비교하여, 평단으로부터 최고의 극찬을 받은 조 라이터의 첫 번째 소설은 예술 작품일지는 모르나, 책의 광고나 홍보를 위해 투자된 돈은 몇몇 주요 시장에서 2개월의 판매 기간 동안 효력을 발휘하는 수준에 그칠 수 있다. 모든 출판 교육과정에서 지겹도록 인용되는 공식은 출판계란 각 상품, 그러니까 각 책이 저마다 독특하며 아무것도 없는 상태에서 팔리는 몇 안 되는 업계의 하나라는 점이다. '베스트셀러 작가들'의 지배력은 강력한 예외이지만, 미드리스트 소설의 세계에서는 모든 작가가 여전히 익명의 상태에 있는 셈이다. 그리고 오늘날 '미드리스트'는 『뉴욕 타임스』 베스트셀러 목록에 오르지 못한 모든 작가를 의미한다. 아마도 베스트셀러 목록에 오르는 작가는 20명 정도일 것이다.

지금으로부터 1년 후 혹은 2, 3년 후 조 라이터의 창의성의 행보에 따라 그의 편집자는 맨 밑바닥에서 다시 시작해야 할지도 모른다. 상대적으로 최근에 컴퓨터 시스템을 갖춘 서점들이 보이는 유감스러운 추세는 작가의 최근작을 그의 마지막 작품의 실제 판매량에 입각하여 주문한다는 점이다. 이러한 추세는 뚜렷한데 이 때문에 도서 총 배급량의 막대그래프가 아래로 곤두박질치게 된다.

그러나 SF는 다르다.

과학 소설은 저자 지향의 독자들을 매료시킨다. 한 책의 판매 금액과 출판사가 그 책을 위해 투자한 금액이 저자가 차기작을 쓰는 바탕이 될 수 있다. 그것이 긴 기간에 걸친 다작으로 이어진다면 작품이 베스트셀러 목록에 오를 수 있다. 이러한 특성을 보이는 다른 출판 분야도 많다. 하지만 SF는 독자들이 작가 및 편집자에게 허용하는 유연성의 측면에서 두드러진다.

장르의 무한한 자유

SF는 특히 그 자체를 규정할 수 없는, 장르의 자유를 제공한다. 예를 들어 사변 소설, 판타지스트, 테크노스릴러, 사이언티픽션, 호러, 다크 판타지 등 많은 사람의 입에 오르내리는 용어를 보면, 가장 단호한 태도로 SF를 체계화하는 사람들조차도 혼란을 느끼고 있음을 알 수 있다. 내가 이 글을 쓰는 동안 '미국 과학 소설 작가 협회'는 '미국 과학 및 판타지 소설 작가 협회'로 명칭이 바뀌었다. 그러나 다툼이 없었던 건 아니다. 좋든 나쁘든, SF가 무엇을 의미하는가를 둘러싼 혼란은 포부 넘치는 SF 작가나 편집자가 이야기하는 SF의 정의를 뜻한다. 내 모든 동료 역시 내가 노력하는 것과 마찬가지로, 이 분야에 최대한 힘을 실어주고 있다고 믿는다. (내가 전에 몸담았던 회사에 적용되던 논지를 언급하자면) 우리는 문지기*이지 검열자가 아니다.

에이전트나 출판사가 모든 야심찬 새로운 SF 소설에 '최첨단'이라는 꼬리표를 붙이는 것은 재미있는 농담이다. 이와 비슷하게, 판타지는 생소한 배경 및 요소를 도입하거나 종전과는 다른 인물묘사를 통해 신기원을 열거나 그렇게 하려고 노력한다. 그러나 SF는 모든 일상적인 측면에서 매우 보수적이다. SF의 편집은 더더욱 그러하다. 실제로 과학 소설 편집자들은(1990년에는 과학 소설 편집자들의 남녀 성 비율이 동등해졌다) 상반되는 것들 속에서 삶을 산다. 그 상반되는 것들은 서로 모순된다는 점에서는 익숙한 것이지만 세기말의 불길함을 뿜어낸다는 점에서는 다소 놀라움을 안겨준다.

●   Thomas L. Bonn, *Heavy Traffic and High Culture: New American Library as Literary Gatekeeper in the Paperback Revolution*, New York: Meridian, 1990.

한편으로 SF는 내가 생각할 수 있는 어떤 기타 출판의 틈새시장보다도 더 큰 자유를 작가에게 제공한다. 또 한편으로 그 자유는 그 누가 편안해하는 것보다도 더 편안하다. 이는 차기작이 작가와 출판사에게 큰 수익이나 품위 있는 삶을 선사할 수 있다는 종종 비논리적인 (가능성으로 간주되기 어려운) 희망 위에서 허비되는 자유이다. 너무도 많은 작가가 부분적으로는 편집의 검열에 대한 두려움뿐만 아니라 상업적 성공을 향한 욕심에서, (개념 및 문체상의) 실험주의, 정치적·사회적 비판, 과학 소설 분야가 여전히 제공하는 (그리고 편집자들이 여전히 펴내는) 영감이 충만한 무모한 장난과 같은 작품을 자제하고, 대중 취향에 맞는 훨씬 더 안전하고 잠재적으로 더 많은 수익을 거둘 수 있는 소설을 지향하는 듯 보인다. 모든 봉급자들이 아는 것처럼, 예측 가능한 수표만큼 사람을 신중하게 만드는 것도 없다.

출판의 각 범주마다 스타, 즉 해당 장르의 평균적인 도서 판매량을 넘어서는 베스트셀러 작가들이 있다. 반면, SF만이 유일하게 베스트셀러 작가들뿐만 아니라 글쓰기로 생계를 유지할 수 있는 무수한 미드리스트 작가들까지 뒷받침하는 듯하다. SF 분야의 가장 독창적이고 색다른 사상가(저자와 편집자)들이 두드러지게 성공하자, 평범한 일반 대중의 눈높이에 맞춘 모방의 사고방식이 조장되는 것처럼 보인다. 모방의 사고방식을 두고 가장 좋게 말한다면, 그것이 궁극적으로는 창조성을 축하하고 지지한다는 것이다. 반면 가장 나쁘게 말한다면, 진정한 것의 독창성, 즉 혁신적인 작품 자체로부터 우리를 멀어지게 한다.

가장 정치적인 문학

이상적으로 말하면, **과학 및 판타지 소설은 혁명의 문학이다. 물론 과학 소설이든 판타지 소설이든, 우화적인 작품의 주된 목적은 이미 확립된 것에 의문을 제기하는 것이다.** SF는 이러한 원칙을 극단으로 끌고 가는데 이는 현재, 실제, 현 상황을 회피하는 것처럼 보이는 우주공간, 외계 괴물, 발이 털투성이인 난쟁이에 관한 이야기를 통해서만이 아니다. 그러한 사실 같지 않음은 대부분 단순한 장식에 불과하다. 웰즈에서 톨킨, 하인라인에서 허버트와 르 귄, 홀드먼에서 러스와 딜레이니에 이르기까지, 지난 세기에 등장했던 최고의 과학 및 판타지 소설 작가들은 표면적으로는 등장인물의 모험을 이야기했지만 사회적 변화에 대해서도 심오하게 다루었다. 그 비현실적인 방식을 통해 SF는 문학 중에서도 가장 정치적이다. 마찬가지로, 중국 및 구소련, 남아메리카의 독재 국가와 같은 가장 현실적인 국가에서는 과학 및 판타지 소설이 검열을 피할 수 있는 표현 방식이 되어왔다. 환상적 현실주의라 불리든 동화라 불리든 이들 장르는 반드시 말해야 하는 바를 말할 수 있는 자유를 제공한다. 심지어 이곳 서구에서도 보네거트의 『제 5 도살장』, 하인라인의 『낯선 땅의 이방인』, 프랭크 허버트의 『듄』, 르 귄의 『어둠의 왼손』 등 몇몇 인기 소설이 시대의 분위기를 조성했다. 페이퍼백의 등장 이래 대중문화는 모든 출처에서 쏟아져 나오는, 사회적 인식이 깃든 온갖 상상을 포용했다. 그러나 하나의 장르로서 SF와 판타지가 가장 두드러졌다.

그러나 앞서도 이야기했듯이, 이상적인 것은 정치의 좌파도 우파도 고수하지 않는 혁명이다. 하지만 관행은 종종 지겨우리만치 예측이 가능하다. 이상하게도 비판을 하는 측면에서 저자가 때때로 편집자보다 더 보수적이다. 작가는 편집자가 책으로 펴낼 내용을 제공하기 때문이다. 작가는 그렇게 해야만 한다. 생계를 이어나가야 하니까 말이다. 내가 아는 대부분의 편집자는 적어도 가끔은 어둡고 익숙하지 않은 작품을 지지할 시간과 용기를 갖는다. 하지만 이 경우, 편집자의 생계는 책으로 지장을 받지 않는다.

물론 노동과 열정을 바탕으로 넉넉한 생계를 이어나간다는 건 작가와 편집자 모두의 목표다. 내가 모든 SF 편집자를 대변할 수는 없지만(대부분 내 동료들이긴 해도) 나는 생계를 꾸려나가는 일 외에 우리 모두가 벼랑 끝에 서서 산다고 생각한다.

어떤 면에서 본다면 그 벼랑이란 SF를 뭔가 다른 존재로 구별해주는 다름의 기능이다. 그 다름을 설명할 필요는 없을 것 같다. 농담을 제외하고는 출판계 안팎의 모든 사람이 말로는 설명하지 못해도 SF 및 판타지가 기타 장르와 어떻게 다른지 이해하는 것처럼 보이기 때문이다. 유감스럽게도 그 농담이란 SF가 지닌 다름의 핵심일 수 있다. 그것은 대단한 농담이자 진지함의 주장에 대한 야유이다. 심지어 유명한 SF 및 판타지 소설의 줄거리를 요약하는 일조차도 어리석게 보인다. 그 일을 냉소적인 판매 담당자들 앞에서 한다면 더욱 재미난 광경이 될 것이다. 하지만 전형적인 진퇴양난의 상태에서 진정한 가벼움은 스스로를 고립시키는 모든 존재의 몫이 되며, SF는 그걸 향해 웃음을 터트리는 주류 세상으로부터 스스로를 고립시킨다. 내 경험으로 볼 때 SF가 다른 이유는 그걸 이해하려면 다소 이상한 사람이 되어야 한다는 가정 때문이다. 출판의 측면에서 이 가정은 정치, 문학, 대중문화에 대한 무지는 인정하지 않으려 하면서도 SF는 이해하지 못하겠다는 사실을 자유로이 인정하는 동료들 사이에서 SF 편집자가 묵묵히 자신의 길을 가야 함을 의미한다. 결과적으로 보면 상당히 어리석은 일이다. 그렇지 않은가?

SF 편집자에게 주어지는 권한

SF 편집자들은 동떨어져 있긴 하지만 우주의 진공 속에서 작업하지 않는다. 그들은 넓은 사무실에서 일한다. 그 이유는 규모가 매우 큰 출판사들만이 과학 소설과 같은 특수 분야를 지원하는 사치를 부릴 수 있기 때문이다. 하지만 판매·홍보·광고·본문편집 등 어떤 부서도 SF 독자들에게 다가가는 데 필요한 전문지식을 발휘하지 않는다. SF 편집자가 이 모든 일을 조율해야 한다는 말은 일리가 있다. SF 편집자는 맡은 직책이 무엇이든지 간에, 편집자로서뿐만 아니라 필요할 때는 발행인으로서도 역할을 하도록 배운다. 즉, 유명 출판사의 SF 편집자의 경우, 다른 분야의 편집자 같았으면 수년 후에나 맡았을 책임들을 대개 젊은 나이에 맡게 된다는 얘기다. 나는 22세의 나이에 여섯 자리 거래를 최초로 협상했고, 당시 내 나이의 두 배, 세 배 내지는 네 배나 많은 연배의 저자들을 맡았다. 내 동료들은 출판계라는 전쟁터에서 단단해진 전문가들이었다. 게다가 나는 SF가 편집자에게 허용하는 모든 자유 덕분에 제 7의 천국에 있었다. 그중 가장 큰 자유는 출판에 온전히 집중하고 참여하며 배울 수 있는 기회였다. 아마도 그 때문에 상당수의 전직 SF 편집자들이 출판사를 직접 운영하고 있는지도 모른다. 밴텀의 루 애로니카, 그래프턴/하퍼콜린스 영국의 맬컴 에드워즈, NAL의 일레인 코스터, 워너의 낸시 니먼 등 그들은 이름만 들어도 쟁쟁한 사람들이다.

과학 소설 편집자가 짊어지는 의무는 끌어당기는 힘과 밀어내는 힘을 동시에 갖고 있다. 그러한 의무의 끌어당기는 힘, 그러니까 매력적인 측면은 큰 규모의 조직 내에서 소규모의 개별적인 출판 개체를 꾸려나가는 일과 많은 관련이 있다. 반면 보다 매력이 떨어지는 측면은 사람들 사이에서 더욱 주목받게 된 상업과 예술의 서로 상충하는 요구에 대처하는 일과 관련이 있다. 추측건대, SF 편집자는 여타 동료들보다도 이 둘을 더 효율적으로 조율해야 할 압박을 받는다. 여기서 목적은 둘 모두의 요구를 충족시키는 것이다.

이 모든 이유를 고려해보면 과학 소설은 많은 측면에서 서로 반대되는 것들 사이에 놓여 있다. 그 위치는 출판이 상업과 문학, 오락과 교육, 과학 및 판타지와 직접 판매 및 도매 판매의 마케팅 전략, 독립 서점의 판매와 체인 서점의 판매, 전문 분야의 책과 대중시장용 책을 조심스럽게 연결하는 지점과 같다. 이 모두는 21세기 출판 교과과정을 형성할 사안들이다. 내가 동료들과 함께 공유하는 앞으로의 전망은 곧게 뻗은 좁다란 길을 결코 따르지 않으며, 우리 모두는 다양한 관점에서 우리의 직업에 접근한다.

SF 편집자가 하는 일에는 과학 고유의 것이 별로 없다. 실제로 주요 출판사의 과학 소설 편집자 대부분은 많은 사람이 '과학' 소설의 반대라고 생각할 수 있는 분야, 즉 판타지 역시 담당한다. 실제로 서로 다른 책 등과 (약간의) 차이를 둔 책 표지를 제외하고, 과학 소설과 판타지 소설은 구별이 불가능한 출판 장르다.

SF는 종종 무엇이 될 수 있는가로 묘사된다. 반면 판타지는 종종 무엇이 될 수 없는가로 묘사된다. 이 둘의 차이는 글로 쓰인 나머지 모두가 무엇인가라는, 구분되지 않는 현실에 비춰볼 때 실질적으로 줄어든다. 글로 쓰인 나머지 모두란 '주류(베스트셀러와 문학 소설)'와 장르를 구분하는 기준에 따른, 그야말로 말 그대로의 소설을 의미한다. 하지만 과학 소설은 평론가와 적지 않은 수의 애호가들에 따르면, '말 그대로의' 소설이 아니다. 평론가들은 SF가 제공하는 것이 적다고 불평하고, 애호가들은 SF가 많은 것을 제공한다고 주장한다. 과연 누구의 말이 옳을까? 모든 편집자가 알 듯이, 진실을 말하자면 그건 개별 책과 저자에 따라 다르다. 장르, 책 표지의 문구, 개념, 메시지, 유행에 따라 다른 것이 아니다. 무엇보다 출판사의 이름에 따라 다른 것은 더더욱 아니다. 진실은 글쓰기 안에 있다.

내가 편집하는 최상의 책은 소위 주류 대중에게 읽혀야 한다. 책은 독자의 정신을 일깨우고 내 금전적 측면에도 피해를 입히지 않을 것이다. 하지만 중요한 사실은 주류 대중이란 책을 좋아하는 독자와는 달리 대개 무신경하다는 것이다. 달리 말해, 그들은 독서를 할 때 모험을 하지 않으며 의식적으로 독서의 경험을 넓히려고 하지 않을 뿐만 아니라 독서를 열심히 하려고 애쓰지 않는다.

과학 소설의 독자들은 독서를 열심히 하려고 애쓴다는 점에서 책을 좋아하는 사람들이다. 안타깝게도 그들은 자신들이 좋아하는 장르, 즉 과학 소설이나 판타지의 안락하고 편안한 거품에 구멍을 내는 일까지는 하지 않는다. 하지만 스스로 선택한 세상 내에서 그들은 출판사가 요구할 수 있는 모든 일을 한다. 그들은 강박적으로 책을 읽고 새로운 작가를 실험하며 그들 사이에서 책을 교환하고 좋아하는 작가를 우주 끝까지 쫓아간다. 바로 이러한 이유로 출판사들이 그들을 좋아한다.

손익 계산서는 매우 간단하다. SF는 출판사들을 매료시킨다. 그 이유는 저자 지향의 장르로서, 초기의 도서 판매량이 높고 구간 도서가 되어서도 판매량이 상당하기 때문이다. 실제로 과학 소설의 초기 판매는 마케팅 효율성이 높은 데다가 상대적으로 판매부수가 양호한 편이다. SF 편집자는 실제로 이러한 사실에 의존한다. 예를 들어 일반적인 대중 시장용 미드리스트 소설은 사전에 인쇄된 부수의 단 50퍼센트만 팔릴 가능성이 높다. 실로 충격적인 숫자이지만 그럼에도 평균적인 수치이다. 하지만 요령 있는 SF 편집자는 이 수치를 70퍼센트까지 올릴 수도 있다. 기타 모든 요소가 동등하다고 할 때, 출판사의 이윤 역시 그에 따라 높다.

소설과 SF는 영역이 다르다

최상의 책은 그 누가 읽기에도 충분히 좋지만 모든 책이 그래야 하는 건 아니다. 뭔가를 전달하지 않는 혹은 완전히 전달하지 않는 책들이 일상적으로 출간된다. 누군가는 이렇게 물을 것이다. 우리 모두가 인정하기에 이따금 출간되는 쓰레기 같은 책들 속에서 SF 편집자는 무엇을 볼까? 모든 편집자가 그렇게 대답하겠지만 그 답은 낙관론, 어리석음, 순수한 실수의 조합이다. 그리고 SF라는 영역에는 그보다 더한 것, 때때로 '아이디어의 소설'이라고 불리는 것에 대한 헌신이 존재한다. 어떤 다른 장르도 그렇게 있음직하지 않은 조합에서 상업적인 책은 말할 것도 없고 책이 탄생할 것이라 생각하지 않는다. 그러나 SF는 그렇게 생각한다.

그 이유는 소설과 SF의 영역이 필연적으로 다르기 때문이다. 적어도 부분적으로는 영역이 다르다. 과학 소설은 학자들이나 교육 수준이 높은 독자들이 흔히 생각하는 소설이 아니다. **SF 작가는 기타 대중 문학에서 알려지지 않은 정도로 SF를 아이디어의 문학으로 간주하는 기**

준으로 판단된다. 그러나 여전히 많은 수의 작가, 소설, 아이디어를 제공하는 장르 고전이 인물, 줄거리, 문체를 종속적인 역할로 전락시킨다. 게다가 소설과 격렬한 비판 사이의 경계는 머리카락처럼 얇을 수 있으며 겉보기와 달리 위험하다. 하지만 어느 누구도 SF가 오락이라는 가면을 쓰고 종종 메시지를 전달한다는 사실에 이의를 제기하지 않는다. SF는 작가들이 그들의 예측, 심지어 우주선, 위성, 원자로, 솔라 세일의 발명에 대해 기억되고 찬사와 칭송을 받는 유일한 장르다.

그렇다. 과학 소설은 대중문학과 실제의 것 사이에서 미래에 대한 많은 예측으로써 최첨단의 선두를 몸소 개척해왔다고 생각하고 싶어 한다. 그리고 얼마간 진정성 있는 방식을 통해 그래왔다. (이 지점에서는 판타지가 SF와의 평행선상에서 벗어난다. 그 이유는 SF와 달리, 판타지는 하나의 장르로서 내향적 태도를 취하며 불편한 현실을 무시하기 때문이다.) 그러나 미래의 문학은 과거의 문학과 매우 흡사하여, 획기적인 발명과 문체상의 뻔뻔스러움을 용서하지 않는다. 이 책의 이전 판에서 데이비드 하트웰은 그 역사적인 이유를 매우 흥미롭게 썼다. 현직 과학 소설 편집자로서 할 수 있는 말은 상업적인 시급성이 아방가르드적인 발명을 멸시하지만, 발명의 이야기는 오래된 토머스 에디슨의 사고방식으로 보상을 받는다는 것이다. 특정한 기업의 제약 내에서 이 장르의 편집자들에게는 출판계에서 흔치 않은 것, 즉 본인이 좋아하는 것을 출간할 자유가 주어진다. 그들이 좋아하는 것과 잘 팔리는 것은 때로는 조화를 이루기가 어려우나, 이것이야말로 이 직업의 핵심이다. 간혹 그 균형은 한 방향으로 치우치기도 하고 또 다른 방향으로 치우치기도 한다. 하지만 내가 아는 대부분의 편집자는 아무리 힘겨울지라도 균형을 유지하기 위해 노력한다. 좋든 나쁘든, 나는 그 덕분에 작가가 시행착오의 실험마저 어려운 출판계의 척박한 환경 속에서 최대한의 기회를 갖고 줄거리, 주제, 인물, 아이디어를 실험할 수 있다고 믿는다.

SF 편집자의 일상

어떤 면에서 본다면, 내가 출간하는 모든 책이 실험이며 전적으로 직관적인 과정, 즉 무수한 원고의 선택과 효과적인 마케팅이 실제로 무엇인지 이해하는 데 출판 과정 전반이 전념하고 있는 것처럼 보인다. 편집회의, 홍보, 가격 산정, 판매, 구간 도서의 처리에 할애되는 별 흥미로울 것 없는 내 일상적인 삶은 이에 반론을 펼친다. 그저 수 시간 의자에 앉아 있는 것으로 끝난다면 이 모든 일을 참을 수 없을 것이다. 하지만 실제로는 상당히 많은 성과가 달성된다. 따라서 협력적인 출판 과정이 내게는 세상에서 가장 흥미진진하고 역동적인 일로 보인다. 우리가 숙고해서 내놓는 결과물(예를 들면 펴내는 책)은 시행착오를 겪고 일시적인 추측의 대상이 된다. 그래도 우리는 다수의 책을 펴내며 그 책들이 이루는 관심, 중요성, 판매량을 맹신한다. 그리고 전체의 측면에서 보면 출판이 번영하는 것으로 보이며 개인의 측면에서는 그것이 각자에게 보람을 선사한다.

회의를 하지 않을 때면 편집자는 저자, 에이전트와 전화 통화를 하거나 상사 및 부하 직원과 접촉을 하는 데 대부분의 시간을 보낸다. 열기가 가득한 사무실에서 푹신한 의자에 편안하게 앉아 하루 종일 원고를 읽는, 사람들이 보통 생각하는 편집자의 이미지는 내 경험에 비춰볼 때 결코 현실이 아니다.

만약 과거에 그러했다면 아마도 제 2차 세계대전 이전, 적은 수의 양장본을 펴냈던 출판사들이 그에 해당될 것이다. 그러한 출판사로는 찰스 스크리브너스 선스, 알프레드 A. 크노프, E. P. 더튼, G. P. 퍼트넘스 선스를 꼽을 수 있다. 오늘날 출판계를 장악하고 있으며 실제로 SF 출판 분야를 규정하는 거대한 대중보급용 페이퍼백 출판사는 결코 그런 모습이 아니다. 나는 전쟁 이전 시대가 여전히 힘을 발휘한다고 믿는 신예 작가나 과학 소설 작가를 볼 때면 여전히 놀라움을 금치 못하곤 한다.

오늘날의 출판은 결코 최첨단이라고 할 수는 없다. 하지만 변화한 건 사실이다. 앞서 말했듯이, 과학 소설은 (도서 배급량과 출간 종수의 측면에서) 양에 치중하는 페이퍼백 출판사에서 안식처를 찾았다. 『로커스』에 따르면, 1993년에 미국에서만 3,000종 이상의 SF 및 판타지 소설이 출간될 예정이라고 한다. (출간 종수에 따른) 상위 5군데의 SF 출판사가 800종 이상의 과학 및 판타지 소설 원작을 출간할 것이며 따라서 각 출판사마다 평균 160종의 소설을 출간하는 셈이 된다. 이 모든 소설이 SF 전문 부서에서 출간되는 것은 아니지만 많은 수가 그러할 것이다. 이들 부서 대부분은 출간하는 각 소설에 그에 상응하는 관심, 더 정확히 말하자면 저자가 생각하기에 그에 마땅한 관심을 주어야 할 압력을 받을 것이다.

나는 한 달에 대여섯 권의 SF 및 판타지 원작 소설을 작업하는데, 대부분은 대중보급용 문고판 페이퍼백으로 출간되고 일부는 일반 페이퍼백이나 양장본으로 출간된다. 이 모든 책은 얼마간의 편집, 포장, 마케팅을 필요로 하고, 그러한 부담의 상당 부분은 내 사무실에서 떠맡는다. 나는 이 과정에서 동료 편집자와 보조 편집자의 도움을 받는다. 이렇게 세 명으로 구성된 내 부서는 매달 에이전트나 저자가 얼마간의 소개 글과 함께 보내오는 평균 42개의 새로운 원고를 읽는다. 그리고 산더미같이 쌓인 원고들 중에서 그보다 더 많은 원고들이 대략적인 심사를 거친다. 우리는 이 모든 일을 사적인 시간을 쪼개 가까스로 처리한다. 사무실에 있는 동안에는 책을 상품화하는 작업을 하고, 사무실에 있지 않는 시간에는 원고를 발굴하는 작업을 한다.

계산에 빠른 독자는 내 삶이 산더미 같은 일로 뒤덮인 불행한 삶이라고 속단할 것이다. 하지만 결코 그렇지 않다. 부분적인 이유를 대자면, 아주 형편없는 책이 더러 있긴 하지만 모든 책이 신선한 경험이기 때문이다. 그리고 (모든 종류의) 편집이란 매번 놀라움과 보람을 선사하는 일종의 보물찾기다. 대부분의 편집자와 마찬가지로, 나 역시 내 직업이 흥미롭다고 생각하며 실제로도 종종 그렇다.

내 직업이 흥미롭지 않을 때는 우리가 소위 농담 삼아 말하는 저자-편집자 관계가 틀어질 때다. 내가 '농담 삼아'라고 말한 이유는 그것이 관계가 아니라 정서적, 계약적 연대를 암시하는 일종의 결혼이기 때문이다. 전도유망한 작가가 장차 함께 작업하게 될 출판사와 맺은 거래에서 지나치게 사업적으로 임한 결과, 출판사 역시 얼마간의 의욕을 갖고 있다는 사실을 잊을 때가 많다. 신예 작가들은 대부분의 경우 편집자-저자 관계가 시작되기도 전에 그 관계에 대해 극도로 우려하는 데 많은 시간을 보낸다. **나는 그 관계에 대해 단 두 가지 기준을 갖고 있는데, 이는 출간하려는 책을 입수할 때 사용하는 기준과 동일하다. 그 기준이란 "노력을 기울일 가치가 있는가?"와 "효과를 발휘할 것인가?"이다.** 이 기준을 저자-편집자 관계에 적용한다면, 책이 양질의 수준에 도달해 있고 판매 가치가 있을 뿐만 아니라 상당 금액의 선인세와 원고 외에 저자와 내가 서로에게 제공할 것이 있음을 내가 인식해야 한다는 얘기다.

나는 저자에게 책의 형태와 작가 인생에 대한 관심을 제공하려고 노력한다. 내 관심은 언제나 빨간 펜 표시로 뒤덮인 원고로 표현되는 건 아니다. 분명한 이유에서, 나는 그 정도의 작업을 필요로 하는 형편없는 책은 피한다. 요즈음은 약간의 윤문 편집이 필요하거나 윤문 편집이 아예 필요 없는 책을 입수하려고 노력하며, 그 대신 구조·플롯·인물묘사와 같은 사안에 관심을 집중하려고 한다. 하지만 이조차도 (나의 도서 판매량과 저자의 경력의 측면에서) 저자의 발전이라는 더욱 중요한 사안에 관심을 쏟느라 의붓자식과 같은 존재가 되었다. 대개 내가 편집상으로 제공하는 것은 작가 인생에 대한 일종의 느슨한 지침이다. 나는 저자가 상업적인 작가로 발전하는 데 가장 도움이 될 만한 방향으로 저자를 이끌려고 노력하며, 그렇게 해서 내 출간도서 목록에도 도움이 된다. 많은 경우, 이는 출간도서 전반을 위해 내가 추구하는 방향 내지는 형태를 반영한다. 급히 덧붙이자면, 내가 제시하는 지침은 퍼킨스가 제시하는 지침이 아니다. 나는 설득, 입증, 재정의 힘이라는 수단을 손에 쥐고서 내 조언을 권유한다. 이 모두는 기업과 소유주 간에 작성되는 법적 문서와 반대되는, 우리가 소위 말하는 저자와 편집자 간의 사회적인 계약의 주고받기의 일부이다. 어떤 경우에든, 우리의 공통된 안건은 성장이다.

과학 소설 및 판타지 소설의 편집과 기타 도서의 편집의 차이는 바로 이러한 사실에 있다(만약에 차이가 있다면 말이다. 대부분의 경우 이 둘은 별다른 차이가 없다). 예를 들어 나는 (SF에 관한 배경지식이 있어서 선택된 자들이 아닌) 모든 신입 보조 편집자들에게 여느 책을 읽는 것과 마찬가지로 제출된 장르 원고를 읽으라고 권고한다. 그리고 만약 종종 우습게 들리는 외계인 이름 때문에 곤혹스럽다면 모두를 프레드라 부르라고 조언한다. 대체로 내 충고는 효과를 발휘한다. 여느 소설과 마찬가지로 1960년의 뉴욕 바워리 가를 배경으로 하든 중간계를 배경으로 하든, 각 책은 반드시 저 나름대로 성공해야 하기 때문이다. 그래서 젊은 SF 및 판타지 편집자들에 대한 내 충고는 스스로에게 꼬리표를 붙이지 말라는 것이다. 젊은 작가들에게 하는 내 충고도 같다.

하지만 나는 차이점이 있을지도 모른다고 말했다. 만약 차이점이 있다면, 그건 출판 목록 전반에 있는 특별한 작은 모퉁이에 대해 SF 편집자가 갖는 관계에 있을 것이다. 나는 대부분의 편집자가 각 책을 하나의 책으로 인식할 뿐만 아니라 매달 출간되는 무수한 책들 속에서 각 책이 어우러지는 방식을 인식할 것이라 생각하며 그러리라 희망한다. 그리고 한 해 내지는 수년에 걸쳐 각 책이 SF라는 출판 범주를 특징짓는 형태와 방향에 어떻게 기여하는지를 인식하리라 생각한다.

나는 이것이 좋은 일이라고 생각하지만(물론 많은 작가가 스스로에게 적용하진 못하겠지만), 이것이 과학 소설에만 국한되는 특성이라고는 말할 수 없으며 그렇게 말할 생각도 없다. 모든 훌륭한 편집자는 조용하지만 강력하게 제국을 구축하는 자라고 할 수 있다. 나는 SF 출판의 역사와 관련된 여러 이유에서, 하나의 집단으로서 SF 편집자들이 이른 시기부터 이러한 사실을 알았으면 한다.

SF 출판을 개척해온 사람들

몇몇 권위자들은 메리 울스턴크래프트 셸리의 『프랑켄슈타인』을 과학 소설의 초석이라고 부른다. 그런가 하면 어떤 이들은 H. G. 웰즈의 과학 '로맨스'를 과학 소설의 초석이라 부르며, 또 어떤 이들은 기억을 거슬러 올라가 현재 우리의 의도와는 다소 다른 결말로 향하는 고전적인 중세의 환상적인 이야기를 과학 소설의 초석으로 꼽는다.

좀 더 범위를 좁혀 정확히 말하면, 많은 사람들은 현대 SF 시대가 휴고 건즈백이라는 SF 작가 겸 편집자가 『어메이징 스토리즈』라는 새로운 '과학 소설' 잡지의 창설에 관심을 돌린 때부터 시작되었다고 말한다. 흥미롭게도, 그는 적어도 작가가 아닌 편집자로서 현대의 SF를 규정했다. 과학 소설이라는 용어를 그가 만들었기 때문이다.

오늘날의 SF 편집자들은 맥스웰 퍼킨스(모든 편집자의 영웅), 이언 밸런타인(열정적이며 진취적인 사업가 기질이 있는 편집자), 주디 린델 레이(매우 탁월하고 능숙한 전문가)의 계승자들이다. 이 세 사람으로부터 모든 성공적인 SF 편집자가 탄생할 수 있었다.

과학 소설이라는 출판 분야를 맨 바닥에서부터 개척해나가는 데 역시나 중요한 역할을 한 많은 다른 사람이 있다. 그러한 공을 세운 몇몇 발행인을 들자면, 도널드 A. 월하임(에이스 앤드 도 북스), 레스터 델 레이(델 레이), 트루먼 탈리(NAL), 테리 카(에이스)가 있다. 그리고 거의 전설적이나 다름없는 잡지 편집자들 중에서 한 사람을 꼽자면 50년 전에 그랬듯 지금도 여전히 상당한 영향력을 떨치고 있는 존 W. 캠벨이 있다. 오늘날 이들의 후계자들은 계속해서 전문적인 SF 출판사를 설립하고(TOR의 톰 도허티와 바엔 북스의 짐 바엔) 오래된 임프린트를 부활시키고 있다(에이스의 수전 앨리슨, 델 레이의 오웬 로크, DAW의 베스티 월하임). 그 밖의 편집자들은 무한한 애착을 갖고 있는 과학 소설을 전문으로 하는 부서를 사내에 설립하는 데 기여하고 있다(에이보노바의 존 더글러스, 퀘스타의 브라이언 톰센, 밴텀 스펙트라의 루 애로니카, 포켓 북스, 아버 하우스, 윌리엄 모로의 데이비드 하트웰, 펭귄/ROC 북스의 필자). 물론 과학 소설이 중요한 하나의 출판 장르로서 수년에 걸쳐 출판계의 일부를 편집의 자유가 존재하는 분리된 하나의 세계로 전향·개조시켜왔다는 점이 핵심이다.

흥미롭게도, 출판사보다는 개인이 과학 소설을 하나의 장르로 규정한다. 편집자의 이름을 내건 임프린트의 숫자만 봐도 이 사실을 알 수 있다.

하지만 사업 수완을 지닌 경험 풍부한 편집자가 사업가의 기술을 발휘하든, 그만큼 신중한 기업 위원회가 마케팅 및 관리 기술을 발휘하든, 과학은 늘 운영상의 추진력에 힘입어 별개의 것이 되어왔다. 미스터리·로맨스·서부물과 달리, 과학 소설은 그 자체와 나머지 출판 범주 사이에 뚜렷한 경계를 둔 하나의 출판 범주로서 가장 크게 번성하는 것으로 보인다.

일각에서 주장했듯이, 19세기에 벌어졌던 '상위' 문화와 '하위' 문화 사이의 갈라진 틈이 영향력이 큰 과학 소설의 출간을 포함했고, 커트 보네거트, T. 코라게산 보일, J. G. 발라드, 어슐러 르 귄 같은 작가들이 SF 분야에서 최초로 작품을 출간함에 따라, 20세기 후반에 접어들어 그 틈이 좁아지기 시작한 사실은 어쩌면 우연이 아니다. 게다가 확실히 문학적이며 '주류'에 속하는 도리스 레싱, 마거릿 애트우드, 마크 헬프린과 같은 작가들 역시 거리낌 없이 작품에 SF 기법을 도입하고 있다. 한편 남미의 소설은 '마술적 사실주의'를 통해 포와 러브크래프트가 영향력을 떨치던 시대로 독자들을 이끈다.

한편 양 진영에 속한 것으로 보이나 그럼에도 다소 모호하게 남아 있는 기타 작가로는 새뮤얼 R. 딜레이니, 조애너 러스, 진 울프 외 여럿이 있다. 그 간극은 좁혀질 수 있다. 그리고 과학 소설 편집자는 (서부물과 로맨스의 편집자들에게는 가능하지 않은 방식이지만) 그 간극이 좁혀져서 얻게 되는 찬사, 수익, 그리고 경력의 진전을 의식한다. 그렇지만 과학 소설 편집자와 작가들이 한 발은 진흙탕에 담그고 나머지 한 발은 천체에 담그고 있다는 점은 불확실하고 위험한 일일 수 있다. SF 분야에는 수많은 상이 있다. 하지만 대부분의 작가는 독자들과 마찬가지로 이에 그다지 주목하지 않는 편이 현명하다. 현재 절판되었거나 실망스러운 판매 실적을 보이고 있는, 휴고 상 및 네뷸러 상을 수상한 작품들의 수를 보면 그러하다.

그보다 더 고질적인 문제는 이 전반적인 간극이 초래하는 고집과 관심이다. 하나의 관습으로 과학 소설은 현실 세계에 무척 속하고 싶어 하며 진실을 인정하는 서곡을 만드는 데 꽤나 긍지를 느낀다. 그 진실이란 우리가 아직 그곳에 있지 않다는 것이다. 그 결과, 우리가 성공의 성과를 누리지 못하는 일종의 편집상의 마비가 생겨버렸다. 어쨌든 지난 5년간 과학 소설은 주요 베스트셀러 목록에서 상당한 비중을 차지하게 되었으며, '문학' 소설의 주요한 요소가 되었고 순전히 금전적인 측면에서도 무시하지 못할 존재가 되었다. 비록 힘겹고 두려운 일이 되겠지만, 여러 장르 중에서도 가장 활기와 생동감 넘치는 이 장르가 출판계를 장악하게 될 것이다. 실제로 하나의 장르로서 SF와 판타지의 활기가 현재의 사고와 논쟁에 이미 큰 기여를 했다고 나는 확신한다. 이는 기술과 그 파급력에 대한 우리의 이해와 인간 의식 자체로서 형이상학의 추구와 관련하여 더욱 그러하다. 지난 50년간의 세월(그 자체로 과학이라는 개념)에서 과학 및 판타지 소설을 제외한다면, 이 세상은 지금과 매우 다를 뿐 아니라 매우 한정되어 있을 것이다.

「강렬한 정서적 경험을 선사할 임무—로맨스 소설의 편집」

현대 및 역사 로맨스 소설("역사 로맨스 소설은 대개 1066년 노르만족의 침입에서 부터 약 1900년까지를 배경으로 한다")을 주제로 한 매로의 글은 각 장르가 제공해야 할 최상의 것을 편집자와 작가가 깨닫도록 해준다.

로맨스 소설의 작가와 편집자는 "로맨스 소설의 독자가 남주인공과 여주인공 모두가 이야기의 종반부까지 무사히 살아남아 서로 열렬히 사랑에 빠지고, 둘이 너무 오랜 시간 멀리 떨어져 있지 않으며, 둘의 관계의 희망이 최고조에 달한 상태에서 이야기가 끝나기를 기대한다"는 사실을 인식해야 한다.

매로는 역사 로맨스 소설 작가들을 위해 지나간 시대를 진정성 있게 재창조하기 위해 효과적으로 연구 조사를 하는 방법과 이야기 속에 있음직한 인물들을 배치하는 방법을 보여준다. 하지만 연구 조사한 내용을 과시하느라 서사가 더뎌지는 것에 대해 경고한다.

그녀는 대화의 처리(역사적인 정확성과 동시대의 가독성 사이의 균형을 맞춤) 및 인물의 창조(소설 전체에 걸쳐 인물들이 성장, 발전하도록 함)에 대해 귀중한 조언을 제공한다. 그리고 역사 로맨스 소설을 쓰든 현대 로맨스 소설을 쓰든, 그녀는 "남주인공과 여주인공에게 긍정적인 인물 특성만을 부여하는" 행위에 대해 경고한다. "결점이나 문제, 혹은 경미한 신경증 없이 오로지 미덕만 갖춘 등장인물을 대하는 즉시, 독자들은 그로부터 거리감을 느끼기" 때문이다.

로맨스 소설을 성공적으로 편집하거나 집필하려고 할 때 꼭 필요한 각종 사안에 대해 통찰력 있는 제안을 하는 이 글은 설득력 있고 명쾌하다. 여기서 다뤄진 사안으로는 섹스 장면의 수위 조절, 관능성, 성욕, 성적 긴장감의 처리, 동화 같은 낭만적인 분위기의 조성, 다양한 로맨스 소설의 집필을 위한 출판사의 지침이 있다.

매로는 다음과 같은 키즈멧 북스 편집자 케이트 더피의 말을 인용하면서 왜 많은 여성이 로맨스 소설을 읽는지를 간단히 정리한다. "로맨스가 무례함처럼 흔한 것이었다면, 난 일자리를 잃고 말았을 것이다."

린다 매로(Linda Marrow)

린다 매로는 포켓 북스의 선임 편집자로, 1982년에 이곳에 입사하여 로맨스 소설은 물론 미스터리, 스릴러, 범죄 실화, 주류 여성 소설을 입수·편집했다. 그녀가 함께 작업한 로맨스 소설 작가로는 주드 데브루, 줄리 가우드, 주디스 맥노트가 있다.

강렬한 정서적 경험을
선사할 임무

—로맨스 소설의 편집

—린다 매로

역사 로맨스와 현대 로맨스

로맨스 소설은 페이퍼백 부문에서 큰 비중을 차지하여 상당한 수익을 거둬들이며, 하드커버 부문에서도 점차 중요해지고 있다. 미스터리, 호러, 과학 소설과 같은 기타 장르와 마찬가지로 로맨스는 두 사람이 사랑에 빠지는 이야기를 담은 몇 가지 종류의 소설을 포함한다.

현재 출간되는 대부분의 로맨스 소설은 크게 역사 로맨스 소설과 현대 로맨스 소설 중 하나로 분류된다. 현대 로맨스 소설은 말 그대로 현대를 배경으로 한다. 역사 로맨스 소설은 대개 1066년 노르만족의 침입에서부터 약 1900년까지를 배경으로 한다.

각 장르마다 반드시 충족시켜야 할 규칙과 독자의 기대가 있다. 로맨스 장르 역시 다르지 않다. 범죄 소설의 독자가 의문의 살인이 발생한 소설의 초반부에서 시체가 나타날 것을 기대하듯이, 로맨스 소설의 독자는 남주인공과 여주인공 모두가 이야기의 종반부까지 무사히 살아남아 서로 열렬히 사랑에 빠지고, 둘이 너무 오랜 시간 멀리 떨어져 있지 않으며, 둘의 관계의 희망이 최고조에 달한 상태에서 이야기가 끝나기를 기대한다. 일부 출판사, 특히 현대 로맨스 소설을 펴내는 출판사는 로맨스 소설의 내용과 관련하여 매우 구체적인 규칙이나 지침을 갖고 있다. 이러한 규칙들은 대개 팁시트(tipsheet)의 형태로 되어 있다.

특정한 시대 안에서 구성하는 로맨스

역사 로맨스 소설을 집필하기 시작할 때 작가는 몇 가지 과제에 직면하는데, 그중 일부는 현대 로맨스 작가들이 직면하는 과제와 사뭇 다르다. 그중 가장 대표적인 것이 연구 조사다. **역사 로맨스 소설 작가는 진정성과 설득력을 갖고서 독자들이 사는 세상과 완전히 다른 세상, 즉 이야기의 장소 및 시대의 광경, 소리, 냄새, 사회 관습으로 가득 찬 세상을 재창조해야 한다.**

작가는 언제나 이야기의 흡인력이 매우 강하여 독자가 잠시라도 책을 내려놓지 못하도록 해야 한다는 사실을 염두에 두어야 한다. 편집자와 작가는 (아무리 짧을지라도) 작가가 새로 발견한 지식을 과시하면서 강연을 하는 부분이 소설에 있어서는 안 된다는 점을 반드시 기억해야 한다. 작가가 연구 조사한 내용은 이야기를 더디게 하거나 독자의 주의를 딴 데로 돌리거나 주제에서 벗어나기보다는, 이야기를 탄탄히 하는 구체적인 사항을 제공해야 한다. 작가가 이야기의 배경을 연구 조사하면서 얻은 방대한 양의 지식을 나열하느라 이야기의 흐름을 끊는 것은 어색하고 전문가답지 못한 행위다. 이러한 지식이 이야기를 급속하게 진행시키거나 인물들을 발전시키거나 독자가 책에서 시선을 떼지 못하도록 하지 않는 이상 말이다. 각 문장은 인물 묘사나 플롯에 필요한 무언가를 첨가해야 한다. 체호프가 극 집필과 관련하여 한 말을 원칙으로 삼자. "처음에 총이 등장했다면 마지막이 되기 전에 그 총을 쏴야 한다.".

작가가 로맨스 소설을 위해 선택한 역사적인 시대에 대해 연구를 하는 것은 매우 버거운 일이 될 수 있다. 어디서부터 시작해야 할까? 나는 작가들에게 실제의 역사적 사건들이 플롯 내에서 얼마나 중요성을 띨지를 결정하라고 권고한다. 등장인물들 중 누군가 직접 그 사건에 연관될 것인가? 만약 그렇다면, 작가는 역사 속에서 그 순간에 관한 사실을 모든 각도에서 배워야 한다. 그렇게 하지 않는다면, 작가는 자신이 만든 이야기와 인물들의 세계에 들어왔음을 독자들에게 설득시키는 데 어려움을 겪게 된다.

나는 특정한 사건에 대해 단순히 아는 것(그리고 그에 관해 글을 쓸 수 있는 것)만으로는 충분치 않다는 걸 알게 되었다. 작가는 독자를 위해 책에서 튀어나와 살아 숨 쉬는 듯한 인물들로 가득 찬 세계를 만들어야 한다. 인물들이 무엇에 대해 말할 것인가? 이들이 낮잠을 자다가 깨어났을 때 혹은 집 계단을 내려가면서 무엇을 볼 것인가?

전쟁이나 경제 불황, 국가의 번영과 같은 중요한 역사적 시기 속에서도 사람들은 실제로 그날의 사건이나 정치에 대해서만 이야기하지 않는다. 허구 속 인물들이 그렇게 한다면 경직되고 부자연스러워 보일 것이다. 로맨스 소설의 작가와 편집자는 실제 사람들이 중요한 사건뿐만 아니라 옷, 음식, 오락거리, 소문, 병과 같이 사소한 것에 대해서도 대화를 나눈다는 사실을 기억해야 한다. 흥미롭게 잘 그려진 인물들 역시 그렇게 한다. 따라서 작가가 본인이 선택한 시대의 기본적인 사실들을 알았다면, 그다음으로는 본인이 쓰고자 하는 삶의 뼈대를 구성하는 것들을 찾아야 한다.

편집자로서 나는 로맨스 소설 작가들로부터 그들이 쓰고자 하는 역사적 시대에 대해 더 많은 사실을 배울 수 있는 방법을 알려달라는 요청을 종종 받는다. 그럴 때면 그 시대의 사람들이 입었던 의복에 관한 책 내지는 등장인물들이 읽었을 법한 그 시대에 발간된 잡지를 읽어보라고 권한다. 그 시대에 쓰인 일기나 잡지는 일상생활의 구체적인 사항과 그 시대 사람들의 관심사를 비롯하여 작가에게 귀중한 자료를 제공한다. 사람들이 그다음 끼니를 어디서 구할지 걱정했을까? 사람들이 여가에 투자할 만한 시간과 돈을 갖고 있었을까? 게다가 그 시대에 널리 사용되었던 조리법에서도 실마리를 얻을 수 있다. 달걀, 우유, 소고기와 같은 신선한 식재료를 보존하는 데 사람들이 신경을 썼을까? 또는 그 시대에 유행하던 의복으로부터 사춘기 소녀가 발육이 너무 느려서 혹은 너무 빨라서 불안해했을지의 여부도 알 수 있다. 그런가 하면 주요 등장인물과 유사한 사람의 전기를 읽는 것도 도움이 된다. 왕이나 여왕 또는 정치·종교 지도자에 관한 자료를 찾기는 쉽다. 반면 작은 도시의 시장의 부인이나 왕궁에서 공작부인의 시중을 들었던 젊은 여인에 관한 정보는 찾기가 더 어렵다.

한편 시대의 예법에 대해서도 알아야 한다. 바람직한 예의와 좋은 취향은 무엇이며 천한 행동은 무엇인가? 왜 그러한 규칙들이 존재했는가? 소설의 남주인공과 여주인공이 예법에 주의를 기울였을까? 오늘날과 마찬가지로, 특정 행동이 어느 사회경제적 집단에서는 수용되지만 또 다른 사회경제적 집단에서는 수용되지 않았을 것이다. 소설 속 등장인물이 어떠한 사람일지에 대해 매우 신중하게 생각해야 한다. 농부의 딸에게 적절한 것으로 간주되는 행동과 공작의 딸에게 적절한 것으로 간주되는 행동 사이에는 아마도 엄청난 차이가 있을 것이다.

이러한 차이는 플롯을 구성하거나 남주인공과 여주인공 사이의 갈등을 촉발시키는 데 유용하게 활용할 수 있다. 한 예로 여주인공이 낙농가의 딸이고 남주인공이 출세의 길을 찾으려 무일푼 신세로 마을을 떠난 부유한 젊은 남자인 이야기를 생각해보자. 남주인공은 낙농가의 딸이 자신의 진정한 연인임을 선언하기 위해 마을로 돌아왔다. 여기서 갈등이 어떻게 발생할 수 있을까? 만약 (꿈에 그리던 여인의 마음을 얻기 위해 애쓰는) 남주인공이 실은 콧대 높고 허세 부리는 작자라는 사실을 소탈하고 꾸밈없는 여주인공이 알게 된다면 어떨까? 만약 여주인공이 온 마을 사람들 앞에서 그가 성공을 꿈꾸며 냉정하게 돌아섰다가 이제 와서 구애 작전을 펼친다고 폭로한다면 어떨까? 아마도 남주인공은 분노와 당혹감에 직면할 테고, 여주인공은 허튼 짓을 용납 않는 대담한 여성으로 비춰질 것이다. 이들은 그 시대의 사회 관습과 예법에 관한 조사로 빚어낸 놀라운 갈등으로 서로 소원해진 남녀가 될 것이다.

진화하고 변화하는 남녀 주인공들

로맨스 소설의 인물들, 특히 남주인공과 여주인공은 작품 속에서 가장 중요한 요소다. 작가가 만든 허구의 세상에 그럴듯한 인물들이 살지 않는다면, 그 시대를 연구하고 이야기를 구성하며 장소와 시대의 분위기를 환기시키기 위한 노력이 빛을 발하지 못할 것이다.

내가 보기에 인물을 묘사할 때 신예 작가들이 겪는 가장 일반적인 두 가지 문제는 남주인공 및 여주인공에 긍정적인 인물 특성만을 부여하고 바람직한 인격상의 기질을 너무 많이 첨가한다는 것이다. **결점이나 문제, 혹은 경미한 신경증 없이 오로지 미덕만 갖춘 등장인물을 대하는 즉시, 독자들은 그로부터 거리감을 느낀다.** 작가는 독자를 울고 웃게 할 수 있는 살아 숨 쉬는 인간 대신, 종이 인형을 만든 셈이 된다. 편집자와 작가 모두 그동안 책을 읽으면서 가장 기억에 남았던 인물들을 떠올려봐야 한다. 가장 성공적인 인물의 성격은 오로지 한두 개의 중요한 특성에 바탕을 두는 경우가 많다. 게다가 동일한 특성이 한 인물 안에서 약점이면서 강점이 될 수도 있다. 예를 들어 작가가 늘 충동적으로 행동하는 여주인공을 만들어냈다고 하자. 그녀는 섣부른 행동으로 곤란한 상황에 자주 처할 수 있겠지만, 궁극적으로는 그 덕분에 그보다 더 신중한 사람이라면 피했을 법한 상황으로 곧장 뛰어들어 곤경에 빠진 누군가를 구할 수도 있다.

신예 작가가 주의해야 할 또 다른 문제는 소설 전체에 걸쳐 인물들을 지속적으로 발전시키지 않는다는 점이다. 첫 장에서 남주인공과 여주인공을 설정한 다음, 이들의 인격이 정적으로 유지되도록 놔둔 채 책의 나머지 부분 내내 이 둘을 중심으로 이야기가 전개되도록 하는 것은 흔히 하는 실수다. 이러한 실수는 내가 많은 로맨스 소설에서 일반적으로 발견하는 치명적인 결점이다. 인물들의 동기, 선택, 진화하는 인격이 이야기를 끌고 가기를 중단한다면, 이야기가 아무리 거창하게 시작되었다 하더라도 점점 더 흡인력을 잃고 만다. 주요 인물과 일부 중요한 부차적 인물들은 소설 속에서 겪는 경험을 통해 반드시 진화하고 변화해야 한다.

적절한 어조 설정

소설 속 인물이 처음으로 취하는 행위의 하나는 뭔가를 말하는 것이다. 대화는 인물들을 발전시키고 이야기를 진행시키는 데 동시적으로 사용되기 때문에, 어떤 소설에서든 무척 중요하다. 특히 적절한 어조를 설정해야 하는 역사 로맨스 소설 작가에게는 대화가 유독 골치 아픈 문제가 될 수 있다. 대화는 소설의 시대 배경에 적합하게 들리면서도, 현대인의 귀에 어색하고 부자연스럽게 들리는 고어체로 가득하거나 경직되게 들려서는 안 된다. 그러면서도 시대를 착각할 정도로 지나치게 현대적인 대화체에도 경계를 늦춰서는 안 된다. 또 인물들이 방언을 사용할 때에도 조심해야 한다. 내가 본 중에는 어떤 식으로든 자연스럽게 가독성을 유지하면서 방언을 성공적으로 사용한 사례가 거의 없다. 전에 매우 훌륭한 소설을 입수한 적이 있었는데, 대화 대부분에서 투박한 스코틀랜드 방언이 사용된 터라 읽기가 다소 어려웠다. 상당한 의논을 한 끝에 결국 저자와 나는 주요 인물들의 말에서 약간의 방언을 제외한 모든 방언을 삭제하고 부차적인 인물들은 그보다 좀 더 거센 억양의 방언을 사용하도록 하는 데 동의했다.

대화에 적용되는 과제, 즉 역사적인 정확성과 현대 대중시장 독자의 요구 사이에서 적절한 균형을 유지하는 일은 소설의 전반적인 어조와 내용에도 적용된다. 작가는 역사적 현실주의를 어느 정도까지 고수할 것인지를 반드시 결정해야 한다. 작가가 확신을 갖지 못할 때면, 나는 시중에 나와 있는 역사 로맨스 소설들을 꼼꼼히 읽어보라고 권한다. 작가는 어느 정도의 현실주의가 독자들에게 수용될지를 반드시 파악한 다음, 진실과 판타지 간의 얼마만큼의 균형이 본인에게 적절한지를 결정해야 한다.

동화 같은 접근법이 얻는 효과

역사 로맨스 소설을 쓰고자 하는 작가는 고대의 유물로 가득한 이야기를 써서는 안 된다. 그러한 이야기는 결코 읽기 쉬운 현실 도피적인 오락거리가 아니다. 몇 해 전 나는 내가 입수한 소설에 흠뻑 빠진 적이 있다. 그 탓에 작가가 철두철미하게 과거를 재구성해서 책이 결코 가볍지 않다는 사실을 완전히 잊고 말았다. 책이 발간되고 나서 예상보다 훨씬 적은 부수가 팔려나간 뒤 나는 사실을 받아들였다. 그 작품은 기량 있는 작가가 쓴 아름다운 소설이 틀림없지만, 빠르게 변화하는 대중 시장의 독자들이 읽기에는 부적합했다.

일부 편집자와 작가에게는 이설처럼 들릴 수도 있겠지만, **많은 작가에게는 동화 같은 접근법이 최대의 효과를 발휘하고 많은 독자의 마음을 사로잡는다.** 이러한 작가들의 소설은 몽환적인 '옛날 옛적에'의 분위기를 자아낸다. 이러한 이야기는 때때로 구체적인 시대에 속하지 않는 것처럼 보이지만, 그 대신 중세나 영국 섭정시대 또는 미국 서부 개척 시대에 대해 갖는 현대적인 판타지의 아이디어를 수용한다. 일반적으로 이야기의 속도가 빠르고 편한 마음으로 즐길 수 있는 이러한 로맨스 소설 속의 행위는 역사적 사건보다는 주로 정서에 의해 주도된다.

이렇게 보다 가볍고 현실주의가 덜한 접근법이 작가에게 호소력을 발휘한다 해도, 작가와 편집자는 매우 신중하게 책의 배경이 되는 시기의 사람들이 지녔던 태도와 가치관을 묘사해야 한다.

독자들이 받아들일 수 있도록 편안하게 다뤄진 역사적인 정확성과 이에 반해 독자들이 이야기에 수긍하지 못하고 흥미를 잃을 정도로 고루한 인물들의 생각과 행동은 종이 한 장 차이에 불과하다. 일반적으로 작가는 인물들의 견해와 그들의 사고 과정에 큰 관심을 기울여야 한다. 예를 들어 영국 섭정시대의 여주인공이라면 산아 제한이나 이혼이라는 문제에 대해 1990년대 초반 미국인과 같은 개방적인 태도를 갖지 않을 것이다. 작가는 반드시 적절한 균형을 유지해야 한다. 그래야 독자들이 불신을 떨쳐버리고 인물들과 이야기의 세계 속으로 빠져들 것이다.

현대 로맨스물을 위한 팁시트

현대 로맨스 출판의 세계는 역사 로맨스 출판의 세계와 현저히 다르다. 할리퀸, 실루엣, 러브스웹트, 키즈멧과 같은 출판사들이 다양한 로맨스 시리즈나 라인을 출간하며, 각 라인마다 매우 구체적인 지침과 충족시켜야 할 독자들의 기대사항을 갖고 있다. 이렇듯 다양한 라인에 맞춰 글을 쓰는 방법을 알기 위해 작가는 각 시리즈마다 몇 권의 책을 읽어보고, 출판사가 각 라인마다 책의 방향을 제시한 팁시트를 준수해야 한다. 팁시트를 얻으려면 『문학 시장』이라는 책자를 찾아봐야 하는데, 대개 도서관의 정보 서비스 코너에 비치되어 있다. 여기서 해당되는 출판사의 명칭과 주소, 시리즈의 편집자를 검색하면 된다.

현대 로맨스 소설 작가는 역사 로맨스 소설 작가와 마찬가지로, 플롯 구성, 인물묘사, 대화, 남주인공과 여주인공 간의 적절한 끌림과 성적인 긴장감의 생성, 잦은 연구조사 등 많은 면에서 뛰어나야 한다. 현대 로맨스 소설 작가는 역사적인 시대를 연구할 필요는 없지만, 소설의 배경과 주요 인물의 직업 경력에 대해 조사를 하고 인물들을 있음직하고 진정성 있게 그려내야 한다.

현대 로맨스 소설의 플롯이 성공하기 위해서는 로맨스 장르의 독자들이 기대하는 사항을 만족시키고, 구체적인 로맨스 라인의 요건을 준수해야 하며, 한시도 책을 내려놓고 싶지 않게 만드는 매혹적인 이야기를 써야 한다. 현대 로맨스 소설의 편집자는 입수, 편집하는 로맨스 라인이 무엇을 필요로 하는지뿐만 아니라 해당 라인이 경쟁 출판사들의 기타 로맨스 라인과 어떻게 다른지를 파악해야 한다. 각 라인은 원고의 분량, 플롯의 복잡성, 인물묘사에 대한 접근법이 서로 다르다. 어떤 라인의 편집자는 작가에게 이야기 내에서 부차적인 플롯을 구성하라고 권장하는가 하면, 어떤 라인에서는 플롯이 남주인공과 여주인공의 관계를 발전시키는 데 온전히 집중해야 한다.

로맨스 소설의 편집자는 이야기를 꾸려나가고 정서적인 깊이를 전달하는 작가의 역량이 글쓰기의 결점을 상쇄시키는 경우를 알아볼 수 있어야 한다. 이러한 글쓰기의 결점은 수정이나 편집 과정에서 정정될 수 있다. 실루엣 북스의 선임 편집자 겸 편집 조율자인 레슬리 웨인저는 이렇게 말한다. "내가 기대하는 정서적인 깊이를 작가가 전달한다면, 그 소설에 약간의 플롯상의 도움이 필요할지라도 그 소설을 입수할 수 있다. 때로는 사랑 이야기를 훌륭하게 꾸려나갈 수 있는 작가와 함께 줄거리 구상을 적극적으로 한다. 반면 줄거리가 내 라인에는 더 적합하지만 내가 로맨스 소설에서 기대하는 정서적인 강렬함을 전달하지 못하는 소설은 거절한다."

현대 로맨스 소설 라인인 키즈멧 북스가 속해 있는 미티어 퍼블리싱 코퍼레이션의 편집장인 케이트 더피는 작가의 작품을 입수하기 전에 원고에서 수정을 요하는 부분이 실제로 수정 가능한지를 본인 스스로 확신해야 한다고 말한다. 실루엣 북스의 초대 편집장이었던 더피는 이렇게 덧붙인다. "작가가 좋은 아이디어를 갖고 있지만 이를 실현할 능력이 없다면 그의 작품을 입수할 이유가 없다."

현대 로맨스 소설은 현대를 배경으로 하기 때문에, 실제로 일어난 문화적 사건이나 화젯거리가 소설의 세계에 영향을 미친다. 더피는 "클래런스 토머스와 애니타 힐 사건 때문에 남주인공이 상사이고 여주인공이 부하 직원인 내용의 책을 입수·편집하는 데 어려움을 겪는다"고 토로한다(클래런스 토머스 판사를 미국 대법관으로 임명하는 과정에서 법학 교수 애니타 힐이 토머스가 연방 판사 재직 시절에 보좌관이었던 자신을 성희롱했다는 사실을 의회 청문회장에서 폭로한 일이 있었다 — 옮긴이).

그러나 책을 입수하여 출간하기까지 대개 10개월에서 20개월까지 소요된다는 사실은 플롯이 얼마나 최근의 상황에 바탕을 둘 수 있는지에 중요한 영향을 미친다. 웨인저는 이렇게 말한다. "출간 일정을 제때 맞출 수 없기 때문에 아주 최신의 사안을 다룰 수는 없다. 소설이 로맨스로서 기능을 하는 것이 가장 중요하다. 저자가 어떤 주제나 사안에 대해 의견을 개진하는 것처럼 보인다면, 그걸 삭제하는 것은 편집자의 손에 달려 있다. 로맨스 판타지가 독자들이 원하는 것일 때, 우리는 로맨틱 판타지의 경계를 넘어 현실 쪽으로 너무 가까이 다가갈 수 없다."

로맨스 소설의 중요한 요소, 관능성

관능성은 로맨스 소설에서 중요한 요소이며, 많은 사람이 로맨스 하면 처음으로 떠올리는 것이기도 하다. 그러나 **작가가 남녀 간의 성적인 긴장감과 성욕을 몇 차례의 성적인 대화와 섹스 장면으로 대신할 수**

있다고 생각하면 큰 오산이다. 작가가 섹스 장면 없이 소설에 필요한 정서적인 강렬함을 전달하지 못한다면, 섹스 장면을 첨가한다 해도 소설에 필요한 감정의 깊이를 달성할 수 없다.

레슬리 웨인저는 여러 현대 로맨스 라인들 사이의 주요한 차이점의 하나가 책의 성적인 수위와 노골성이라고 말한다. 한 예를 실루엣 북스의 팁시트에서 찾아볼 수 있다. 실루엣 로맨스 라인의 지침을 보면 "남주인공과 여주인공이 결혼하지 않는 한 실제로 섹스를 하지 않는다. 하지만 성적인 긴장감은 매우 중요한 요소다"라고 되어 있는 반면, 실루엣 디자이어(Desire) 라인의 지침을 보면 "등장인물들이 섹스를 하기 위해 결혼할 필요는 없다. 하지만 섹스가 가볍게 다뤄져서는 안 된다"라고 되어 있다.

작가들은 로맨스 소설에서 섹스 장면이 얼마나 생생해야 하는지에 대해 자주 확신하지 못한다. 대부분의 로맨스 소설 독자는 최소한 어느 정도의 선정성을 기대하지만, 선정성의 수위를 얼마나 높일지는 작가에게 달려 있다. 현재 널리 통용되는 선정성의 다양한 수위에 익숙해지고 싶다면, 역시나 다수의 로맨스 소설을 읽어보기를 권한다. 단, 섹스 장면의 감정적인 동기가 잘 성립되어 있어야 하고 그러한 장면이 근거 없이 혹은 임의로 소설에 첨가되었다는 느낌이 없어야 한다는 점을 명심해야 한다. 편집자와 작가는 섹스가 로맨스 소설에 무한한 매력을 부여하는 한 가지 요소에 불과하다는 점을 기억해야 한다.

어떻게 사랑으로 발전하는가

모든 로맨스 소설의 중심에는 많은 여성이 무척이나 흥미를 느끼는 주제가 있다. 그건 바로 남녀 관계가 어떻게 사랑으로 발전하는가이다. 대부분의 성공적인 로맨스 소설은 관계 속에서 남녀가 소통하는 과정 그리고 그들이 서로의 역할을 협상하는 과정에서 발생하는 문제들을 흥미롭고 극적인 다양한 방식으로 탐구한다. 이상적으로, 이러한 소설을 통해 독자들은 단 몇 시간이긴 하지만 소설 속 남녀가 서로에게 흠뻑 빠져 사랑의 짜릿함, 좌절, 슬픔, 기쁨을 맛본다고 믿는다. 물론 일상의 삶은 그러한 환희의 순간에 미치지 못할 때가 많다. 그리고 그러한 꿈과 현실의 간극으로부터 로맨스 소설의 힘과 호소력이 생겨난다. 혹은 케이트 더피가 말했듯이, "로맨스가 무례함처럼 흔한 것이었다면, 난 일자리를 잃고 말았을 것이다."

「남자들을 사로잡는 현실도피적인 오락거리—남성 지향의 카테고리 소설 편집」

토빈은 카테고리 소설(미스터리, 서부물, SF, 판타지, 전쟁, 로맨스, 모험 소설 등)을 "구체적인 유형을 띠지만 규범에서 벗어난 이야기 속에서 짜릿한 독서의 경험을 기대하고, 일상의 따분함을 벗어나 이국적이고 위험한 곳으로 도피하는 경험을 원하며, 영웅적이면서도 매우 인간적인 인물에게서 공감을 느끼고 싶어 할 뿐만 아니라 종종 생사를 가르는 모험과 로맨스 속에서 확실한 선택과 도전을 경험하고자 하는 열렬한 독자들의 취향을 만족시키는 것"이라고 규정한다.

토빈은 카테고리 소설을 쓸 때 지켜야 할 규율이 "작가의 결점을 노출시키고 작가로부터 최상의 글을 끌어내며", 그 결과 "카테고리 소설은 좋은 글쓰기의 수혜자인 만큼 좋은 글쓰기의 원인이기도 하다"라고 말한다. 그는 카테고리 글쓰기가 "많은 신예 작가가 업계에 뛰어들어 작품을 출간하고 글쓰기의 결점을 극복하며 이야기꾼의 기본적인 기술을 배울 수 있는 수단"이라고 설명한다.

이어 그는 새로운 액션 시리즈의 착수를 유도하는 편집·판매·마케팅의 요소들을 설명하고, 책 내용을 개발하기 위해 저자와 협력하는 방법과 더불어 이를 지원하기 위한 출판 프로그램을 생성하는 방법을 소개하며, 시리즈의 판매 감소 및 절판의 원인에 대해 분석한다. 그는 특히 개척 소설 부문에서 "이미 형성된 시장을 공략할 획기적인 수단"을 모색하기 위해 편집 및 마케팅의 전문지식을 어떻게 사용했는지 보여준다.

토빈은 자신의 본분에 대해 이렇게 말한다. "책에 대한 궁극적인 의사결정자, 즉 독자에게 충실해야 한다. 독자는 가장 중요한 사람이다. 그의 충성이 없다면 난 이 자리에 없을 것이다."

그렉 토빈(Greg Tobin)

그렉 토빈은 1992년 8월 북 오브 더 먼스 클럽의 퀄리티 페이퍼백 북 클럽의 편집장이 되었다. 그 전에는 밴텀 북스의 부발행인으로서 도메인 임프린트하에서 프론티어 및 역사 출판 프로그램을 지휘했고, 더블데이 웨스턴 프로그램의 출판 책임자로도 활동했다. 그는 하드커버 및 페이퍼백의 소설 및 비소설을 입수했다.

편집자이자 발행인으로서 그는 1981년부터 미국 서부 작가 협회의 회원이었으며, 필명 혹은 본명으로 몇 권의 서부물을 집필했다. 그의 최근 소설은 『빅혼(Big Horn)』(밸런타인, 1989)이다.

남자들을 사로잡는
현실도피적인 오락거리

—남성 지향의 카테고리 소설 편집

—그렉 토빈

카테고리 소설이란

출판계에서 내가 처음 얻은 일자리는 여러 면에서 모험과도 같은 길을 나아갈 기반이 되어주었다.

나는 1970년대 후반에 편집자로 '출판계에 뛰어들' 포부를 갖고서 뉴욕으로 왔다. 그리고 주로 페이퍼백 카테고리 소설을 출간하는, 대중시장을 겨냥한 작고 혈기왕성한 출판사에서 임시직을 얻게 되었다.

카테고리 소설(category fiction)이란 무엇일까? 나는 이를 서부물, 미스터리, 로맨스, 호러, 과학, 전쟁 이야기, 모든 종류의 시리즈로 규정한다. 카테고리 소설은 약국, 슈퍼마켓, 신문 가판대와 같이 도매에 공급을 의존하는 소매점과 배급업체의 특정한 수요를 만족시킨다. 카테고리 소설은 또한 구체적인 유형을 띠지만 규범에서 벗어난 이야기 속에서 짜릿한 독서의 경험을 기대하고, 일상의 따분함을 벗어나 이국적이고 위험한 곳으로 도피하는 경험을 원하며, 영웅적이면서도 매우 인간적인 인물에게서 공감을 느끼고 싶어 할 뿐만 아니라 종종 생사를 가르는 모험과 로맨스 속에서 확실한 선택과 도전을 경험하고자 하는 열렬한 독자들의 취향을 만족시킨다.

청소년용 탐정물인 하디 보이즈(Hardy Boys: 10대를 위한 미스터리 시리즈의 캐릭터인 프랭크 하디와 조 하디—옮긴이)나 낸시 드루(Nancy Drew) 시리즈를 처음 읽었던 경험을 기억하는지? 이미 알려져 있고 예상되는 것을 넘어서서 일상에서 벗어나 상상의 세계로 독자들을 처음 데려다 준 이들은 아마도 쥘 베른, 에드거 라이스 버로스, 제인 그레이일 것이다. 나는 지금 언급한 모든 책과 저자 덕분에 그러한 경험을 할 수 있었다. 그러나 그토록 많은 청소년과 성인이 열정적으로 게걸스럽게 읽어댔던 유명한 소설들을 실제로 누가 펴냈는지에 대해서는 별다른 생각이 없었다.

코난 도일에 심취했던 시절에서 페이퍼백 출판에 몸담게 되기까지, 대학 시절 공부했던 내용과 서부 문학에 대한 동경이 내 머릿속에 박혀버렸다. 정규 교육을 받았지만 지금도 나는 읽기, 쓰기, 출판의 기본적인 내용을 배우고 또 배우고 있다.

나는 출판계에서 처음 일자리를 얻고서 그러한 기본적인 내용을 배우기 시작했다. 당시 내가 맡은 직책은 출판(그리고 내 특정한 틈새 분야)이 무엇인지를 온전히 보여주었다. 그러한 기본적인 업무를 배우다 보니, 승승장구하는 야구팀에 배정되기 전 몇 시즌 동안 마이너 리그 2군 팀에 합류하게 된 젊은 선수가 된 듯한 느낌이었다. 첫날부터 훈련은 엄청났다. 본문 편집, 교정, 계약 협상, 일정 관리, 선지급금 및 인세를 지급하는 것에서 산더미같이 쌓인 원고를 읽는 일까지 거의 모든 일을 해야 했기 때문이다. 가끔, 아주 가끔 나는 편집까지 했다!

물론 이 모든 일은 현재 내 업무에서도 상당한 비중을 차지한다. 나는 규모가 매우 큰 출판사에서 일하지만, 날 것 그대로의 원고나 순간 번뜩이는 아이디어로부터 팔려나갈 법한 책을 만드는 기본적인 과정은 정확히 똑같다.

내게 중요한 이 업계의 요소는 매우 잘 규정된 범주 내에서 책을 찾고 출판한다는 것이었다. (에이전트를 통하거나 통하지 않은) 원고를 읽고 이미 계약이 된 책을 작업하면서, 나는 오늘날까지 나를 짜릿하게 하고 동기를 유발시키는 무언가를 발견했다. 전쟁 및 호러 소설, 미스터리, 서부물, 액션 모험 시리즈에서도 훌륭한 글쓰기가 가능하다는 사실을 알게 된 것이었다. 내 자연적인 관심은 남성 독자를 매료시키는 부문에 있었고, 노력 끝에 마침내 그러한 부문을 '전문화'할 수 있는 직책을 출판사 내에서 얻게 되었다. 덕분에 출판사의 수익에 적지 않은 기여를 할 수 있었다.

달리 말하면, 나는 관심이 쏠렸고 구미가 당겼으며 완전히 매료되어 버렸다. 편집의 모험이 시작되었다. 돌이킬 수 없는 결정을 한 것이다. 난 거기서 재미를 느끼게 될 터였다. 난 언제나 현실 도피적인 이야기를 즐겼다. 이제 그걸 책으로 만들 수 있다.

서사 능력을 개발시키는 장르의 규칙들

여기서 잠깐만 남성 중심의 카테고리 출판에 대한 나의 접근법에 영향을 미친 근본적인 원칙의 하나를 살펴보고 넘어가자. 이건 나의 접근법이다. 다른 사람들은 동의할 수도, 동의하지 않을 수도 있다. 하지만 내게는 효과를 발휘한다. 오래전에 스스로에게 이런 질문을 한 적이 있다. 이런 책에서 견고한 글쓰기와 이야기 진행이 가능한 건 그것이 카테고리 소설이어서일까, 아니면 카테고리 소설이지만 그러한 글쓰기와 이야기 진행이 가능한 것일까? 수년간의 경험을 바탕으로 한 내 견해는 **카테고리 소설은 좋은 글쓰기의 수혜자인 만큼 좋은 글쓰기의 원인이기도 하다**는 것이다.

왜 그럴까? 모든 카테고리는 저자에게 규율을 부과한다. 그건 반드시 지켜야 하는 (또는 피해야 하는) 플롯의 구체적인 관습일 수도 있고, (특히 로맨스 장르에 해당하는) 인물과 관계의 필요조건일 수도 있으며, (책의 적정 가격을 유지하기 위해 출판사가 종종 요구하는) 분량의 요건일 수도 있다. 이러한 규율 때문에 저자는 특정한 틀 안에서 작업하면서 이야기 진행 기술을 개발해야 하는데, 이는 신예 작가의 경우라면 생각보다 더 어려운 일이다. 이러한 규율은 작가의 결점을 노출시키는 반면 작가로부터 최상의 글을 끌어낸다.

작가 협의회에서 강의를 할 때면, 나는 모든 소설 작가에게 미스터리 소설을 시도해보라고 권한다. 난 이런 식으로 말한다. "'주류' 소설에서는 살인을 피할 수 있지만 미스터리 소설에서는 그럴 수 없다."

한 예로, 지난 30년간 최고의 베스트셀러 작가의 한 사람이었던 존 르 카레가 미스터리 및 간첩물을 통해 어마어마한 기술들을 선보이기도 했다. 어느 누구도 그보다 잘할 수는 없을 것이다.

나아가 카테고리 글쓰기는 저자의 기술을 발달시킨다. 이는 많은 신예 작가가 업계에 뛰어들어 작품을 출간하고 글쓰기의 결점을 극복하며 이야기꾼의 기본적인 기술을 배울 수 있는 수단이다. 저자가 얼마간의 역량과 포부를 보이고, 돈에 대한 관심보다는 이야기에 초점을 맞추고, 같은 분야 내의 다른 저자들의 책을 읽고 배우며, 시장이 무엇을 지원할 수 있는지 인식하는 경우, 나는 그의 원고에 매우 흥미를 느낀다.

미스터리든 서부물이든 모험 소설이든, 카테고리는 신예 작가와 노련한 작가 모두에게 주어진 독자층을 겨냥해 이야기를 생성하는 틀을 제공한다. 그 틀에 맞춰 글을 쓰기란 쉽지 않다. 딱히 정해진 공식은 없지만, 아까도 말했듯이 역량 있는 작가가 활용할 수 있는 몇 가지 관습이 존재한다. 예를 들면 다음과 같다. 액션 모험 소설의 주인공은 이야기의 어느 시점에서 위험을 피하고 어마어마한 수의 적을 죽이기 위해 거의 초인적인 힘을 물리적으로 발휘해야 한다. 혹은 예상 밖의 있음직하지 않은 물건이나 무기를 사용하여 곤경에서 벗어나야 한다. 마찬가지로, 전통적인 서부물에서는 주인공이 도덕적으로 심지가 확고해야 하고 (반드시 그럴 필요는 없다) 세상에 대해 흑백의 가치관을 갖고 있어야 한다. 그리고 악인은 악해야 한다. 또 미스터리 소설에서는 해결해야 할 범죄나 수수께끼가 반드시 있어야 한다.

편집자의 마케팅 접근법

원고의 집필 및 내용에 대해 저자에게 조언을 제공하는 일 외에, 현대 편집자는 마케팅 관리자로서 매우 중요한 역할을 해야 한다. 최근 열악한 경제 상황으로 다른 모든 산업과 마찬가지로 출판계 역시 타격을 입었다. 출판사들은 직원 수와 기타 비용을 줄일 수밖에 없는 상황에 처하게 되었다.

이러한 새로운 경제적 현실과 더불어 지난 10년간 나타난 추세, 혹은 입수 편집자가 실제로 윤문 편집을 하기 훨씬 전부터 나타난 추세 때문에 현대 편집자는 출판사 내에서 한두 가지의 역할을 더 떠맡게 되었다. 내 경우에는 마케팅 '아이디어 맨'으로서 역할을 덤으로 얻게 되었다. 이유는 간단하다. 주어진 부문의 책을 입수하는 편집자가 출판사의 어느 누구보다도 그 부문의 시장에 대해 잘 안다는 것이다.

처음에 그 역할은 내게 어색했다. 나는 마케팅 전문가가 되기 위한 정규 교육을 한 번도 받은 적이 없었다. 게다가 다수의 훌륭한 마케팅 전문 동료들과 수년간 함께 일해온 터라 그 분야에 대해 얼마나 많은 훈련과 경험을 쌓아야 하는지 익히 알고 있었다. 더욱이 편집자가 수행해야 할 기타 많은 역할이 있는데(이 책의 다른 글들을 한 번 살펴보자) 마케팅에 할애할 시간이 어디 있겠는가? 그럼에도 나는 열린 자세를 취했다.

어느 시점이 되자 나는 편집자가 되기 위한 정규 교육 역시 한 번도 받은 적이 없다는 사실을 깨달았다. 그저 멘토와 동료들과 함께 일하면서 지식을 얻었고 편집 및 협상 기술을 습득했으며 다른 이들의 경험을 공유했다. 그때부터 나는 동일한 시작점에서 마케팅 및 편집 기능에 접근했다. 가능한 한 많이 배우고 직접 실천해서 배우려고 노력했다. 이러한 태도는 어느 정도 효과가 있었다. 요령은 다음과 같다.

우선, 책을 입수하면서 적어도 다음과 같은 한 가지 기본적인 질문에 답해야 한다. "어떠한 주류 시장 내지는 하위 시장이 이 책을 구매할 것인가?" 그에 대한 답에서 편집·출간·마케팅·판매 전략이 시작된다.

화물차 액션 모험 시리즈의 출간

이렇게 질문과 답을 하는 원칙을 보여주는 완벽한 예가 바로 내가 최근에 입수, 출간했던 액션 모험 시리즈다. 우리 출판사의 12월 판매회의가 있기 며칠 전, 에이전트로부터 처음 걸려온 전화를 생생하게 기억한다. 그는 시리즈의 개요를 설명했다. 두 명의 특수부대 출신 용사들이 특수 장비가 장착된 트레일러 화물차를 타고 광활한 고속도로에서 범죄(조직 폭력배, 유괴범, 약물 거래자, 밀매업자, 오토바이 갱 등)와의 전쟁을 치른다는 내용이었다.

이 도서 출간 기획은 편집상 두 가지 차원에서 나의 관심을 끌었다. 첫째, 혈기 왕성한 미국 남성들 중에서도 최첨단 기술에 관심이 많고 판타지에 열광하는 독자들을 매료시키기에 충분할 만큼 줄거리에 액션이 풍부하고 좋은 인물과 첨단 장비 및 기술이 있었다. 둘째, 우리 출판사가 여타 많은 대중시장 출판사들만큼 주력하지 않았던 부문인 액션 모험 시리즈 시장에 진출하고픈 마음이 강하게 있었다. 결국 우리는 이 액션 모험 시리즈의 출간 기획에 착수하기로 했다.

이 도서 출간 기획은 또한 판매 및 마케팅의 측면에서도 나의 호감을 얻었다. 우리 출판사는 페이퍼백 도서를 판매하기 위해 비전통적인 경로로 화물차 휴게소 시장을 최초로 개척했기 때문이다. 지난 수년 동안 판매 담당자들은 화물차 휴게소에 도서 진열대를 설치하여 도서를 가득 진열해놓는 등 열성적으로 일했다. 물론 우리는 시대를 통틀어 최고의 서부물 베스트셀러 작가인 루이스 라무어의 작품을 예나 지금이나 출간하고 있으며, 많은 화물차 휴게소에서 이 작가의 작품이 판매되고 있다. 비록 처음에는 휴게소들이 전반적으로 도서 판매량을 늘리는 데 별다른 관심이 없었지만 말이다.

확실히 에이전트는 적절한 출판사의 적절한 편집자를 선택했고, 우리는 실제로 전화 통화를 한 직후 곧바로 거래를 하기로 결론지었다. 내 가슴은 두근대기 시작했으나, 일단 제안서를 요청하면서 "출판사 사람들"에게 이야기를 해보고 우리가 무엇을 할 수 있을지 상의해보겠다고 에이전트에게 말했다. 그러자 제안서 대신 시리즈 첫 번째 책의 완전한 원고가 도착했다.

난 그 원고를 읽었을 때의 느낌 역시 기억한다. 그건 책의 소재에 정통하고 본인의 경험을 진정성 있게 전달할 줄 아는(이는 내가 다루는 부문에서 매우 중요한 요소다) 저자가 쓴 매우 독특한 원고였다. 하지만 저자는 책이 될 만큼 긴 분량의 소설을 한 번도 써본 적이 없었다. 그 사실은 참담할 정도로 명백했다. 하지만 도전하는 자세가 중요하지 않은가! 나는 열변을 토하며 원고에 대해 지적한 다음, 저자와 에이전트를 만나 편집상 필요한 논의를 하기로 약속했다.

나는 중남부의 큰 도시로 비행기를 타고 날아갔고, 저자와 에이전트는 나를 만나러 주간(州間) 고속도로 부근에 위치한 화물차 휴게소까지 꽤 먼 길을 운전해왔다. 거기서 우리는 아침식사를 하고(훌륭한 식사였다) 각자 열 잔이 넘는 커피를 마시면서 원고를 쪽 단위로, 행 단위로, 때로는 단어 단위로 검토했다. 그건 책을 펴내는 과정에서 내가 좋아하는 경험의 하나였다. 말 그대로 내 눈 앞에서 아마추어에서 전문적인 작가로 거듭나는 저자의 눈에서 빛이 발하는 것을 볼 수 있었기 때문이다. 그는 보았고 이해했고 관련성을 파악했다.

우선 철자, 문법, 구두법이라는 단순한 사안들이 있었다. 물론 모든 저자가 철자, 문법, 구두법에 능통한 것은 아니다. 심지어 작가 생활을 한참 했음에도 이에 능숙하지 못한 작가들도 있다. 그리고 내게 가장 흥미로웠던 것은 이야기를 풀어나가는 과정에서 '효율성'이라는 문제가 있었다는 것이다. "그가 말했다" 내지는 "그녀가 말했다"를 일일이 쓰는 것이 필요할까? 세 개의 형용사가 실제로 필요할까? 어떻게 하면 상투적인 문구를 삭제하고 매우 익숙한 행위와 생각을 신선하게 표현할 수 있는 방법을 고안할 수 있을까? 각 문장이 저자가 실제로 말하고자 하는 바를 정확히 전달하는가?

저자는 본인의 몫을 다했다. 그 시점부터 출판사는 많은 일을 해야 했다. 특히 '책 표지' 부문에서 많은 작업이 필요했다. 이 책과 그 뒤를 따르는 책들이 페이퍼백 원작 소설이 될 것이기 때문이었다. 시리즈의 내용상으로는 액션 위주의 강력한 최첨단 이미지가 적합했고, 출판사 내 삽화 부서가 이 책에 적합한 능력을 갖춘 새로운 삽화가를 '섭외'했다. 그는 독자들을 완벽하게 겨냥한, 단번에 시선을 사로잡는 삽화를 내놓았다.

한 가닥의 아이디어에서 시작하여 책을 완성하는 과정을 거쳐 첫 번째 책과 그 이후의 시리즈 전체를 펴내고 나니 뿌듯함이 느껴졌다. 우리는 책 표지뿐만 아니라 편집에서도 새로운 길을 개척했다. 이 시리즈는 수많은 열정적인 독자들을 사로잡았고 그들이 원하는 현실 도피적인 오락거리를 제공했다.

그러나 영원히 행복한 결말은 아니었다. 처음에는 시리즈가 강세를 보이며 팔렸지만 이후에는 판매량이 점점 떨어지기 시작했다. 결국 2년이 지나 십여 권의 책이 나온 후에는 출판사에서 책을 더 이상 출간하지 않기로 했다. 나는 어떻게 해서, 왜 그러한 일이 발생했는지 생각하게 되었다.

궁극적으로 두 가지 직접적인 원인이 있었다. 우선 액션 모험 시장이 급격히 쇠퇴했다. 남성 독자층이 톰 클랜시와 같은 작가가 쓴 남성 위주의 메가셀러 소설들의 양장본 도서를 구매했다. 게다가 이들 소설은 규모가 더 크고 더 큰 만족감을 주는 줄거리를 제공해서 카테고리 소설이 채워줄 수 없는 요구와 기대를 만들어냈다. 따라서 매우 탄탄한 입지를 다진 맥 볼란 같은 시리즈를 제외하고, 카테고리 소설의 판매가 서서히 줄어들어 아예 기억 속에서 사라질 지경에 이르게 되었다. 한편 두 번째 원인은 출판사의 판매 구조가 2년 사이에 크게 변화했다는 사실이다. 이제는 더 이상 개별 판매 담당자들이 화물차 휴게소 거래처를 새로 만들거나 화물차 휴게소에 책을 공급하지 않게 되었다. 우리 출판사는 다른 출판사와 합병되어 이전보다 훨씬 더 규모가 큰 출판 기업이 되었다.

개척 소설 시리즈 출간의 예

편집자가 마케팅 접근법과 편집 접근법을 결합하는 두 번째 예는 이미 형성된 시장을 공략할 획기적인 수단을 모색하는 일을 수반한다. 개척 소설(frontier fiction)을 생각해보자. 수년 동안 나는 카테고리 서부물을 편집했는데, 이는 남성 중심의 대중시장용 소설의 현재 맥락 내에서 어느 정도 편안하게 입지를 굳힐 수 있다.

개척 소설 시장을 살펴보면서 나는 '산 사나이' 이야기를 다룬 양질의 카테고리 소설 시리즈가 비집고 들어갈 자리가 있다고 판단했다. 개척 소설 부문에서 가장 훌륭한 소설의 하나가 바디스 피셔의 『산 사나이』(이 책을 바탕으로 영화 〈제레미아 존슨〉이 만들어졌다)이다. 그리고 지난 10년간 다수의 작가들이 우리가 산 사나이로 알고 있는 투박하고 강인한 자들인 19세기 초반의 사냥꾼, 덫을 놓는 사냥꾼, 모피 상인들의 삶을 다룬 현대의 고전을 집필했다.

게다가 나는 상당수의 독자층이 예나 지금이나 이러한 종류의 소설을 읽고 옛날 산 사나이들의 독특한 생활방식을 재현하는 데 열정적이라는 사실을 알게 되었다. 그들의 세상에서는 옛 방식으로 사냥대회가 열리고 원시적인 만남이 이루어지며 온 가족이 산 사나이와 무두장이가 하던 방식으로 야영을 했다. 소규모 출판사들이 페이퍼백 원작으로 이미 출간한 몇 종의 산 사나이 시리즈가 있긴 했다. 하지만 나는 우리 출판사가 새로운 오리지널 시리즈를 출간할 것을, 그리고 이 부문에서 한 해에 최대 세 종의 도서를 출간하자고 제의했다.

나는 신중하게 한두 사람의 에이전트를 대상으로 물색을 하다가 어느 날 에이전트인 한 친구에게 아이디어를 전부 털어놓기로 했다. 그 친구는 긍정적으로 반응했으나, 그가 맡은 저자 중에는 우리 모두가 생각하기에 산 사나이 시리즈에 적합한 자가 한 사람도 없었다. 그는 이 시리즈 기획에 무척 참여하고 싶어 했으나 훗날 함께 작업하기로 약속했다.

그러고 난 얼마 후, (나와 내 친구가 잘 모르는) 또 다른 에이전트와 가진 오찬 회의에서 그가 내가 오랫동안 존경했던 다재다능하고 다작을 하는 작가를 맡고 있다는 사실을 알게 되었다. 나는 그 작가가 어쩌면 산 사나이 시리즈에 적합할지도 모른다는 말을 무심결에 내뱉었다. 그 결과, 관심을 가진 두 사람의 에이전트와 잠재적인 한 명의 저자가 모이게 되었다. 우리는 모든 당사자를 만족시키는 거래를 협상했다. 내가 처음에 함께 작업을 하기로 한 첫 번째 에이전트는 될 만한 원고의 제공을 보장하는 패키저(packager), 즉 도서 제작자(book producer)의 역할을 맡기로 했다. 그리고 작가를 대변하는 두 번째 에이전트는 일반적인 수수료를 받고 프로젝트에 참여하기로 했다. 저자는 세 권의 책을 집필했다.

이 두 실제 이야기는 기획안을 구상하고 직접 저자를 찾아 나서고, 또 기회의 열차가 다가오는 소리를 듣기 위해 철로를 향해 귀를 기울이는 등 내가 얼마나 남성 중심의 대중시장용 소설 분야를 개척하기를 원하는지 보여준다. 이 점에서는 다른 편집자들이나 나나 비슷할 것이다.

나는 내 목소리에 귀를 기울이고 내 취향을 따르며 소위 주류보다는 비주류에 속하는 책과 저자를 추구하는 경향이 있다. 루이스 라무어, 톰 클랜시, 스티븐 킹과 같은 메가셀러 작가들이 남성들을 서점으로 이끌기 시작했을 때(예나 지금이나 여성들이 서점의 주요 고객이자 실제적인 도서 구매자다), 출판계의 우리는 새로운 형태의 남성용 오락거리와 새로운 소설 장르에 훨씬 더 개방적인 태도를 취하게 되었다. 내가 군사 소설 및 비소설에 깊게 관여하는 직접적인 이유는 출판사에서 이 시장을 담당하는 책임을 맡았기 때문이다. 이러한 직업적인 관련성 덕분에 나는 군사(軍史)에 대해 더욱 애착을 갖고 개인적으로 관심을 보이게 되었다. 내가 계속해서 담당하고 있는 서부물과 개척 소설도 마찬가지다.

남성 독자를 위한 액션과 진정성

(전적으로는 아니지만) **주로 남성 독자를 염두에 두고 주어진 원고나 제안서에서 내가 기대하는 것은 무엇일까? 그건 바로 액션과 진정성이다.** 이 둘은 모든 남성 중심의 소설에 적용된다. 군사 소설을 예로

살펴보자.

베트남 공중전을 다룬 소설의 독자는 일상에서 도피하여 그곳에 있고자 한다. 그들은 전투기를 조종하며 적군의 지대공 미사일을 아슬아슬하게 피하는 인물들의 생각과 느낌을 가능한 한 생생하게 경험하고 싶어 한다. 한두 해 전 전도유망한 젊은 에이전트가 내게 원고를 보내왔는데, 나는 첫 장에서부터 이야기에 푹 빠져들었다. 그 소설은 훈장을 받은 참전 용사의 첫 작품으로, 원고에는 내가 매우 오랫동안 보지 못했던 이야기 진행의 신속성과 기술적인 세부사항의 깊이가 있었다(특히 그러한 속도와 깊이가 아주 절묘하게 어우러져 있었다). 이야기에는 속도감이 있었고, 인물들은 실제로 행위를 했으며, 기술적인 세부사항의 수준이 아주 적절했다. 행위를 한다는 것은 어쩌면 대수롭지 않은 부분일 수도 있지만, 나는 생각은 많이 하나 직접 실천에 옮기는 일은 드문 정적이고 흥미롭지 않은 인물을 수도 없이 봐왔다. 또 기술적인 부분은 이야기에 방해가 되지 않았고, 적절한 시점에 적절한 양의 정보를 독자에게 제공했다. 이렇게 자연스러운 소설은 정말로 간만이었다.

우리는 에이전트와 두 권의 책을 계약했고 이후 또 다른 소설도 계약했다.

한편 서부물에서 북미 역사를 다룬 서사 소설에 이르는 개척 소설의 경우, 나는 항상 독서를 통해 뭔가를 배우고자 한다. 예를 들면 대중 소설에서 널리 다뤄지지 않았던 북미 원주민의 문화나 당시 획기적이었던 무기, 단순한 배경이 아닌 각종 사건의 주된 원인이 되는 (예를 들면 채수권과 벌목을 둘러싼 갈등과 관련된) 그 당시의 지형 및 오늘날의 지형에 대해 배울 수 있다. 등장인물들이 그저 총질이나 하는 시대는 이미 오래전에 지났다. 이제는 실제 같은 상황에서 실제 같은 인물들이 등장하는 액션 위주의 소설이 시선을 확 잡아끄는 고급스러운 외관의 페이퍼백 원작의 형태로 출간되는 시대가 도래했다. 액션과 진정성은 이 분야에서 꼭 지켜야 할 규칙이나 다름없다.

시리즈 소설의 생명력

시리즈 출판은 대중시장 출판의 또 다른 핵심적인 요소로, 남성 위주의 현실도피적인 소설에서 매우 중요하다. 이는 또한 마케팅을 지향하는 편집자들의 의사결정에서도 중요한 요인이다.

약국이나 슈퍼마켓의 페이퍼백 진열대에서 카테고리 부문의 시리즈 소설이 얼마나 되는지 세어보자. 진열대 규모에 따라 최소 네 종에서 열두어 종의 각기 다른 시리즈가 있을 것이다. 그 이유는 무엇일까? 대중시장을 겨냥한 출판사가 최대한 규모가 큰 독자층을 찾기 때문이다. 그러한 시장의 존재가 확인되고 나면, 출판사와 저자는 해당 시장에 지속적으로 책을 '공급'해서 수익을 얻게 된다. 저자가 만족스럽게 넉넉한 생활을 누리고 출판사가 흑자를 달성한다면 편집자에게 그보다 보람된 일은 없을 것이다.

시리즈 출판은 또한 (내가 맡았던 화물차 액션 모험 소설의 작가의 경우와 같이) '유명' 베스트셀러 작가들로 가득한 출판계에서 아직 이름을 알리지 못한 작가에게 결정적인 기회를 제공할 수 있다. 브랜드 X는 저렴한 가격에 양질의 소설을 제공한다. 그러나 브랜드 X가 도서 진열대에 처음으로 오르기까지는 수많은 장애물이 가로막고 있다. (페이퍼백 원작 소설의 출판을 가로막는 가장 큰 장애물은 서평을 거의 못받는다는 사실이다.) 출판사의 시리즈 지원과 도서 진열대에서 발휘되는 시리즈의 정체성은 기대 이상으로 큰 도움이 된다.

그러나 이 모든 것은 효과를 발휘할 때의 이야기다. 그렇다면 어떤 시점에서 출판사가 재정적으로 더욱 신중한 접근법을 취하여 시리즈의 출판을 중단할까? 이러한 상황은 대개 도서의 초기 배급량이 수익을 내지 못하는 지점까지 떨어질 때 발생한다. 카테고리 시리즈는 보통 백리스트로서 생명이 없다(물론 극소수의 예외는 있다).

현재 나는 개척 부문의 시리즈 세 종을 편집하고 있다. 총 권수는 20권이 훨씬 넘을 것이며 각각 400만 부에서 2,600만 부까지 인쇄될 것이다. 우리 출판사는 당분간 이 시리즈들의 출간을 중단할 계획이 없다. 그렇다면 성과가 저조한 작가에 대해서는 어떻게 해야 할까? 그는 다른 출판사와 계약을 맺어 새로운 시리즈를 집필할 수도 있다.

내게 모험은 이와 같은 '원칙'들을 발견하는 데 있다. 또 점점 혹독해지는 경제 환경 속에서 내 저자들이 성공하도록 돕기 위해 그 원칙들을 수정·조정·확립하는 데 있다. 과제는 시장을 다스리는 법을 배우고 책에 대한 궁극적인 의사결정자, 즉 독자에게 충실하는 것이다. 독자는 가장 중요한 사람이다. 그의 충성이 없다면 난 이 자리에 없을 것이다.

「편집 및 출판에 관한 참고문헌」

브린다무어와 루보가 작성한 참고문헌 목록은 '출판의 세계', '편집 절차', 이렇게 두 부분으로 나뉘었으며 90종 이상의 도서가 수록되어 있다. 이는 브린다무어 박사가 14년 동안 강의를 해온 캘리포니아 대학교 버클리 평생교육원의 출판 교육과정에서 사용되고 있는, 그보다 훨씬 더 방대한 분량의 목록에서 발췌한 것이다.

편집자와 작가들을 위해 편집과 출판의 세계에 관한 도서들을 추가로 제시하는 본 참고문헌 목록은 해당 주제를 다룬 가장 중요한 일반 단행본 및 참고도서를 인용·설명하고 의견을 제공한다. 본 참고문헌 목록은 『편집의 정석』의 본 판을 위해 특별히 수정·갱신되었다.

진-루이스 브린다무어(Jean-Louis Brindamour)와 조지프 M. 루보(Joseph M. Lubow)

진-루이스 브린다무어는 1960년에 콜럼비아 대학교 출판부에 합류했다. 그때부터 그는 출판계의 온갖 분야에서 경험을 쌓기 시작했다. 그는 1973년에 샌프란시스코에 스트로베리 힐 프레스를 설립한 뒤 1990년 말에 이를 오리건 포틀랜드로 이전했다.

조지프 M. 루보는 널리 인정받는 연구원이자 스트로베리 힐 프레스의 선임 편집자다. 그는 1993년 스트로베리 힐 프레스에서 출간한 『답을 향하여: 빌 벨튼의 이야기』의 저자이다.

편집 및 출판에 관한 참고문헌

―진―루이스 브린다무어
―조지프 M. 루보

    출판이란 독창적인 기획안의 구상에서 인쇄된 도서의 판매에 이르기까지 다양한 측면을 두루 포괄하는 방대한 주제이다. 이 분야에 관한 글들을 전부 모아 목록으로 만들기란 거의 불가능하다. 따라서 일부 참고도서를 견본으로 뽑아 목록을 만들고 주석을 첨가했다. 일부 도서는 현재 절판된 상태('o. p.'로 표시함)이나 구하기가 어렵다고 해서 그 도서가 편집자들의 세계에서 중요하지 않다는 건 아니다. 자주 재발행되는 도서나 해마다 발간되는 '연감'의 경우에는 발행연도를 표시하지 않았다. 작가들과 마찬가지로 편집자들 역시 언제나 '발전'하기 위해 노력하므로 '장르 글쓰기'에 관한 몇 가지 도서를 포함시켰다.

출판의 세계

APPELBAUM, JUDITH. *How to Get Happily Published: A Complete and Candid Guide.* 4th ed. New York: HarperCollins, 1992. 출판 과정에서 최대한 많은 것을 얻기 위해 반드시 알아야 할 사항들을 담은, 특히 작가에게 실용적이고 견실한 책.

BAILEY, HERBERT S., JR. *The Art and Science of Book Publishing.* Athens, OH: Ohio University Press, 1990. 프린스턴 대학교 출판부의 전 편집장이 출판 경영의 각종 문제점에 대해 분석한 책. 출판에 영향을 미치는 경제학·조직·계획 과정·환경에 대해 논한다.

BALKIN, RICHARD. *A Writer's Guide to Book Publishing.* 2d ed. New York: Hawthorn/Dutton, 1981. 일반 단행본 업계의 전략에 관한 교과서 같은 책. 작가가 출판사에 접근한 뒤 무엇을 기대해야 할지에 대해 전반적으로 설명한다. (o. p.)

BERNSTEIN, LEONARD S. *Getting Published: The Writer in the Combat Zone.* New York: William Morrow, 1986. '도서 출간'에 관한 매우 개인적이고 상당히 흥미로운 내용을 담았다.

BROOKS, PAUL. *Two Park Street: A Publishing Memoir.* Boston: Houghton Mifflin, 1986. 주요 출판사와 출판이라는 직업의 역사에 관한 책.

BROWNSTONE, DAVID M., IRENE M. FRANCK. *The Dictionary of Publishing*. New York: Van Nostrand Reinhold, 1982. 인쇄, 저널 리즘, 삽화, 사진, 컴퓨터 과학, 판매, 마케팅, 도서 판매를 비롯하여 모든 출판 용어를 다룬 사전. (o. p.)

BUSCH, FREDERICK. *When People Publish: Essays on Writers and Writing*. Iowa City, IA: University of Iowa Press, 1986. 프레데릭 부 시가 작가가 된 과정을 되돌아보며 작가들의 사고방식, 동기, 작업환 경, 좌절에 관한 이야기를 들려준다.

A Checklist of American Imprints, 1801~1819. Metuchen, NJ: Scarecrow Press, 1982. 19세기 초반 미국 출판의 역사를 가장 종합적 으로 망라한 중요한 역사적인 참고도서.

DELLIVEAU, FRED, ed. *One Hundred and Fifty Years of Publishing: 1837~1987*. Boston: Little, Brown, 1987. 미국 출판계에 지대한 공 헌을 한 출판사의 또 다른 역사.

DESSAUER, JOHN B. *Book Publishing: A Basic Introduction*. Rev. ed. New York: Continuum(Harper), 1989. 출판계와 출판이라는 직 업에 관해 개괄한다. 출판의 역사와 환경, 출판의 과정, 산물, 시장에 관해 다룬다. 출판에 관한 훌륭한 지침서.

DU BOFF, LEONARD D. *Book Publishers' Legal Guide*. Redmond,

WA: Butterworth Legal Publishers, 1984, 1987(부록 첨부). 출판의 역사, 사업 조직 구조, 회계, 재정, 계약, 저자-출판사 계약, 출판사-공급업체 계약, 보증 거래, 출판사가 저자를 섭외하는 방법, 저작권법, 검열, 명예훼손, 프라이버시권, 독점 금지, 불공정 거래 관행 등을 다룬 책.

DUKE, JUDITH S. *Children's Books and Magazines: A Market Study*. White Plains, NY: Knowledge Industry Publications, 1979. 당시의 아동 도서 업계를 개괄하며 아동 도서 출판의 경제적, 사회적 추세, 시장, 미래를 분석한다. (o. p.)

_____, *Religious Publishing and Communications*. White Plains, NY: Knowledge Industry Publications, 1981. 종교서적 업계와 종교 커뮤니케이션 분야에 대해 분석하고 경제적, 사회적 추세, 시장, 재정을 살펴본다. 업계 주요 조직들을 열거한다. (o. p.)

GEISER, ELIZABETH 외, eds. *The Business of Book Publishing: Papers by Practitioners*. Boulder, CO: Westview Press, 1986. 입문자를 대상으로 하며 도서 출판 과정의 각 단계 및 기능과 특수 출판의 유형에 대해 살펴본다.

GRANNIS, CHANDLER B., ed. *What Happens in Book Publishing*. 2d ed. New York: Columbia University Press, 1967. 출판계 종사자들의 수필 모음집으로 철학에서 생산, 판매까지 다양한 내용을 담고

있다.

GREENFIELD, HOWARD. *Books: From Writer to Reader*. Rev. ed. New York: Crown Publishers, 1988. 또 다른 유용한 책.

GROSS, GERALD, ed. *Publishers on Publishing*. New York: R. R. Bowker, 1961. 당시 발행인들의 자화상이 출판의 의사결정 과정에 대한 통찰을 제공한다. 고전과 같은 책. (o. p.)

HOROWITZ, IRVING LOUIS. *Communicating Ideas: The Crisis of Publishing in a Post-Industrial Society*. New York: Oxford University Press, 1986. 오늘날 출판계가 어디로 향하고 있는지를 학문적으로 조명한 책.

Information Market Place. New Providence, NJ: R. R. Bowker. 'Market Place'의 시리즈. 매해 발간된다.

International Literary Market Place. New Providence, NJ: R. R. Bowker. 미국을 제외한 160개국의 출판사, 배급업체, 에이전트, 도서관, 기타 도서 관련 기관을 열거한 모음집. 매년 4월에 발간된다.

Literary Market Place: The Directory of the American Book Publishing Industry. New Providence, NJ: R. R. Bowker. '업계의 성경'이라 불리며, 출판사에서 서점, 워드 프로세싱에서 마케팅에 이르기까지 도

서 출판의 모든 부문에 종사하는 사람 및 기업들의 이름, 주소, 전화번호, 기타 사업 정보가 수록되어 있다. 얼마 전까지만 해도 출판에 관심 있는 사람이 꼭 보아야 할 책으로 여겨졌다. 최근에는 출판사가 이 책에 담긴 정보의 일부를 기타 'Market Place' 시리즈로 옮겨 수록하기 시작한 탓에, 이 책은 가격이 더 비싸졌지만 전보다는 완성도가 다소 떨어지게 되었다.

MELCHER, DANIEL, MARY LARRICK. *Printing and Promotion Handbook*. 3d ed. New York: McGraw-Hill, 1966. 인쇄된 상품을 생산, 마케팅하는 방법을 설명한 책. 알파벳순으로 용어가 정리되어 있다. (o. p.)

One Book/Five Ways: The Publishing Procedures of Five University Presses. Los Altos, CA: William Kaufmann, 1978. 하나의 원고를 5개 대학 출판부(시카고 대학교 출판부, MIT 출판부, 노스캐롤라이나 대학교 출판부, 텍사스 대학교 출판부, 토론토 대학교 출판부)에서 출간한 이력에 관한 흥미로운 사례 연구. 입수 및 관리, 편집 과정, 생산 및 디자인, 판매 및 홍보에 대해 살펴본다. 누군가는 일반 출판사를 대상으로 비슷한 책이 있었으면 하고 바란다. (o. p.)

PETERS, JEAN, ed. *The Bookman' Glossary*. 6th ed. New Providence, NJ: R. R. Bowker, 1983. 편집자에서 서점까지 출판계 전반에서 사용되는 용어를 망라한 실용적인 지침서.

SMITH, DATUS C., JR. *A Guide to Book Publishing*. Rev. ed. Seattle, WA: University of Washington Press, 1989. 도서 출판의 일반적인 원칙을 설명한 안내서로, 발행인을 지망하는 자들이 각자의 특수한 환경에 맞게 적용할 수 있다.

TEBBEL, JOHN. Between Covers: *The Rise and Transformation of Book Publishing in America*. New York: Oxford University Press, 1987. 저자의 기념비적인 성과(아래)를 한 권으로 압축한 책.

_____. *A History of Book Publishing in the United States*. 4 vols. New Providence, NJ: R. R. Bowker. 미국 출판계의 발전과 진보의 역사를 집대성한 책. 미국 출판의 역사에 관심이 있다면 꼭 읽어봐야 할 책.

TEBBEL, JOHN, MARY E. WALLER-ZUCKERMAN. *The Magazine in America, 1740~1990*. New York: Oxford University Press, 1991. 미국 출판계가 어떻게 형성되었는지 알고 싶다면 반드시 읽어봐야 할 또 하나의 책.

UNWIN, SIR STANLEY. *The Truth about Publishing*. 8th ed. Philip Unwin이 개정하고 부분적으로 재집필함. London: George Allen & Unwin, 1976. 80여 년 전에 집필된 도서 출판에 관한 고전인 이 책은 내용은 개정되었으나 그 본래의 취지만은 그대로 갖고 있다. 업계에 대한 출판사의 관점을 제시한다.

편집 절차

American Heritage Dictionary of the English Language, The, 3rd ed. Boston: Houghton Mifflin Co., 1992. 약 20만 개에 달하는 주요 표제어가 수록되어 있다.

AMERICAN SOCIETY OF INDEXERS, INC. *Register of Indexers*. Washington, DC: American Society of Indexers. 프리랜스 색인 작성자들을 열거해놓은 책.

ANDERSON, MARGARET J. *The Christian Writer's Handbook*. San Francisco: Harper San Francisco. 종교적인 글쓰기는 다소 특수한 분야다. 기독교 관련 글을 쓰는 작가들에게 기독교 출판의 과정과 기독교 출판사의 관점을 알려준다.

Art Index. Bronx, NY: H. W. Wilson. 국내외 예술 정기 간행물의 기사와 일부 연감과 박물관 자료가 주제 및 저자별로 정리되어 있다.

ARTH, MARVIN, HELEN ASHMORE. *The Newsletter Editor's Desk Book*. 3d ed. Shawnee Mission, KS: Parkway Press, 1984. 특수한 독자층을 갖는 정기 간행물에 적용되는 저널리즘의 원칙들이 간결하게 정리되어 있다.

BEACH, MARK. *Editing Your Newsletter: A Guide to Writing, Design and Production*. 3d ed. Portland, OR: Coast to Coast Books, 1988. 지원자들을 면담하고 이들과 작업하는 방법, 워드 프로세싱, 신규 조직 및 열악한 조직이 비용 효과적으로 회보를 제작할 수 있도록 돕는 방법을 비롯하여, 회보 편집자와 발행인에게 각종 지침을 제공한다.

Book Review Digest. Bronx, NY: H. W. Wilson. 2월과 7월을 제외하고 매달 발행된다. 영어로 출간된 최신 소설 및 비소설의 서평 발췌본이 실려 있다. 저자별로 알파벳순으로 정리되어 있으며 제목 및 주제별로도 검색할 수 있다. 타 도서들과의 경쟁 정도를 알아볼 때 매우 유용하다.

Books in Print. New Providence, NJ: R. R. Bowker. 여러 권으로 구성되어 있으며 제목과 저자의 색인이 갖춰져 있다. 입수 가능한 신간 및 구간 도서가 열거되어 있다. 마지막 권에는 출판사 정보가 수록되어 있다. 매년 10월에 발행된다.

Books in Print Supplement. New Providence, NJ: R. R. Bowker. BIP의 부록으로 매년 4월에 발행된다.

Books Out-of-Print. New Providence, NJ: R. R. Bowker. 해당 연도에 절판된 도서들이 열거되어 있다. 매년 11월에 발행된다.

British Books in Print: The Reference Catalogue of Current Literature. London: J. Whitaker & Sons. R. R. Bowker가 미국에 배포한다. 영

국판 BIP에 해당한다. 제 1권은 출판사 및 출판사 주소 목록을 포함한다. 매년 발행된다.

Business and Economics Books and Serials in Print. New Providence, NJ: R. R. Bowker. 비정기적으로 발행된다.

Chicago Guide to Preparing Electronic Manuscripts for Authors and Publishers. Chicago: University of Chicago Press, 1987. 컴퓨터의 종류, 출판사에 투고할 원고의 준비, 전자 원고의 생성, 코딩, 본문 편집 등에 대해 다룬다. 도서 입수 편집자, 본문 편집자, 디자이너, 생산 조율자의 특수한 책임에 대해서도 상세히 다룬다.

The Chicago Manual of Style. 13th ed. Chicago: University of Chicago Press, 1982. 시카고 대학교 출판부의 편집자들이 집필했으며, 미국 출판계에서 가장 권위 있는 지침서이다. 저자, 편집자, 카피라이터를 위한 부분들로 구성된 이 지침서는 분쟁을 해결해주는 중재자이자 어법 및 문법의 교사와 같은 존재다.

Children's Books in Print. New Providence, NJ: R. R. Bowker. 아동부터 12학년생까지를 대상으로 한 하드커버 및 페이퍼백 도서를 열거해 놓았다. 저자, 제목, 삽화가별로 색인이 구성되어 있다. 매년 11월에 발행된다.

COMMINS, DOROTHY. *What is an Editor? Saxe Commins at Work*.

Chicago: University of Chicago Press, 1978. 한 편집자의 생애를 들여다본 고전과 같은 책. (o. p.)

Computer Books and Serials in Print. New Providence, NJ: R. R. Bowker. 매년 5월에 발행된다.

Contemporary Authors: A Bio-bibliographical Guide to Current Writers in Fiction, Non-Fiction, Poetry, Journalism, Drama, Motion Pictures, Television, and Other Fields. Detroit: Gale Research. 도서 입수 편집자가 참고하기 좋은 책.

Current Biography. Bronx, NY: H. W. Wilson. 전 세계 유명 인사들의 약력을 제공하는 월간지로, 해마다 연감 형태로 통합되어 발행된다.

DOLAN, EDWARD F., JR. *How to Sell Your Book before You Write It: Writing Book Proposals, Chapter Outlines, Synopses*. San Rafael, CA: A Writer's Press, 1985. 이르마 루스 워커의 소설을 다룬 특별한 장이 포함되어 있다. 편집자나 작가, 특히 입문자에게 상당한 도움이 되는 책.

DOWNEY, BILL. *Right Brain...Write on! Overcoming Writer's Block and Achieving Your Creative Potential*. Englewood Cliffs, NJ: Prentice-Hall, 1984. 모든 편집자, 작가, 에이전트에게 필요한 보석 같은 책이다.

EHRENS, CHERYL R. *Cumulative Book Index*. Bronx, NY: H. W. Wilson. 영어로 집필된 전 세계의 책들을 모아놓았으며 저자, 제목, 주제별로 색인이 정리되어 있다. 8월을 제외하고 매달 발행되며, 1년에 한 번씩 연감 형태로 발행된다.

FLESCH, RUDOLF. *The A B C of Style: A Guide to Plain English*. New York: HarperCollins, 1964. 기본적인 영어 용법을 다룬 사전/유의어 사전. (o. p.)

Forthcoming Books. New Providence, NJ: R. R. Bowker. 출간 예정 도서 및 매년 7월 이후 발간된 도서의 목록을 격월로 제공한다.

FOWLER, HENRY W. *A Dictionary of Modern English Usage*. 2d ed. Sir Ernest Gowers가 개정, 편집함. New York: Oxford University Press, 1987. 문체 및 문법에 관한 질문에 대해 명쾌한 해답을 제시한다.

GAGE, DIANE, MARCIA HIBSCH COPPESS. *Get Published: Editors from the Nation's Top Magazines Tell You What They Want*. New York: Henry Holt, 1986. 제목이 모든 걸 말해준다.

GOLDBERG, NATALIE. *Writing Down the Bones: Freeing the Writer Within*. Boston: Shambhala Publications, 1986. 편집자와 저자 모두에게 매우 유용한 책.

GRAFTON, SUE, ed. *Writing Mysteries: A Handbook by the Mystery Writers of America*. Cincinnati, OH: Writer's Digest Books, 1992. 작가들이 미스터리 소설이 어떻게 구상, 집필되는지에 관한 배경 설명을 제공한다.

GROSS, GERALD, ed. *Editors on Editing*. 3d ed. New York: Grove Press, 1993. 출판계의 저명한 편집자들의 글을 모아놓은 책. 편집의 구조적·이론적·실제적 측면을 재치와 통찰로 두루 다룬다.

HODGES, JOHN C., MARY E. WHITTEN. *Harbrace College Handbook*. 11th ed. New York: Harcourt Brace Jovanovich, 1990. 문법 및 용법을 설명한 기본적인 참고서.

HOWELL, JOHN BRUCE. *Style Manuals of the English-Speaking World*: A Guide. Phoenix, AZ.: Oryx Press, 1983. 231개에 달하는 전 세계의 영어 용법 지침서를 열거해놓은 책.

JORDAN, LEWIS, ed. *New York Times Manual of Style and Usage*: *A Desk Book of Guidelines for Writers and Editors*. New York: Times Books. 『뉴욕 타임스』의 편집자들이 참고하는 지침서로, 비-도서 출판계에서 중요한 지침서의 하나다.

JUDD, KAREN. *Copyediting: A Practical Guide*. 2d ed. Los Altos, CA: Crisp Publications, 1989. 초보 본문 편집자를 위한 탄탄한 지침

서로, 출판업계와 본문 편집자의 역할 및 입지에 대해 개괄하고 본문 편집의 기본적인 단계들을 설명한다.

KUNITZ, STANLEY, HOWARD HAYCRAFT. *Twentieth Century Authors: A Biographical Dictionary of Modern Literature*. Bronx, NY: H. W. Wilson. 이 책과 쌍을 이루는 책으로 WAKEMAN 참조. 편집자들을 위한 표준적인 안내서.

LA BEAU, DENNIS. *Author Biographies Master Index*. Detroit: Gale Research. 생존 작가 및 작고한 작가들의 약력 정보를 담은 색인.

Large Type Books in Print. New Providence, NJ: R. R. Bowker. 2년마다 발행된다.

LARSEN, MICHAEL. *How to Write a Book Proposal*. Cincinnati, OH: Writer's Digest Books, 1990. 비소설 도서 제안서를 쓰는 각 단계를 설명한다. 지침으로 참고할 수 있는 완전한 제안서 견본이 포함되어 있다. 저자는 유명한 문학 에이전트다.

LONGYEAR, MARIE, ed. *The McGraw-Hill Style Manual: A Concise Guide for Writers and Editors*. New York: McGraw-Hill, 1989. 이 출판사를 상대로 글을 쓸 때 참고할 수 있는 종합적인 지침서이다. 사내의 구체적인 필요사항에 맞춰 집필된 사내 매뉴얼.

McCABE, JAMES PATRICK. *Critical Guide to Catholic Reference Books*. Littleton, CO: Libraries Unlimited, 1980. 가톨릭 신자가 썼거나 가톨릭교에 관한 책들이 열거되어 있다. 주제별로 정리되어 있으며 저자 및 제목별로도 찾아볼 수 있다. (o. p.)

MCNEIL, BARBARA, MIRANDA HERBERT. *Author Biographies Master Index Supplement*. Detroit: Gale Research. LA BEAU 참조.

MAREK, RICHARD. *Works of Genius*. New York: Atheneum, 1987. 미국의 대표적인 편집자가 출판계에 관해 쓴 책이다.

Medical Books and Serials in Print: An Index to Literature in the Health Sciences. New Providence, NJ: R. R. Bowker. 매년 5월 두 권으로 발행된다.

Microcomputer Market Place. New Providence, NJ: R. R. Bowker. 기타 'Market Place' 시리즈와 비슷하다.

MILLER, MARA. *Where to Go for What: How to Research, Organize, and Present Your Ideas*. Englewood Cliffs, NJ: Prentice-Hall, 1981. 독특한 자료집. 도서관, 참고도서, 정부 정보 시스템을 사용하는 방법과 전화 및 대면으로 인터뷰하는 방법이 제시되어 있다. (o. p.)

MURPHEY, ROBERT W. *How and Where to Look It Up*: *A Guide to Standard Sources of Information*. New York: McGraw-Hill, 1958. 일반인이 참고자료를 사용할 수 있도록 안내하는 지침서로, 다양한 분야에서 입수 가능한 기본적인 책들이 열거되어 있다. (o. p.)

Paperbound Books in Print. New Providence, NJ: R. R. Bowker. 여러 권으로 구성되어 있으며, 저자, 제목, 주제별로 색인이 정리되어 있다. 마지막 권에는 출판사 정보와 약어가 포함되어 있다. 매년 봄, 가을에 발행된다.

PITZER, SARA. *How to Write a Cookbook and Get It Published*. Cincinnati, OH: Writer's Digest Books, 1984. 조리법을 찾아 시험하고 요리책을 구상, 집필, 출간하며 최종 완성된 책을 배포하기까지의 과정을 단계별로 정리한 책. (o. p.)

PLATT, SUZY, ed. *Respectfully Quoted*: *A Dictionary of Quotations Requested from the Congressional Research Service*. Washington, DC: Library of Congress, 1989. 격론이 오가는 정치계에서 비롯된 2,100개의 인용문이 담겨 있다. 미국 정치계의 어휘에 상당한 기여를 하는 책.

The Reader's Adviser. New Providence, NJ: R. R. Bowker. 현재 출간 중인 책들이 주석과 함께 열거되어 있다. 도서 입수 담당자와 입문자에게 특히 유용하다. 'Books on Books' 지면은 출판에 관한 책들을 수록

하고 있으므로 참고하면 좋다.

Religious Books and Serials in Print: *An Index to Religious Literature Including Philosophy*. New Providence, NJ: R. R. Bowker. 2년에 한 번씩 가을에 발행된다.

Roget's International Thesaurus. 5th ed. Ed. by Robert L. Chapman. New York: HarperCollins, 1992. 고전에 속하는 책으로, 더 나은 단어를 찾아볼 때 좋다.

Scientific and Technical Books and Serials in Print. New Providence, NJ: R. R. Bowker. 두 권짜리로 매년 12월에 발행된다.

SHEEHY, EUGENE P. *Guide to Reference Books*. 10th ed. Chicago: American Library Association, 1986. 전 세계에서 이용 가능한 참고 도서를 수록하고 주석을 단 책.

SKILLIN, MARJORIE E., ROBERT M. GAY. *Words into Type*. 3d ed. Englewood Cliffs, NJ: Prentice-Hall, 1986. 업계에서 인정하는 표준적인 표기법 지침서의 하나. 『시카고 매뉴얼 오브 스타일』 대신에 특수한 분야에 종종 사용된다.

SOLOTAROFF, TED. *A Few Good Voices in My Head*: *Occasional Pieces on Writing, Editing, and Reading My Contemporaries*. New

York: HarperCollins, 1987. 업계에 대한 강력하고 확실한 비판이 제시되어 있다.

The Source: A Guidebook of American Genealogy. Arlene Eakle과 Johni Cerny가 편집함. Salt Lake City, UT: Ancestry Publishing, 1984. 미국 계보학에 대한 종합적인 지침서.

STRUNK, WILLIAM, JR., E. B. WHITE. *The Elements of Style*. 3d ed. New York: Macmillan, 1979. 표기법과 용법을 간결하게 정리해놓았다. 거의 모든 사람이 사용하는 책.

Subject Guide to Books in Print. New Providence, NJ: R. R. Bowker. BIP와 유사한 책으로, 아직 출간되고 있는 책들을 의회도서관 주제명표목표(subject headings)에 따라 열거해놓았다. 매년 10월에 발행된다. *Subject Guide to Children's Books in Print*(매년 11월에 발행)와 *Subject Guide to Forthcoming Books*(격월로 발행됨)도 있다.

TOMPKINS, JANE. *West of Everything: The Inner Life of Westerns*. New York: Oxford University Press, 1992. 서부물의 각종 요소에 대해 잘 설명한 책. 서부물 편집자라면 꼭 읽어야 할 책.

United States Government Printing Office Style Manual. Washington, DC: U. S. Government Printing Office. 미국 정부간행물 판매국에 자료를 제출할 시 표준이 되는 표기법 지침서. 모든 정부간행물을 위

한 형식, 표기법, 문법, 장정, 활자 크기 등에 관해 지침을 제공한다. 몇 년마다 개정, 재발행된다.

WAKEMAN, JOHN, ed. *World Authors, 1950~1970*. Bronx, NY: H. W. Wilson, 1975. *Twentieth Century Authors*와 유사한 책. 편집자들의 또 다른 표준서다.

Webster's Ninth New Collegiate Dictionary. Springfield, MA: MerriamWebster, 1983. 이 요약본은 *Third New International Dictionary*를 바탕으로 한다.

Webster's Third New International Dictionary of the English Language, Unabridged. Philip Babcock Gove가 편집함. Springfield, MA: MerriamWebster. 미국 영어를 다룰 때 참고하는 주요한 책.

Writer's Market: Where to Sell, What to Write. Cincinnati, OH: Writer's Digest Books. 저자를 대상으로 (주로 잡지) 출판 시장을 안내한 실용적인 책. 편집자, 발행인, 프로그램 총괄 담당자들이 작성한 설문지의 답변을 바탕으로 하며, 기본적인 정보 외에 누구와 접촉해야 하는지, 누가 프리랜서의 글을 입수하는지, 편집상의 방향이 무엇인지, 특수한 요구사항이 무엇인지, 원고료는 어떻게 되는지 등을 알려준다. 저자들이 널리 참고한다.